| 알렉산더 해밀턴과 앨버트 갤러틴의 경제 리더십 |

미국 금융의 탄생

THE FOUNDERS AND FINANCE

ⓒ2012 by the President and Fellows of Harvard College
Published by arrangement with Harvard University Press

Korean translation copyrightⓒ2013 Human & Books
This Korean edition is published by arrangement with Harvard University Press
through Yu Ri Jang Literary Agency, Seoul, Korea

이 책의 한국어판 저작권은 유리장 에이전시를 통해 저작권자와
독점 계약한 휴먼앤북스에 있습니다. 신 저작권법에 의해 한국 내에서
보호를 받는 저작물이므로 무단 전재와 무단 복제를 금합니다.

| 알렉산더 해밀턴과 앨버트 갤러틴의 경제 리더십 |

미국 금융의 탄생

토머스 K. 맥크로 지음 이경식 옮김

1판 1쇄 발행 | 2013. 12. 18

발행처 | **Human & Books**
발행인 | 하응백
출판등록 | 2002년 6월 5일 제2002-113호
서울특별시 종로구 경운동 88 수운회관 1009호
기획 홍보부 | 02-6327-3535, 편집부 | 02-6327-3537, 팩시밀리 | 02-6327-5353
이메일 | hbooks@empal.com

값은 뒤표지에 있습니다.
ISBN 978-89-6078-168-9 03320

| 알렉산더 해밀턴과 앨버트 갤러틴의 경제 리더십 |

미국 금융의 탄생

토머스 K. 맥크로 지음 | 이경식 옮김

Human & Books

CONTENTS

서문 • 9

PART I 알렉산더 해밀턴(1757~1804)

| CHAPTER 1 | 세인트크로이 섬과 트라우마 • 23
| CHAPTER 2 | 뉴욕과 약속의 땅 • 34
| CHAPTER 3 | 전쟁과 영웅주의 • 43
| CHAPTER 4 | 사랑과 사회적 지위 • 55
| CHAPTER 5 | 사상의 뿌리 • 70
| CHAPTER 6 | 로버트 모리스와 해밀턴, 그리고 재정 • 85
| CHAPTER 7 | 헌법 • 110
| CHAPTER 8 | 새로운 정부, 오래된 부채 • 127
| CHAPTER 9 | 부채를 놓고 벌인 투쟁 • 141
| CHAPTER 10 | 미합중국은행 • 159
| CHAPTER 11 | 미국 경제를 다각화하다 • 176
| CHAPTER 12 | 긴장 그리고 정당 • 195
| CHAPTER 13 | 몰락의 길 • 221
| CHAPTER 14 | 결투 • 240

PART II 앨버트 갤러틴(1761~1849)

| CHAPTER 15 | 신세계를 선택하다 • 251
| CHAPTER 16 | 서부로, 서부로 • 262
| CHAPTER 17 | 정치 입문 • 275
| CHAPTER 18 | 제퍼슨의 사람이 되어 • 287
| CHAPTER 19 | 권력을 향해서 • 303
| CHAPTER 20 | 부채와 군비 증강 그리고 루이지애나 • 320
| CHAPTER 21 | 서부 개발 • 345
| CHAPTER 22 | 엠바고 조치와 좌절 • 378
| CHAPTER 23 | 실망스러운 외교 • 395
| CHAPTER 24 | 미합중국은행의 운명 • 403
| CHAPTER 25 | 1812 전쟁과 미국의 재정 • 414
| CHAPTER 26 | 평화를 얻다 • 424
| CHAPTER 27 | 길고도 보람찬 인생 • 437

PART III 유산

| CHAPTER 28 | 미국의 예외주의 • 457
| CHAPTER 29 | 필연과 우연 • 473
| CHAPTER 30 | 자본주의와 신용 • 485
| CHAPTER 31 | 해밀턴과 갤러틴의 정치경제학 • 494

감사의 말 • 506

옮긴이의 말 • 510

주 • 518

"기존에 있던 부채를 정리하고 더는 부채를 지지 않는 것이
대중의 일반적인 정서로는 언제나 환영받는 선택이다.
그러나 이런저런 명목으로 세금을 내는 것은
낭패를 피할 수 있는 유일한 길임에도 불구하고
대중은 언제나 여기에 얼굴을 찌푸린다."

― 알렉산더 해밀턴,
〈공적신용 지원을 위한 준비에 관한 (하원 제출용) 보고서〉
(1795년 1월 16일)

일러두기 ——————
본문의 • 표시로 표기된 각주는 역자 주, 숫자(**1, 2**…)로 표기된 미주는 저자 주임.

서문

　미국의 연방정부는 처음에 아주 적은 예산으로 시작했으며 또 거의 파산 직전까지 갔다. 영국을 상대로 한 독립전쟁에 드는 비용을 마련하려고 네덜란드에 있는 여러 은행들로부터 돈을 빌렸으며, 또 당시 영국과 패권을 다투던 경쟁국 프랑스로부터도 온갖 감언이설을 동원해 막대한 금액을 후려냈다. 대륙회의*는 새로운 정부에 끊임없이 예산을 요구했지만, 단 한 번도 필요한 금액만큼 넉넉하게 받은 적이 없었다. 현금이 절대적으로 필요했던 대륙회의는 지폐를 마구 찍어댔다. 통화가치가 급격하게 하락했고, 그 바람에 '대륙의 값을 못하는'이라는 표현이 생겨났다.

　독립전쟁은 미국을 황폐화시켰을 뿐만 아니라 그때까지 단 한 번도 경험해 본 적이 없는 무거운 부채의 짐을 지웠다. 정부의 세입 규모로

---
* 미국의 독립혁명기에 13개 식민지 간의 연합을 주도하기 위해 결성된 대표자회의.

볼 때 터무니없이 많은 부채였다. 이자에 다시 이자가 붙었지만 정부는 손을 놓고 있을 수밖에 없었다. 1780년대 내내 지속되었던 심각한 경기침체기 동안, 갚아야 할 원리금의 총액은 해마다 늘어갔다. 그 암담한 부채의 늪에서 빠져나올 길은 없어 보였다. 독립선언문이 13개 식민지 스스로를 지칭한 표현대로 '식민지연합(United Colonies)'이 각자 '자유롭고 독립적인 국가(Free and Independent States)'가 되면 될수록 사정은 더욱 나빠졌다. 북쪽의 매사추세츠, 뉴욕 그리고 펜실베이니아에서 남쪽의 노스캐롤라이나와 사우스캐롤라이나 그리고 조지아에 이르기까지 13개 주들이 기본적으로 가지고 있던 경제적 관심사는 제각기 달랐고, 몇몇 주들은 경제에 관한 기본적인 발상조차 아예 달랐다. 남북전쟁(1861~1865)이 끝난 뒤인 1860년대 후반까지도 합중국(United States)은 문법적으로 단수가 아니라 복수로 사용되었다.

독립을 선언한 1776년 이후 40년이 지나기도 전에 미합중국이라는 신생국은 재정적인 문제로 산산조각이 날 수도 있었다. 재정적인 문제는 지역주의적인 논쟁 그리고 심지어 외교적인 문제와도 연관이 되어 있었기 때문이다. 하지만 다행스럽게도, 재정 및 금융 문제를 올바르게 이해하고 미국이 단일 국가로서 미래에 발휘할 경제적인 잠재력을 정확하게 꿰뚫어본 사람들이 소수 있었다. 이 사람들 가운데 압도적으로 많은 이들이 유럽 각지에서(그야말로 10군데가 넘는 곳에서!) 대서양을 건너온 사람들이었다. 이 책은 이들이 어떤 방법으로 미국이 튼튼한 헌법적 토대 위에서 재정 문제를 해결할 수 있도록 했는지, 그리고 또 이들 가운데 몇몇의 사상이 이민자라는 자기 경험에서 어떻게 숙성되고 관철되었는지 보여주고자 한다. 한 가지 덧붙이자면, 나는 그 사람들이 글로 쓰거나 말로 한 것보다 실제 행동으로 실천한 것을 더 많이 조명할 참이다.[1]

이들 가운데 한 사람이 알렉산더 해밀턴(Alexander Hamilton)이다. 그는 덴마크령 서인도제도의 세인트크로이 섬 출신이었고, 그가 이룬 업적은 이미 세상에 잘 알려져 있다. 그러나 그가 본토 미국인이 아니라 이민자였다는 점이, 그가 이룬 업적에 상당한 영향을 끼쳤다는 사실이 새로운 연구를 통해 밝혀졌다. 게다가, 해밀턴뿐만 아니라 몇몇 이민자들이 초기 미국의 재정 분야 정책에서 수행했던 역할을 보다 깊이 분석하면, 그들이 기여한 부분이 실제 알려진 것보다 훨씬 크다는 것을 확인할 수 있다. 이런 사실을 놓고 보면, 북아메리카에서 태어난 주요 건국자들이 가지고 있었던 강점과 약점이 보다 선명하게 드러날 뿐만 아니라, 그들이 미국 땅을 처음 밟은 지 얼마 되지 않은 이민자들이 설계한 재정 정책에 의존할 수밖에 없었던 이유도 선명하게 드러난다.[2]

그렇다면 초기 미국 정부의 정책이 재정 이외의 다른 부문들에서도 재정 부문에서만큼 이민자들에게 많이 의존했을까? 그건 아니다. 헌법이 제정된 뒤 처음 50년 동안 장관에 임명된 60명 가운데 외국에서 태어난 사람은 6명뿐이었다. 그리고 이 6명 가운데 5명이 재무부장관이었다.[3]

* * *

조지 워싱턴(George Washington)이 1789년 대통령에 취임할 때 새로운 헌법 아래에서 그가 처음 맞이한 과제들 가운데 하나는 전국적 차원의 집행력을 갖춘 행정부를 구축하는 것이었다. 독립전쟁 때문에 발생한 어마어마한 빚을 떠안고 있었기에 특히 재정 관련 문제가 정부의 가장 중요한 관심사이자 과제였다. 워싱턴이 재무부장관 후보로 생각한 사람은 로버트 모리스(Robert Morris)와 알렉산더 해밀턴 두 사람이었다. 모리스는 영국 리버풀 출신이었고 해밀턴은 카리브 해의 세인트크로이 섬 출신이었다.

12년 뒤인 1801년에 토머스 제퍼슨(Thomas Jefferson)이 최초의 공화당 출신 대통령으로 취임했을 때(당시의 공화당은 지금의 공화당과 전혀 관련이 없다), 그도 역시 앨버트 갤러틴(Albert Gallatin)이라는 제네바 출신의 이민자를 재무부장관으로 임명했다. 뿐만 아니라 4년 뒤인 1805년 재임에 성공했을 때도 갤러틴을 유임시켰다. 제퍼슨의 후임 대통령인 제임스 매디슨도 1809년과 1813년에 갤러틴을 재무부장관으로 임명했다. 나중에 갤러틴이 (1812년에 시작된) 영국과의 전쟁 종료 협상을 하려고 재무부장관직을 떠나자, 매디슨은 그의 후임으로 연속해서 두 사람의 이민자를 임명했다. 스코틀랜드 출신의 조지 캠벨(George W. Campbell)과 자메이카 출신의 알렉산더 제임스 댈러스(Alexander James Dallas)였다.

그러니까 최초 6명의 재무부장관 가운데 4명이 해외에서 태어난 사람들이었다. 미국 헌법이 제정된 뒤로 처음 27년 가운데 21년, 즉 78퍼센트의 기간 동안 해외에서 태어난 이민자들이 재무부장관직을 수행했던 것이다. 왜 이런 일이 일어났을까? 이런 일이 당연한 것이었을까? 그러나 나중에 재무부장관으로 임명되는 사람들의 출신지 양상을 보면 초기와 확연하게 달라진다. 그 뒤 21세기까지 재무부장관으로 임명된 사람은 모두 67명이었는데 이 가운데 외국에서 태어난 사람은 겨우 2명뿐이었다. 그리고 이 두 사람의 재임 기간을 합쳐도, 전체 200년 가까운 기간 가운데 채 2년도 되지 않는다.[4]

이민자가 재무부장관직을 수행한 기간의 비율이 1789년부터 1816년까지는 78퍼센트인데 그 뒤로는 1퍼센트밖에 되지 않는 이유는 무엇일까? 당시 미국 사회에서 이민자가 차지하던 인구 비중이 그렇게 높았을까? 아니다. 독립전쟁 이전의 이민자 비율은 극히 미미했고, 미국에서 태어난 사람들의 비율이 압도적으로 높았다. 1850년까지는 미국의 인구조사에 외국에서 태어난 사람은 포함시키지도 않았다. 그러나 다른 자료를 보면 1775년에 아프리카를 포함해서 해외에서 태어난 사람의 수는 전체 인구의 8퍼센트를 넘지 않았다. 1775~1783년의 전쟁 기간 동안 그리고 또 나폴레옹전쟁 및 1812년 전쟁의 대부분 기간 동안 이민자의 수는 급격하게 줄어들었다. 1816년에 외국에서 태어난 사람들의 인구 비율은 약 4퍼센트를 넘지 않았고, 이것은 미국 역사상 가장 낮은 수치이다.[5]

* * *

1775년에 독립전쟁이 시작되었는데, 그 당시에 미국의 여러 식민지들 가운데 다수는 적어도 125년이나 되는 정착 역사를 가지고 있었다. 그리고 (미국 건국의 아버지라 일컬어지는) 건국자들, 특히 주요 건국자들은 거의 대부분 북아메리카에 오랫동안 정착해 살았던 명문가 출신이었다. 존 애덤스(John Adams)의 최초 미국인 조상은 1620년에 메이플라워호를 타고 미국에 발을 들여놓았다. 벤저민 프랭클린(Benjamin Franklin)의 조상은 1635년, 제임스 매디슨의 조상은 1653년, 조지 워싱턴의 조상은 1659년 그리고 토머스 제퍼슨의 조상은 1672년에 각각 미국에 발을 들여놓았다. 이에 비해서 알렉산더 해밀턴과 앨버트 갤러틴은 각각 1772년과 1780년에 미국에 들어왔다.[6]

이 책의 많은 부분이 해밀턴과 갤러틴에 대한 내용인데, 대부분의 전문가들은 이 두 사람을 위대한 재무부장관으로 꼽는다. 하지만 이들은 미국의 초기 재정 정책의 큰 틀을 설계하고 구축한 10여 명의 이민자들 가운데 두 사람일 뿐이었다. 이 집단에 속하는 다른 사람들의 이름은 그저 흐릿하게만 남아 있다. 로버트 모리스, 헤임 솔로몬(Haym Solomon), 존 제이컵 애스터(John Jacob Astor), 스티븐 지라드(Stephen Girard) 등이 그런 이름들이다. 그러나 그 어떤 사람보다 오랜 기간 장관직을 수행했던 갤러틴조차도 대부분의 사람들에게는 낯선 이름이다.**7**

미국 경제의 가장 중요한 설계자이자 건축가가 이민자라는 사실이 어떤 중요한 의미를 가질까? 이것은 마치, 미국 헌법 아래 처음 36년 중 32년 동안 재임했던 처음 5명의 미국 대통령 가운데 4명이 노예를 부리던 버지니아의 대농장주였다는 사실이 어떤 중요한 의미가 있는지 묻는 것이나 마찬가지이다. 제2대 대통령 존 애덤스를 제외하고 초대부터 제5대까지 대통령을 역임한 조지 워싱턴, 토머스 제퍼슨, 제임스 매디슨 그리고 제임스 먼로(James Monroe)는 분명 그야말로 상징적인 인물들이다. 그러나 이들 역시 대부분의 사람들과 마찬가지로 자기가 살아온 환경의 눈으로, 즉 식민지 버지니아의 대농장주의 눈으로 세상을 바라보았다. 위의 네 대통령은 성인이 되었을 때 모두 어마어마하게 큰 농장을 상속받아 소유했다. 이들이 소유했던 땅을 모두 합치면 2만 3,000에이커인데, 이는 가로세로가 자그마치 58킬로미터에 달하는 넓은 면적이다.**8**

시인이자 사상가이던 랠프 왈도 에머슨(Ralph Waldo Emerson)은 1860년에 다음과 같이 썼다.

"사람이 토지를 소유하면, 그 토지가 그 사람을 소유한다."

토지 즉 유동자본과 대립되는 개념으로서의 토지가 버지니아 문화를 지배했던 양상은 미국이 독립한 뒤 처음 수십 년 동안 버지니아에서 은행이 몇 개나 허가를 받고 설립되었는지를 보면 알 수 있다. 버지니아가 가장 크고 인구가 많았던 1781년에 미국에는 단 1개의 은행도 없었다. 그런데 1837년에는 627개나 설립되어 있었다. 이 가운데 123개가 매사추세츠에 있었고, 98개가 뉴욕에, 49개가 펜실베이니아에 각각 있었지만, 버지니아에는 겨우 6개밖에 없었다. 이들 각각의 은행은 영업 허가를 받은 주(州) 안에서 돈의 공급을 증가시켰다. 다시 말해서 상업과 제조업을 촉진하며 경제 성장의 견인차 역할을 했다.[9]

로버트 모리스는 미국 최초의 은행이 1782년 필라델피아에서 문을 열 때 정관 작성에 중심적인 역할을 했고, 알렉산더 해밀턴은 1784년에 뉴욕에 설립된 두 번째 은행의 정관 초안을 작성했다. 이 두 사람을 비롯한 이민자 출신의 재정·금융 개혁가들은, 버지니아 및 특히 남부의 있는 대다수의 주들에 자리 잡고 있던 대농장주들에 비해서 보다 상업적이고 세계주의적인 관점을 가지고 있었다. 이 책에서 내가 하고자 하는 이야기들은 그 사람들이 이민자들이었기에 보다 넓은 통찰력을 가질 수 있었고, 또 이런 점이 그들의 선택과 행동을 규정했다는 점에 초점을 맞출 것이다. 그들의 이미지는, 엠마 라자러스(Emma Lazarus)가 1883년에 써서 자유의 여신상에 새겨진 저 유명한 시에 담긴 이민자의 이미지와 다르다. 그들은 지치지 않았으며, 가엾게 쫓겨나지도 않았으며, 또한 떼 지어 뒤죽박죽 몰려다니는 사람들도 아니었다. 그들은 거의 예외 없이 단신으로 뜨거운 열정을 가슴에 품고 미국 땅을 밟은 사람들이었다. 그들이 놓은 미국의 경제적 기초는 그들의 뒤를 따른 수백만 이민자들을 사로잡았던 희망찬 약속의 핵심적인 한 부분이었다.[10]

심지어 18세기에조차 풍부한 토지는 이민자들에게 북아메리카의 다른 어떤 보조금보다 강력한 매력이 있었다. 그러나 이 책에서 주인공으로 등장하는 사람들 대부분은 토지에 전혀 매력을 느끼지 않았다. 미국 금융의 근본적인 토대를 마련한 이 사람들은 미국의 13개 식민지에서 태어난 대부분의 사람들이나 다른 이민자들과는 다르게, 현금과 신용에 대한 어떤 특정한 정신적 태도를 가지고서 미국 땅에 들어왔다. 이 책에서 다루는 혁신가들은 농업에 종사하던 사람들이 아니었다. 돈, 세금, 정부 예산 및 미국을 재정적으로 우선 튼튼하게 만든 다음에 번영하게 만들, 공공금융의 여러 도구들을 능숙하게 다룰 줄 아는 도시인들이었다. 국가 재정을 책임지는 최고책임자로서 이들은 돈이 바다를 건너고 주와 카운티 그리고 도시의 경계선을 오가도록 이동시켰다. 이들은 국내에서뿐만 아니라 유럽의 은행가들 및 정부들과도 거래를 함으로써, 미국이 대서양 세계와 새로운 경제 관계를 맺도록 했다.

이런 점에서 보자면, 이들이 가지고 있던 방랑벽과 언제라도 대담한 행동을 할 수 있는 마음가짐은 결코 죽지 않고 평생 그들과 함께했다. 버지니아 출신의 네 대통령들 같은 다른 건국자들과 비교하면, 이들은 뿌리가 없는 사람들이었다. 그들은 자본도 자기들과 마찬가지로 뿌리가 없다고 보았다. 자본도 자기들처럼 언제 어디로나 쉽게 이동할 수 있다고 보았다. 그 시대는 농경시대여서, 전 세계에 살던 거의 대부분의 사람들은 토지에 매인 농부였다. 노예든 농노든 땅을 빌려주거나 빌리는 사람이든 혹은 또 소유주이든 간에 토지에 매여서 살아가는 건 마찬가지였다. 그러나 이 책에서 소개하는 이민자들은 달랐다. 물려받은 대농장도 없었고, 부모나 조부모가 세워서 물려받은 공장도 없었다. 그들이 어떤 주정부나 자치단체 혹은 마을에 매여 있던 정도는 그곳에서 자란 토착 정착민들에 비해서 한층 낮았다. 그들에게는 북아메리카의 혈통도 없었다. 그렇다고 해서 자기들이 떠나온 고향으로 돌아가고 싶은 마음도 없었다.

그들은 뿌리가 없는 사람들이었기에 돈이 본질적으로 뿌리가 없다는 것을, 그리고 또 돈의 손쉬운 이동성이 공공의 이익에 기여할 수 있음을 보다 쉽게 이해했다. 이와 관련해서 윌리엄 포크너(William Faulkner)의 소설《8월의 햇빛(Light in August)》에 등장하는 어떤 사람은 다음과 같이 말했다.

"우리는 외국인이었고 이방인이었다. 그래서 우리는, 우리를 찾지도 않고 원하지도 않았지만, 우리 스스로 새로 발을 들여놓은 땅에 정착해서 살던 사람들과는 다르게 생각했다."[11]

이 사람은 자기가 발을 들여놓은 땅에 원래부터 살고 있던 사람들을 경멸하지 않았다. 대신 '자기가 태어나고 자란 땅이 자기에게 가르친 대로 행동해야 한다는 것을 잘 알고 있는 그 사람들이 그 땅에 대해 품고 있는 애정을 존중하는 것'이 자기가 해야 할 의무임을 깨닫는다. 이민자 출신의 재무 전문가들은 돈과 신용에 대해 자기들이 알고 있는 것과 자기를 임명한 사람들이 알고 있는 것 사이의 갈등을 조정하는 일에 끊임없이 매달려야 했다.

모리스와 해밀턴 그리고 갤러틴은 토착 대농장주이던 워싱턴과 제퍼슨 그리고 매디슨과는 전혀 다른 경험과 습관을 가지고 있었다. 갤러틴은 제네바에서 공부할 때 수학 과목에서 최고 점수를 받은 학생이었다. 그리고 세 사람 모두 시골의 대농장이 아닌 도시에서 성장했다. 이동성이 없는 토지보다는 이동성이 있는 자본을 더 많이 다루었으며, 공공금융이든 민간금융이든 충분히 잘 관리할 수 있다며 자기 능력을 믿었다. 미국 역사의 처음 두 세대 동안에 이 세 사람의 이민자들 및 이들과 비숱한 사람들은, 13개 식민지에서 나고 자란 사람들보다 훨씬 더 강력하게 미국의 금융 정책에 영향을 주었다. 그리고 이어지는 200년 동안 그들의 사상은 미국 경제 발전의 기본적인 틀이 되었다.

* * *

지금 워싱턴디시에 있는 미국 재무부 건물은 백악관 바로 옆에 있다. 면적은 5에이커(2만 234제곱미터)가 넘고 자그마치 세 블록이나 차지하고 있다. 140미터가 넘는 길이의 두 개의 건물이 각자 넓직한 광장을 내려다보고 있다. 알렉산더 해밀턴의 거대한 청동상이 재무부 건물의 남쪽 광장을 내려다보고 있으며 북쪽 광장에는 앨버트 갤러틴의 동상이 서 있다. 두 사람의 동상 외에 다른 동상은 없다. 영국, 프랑스, 독일, 브라질, 중국, 인도 혹은 일본에서는 이렇게 외국에서 태어난 정치인이 재무부 건물을 장식하는 경우가 없다. 사실, 좀 이상하지 않은가?

해밀턴과 갤러틴은 미국의 미래에 대해서도, 미국의 미래를 풍족하게 채울 방안에 대해서도 견해가 부분적으로 달랐으며, 그랬기에 두 사람은 정치적으로 경쟁하던 사이였다. 두 사람이 재무부를 떠난 지 200년이 지났고, 그동안 두 사람이 가지고 있던 서로 다른 견해는 치열하게 경쟁하면서 지금까지 이어져 왔다. 해밀턴은 경제 성장을 위한 연방정부 차원의 강력한 사업들과 열정적인 정부의 전범을 보였고, 갤러틴은 낮은 세금과 정부 개입을 최소화하는 정부 정책의 상징으로 남아 있다. 두 사람의 견해는 공공부문과 민간부문의 적절한 역할, 적절한 과세 수준 그리고 국가부채의 성격을 놓고 지금도 여전히 격돌하고 있다.

물론 현재의 미국은 두 사람이 살던 시기와 많이 달라졌다. 그 사이에 남북전쟁이 일어났고, 노예제도가 철폐되었으며, 미국 전역으로 공화제가 확대되었고, 인구는 100배 이상 증가했으며, 세계 최대의 경제대국이 되었다. 그러나 두 사람의 견해는 쉬지 않고 경쟁을 계속해 왔다. 때로는 타협이라는 명분 아래 두 사람의 견해를 뒤섞는 경우도 있었지만 그때마다 기묘한, 심지어 해롭기까지 한 결과가 나타났다. 그러나 장기적으로 보면, 두 사람은 미국에 말로 다할 수 없을 만큼 커다란 이익을 안겨주었다. 이 책은 두 사람의 생각이 어떻게 진화했으며, 맨처음 어떻게 현실에서 실현되었는지 펼쳐 보일 것이다.

PART I
알렉산더 해밀턴
1757~1804

CHAPTER 1
세인트크로이 섬과 트라우마

　미국의 주요 건국자 6명 가운데 알렉산더 해밀턴만 유일하게 이민자이다. 그는 또 이 6명 가운데서도 나이가 한참 어리다. 벤저민 프랭클린보다는 51살, 조지 워싱턴보다는 25살, 존 애덤스보다는 22살, 토머스 제퍼슨보다는 14살, 제임스 매디슨보다는 6살이 적다. 또한 이 6명 가운데서 유일하게 해밀턴만 폭력적인 행위 속에서 사망했다. 애런 버(Aaron Burr)와 결투를 벌이고 목숨을 잃었던 것이다. 이렇게 그는 47살의 인생을 마감했는데, 워싱턴은 67살, 애덤스는 90대, 그리고 나머지 3명은 80대 중반까지 산 것과 비교하면, 해밀턴은 생애 또한 다른 건국자들에 비해서 매우 짧은 편이다.

　모든 사람이 진정한 혁명가였다. 벤저민 프랭클린도 1776년에 "우리는 하나로 똘똘 뭉쳐야 한다. 그렇지 않으면 우리는 각기 흩어져 목이 매달릴 것이다"라고 말했다. 그러나 미국이 독립을 쟁취하자마자, 이 혁명가

그림1 알렉산더 해밀턴의 동상. 워싱턴디시에 있는 미국 재무부 건물의 남쪽 광장을 내려다본다. 제임스 얼 프레이저(James Earle Fraser) 제작, 1923년.

들은 새로운 국가가 어떤 형태를 취할 것인지를 놓고 서로 싸우기 시작했다. 그 결과, 미국 헌법이 제정된 뒤 첫 번째 10년(1790년대) 동안은, 남북전쟁 전후인 1850년대와 1860년대를 제외하고는 미국 역사에서 가장 논쟁과 논란이 많고 시끄러웠던 기간이 되었다. 후대 세대가 건국자들을 낭만적으로 묘사했지만, 사실은 그 어떤 건국자도 다른 사람들이 쏘아대는 비난의 화살을 피할 수는 없었다. 심지어 조지 워싱턴조차도 이런 투쟁을 하느라 공직 생활을 거의 접다시피 했다. 건국자들은 서로를 가차없이 공격했다. 공격의 수단으로 신문에 기사를 기고하기도 하고, 또 때로는 팸플릿을 익명으로 작성하기도 했다.

환상을 좇는다는 손가락질을 받으며 미국의 미래 경제의 틀을 잡은 이민자 알렉산더 해밀턴은 다른 누구보다도 많은 비난과 험담을 들어야만 했다(본인 스스로 그런 비판을 자처하기도 했다). 그에게 맡겨진 여러 과제의 특성이나 그가 그 과제들을 추진하면서 보였던 대담함을 놓고 보자면, 충분히 그럴 수 있는 일이었다. 1800년에 그는 한 편지에서 다음과 같이 썼다.

"나보다 더 무자비한 비판을 받은 사람은 아무도 없을 것이다. 공직자로서 내가 보인 행동에 최악의 해석이 내려지긴 하지만, 아무래도 가장 굴욕적인 비판은 내 출생과 관련된 내용이 아닌가 싶다."[1]

* * *

해밀턴은 출신 배경이 복잡했다. 이런 점이 온갖 소문과 쑥덕거림을 낳았던 게 분명하다. 지금까지도 그가 정확하게 언제 어디에서 태어났는지 아는 사람은 없다. 심지어 그의 아버지가 누구인지도 명확하지 않다. 본인이 믿었듯이 그는 1757년에 태어났을 수도 있지만, 어떤 공식적인 기록에 따르면 1755년에 태어났을 수도 있다. 그의 출생년도가 1757년이든 1755년이든 그것은 그다지 중요하지 않다. 사람들이 전하는 말에 따르면 그는 신동이었다. 그가 태어난 곳은 서인도제도의 세인트키츠 섬과 세인트크로이 섬 인근에 있던 작은 섬인 세인트네비스 섬이었던 것 같다. 당시 세인트네비스에는 백인이 약 1,000명 살았고, 흑인 노예 8,000명이 사탕수수 농장에서 일을 하고 있었다.²

해밀턴은 건국자들 가운데서 가장 낭만적이고 씩씩했다. 그는 '결코 잊어버릴 수 없는 얼굴'로 일컬어지던 호감 가는 인상을 가지고 있었는데, 이 인상은 어머니 레이첼 포시트(Rachel Faucet)에게서 물려받은 것 같다. 어머니는 영국과 프랑스 위그노의 후손으로 미인이었으며, 네비스에서 태어났으며, 부모로부터 농장 재산의 일부를 상속받았다. 그녀는 16살 때 자기보다 나이가 2배나 많은 남자 요한 라비엔(Johann Lavien)과 결혼했다. 겉은 번지르르했지만 심성이 잔인한 덴마크인이었다. 레이첼은 결혼을 주선한 어머니와 함께 남편의 집이 있던 세인트크로이 섬으로 이주했다. 세인트크로이 섬은 덴마크령 버진아일랜드에서 가장 큰 섬이었으며 푸에르토리코에서 동남쪽으로 약 140킬로미터 떨어진 곳에 있다.³

몇 년 뒤, 강한 심성을 가진 레이첼은 아들을 낳은 후, 남편과 아들과 어머니를 버렸다. 그리고 인근에 있던 다른 섬 세인트키츠에서 스코틀랜드 귀족 가문의 넷째 아들이며 변변치 못한 인물이던 제임스 해밀턴과 살았다. 두 사람은 결혼하지는 않았지만, 사이에 아들 둘을 두었다. 이 아들들에게 그녀는 각각 제임스와 해밀턴이라는 이름을 지어주었다. 해밀턴은 '엘릭스(Elicks)'라는 애칭으로도 불렸다.

제임스와 해밀턴이 각각 10살과 8살이 되던 1765년에 이 가족은 세인트크로이 섬으로 이주했다. 그런데 얼마 지나지 않아 아버지 제임스 해밀턴이 갑자기 가족을 버리고 섬을 떠나 다시는 돌아오지 않았다. 한편 요한 라비엔은 간통을 이유로 레이첼과 이혼했는데, 간통이라는 혐의 때문에 레이첼은 2달 동안 축축한 감옥에 갇혀야 했다. 당시 그곳의 기준을 따르더라도 2달 징역형은 가혹한 징벌이었다. 이혼 판결문은 그녀가 남편과 자식을 버렸으며 '사람을 가리지 않고 음탕한 창녀 짓을 했다'고 적었다. 이것은 너무 잔인한 판결이었다. 그러나 레이첼이 제임스 해밀턴 말고도 다른 남자를 여럿 만났을 가능성은 충분히 있다.[4]

레이첼은 석방된 뒤에 세인트크로이의 수도이자 사탕 무역의 중심지이던 항구 크리스천스테드에서 작은 가게를 열었다. 그녀와 그녀의 아들들은 그 가게에서 숙식을 해결하며 살았다. 18세기의 도시에서의 삶은 대개 다 그랬다. 한동안 이 가족은 꽤 괜찮게 살았다. 엘릭스는 어머니 가게에서 점원으로 일하면서 경영에 대한 기본적인 사항을 배우기 시작했다.

당시 카리브 해에서 주로 사탕수수를 재배하던 섬들은 아름다운 풍광을 가지고 있긴 했지만 세계에서 가장 건강하지 못한 곳으로 꼽혔다. 악취가 진동했을 뿐만 아니라 무더위로 늘 땀투성이가 될 수밖에 없는 기후여서 황열병, 말라리아, 장티푸스 등의 질병이 끊이지 않았다. 이 지역의 평균수명은 악명이 높을 정도로 짧았다. 이런 사정은 농장주나 노예를 가리지 않았으며, 심지어 서인도제도에 주둔해 있던 영국군들 가운데 다수도 이곳 특유의 풍토병에 시달렸다.

가족이 세인트크로이로 이주한 지 얼마 지나지 않아서 엘릭스와 어머니는 병에 걸려 자리에 누웠다. 아마도 황열병이었던 것 같다. 두 사람은 작은 방에 나란히 누웠고, 상태는 시간이 갈수록 악화되었다. 며칠 뒤, 어머니는 아들이 잠든 동안에 죽었다. 아들이 깨어났을 때 이미 어머니의 몸은 싸늘하게 식어 있었다. 그녀의 나이 39살이었다. 그리고 엘릭스의 나이는 9살이었다. 그러자 사촌 사이이던 남자가 엘릭스와 그의 형을 맡았다. 그런데 얼마 지나지 않아서 이 사촌은 자살을 해버렸고, 같은 해에 엘릭스의 이모와 외삼촌 그리고 외할머니까지 모두 사망했다. 그런데 세인트크로이의 법원은 레이첼이 남긴 유산을 그녀가 요한 라비엔과의 사이에서 낳은 아들에게 상속하라고 명령했다. 이 아들은 당시에 20대 청년으로 성장해 있었는데, 다른 섬에 살고 있다가 어머니의 유산 상속권을 주장하려고 세인트크로이로 돌아왔다. 이렇게 해서 레이첼이 해밀턴과의 사이에서 낳은 두 아들은 한순간에 거지 신세가 되고 말았다.

이런 말도 안 되는 불운은 기가 막힐 정도로 우스운 일이었지만 두 아이에게는 너무나도 비극적이었다. 당시에 받은 커다란 마음의 상처는 두 아이에게 평생 지워지지 않는 흔적을 남겼다. 그 누구라 하더라도 이 아이들이 받은 것과 같은 상처를 온전하게 극복하지 못했을 것이다. 성인이 된 알렉산더 해밀턴은 모욕에 극단적으로 민감하게 반응하고, 자주 냉정한 판단력을 잃어버리고, 충동적으로 행동했다. 적으로 삼은 사람들을 꺾으면서 쾌감을 느낀 것도 모두 어린 시절에 받은 그 무서운 심리적인 충격에서 비롯된 것이었다.

어머니가 사망한 뒤에 두 아이는 헤어져서 살아야 했다. 두 아이 모두에게 이것은 또 하나의 힘든 고통이었다. 제임스는 어떤 목수 아래로 들어가 일을 배웠으며, 나머지 인생을 사는 동안 동생을 거의 만나지 못했다. 엘릭스는 친구이던 네드 스티븐스(Ned Stevens)의 부모가 받아줘서 그 집에서 살았다. 스티븐스 가족의 이런 호의와 네드와 엘릭스가 놀랍도록 닮았다는 사실 때문에 두 아이가 단지 친구만은 아니라고 추정하는 사람들도 있었다. 어쩌면 씨가 다른 형제일 수도 있었다. 네드의 아버지와 레이첼이 아주 오래전부터 알고 지내던 사이였기 때문이다.[5]

해밀턴의 어린 시절은 다른 건국자들의 어린 시절과는 너무 달랐다. 특히 워싱턴과 제퍼슨 그리고 매디슨은 버지니아의 대농장에서 농장주의 아들로 살았다. 그러나 그 무렵에 이미 엘릭스는 탁월한 지적 재능을 가지고 있었던 게 분명하다. 9살 나이에 이미 장차 자기 삶의 특징이 될 대담함과 자립심을 드러내기 시작했다. 가혹한 환경이었지만 눈 하나 깜짝하지 않고 거기에 대담하게 맞서는 모습을 보였던 것이다. 가족의 보호와 애정이 가장 절실하게 필요한 어린 시절에 그런 것들이 박탈된 상태였지만, 그는 10대 초반에 이미 어떤 일에 집중해서 끈질기게 매달리는 습관을 몸에 익혔다. 건국자들 가운데 해밀턴만큼 집중력이 강하고 또 여가 취미가 적은 사람은 없다. 그리고 건국자들 가운데 해밀턴만큼 일찍부터 일을 시작한 사람도 없다.

* * *

레이첼이 사망할 당시에 세인트크로이의 인구는 약 2만 4,000명이었고, 이 가운데 90퍼센트 이상이 노예였다. 해밀턴이 당시에 그렇게나 많은 '인간 도구들'과 가깝게 접촉했기 때문에 아마도 그는 평생에 걸쳐서 노예제도에 그렇게 격렬하게 반대했던 것 같다. 세인트크로이의 전체 사탕수수 농장 면적은 83평방마일이나 되었다(맨해튼의 면적이 23평방마일이니 그 규모가 얼마나 되는지 짐작할 수 있을 것이다). 세인트크로이의 문화는 카리브 해의 다른 섬들의 문화와 마찬가지로 철저하게 계층화되어 있었다. 즉, 소수의 부유한 농장주가 계층 구조의 꼭대기를 차지하고, 바닥은 노예가 차지했으며, 이 가운데 부분을 상인, 한탕을 노리는 투기꾼, 떠돌이 뱃사람 등의 잡다한 사람들이 메웠다. 엘릭스가 살았던 크리스천스테드라는 작은 도시에는 3,500명이 살았는데, 이 가운데 백인은 약 850명밖에 되지 않았다. 이들 백인들은 대부분 영국과 스코틀랜드에서 온 사람들의 후손이었고, 덴마크 출신의 관리들도 조금 있었다. 1733년에 덴마크가 프랑스로부터 세인트크로이 섬을 사들였기 때문이다. 엘릭스는 영어로 말하면서 성장했지만 프랑스어도 유창하게 구사했다. 아마도 어머니에게서 프랑스어를 배운 덕분인 것 같다.[6]

스티븐스 가족의 집으로 들어간 뒤에 엘릭스는 뉴욕에 기반을 둔 무역업자인 비크먼(Beekman)과 크루거(Cruger)가 운영하던 지역 상인회관(Merchant House)에서 일자리를 얻었다. 엘릭스는 자기보다 10살 많은 니콜라스 크루거(Nicholas Cruger) 아래에서 일을 했다. 이 회사는 설탕산업을 기반으로 한 수출입 거래를 활발하게 했는데, 해밀턴은 여기에서 회계, 재고 관리, 단기 대출, 일정 조정, 상품 가격 설정 등 경영에 관한 소중한 지식들을 배웠다. 그리고 그는, 시장에서 유통되는 다양한 통화의 환율이 널을 뛰곤 하던 당시 상황에서 환율에 정통한 전문가가 되었다. 또 수많은 상인들이 발행하던 어음에 대해서도 많은 것을 배웠다.[7]

그는 이 회사에서 일하면서 성인이 되었다. 니콜라스 크루거가 가게를 자주 비웠는데, 한 번은 14살짜리 소년이던 해밀턴이 그 회사가 고용한 여러 선장들에게 자세한 지시사항을 글로 써서 줬다. 이 가운데 어떤 메시지 하나는 한 선장에게 일정이 지연될 때 일어날 수 있는 결과를 알리며, 그런 일이 일어나지 않도록 경고했다. 예를 들면 다음과 같다.

> 세인트크로이, 1771년 11월 16일.
> 당신이 크라코아로 즉시 가서 이행해야 할 내용과 바람을 전달하겠습니다. 당신은 당신이 맡은 화물을, 선하증권(船荷證券)*의 내용에 어긋나지 않게, 거기에 있는 텔리먼 크루거 님께 배달해야 합니다. 그리고 도착한 뒤에는 배의 처분과 관련된 모든 사항과 관련해서는 이분의 지시를 따라야 합니다. (…) 이번 시즌에 당신은 세 차례 여행을 해야 한다는 것을 기억하십시오. 부지런히 서두르지 않으면 우리의 수확물이 시간에 맞게 도착하지 못할 것입니다.

그리고 석 달 뒤에는 그 선장이 일을 제대로 하지 못하자 다음과 같이 나무랐다.

> 세인트크로이, 1772년 2월 1일.
> 당신이 방금 마친 불행한 항해에 대해서 반성하시오. 그리고 그 탓에 당신을 고용한 사람들에게 끼치게 된 막대한 피해를 보충하도록 노력하시오.⁸

12살 소년이던 해밀턴이 친구 네드 스티븐스에게 보낸 편지는 그가 얼마나 일에 열심히 매달렸으며 또 자의식이 얼마나 강했는지 잘 보여준다. 그가 남긴 수천 통의 편지 가운데서 이 편지가 가장 많은 것을 이

• 해상운송계약에 따른 운송화물의 수령 또는 선적(船積)을 인증하고, 그 물품의 인도청구권을 문서화한 증권.

야기해 준다.

네드, 내 야망이 어떤 것인지는 내가 점원이나 뭐 그와 비슷한 비천한 처지를 경멸하는 것을 보면 분명하게 알 수 있을 거야. 운명이나 뭐 그런 것들이 나에게 이런 처지를 짐 지웠고 또 나의 인생을 위협한다. 그러나 나는 성격상 여기에 만족할 수 없다. 자신 있게 말하지만, 내 청춘 시기에는 내가 원하는 것을 곧바로 할 수 있는 여건이 허락되지 않고, 또 내가 그걸 바라지도 않지만, 그래도 나는 나의 장래로 나아갈 길을 준비할 생각이야. 너도 알겠지만 나는 철학자가 아니잖아. 어쩌면 공중누각을 짓겠다는 것일 수도 있겠지. 내 어리석음이 부끄럽다. 제발 혼자만 알고 있었으면 좋겠다. 그러나 네드, 영사기 같은 걸 보면 그런 계획이 성공하기도 하는 걸 함께 봤었잖아. 그래서 말인데, 전쟁이라도 일어나면 좋겠다.[9]

전쟁에서의 영광은 그 시절 세인트크로이 섬에 있던 12살 해밀턴과 같은 처지의 소년으로서는 유일하게 두각을 나타낼 수 있는 길이었다. 그리고 그는 곧 전쟁을 맞이하고, 그 전쟁을 최대한 이용했다.

1772년에 강력한 허리케인이 세인트크로이를 강타했고, 15살 소년 해밀턴은 허리케인을 설명하는 기사를 《로얄 데니시 아메리칸 가제트(Royal Danish American Gazette)》에 실었고, 이 기사로 그는 갑작스럽게 지역 사회의 관심을 한 몸에 받았다.

"마치 자연이 완전히 붕괴되는 어떤 일이 일어나는 것 같았다. 바다와 바람이 으르렁거리며 울부짖었고, 허공에는 돌들이 마구 날아다녔으며, 번개는 쉬지 않고 마구 번쩍여댔고, 집들은 맥없이 날아가고 주저앉았으며, 사람들의 비명은 고막을 찢는 듯했다. 천사들조차도 놀라서 달아날 정도였다. (…) 그러나, 보라, 신의 분노는 가라앉았다. 신은 우리가 하는 기도를 듣는다. 번개도 멈추었고 바람도 잦아들었다. 으르렁거리던 모든 것들이 잠잠해졌고, 이제 모든 것들은 평화를 약속한다."[10]

어린 해밀턴은 글쓰기의 재능 외에도 깊은 개념적 통찰력과 1급 수준의 분석력을 가지고 있었다. 정규 교육을 거의 받지 못했음에도 불구하고 숫자와 관련된 셈에 무척 밝았다. 크루거 가문의 회사에서 일을 하면서 그는 미국 전역의 항구들, 나아가 유럽의 항구들에서 무역업과 관련해서 세인트크루이에 온 사람들을 다양하게 만났다. 그리고 많은 지식을 쌓았다. 그가 가지고 있었던 외부 세계에 대한 지식 가운데, 그 사람들에게서 얻은 것 외의 나머지 부분은 모두 그의 어머니가 수집했던 방대한 책에서 얻은 것들이었다.

그러나 그가 도소매업 경영뿐만 아니라 금융에 대한 핵심적인 원리를 깨우친 것은 순전히 본인이 열심히 노력한 덕분이었다. 특히 상사가 자리를 비우고 없는 동안, 크루거 가문의 회사를 직접 책임지고 운영한 덕분이었다. 당시에 그가 깨우친 이런 원리들 가운데는 신용의 특성과 복리(複利)의 중요성 등도 포함되어 있었는데, 이런 것들은 당시에 사업을 하는 사람들조차도 제대로 잘 알지 못하던 개념들이었다. 어린 시절에 얻은 이런 지식과 경험은 해밀턴이 장차 미국의 재무부장관으로 일을 하면서 거두게 될 여러 차례의 커다란 승리에 매우 큰 역할을 한다.

CHAPTER 2
뉴욕과 약속의 땅

18세기 서인도제도에서, 재능이 넘치는 백인 소년에게 보다 좋은 교육을 받을 수 있도록 해외로 유학을 보내주는 일은 흔한 관습이었다. 해밀턴은 사촌누이이던 앤 리턴 벤턴(Ann Lytton Benton)에게서 받는 것 말고는 가족으로부터 재정적인 지원을 전혀 받지 못했다. 그래서 나중에 해밀턴은 이 사촌을 '이 세상에서 내가 가장 크게 은혜를 입은 사람'이라고 말했다. 그러나 그는, 허리케인을 탁월하게 묘사한 데 깊은 감명을 받은 세인트크루이의 여러 후원자들로부터 따로 또 도움을 받았기에 북아메리카로 유학을 할 수 있었다. 이 후원자들 가운데 특히 휴 녹스(Hugh Knox)라는 근본주의 장로파 목사가 있었는데, 이 사람이 아는 사람들이 뉴욕과 뉴저지에 많이 있었다.[1]

1772년 10월, 해밀턴은 세인트크로이 섬을 떠났다. 품에는 그 두 식민지에 살던 여러 저명한 가문에 보여줄 소개장을 품고 있었다. 이때 그의 나이는 채 16살이 되지 않았다. 게다가 왜소한 체구 때문에 나이보다도 더 어려 보였다. 휴 녹스의 부자 친구이던 윌리엄 리빙스턴(William Livingston)이 이 어린 이민자를 뉴저지의 엘리자베스타운에 있던 저택으로 반갑게 맞아들였다. 이 저택 인근에 장로파 학교가 있었는데, 뉴저지칼리지(지금의 프린스턴대학교)를 막 졸업한 사람이 운영하던 이 학교에서 해밀턴은 거의 1년 동안 공부했다. 그리고 뉴저지칼리지에 입학하려고 했지만 입학 허가를 받지 못했다. 1773년 가을에 그는 당시 로우어 맨해튼에 있던 킹스칼리지(지금의 컬럼비아대학교)에 17명의 1학년 학생 가운데 하나로 등록했다. 당시에 그는 정식 학생이 아니었지만 해부학, 라틴어 그리고 수학 과목을 청강생 신분으로 들었다.

　해밀턴은 또한 고전 플루타르코스(Plutarchos)의 《영웅전(Lives)》을 열심히 읽었고, 보다 최근의 저서들인 홉스, 로크, 몽테스키외, 블랙스톤, 흄 등의 저작들도 읽었는데, 이때 읽은 책들이 그가 나중에 쓰는 글에 영향을 미친다. 킹스칼리지에서 함께 공부했던 친구들은 그가 공부하기를 몹시 좋아했으며 운율이 맞지 않는 서툰 시를 열심히 썼다고 회상했다. 해밀턴은 유머 감각이 있었지만, 학생 시절이나 그 뒤에나 그 감각을 밖으로 드러내는 경우는 거의 없었다. 학창 시절 친구들은, 그때 이미 형성되어 그를 평생 따라다닌 버릇도 기록했다. 혼잣말을 중얼거리면서 몇 시간씩 방 안을 서성이는 버릇이었다. 논리를 가다듬어야 할 때나 발표 준비를 할 때 일종의 구두변론을 연습하는 것이었다. 이런 여러 점들을 종합해 보면 해밀턴은 지기 싫어하고 눈에 띄던 청년, 다른 사람의 기억에 충분히 오래 남을 수 있는 청년이었다.[2]

　해밀턴이 보스턴이나 사바나가 아니라 뉴욕에 정착한 것은 행운이었다. 뉴욕은 1613년부터 뉴암스테르담이라는 이름의 네덜란드 식민지였지만, 1664년에 영국이 차지해서 지금의 뉴욕으로 이름이 바뀌었다. 네덜란드 식민지이던 시기에 이미 뉴욕은 전체 13개 식민지 가운데서 가장 국제적인 도시로 자리를 잡았다. 늘 뱃사람들로 북적거리는 부산한 항구도시였던 뉴욕은 일찍부터 온갖 국가에서 찾아오는 이민자들에게 문이 활짝 열려 있었다. 해밀턴이 처음 여기에 발을 디뎠을 때 로우어 맨해튼에는 2만 5,000명이 몰려 살고 있었다. 그래서 여기 살던 시기에는 본토인의 편견을 거의 경험하지 않아도 되었다.

게다가 그가 미국 땅을 밟은 시기는 출세를 꿈꾸던 사람에게는 더할 나위 없이 좋은 시절이었다. 보스턴 티파티 사건이 그가 킹스칼리지에 다니던 첫 해에 일어났다. 그리고 또 그와 비슷한 사건이 뉴욕시티에서도 일어났는데, 여기에서는 군중들이 수입 차를 바다에 던져버렸다. 영국 의회는 이에 대응하며 최악의 실수를 하고 말았다. 이른바 일련의 '강압조례(Coercive Acts)'를 통과시킨 것이다(이 조례를 미국에서는 '참을 수 없는 조례(Intolerable Acts)'라고 불렀다). 그 바람에 13개의 식민지가 연합하는 실질적인 저항이 시작되었다. 1774년에 제1차 대륙회의가 열려 영국과의 통상 중지를 결의했다. 당시 모국에 대한 식민지의 이런 보복은 무장 봉기나 다름없었다. 제1차 대륙회의의 결의로 미국의 13개 식민지들은 반란 직전까지 치달았던 셈이다.

그리고 다음 해에 독립전쟁이 발발했다. 그런데 이 전쟁은 여러 가지 많은 쟁점들을 안고 있었다. 군주가 아니라 선거로 뽑힌 사람들에 의한 대의정치 이념인 공화주의, (식민지 사람들이 오랜 세월 염원했던) 자치정부에서의 영국 철수, 미국에 있는 영국 세관원들 및 여러 공무원들의 부패, (그리고 가장 중요하게는) 영국 제국의 성격 등이 이 전쟁을 둘러싸고 첨예하게 대립되던 쟁점이었다. 이것들은 그 뒤 200년 동안 다른 모든 식민지들

그림2 16살 생일을 맞은 알렉산더 해밀턴. 미국 땅을 밟은 지 3달 뒤이다. 해밀턴은 30대 중반까지도 나이보다 어려 보였다. 왼쪽은 그림의 뒷면인데, 'A. 해밀턴, 1773년 1월 11일에 그림'이라고 쓰여 있다.

이 유럽의 식민지 모국이 채운 굴레를 부수도록 촉진했던 사회적, 문화적 결별의 토대가 되었다. 존 애덤스가 말했듯이 "우리의 혁명은 전쟁이 선포되기 전에 이미 시작되었다. 혁명은 사람들의 가슴과 머리에 이미 들어 있었다."* 이 혁명은 1760년부터 1774년까지 서서히 무르익었고, 마침내 전쟁의 첫 총성이 울리는 데까지 나아갔다. 애덤스는 다음과 같이 썼다.

"행동을 통일하기 위해서 시계 13개가 제작되었다. 과거 그 어떤 예술가도 완수하지 못했던 완벽함을 기하기 위한 조치였다."**3**

혁명이 그 정도로까지 진전되었다는 말은 그런 일련의 과정에 엄청나게 많은 돈, 고대 로마의 정치인 키케로가 '군자금'이라고 불렀던 돈

• 미국의 독립전쟁은 시민혁명의 성격을 띠고 있었기에 '혁명전쟁(Revolutionary War)'으로 표기된다.

이 투입되었다는 뜻이었다. 18세기 중반까지 영국 정부는 세수의 약 80퍼센트를 전쟁 비용 혹은 예전에 치렀던 전쟁 때문에 생긴 빚의 이자로 지출했다. 영국 의회가 식민지들도 이 비용을 함께 부담해야 한다고 믿었던 것도 무리가 아니었다. 특히 프랑스와 벌인 프렌치인디언전쟁(1754~1763)•에 비싼 전쟁 비용을 들인 뒤로는 이런 분위기가 더욱 팽배했다. 이 전쟁의 전투는 육지뿐만 아니라 바다에서도 벌어졌고, 이 전쟁으로 약 100만 명이 죽었으며, 영국의 국가부채는 거의 2배로 불어났다. 영국은 이 전쟁을 승리로 끝내고, 인도와 캐나다 그리고 그 밖의 지역에서 방대한 영토를 획득했다. 런던의 시각으로 보면 식민지 지배에 들어가는 비용을 각 식민지가 부담하도록 할 필요가 있었다. 그렇게 하지 않으면 본국의 납세자들이 도무지 견딜 수 없을 정도였기 때문이다. 조지 그렌빌(George Grenville), 찰스 타운센드(Charles Townshend), 로드 노스(Road North) 등 영국 정치인들은 북아메리카에 분노가 싹트고 있다는 사실을 알지 못한 채 식민지에 무거운 세금을 부과하는 엄청난 실수를 저지르고 말았다.[4]

영국은 신세계에 30개의 식민지를 가지고 있었다. 그러나 이 가운데 오직 13개만이 이 새로운 정책에 심각한 수준으로 저항했다. 캐나다, 카리브 해, 대서양 버뮤다 등지의 식민지들은 저항의 기미를 보이지 않았지만, 유독 13개 '대륙 식민지들에서만 영국 정부가 자기들에게 부담되는 새로운 정책을 내놓을 때마다 저항하고 나섰다. 이런 저항은 1760년대 초부터 이미 시작되고 있었다.

• 북아메리카 대륙에서 오하이오 강 주변의 인디언 영토를 둘러싸고 일어난 영국과 프랑스의 식민지 쟁탈 전쟁. 영국과 프랑스 모두 인디언들과 동맹을 맺었지만, 영국 측에서 볼 때 프랑스가 인디언과 동맹을 맺었기 때문에 프렌치인디언전쟁이라고 부른다.

영국 정부의 가장 공격적인 조치는 1765년에 제정한 인지세법이었다. 이것은 수입 상품에 부과하는 관세와 다른 것으로, 북아메리카 식민지가 개설된 이후 150년 만에 처음 제정된 직접세였다. 인지세법은 신문, 팸플릿, 토지 허가증, 변호사 자격증을 비롯한 각종 법률적 증명서, 심지어 트럼프카드에도 세금을 부과했다. 인지세법이 시행됨에 따라 위에 언급한 모든 문서에 영국에서 수입한 인지를 붙여야만 했다.[5]

  인지세법이 통과되자 13개 식민지 대부분에서 격렬한 소동이 일어났다. 식민지에서만 이 인지세에 반대한 게 아니라 미국으로 상품을 수출하던 영국 내의 상인들도 인지세 반대 대열에 합류했고, 이듬해인 1766년에 식민지 의회들은 인지세를 철폐했다. 하지만 영국 의회는 인지세와 비슷한 조치들을 연이어 통과시켰다. 신문, 유리, 페인트, 납 및 그 밖의 여러 물품들에 세금을 부과하는 타운센드법을 1767년에 의결했고, 보스턴 티파티를 초래하는 다세법(茶稅法)을 1773년에 의결했다. 그러나 모국이나 식민지 모두 이런 조치들이 양측 사이의 결별까지 불러올 줄은 상상도 하지 못했다. 수많은 사람들이 목숨을 잃게 되는 길고 비극적인 전쟁이 벌어질 줄은 더더욱 상상하지 못했다. 1770년대까지도 식민지 사람들 대다수는 여전히 평화적인 해결책이 가능할 것이라고 믿었고 또 희망했다.

  양측이 궁극적으로 갈라서는 과정에서 드러난 가장 두드러진 측면들 중 하나는, 독립을 향한 초기의 조짐에서 독자적인 헌법 제정 및 미국 정부 수립까지의 기간이 무척 길었다는 점이다. 모국과 13개 식민지들 가운데 몇몇 식민지 사이의 쟁점들은 1750년대 초에 이미 악화되기 시작했다. 이 갈등은 1760년대에 더욱 심각해졌으며, 마침내 1775년에 격렬한 혁명의 불길로 타올랐다. 그리고 조지 워싱턴이 미국의 초대 대통령으로 취임한 1789년에 가서야 비로소 양측의 완전한 결별이 이루어졌다.

그러므로 우리가 미국의 독립 및 새로운 국가의 체제를 어떻게 정할지를 놓고 이루어진 기본적인 결정들에 관해 어떤 말을 할 때는, 거의 40년 가까운 세월 동안 진행된 어떤 과정을 이야기하는 셈이다. 워싱턴과 수천 명의 식민지 병사들은 1754~1763년의 프렌치인디언전쟁에서 영국의 붉은 코트*들과 나란히 서서 함께 싸웠다. 그 갈등은 알렉산더 해밀턴이 태어나기도 전에 이미 시작되었다. 1770년대 중반에는 (존 애덤스가 나중에 추정했듯이) 미국 내의 여론은 영국 지지, 독립 지지, 아직 결정하지 못했음이라는 세 가지 의견이 거의 대등한 비율로 나뉘어 있었다. 당시에 의견이 다른 사람을 설득하는 매체로 가장 선호되던 것은 팸플릿이었고, 이 가운데는 토머스 페인(Thomas Paine)의 〈상식(Common Sense)〉이 가장 유명했다.

* * *

1774년 12월, 로우어 맨해튼에 살고 있었으며 거의 18살이 다 되었던 해밀턴이 팸플릿의 소용돌이 속으로 뛰어들었다. 그는 40쪽 분량의 열정적인 에세이 〈의회의 조치를 전적으로 옹호하며(A Full Vindication of the Measures of Congress)〉를 '미국의 친구'라는 필명으로 출간했다. 독립을 지지하는 수많은 팸플릿들이 천부인권을 주장했지만, 해밀턴은 여기에 경제적인 측면의 의미를 보태서 식민지 사람들이 영국을 필요로 하는 것

• 영국군을 가리키는 호칭.

보다 영국이 식민지 사람들을 더 많이 필요로 한다고 설명했다.

"식민지에는 300만 명이 넘는 사람이 살고 있다(그러나 당시의 실제 인구는 240만 명이었다). 이들 사이에 상업은 그 어디에서보다 빠르게 성장한다. 그런데 영국은 순전히 자기의 이익을 위해서만 지금까지 이 상업을 규제해 왔다. 과연 우리는 이 풍성한 부의 원천을 없애 버리려는 행위를 단순히 사소한 수입의 문제라고 생각할 수 있겠는가?"

해밀턴은 식민지 경제가 영국 없이도 충분히 자립할 수 있다고 도전적으로 선언했다.

"우리는 어떤 종류의 무역을 하지 않고서도 얼마든지 잘 살아갈 수 있다."[6]

이 주장은 최고의 논쟁거리였다. 그러나 무엇보다 이 에세이는 그토록 어린 청년의 인상적인 데뷔작이라는 의미가 컸다.

그로부터 2달 뒤인 1775년 2월, 해밀턴은 보다 길고 또 보다 성숙한 글을 내놓았다. 〈그 농부를 반박한다(The Farmer Refuted)〉라는 팸플릿이었고, 그는 이 글을 '미국의 진실한 친구'라는 이름으로 발표했다. 당시에 'A. W. 파머(Farmer)'라고 자기를 밝힌 사람이 대륙회의를 공격하는 유명한 글을 썼는데, 여기에 대한 반박 차원에서 쓴 글이었다. 이 '파머'는 나중에 미국의 초대 성공회 주교가 되는 새무얼 시버리(Samuel Seabury)였다. 해밀턴의 이 반박 글은, 정치 분야의 이론적 훈련과 실질적 경험을 가진 학식 있는 저자였다면 상당한 명성을 드높일 수 있는 글이었다. 사실 해밀턴은 원하기만 한다면, 건국자들 가운데 그 누구와 견주어도 지지 않을 정도로 화려한 글솜씨를 뽐낼 수도 있었다. 하지만 제퍼슨과 다르게 그는 문체를 거의 선택하지 않았다. 대신, 거창하고 과장된 표현이 배제된 순차적인 논리를 선호했다.

하지만 〈그 농부를 반박한다〉는 예외였다. 생생한 비유들로 가득한 이 글은 해밀턴이 최고 수준의 수사를 뽐낼 수 있다는 사실을 보여준다. 이 팸플릿의 각 부분들은 그가 여태까지 쓴 그 어떤 글보다도 감동적이고, 또 이 글의 어떤 구절들은 여러 번 반복해서 읽을 가치가 있을 만큼 유려하다.

인간의 성스러운 권리들은 오래된 문서들이나 먼지가 앉은 기록물 속에서 뒤져야 할 대상이 아니다. 인간 성정의 전체 맥락 속에서, 신의 손이 한 줄기 햇살을 펜 삼아 쓴 것이다. 이것은 결코 지워지거나 흐릿해지지 않는다.[7]

정규 교육을 거의 받지 못한 어린 이민자가 쓴 팸플릿 〈그 농부를 반박한다〉는 그야말로 역작이었다. 장차 해밀턴이 30년이라는 세월 동안 쓰게 될 수많은 역작의 첫 번째 작품이었다. 그리고 그가 그토록 바라던 전쟁은 이제 2달 앞으로 다가와 있었다.

CHAPTER 3
전쟁과 영웅주의

　오랜 세월 동안 잠복해 있던 독립전쟁의 불길은 마침내 1775년 4월 매사추세츠의 렉싱턴과 콩코드에서 폭발했다. 해밀턴은 다른 자원자들과 함께 뉴욕시티의 세인트조지교회 마당에서 군사훈련을 받았다. 그리고 영국의 포격을 피해서 맨해튼 남쪽 끝의 배터리를 완전히 비웠던 시기에 처음으로 영국군의 화력 공격을 경험했다. 1776년 1월, 뉴욕 지방의회는 도시의 방어를 위해서 포병부대 조직을 명령했다. 그리고 얼마 뒤 19살이 된 해밀턴이 이 포병부대의 대장으로 임명되었다. 해밀턴이 동료 장교들에게 워낙 강한 인상을 심어주었기에 2명의 장군이 동시에 그에게 부관이 되어달라고 요청했다. 하지만 그는 이 요청을 거부했다. 후방에서 참모로 일하기보다는 전투 일선에서 두각을 나타내고 싶었기 때문이다. 그러나 이런 그의 바람은 이루어지지 않았다. 해밀턴은 트렌턴과 프린스턴 등지에서 벌어진 전투에서 포병대장으로 탁월하게 임무를 수행했는데, 그 직후인 1777년 1월, 조지 워싱턴이 그에게 부관으로 오라고 요청했다. 이 요청을 거부할 수는 없었다. 조지 워싱턴은 대륙군의 최고사령관이었기 때문이다.[1]

독립전쟁 기간 동안 모두 32명의 젊은 장교가 워싱턴의 부관으로 일했는데(보통 한 번에 너덧 명이 동시에 부관으로 근무했다), 해밀턴은 독보적일 만큼 탁월하게 임무를 수행했다. 애런 버라는 또 다른 부관의 경우, 워싱턴이 싫어해서 채 1달도 채우지 못하고 쫓겨나기도 했다. 그러나 해밀턴은 4년 넘게 워싱턴의 곁을 지켰는데, 아마도 워싱턴은 그를 곁에 더 붙잡아두고 싶었을 것이다. 장군의 부관들 가운데서 식민지의 명문 가문 출신이 아닌 사람은 지극히 드물었는데, 그중 하나가 해밀턴이었다(또 다른 드문 경우는 해밀턴의 친구로 아일랜드에서 온 이민자였던 제임스 매켄리(James McHenry)였다).* 해밀턴은 그 시기 동안에 워싱턴의 '가족'으로 살았다(실제로 사령부에서는 자기들끼리 가족이라고 불렀다). 이 가족의 구성원들은 텐트에서 혹은 징발한 민가에서 함께 잤다. 함께 먹고, 나란히 혹은 마주 보고 앉아서 일하고, 하루 종일 서로를 바라보았다. 그것은 해밀턴이 그때까지 살면서 가장 가깝게 느꼈던 공동체였고, 그는 그 공동체를 사랑했다.[2]

워싱턴은 대륙군 사령관이었던 터라 엄청나게 많은 양의 서신을 교환했다. 수없이 많은 메시지들이 날마다 그의 지휘본부에서 쏟아져 나왔다. 해밀턴은 그의 서신 초고를 빠르고 정확하게 교정하는 작업을 하면서 수백 통의 메시지와 명령서를 작성했다. 구체적인 지시를 최소한으로만 받은 채 이런 작업을 하는 경우도 흔했다. 그는 워싱턴이 바라는 것을 미리 내다보는 기술을 개발했으며 자신의 문체를 건조하고 사무적인

• 제임스 매켄리는 나중에 조지 워싱턴 대통령 정부에서 전쟁부장관이 된다.

스타일로 맞췄는데, 이런 점을 워싱턴은 무척 마음에 들어 했다.[3]

시간이 흐르면서 그는 점차 워싱턴과 가까워졌다. 그는 평생 느껴보지 못했던 아버지의 정을 워싱턴에게서 느꼈으며, 자식이 없었던 워싱턴도 아마 해밀턴에게서 아들을 대하는 것과 같은 느낌을 받았을 것이다. 그러나 해밀턴은 편모 아래에서 자랐고 또 일찍 어머니를 여의었던 터라 자기 외의 그 누구에게도 지나치게 의존하기를 꺼렸다. 워싱턴을 비롯한 고위직 후원자들의 관심을 즐기긴 했지만 여전히 독립적인 존재로 고집스럽게 남았다. 친한 친구 존 로렌스(John Laurens)에게 보낸 편지에서 해밀턴은 다음과 같이 썼다. 사우스캐롤라이나의 부유한 청년 농장주이던 로렌스는 워싱턴이 거느린 또 다른 부관이었다.

"자네는 내가 사람들에게 밝히곤 하던 생각을 잘 알겠지. 특정한 어떤 구속에서 자유롭고자 하는 내 바람이 얼마나 강력한지 말이야."[4]

해밀턴의 이런 태도 때문에 워싱턴과 해밀턴 사이에는 이따금씩 다툼이 생기곤 했다. 워싱턴은 위엄이 넘치는 태도를 가졌지만 성격은 해밀턴보다 더 했으면 더 했지 결코 못하지 않을 정도로 불같았다. 이런 다툼의 원인은 언제나 상대방이 자기를 얕본다는 상상에서 비롯되었다. 그러나 설령 워싱턴이 아무리 따뜻한 마음씨의 소유자였다고 하더라도(사실은 결코 그렇지 않았다), 자기가 부관들 가운데 어떤 사람을 편애하는 것처럼 비쳐도 상관하지 않을 사람은 결코 아니었다. 그랬기에 두 사람 사이가 계속 가깝게 유지되었다 하더라도 두 사람은 긴장과 신중함의 끈을 늦추지 않았다.

워싱턴과 해밀턴은 서로를 완벽하게 보완했다. 허튼소리를 용납하지 않는 태도, 성숙한 판단 그리고 180센티미터에 90킬로그램이 넘는 위압적인 체구의 워싱턴 앞에서는 존경심이 저절로 우러나올 정도였다. 이에 비해서 해밀턴은 171센티미터에 57킬로그램의 왜소한 체구였다. 그래서 워싱턴의 부관 가운데 어떤 사람은 해밀턴을 '꼬맹이 사자(the little lion)'라고 불렀으며, 이 별명은 오랫동안 그를 따라다녔다. 워싱턴 옆에 서 있는 바람에(그리고 나중에는 186센티미터의 토머스 제퍼슨 옆에 서 있는 바람에) 왜소해 보이긴 했지만, 당시 기준으로 보자면 단신은 아니었다. 제임스 매디슨은 162센티미터였고 나폴레옹은 159센티미터였으니까.

해밀턴은 대륙군을 워싱턴이 필요로 하던 자원이 풍부하고 의욕에 불타는 군대로 만들었으며, 또한 이 군대를 어떻게 운용할지 알았다. 대부분의 장교들은 물론 심지어 대부분의 장군들과도 달리 해밀턴은 늘 전략적으로 생각했다. 각자 자기 군대를 가지고 있던 13개 식민지의 군인을 그저 하나로 모아놓기만 해서는 백전백패를 피할 수 없었다. 군대는 자금과 보급품 부족에 만성적으로 시달렸다. 그러니 탈영은 심심찮게 일어났다. 이런 상황에서 대륙군은 영국과는 역사적으로 앙숙이던 프랑스가 제공하는 재정적인 도움에 의존해야만 했다. 대규모 병력을 모을 자금이 부족했기 때문에 워싱턴은 특히 큰 전투의 경우 이길 때보다도 질 때가 더 많았다. 그래서 워싱턴은 영국군과의 전면전을 될 수 있으면 피했다. 영국군은 병력이나 병사 개인의 전투력 측면에서 대륙군을 압도했기 때문이다. 그래서 워싱턴이 취한 전술은 기습공격을 위주로 하는 게릴라 전술이었다.

18살밖에 되지 않았던 해밀턴도 이런 비정통적인 전투 방식을 기대했었다. 1775년 2월에 발표한 〈그 농부를 반박한다〉에서도 그는 만일 전쟁이 일어날 경우에는 이 전술이 가장 효과적인 것이라고 묘사했다.

"우리의 조건으로 볼 때 적의 예봉은 피하는 게 좋다. 적이 정규군의 경험과 기량을 마음껏 펼칠 수 있는 개활지에서 맞서는 것보다는 기습이나 전초전을 자주 벌임으로써 적 병사를 괴롭히고 지치게 만드는 것이 훨씬 좋은 정책이 될 것이다."[5]

그는 타고난 전략가였던 것 같다. 그래서 나중에 더할 나위 없이 유능한 경제 전략가가 되었던 것인지도 모른다.

* * *

워싱턴의 부관들 가운데서 가장 어려운 임무를 맡는(혹은 일부러 자청하는) 사람은 언제나 해밀턴이었다. 새로운 군사적 규제를 정하거나 감찰관 사무실을 개편하거나 또 군대의 체제를 재편성하기 위한 계획 등의 초안을 잡았다. 이런 업무들은 누구에게나 무척 힘든 일이었을 것이다. 특히 10대를 갓 넘긴 서인도제도 출신의 무일푼 이민자이자 사생아 같은 존재에게는 더 말할 것도 없었다. 그러나 해밀턴은 나무가 꽃을 활짝 피우듯 그렇게 자신의 가치를 뽐냈다. 정서적으로 불안정했음에도 불구하고 그는 자기 능력을 철저하게 믿었으며, 무엇이든 다 해낼 수 있을 것처럼 보였다. 복잡한 관리 및 운영 업무가 익숙하지 않은 나이였음에도 그는 관리와 위계에 대한 확실한 감각을 갖춘 최고의 관리자임을 스스로 입증했다.

그는 업무상 언제나 최고 수준의 공직자들을 일상적으로 만났는데, 워싱턴을 대표하는 사람의 자격으로 상급 장교들을 조금의 망설임도 없이 신랄하게 비판하곤 했다. 예를 들어, 사라토가전투를 승리로 이끌었던 추앙받는 대륙군의 장군 호레이쇼 게이츠(Horatio Gates)를 카리브 해를 항해하던 선장들을 다그칠 때와 똑같은 어조로 사정없이 다그쳤던 것이다. 그러나 해밀턴은, 자기에게는 의지할 가문이나 자원이 아무것도 없었기에 언제든 비판과 비난의 화살을 맞고 쉽게 다칠 수 있음을 잘 알고 있었다. 워싱턴에게 야전지휘관 임무를 맡겨달라고 자주 요청했던 것도 바로 이런 이유에서였다. 야전지휘관이 되면 전투에서 영웅적인 승리를 거두어서 전국적인 명성을 얻을 수 있다고 생각했기 때문이다. 하지만 워싱턴은 그의 요청을 거절했고, 해가 갈수록 이런 워싱턴을 향한 그의 원망과 분노는 커졌다. 참모로서 탁월한 역량을 발휘하며 지휘관이 승리를 거두는 데 핵심적인 역할을 하는 뛰어난 장교가, 야전에서 지휘관이 되어 자기 부대를 이끌고 전투를 승리로 이끌고자 하는 모습은 어떤 전쟁에서든 나타나는 현상이다. 그러나 해밀턴과 워싱턴 사이의 이 긴장은 그 어떤 경우보다 더 극적으로 전개되었다.[6]

해밀턴은 또 프랑스어를 다른 부관들에 비해서 탁월하게 잘했던 까닭에, 미국 군대의 선두에 서기를 바라며 합류한 프랑스 출신 장교들을 관리하는 업무 또한 그의 몫이었다. 그리고 이 과정에서 자기보다 2살 어린 프랑스 장교 마르퀴스 드 라파예트(Marquis de Lafayette)와 친구가 되었다. 해밀턴은 라파예트가, 신생국가가 독립을 쟁취하는 역사에 힘을 보태고자 한다는 점에서 자기와 똑같은 외국인이라고 보았던 것이다. 그리고 해밀턴은 필라델피아에 있는 대륙회의의 행동을 주시했다. 워싱턴을 비롯해서 군대에 있던 대부분의 다른 사람들과 마찬가지로 해밀턴은 필라델피아에서 일어나는 믿을 수 없는 일들에 좌절했다. 대륙회의가 구성한 정부는 야전 상황을 전혀 감당하지 못하는 것 같았다. 무력하기 그지없었다.[7]

해밀턴이 주로 하는 일은 무언가를 끊임없이 쓰는 일이었다. 수백 쪽, 아니 수천 쪽의 글을 썼다. 명령서, 편지, 부대 재편 계획서, 전략에 관한 에세이, 군자금 마련을 위한 아이디어, 그리고 또 이따금씩 발표하곤 했던 정치 관련 팸플릿 등 끊임없이 쓰고 또 썼다. 달이 가고 해가 가도록 그는 책상 앞에 앉아서 매끄럽고 평이한 문체로 방대한 양의 저작을 쌓아갔다. 그가 남긴 글만으로도 군사적인 측면에서 독립전쟁의 역사를 조명하는 독립된 저술이 될 수 있을 정도이다. 군 복무를 하면서 처음 4년 동안 그는 단 한 번도 휴가를 가지 않았다. 군대가 그의 집이었고 워싱턴의 '가족'이 바로 그의 가족이었다. 해밀턴에게는 그것 말고 다른 가족이 없었다.[8]

* * *

그런데 한 가지 요소가 여전히 채워지지 않고 있었다. 해밀턴이 처음 군대에 입대한 동기이기도 했던 것이었다. 그것은 바로 전투 현장의 영광이었다. 그는 책상 앞에 앉아서 하는 작업이 아닌 다른 것을 원했다. 비록 그 책상이 혁명을 완수하는 독립전쟁의 심장부에 있긴 했지만 그래도 그런 작업보다 더 큰 어떤 일을 하고 싶었다. 그는 워싱턴에게 야전지휘관의 임무를 맡겨달라고 끊임없이 요청했지만, 워싱턴은 탁월한 인재를 놓치고 싶지 않았기에 번번이 거절했다. 이런 사정은 그가 워싱턴에게 쓴 편지에서도 고스란히 드러난다.

"군사적인 명성과 관련해서 제가 어떤 생각을 하는지, 작전에 참여해서 두드러진 전과를 올림으로써 군인으로서의 내 이름을 드높이는 일이 나에게 얼마나 중요한지, 사령관님께 여러 차례나 솔직하게 말씀드렸지 않습니까."[9]

해밀턴이 야전지휘관으로 나가길 얼마나 강력하게 원했는지 온전하게 이해한다는 것은 그의 핵심을 파악하는 것이나 마찬가지이다. 그는 당시 사람들이 '명성(fame)'이라 부르던 것 그리고 오늘날의 사람들이 '불멸성(immortality)'이라고 부르는 것을 얻고자 하는 열정으로 가득 차 있었다.

그리고 해밀턴은 마침내, 워싱턴이 아무리 붙잡더라도 워싱턴의 가족을 떠나야겠다고 결심했다. 비록 이제 그는 막 24살이 되었지만, 중령이었으며 온갖 경험을 한 베테랑이었다. 그는 워싱턴의 부관으로 자리를 옮기기 전에 만머스, 트렌턴, 프린스턴 등지에서 벌어진 여러 전투에 참가했다. 자기가 탔던 말이 적의 총탄에 맞고 쓰러진 경험도 두 차례나 했다. 하지만 자기 휘하에 부대를 거느리고 지휘를 해본 적은 한 번도 없었다.

1781년 초, 여러 해에 걸친 밀고 당기기 끝에 마침내 워싱턴은 몇 달 동안 그를 놓아주기로 했다. 당시의 상황은 해밀턴이 친구이자 워싱턴의 또 다른 부관이던 제임스 매켄리에게 썼던 편지에서 잘 드러난다.

"영감과 나는 공공연할 정도로 사이가 벌어졌다네. 충분히 수용할 수 있는 제안을 여러 차례 했지만 번번이 거절당했어. 내 명예를 걸고 맹세하지만, 내가 정말 고집이 세다는 걸 반드시 깨닫게 해주고 말 거야. 아마도 자기가 얼마나 인정머리가 없었는지 적어도 후회는 할 거야."[10]

그러나 이런 불화는 수없이 많은 다툼 가운데 하나일 뿐이었고, 또 오래가지도 않았다. 중요한 건 타이밍이었다. 그리고 마침내 해밀턴은 대규모 병사를 이끌고 전투에 참가할 기회를 얻었다.

해밀턴이 워싱턴의 지휘본부를 떠난 뒤에 맞은 진정한 영광의 순간은 1781년 가을에 찾아왔다. 버지니아의 요크타운에서 결정적인 전투가 벌어지던 때였다. 이 전투에서 그는 경보병 3개 대대의 지휘를 맡았다. 이것도 워싱턴과 또 한 차례의 말다툼을 벌인 뒤에 간신히 얻어낸 기회였다. 당시에 워싱턴은 그 임무를 프랑스 장교에게 맡기려고 했다. 그 작전이 합동작전이기 때문이었다. 해밀턴에게 하달된 임무는 대륙군의 전면적인 진격을 가로막고 있던 영국군의 요새를 공격해서 빼앗는 것이었다. 해밀턴이 몇 년의 세월 동안 오매불망 꿈꾸던 기회였다.[11]

워싱턴은 기습 작전을 선택했다. 기습의 효과를 최대한 누리기 위해서 작전 시간은 야간으로 정했다. 그리고 또 하나, 부대원들에게 총 대신 칼과 총검으로 육박전을 벌이라는 대담한 전술을 해밀턴에게 지시했다. 해밀턴의 부대는 은밀하게 영국군의 참호로 기어간 다음, 미친 사람처럼 고함을 질러대면서 참호로 뛰어들었다. 15분여 동안 격렬한 육박전이 펼쳐졌고, 마침내 혼비백산한 영국군을 압도한 대륙군이 요새를 빼앗았다. 검을 빼들고 맨 먼저 적의 참호로 뛰어든 해밀턴이었기에 누구보다도 생생한 승리의 기록을 남길 수 있었다. 이 전투는 그의 군 복무 경험에 완벽한 정점을 찍는 사건이었다. 그리고 그는 전국적인 명성을 얻은 영웅이 되었다.[12]

해밀턴의 상무(尙武) 취향은 남달랐다. 심지어 민간인 복장을 할 때조차도 외모에 대해서 어떤 허영을 품었으며 언제라도 복장 검사를 받을 준비가 되어 있는 것처럼 늘 단정했다. 비록 멋쟁이라고까지 할 수는 없었지만 그래도 그는 흠 하나 없이 깔끔하게 옷을 입었으며, 호리호리한 몸매를 마치 배의 마스트처럼 꼿꼿하게 세웠다. 한때 해밀턴을 '스코틀랜드 보따리장수처럼 싸가지 없는 놈'이라고 부르곤 했던 존 애덤스도 그를 '피투성이 남자'라고 불렀는데, 이것은 그가 그만큼 전투를 사랑하고 언제나 청년과 같은 외모를 하고 다니던 모습을 빗댄 별명이었다. 붉은색이 감도는 금발에 하늘색 눈동자 그리고 맑은 낯빛의 소유자였던 해밀턴은 30대에도 여전히 사춘기 소년처럼 보였다.[13]

비록 영국이 여전히 해안을 봉쇄하고 뉴욕시티, 찰스턴, 사바나 및 그 밖에 요충지를 장악하고 있긴 했지만, 요크타운전투로 독립전쟁의 대세는 판가름이 났다. 2년도 넘는 기간 동안 육지에서의 소규모 전투, 해상 전투 그리고 외교전이 더 이어졌지만, 결국 1783년 평화조약이 체결되었다. 해밀턴은 군대에서 얻은 영광을 가슴에 품은 채 제대했다. 5년 넘게 이어졌던 군 생활은 그렇게 끝이 났다. 그런데 그는 워싱턴에게 보낸 편지에서 썼듯이, 군 복무 기간과 그 후 그에게 주어진 모든 권리를 포기했다. 대륙회의가 장교들에게 약속했던 제대 급여를 받지 않겠다고 한 것이다. 때로 충동적인 모습을 보이는 그의 특성이 전형적으로 반영된 행동이었다. 그의 이런 결심은 어쩌면 이제는 군대와 완전히 결별하고 미래를 향해서만 나아가겠다는 의지의 상징적인 표현이었을 수도 있다. 하지만 아직 전쟁은 끝나지 않았으며, 워싱턴에게 보낸 편지에서 짐작할 수 있듯이 어쩌면 군대를 떠나겠다는 선택을 약간은 후회했을지도 모른다. 하지만 확실한 것은, 제대 급여를 받을 수 있었음에도 불구하고 받지 않았다는 사실이다.[14]

그림3 프린스턴의 조지 워싱턴 장군, 1779년, 찰스 윌슨 필의 그림. 워싱턴은 당시 47세였는데, 대륙군 총사령관의 면모가 유감없이 드러난다. 미국의 1달러 지폐에 들어가는 그의 얼굴은, 심각한 치과 관련 질병으로 활력이 사라져 버린 노인의 얼굴이 아니라 바로 이 그림 속의 얼굴이다.

그림 4 1781년의 해밀턴 대령. 요크타운전투에서 빼앗은 적 진지에서. 당시 그는 24세였고, 이 전투를 승리로 이끌며 영웅이 되었다. 알론조 채플(Alonzo Chappel)의 1857년 그림.

CHAPTER 4
사랑과 사회적 지위

해밀턴은 1772년에 아무런 뿌리도 없는 15살 소년으로 북아메리카에 첫발을 디뎠다. 그리고 1780년, 비록 그동안 상당한 업적을 쌓긴 했지만 여전히 미국이라는 새로운 국가에서 자기가 차지하는 지위가 보잘것없음을 그는 예리하게 인식하고 있었다. 군대에서 조지 워싱턴을 가장 가까운 거리에서 보좌했지만, 전쟁이 끝나고 나자 미국 사회에 그가 발붙일 곳은 아무 데도 없는 것 같았다. 목표로 삼아야 할 당연한 목적지가 없는 것 같았다. 그래서 친구 존 로렌스에게 보낸 편지에 다음과 같이 썼다.

"나는 이 나라에서 이방인이야. 나에게는 재산도 없고 연고도 없어."[1]

그의 삶에서 안정적으로 정착된 건 아무것도 없었다. 사실 다른 건국자들도 사정은 마찬가지였다. 스스로를 다시 한 번 개조해야만 했다. 이제 그는 일자리를 구하고 살 곳을 마련해야 했다.

전쟁이 끝나기 직전 몇 해 동안에 그는 결혼에 대해서도 생각하기 시작했다. 그리고 22살이던 1779년에 그는 결혼에 관한 농담 반 진담 반의 내용을 담은 편지를 로렌스에게 보냈다. 당시 로렌스는 워싱턴의 지휘본부를 떠나 고향인 사우스캐롤라이나에서 영국군과 맞서 싸우고 있었다. 이때 로렌스는 대륙군에 등록하는 노예에게 자유를 주자는 제안을 했는데, 여기에 대해서 사우스캐롤라이나의 백인들은 콧방귀만 뀌는 상황이었다. 해밀턴은 로렌스에게 보낸 편지에서 다음과 같이 말했다.

"아내와 관련된 얘기인데, 나는 자네가 나에게 캐롤라이나의 처녀 1명을 데리고 올 것을 명령하고 또한 그 권한을 주겠네."

그러면서 자기 아내가 될 사람의 자격 사항을 열거했다.

"젊어야 하고, 늠름하고 기품이 있어야 하네. 내가 가장 중시하는 게 용모와 자태거든. 분별이 있어야 하고, 교육을 조금 받은 사람이면 되지. 괜찮은 집안에서 성장한 여자라야 하고."

그리고 여자의 정치적인 관점에 대해서는 이렇게 썼다.

"여자가 어떤 쪽의 관점을 가지고 있든 상관없어. 나와 관점이 다르다고 하더라도 얼마든지 어렵지 않게 설득해서 내 쪽으로 바꿀 수 있다고 생각하니까 말이야. 신앙심은 중간 정도면 만족하겠네. 그러나 재산은 많으면 많을수록 좋지."[2]

전쟁 기간 동안에 매력적인 짝을 찾는 일은 보통 생각하는 것만큼 어렵지 않았다. 전투는 이따금씩 단속적으로만 전개되었고 겨울이면 휴전을 하곤 했기에, 전쟁 기간이라고 해도 장교들이 적어도 어느 정도의 사교 활동을 충분히 할 수 있었다. 전투가 중단된 기간 동안 해밀턴은 낭만적인 멋을 한껏 냈으며, 대륙군의 지휘본부 가까이에서 열린 파티나 무도회 혹은 이런저런 모임에서 단연 돋보였다. 물론 매력적인 주최

자이자 빼어난 춤꾼이었던 워싱턴 역시 마찬가지이긴 했지만.**³**

해밀턴은 잘생긴 얼굴과 정중한 태도로 많은 여성들로부터 관심을 받았다. 애비게일 애덤스(Abigail Adams)는 자기 남편에게 이런 편지를 쓰기도 했다.

"그 수컷 참새•를 봤을 때 그의 사악한 눈동자 속에서 진심을 읽었지요. 그 안에 악마가 들어 있더군요. 그의 두 눈은 음탕함 그 자체더라구요."

2011년에 어떤 교수는 "알렉산더 해밀턴의 에로틱 카리스마"라는 제목의 글을 어떤 학술지에 발표하기도 했는데, 사실 해밀턴은 다른 어떤 건국자보다도 황홀한 성적 매력을 가지고 있었다.

전쟁 기간 동안 해밀턴은 여러 차례 여성과 가볍게 연애를 했다. 한 번은 뉴욕 여성으로 사회적으로 저명한 키티 리빙스턴(Kitty Livingston)과였고, 또 한 번은 뉴저지의 아름다운 여성 코넬리아 로트(Cornelia Lott)와였다. 해밀턴은 비록 허영심은 강했지만 스스로를 진짜 잘생겼다고 생각하지는 않았다. 그리스 로마의 고전적이고 이상적인 용모와는 다르게 코와 이마 사이가 움푹 들어갔기 때문이었다. 하지만 그가 생각했던 이런 홈은 그저 상상일 뿐이었고, 오늘날 10달러에 들어 있는 그의 얼굴에서는 이런 홈을 찾아볼 수 없다.

어쩌면 자기 어머니의 불운한 인생 때문이었을지도 모르지만 해밀턴은 여자에게서 늘 복잡한 감정을 느꼈고, 이런 불안한 심경을 끝내 극복하지 못했다. 그는 강한 성적 충동을 가지고 있었지만, 그렇다고 해서 지나치게 공격적이거나 특히 애런 버나 거버너 모리스(Gouverneur Morris)

• 건방진 작은 남자라는 뜻.

와 같은 몇몇 동시대 사람들처럼 성적으로 난잡하지도 않았다. 난처한 상황에 놓인 것처럼 보이는 여자를 도우려고 하던 일을 멈춘 경우도 여러 번 있었다. 페기 쉬펜 아놀드(Peggy Shippen Arnold) 같은 몇몇 여자들은 자기 목적을 달성하려고 널리 알려져 있던 해밀턴의 의협심을 이용하기도 했는데, 반역자 베네딕트 아놀드(Benedict Arnold)의 아내였으며 남편의 음모에 대해서 많이 알고 있었던 페기 아놀드는 거짓 이야기로 해밀턴을 완전히 녹여버렸다.

* * *

해밀턴의 아내가 되는 엘리자베스 스카일러(Elizabeth Schuyler)는 해밀턴이 존 로렌스에게 살펴봐달라고 부탁했던 캐롤라이나 여자가 아니라 북부의 뉴욕 여자였다. 그가 그녀를 처음 만난 것은 1777년 그녀의 아버지 필립 스카일러(Philip Schuyler) 소장의 집이 있던 앨버니에서였다. 스카일러 소장은 프렌치인디언전쟁에도 참가했던 노병으로 대륙군의 고위 장성이었다. 당시에 해밀턴은 20살이었고 엘리자베스는 19살이었다. 두 사람의 만남은 짧았고, 아무 일도 없었다. 해밀턴은 공무상 스카일러 장군을 만났고, 그 일이 끝난 뒤에 곧바로 본부로 돌아가야 했기 때문이다.

하지만 3년 뒤인 1780년 2월, 엘리자베스 스카일러가 친척 몇몇을 만날 목적으로 뉴저지의 모리스타운에 왔다. 우연히도 그 친척들은 조지 워싱턴이 겨울 동안 지휘본부로 사용하던 집 근처에 살았다. 그래서 당연히 두 사람은 재회를 했다. 이번에는 두 사람 사이에 단번에 사랑이 싹텄고, 해밀턴은 그녀에게 정신없이 빠져들었다. 엘리자베스가 그에게 보낸 답장에 따르면, 그는 그녀에게 보낸 편지에 이렇게 썼다.

"당신의 부드러움이 달콤하게 퍼져나가는 모습을 바라보면서 내가 어떤 황홀감을 느꼈는지 말로는 도저히 설명할 수 없습니다."[4]

그리고 머지않아 그는 멍한 얼굴로 이리저리 서성이게 되었다. 해밀턴의 룸메이트이자 워싱턴의 또 다른 부관이었던 텐치 틸먼(Tench Tilghman)은 이런 그에게 '미친놈'이라는 말까지 했다. 해밀턴은 1분이라도 남는 시간이 있으면 엘리자베스와 함께 있기 시작했다. (그는 그녀를 보통 '엘리자' 혹은 '벳시'라고 불렀다.) 그리고 한 달이 지난 뒤에는 그녀와 결혼해야겠다고 결심했다. 다행히도 엘리자 역시 그에게 홀딱 빠져 있었다.

해밀턴은 엘리자의 동생인 마가리타(Margarita)에게 다음과 같이 편지를 썼다.

"감히 자신 있게 말하지만, 엘리자는 모든 면에서 나를 흥미롭게 만들어주는 비밀을 알아낸 것 같습니다. (…) 미녀의 중요한 자격 가운데 하나라고 할 수 있는 백치미가 굳이 필요 없는 상냥함과 쾌활함이라는 훌륭한 덕성을 가지고 있습니다."[5]

텐치 틸먼은 자기 일기에서 엘리자를 다음과 같이 묘사했다.

"브루넷*이고 성격은 더할 나위 없이 좋다. 생기가 넘치는 검은 눈동자는 최고이며, 이 눈동자가 그녀의 온 얼굴에 따뜻한 기질과 자비심의 밝은 빛을 드리운다."

엘리자의 초상화는 틸먼의 이런 묘사가 사실임을 확인해 준다. 꿰뚫어보는 듯한 그녀의 눈빛. 그녀의 검은 눈동자가 얼마나 강렬한지 마치 홍채가 없는 듯하다. 그리고 자기 앞에서 지금 막 무언가 재미있는 일이

• 살갗·머리·눈이 거무스름함.

그림5 엘리자베스 스카일러 해밀턴의 초상화. 이때 그녀의 나이는 29살이고, 결혼한 지 7년이 지난 뒤이다. 1787년에 랠프 얼(RALPH EARL)이 그린 그림이다. 이름이 널리 알려진 화가이던 얼은 빚 때문에 감옥에 갇혀 있었는데, 알렉산더 해밀턴이 초상화를 의뢰하고, 이어서 다른 사람들의 의뢰도 줄을 잇자, 얼른 빚을 갚고 석방되어 이 그림을 그렸다.

벌어지기라고 하는 것처럼 흥미롭게 정면을 응시하는 표정…….

그녀는 스카일러의 다섯 딸 중 둘째였다. 스카일러에게는 아들도 셋 있었다. 스카일러 가문은 네덜란드계 후손으로 뉴욕에서 오래전부터 살아온 부유한 파트룬*으로, 뉴욕에서뿐만 아니라 북아메리카 전체에서도 대단한 명문가였다. 필립 스카일러 장군의 어머니는 부유한 코넬리아 반 코틀랜트(Cornelia Van Cortlandt)였다. 그리고 그의 아내는 뉴욕 농장의 막대한 토지를 상속받은 상속녀로, 처녀 시절 이름은 캐서린 반 렌셀러(Catherine Van Rensselaer)였다. 필립 스카일러는 솜씨가 좋고 경험이 많긴 했지만 평가가 엇갈리는 군인이자 지주였는데, 많은 사람들에게 사랑을 받았지만 또한 퉁명스럽고 사무적인 태도 때문에 많은 사람들로부터 미움을 받기도 했다.

스카일러 장군은 비록 위계 구분이 뚜렷한 뉴욕 사회에 뿌리를 두고 있었지만 해밀턴에게는 굳이 이런 표를 내려 들지 않았다. 해밀턴은 그 때까지 몇 년 동안이나 미국 사회에서 자기가 차지하는 변변찮은 위치 때문에 걱정을 해왔었다. 비록 워싱턴의 부관으로서 전쟁에서 적지 않은 공을 세우긴 했지만, 자기는 사실 아무것도 확신할 수 없는 아슬아슬한 줄타기를 하고 있음을 잘 알고 있었다. 전쟁이 언제까지 계속될 수는 없었다. 전쟁이 끝나면 어디로 가야 한단 말인가? 다른 건국자들과는 다르게 그에게는 미국에 가족도 없었고, 평생 동안 사귀어온 친구도 없었고, 워싱턴의 지휘본부 말고는 집도 없었다. 미래의 경쟁자인 제퍼슨과 매디슨이 누리는 안정감은 결코 가질 수 없었다. 엘리자가 모리스타운에 온 뒤로 그는 과연 스카일러 가문이 자기를 엘리자의 짝으로 적

---

* 네덜란드 통치 때의 뉴욕 및 뉴저지에서 영주적인 특권을 가지고 있었던 지주.

당한 상대라고 인정해 줄까 하는 걱정에 온통 휩싸여서 지냈다.

하지만 필립 스카일러는 조지 워싱턴과 친한 친구 사이였고, 워싱턴은 해밀턴의 비범한 재능과 성실성을 전폭적으로 인정했다. 게다가 미국은 사람을 판단할 때 가문보다 개인의 능력을 먼저 바라보는, 예전과는 전혀 다른 새로운 국가라는 사실을 미국인들 스스로 자랑스럽게 여기고 있었다. 그래서 스카일러는 해밀턴의 손을 들어주기로 결정했다. 그 고귀한 가문이 비천한 가문 출신의 알렉산더 해밀턴이라는 청년을 받아들인 것이다.

1780년 4월 8일, 엘리자가 모리스타운에 온 지 채 2달도 안 되었지만, 스카일러 장군은 해밀턴에게 편지를 써서 자기와 자기 아내는 두 사람의 결혼을 축하하겠노라고 알렸다. 해밀턴은 이 편지를 받고 뛸 듯이 기뻤다. 그 명문가가 근본도 없는 자기를 따뜻하게 받아준다는 사실을 도무지 믿을 수 없을 정도였다. 결혼식은 8달 뒤인 1780년 겨울로 예정되었다. 장소는 스카일러의 저택이 있는 앨버니였다. 해밀턴의 친척은 1명도 참석할 수 없었다. 그가 결혼식장에 부른 사람은 이민자 친구이자 워싱턴 휘하의 동료 부관이던 제임스 매켄리 한 사람뿐이었다.[6]

1780년 여름, 해밀턴은 존 로렌스에게 다음과 같이 편지를 썼다.

"돌아오는 가을로 내 운명이 끝난다네. 나는 내 자유를 스카일러 양에게 넘기기로 했어."

이번에는 결혼을 앞둔 여자를 조금 더 현실적인 측면에서 칭찬했다.

"비록 천재는 아니지만 마음이 맞을 정도로 충분한 감각과 눈치가 있으며, 비록 미녀는 아니지만 아름다운 검은 눈동자를 가지고 있어. 그러니까 잘생긴 편이라는 얘기지. 그리고 이것 말고도 사랑하는 사람을 행복하게 해줄 모든 것들을 갖추고 있단 말이야. 분명히 말하지만, 나는 진심으로 사랑에 빠진 사람이라네."[7]

해밀턴은 독립과 자립에 집착했는데, 이런 원칙을 지키려면 엘리자나 그녀의 가족에게서 한 푼도 받지 않아야 했다. 그리고 예전에 로렌스에게 보낸 편지에 될 수 있으면 재산이 많은 여자를 알아봐달라고 했지만, 아내나 처가에게서는 단 한 푼도 받지 않았다. 이재에 밝은 대부분의 사람들과 다르게 그는 돈을 모아 부자가 되는 데는 거의 관심이 없었다. 그렇다고 해서 자기 장래에 대해서 엘리자가 오해하길 바라지도 않았다. 결혼 직전에 그는 엘리자에게 다음과 같이 썼다.

"당신은 정말 가난한 남자의 아내로 사는 즐거움을 기꺼이 받아들이실 겁니까? 아름다운 무늬를 넣어 짠 직물이 아닌 소박하고 거친 직물로 만든 옷을 입는 걸 생각해 봤습니까? 6마리의 말이 끄는 마차의 아름다운 방울소리가 아니라 짐마차의 바퀴가 우르륵거리는 소리를 들어야 하는 걸 생각해 봤습니까? 예전에 알던 사람들이 화려한 생활 속에서 허영을 만끽하는 모습을 편안한 마음으로 바라볼 수 있겠습니까? 미천한 지위로 내려앉아서 그저 훌륭한 아내의 직분을 다한다는 것 말고는 아무런 기쁨도 없는 생활을 할 수 있겠습니까?"

해밀턴은 그저 하는 말이 아니었다. 그래서 편지 말미에 그는 직접적인 표현으로 경고했다.

"당신이 누릴 미래의 삶은 복권이나 마찬가지입니다."[8]

그러나 엘리자는 결심을 풀지 않았다. 두 사람의 사랑은 열정적이었고 또 진심이었기에 출신과 배경의 차이는 문제가 되지 않았다.

스카일러 가문의 사위가 되자 해밀턴의 사회적 지위는 곧바로 상승했다. 다른 방식으로는 도저히 올라갈 수 없는 사회적 지위를 그렇게 획득한 것이다. 8년 전에 그는 무일푼의 10대 고아로, 그것도 불법적인 신분으로 북아메리카 땅을 밟았다. 그러나 그 뒤에 미국에서 가장 강력한 권한을 가진 사람이 거느리는 부관들 중 가장 영향력이 센 부관이 되었다. 그리고 이제는 미국 최고 명문가의 가족이 되었으며, 또한 요크타운전투를 승리로 이끌면서 미국의 영웅으로 추앙받기 직전이었다. 결혼을 하고 2년이 지난 뒤에 필립 스카일러는 딸에게 편지를 써서 해밀턴을 남편으로 고른 것은 최상의 선택이었다고 말했다.

"해밀턴은 말로 다 표현할 수 없을 만큼 많은 행복을 가져다준다. 진짜 장점과 꾸며댄 장점을 구분할 줄 아는 사람들로부터 그의 품성과 능력을 칭찬하는 말을 듣는 재미에 푹 빠져서 나는 하루하루를 보낸단다. 다들 그 사람을 이 나라를 빛내는 인물로 여기는데, 그 말은 확실히 맞는 말이다."**9**

해밀턴이 결혼을 통해서 신분이 상승했다고 하더라도, 그가 스카일러 가문과 맺은 관계가 가져다준 엄청난 사회적 신분 상승의 효과를 곧바로 누렸다는 뜻은 아니다. 그는 여전히 국외자였기 때문이다. 하지만 그렇다고 해서 예전처럼 그렇게 멀찌감치 떨어져 있던 국외자는 아니었다.

어떤 사람들은 해밀턴의 허세와 활기찬 기질을 보면 엘리자의 언니 안젤리카(Angelica)와 더 잘 맞을 것이라고 생각했다. 안젤리카는 매혹적인 여성이었다. 하지만 그 누구도 이해할 수 없었던 몇 가지 이유로 안젤리카는 이미 재미없고 둔감한 남자 존 처치(John Church)와 눈이 맞아 있었다. 처치는 영국 상인이었고 미국의 무역 분야 사람들과 폭넓은 인맥을 가지고 있었다. 처치는 독립전쟁 기간 동안 돈을 많이 벌었으며, 전쟁이 끝난 뒤에는 안젤리카와 함께 영국에서 지내기도 했다. 안젤리카는 평생 동안 자기에게 관심을 가진 수십 명의 남자들에게 교태를 부리면서 살았다. 그 남자들 가운데는 제부(弟夫) 해밀턴도 포함되어 있었다. 안젤리카와 해밀턴은 둘만 알아들을 수 있는 표현들이 가득 들어 있는 연서를 여러 차례 주고받았다. 그러나 두 사람이 성적인 관계를 맺었다는 설득력 있는 증거는 아무것도 없다.

한편, 그의 진정한 사랑인 엘리자는 수백 가지 방식으로 남편을 도왔다. 일에 빠져서 사는 남편을 방해하지 않았으며, 오랜 기간 이어진 임대 생활 속에서도 집안일을 빈틈없이 처리했으며, 심지어 1787년과 1788년에는 남편이 《연방주의자 논고(The Federalist Papers)》 작업을 할 때 남편의 구술을 받아 원고로 정리하기도 했다. 8명의 자식을 낳아서 길렀으며, 해밀턴이 1790년대에 혼외정사로 물의를 일으켰을 때도 공개적으로는 단 한마디도 하지 않았다. 엘리자는 남편과 큰아들이 어이없이 결투에서 목숨을 잃는 것을 지켜보는 고통을 참았으며, 평생 동안 용기와 존엄성을 지키며 살았다. 엘리자는 전체 독립전쟁 세대 사람들 가운데서 가장 오래 살았다. 90대 중반이던 1850년대 말까지 그녀는 워싱턴에서 벌어지던 디너파티들에 참석해서, 해밀턴이 죽은 지 50년이 지났음에도 '나의 해밀턴'의 명성을 뒷바라지하는 일을 했다. 그녀와 결혼한 것은 해밀턴이 한 가장 현명한 일들 가운데 하나였다.[10]

요크타운전투 이후 1781년에 해밀턴은 군복을 벗었다. 군복을 벗은 뒤에 그는 엘리자와 함께 그녀의 고향인 앨버니로 이주했다. 해밀턴은 변호사가 되기로 결심한 상태였던 터라 전형적인 자기 스타일의 공부 즉 단기속성 공부에 돌입했다. 뉴욕에서 변호사 개업을 할 수 있는 권리는 변호사 시험에 합격한 사람에게만 주어졌다. 그런데 이 변호사 시험은 능력을 인정받은 변호사 아래에서 3년쯤 도제식으로 일을 한 다음에 보는 게 관행이었다. 하지만 해밀턴은 그렇게 오래 기다리고 싶지 않았다. 그래서 제대 군인에게 허용된 특전을(그리고 그를 위해서 특별히 제정된 추가 사항을) 이용했다. 그리고 공부를 시작한 지 불과 몇 달 만에 변호사 시험을 통과했다.[11]

이 시험을 준비하면서 그는 킹스칼리지 시절 룸메이트였던 로버트 트루프(Robert Troop)와 함께 공부했다. 도제 기간을 건너뛰려고 했기 때문에, 그로서는 뉴욕 법정의 법률과 관련된 복잡한 여러 절차들을 모두 파악하고 익힐 필요가 있었다. 단기속성 공부를 하는 동안 노트들을 많이 작성했는데, 그는 나중에 이 노트를 엮어서 미국에서 최초로 민사재판 과정을 설명하는 소책자 《뉴욕 주 대법원에서의 실제 절차》를 만들었다. 이 70쪽 분량의 소책자는 그 뒤 수십 년 동안 수백 명의 법학도들이 유용하게 사용했다. 그리고 해밀턴은 1782년에 변호사협회에 이름을 올렸다.[12]

같은 해에 해밀턴의 선거구 주민들은 그를 뉴욕 주의회 의원으로 선출했고, 그로부터 얼마 뒤에는 뉴욕 주를 대표하는 대표단의 일원으로 연합의회(Confederation Congress)에 참석했다. 연합의회는 독립전쟁의 승리가 거의 확실해져 가고 있던 1781년에 연합헌장(Articles of Confederation)을 채택한 뒤 대륙회의(Continental Congress)가 이름을 바꾼 것이다.* 1782년 8월에 그는, 전쟁이 거의 끝나가고 있는 상황에서 이제 어떤 일을 해야 할 것인지를 놓고 친구 존 로렌스에게 편지를 썼다.

"친애하는 친구여, 평화가 왔고 새로운 장이 열린다. 이제 과제는 우리의 독립이 축복이 되도록 하는 것이겠지. 이렇게 하려면 군건한 토대 위에 우리의 '연합'을 올려놓아야 한다. 어마어마하게 힘든 과제겠지. (…)

• 당시에 연합의회는 국방에 대한 권한만을 가지고 있을 뿐 중앙정부의 기능은 없었다.

이제 칼은 내려놓고 토가*를 입게. 의회로 오게. 우리는 서로를 속속들이 잘 알잖나. 우리의 견해는 다르지 않네. 우리는 미국을 자유롭게 만들려고 나란히 서서 싸우지 않았나. 이제 미국을 행복하게 만들기 위해서 함께 손을 잡고 투쟁하세."**13**

하지만 사우스캐롤라이나에서는 아직 전쟁이 끝나지 않았다. 해밀턴이 이 편지를 쓰고 12일이 지난 뒤에 로렌스는 영국군과 벌인 전투에서 전사했다. 이렇게 해밀턴은 가장 친한 친구를 잃었다. 친구의 죽음은 그를 끝없이 따라다니던 숱하게 많은 개인적인 트라우마에 또 하나의 트라우마를 보태는 것 같았다. 하지만 해밀턴은 이미 놀라운 회복력을 증명했고, 이 회복력은 평생 그의 특성으로 남고 영원히 기억된다.

로렌스가 죽고 얼마 지나지 않아서 그는 라파예트에게 다음과 같이 썼다.

"나는 지난 10달 동안 [엘리자와의 사이에서 난 아들의] 요람을 흔들고 또 이웃사람들을 피하는 기술을 연구하는 일만 해왔네. 나는 지금 묘지 전문 법률 상담을 하고 있으며 조만간 의회에 진출할 걸세."**14**

그는 당시에 가족을 이끌고 앨버니에서 뉴욕으로 이사한 상태였으며, 월스트리트 57번지의 자기 집에 법률사무소를 열고 변호사로서의 활동을 시작했다. 그때까지만도 벌써 파란만장한 삶을 살았지만 그의 나이는 아직 26살밖에 되지 않았다. 그리고 그때부터 5년 동안 그는 생생한 법률 현장을 찾아 열심히 뛰어다니는 한편, 뉴욕 정치 및 필라델피아의 연합의회 일에도 열정적으로 관여했다.

변호사협회의 해밀턴 동료들 가운데 다수는 그가 자기 세대 최고의

---

* 고대 로마 시민이 몸에 둘러 입었던 매우 긴 옷.

법정 변호사라고 믿었다. 로버트 트로프는 나중에 다음과 같이 썼다.

"굳이 말할 필요도 없지만, 그는 모든 점에서 우리를 훌쩍 뛰어넘었다."**15**

개업 초기에 해밀턴은 뉴욕 주정부에 재산을 압수당한 돈 많은 토리당원*들을 여러 건 변호했다. 그 고객들 가운데 어떤 사람들은, 독립전쟁 당시에 뉴욕시 전체를 거의 전쟁 기간 내내 점령했던 영국군에 협조한 사람들이었다. 이 사람들은 좋은 고객이어서 넉넉한 수임료를 낼 준비가 되어 있었다. 하지만 해밀턴에게는 넉넉한 수임료라는 동기 외에 다른 동기도 작용했다. 그 사람들을 우호적으로 대하는 사회 분위기가 조성되어야 재산을 모두 캐나다로 가지고 가버리는 일을 막을 수 있다고 판단한 것이다. 가능한 모든 금융 자원들을 챙기고 절약해야 한다는 이런 발상은 미국의 경제적인 미래에 대한 나름의 전망을 근거로 한 것이었다. 그리고 이 발상은 10년 뒤 재무부장관으로 일할 때 그가 펼치는 여러 재정·금융 정책의 예언인 셈이었다.

1783년, 해밀턴은 뉴욕을 대표하는 5인 대표단의 일원으로 연합의회에 참석한 뒤에, 조지 워싱턴에게 편지를 써서 의회 내에서 일상적으로 진행되는 분열 현상을 묘사했다.

"지금 의회에는 전혀 다른 2개의 견해를 가진 사람들로 나뉘어 있습니다. 한쪽은 주에 집착하고 다른 한쪽은 대륙 전체의 정치를 주장합니다. 후자는 지금까지 채권[연방 채권]을 발행해서 기금을 조성해야 한다고 줄기차게 주장하고 있지만, 전자는 가능한 모든 수단과 권한을 동원해서 이 주장에 반대하고 있습니다."**16**

• 독립 전쟁 당시 영국에 가담한 사람.

해밀턴은 주 차원의 협소한 충성심을 넘어서서 보다 넓은 전국적인 차원의 관심을 기울인 대표단 사람들이야말로 '대륙적으로 생각하는 사람들'이라고 워싱턴에게 말했다. 해밀턴은 그 누구보다도 대륙적으로 생각했다. 예컨대 그는 1782년에 발간한 팸플릿에서 다음과 같이 썼다.

"위대한 연방공화국의 관점에는 고귀하고 장엄한 어떤 것이 있다. 이것은 어떤 공통된 관심사, 즉 국내적으로는 평화와 번영 그리고 국제적으로는 존경을 추구하는 것이다. 그러나 작은 주의 관점에서는 왜소하고 경멸의 대상이 될 수밖에 없는 어떤 것이 있다."[17]

그는 이런 종류의 왜소함을 어린 시절 카리브 해에서 아주 가까이 목격했었다. 제국적이며 지역적인 온갖 경쟁들 때문에 모든 섬 식민지들에게 유익하게 작용했을 협력이 이루어지지 않는 것을 보았던 것이다.

그런데 카리브 해의 섬들에서 만연하던 그 현상이 대륙적인 차원에서 진행되고 있었고, 이것을 해밀턴은 보고 있었다. 그는 동시대의 누구보다도 그 현상을 선명하게 볼 수 있었다. 당시 사람들은 대부분 새로 성립된 미국이라는 국가보다 자기 주에 더 강한 충성심을 가지고 있었기 때문이다. 해밀턴은 뉴욕에 연고를 가지고 있었지만, 그 연고는 뿌리가 깊지 않았다. 그러나 이민자 출신이라는 배경 덕분에 그는 보다 전국적인 지향의 관점을 가질 수 있었다. 그랬기에 그는 다른 어떤 건국자들보다도 오로지 한마음으로 연합에 헌신할 수 있었다.

CHAPTER 5
사상의 뿌리

해밀턴이 20대 중반이 되었을 때, 그의 기본적인 사상은 이미 구체화되어 있었다. 1787년에서 1788년에 저술한 《연방주의자 논고》의 글이나 1790년대에 재무부장관으로 재직하던 때 의회에 제출한 위대한 보고서들에, 10년 전에 그가 썼던 글의 그림자가 드리워지지 않은 부분은 많지 않다. 이런 그의 사상이 미국의 미래에 심대한 영향을 끼쳤으므로, 세밀하게 살펴볼 가치가 있다. 그의 사상은 1779년에서 1782년 사이에 성숙했으며, 서로 관련된 4개의 주제 즉 재정, 외교관계, 미국연합의 적정한 성격 그리고 개별 주 차원의 권리가 아니라 국가 차원의 방위와 번영을 가장 잘 촉진할 수 있을 전략이 그의 사상이 정책으로 제시된 핵심적인 내용이다.

1770년대 그리고 1780년대에 해밀턴을 비롯해서 장차 미국의 정책을 입안할 사람들이 맞닥뜨린 상황은 새로 탄생한 국가가 식민지라는 과거에서 이제 막 벗어나는 상황으로, 일찍이 유례가 없는 것이었다. 그 이전에는 유럽의 식민 모국에 대항한 혁명이 성공을 거둔 적이 없었다. 영국의 식민지에서뿐만 아니라 전 세계 구석구석에 형성되어 있던 스페인, 프랑스, 네덜란드 혹은 포르투갈의 식민지에서도 마찬가지였다. 미국의 독립선언은 감동적인 선언이긴 했지만, 국가 경륜의 계획안은 아니었던 것이다.[1]

심지어 1781년에 미국의 13개 주가 비준한 연합규약 아래에서조차도 연방정부에서 시민이 관여하는 부분은 여전히 오로지 의회뿐이었다. 집행부처는 전혀 존재하지 않았다. 연방법원 체계도 없었으며, 과세 권한도 없었고, 상거래를 규제하는 당국이나 제도도 없었다. 의회는 외국에서 돈을 빌렸고, 자체 화폐를 발행했으며, 프랑스로부터 엄청난 규모의 재정과 군사적 지원을 받았다. 이뿐만이 아니었다. 의회와 군대 모두 예산을 거의 전적으로 주정부에 의존했다. 연합규약은 한 걸음 전진한 표현이었지만, 그 한 걸음은 어린아이의 한 걸음이었다. 이런 상황에서 해밀턴은, 연합규약이 비준되기 이전이나 이후 할 것 없이 모두 답답할 뿐이었다.

전쟁 뒤에 모든 문제는 두 가지 쟁점으로 압축되었다. 재정 문제와 외교관계 문제였다. 전쟁을 치르는 동안에도 적과 상당한 양의 무역 거래는 계속 있었다. 그건 관행처럼 진행되었다. 그때까지만 하더라도 역사상 가장 큰 규모의 원정군이던 북아메리카의 영국군도 먹고 생활하려면 보급을 받아야 했다. 멀고 먼 영국 본토로부터 보급을 받을 수도 없었고, 캐나다에서 들어오는 쥐꼬리만 한 보급에 의존할 수도 없었다. 그래서 많은 미국인들이 영국군과 정기적으로 대규모 거래를 했다. 그런데 전쟁이 끝나자 적과의 이런 거래도 끝나고 말았다. 그러자 미국 전체의 경제가 비틀거렸다. 모든 종류의 소비자들과 상거래를 해왔던 일부 미국인들은 특히 외국과의 거래 부문에서 심각한 타격을 입었다.

애초에 미국 식민지 사람들이 원했던 것은 미국이 유럽과 서인도제도 그리고 남아메리카에 자유롭게 수출할 수 있는 열린 시장이었다. 1776년 4월에 대륙회의는 미국의 항구를 모든 국가의 배와 화물에 개방하는 조치를 내림으로써 기존의 규제를 철폐했다. 당시로서는 이것이 혁명적인 이상주의와 군사적 필요성에 뿌리를 둔 엄청나게 급진적인 조치였다. 이렇게 하면서 다른 국가들도 똑같이 이렇게 해주길 바랐다. 그러나 그 계획은 원하는 대로 이루어지지 않았다. 유럽의 제국주의 열강들은 폐쇄된 체제를 포기하지 않으려 했다.[2]

심지어 전쟁이 끝난 뒤에도 영국은 미국의 많은 화물들이 영국에 우선 하역되어야 한다고 주장했다. 화물 하역 때 세금을 매기고, 이 화물을 다시 (주로 영국 상선을 이용해서) 영국의 여러 식민지들을 비롯한 다른 목적지로 수출하려고 한 것이다. 그래서 미국의 상업은 위축되었고, 그동안 최고의 시장이었던 몇몇 곳에서는 아예 쫓겨나다시피 했다. 특히 카리브 해 지역의 시장들에서 그랬다. 1770년대와 1780년대 내내, 심지어 1790년대와 1800년대까지 무역 문제는 미국을 고통스럽게 괴롭혔다. 이 문제는 해밀턴 및 다른 건국자들의 마음에 무거운 짐이었으며, 신생국 미국의 모든 상업 중심지의 삶에 영향을 미쳤다. 그리고 미국의 국제수지 불균형은 해가 갈수록 악화되었다.[3]

미국의 상인들은 해외 수출품 구매자들에게서 받은 자금으로 수입품을 사려고 희망했다. 하지만 이런 희망은 물거품이 되었고, 무역수지가 계속 적자로 이어지는 바람에 경화(硬貨)인 금과 은의 해외 유출은 만성적인 현상으로 고착되었다. 다시 말해서, 1780년대의 상당한 기간 동안 미국 경제는 전반적으로 침체 상태였다는 뜻이다.

경화가 그토록 공급 부족 상태가 됨에 따라서 의회 그리고 전체 13개 주 가운데 7개 주는 주정부의 권한으로 지폐를 마구 찍어냈다. 대량의 지폐가 유통됨에 따라서 지폐의 가치는 빠르게 하락했다. 몇몇 주에서는 지폐 가치의 70~80퍼센트가 빠르게 증발했다. (1789년의 헌법은 주정부가 지폐를 발행하지 못하도록 함으로써, 식민지 시절부터 있었던 관행을 철폐했다.) 미국 역사상 경제적으로 1780년대는 1930년대를 제외하고 최악의 10년이었을 가능성이 높다. 그리고 아직 미국은 모든 면에서 온전한 의미의 단일한 국가가 아니었기 때문에, 경제 위기가 지속됨에 따라서 정치적인 분열의 망령이 되살아났다. 해밀턴은 이 정치적 분열의 가능성을 그 누구보다도 정확하게 인식했다.[4]

독립전쟁은 엄청나게 비싼 전쟁이었다. 1780년에 약 1억 6000만 달러나 들었다. 1790년부터 1810년까지 20년 동안(이 시기에 연방정부 예산의 대부분은 전쟁 때 진 빚의 원리금을 갚는 데 사용되었다)의 국가 예산을 모두 합한 것보다 많은 금액이었다. 경제 붕괴 현상은 특히 뉴욕, 뉴저지, 조지아 그리고 사우스캐롤라이나에서 심각했는데, 이 4개 주는 독립전쟁 중 상당수의 전투가 치러졌던 주이다. 1779년까지 워싱턴의 대륙군은 의회가 발행한(머지않아서 액면 가치의 상당 부분을 잃어버리고 마는) 바우처나 지폐를 사용해서 민병대나 민간 징발 가축들에 대한 경비를 지출할 수밖에 없었다.

가치가 없는 지폐나 채권으로 대금을 지급하는 것은 노골적인 압수 혹은 무상 징발이나 다름없었다. 그러므로 아무리 독립전쟁을 강력하게 지지하는 사람이라고 할지라도 자기 재산을 그렇게 빼앗기는 것을 계속 참고 있기는 힘들었다. 군대에서 그리고 또 민간에서 일어나는 소요는 점점 위험한 수준으로 치달았다. 해밀턴이 1780년에 워싱턴의 지휘본부에서 썼듯이, 군대는 와해 직전 상태까지 도달했다.

"지금은 군대라기보다는 오합지졸을 모아놓은 것이나 다름없습니다. 입을 것도 없고, 봉급도 받지 못하고, 보급도 받지 못하고, 사기도 떨어져 찾을 수 없고, 규율도 없습니다. 우리는 우리를 무시하는 우리의 나라를 증오하기 시작합니다. 그리고 우리의 나라는 우리가 저항한다고 우리를 증오하기 시작합니다."[5]

* * *

전쟁은 1783년에 끝났다. 그러나 전쟁이 끝났음에도 불구하고 미국의 대외 경제는 여전히, 독립전쟁 이전 수준과 전혀 다르지 않을 정도로 단단하게 영국에 예속되어 있었다. 1770년부터 1790년까지 20년 동안 미국의 수입은 69퍼센트나 증가했지만, 수출은 수입증가량의 26분의 1 수준인 2.7퍼센트밖에 되지 않았다. 이것은 재앙으로 나아가는 경로였다. 1787년부터 1792년까지 전체 수입 제조품의 90퍼센트 이상이 영국에서 들어온 것이었다. 이에 비해서 얼마 되지 않는 미국의 수출품 가운데서도 그나마 영국 제국으로 나간 것은 43퍼센트밖에 되지 않았다. 나머지 가운데 25퍼센트는 프랑스 제국으로, 10퍼센트는 네덜란드 제국으로, 8퍼센트는 스페인 제국으로, 6퍼센트는 포르투갈 제국(주로 브라질)으로 나갔다. 그러나 미국의 무역업자들은 그 어떤 곳에서도 자기들이 원하는 만큼의 환영을 받지 못했다. 또한 제국주의적 규제가 없는 가운데 마음껏 상품을 팔고 싶었지만 그 어디에서도 그렇게 할 수 없었다. 또한 국내에서는 13개 주가 이 문제를 처리할 방안에 합의를 하지 못했

다.⁶

정부의 공적 자금 조성을 수입관세에 지나치게 의존함에 따라서 외교정책을 경제정책과 분리해서 생각할 수 없었다. 헌법에 따른 새로운 정부가 1789년에 정식으로 업무를 시작하기 이전까지는 관세와 관련된 업무는 연방정부 소관이 아니라 수입물품이 미국으로 들어오는 항구가 소속된 개별 주정부 소관이었다. 독립전쟁을 재정적으로 지원하는 일이 그토록 어렵고 무질서했던 데는 이런 요인도 작용했다.

그런데 1789년 이전이나 이후 할 것 없이 모두, 수입품에 대한 깊은 의존 때문에 분파주의적인 불화는 한층 강화되었다. 남부의 많은 사람들이 영국에서 들어오는 수입품에 관세를 지불하는 것을 무척 못마땅하게 여겼다. 공업이 훨씬 발달한 북부에서는 남부 사람들보다 북부 사람들에게 수입관세가 붙지 않은 가격으로 공산품을 훨씬 원활하게 공급할 수 있었고, 따라서 남부 사람들은 상대적으로 수입관세의 부담을 더 많이 져야 했기 때문이다. 그런데 영국산 수입품에 매기는 관세는 연방정부 수입 가운데 상당한 비중을 차지하는 상황이었다. 이런 사정 때문에 재정 및 외교관계가 미국을 남부와 북부가 서로 대립하는 양상으로 갈라놓는 상황이 빚어졌다.⁷

이런 상황이 어떻게 전개되는지 우리는 잘 알고 있기 때문에(즉, 미국연합이라는 체제가 오래 이어지며 번성했기 때문에) 1780년대와 1790년대의 상황이 얼마나 아슬아슬하고 위험했는지 쉽게 상상하지 못한다. 그러나 1860년대의 남북전쟁 기간 동안에 일어난 일들을 보면, 1780년대와 1790년대에 지역적 갈등이 얼마나 심각했으며 얼마나 모진 상황이 전개되었는지 생생하게 확인할 수 있다. 현명한 정책 입안자들이 없었더라면, 그리고 또 많은 운이 따라주지 않았더라면 미합중국이라는 나라는 2개 혹은 그 이상의 나라로 쪼개지고 말았을 것이다. 또한 이렇게 쪼개진 나라들도 과연 독립을 유지할 수 있었을지 의문이다.**8**

알렉산더 해밀턴은 신생국 미국이 맞이할 수도 있는 이런 재앙적인 운명을 줄곧 생각했다. 그는 재앙은 언제라도 불시에 들이닥칠 수 있음을 파란만장했던 어린 시절의 경험을 통해서 알고 있었다. 독립전쟁 기간 동안에 그는 워싱턴의 지휘본부에 있으면서 모든 상황을 종합적으로 바라볼 수 있었기에 언제든 얼마든지 일이 잘못될 수도 있음을 알고 있었다. 병사들은 봉급을 받지 못했고 보급품은 오지 않았고 입을 것도 없었다. 병사들은 정부에 대한 불신을 품고 줄줄이 탈영했다. 의회는 곧 가치를 잃어버리고 말 지폐를 마구 찍어댔다. 연방정부는 도무지 가망이 없어 보였다. 해밀턴은 1780년에 존 로렌스에게 다음과 같이 썼다.

"우리 시골뜨기들은 당나귀처럼 어리석고 양처럼 수동적이라네."**9**

자유뿐만 아니라 질서를 사랑했던 그였기에, 현실에서 벌어지는 그런 모습은 도저히 참을 수 없는 일이었다. 그래서 전쟁이 계속되던 어느 한 시점에 해밀턴은 미국이 전쟁에서 이기고도 '국가 창원'의 승리를 얻지 못하는 결과가 빚어지지 않을까 두려워했다.

때로 해밀턴은 왜 영국이 미국과 전쟁을 계속하고 있는지 의아해 했다. 그래서 결혼하기 4달 전에 약혼녀 엘리자 스카일러에게 편지를 써서 다음과 같이 말했다.

"영국은 난감한 처지에 놓여 있습니다. 그래서 운 좋은 어떤 상황들이 전개되지 않는 한 전쟁을 계속해서 진행할 수 없을 것입니다. 그러나 영국은 워낙 고집이 센 중년 부인이라서 자기 가족 전체를 파멸로 이끄는 한이 있더라도, 미국이라는 아가씨가 새로운 연인[프랑스]을 만나거나 아니면 (사랑에 들뜬 젊은 여자가 흔히 그러듯이) 자기 어머니의 말을 거역하면서까지 어떤 남자와 눈이 맞아 달아나는 꼴을 절대로 보지 않으려고 합니다."[10]

한편 전쟁의 결과와 미국연합의 미래는 여전히 불투명했다. 위의 편지를 쓴 뒤 1달 뒤에 엘리자에게 쓴 편지에서 해밀턴은 만일 미국연합이 와해된다면 결혼을 한 뒤에 뉴욕 주에서 살면 좋겠다고 썼다. 뉴욕 주는 그래도 상대적으로 자족 수준이 높다는 이유에서였다. 그런데 만약 상황이 여의치 못하다면 중립지대인 스위스의 제네바가 가장 좋지 않겠느냐고도 했다. 이처럼 해밀턴은 늘 앞을 내다보고 있었다. 어린 시절의 경험 때문에 그는 언제나 안전한 것은 없다는 생각에 모든 것을 미리 내다보고 대비하는 버릇이 있었으며, 이것은 그의 개인적인 특성으로 자리 잡고 있었다.[11]

* * *

1780년, 미국 경제는 정말 심각한 상황을 맞았다. 은화 1달러(실제로는 1달러라고 불리던 스페인 1페소)를 구하려면 약 100달러의 대륙 지폐를 줘야 했다. 재정 위기에 대해서 어떻게 하자는 합의는 아무것도 없었으며, 그 밖의 다른 문제들을 해결하기 위한 정부 기관도 없었다. 당면한 가장 큰 과제는 어떻게 하면 독립전쟁을 최종적인 승리로 이끌까, 그리고 국가 차원의 연방정부가 극단적으로 허약한 상태에서 경제 회복 계획을 어떻게 세울까 하는 것이었다.[12]

이런 상황에 대한 해밀턴의 분석은 그가 1780년부터 1782년까지 썼던 일련의 편지 및 기사에 분명하게 나타난다. 이런 글들에서는(이 글들을 모두 합치면 웬만한 책 1권 분량이다) 상황에 대한 진단뿐만 아니라 이 상황을 타개할 처방까지도 제시되었다. 그가 생각했던 방안은 제임스 두에인(James Duane)에게 보낸 1780년 9월 3일자 편지에 가장 잘 요약이 되어 있다. 두에인은 대륙회의에 참석하던 뉴욕 대표단의 영향력 있는 일원이었는데, 그가 해밀턴에게 의견을 물었고 해밀턴은 거기에 대한 답변으로 이 편지를 썼다.

이 편지는 엘리자에게 제네바로 이주해서 살 수 있지 않겠느냐는 편지를 보내고 사흘 뒤에 쓴 것인데, 섬뜩할 정도로 미래를 정확하게 내다본다. 전쟁이 어떤 결과를 낳으면서 끝이 날지 알 수 없었고, 연합규약은 아직 채택되지 않은 상태였으며, 헌법제정회의는 7년 뒤에나 열리고, 또 그가 재무부장관이 되는 일은 10년 뒤의 일이었다. 그리고 이 편지를 쓸 당시 그의 나이는 겨우 23살이었으며 조지 워싱턴 장군의 일개 부관일 뿐이었다. 하지만 그는 이미 오래전부터 대륙적인 관점에서 깊이 생각을 해왔다. 그래서 그는 두에인에게 다음과 같이 말했다.

"근본적인 결함은 의회가 힘을 가지고 있지 않다는 겁니다. 각각의 주가 내부적인 정책을 입안할 때 국가로부터 어떤 통제도 받지 않고 온전한 주권을 행사해야 한다는 생각은 국가 차원의 의회가 어떤 권한을 갖는 것을 가로막을 겁니다. 그리고 우리의 연합을 허약하고 불안정하게 만들 것입니다."

그러므로 의회는 효율적인 정부를 운영할 수 있는 권한을 요구하거나, 아니면 (그게 실패할 경우) '모든 주들을 소환해서' 새로운 헌법에 해당되는 것을 작성해야 한다고 했다.

"이 둘 가운데 어떤 경우든 간에, 연방의회가 전쟁, 평화, 무역, 재정 및 외교와 관련된 모든 것에 대해 완벽한 주권을 행사할 수 있도록 해야 합니다. (…) 이 의회가 권위를 행사하기 위해서는 외교부대통령, 전쟁부대통령, 해군부대통령, 재정부대통령, 무역부대통령 같은 중요한 직책의 인사 조치를 즉각적으로 실행해야 합니다."[13]

1780년이라는 시점에 이미 해밀턴은 미국의 새로운 정부 구성을 이야기하고 있었다. 그리고 7년 뒤인 1787년 5월 필라델피아에서 개최되는 헌법제정회의의 소집을 그 누구보다도 먼저 주장하고 있다. 비록 1787년의 헌법이 정부의 각 부처에 대해서 아무 말도 언급하지 않았지만, 1789년에는 해밀턴이 생각했던 많은 것들이 현실화된다. 그때 비로소 의회는 정부의 각 부처를 만들기 시작하며, 그가 '대통령'이라고 불렀던 직제는 '장관'으로 이름이 붙여지긴 했지만 그가 바라던 대로 제대로 자격을 갖춘 집행 부처의 수장이 된다.

* * *

1780년에 두에인에게 보낸 편지에서 해밀턴은 재정 부문에서 어떤 일을 하는 것이 특히 중요하다는 주장까지 했다. 어릴 때 상업에 종사한 경험이 조금 있긴 했지만, 그렇다고 하더라도 그는 재정 분야의 전문가가 아니었다. 하지만 3년 전 20살 나이이던 1777년부터 이미 재정 분야의 책을 폭넓게 읽고 있었다. 그는 유럽의 저자들이 쓴 저작물을 읽고 수없이 많은 메모를 했으며, 또 나중에는 워싱턴의 지휘본부에서 전쟁 비용을 조달하고 집행하려고 애썼던 경험을 바탕으로도 메모를 남겼다. 그는 효율적인 재정 체계를 갖추고 있지 않으면, 새로운 독립 국가를 향한 열망이 아무리 절실하다 하더라도 그 노력은 결국 실패로 돌아가고 말 것임을 이미 잘 알고 있었다.

해밀턴도 파악하고 있었듯이, 긴급한 네 가지 필요성이 대두된 상태였다. 서로 관련이 있는 이 네 가지는 전쟁을 수행하는 데 필요한 자금을 해외에서 긴급하게 대출할 것, 공적신용 및 사적신용의 새로운 토대를 마련할 것, 지폐 체계를 마련할 것, 마지막으로 중앙은행을 설립할 것이었다. 이와 관련해서 해밀턴은 두에인에게 보낸 편지에서 다음과 같이 말했다.

"지금까지 줄곧 나는, 외국에서 돈을 빌릴 필요성에 대해서 사람들이 굳이 그렇게까지 해야 하느냐며 의심한다는 사실에 대해서 정말 놀라지 않을 수 없습니다."**14**

미국에는 전쟁을 계속 수행하는 데 필요한 돈이 충분히 남아 있지 않았으니, 그건 당연한 수순이었던 것이다.

그리고 공적 금융(즉, 민간 투자자들이 매매할 수 있는 정부 채권)과 관련된 제도는 어떤 나라에서도 국가적인 차원에서 충분히 오래 지속되지 않았다고 지적하면서, 이렇게 된 이유는 공적신용과 사적신용이 한데 결합한 토대 위에서 그 제도가 마련되지 않았기 때문이라고 말했다. 정부와 민간 투자자가 함께 이 제도의 한 부분으로 참가해야 한다는 것이었다.

"신용증권이 지속적인 생명을 가질 수 있게 하는 유일하게 확실한 방법은 자본을 가진 사람들로 하여금 주식의 전체 혹은 일부분에 기여하게 하고 그렇게 해서 발생하는 수익의 전체 혹은 일부분을 가져가게 함으로써 여기에 관여하게 하는 것입니다."

여기에서 해밀턴은 1694년에 설립되었던 뱅크오브잉글랜드(Bank of England)를 염두에 두고 있었다. 당시에 영국 경제는 위기를 맞고 있었으며, 그 상황이 미국을 괴롭히고 있었다. 그랬기에 1780년에 해밀턴은 다음과 같이 쓸 수 있었다.

"뱅크오브잉글랜드는 공공의 권위와 신뢰를 민간 신용과 결합합니다.

그래서 막대한 양의 신용증권이 조성되고 있지 않습니까? 이런 게 없다면 영국도 전쟁을 수행할 자금을 결코 마련할 수 없었을 겁니다. 하지만 이런 게 있기에 영국은 그런 자금을 마련했고, 또 멋지게 잘 해내고 있습니다."**15**

그럼에도 불구하고, 뱅크오브잉글랜드는 이윤을 추구하는 민간 기관이었다. 그리고 해밀턴은 편지에서 다음과 같이 결론을 내렸다.

"미국에 사는 각 개인들이 그다지 큰 부자가 아니라는 건 맞습니다. 그러나 그렇다고 해서 이 사람들이 은행을 설립하지 못할 이유는 없습니다. 물론 다른 나라들에서처럼 막대한 자본금을 가지고 시작하지는 못할 겁니다. 그 사람들이 정부에 대해 가지는 신용이나 명분이 부족합니까? 정부가 내가 앞서 제시했던 조치들이나 혹은 그와 비슷한 조치들을 수행함으로써 그 신용을 고취하도록 노력하게 만들면 됩니다."**16**

1780년에 쓴 편지에서 해밀턴이 펼쳐 보인 이런 전망 속에는 자기가 1790년대에 재무부장관으로서 일하게 될 것을 염두에 둔 내용은 거의 없다. 아마도, 본인의 표현대로 '급하게 쓰다 보니' 그랬던 것 같다.

* * *

두에인에게 편지를 보내고 채 두 해도 지나지 않은 시점에 해밀턴은 (그때 그는 군대에서 나와 뉴욕에서 변호사 개업을 하고 있었다) 신문에 〈대륙주의자(The Continentalist)〉라는 제목으로 6편의 에세이를 실었다. 모두 합하면 1만 단어나 되는 분량으로, 오늘날의 일반적인 책으로 치자면 약 30쪽에 달하는 양이다. 이 에세이들의 내용은 예전에 제시했던 처방전에 살을 붙이는 것이었다. 해밀턴은 여전히 20대 중반밖에 되지 않았지만, 그의

분석력과 설득의 기술은 이미 원숙한 경지에 도달해 있었다.[17]

미국이 당면한 가장 큰 경제 문제들 가운데 하나는 수입이 수출을 압도하는 무역 역조 현상이라고 해밀턴은 썼다. 대규모 무역 역조로 금과 은이 꾸준하게 유출되었고, 그 바람에 미국 내에서는 돈이 부족했다. 이 문제를 시급하게 해결하기 위해서 어떤 조치가 필요하다고 해밀턴은 믿었다.[18]

해밀턴은 유럽의 역사를 아는 사람이라면 이런 무역수지 불균형 상황에서는 미국 정부가 취하고 있는 불간섭주의 발상을 버려야 한다고 주장했다. 그리고 미국 사람들이 선호하는 방임주의가 미국 경제를 얼마나 망치고 있는지 보여주기 위해서 유럽에서 가장 성공한 여러 경제권의 기록을 인용해서 제시했다.

"영국의 상업 발전은 엘리자베스 여왕 아래에서 이룩되었다고 말할 수 있다. 그리고 영국이 그처럼 빠르게 성장한 공의 많은 부분은 엘리자베스 여왕 및 그 후대의 치세 때 적극적으로 상업에 대입한 정부에게 돌릴 수 있다."

프랑스도 마찬가지라고 했다. 프랑스에서 언제 그리고 누가 그 일을 했는지 확인하기란 어렵지 않다고 했다.

"프랑스가 상업 분야에서 이룬 개혁과 개선은 영국에 비해서 훨씬 늦었다. 그리고 저 위대한 장 바티스트 콜베르(Jean-Baptiste Colbert)*의 불굴의 열정과 능력이 없었다면, 프랑스의 상업은 지금처럼 번성하지 못했을 것이다."

유럽의 여러 나라들 가운데 해밀턴의 주장에 가장 잘 들어맞는 사례

• 루이 14세 때 재정총감으로 재직하면서 중상주의 정책을 추진하여 프랑스의 국부를 증대시켰다.

는 네덜란드였다.

"상업에 관한 한 독보적인 지식을 가지고 있다고 자타가 인정할 수 있는 네덜란드는 상업을 국가의 근본적인 과제로 삼아 왔다."[19]

미국인은 독립이라는 문제에만 너무 매달리는 바람에 역사가 주는 이런 경제 관련 교훈을 너무도 쉽게 무시해 버렸다. 구세계의 모든 관행들을 좋은 것이건 나쁜 것이건 간에 모두 흠을 잡고 배척하는 데만 몰두한 것이다.

"사소한 잘못을 찾아내서 침소봉대하며 누가 봐도 분명한 효용을 배척하는 게 우리의 나쁜 기질이다."

유럽의 경험에서 부정적인 측면을 강조하는 미국인의 경향은 충분히 이해할 수는 있지만 위험한 것이라고 해밀턴은 지적했다.

"이런 편협한 경향을 극복하고, 전체적인 경향을 놓고 유럽의 경험을 올바르게 평가하지 않는다면, 우리가 설령 여전히 시민으로 남는다고 하더라도 우리는 결코 위대하거나 행복한 시민이 될 수 없을 것이다."[20]

〈대륙주의자〉에서 해밀턴은 미국의 독립선언문이 발표된 바로 그 해인 1776년에 애덤 스미스(Adam Smith)가 발간한 《국부론(The Wealth of Nations)》이 담고 있는 자유방임주의에 의식적으로 반대한다. 스미스의 주장이 영국에서는 타당하다고 인정했다. 당시에 영국은 이미 선진국이었는데 규제가 지나치게 많았기 때문이다. 하지만 스미스의 주장은 미국과 같은 개발도상국에는 맞지 않는다고 보았다. 미국에서는 규제할 것이 별로 많지 않았기 때문이다. 미국의 연방정부는 특히 재정·금융 분야에서 보다 강력한 역할을 해야 한다고 해밀턴은 주장했다. 그렇지 않을 경우, 하나의 국가로서 살아남지 못할 것이라고 믿었다. 그는 고율의 수입관세를 주장한 게 아니었다. 그저 수출을 늘리고 수입을 제한하며 금융 및 재정 정책에서 보다 나은 통제를 행사해야 한다고 주장했을 뿐이다. 당시 상황으로는 정부가 이런 일을 전혀 하고 있지 않았다.

CHAPTER 6
로버트 모리스와 해밀턴, 그리고 재정

 해밀턴은 1780년 9월에 제임스 두에인에게 보낸 장문의 편지에서 의회가 연방정부의 무역, 외교정책, 재정 등의 부처를 책임질 집행 책임자를 임명해야 한다고 주장했다. 그는 재정 부문이 가장 중요하다고 보았는데, 이 부문을 책임질 사람으로 단 1명의 인사를 추천했다. 필라델피아의 로버트 모리스(Robert Morris)였다. 해밀턴은 다음과 같이 썼다.
 "그의 개인적인 영향력이 그가 장차 시행해야 할 여러 조치들을 강조할 수만 있다면 얼마나 좋을지 모르겠습니다."[1]
 해밀턴이 1780년에 이 편지를 보낼 당시, 의회는 장관을 임명할 명확한 권한을 가지고 있지 않았다. 그러나 1781년에 연합규약이 최종적으로 비준되고 나자 의회는 추가적인 행정 체계를 갖추기 위한 행보를 했다. 당시 미국은 일종의 비상사태 상황이었다. 전쟁이 어떻게 끝날지 여전히 불투명했으며, 재정 문제는 한층 더 심각한 상태였다. 새로 임명될 행정 책임자 가운데는 재정 책임자도 포함되어 있었는데, 몇몇 의원들은 해밀턴이 적임자라고 생각했다. 하지만 해밀턴은 이제 겨우 24살로 너무 젊고 경험도 없었다. 그래서 의회는 로버트 모리스를 그 자리에 임명했다. 모리스는 해밀턴이 선택한 사람이었을 뿐만 아니라 관련 정보를 꿰고 있던 다른 자문자들이 선택한 사람이기도 했다. 모리스는 단기적으로는 적임자였다. 당시 47살이었고, 개인적으로도 무척이나 흥미로운 이력을 가지고 있던 걸출한 상인이었다.[2]

* * *

리버풀에서 결혼하지 않은 부모 사이에서 태어난 모리스는 어머니에 대한 기억은 전혀 가지고 있지 않았다. 어머니는 갓난아기이던 그를 자기 어머니에게 맡기고 떠나버렸다. 모리스가 아직 소년일 때 그의 아버지는(그의 아버지 이름도 역시 로버트 모리스였다) 대서양 건너편의 메릴랜드로 출장을 가 있었다. 아버지는 체사피크의 식민지들에 있는 여러 농장주들이 경작한 담배를 거래하던 사람들의 피고용자로 일을 했다. 영국이 정한 법률에 따르면 미국에서 수출되는 모든 담배는 곧바로 영국 항구로 들어가게 되어 있었다. 식민지 모국이 담배 거래를 독점하기 위한 조치였다.

영국으로 수입된 담배에는 전체 매출의 200퍼센트나 되는 관세가 매겨졌는데, 100년이 넘는 기간 동안 이런 관행은 영국 왕실의 주머니를 두둑하게 불려주었다. 그때도 지금이나 마찬가지로 소비자들은 담배와 술을 포함해서 사람의 정신에 어떤 작용을 하는 물품은 가격이 아무리 비싸도 기꺼이 그 값을 치렀다. 아버지 모리스는 당시 담배가 수입되던 활기찬 항구이던 메릴랜드의 옥스퍼드에서 담배 중간상인을 했는데, 그가 하던 일은 식민지의 농장에서 재배된 담배를 사들여서 영국으로 보낼 배에 선적하는 것이었다. 비록 많은 재산을 모으지는 못했지만 일은 점점 번창했다. 아들 모리스가 13살이던 1747년, 아버지는 아들에게 편지를 써서 메릴랜드로 오라고 했다. 그래서 아들은 리버풀의 할머니 집을 떠나서 메릴랜드로 향했다. 당시엔 마지못해서 아버지의 뜻을 따랐던 것으로 전해지지만, 이런 사실을 입증할 만한 자료는 남아 있지 않다.

아들 모리스는 이민자라는 점 말고도 알렉산더 해밀턴과 닮은 점을 많이 가지고 있었다. 머리가 빠르게 돌아가고 셈이 빠르며 또 파란만장한 어린 시절을 보냈다는 점이다. 아버지 모리스는 아들과 다시 만난 뒤 1년 동안 함께 있으면서도 아들을 무시했으며, 결국 아들을 자기 친구들이 있던 필라델피아로 보냈다. 거기에서 그들과 함께 살라는 것이었다. 아들 모리스가 필라델피아로 가고 1년 뒤에 아버지 모리스는 불의의 사고를 당해서 죽었다. 이때 아버지 모리스의 나이가 39살이었는데, 해밀턴의 어머니 역시 39살에 세상을 떠났다.[3]

그런데 소년 모리스에게, 해밀턴이 조지 워싱턴의 부관으로 임명된 것과 유사한 운명적인 행운이 찾아왔다. 아버지 모리스의 친구가 15살 모리스를 찰스 윌링(Charles Willing)의 회사에 견습생으로 넣어준 것이다. 찰스 윌링은 필라델피아 시장이었을 뿐만 아니라 당시에 최고로 잘나가던 상인이기도 했다. 당시 필라델피아는 미국의 13개 식민지 가운데서 가장 크고 또 활기가 넘치던 도시였다. 모리스가 그 회사에 들어간 지 5년 뒤, 찰스 윌링이 사망했다. 20살의 청년이던 모리스는 그동안 빼어난 상업적 감각을 입증했으며 한층 성숙해 있었다. 그리고 7년에 걸친 도제

기간을 마치고 나서는, 자기보다 3살 더 많으며 이미 유능한 경영자의 면모를 갖추고 있던 윌링의 아들 토머스와 동업자 관계를 맺었고, 두 사람은 1757년에 '윌링 모리스 앤 컴퍼니'라는 무역 및 해운회사를 세웠다. 그리고 그 뒤 20년 동안 이 회사는 필라델피아에서 가장 혁신적이고 가장 높은 수익을 올리는 회사로 성장했다.[4]

'윌링 모리스 앤 컴퍼니'는 해운 사업뿐만 아니라 해양보험 및 다른 상인들의 신용증권도 함께 다루었다. 이 회사에 소속된 수십 척의 배는 영국과 유럽 대륙 그리고 특히 카리브 해의 여러 항구들을 오가면서, 식민지에서 생산된 밀가루나 목재를 밖으로 내보내고 설탕 및 공산품 등과 같은 물품들을 들여왔다. 때로 이 회사의 배들은 멀리 인도나 중국까지 진출하기도 했다. 또 화물뿐만 아니라 대서양에서 미국으로 이른바 '계약노예(indentured servant)'*를 실어 나르기도 했으며, 이따금씩은 노예무역에 참가하기도 했다. 모리스 본인도 집에서 일을 시키려고 노예 한두 명을 직접 소유하기도 했다.

두 사람이 동업자 관계를 맺은 지 6년 뒤인 1763년에 토마스 윌링은 필라델피아의 시장으로 선출되었고, 모리스는 회사 경영에 예전보다 더 많은 역할을 하기 시작했다. 모리스는 결혼하지 않은 상태에서 낳은 딸이 하나 있었고, 이 딸의 양육을 책임져야 했다. 또 예전에 자기가 미국에 발을 들여놓은 직후에 아버지가 낳았던 아들, 즉 자기 이복동생에게도 자기 회사에 일자리를 마련해 주었다.[5]

1769년에 이제 35살이 된 로버트 모리스는 메릴랜드의 명문가 출신인 25살의 메리 화이트(Mary White)와 결혼했다. 이 아가씨는, 나중에 대륙회

---

* 배 운임을 면제받는 대신 4~5년 혹은 그보다 더 오랜 기간 동안 일을 해주기로 계약을 한 사람. 계약 기간이 끝나면 자유인이 되었다.

의의 사제, 펜실베이니아의 성공회 주교, 그리고 미국 성공회의 수좌주교가 되는 윌리엄 화이트(William White)의 동생이었다. 모리스 역시 해밀턴과 마찬가지로 결혼을 통해서 사회적 신분 상승에 성공했다. 모리스는 메리와의 사이에 7명의 자녀를 두었다.

***

독립전쟁은 1775년에 시작되었고, 이때는 해밀턴이 북아메리카에 발을 들여놓은 지 3년밖에 되지 않았을 때였다. 이에 비해서 모리스는 1747년에 미국으로 이주했으니, 미국에 있은 지가 벌써 28년이나 되었다. 모리스는 전쟁이 터지기까지 온갖 사건들이 차곡차곡 쌓이고 펼쳐지는 과정을 줄곧 지켜본 셈이었다. 인지세법이 제정되던 1765년에는 이미 상당한 부자 대열에 올라서 있었다. 그러나 그는 이 조치에 반대하는 측을 지지했으며, 또한 그 뒤로도 영국이 취한 거의 모든 조치에 반대 입장을 견지했다.

부유한 상인이나 대농장주들은 대개 자기 재산을 지키려고 조심스럽게 처신했다. 모리스도 때로 흔들리는 모습을 보이기도 했다. 북아메리카의 식민주의자들이 대부분 그랬듯이 모리스도 인지세 파동 뒤 10년 동안은 사태가 평화적으로 해결되기를 희망했다. 이 기간 동안 그의 재산은 꾸준하게 늘어났지만, 그렇다고 해서 막대한 면적의 토지와 500명이 넘는 노예를 소유하는 남부의 대농장주들만큼 막대한 재산을 일구지는 못했다. 그럼에도 불구하고 그는 식민지에서 가장 많은 재산을 가진 사업가 대열에 확실히 속해 있었다.

그리고 그는 이런 부자들과 다르지 않았으며 또 그렇게 생활했다. 키가 컸던 그는 옷을 잘 차려입었으며, 한때는 호리호리했었지만 당시의 부유한 상인들이 모두 그랬듯이 세월이 지나면서 몸통도 두툼하게 굵어졌다. 필라델피아에 화려한 저택을 짓고 우아한 파티를 열었다. 그러나 모리스는 단 한 번도 상식을 놓치지는 않았다. 온화한 성정 덕분에 그는 필라델피아의 부두노동자들과도 식민지 엘리트들을 거실에서 만날 때만큼이나 편하게 지냈다. 그는 벤저민 프랭클린과 친했으며 펜실베이니아 주 및 필라델피아 도시 차원의 공무(公務)를 프랭클린과 함께 해나갔다. 나중에 프랭클린이 전쟁에 필요한 자금을 마련하려고 프랑스 공사로 가 있을 때도 마찬가지였다.[6]

모리스는 영국이 취한 여러 징벌적 조치들에 지속적으로 반대하긴 했지만 그렇다고 해서 식민지 모국인 영국에 대해서 과격한 입장을 취한 적은 거의 없었다. 새무얼 애덤스(Samuel Adams)나 패트릭 헨리(Patrick Henry)와 같은 사람들처럼 군중을 선동할 목적으로 거친 연설을 하지도 않았다. 심지어 1775년에 독립전쟁이 시작된 뒤에도 그는 여전히 협상을 통해서 영국으로부터 독립을 얻어낼 수 있다고 믿었다. 대부분의 미국인들도 마찬가지였다. 특히 펜실베이니아와 뉴욕에 살던 미국인이 그랬다. 그러나 영국군이 필라델피아의 안전을 위협하자 모리스의 태도는 결정적으로 바뀌기 시작했다. 펜실베이니아의 정치가 한껏 꼬인 상태에서 그는 중도적인 입장을 취했지만, 결국 영국에 저항하는 쪽의 손을 들어준 것이다. 그는 식민지에서 공급 부족으로 시달리던 화약을 조달하려고 자기 회사에 소속된 배 수십 척을 유럽으로 보냈다. 이 일을 위해서 그는 회사의 신용을 사용하기도 했지만 때로는 개인적인 돈을 들이기도 했다.

전쟁 초기의 기간 내내 모리스는 중도적인 입장을 고수하려고 노력했지만 점점 정치의 소용돌이 한가운데로 빨려 들어갔다. 1775년에는 필라델피아 방어를 위한 '공공안전위원회' 위원으로 선출되었으며, 또 같은 해에 펜실베이니아 의원 대표단으로 뽑혔고, 1776년에는 대륙회의에 참가했다. 그리고 대륙회의에서 돈, 상업 그리고 해양 군사작전 등에 관련된 여러 위원회에서 지도자가 되었다. 전쟁 초기의 몇 년 동안 모리스는 상업비밀위원회 의장직을 수행하기도 했다. 이들 위원회의 소속 위원들은 설령 독립전쟁이 패배로 끝난다 하더라도 사업이나 그 밖의 여러 개인적인 차원에서 될 수 있으면 불이익을 받지 않기를 바랐기 때문에, 위원회의 인적 구성은 대개 비밀로 부쳐졌다.

***

1776년 여름, 독립선언문의 비준을 놓고 벌어진 첫 번째 투표에서 펜실베이니아 대표단은 4 대 3의 근소한 차이로 반대 입장을 표명했다. 반대표를 던진 네 사람 가운데 한 명이었던 모리스는 비록 전쟁이 시작된 지 1년이 지나긴 했지만 독립을 선언하는 것보다 덜 과격한 방식으로 영국과의 협상이 얼마든지 가능하다고 믿었다. 그러나 두 번째 투표에서 펜실베이니아 대표단은 모리스와 또 한 명의 대표가 기권을 한 가운데 3 대 2로 찬성 입장을 표명했다. 이렇게 해서 독립선언문 안건은 13개 주 만장일치로 채택되었다. 모리스도 그 문서에 서명했다. 존 행콕(John Hancock)의 크고 화려한 서명 오른쪽 옆자리였다.

건국자들 가운데 새로운 미합중국의 정체성을 확인하는 3개의 문서(독립선언문, 연합규약 그리고 헌법)에 모두 서명한 사람은 모리스와 코네티컷의 로저 셔먼(Roger Shirman)뿐이었다. 독립선언문에 서명함으로써 모리스는 혁명과 영원히 함께 갈 수밖에 없는 운명을 선택했다. 그의 회사는 수많은 상선을 보유하고 있었지만, 전쟁의 열기가 점점 뜨거워지면서 추가로 몇 척을 더 구입했다. 그리고 이 상선들 가운데 다수를 중무장한 해적선으로 개조해서 영국 상선을 공격하게 했다. 그는 이런 행위가 도덕적으로 아무런 문제가 되지 않는다고 생각했지만, 다른 사람들은 그렇게 여기지 않았다. 그런 해적 행위로 때로는 개인적인 이득을 얻을 수 있었기 때문이다.

1777년 필라델피아가 다시 한 번 더 영국군에게 점령당할 위기에 처하자 의회는 본부를 볼티모어로 옮겼다. 그러나 모리스는 계속 필라델피아에 머물렀다. 그리고 위험이 사라지고 다른 대표단들이 돌아오기까지 3달 동안 그는 거의 혼자 정부 일을 처리했다. 그 기간 동안에 그리고 8년이라는 길고 긴 전쟁 기간 동안에 군자금을 조달한 그의 역할이 워낙 중요하고 결정적이었기에, 정부에서 그의 영향력은 조지 워싱턴 다음으로 막강했다. 그와 워싱턴은 절친한 친구가 되었고, 워싱턴이 필라델피아에 올 때면 으레 모리스의 집에 머물곤 했다.

* * *

1781년에 새로 만들어진 연방의회는 해밀턴 및 그 밖의 여러 사람들이 제안한 대로 정부의 재정을 책임지는 재정담당관이라는 직책을 마련했다. 그리고 이 자리에 모리스가 선출되자 해밀턴은 무엇을 해야 할 것인지 구체적으로 적은 편지를 보냈다. 1777년 이후 해밀턴은 금융 및 재정과 관련된 책 수십 권을 읽으면서 이 방면의 공부를 한층 더 열심히 해왔다. 모리스에게 보낼 이 편지를 준비하면서 해밀턴은 한 친구에게 5권이 넘는 책을 보내달라고 부탁했다. 모두 영국과 스코틀랜드의 저자들이 쓴 책으로 다음과 같았다. 데이비드 흄의 《정치담론(Political Discourse)》(1752년), 맬러치 포스틀스웨이트(Malachy Postlethwayt)의 《무역과 상업의 보편 사전(Universal Dictionary of Trade and Commerce)》(1751년), 윈드햄 비웨스(Wyndham Beawes)의 《상인의 안내책자(The Merchant's Directory)》(1751년), 그리고 리처드 프라이스(Richard Price)의 두 저서 《시민적 자유의 특성에 관한 관찰(Observations on the Nature of Civil Libertry)》과 《시민적 자유의 특성과 가치에 관한 추가적인 관찰(Additional Observations on the Nature and Value of Civil Libertry)》이었다. 이런 책들은 모두 당대의 표준적인 저서들이었는데, 이 책들을 놓고 공부를 했다는 사실을 통해서 우리는 해밀턴이 재정 및 공공정책에 관한 지식과 안목을 쌓으려고 얼마나 집착했는지 알 수 있다.[7]

1782년에 해밀턴은 모리스에게 편지를 써서 다음과 같이 말했다.

"저는, 이 나라의 정부 업무를 적절하게 처리하기 위해서는 [위원회라는 차원이 아니라] 단 1명의 책임자가 각각의 부처를 책임지고 운영하는 방식이 절대적으로 필요하다고 확신했던 최초의 사람들 가운데 하나입니다."

계속해서 그는, 제임스 두에인에게 재무 관련 책임자로 모리스를 추천한 사람이 자기이며 모리스가 후보자로 지명되었다는 이야기를 들었을 때 누구보다도 만족스러워했다고 적었다.

"내가 믿는 진실을 가지고서 솔직하게 말씀드리면, 의원님이야말로 이 위대한 임무를 수행할 수 있는 최적의 인물입니다."

혁명을 성공으로 이끄는 데는 그 임무보다 더 중요한 일은 없다고 했다.

"우리가 최종적으로 우리의 목적을 달성하는 길은 전투에서 이기는 것이 아니라 우리의 재정에 질서를 부여하는 것, 다시 말해서 공적신용을 회복하는 것입니다."[8]

그리고 해밀턴은 두에인에게 썼던 것과 마찬가지로 앞으로 해야 할 일에 대한 자기 의견을 밝혔다. 그는 모리스에게 '나는 정확한 계산을 할 수 있는 자질이 부족하고 여유도 없으므로 (…) 유능한 재정 전문가라고 할 수 없다'고 고백하면서도, 자기가 읽은 책들에 비추어 보자면 유럽의 여러 선진국의 경험에서 많은 것을 배울 수 있겠다고 확신한다고 했다.

"첫째, 그 나라들의 세입 가운데서 주식과 관련된 부에서 비롯된 것이 차지하는 비율이 얼마나 되는지 살피고 (…) 둘째, 과세에 가장 적극적으로 나섰던 국가들, 예컨대 영국과 프랑스 그리고 네덜란드에서 과세가 차지하는 비율을 파악하고, 이것을 앞서 주식에서 비롯된 세입의 비율과 비교합니다."[9]

해밀턴은 한 국가의 자원을 추정하고 이 가운데 어느 정도의 비율을 국가 경제에 해를 끼치지 않는 범위에서 정부에 할당할 수 있을까 계산하는 어려운 문제를 붙잡고 매달렸다. 이런 문제들에 정확한 대답을 하기란 (지금도 여전히 그렇지만) 불가능했다. 그러나 해밀턴은 (최근에 읽은 전문가들의 견해를 좇아서) 한 나라의 '유통 현금'은 그 나라의 부(富)를 추정할 수 있는 합리적인 추정치이며, 또 전시에는 이 부의 약 4분의 1이 정부에 할당될 수 있다고 모리스에게 썼다.[10]

유럽의 그 어떤 나라도 유용한 모델을 제시하지 않는다고 해밀턴은 썼다. 프랑스에서는 '부자가 워낙 압도적으로 우월했기 때문에 이들의 변덕과 사치에 다른 사람들의 행복과 편안함은 끊임없이 희생되었다.'

영국과 네덜란드에서는 프랑스만큼 상황이 나쁘지 않았지만, 그래도 나쁘기는 마찬가지라고 했다. 그러므로 유럽의 제도를 미국에 모방해서 적용하려면 수정이 필요하다고 했다. 미국인은 전쟁 수행에 필요한 공공 예산을 절대적으로 필요로 했지만 프랑스와 영국 그리고 네덜란드의 높은 과세율을 결코 받아들이지 않으려 한다고 지적했다.[11]

그런데 해밀턴은 여기에서 자기의 주된 논지 가운데 하나를 끄집어냈다.

"국가은행이라는 기관입니다. 어떤 형태로든 간에 이것이야말로 우리의 안전과 성공을 보장해주는 편리하고도 본질적인 도구라고 저는 생각합니다."

그때까지 식민지 미국에는 그리고 또 미합중국에는 은행이라고는 단 하나도 없었다. 많은 나라에서 은행들은 합리적인 의심을 받는 대상이었다. 은행이 도저히 감당할 수 없을 정도로 돈을 많이 빌려줬다가 경기 침체 때 예금자들에게 돈을 돌려주지 못하는 경우가 자주 있었기 때문이다.

"하지만 은행을 의심스럽게 바라보았던 그 모든 말들은, 다른 모든 좋은 말들과 마찬가지로 오용되는 경우가 있음을 입증할 뿐입니다. 이런 오용이 일어날 때는 치명적인 위험이 뒤따릅니다. 예컨대, 이런 논리를 따르면 금과 은도 손해를 끼칠 수 있습니다. 남아메리카의 광산들이야말로 스페인의 산업이 몰락하는 데, 그리고 실질적인 부와 중요성이라는 측면에서 스페인이 몰락하는 데 매우 커다란 영향을 끼쳐왔다는 게 분명한 사실이니까요."[12]

바로 이 지점에서 아직 24살밖에 되지 않는 해밀턴이었지만, 한 국가의 제품과 용역 차원의 '실물' 경제와 돈 사이의 관계를 정교하게 이해하고 있었음을 알 수 있다.

사람들이 일반적으로 가지고 있는 편견과 상관없이 해밀턴은 미국이 공공 부문에서나 민간 부문에서 국가의 신용을 높이려면 은행 제도를 도입해야 한다고 확신했다. 공적신용은 '어떤 주(州)가 자신의 권리와 이익을 보호할 수 있는 능력'을 가져다주며, 사적신용은 '개인들 사이의 거래를 용이하게 하고 또 확장시키며, 산업이 증가하고 상품이 많아지며, 농업과 제조업이 융성하고, 해당 주(州)의 진정한 부와 번영이 생성된다'고 그는 믿었다.[13]

주요 신용기관인 은행은 '상업을 촉진하기 위해 고안된 모든 장치 가운데서 가장 행복한 것임이 입증되었다'면서, 특히 영국은 여러 전쟁에 필요한 자금을 조달하는 데 은행을 솜씨 좋게 이용했다고 해밀턴은 썼다.

"그런데 지금은 영국이 이 은행만으로 우리의 독립을 위협하고 있습니다."

간단하게 말해서, 군자금을 개발하는 것은 은행 및 은행이 정부 및 민간 부문에 제공하는 신용에 달려 있다는 것이었다. 해밀턴은 미국의 국가은행에 대한 자기 생각을 모리스에게 설명하면서 이렇게 단서를 달았다.

"제가 제시하는 것은 하나의 완성된 계획이라기보다는 그저 하나의 개요일 뿐입니다."

그는 자기가 제시하는 은행에 대해서 20개의 조항을 나열했다. 한 주에 100파운드짜리 주식 3만 주를 민간 투자자에게 팔아서 300만 파운드의 자본을 조성하면 된다고 했다.

"이 주식에 대해서는 일체의 세금이 면제됩니다."

그런 다음에 은행이 미합중국 정부와 맺는 관계를 자세하게 서술했다(이 은행은 민간 은행으로 이익을 추구하는 기관이므로, 그 관계는 느슨해야 한다고 했다). 그 다음에는 은행의 경영에 대해서 설명하고, 또 추가통화(additional currency)를 창조해서 국가의 통화 공급을 늘리고 경제를 자극하는 데 기여하는 역할에 대해서 설명했다.**14**

그리고 편지의 나머지 부분에서 해밀턴은 전쟁을 치르는 데 필요한 막대한 금액의 돈을 빌리고 또 나중에 이 부채를 갚을 여러 가지 방법론을 제시했다. 그는 이미 먼 미래까지 내다보고 있었던 것이다.

"제가 생각하는 계획에 따르면, 35년이 지나고 나면 전쟁 때문에 발생한 부채 전체를 우리의 주들이 모두 청산할 것입니다. 그동안 각 주는 각자 민간 시설 및 군사 체제에 들어갈 비용을 갚을 400만 달러의 [연간] 수입을 확보할 테기 때문입니다."**15**

그리고 이어서 해밀턴의 발언 가운데 가장 많이 인용되는 부분이 나왔다. 200년도 넘는 기간 동안 해밀턴을 지지하는 사람이나 비난하는 사람 모두가 즐겨 인용하게 되는 부분이었다.

"국가부채는 지나치게 많지만 않다면 국가에게 축복이 될 것입니다. 그것은 우리의 연합을 더욱 단단하게 만들어 줄 접착제가 될 것입니다."**16**

이 인용문에서 핵심적인 단어는 '국가'이다. 모리스에게 이 편지를 쓴 1781년 당시 해밀턴이 가지고 있던 걱정은 1777년 이후로 한결같았다. 독립전쟁을 통해서 여러 식민지들이 영국으로부터 독립할 수 있을지는 몰라도, 식민지의 전체 주들을 하나로 합친 진정한 국가로서의 항구적인 연합을 만들어내는 데는 실패할 수도 있다는 걱정이었다.

모리스는 해밀턴에게서 이 편지를 받은 뒤에 충심에서 우러나온 답장을 보냈다.

"편지 잘 읽었습니다. 꼼꼼하게 주의를 기울여서 읽었습니다. 충분히 그럴 만한 가치가 있는 내용이었습니다. 그리고 그 주제에 대해서는 많은 점에서 나와 의견이 같다는 점을 확인했습니다. 편지의 내용은 모든 사람이 자기 나름의 판단을 내릴 때 마땅히 어느 정도는 가지고 있어야 할 확신을 더욱 튼튼하게 해줍니다. 당신은 조만간 은행에 대한 계획이 발표되고 은행 설립 지원 공모가 이루어지는 것을 보게 될 것입니다. 이미 의회의 찬성도 받았으니까요."[17]

하지만 모리스의 전망은 지나치게 낙관적이었다. 심지어 모리스 본인조차도 해밀턴에게 보낸 편지에서 은행 설립에 필요한 자본이 '당신의 발상에 그리고 마땅한 적절한 규모에 한참 미치지 못한다'고 인정했다.

모리스는 계속해서 다음과 같이 말했다.

"내 직책은 새로 생긴 자리이고 나는 내가 맡은 일에 아직 초보자입니다. 천재적인 발상과 능력을 가진 사람들과의 소통은 언제나 환영하며, 특히 당신의 의견은 깊은 관심을 가지고 살펴보겠습니다."

어쨌거나 모리스와 해밀턴 사이의 이 첫 번째 서신 교환은 두 사람 사이에 장차 깊어질 개인적인 친분의 시작이었다. 그리고 그 뒤 몇 년 동안 두 사람은 신생국가의 혼란스러운 재정 문제를 해결하기 위해서 노력한다. 그것은, 모리스가 1781년에 조지 워싱턴에게 보낸 편지에서 썼듯이, '헤라클레스나 해결할 수 있는 어려운' 과제였다. 미국 정부의 재정 상태는 완벽할 정도로 엉망진창이었기 때문이다.[18]

* * *

전쟁이 끝나고 5년 뒤, 의회는 그동안 2억 4150만 달러의 지폐를 발행했다. 그런데 이 돈의 가치는 점점 하락해, 1달러가 2센트밖에 안 되는 수준으로 떨어졌다. 금이나 은은 이제 유통되지도 않았다. 의회는 1776년에 국내 투자자들에게 돈을 빌리기 시작했으며, 군대도 식량과 탄약 및 그 밖의 보급품을 조달할 목적으로 자체적으로 채권을 발행했다. 한편 각 주들은 1780년 기준으로 2억 달러가 넘는 채권을 발행했던지라 연방정부가 돈을 빌리는 데 힘을 보탤 여력이 남아 있지 않았다. 1777년부터 의회는 막대한 금액의 대출을 받기 시작했는데(일부는 네덜란드에서 빌렸지만 대부분은 벤저민 프랭클린의 노력으로 프랑스에서 빌렸다), 1783년에 이르면 이 부채는 총 800만 달러 가까이 되었다. 다른 부채들과 다르게 외국에서 빌린 돈은 실제로 액면 가치 그대로였다. 그리고 1777년에는 의회가 각 주에 돈을 요구하기 시작했다. (그러나 의회는 지급을 요구할 법률적인 권한은 전혀 가지고 있지 않았다.) 1780년 기준으로 이 요구 금액 총액은 9500만 달러였고, 이 가운데 실제로 지급된 금액은 5500만 달러였다. 그러나 이때 지급된 돈은 가치가 불확실한 지폐였다. 로버트 모리스가 1782년에 정부의 재정담당관으로 임명될 때 미국은 이미 오래전부터 거의 파산 상태였다. 모리스는 이런 상황을 잘 알고 있었다. 그는, 자기가 기울일 노력이 기존의 부채를 갚는 과거 지향적인 차원이 아니라 계속 진행되고 있는 전쟁에 필요한 자금을 모으는 미래 지향적인 차원으로 펼쳐질 것임을 조건으로 재정담당관이라는 직책을 수락했다.[19]

그를 지원할 직원 규모도 작았다. 하지만 그 가운데 중요한 인물이 한 명 있었는데, 바로 솜씨 좋은 조수 거버너 모리스(Gouverneur Morris)였다(두 사람은 '모리스'라는 성은 같지만 인척 관계는 아니다). 부유한 귀족 가문 출신의 뉴요커이자 괴짜 기질의 소유자이던 거버너는 1782년 당시에 29살이었는데, 자기에게 호감을 보이는 여자는 누구든 마다하지 않고 받아들였다. 28살 때 왼쪽 다리를 잃어서 의족을 하고 다녔다. 표면적으로는 기차 사고로 다리를 절단한 것으로 알려져 있었지만, 많은 사람들은 그가 다리를 다친 이유를 다르게 믿고 있었다. 기차 침대칸에서 유부녀와 뒹굴다가 여자의 남편이 갑자기 들이닥치자 놀라서 침대칸 창문을 열고 뛰어내렸는데, 이때 당한 사고로 왼쪽 다리를 절단해야 했다는 것이다. 거버너 모리스는 로버트 모리스가 미국 정부의 재정담당관으로 임기를 다할 때까지 그의 곁을 지켰는데, 자기에게 주어진 직무를 탁월하게 수행했다.[20]

그림6 거버너 모리스(왼쪽)와 로버트 모리스. 찰스 윌슨 필의 작품, 1783년. 로버트 모리스는 당시 미국 정부의 재정담당관이었고, 소문난 바람둥이였던 거버너는 그의 조수였다. 두 사람 모두 1787년의 헌법제정회의에 대표로 참석했는데, 여기에서 거버너는 제임스 매디슨 다음으로 중요한 인물이었다고 할 수 있을 만큼 결정적인 역할을 했다.

로버트 모리스가 군자금을 모으는 일을 도운 사람으로 헤임 솔로몬(Haym Solomon)이라는 인물도 있다. 솔로몬 역시 이민자 출신의 중요한 재정 전문가였다. 1740년에 포르투갈에서 태어난 유대인이었던 그는 살던 곳에서 쫓겨나서 주로 폴란드에서 성장했다. 1772년에 유럽을 떠나 뉴욕에 발을 들여놓았는데, 여기에서 그는 주로 중매인 일을 하면서 살았다. 솔로몬 역시 영국에 반대하던 애국 급진파 단체인 '자유의 아들들(Sons of Liberty)'•의 지도자가 되었다. 이 활동으로 1776년과 1778년에 영국군에 체포되어 투옥되었다. 간첩 혐의로 사형 선고를 받았지만 감옥에서 탈출해 점령지 뉴욕을 무사히 빠져나와 필라델피아로 달아났으며, 여기에서 대출이나 환어음 등 금융 관련 업무의 중개인 일을 했다. 당시 그가 했던 활동들과 관련된 기록으로는 믿을 만한 게 별로 없지만, 1779년에 대륙군 및 프랑스에서 온 지원군에 들어갈 군자금 40만 달러 대출이 이루어지도록 힘을 쓴 사람이 바로 헤임 솔로몬이었다는 말이 있다. 프랑스와 네덜란드가 미국 정부에 돈을 빌려준 데는 솔로몬의 유창한 외국어와 능란한 화술이 큰 몫을 했다. 그리고 또 그는 '재무 담당 중개인(Broker to the Office of Finance)'라는 공식 직함을 가지고서 정부의 재무 책임자인 모리스와 함께 전쟁에 필요한 자금을 확보하기 위해서, 미국 정부가 발행한 채권을 팔고 환어음을 처리하며 약속어음을 얻어내는 등 다양한 업무를 수행했다. 그는 또한 제임스 매디슨을 비롯한 여러 의원들에게 돈을 빌려주기도 했다. 솔로몬이 독립전쟁을 위해서 조성한 전체 금액은 대략 65만 8000달러로 추정되는데, 당시로서는 어마어마한 금액이었다. 그리고 그 금액에는 솔로몬이 개인적으로 모았다가 희사한

• 미국 독립전쟁 이전의 북아메리카 13개 식민지의 통칭이자, 이 이름을 딴 시민 조직. 이 조직은 독립전쟁에서 많은 역할을 했다.

적지 않은 돈도 포함되어 있었다.²¹

로버트 모리스는 정부의 재정담당관 임명을 받은 첫 해에 은행 설립을 제안했다. 당시까지도 미국에는 은행이 단 한 곳도 없었다. 의회는 이 제안에 동의했고, 연방 허가를 받은 북아메리카은행(Bank of North America)이 1782년 1월 7일 필라델피아에서 문을 열었다. 해밀턴은 모리스에게 보낸 편지 및 6편의 〈대륙주의자〉 에세이 가운데 하나에서, 의회가 이런 은행을 허가해야 할 뿐만 아니라 이 은행이 국가 재정에 대해서 폭넓은 자유재량을 가지고서 중앙은행으로 기능할 수 있도록 충분한 권한을 줘야 한다고 주장했다.

그런데 북아메리카은행은 중앙은행으로서의 권한을 결코 갖지 못했다. 모리스의 예전 동업자였던 토머스 윌링이 은행장으로 선출되어 이 은행을 경영했는데, 이 은행은 그저 평범한 민간은행일 뿐이었다. 그 뒤 여러 해 동안 모리스와 해밀턴은 편지를 주고받으며 정부의 재정 위기를 극복할 방안을 놓고 의견을 나누었다. 이 은행뿐만 아니라 모리스가 재정 및 금융 부문에서 꾀했던 다른 여러 개혁 조치들은 거의 10년이나 뒤에 해밀턴이 전면에 나타날 때까지 기다릴 수밖에 없었다. 두 사람은 모두 다른 많은 이민자들이 그랬던 것처럼 열렬한 국가주의자였다. 또 각각의 주들이 너무도 인색하게 굴었고 또 의회는 자금 조성에 대한 직접적인 권한을 가지고 있지 않았기 때문에, 두 사람 모두 중앙 정부의 재정 관련 권한을 강화하고자 했다.²²

독립전쟁 기간 동안 대부분의 애국적인 기업가들이 그랬듯이 모리스는 개인적인 차원의 사업과 정부의 사업을 구분하지 않았다. 전쟁 초기의 몇 년 동안에는 특히 더 그랬다. 그는 전쟁을 치르는 데 필요한 무기와 탄약 등을 확보하는 데 유럽과 카리브 해에 형성되어 있던 상업 분야의 개인적인 인맥을 최대한 활용했다. 다른 사람이었다면 그 누구도 성공하지 못했을 협상을 그가 성공적으로 이끌었다. 수백 건의 상업 거래를 하면서 때로는 이득을 보기도 했지만 손해를 보는 경우도 많았다. 전쟁 기간 동안 해외 무역은 극도로 불확실했다. 그래서 어떤 상선이 한 차례 항해를 했을 때 여기에서 이익을 얻었는지 아니면 손해를 보았는지 확인하는 데만 하더라도 때로는 여러 달씩 걸렸다. 심지어 여러 해가 걸리는 경우도 있었다. 수많은 영국 상선이 모리스의 해적선에 나포되었지만, 마찬가지로 그의 회사 소속 상선도 비슷한 수만큼 영국 해군에 나포되었다.[23]

모리스의 풍부한 자원이 빛을 발한 가장 두드러진 일화는 1781년 요크타운전투 전야에 등장했다. 워싱턴의 대륙군은 영국군에 결정타를 먹일 기회를 잡았지만, 바로 그 시점에 군자금이 바닥나 버렸다. 워싱턴이 긴급하게 자금을 요청하자(당시는 정말 긴급했다!) 모리스는 기어코 그 자금을 조성했다. 거의 기적에 가까운 일이었다. 그리고 그 돈을 잘게 쪼개서 병사들에게 지급했다. 한꺼번에 많이 지급하면 혹시라도 병사들이 그 돈을 들고 탈영해서 가족의 품으로 돌아가 버릴 수도 있기 때문이었다. 또한 그는 개인적으로 6,000장의 어음을 발행했다. 잘못하면 개인적으로 엄청난 손실을 볼 수도 있었지만 그런 위험까지 그는 기꺼이 감당했다. 모리스의 이런 노력 덕분에 대륙군은 필요한 장비와 물자를 살 수 있었고, 마침내 요크타운을 포위하기 위해서 뉴욕과 펜실베이니아에서 버지니아로 행군을 시작했다. 그리고 그 끝에 이루어진 요크타운전투의 승리는 독립전쟁의 승패를 가르는 분수령이었다.[24]

* * *

모리스는 1782년에 정부의 재정담당관으로 임명된 뒤에도, 비록 예전보다는 훨씬 적은 시간을 들이긴 했지만 개인적인 해운 및 상업 활동을 여전히 계속했다. 18세기에는 이처럼 공적인 업무와 사적인 업무를 병행하는 게 당연하고 일상적인 것이었다. 그러나 독립전쟁의 와중이었기 때문에 모리스는 점차 논란의 한가운데로 들어가기 시작했다. 그는 여러 진영으로부터 혹독한 비난을 받았다. 이런 비난 가운데 많은 것은 사악하고 또 개인적인 것이었다. 그래서 그는, 당시부터 지금까지 연방정부의 업무 분야 특히 재정 분야를 성가실 정도로 괴롭혀 온 이해상충의 문제에 관한 한 가장 두드러진 초기 사례의 인물이 되었다. 모리스는 많은 장점을 가지고 있었으며, 자기에게 주어진 업무를 잘 수행했다. 하지만 그도 인간이었고, 다른 건국자들에 비해서 특별히 더 엄숙한 성인군자도 아니었다. 그리고 낭비벽이 있는 생활 방식 때문에 그는 보다 뜨거운 혁명을 바라는 사람들에게 쉬운 공격 목표가 되었다. 그러나 제임스 매디슨은 그를 지지했으며, 모리스 본인이 원해서 이루어진 의회의 공식적인 조사 결과 아무런 부정도 저지르지 않았음이 밝혀졌다. 그런데 역설적이게도, 만일 그가 덜 개방적이고 또 덜 관대했더라면, 아마도 그는 이런 종류의 공격에 덜 시달렸을 것이다.

만일 모리스를 비판하는 많은 사람들이 주장한 것처럼 그가 미국의 독립보다 개인의 재산을 더 소중하게 여겼더라면, 1775년에 이미 미국에 있던 재산을 정리해서 고향인 영국으로 돌아가 편안하게 살았을 것이다. 사실 부유한 '왕당파들' 가운데 많은 사람들이 그렇게 영국이나 캐나다로 떠났다. 하지만 모리스는 죽음도 무릅쓰면서 전쟁 자금을 조달하려고 안간힘을 썼다. 사실 군자금 마련은 전체 전쟁 과정에서 비전투 부문에서 진행되던 가장 치열한 싸움이었다. 이 일에 모리스는 자기가 가진 모든 에너지와 끈기와 강점을 쏟았다.

그가 재정담당관으로 재직했던 1781년부터 1784년까지의 자료들 가운데 지금까지 남아 있는 수많은 기록들을 보면, 사실 모리스가 거둔 성공은 거의 불가능에 가까운 것을 가능하게 만든 기적과도 같은 것이었다. 가장 커다란 장벽은 의회가 수입관세에 관한 권한을 장악하는 데 실패한 것이었다. 조금만 더 하면 성공할 수도 있었을 정도로 아슬아슬했다. 만일 그것만 성공했다면 정부의 재정 문제는 한 방에 해결될 수도 있었다. 그러나 연합규약 체제 아래에서는 만장일치제였던 까닭에 단 1주라도 반대하면 될 수 없었다. 그런데 로드아일랜드가 반대를 했다. 만일 로드아일랜드가 다른 선택을 했더라면, 1780년대 및 그 뒤의 미국 역사는 완전히 달라졌을 것이다. 만일 연방정부의 의회가 이 과세권을 가지고 있었더라면, 1787년의 헌법제정회의는 굳이 소집될 필요도 없었을 것이다.

이런 권한이 없었기에 의회 및 의회가 선출한 정부의 재정담당관 로버트 모리스로서는 성공할 가능성이 애초부터 거의 없었다. 예를 들어서 1781년 가을에 의회는 전체 13개 주에 총 800만 달러를 1782년 안에 지급하라고 요청했지만, 이 금액의 5퍼센트 조금 넘는 42만 달러만 걷혔다. 모리스가 재정담당관으로 있을 때 기록했던 일기와 그의 사무실에서 오갔던 편지들은 500쪽 분량의 책으로 9권이나 된다. 이런 문건들은 거의 대부분 군자금 마련에 필요한 수천 개의 개별적인 거래와 관련이 있는 것들이다. 그러나 이 문건들은 또한 그 일이 얼마나 어려운지 그리고 또 해가 갈수록 사정이 얼마나 나빠지는지 말하는 모리스의 심경이 빼곡하게 들어 있는 것들이기도 하다. 그리고 1783년이 되면 모리스는 거의 포기하다시피 했다. 의회의 구성이 바뀌었고 또 의회가 수입관세에 관한 권한을 장악할 가능성이 거의 없어졌기 때문이다. 시간 순서에 따라서 열거된 다음의 그의 편지 혹은 일기에서 그의 심경이 점차 비극적으로 바뀌는 모습을 엿볼 수 있다.

1781년 12월 19일, 노스캐롤라이나, 사우스캐롤라이나 그리고 조지아의 주지사에게 보낸 편지. "'도덕적 정직성'의 자명한 명령을 제외하고는 재정과 관련해서 나는 그 어떤 제도도 가지고 있지 않습니다. (…) 1782년에 내기로 한 돈을 징수하기로 하는 법안을 당신 주에서 지금 즉시 의결해주면 좋겠습니다."[25]

1782년 2월 2일, 일기. "내가 이 일을 맡은 뒤로 내가 들이는 시간 가운데 가장 많은 부분이 앓는 소리를 듣는 일이다. (…) 개인적인 면담을 포기하지 않는 한 여기에서 놓여날 수도 없다."[26]

1782년 8월 29일, 조지 워싱턴에게 보낸 편지, 각 주들이 군대를 지원하기에 충분한 돈을 기부하길 거부했다는 사실에 대해서. "나는 우리가 구원을 받을 수 있도록 하늘이 사람들의 마음을 돌려놓기를 간절하게 기도합니다. 나는 내가 할 수 있는 모든 것을 다 했으며 [주지사들과 주의원]들에게 수도 없이 많은 경고를 했습니다만, 마치 죽은 사람들을 앞에 두고 연설을 하는 것 같습니다."[27]

1782년 10월 21일, 전체 13개 주 주지사들에게 보낸 편지. "스스로는 아무것도 하지 않으면서 남의 도움[즉, 프랑스의 지원과 네덜란드 은행으로부터의 대출]만 의지하는 나라가 얼마나 오래갈까요? 공동체의 한 부분이 전체의 짐을 다 감당하면서 과연 얼마나 오래 버틸 수 있을까요? [몇몇 주는 자기들에게 할당된 몫을 모두 냈지만, 대부분의 주는 할당량에 터무니없이 모자라는 부분만 냈다.] 우리 군대는 풍족함 속의 빈곤을 얼마나 오랫동안 버틸 수 있을까요? 과연 그들은 불평 없는 비참함을, 질책 없는 부당함을, 그리고 시정 없는 잘못을 얼마나 참을 수 있을까요?"**28**

1783년 3월 14일, 너새니얼 그린(Nathanael Greene) 장군에게 보낸 편지, 사임 결심에 대해서. "저에게는 다른 대안이 없습니다. 많은 주들이 빚을 갚아야 한다는 데는 동의를 하면서도 그렇게 할 효과적인 조치들은 결코 마련되지 않을 것임을 이제 분명히 깨달았습니다."**29**

의회와 군대가 나서서 모리스의 사임을 말렸고, 모리스는 곧바로 사임 의사를 철회했다. 그러나 군자금 모금을 위해 백방으로 뛰었지만 성과를 거두지 못하자 좌절한 끝에 1784년 11월에 결국 사임하고 말았다. 그의 마지막 결산보고서는 1785년 3월에 작성되었다. 그는 이 결산보고서를 500부 인쇄해서 의회에 보냈는데, 여기에서 재정에 관한 미국의 무책임성이 내포하는 보다 큰 의미를 짚었다.

그 어떤 모반도 미국에 이처럼 위중한 상처를 안기지 않았으며, 또한 앞으로도 그럴 것이다. 이제 미국은 땅에 떨어진 명성의 굴레를 지고 가야 할 테기 때문이다. 부채를 갚는 데는 많은 돈이 든다. 그러나 부채를 갚지 않고 그냥 안고 가는 데는 더 많은 돈이 든다. 전자는 돈의 문제이다. 돈으로 갚으면 그만이다. 그러나 후자는 돈이 나올 수 있는 원천이 파괴되는 문제이다. 이 경우에는 다른 모든 자원도 말라버린다. 비록 영원히 마르지 않는다고는 할 수 없지만 풍성한 샘물임에는 분명한 그 원천은 바로 공적신용(즉, 국가가 돈을 빌릴 수 있는 능력)이다. (…)

작은 마을에 사는 사람들은 독립했다는 자부심을 느낄 수도 있다. 그러나 만일 통일된 미국의 단합된 힘을 유도하거나 움직일 수 있는 정부가 없다면, 우리의 독립은 그저 말뿐이며, 우리의 자유는 그저 그림자일 뿐이고, 또 우리의 존엄성은 그저 한낱 꿈일 뿐이다.[30]

모리스처럼 유순하고 온화한 사람에게서 나온 이런 절절한 토로는 재정적인 문제에 관한 미국 전체의 무책임성을 통렬하게 묘사한다. 모리스는 정부의 재정담당관이라는 직책을 1781년 초부터 1784년 말까지 거의 4년 동안 수행했다. 그는 외국에서 돈을 빌리고 국내에서 채권을 팔고 또 개인 재산으로 수백만 달러를 투자해서 가까스로 정부의 재정을 꾸리며 전쟁 경비를 조달했다. 그는 생각할 수 있는 모든 방법들을 동원해서 마치 저글링을 하듯이 아슬아슬하게 미국이라는 실체의 정부를 유지했다. 완벽한 성공은 어차피 불가능했다. 그래도 모리스가 아니었으면 그 누구도 그만큼의 성과를 내지 못했을 것이라는 게 당시의 폭넓은 여론이었다.

알렉산더 해밀턴이나 다른 많은 사람들이 잘 알고 있었듯이, 모리스가 끝내 목표를 달성하지 못한 것은 그가 추구한 전략의 문제가 아니었다. 원인은 연합규약이 안고 있는 구조적인 결함에 있었다. 즉, 이 연합규약은 수입관세를 비롯한 여러 가지 명목의 세금을 부과해서 자금을 조성할 권한을 연방정부에 부여하지 않았던 것이다. 여러 해가 지난 뒤에 연방대법원장 존 마셜(John Marshall)은 저 유명한 대법원 판결문에서 다음과 같이 썼다.

"세금을 부과하는 권력은 파괴를 위한 권력이다."

그러나 이 명제의 역도 성립한다. 세금을 부과할 권력이 없을 때(모리스가 통탄했던 상황에서는 군자금을 거둘 수 있는 방법이 없다는 것이었다), 영국의 지배에서 벗어나 독립을 하겠다는 미국의 싸움은 거의 가망이 없었다.

CHAPTER 7
헌법

　모리스의 개혁 프로그램이 실패로 돌아가자 해밀턴은 한층 더 긴박감을 느꼈다. 그래서 그는 연합규약을 제거하고 새로운 헌법을 만드는 일에 박차를 가했다. 연합규약 아래에서는 각각의 주는 인구수와 상관없이 동일하게 1표씩 행사했다. 그리고 이 규약을 고치려면 13개 주의 만장일치가 필요했으며, 어떤 법안이든 통과시키려면 9개 주의 찬성이 있어야 했다. 모리스가 재정담당관직에서 물러난 뒤에 의회는 모리스 대신 3인위원회를 만들었다. 하지만 이 위원회는 비효율적이었다. 재정 정책의 교착 상태는 풀릴 기미가 보이지 않았다.

　해밀턴이 자주 지적했듯이 연합규약 체제 아래에서는 새로운 국가에 필요한 잘 조정된 경제 전략은 불가능했다. 13개 주의 인구수는 제각각으로 달랐다. 예컨대 가장 작은 로드아일랜드의 인구는 약 6만 명이었는데, 가장 큰 버지니아의 인구는 로드아일랜드의 10배나 되었다. 또 중심 산업도 주마다 달라서 펜실베이니아, 뉴욕 그리고 뉴잉글랜드에서는 해운업과 제조업인 데 반해 남부의 여러 주들은 노예를 기반으로 한 농업이었다. 게다가 각 주들 사이에는 불화가 조성되어 있기조차 했다.

뉴욕은 당시 13개 주 가운데 인구로는 5번째밖에 되지 않았는데, 이런 뉴욕도 2개 구역으로 나뉘어졌다. 맨해튼과 허드슨밸리였다. 맨해튼은 온갖 인종이 뒤섞인 3만 명의 인구로 중심도시로 성장하고 있었고, 허드슨밸리는 해밀턴의 처가인 스카일러와 같은 부유한 가문의 사람들이 반(半)봉건적인 생활양식 속에 살고 있었다. 뉴욕 주 내에서의 정치적인 분열은 여전히 강고했으며, 해밀턴이 스카일러 가문의 일원이 되었다는 점은 1777년부터 1795년까지 뉴욕 주지사로 재직했던 조지 클린턴(George Clinton)이 이끌던 강력한 반(反)봉건 정치운동에 걸림돌이 될 수밖에 없었다. 주정부의 권한이 연방정부의 권한보다 우월해야 한다는 입장이었던 클린턴주의자들은 연방주의자인 필립 스카일러와 해밀턴을 줄기차게 반대했는데, 주정부 차원의 정치에서는 이들이 연방주의자들을 이기는 경우가 더 많았다. 나중에 이 클린턴주의자들은 제퍼슨주의자들과 손을 잡았다. 그래서, 제퍼슨과 매디슨이 버지니아에서 정치적으로 복잡하게 얽힌 환경에 놓여 있었음에도 불구하고 뉴욕에서 튼튼한 기반을 가지고 있었던 데 반해, 해밀턴은 단 한 번도 뉴욕에서 그런 튼튼한 기반을 가지지 못했다.[1]

* * *

때로는 연방정부와 주정부 사이의 관계가 우스꽝스럽게 드러나기도 했다. 예를 들어서 로드아일랜드는 수입관세에 관한 권한을 연방정부의 의회에 넘기려는 노력을 차단했을 뿐만 아니라 결정적으로 중요한 예산 관련 법안조차도 거부했다. 심지어 아무런 지급수단을 가지고 있지 않으면서도 주정부 지폐를 마구 찍어내는 상황에서조차도 그렇게 행동했다. 이러다 보니 정부의 재정 체계는 완전히 엉망진창이었다. 1783년에 전쟁이 끝나자 해밀턴은 평화협정 협상을 이끌었던 존 제이(John Jay)에게 축하편지를 보냈다. 하지만 해밀턴은 이 편지에서 국가를 건설하는 실질적인 일은 아직 시작도 하지 않은 셈이라고 덧붙였다.

"우리의 전망은 그다지 밝지 않습니다. (…) 각 주에서는 사람들의 인기를 끌려고 연방의회의 권한을 질투하고 경계하는 분위기를 부추기고 있습니다. 의회가 아무런 권한도 가지고 있지 않음은 누가 봐도 명백한 사실인데도 말입니다."**2**

해밀턴은 특히 경제적인 측면을 걱정했는데, 다른 여러 건국자들도 마찬가지였다. 이에 비해서 몇몇 저명한 버지니아 인사들은(여기에서 제임스 매디슨은 제외된다) 1780년대의 이 기본적인 쟁점을, 혁명이 영국의 독점을 무너뜨린 상태에서 새로운 담배 시장을 설정하는 문제의 하나로만 바라보았다. 그리고 또 당시에 상당한 영향력을 가지고 있던 아서 리(Arthur Lee)와 헨리 리(Henry Lee) 같은 버지니아 사람들은 경제적인 여러 문제를 해결하는 데 연방정부가 할 역할은 거의 없거나 아예 없다고 보았다. 경제적인 문제들은 각 주들이 알아서 할 문제라는 것이었다. 토머스 제퍼슨은 연방 차원의 경제적인 문제 대부분에 대해서 잘 알고 있었다. 그러나 그는 1780년대 후반의 절반을 프랑스에 공사로 가 있었다. 그래서 제퍼슨은 매디슨으로부터 꾸준히 많은 편지를 받았음에도 불구하고 미국의 경제가 얼마나 악화되고 있는지 즉각적으로 파악하지는 못했다.

* * *

그러나 해밀턴은 보았다. 그것도 뼈아플 정도로 생생하게 보았다. 유리컵에는 물이 반쯤만 차 있었고, 그는 그 유리컵에 물을 가득 채울 방안을 언제나 가지고 있었다. 오늘날 거시경제학적 정책이라고 일컬어지는 것 즉 화폐, 세금, 공공지출, 고용 등과 관련이 있는 국가적인 차원의 정책의 꼴을 처음으로 마련한 사람이 바로 해밀턴이다. 1782년부터 1783년까지 연방의회에, 1786년에 아나폴리스회의에, 1787년에 헌법제정회의에 그리고 1788년에 뉴욕의 헌법 비준에 각각 대표단의 일원으로 참가하긴 했지만, 사실 그는 이런 대표단 역할을 결코 좋아하지 않았다. 그는 대중연설을 탁월하게 잘했지만, 네 차례의 대표단 경험은 늘 불편하기만 했다. 그의 생각은 늘 앞서가고 있었다. 사람들이 논의하고 있는 사안보다 늘 훨씬 먼 미래를 생각했다. 그는 기질적으로 토론보다 행동이 앞섰다.

해밀턴은 특히 연방의회에서 공공재정(국가재정)을 주제로 해서 끊임없이 이어지는 말들에 완전히 질려버렸다. 그 문제에 관한 한 로버트 모리스를 제외하고는 누구보다도 잘 알고 있었기 때문이다. 해밀턴은 의원으로 재직하던 해에 재정에 관한 견해, 특히 수입품에 대한 관세가 주정부의 관할에서 연방정부의 관할로 넘어가야 하는 이유를 명쾌하게 정리했다. 제임스 매디슨이 기록한 회의록에 따르면 해밀턴은 '정부 부채에 대해서 각 주에게 부분적으로만 책임을 지우려는 모든 제안은, 그 문제에 대해서 이전에 의회가 선언했던 것과 일치하지 않으며, 따라서 그 선언과 불명예스럽게 결별하겠다는 것이므로 좋아하지 않았다.' 즉 정부의 부채를 갚을 방안에 대해서는 포괄적이고 종합적인 대책을 마련해야 한

다는 것이었다.³

해밀턴은 새로 세운 나라가 당면한 모든 문제를 철저하게 다룰 것을 줄기차게 주장하며 밀어붙였다. 연방의회 대표단 시절 초기에 그는 연합규약을 '개정할 수 있는 전권을 가진' 새로운 총회를 요구하는 장문의 결의안을 작성했다. 이것은 매우 급진적인 제안이었고, 이 가운데 12개 조항의 개요는 여러 군데 수정이 되어서 1787년의 헌법 내용으로 포함되었다. 그러나 1783년의 연방의회에서 그는 다른 사람들의 지지를 받지 못했고, 결국 그 결의안을 제출하지 못했다. 1786년에는 미국 경제가 계속해서 악화되는 가운데, 뉴욕에서는 수입관세에 관한 권한을 가져가려는 연방의회의 시도가 또 한 차례 있었고, 뉴욕은 이 시도를 차단했다. 뉴욕 항은 미국의 다른 어떤 도시보다도 높은 관세를 물렸는데, 도시 차원에서나 주 차원에서 모두 이 화수분을 절대로 포기하지 않으려고 했다.⁴

이런 상황에 격분한 해밀턴은 아나폴리스회의를 준비했다. 그는 1786년 아나폴리스회의의 주동자들 가운데 한 사람이었다. 제임스 매디슨을 비롯한 여러 사람들이 발의한 이 회의는 1787년 필라델피아의 헌법제정회의로 가는 핵심적인 중간 기착지였다. 전체 13개 주의 대표단들 가운데 9개 대표단들만 이 회의에 참석했으며, 나머지 대표단들은 아예 출발도 하지 않았거나 혹은 정시에 도착하지 못했다. 이것은 보다 강력한 연합체로서의 국가에 대한 관심이 그만큼 희박하다는 강력한 증거였다. 그러나 5개 주의 대표단들은 이 회의에서 모든 주가 참석하는 보다 실질적인 회의를 요청했다. 해밀턴의 동료 대표들은 그즈음 이미 그의 매력적인 문체를 잘 알고 있던 터라, 아나폴리스회의의 1,200단어 연설문 초고 작업을 그에게 맡겼다. 이 연설문에서 그는 다음과 같이 썼다.

"국가가 지금 처한 환경은 너무도 심각합니다. 지금 미국의 상황은 너무도 미묘하고 아슬아슬하므로, 연방에 참여한 모든 구성원들이 단합의 힘을 과시하고 지혜를 짤 것이 강력하게 요구됩니다."[5]

아나폴리스회의에 참석한 대표들은 13개 전체 주가 참석해서 1787년 5월에 시작되는 회의를 요청했다.

* * *

많은 정치인들이 깜짝 놀랐다. 그동안 줄곧 어긋나게만 행동했던 로드아일랜드를 제외하고 나머지 12개 주가 그 회의에 참석했기 때문이다. 회의는 1787년 5월 14일 필라델피아에서 시작되어 4달 동안 비공개로 진행되었다. 대표단의 전체 규모는 55명이었고, 이들 가운데 이민자는 알렉산더 해밀턴과 로버트 모리스를 포함해서 8명이었다. 당시 해밀턴은 30살이었지만, 회의가 맥 빠지게 늘어지며 진행되자 나이 어린 천재들이 자주 드러내는 격분에 휩싸이기도 했다. 하지만 곧 감정을 누르며 참으려고 노력했다. 그래도 발언을 할 때면 자기를 지나치게 강하게 드러내는 경향을 보여서, 매디슨의 기록이 정확하다면 그는 이따금씩 허심탄회함과 몰지각함의 경계선을 넘나들었다. 회의가 비공개로 진행되지 않았더라면, 회의장에서 했던 발언은 아마도 그의 정치 행로에서 상당한 장애물로 작용했을 게 분명했다. 자기 생각을 거침없이 발표한 또 다른 강경한 국가주의자들 역시 마찬가지였다. 특히 거버너 모리스가 그랬다. 거버너는 헌법 초안 작성에 중요한 부분을 담당했으며, 173회나 발언을 했는데 이것은 다른 어떤 위원보다 많은 발언 횟수였다. 그러므로 회의를 비공개로 하고 회의록을 공개하지 않은 것은 필라델피아 회의가 성공적으로 끝나는 데 결정적으로 기여했다고 볼 수 있다.⁶

노예제도를 둘러싼 쟁점은 위원들에게 무척이나 골치 아픈 것이었다. 위원들 가운데 많은 사람들이 노예를 소유하고 있었으며, (북부의 많은 주들 역시 적지 않은 노예를 소유하고 있었음에도 불구하고) 북부와 남부 사이의 지역적인 견해 차이가 정부의 형태를 새롭게 결정하는 합의를 가로막을 것임은 모든 위원들이 알고 있었다. 그러나 헌법을 제정하려면 어느 정도의 진지한 타협은 불가피했다. 결국 두 가지 중요한 합의가 도출되었다. 하나는 각 주의 인구 계산 방식에서 노예는 5분의 3만을 인구로 산정한다는 것이었고, 또 하나는 노예 수입을 적어도 20년 동안 보장한다는 것이었다.

노예는 5분의 3만을 인구로 산정한다는 이른바 '3–5제'는 후대 사람들이 보기에 전체 4,400개 단어로 구성된 헌법에서 가장 악명이 높은 조항인데, 이것은 노예는 온전한 인간의 정확하게 60퍼센트밖에 되지 않는 존재라는 어떤 사람의 계산과는 아무런 관련이 없었다. 하원의원의 수를 각 주마다 어떻게 배분할 것이며 또한 선거인단을 어떤 규모로 정할 것인가를 두고 지루하게 이어진 협상의 결과일 뿐이었다. (당시에 연방 상원의원은 일반투표가 아니라 주의회에서 선출되었다. 그리고 모든 주의 선거인단 수는 지금도 마찬가지이지만 하원의원의 수와 상원의원의 수를 합한 수였다.) 각 주의 인구가 그 주의 하원의원 수를 결정하기 때문에 만일 모든 노예를 백인과 동일하게 1명씩으로 계산할 경우 남부의 여러 주들은 매우 유리했다. 만일 이렇게 될 경우 북부에서는 받아들일 수 없었으므로 어떤 타협은 필연적이었고, 이렇게 해서 '3–5제'가 나왔던 것이다.⁷

'3–5제' 타협의 발상은 이미 4년 전 1783년 연방의회에서 제임스 매디슨이 어떤 논쟁을 하던 중에 나왔다. 당시의 쟁점은 선거가 아니라 세금이었다. 노예를 재산으로 보느냐 아니면 인간으로 보느냐에 따라서 각 주에 매겨질 세금이 달라지기 때문이었다. 대표단의 위원들은 노예의 수를 산정하는 데 어떤 수정을 하지 않고서는 법률을 제정할 수 없다는 사실을 잘 알았다. 남부 사람들은 대부분 수입 노예에 매겨지는 세금 부담을 줄이려고 했고 북부 사람들은 그 반대였다. 양측은 남부의 버지니아 대표들이 제시한 '1-2제'와 북부의 뉴잉글랜드 대표들이 제시한 '3-4제'를 두고 협상을 벌인 끝에 매디슨이 제안한 '3-5제'를 채택했었다.[8]

이 '3-5제'는 4년 뒤인 헌법제정회의 논쟁에서도 재연되었다. 코네티컷 출신의 걸출한 대표이던 로저 셔먼(Roger Sherman)과 스코틀랜드 출신의 이민자 변호사로서 펜실베이니아 대표이던 제임스 윌슨(James Wilson)이 이 안을 지지했다. 논의의 주제가 주로 재산 및 세금에 대한 것이었던 1783년에는 북부 사람들은 될 수 있으면 노예의 수를 많이 산정하려고 했고, 반대로 남부 사람들은 될 수 있으면 적게 산정하려고 했다. 그런데 1787년의 헌법제정회의에서는 논의의 기본적인 주제가 과세 대상이 되는 재산이 아니라 각 주에 할당되는 의원의 수, 즉 정치권력으로 이동함에 따라서 남부 사람들과 북부 사람들의 입장이 과거와 정반대로 바뀌었다. 하지만 이번에도 타협의 결론은 '3-5제'로 났다.[9]

연방을 유지하고자 하는 협상의 결론은 남부의 생각이기도 했고 북부의 생각이기도 했다. 노예제도에 반대하며 1785년에 열린 뉴욕노예해방회(New York Manumission Society) 2차 회의에 참석해서 이 단체에 가입했던 해밀턴은, 그 조항이 없었다면 '미국이라는 연방국가는 탄생할 수 없었을 것'이라며 탄식했다. 이렇게 해서 노예제도의 저주는 미국의 근본이 되는 문서의 한 부분으로 자리를 잡게 되었다. 각 대표단들의 당혹스러움은 헌법의 최종 초고에 반영되어 있는데, 이 문건은 '노예'니 '노예제도'니 하는 단어들은 일절 사용하지 않고 대신 '사람 수입품(importation of Persons)'이라는 표현을 썼다.**10**

1787년의 회의가 2달째로 접어들자 해밀턴은 각 주를 대표해서 나온 위원들이 편협하게 자기 주의 이익만 바라볼 뿐 멀리 미래를 내다보며 대륙적으로 생각하지 못한다는 사실을 확인하고는 점점 초조해졌다. 게다가 그들은 허약한 중앙정부를 지향하는 '뉴저지 플랜'과 강력한 중앙정부를 지향하는 (제임스 매디슨이 주로 개요를 잡은) '버지니아 플랜' 사이에서 선택을 해야 할 때는 거의 마비가 되어 버리는 것 같았다.

6월 중순의 어느 더운 날 해밀턴은 폭발성이 있는 쟁점들에 대해서 발언을 하려고 자리에서 일어났다. 그리고 그의 발언은 무려 6시간 동안이나 이어졌다. 당시의 모습을 매디슨은 다음과 같이 기록했다.

"해밀턴은 자기 개인적인 의견으로는, 비록 자기가 수많은 현명하고 선량한 사람들로부터 지지를 받고 있긴 하지만, 영국 정부가 세계에서 최고인데 과연 영국 정부를 조금이라도 닮은 부분이 미국에서 가능하기나 할 것인지 의심스럽다는 말을 양심의 가책을 조금도 느끼지 않고 말한다고 했다."**11**

이 발언은 비록 충분히 받아들여질 수 있는 것이었지만(사실, 어떤 나라가 영국보다 더 나은 제도를 가지고 있었겠는가?) 영국을 향한 증오는 여러 개의 주에서 아직도 시퍼렇게 살아 있었다. 영국은 군주제를 채택하고 있었을 뿐만 아니라 미국인이 쳐부수려고 애를 쓰던 엄격한 계급구조가 온존했기 때문이다.

해밀턴도 상원의원은 '평생 혹은 적어도 선한 행동을 하는 동안에는 계속 그 자리를 유지해야 옳다'고 그리고 대통령은 '평생 그 직책을 유지해야 옳다'고 주장했다. 이와 마찬가지로 그의 명성에 흠이 되는 생각도 가지고 있었는데, 사회는 소수와 다수의 두 계급으로 나뉘어져 있다고 바라보았던 것이다.

"시민의 목소리는 신의 목소리라고 일컬어져 왔다. 그러나 아무리 이 말이 일반적으로 통용된다 하더라도 이 말은 결코 진실이 될 수는 없다. 시민은 난폭하고 수시로 변한다. 그러므로 옳은 판단을 거의 하지 못한다. 그러므로 첫 번째 계급이 정부에 참가할 수 있는 몫을 [주로 상원에] 분명하고도 항구적으로 보장해야 한다. 이들이 두 번째 계급의 모난 불안정성을 다듬어줄 것이다. 그리고 이들은 어떤 변화가 일어나더라도 거기에 따른 이득을 얻을 수 없으므로, 이들은 정부를 영구적으로 선하게 유지할 것이다."[12]

만일 매디슨의 보고서가 옳다면, 해밀턴은 강렬한 웅변가가 열띤 토론 속에서 흔히 그렇듯이 자기 자신의 수사에 매몰되었던 것 같다. 그러나 그는 그 비공개 회의록에서 기록하고 있는, 자기가 했던 모든 말을 완벽하게 믿거나 혹은 공개적으로 지지했던 게 아님은 분명하다. 해밀턴과는 다른 입장과 논지에서 발언을 했던 다른 발언자들도 마찬가지다. 예를 들어 펜실베이니아의 존 디킨슨(John Dickinson)은 주의회에 대통령을 탄핵할 권한을 부여해야 한다고 주장했으며, 벤저민 프랭클린은 새로운 정부는 상하원을 구분하지 않고 단일 의회로 하고 대통령 없이 3인위원회를 설치하자고 주장했다.[13]

그런데 눈여겨봐야 할 점은 그 회의장에서 해밀턴이 했던 발언과 그로부터 몇 달 뒤에 《연방주의자 논고》에서 썼던 내용 사이에는 중요한 차이가 있다는 사실이다. 이런 사실을 가장 잘 설명할 수 있는 추론은 헌법제정회의에서 그가 고도로 전술적인 차원에서 그런 발언을 하지 않았나 하는 것이다. 그토록 극단적으로 강력한 정부를 주장함으로써, 실제로 자기가 원하는 내용이 대표들 사이에 상대적으로 온건하게 비치도록 하려고 했던 게 아닌가 하는 말이다. 그렇게 강력한 정부를 주장하는 제3의 안을 냄으로써, 뉴저지 플랜을 아예 논외로 치게 만들고 버지니아 플랜을 새롭게 바라볼 수 있도록 하겠다는 의도를 가졌을 수 있다. 이 경우 버지니아 플랜은 중도적인 안으로 비칠 수 있었던 것이다.[14]

연설을 마친 뒤에 해밀턴은, 대표단들이 강력한 연방정부에 결코 찬성하지 않을 것이라 믿었기에 우울한 마음으로 필라델피아를 떠났다. 이 회의에 로드아일랜드는 아예 대표단도 보내지 않았다. 그리고 뉴욕 대표단의 다른 두 위원이자 클린턴주의자이던 로버트 에이츠(Robert Yates)와 존 랜싱어 주니어(John Lansing Jr)는 6주 동안만 회의에 참석한 뒤에 연합규약을 단순히 개정하는 것이라면 자기들이 없어도 의결정족수는 채워진다고 믿고 회의장을 떠나버렸다. 그래서 뉴욕으로서는 대표단 위원의 부족으로 수많은 쟁점들에 대해서 의결권을 행사할 수조차 없었다. 그러나 그는 회의장에서 자리를 비운 사이에 일반 시민들로부터 고무적인 말들을 듣고 보다 낙관적인 희망을 품었다. 그래서 그는 여전히 회의장을 지키며 해밀턴이 회의장으로 돌아오길 애타게 기다리던 워싱턴에게 편지를 썼다.

"지금이 이 나라가 군건한 기초 위에서 번성할 수 있는 결정적인 기회라는 확신이 점점 더 강하게 듭니다. (…) 시민들의 마음속에는 보다 나은 미래를 바라는 놀라운 혁명이 진행되어 왔습니다. 사상가들 사이에 만연해 있는 우려는 헌법제정회의가 일반적인 여론에 충격을 주는 것을 두려워해서 충분히 멀리까지 나아가지 못하지나 않을까 하는 잘못된 우려입니다."**15**

그래서 해밀턴은 다시 필라델피아로 돌아와서 토론에 참여했다. 그는 매디슨 및 4명의 다른 위원들과 함께 '문체 및 조정위원회'에서 일했다. 이 위원회에는 거버너 모리스도 함께했는데, 모리스는 위원장으로 있으면서 '우리 시민은'이라는 문구로 시작하는 저 유명한 헌법 전문을 썼다. 이들이 준비한 최종 초고가 나왔을 때(이 초안은 버지니아 플랜에 훨씬 가까운 것이었다) 해밀턴은, 비록 본인은 말할 것도 없고 많은 사람들이 그 초안이 여전히 미심쩍고 마음에 들지 않은 상태였지만, 모든 대표들이 그 초안에 서명하자고 제안했다. 앞으로 남은 일들에 대비해서 모든 대표들이 만장일치의 모습을 보이는 것이 매우 중요하다고 믿었기 때문이다.

그러나 소수파 입장이던 상당수의 대표들은 서명을 하지 않았는데, 여기에서 이민자와 본토인 사이의 차이가 뚜렷하게 드러났다. 회의에 참석한 전체 55명 가운데 39명이 서명을 했는데, 이민자들은 전체 8명 가운데 7명이 서명을 하고 단 1명만 빠졌다. 이에 비해서 본토인이던 47명 가운데 32명이 서명을 하고 15명이 빠졌다. 여기에는 뉴욕 대표 3명 가운데 2명과 버지니아 대표 7명 가운데 4명도 포함되어 있었다. 즉 서명자와 비서명자의 비율은 이민자의 경우 7 대 1이었지만 본토인의 경우에는 32 대 15(2.13 대 1)밖에 되지 않았다. 이런 차이가 말해주는 사실은 해밀턴과 모리스 그리고 다른 이민자 대표들이 본토인들에 비해서 보다 더 전국적(국가적·연방적)인 관점을 가지고 있었다는 점이다. 본토인들 가운데 많은 사람들은 강력한 연방정부에 의구심을 가졌으며, 개별 주에 대한 집착이 훨씬 더 강했다.**16**

***

필라델피아에서의 전투가 끝나고 나자, 이제 각 주에서 이 헌법의 비준을 둘러싸고 벌어질 전쟁이 기다리고 있었다. 결과가 어떻게 나올지는 전혀 예측할 수 없었다. 그래서 해밀턴은 《연방주의자 논고》에 열정적으로 매달렸는데, 여기에 실린 글들은 오늘날까지 정치 이론 및 행정 분야에서 가장 많이 기여한 최고의 저작물로 평가되고 있다. 해밀턴과 국가주의자 대열의 동료인 제임스 매디슨 그리고 존 제이는 엄청난 시간적 압박 속에서 필라델피아회의가 제시한 헌법의 모든 부분을 체계적으로 분석하고 옹호하는 85편의 신문기사를 썼다. 해밀턴은 계획을 세우고 협력자들을 불러모아서 전체 85편 가운데 51편을 썼다. 정확하게 전체의 60퍼센트이다. 그가 쓴 글들은 그가 화려한 수사의 정점에 도달해 있음을 보여준다. 매디슨은 22편을 썼는데, 해밀턴의 글만큼이나 강력하고 설득력이 넘친다. 존 제이는 갑자기 몸져눕는 바람에 5편밖에 쓰지 못했다. 세 사람 모두 '퍼블리우스'라는 가명을 썼는데, 이 이름은 당시에 익명으로 어떤 글을 쓸 때 관습적으로 쓰던 고대 로마 시인의 이름이다. 전체적으로 볼 때 해밀턴이 쓴 글들은 새로운 정부의 헌법적 설계 및 운영 방식을 상세하게 분석하는 데까지 나아갔다. 이 주제는 매디슨이 맡았던 헌법 이론에 비하면 보다 산문적이며 덜 우아하며, 몇 가지 점에서는 집필하기가 훨씬 더 어려웠다. 산문성과 우아함이라는 두 가지 요소가 절묘하게 섞임으로써 《연방주의자 논고》는 당대 사람들에게나 후대 사람들에게 한층 강력하고 매력적인 저작물이 될 수 있었다. 미국 정치사를 통틀어 어떤 한 가지 프로젝트에서 공동 작업을 하면서 해밀턴과 모리스만큼 훌륭한 팀플레이를 보인 사례는 없다.[17]

《연방주의자 논고》의 급박한 목적은 뉴욕에서 여론을 조성하는 것이었다. 당시 뉴욕에서는 헌법 비준에 반대하는 선동이 홍수처럼 쏟아지고 있어서 비준 가능성이 낮게 점쳐졌기 때문이었다. 매디슨은 뉴욕에서 비준에 실패할 가능성을 2 대 1로 점쳤다. 그런데 다른 여러 주들의 신문들도, 헌법 비준 여부를 결정할 주정부 차원의 회의가 소집되면서 《연방주의자 논고》의 글을 실었다. 그래서 이《연방주의자 논고》의 영향력은 뉴욕을 넘어 전국으로 확대되었다. 퍼블리우스 외에도 헌법을 지지하는 논자들은 신문에 헌법 지지의 글을 홍수처럼 쏟아냈다. 당시 미국 전역의 92개 신문사들 가운데 약 80개 신문사가 헌법을 지지하는 주장에 힘을 실었다. 이 비율이 편집인들의 견해를 정확하게 반영하는 것은 물론 아니었다. 그들은 신문의 판매 부수가 올라가면 어떤 내용이든 상관없었기 때문이다. 또한 헌법 비준을 찬성하는 전국의 여론이 80퍼센트라는 뜻도 물론 아니었다. 그저 해밀턴이나 매디슨과 같은 국가주의자들이 얼마나 헌신적이고 열정적으로 그 일에 매달렸는지 보여주는 증거일 뿐이다.[18]

뉴욕의 헌법비준회의에서 해밀턴은 동료 대표들에게 오래 그리고 자주 연설을 했다. 새로운 국가 미국이 하나의 단단한 실체로 묶이지 않으면 원심력 때문에 뿔뿔이 흩어지고 말 것이라고 열변을 토했다. 그는 자기가 가진 모든 힘과 활력을 다해 헌법을 위해서 그리고 반대자들을 설득하기 위해서 싸웠다. 그런데 주지사이던 조지 클린턴과 그의 수많은 동맹자들(예를 들면 필라델피아회의에 해밀턴과 함께 뉴욕 대표로 참석했던 로버트 예이츠와 존 랜싱)이 연합한 거대한 집단이 있었다. 이들과 논쟁을 벌이는 기간 동안에 해밀턴은《연방주의자 논고》로 묶이는 51편의 글뿐만 아니라, 클린턴주의자들의 반대를 분쇄하기 위해서 고전적인 이름의 가명을 동원해 신문 지상에 신랄한 공격을 퍼부었다. 이미 법정에서 싸움꾼으로 명성을 떨친 적이 있었지만, 바로 그 싸움꾼의 모습으로 차례차례 적들을 분쇄해 나갔다.

그리고 결국 대부분의 사람들이 깜짝 놀랄 일이 벌어졌다. 뉴욕이 주의회에서 30 대 27이라는 근소한 차이로 헌법을 비준한 것이다. 그리고 얼마 지나지 않아 헌법 비준에 필요한 9개 주가 비준을 마쳤고, 헌법은 1789년에 발효되었다. 해밀턴이 오랜 세월 동안 꿈꿔왔던 실행력 있는 연방정부의 출범이 눈앞으로 다가왔다. 그리고 그는 이제 다음 5년 동안 대서사 드라마의 주인공으로 활약할 터였다.

그의 과업은 매우 어려울 터였다. 역사학자 칼 베커(Carl Becker)가 말했듯이 혁명은 독립에 관한 것, 다시 말해서 '자치'의 문제만은 아니었다. 그것은 새로운 정부 체제의 문제, 다시 말해서 '누가 자치를 할 것인가'의 문제였다. 하지만 이것 역시 폭발력이 강한 쟁점이었다. 이 문제에 대한 해밀턴의 열정은 자치에 대한 열정만큼이나 강력했다. 그에게 그 주체는 일차적으로 연방정부였고 주정부는 그 다음이었다.

그러나 현실의 많은 조류들은 여전히 반대 방향으로 흐르고 있었다. 그 이유를 해밀턴도 잘 알고 있었다. 그는 뉴욕의 헌법비준회의에서 다음과 같이 말했다.

"우리는 이웃을 사랑하는 것보다 더 많이 우리 가족을 사랑합니다. 우리는 우리 국민 전체를 사랑하는 것보다 더 많이 우리 이웃을 사랑합니다. 사람이 느끼는 애정은 태양이 발산하는 열기와도 같아서, 거리가 멀어지면 그만큼 차갑게 식습니다. (…) 이런 원리에 입각해서 개별적인 것에 대한 애착을 우선시하고 주정부를 먼저 생각합니다."[19]

그렇기 때문에 새로운 헌법의 국가적인 구심력은 한층 강화되어야 한다고 했다. 만일 그렇지 않을 경우, 연방은 쪼개지고 말 것이라고 했다. 해밀턴은 이런 결과를 막으려고 자기가 할 수 있는 것은 뭐든 다할 생각이었다.

* * *

1789년에 새로운 정부가 구성되었고, 워싱턴 대통령은 로버트 모리스에게 재무부장관직을 제안했다. 그러나 55살이던 모리스는 이제 그만 자기 개인 사업에 집중하고 싶었다. 사실 그는 그 새로운 장관직이 맞닥뜨려야 할 끔찍한 일, 사실 그로서는 늘 해왔던 일을 더는 수행하고 싶지 않았다. 그래서 그는 대통령의 제안을 거절하면서 32살의 해밀턴을 추천했다. 그리고 펜실베이니아의 상원의원으로 국정에 참여하겠다고 약속했다. 해밀턴의 탁월한 능력을 누구보다 잘 알고 있던 워싱턴은 모리스의 조언을 받아들여서 과거 군인 시절 자기 부관이었던 해밀턴을 재무부장관에 임명했다.[20]

그것은 미국으로서는 그야말로 구사일생의 탈출구였음이 나중에 판명되었다. 로버트 모리스는 당시 이미 운하 사업과 증기기관 그리고 특히 대규모 토지에 투자를 했고 그 바람에 사업가로서 내리막길을 걷고 있었다. 그는 1791년에 뉴욕 업스테이트(뉴욕 주의 북부 지역)의 드넓은 지역을 사들였다. 또 컬럼비아 지구에도 투자를 했으며, 남부에서도 600만 에이커나 되는 땅, 오늘날 미국 50개 주 가운데 5개 주를 합한 것보다 넓은 땅을 신용으로 사들였다. 아무래도 그는 돈을 더 많이 벌어야겠다는 뜨거운 열정을 제대로 다스리지 못했던 것 같다. 1790년대 말이 되면 그의 재산은 모두 날아갔고 빚만 남았다. 그것도 자그마치 300만 달러에 육박하는, 당시로는 상상도 할 수 없을 만큼 어마어마한 빚이었다. 그리고 모리스는 불명예스럽게도 1798년에 빚 때문에 체포되어 감옥에 갇혔다. 3년 6개월 동안 복역했으며, 그리고 5년 동안 미미한 존재로 살다가 1806년에 사망했다. 성공한 재력가들이 많이 그랬듯이 자기가 하는 일은 모두 결점이 없고 또 앞으로도 그럴 것이라고 믿은 게 잘못이었다. 도를 넘을 정도로 욕심이 지나쳤던 이민자 기업가였던 그는 결국 슬픈 대가를 치러야 했다.[21]

한편 재무부장관이 된 알렉산더 해밀턴은 미국의 국정 운영 역사에서 가장 인상적인 경제적 성과를 내게 될 그 길을 향해 나아가고 있었다. 하지만 그 길은 성공의 가능성이 무척이나 낮은 길이었으며, 또한 자기 자신에게 엄청난 심리적 비용을 치르게 될 길이기도 했다.

CHAPTER 8
새로운 정부, 오래된 부채

해밀턴이 재무부장관이 된 1789년은 독립전쟁이 끝난 지 이미 6년이나 지난 뒤였다. 헌법 초안이 나오고, 이 초안은 각 주들 사이에서 무려 2년이라는 긴 협상 과정을 거친 뒤에 비준되었다. 연방정부의 새로운 틀이 하나씩 만들어지고 있었다. 그렇다면 이 정부가 지금 해야 할 일은 무엇일까? 그 일은 그다지 많지 않다고 많은 미국인들은 생각했다. 그들의 눈으로 볼 때 국가적인 위기는 끝났고 대부분의 공공적 욕구들은 주정부들이 처리할 테기 때문이었다. 이제 모든 사람은 집으로 돌아가서 혁명(독립)과 헌법의 달콤한 열매를 즐기기만 하면 되었다. 평화를 즐기며, 작물을 수확하고, 일상적인 상업 활동에 종사하며, 가족 및 친지들과 평온한 생활을 즐기는 일만 남았다. 영국 혹은 지나치게 강력해진 연방정부의 간섭은 이제 필요 없게 되었다고 다들 생각했던 것이다.

하지만 해밀턴과 매디슨 그리고 상황을 제대로 인식하고 있던 다른 지도자들은 그렇게 생각하지 않았다. 이들의 관점에서 보자면 1789년 이전에 일어났던 일들은 그저 시작일 뿐이었다. 반드시 거쳐야 하는 첫 걸음이었지만, 실제로 활력을 발휘할 국가가 되기까지는 아직도 멀고 먼 길이 남아 있었다. 헌법은 놀라운 성취이긴 했어도 정부의 세부적인 조직 구조는 담고 있지 않았다. 예를 들어, 정부의 각 부처가 어떻게 구성되어야 할 것인가 하는 문제에 대해서는 아무런 언급도 하지 않았다. 의회가 이 부처의 종류와 수 그리고 이들 사이의 관계를 결정해야 했다. 또 기존의 정부 직원들만으로는 연방정부를 꾸리기에 턱없이 부족했다.

새로운 정부를 만들어 나가는 일은 하나씩 해나가면 되었다. 하지만 훨씬 더 무서운 문제가 모습을 드러냈다. 미국은 독립전쟁을 치르면서 막대한 부채를 국내외적으로 지고 있었지만, 이 부채를 갚을 마땅한 방안은 전혀 가지고 있지 않았다. 게다가 외국의 군사적 위협도 여전히 현재진행형이었다. 영국과 프랑스 그리고 스페인은 미국 인근의 광대한 영토에 대한 주장을 여전히 계속하고 있었다. 영국은 애팔래치아 산맥 서쪽에 있는 일련의 요새들을 점령한 채로 미국인 정착을 적대적으로 바라보던 인디언 부족들과 동맹 관계를 유지했다. 스페인은 플로리다를 소유하고 요충지 항구인 뉴올리언스를 지배했다.

비록 1783년의 평화가 계속되긴 했지만 미국 상품의 최고 해외 시장들 가운데 다수, 즉 서인도제도와 남아메리카의 상당한 부분이 전체적으로 혹은 부분적으로 미국에게 여전히 닫혀 있었다. 영국, 프랑스, 스페인, 네덜란드 그리고 포르투갈의 제국주의적 체제는 여전히 힘을 잃지 않았다. 어떤 조정 작업이 마련되지 않고서는 미국 농산품 수요 전망은 암담하기만 했다. 농민은 미국 노동력의 다수를 차지하고 있었으므로 이것은 심각한 문제였다.

해밀턴이 인식했듯이, 미국이 부채를 갚고 외교정책을 현명하게 펼침으로써 주어진 경제적 기회를 최대한 활용하지 않는다면, 혁명으로 얻은 성과가 모두 사라질 수도 있었다. 연방 체제 자체가 깨질 수도 있었다. 4달의 헌법제정회의에서 있었던 갖가지 거칠고 신랄한 주장들은(이 주장들은 각 주에서 헌법을 비준하는 과정에서도 수없이 반복되었다) 미국인들 사이에 얼마나 깊은 분열의 골이 패어 있는지 생생하게 보여주었다. 이견을 낳는 쟁점은 한두 가지가 아니었다. 연방정부가 수행할 전체적인 역할, 주 정부와 연방정부 사이의 적절한 권한 배분, 그리고 제각기 다른 환경과 조건을 가진 주들이 모여서 만든 연합 안에서 서로 부딪칠 수밖에 없는 정치 및 경제적 이해관계 등이 그런 쟁점들이었다. 뉴잉글랜드, 대서양 중부 지역(뉴욕, 뉴저지, 펜실베이니아), 체사피크 지역(메릴랜드, 버지니아) 그리고 최남동부 지역(조지아, 앨라배마, 미시시피, 루이지애나, 사우스캐롤라이나 등) 등의 지역적인 차이는 그야말로 컸다. 지역적인 차원에서뿐만 아니라 각각의 주들 사이에도 마찬가지로 골치 아픈 문제들이 놓여 있었다. 어떤 주는 크고 어떤 주는 작으며, 어떤 주는 농업을 주로 하고 어떤 주는 상업을 주로 하며, 어떤 주는 노예제도를 인정하고 어떤 주는 노예제도를 인정하지 않고…….

* * *

연방정부의 주요 인사들 가운데서 해밀턴과 가장 비슷한 인식을 가지고 있었던 사람은 연방정부의 초대 대통령 조지 워싱턴이었다. 워싱턴은 마운트버넌 저택에서 취임 연설이 예정되어 있던 뉴욕까지 가는 도중에 수없이 많은 곳에서 벌어진 축하행사에 참석하는 바람에 여행은 예정보다 무척 길어졌다. 그리고 1789년 4월 30일에 워싱턴은 대통령에 취임했다. 당시 워싱턴의 심경은 자신감이 반이었고 걱정이 반이었다. 취임 선서는 뉴욕 월스트리트에 있던 페더럴홀(Federal Hall)에서 진행되었다.

대통령이 우선적으로 내린 여러 지시 가운데 하나는 새 정부가 간절하게 필요로 하던 예산을 확보하는 일이었다. 가장 믿을 만한 세입 원천은 수입관세였다. 연방정부는 의회가 신속하게 의결했고 워싱턴이 서명했던 관세법으로 독립적인 세입 원천을 확보했다. 독립전쟁이 시작된 지 14년 만에 마침내 수입물품에 매겨지는 관세는 개별 주정부가 아니라 연방정부에 귀속되게 되었다. 그리고 그 뒤 124년 동안, 즉 1913년의 제16차 헌법 수정이 연방소득세를 법제화하기 전까지, 수입물품에 대한 관세는 연방정부의 가장 중요한 세입 원천이었다.[1]

해밀턴 및 다른 여러 사람들로부터 자문을 받은 의회는 대부분의 관세를 수입물품 가격의 5~10퍼센트 수준으로 매겼다. 그리고 외국 국적의 선박이 싣고 온 물품에는 추가로 10퍼센트의 세금을 더 매겼다. 이 조치로 미국의 운송업은 상당히 유리한 조건을 확보했다. 그리고 1790년대에는 수입물품에 대한 평균적인 관세율이 약 20퍼센트 수준으로까지 점차 인상되었다.[2]

새로운 정부에서 해밀턴은 대통령을 제외하고는 자기가 가장 중요한 인물이라고 바라보았다(그리고 이것은 나중에 사실로 판명되었다). 해밀턴은 자기가 수행할 미국 재무부장관 역할은 유럽의 전통적인 재무부장관이 수행했던 업무보다 훨씬 더 넓은 범위의 업무를 수행해야 한다고 생각했다. 아닌 게 아니라, 그는 워싱턴 대통령 아래에서 총리와 같은 역할을 하게 된다. 그 뒤 10년 동안 그는 때로 사적으로 '나의 행정부' 혹은 '나

의 상업 체계'라는 표현을 쓰곤 했다.**³**

연방정부 최초의 3개 부처 책임자는 해밀턴과 국무부장관 토머스 제퍼슨과 전쟁부장관 헨리 녹스(Henry Knox)였다. 녹스는 전쟁 이전에 보스턴에서 서점을 경영했으며, 전쟁 때는 대륙군 소속의 장군으로 포병부대를 지휘했다. 그리고 버지니아의 에드먼드 랜돌프(Edmund Randolph)가 책임자로 있었던 법무사무소는 아직 정식 정부 부처가 아닌 임시 조직이었다.

* * *

해밀턴은 1789년 9월에 재무부장관으로서의 업무를 시작했는데, 당시 그는 이미 10년도 더 전부터 재정 및 금융에 관한 공부를 해왔다. 그의 학식은 매우 깊었다. 그는 이미 예전에 그 분야의 서적을 왕성하게 읽었지만, 그것뿐만이 아니라 당대의 세계적인 석학들, 예를 들면 프랑스의 재무부장관 자크 네케르(Jacques Necker), 아일랜드의 철학자 조지 버클리(George Berkeley), 프랑스의 중상주의 학자 장 프랑소와 멜롱(Jean-Francois Melon), 네덜란드의 학자 아이작 드 핀토(Isaac de Pinto), 그리고 영국에서 태어난 미국인 새뮤얼 게일(Samuel Gale) 등의 저작들을 통해서도 풍성한 통찰력을 왕성하게 흡수했다. 뿐만 아니라 해밀턴은 재무부의 부하직원 및 여러 항구도시의 세관원들에게 상세한 통계 보고서를 작성해서 올리라고 지시했다. 그는 이론뿐만 아니라 실물 경제의 자료도 될 수 있으면 많이 확보하려고 애를 썼던 것이다.**⁴**

해밀턴은 자기가 무엇을 하고자 하는지 그리고 어떤 맥락에서 그 일을 하고자 하는지 잘 알았다. 그가 가장 중요하다고 생각하며 우선순위에 두었던 것은 연방정부 및 주정부가 지고 있던 부채 문제였다. 이 문제를 해결하지 못한다면 다른 것들은 거의 이룰 수 없었기 때문이다. 그가 세우고 있던 계획을 실행하기 위한 도구로 우선 국가은행이 필요했다. 이 은행은 로버트 모리스가 1782년에 의회를 설득해서 설립한 북아메리카은행보다 훨씬 큰 기관이었다. 그리고 마침내 해밀턴은 미국 경제가 전통적으로 중점을 둬 왔던 농업에서 탈피해 다각화를 꾀해야 한다고 판단했다.

해밀턴을 지원하던 재무부 인력은 충분히 많았고, 이 사람들 덕분에 그는 애초에 세운 목표들을 (간신히) 달성할 수 있었다. 직속 부하직원은 조수 1명과 서기 5명을 포함해서 모두 39명이었다. 해밀턴으로부터 직접 지휘를 받는 재무부 회계감사관은 자기 아래 서기 12명을 두었다. 그리고 외국에서 물품이 수입되는 항구 도시들마다 관세 징수원들을 두고 있었으며(이들은 매우 중요한 직원들이었다), 또한 이 징수원들 아래에서 일하던 297명의 조사관 및 여러 직책의 사람들도 해밀턴의 지시에 따라서 움직였다. 그리고 그 외의 총감독자 15명과 조사관 20명, 연방정부 소속 등대지기 13명 및 그 밖의 여러 인력들도 그의 휘하에 있었다. 그는 또 밀수를 방지할 목적으로 해양국경감시대(US Revenue Cutter Service, 지금의 Coast Guard)를 창설했다. 이 모든 인원을 합하면 재무부장관 해밀턴의 휘하 인력은 570명이나 되었고, 사실상 연방정부의 전체 인력 가운데 압도적인 비중을 차지했다.[5]

국무부의 제퍼슨은 작은 사무실을 함께 쓰는 서기 너덧 명과, 모두 합해도 한 줌도 되지 않는 해외 주재 공사들을 휘하에 두고 있었다. 그는 1789년 9월에 프랑스에서 돌아왔고, 본격적으로 업무를 시작한 것은 1790년 3월이었다. 그 무렵이면 이미 해밀턴이 결정적으로 중요한 6달 동안 이미 왕성하게 일을 하고 있을 때였다. 제퍼슨은 해밀턴 휘하에 엄청나게 많은 직원이 일한다는 사실을 알았고, 또 그의 영향력이 자기의 영향력보다 크다는 사실에 분통을 터뜨렸다. 당시 제퍼슨은 해밀턴을 거의 알지 못했으며, 그 어린 장관을(제퍼슨은 47살이었고 해밀턴은 33살이었다) 카리브 해의 어느 작은 섬 출신으로 벼락출세를 한 건방진 인물로만 여겼다. 전쟁부장관 녹스는 민간인 직원 4명과 육군 1개 연대를 휘하에 두고 있었으며, 해밀턴과는 사이가 좋았다. 연방정부의 규모는 1790년부터 1800년 10년 동안 약 4배나 커졌다. 그러나 그렇다고 하더라도 유럽의 강대국들의 공무원 수에 비하면 하잘 것 없는 수준이었다.**6**

* * *

해밀턴은 직원들과 함께 일을 했는데, 그가 재무부의 일상적인 업무를 처리하는 양은 엄청나게 많았다. 로버트 모리스와 다르게 그는 조지 워싱턴의 야전 지휘본부에서 그랬던 것처럼 수수한 환경에서 업무를 보았다. 프랑스에서 온 어떤 방문자는 재무부장관이 '긴 회색 린넨 재킷을 입고서' 아무런 장식도 없이 그저 초록색 천 한 장만 달랑 덮인 수수한 소나무 목재 탁자를 앞에 두고 앉아 일을 보는 광경을 목격했다. 서류 파일들은 거친 선반에 가지런하게 정리되어 있었다. 그 사무실에 있는 가구들의 가격을 모두 합해봐야 10달러도 되지 않을 것이라고 그 방문자는 추정했다.**7**

장관으로서 해밀턴은 행정에서의 '열정(energy)'에 대해서 신경을 많이 썼다. 해밀턴은 헌법제정회의 때 자기가 했던 긴 연설을 요약한 글에서 다음과 같이 썼다.

"공화국 정부는 열정적인 집행을 허용하지 않는다는 말이 있습니다. (…) 하지만 이건 사실과 다릅니다."**8**

《연방주의자 논고》에서도 똑같은 지적을 했는데, 여기에 수록된 그의 글들은 '열정'과 효과적인 조직을 여러 차례 언급했다.

스스로의 재능을 무기 삼아서 불가능을 가능으로 바꾸며 살아온 해밀턴은 의미가 있는 일은 무엇이든 반드시 해야지 그냥 둬서는 안 된다고 믿었다. 그는 늘 열정적인 정부와 지속적인 감시의 중요성을 강조했다. 뉴욕 헌법비준회의에서 그는 다음과 같이 말했었다.

"정부 체계를 구성하는 데 두 가지 과제가 있습니다. 시민을 위한 안전과 행정 집행에서의 열정입니다. 이 두 가지가 하나로 합쳐질 때 이 정부 체계의 기본적인 방향은 공공의 복지를 향하는 게 될 것입니다."**9**

그런데 이런 해밀턴의 사고방식은 다른 건국자들 특히 제퍼슨의 사고방식과 대조적으로 달랐다. 해밀턴은 적극적인 활동성을 찬양한 반면에 제퍼슨은 전원적인 삶의 미덕 그리고 의사결정을 바로잡기 위한 전제조건으로서의 조용한 반성의 필요성을 굳게 믿었다. 1787년에 매디슨이 새로 마련한 헌법의 초안 사본을 프랑스로 보내왔을 때 제퍼슨은 답장을 써서 다음과 같이 말했다.

"나는 매우 열정적인 정부는 친구라고 생각하지 않습니다. 그런 정부는 언제나 독재를 하기 마련이거든요."

계속해서 그는 이렇게 말했다.

"나는 우리 정부가 앞으로 수백 년 동안 계속될 것이라고 생각합니다. 하지만 여기에는 단서가 붙습니다. 시민들이 주로 농업에 종사할 것이라는 조건입니다. 미국의 영토 가운데 그 어떤 땅도 놀려두지 않고 농사를 지을 때 우리 정부는 수백 년 동안 이어질 것입니다. 그러나 이 땅들이 유럽에서처럼 대도시로 편입이 되면, 유럽에서처럼 부패가 발생할 것입니다."[10]

해밀턴과 제퍼슨은 이처럼 국가의 미래를 전혀 다르게 전망했고, 이런 견해 차이는 장차 새로운 정부가 일을 시작하게 될 때 두 사람 사이에 피어오를 불화의 씨앗이었다.

해밀턴에게는 '열정적인 행정은 어떤 목적을 지향할까?' 하는 질문이 당연히 제기되었다. 여기에 대한 그의 대답은 '어떤 특정한 지역이나 주의 이익이 아닌 국가 전체의 이익'이었다. 그의 생각은 (농업과 공업 그리고 금융 등의 분야에서의) 국가적 경제 총량에 초점이 맞추어져 있었다. 게다가, 그는 국가 경제에 속한 모든 것들이 서로 연관되어 있음을 다른 어떤 건국자보다도(사실, 판단할 만한 어떤 근거를 남긴 동시대의 그 어떤 미국인보다도) 잘 알고 있었다. 경제학과 행정학의 일등 학생이었던 그는, 거대한 전략 수립 속에서는 부분의 합보다 전체적인 차원의 공공정책이 우선시되도록 모든 행보가 철저한 공조 아래 조정되어야 한다는 사실을 잘 알고 있었다. 바로 그것이 장관으로서 그가 추진하려던 일이었다.[11]

* * *

첫 번째 단계는 국가의 신용을 쌓는 것, 즉 외국에서 혹은 국내의 시민에게서 돈을 빌릴 수 있는 능력을 확립하는 것이어야 했다. 당시 영국이나 미국에서는 흔히 돈을 빌리고 빚을 지는 것을 도덕적인 흠결로 해석했다. 그래서 많은 비평가들은 소비자 신용을 무책임한 행동이나 높은 이자를 매기는 전당포업과 다름없다고 생각했으며, 상업 신용은 결국 파산에 이르고 마는 투기의 지름길이라고 바라보았다. 정부의 신용

즉 공적신용은 특히 최악으로 여겼다. 결국 국가가 시민에게 높은 세금을 매길 것이기 때문이다. 뿐만 아니라, 쉽게 돈을 빌릴 수 있게 됨에 따라서 사람들이 원하지 않는 전쟁도 쉽게 일으킬 수 있게 되며, 이 과정에서 내부 정보를 가지고 있는 금융가들만 배를 불리며, 의회는 의회대로 부패를 조장한다고 바라보았다.[12]

해밀턴이 재무부장관 업무를 시작했던 1789년에 미국 내에서는 최소한 50개가 넘는 온갖 종류의 통화가 유통되고 있었다. 스페인 달러화, 영국 파운드화, 네덜란드 길드화 그리고 그 밖의 다른 나라 돈이 있었고, 또 각 주에서 발행된 지폐가 유통되었으며, 심지어 민간 기업들도 이 수많은 통화의 유통에 한몫 거들었다. 따라서 화폐 위조 행위가 빈번했으며, 전반적으로 이런 상황은 평균적인 시민들을 당혹스럽고 불편하게 만들었다. 어떤 종류의 동전 혹은 지폐가 실제로 어느 정도의 가치를 가지고 있는지 판단하기가 무척 어려웠기 때문이다.[13]

미국 정부가 안고 있던 막대한 규모의 공공부채는 연방정부 및 주정부 채권이 잡다하게 뒤섞인 것이었다. 말할 수 없을 정도로 다양하게 많은 종류의 연방 부채(채권, 통화, 차용증서, 그리고 그 밖에 의회와 군대가 발행한 증서들)를 가지고 있는 수천 명의 미국인에게 정부가 지고 있는 빚은 원금이 2900만 달러 그리고 미지급 이자가 1140만 달러라고 해밀턴은 계산했다. 프랑스와 네덜란드에 지고 있는 빚도 미지급 이자 180만 달러를 포함해서 1200만 달러였다. 13개의 주가 지고 있던 빚 가운데 일부는 약속어음으로, 혹은 금이나 은으로 지급이 거의 혹은 전혀 준비되지 않은 지폐로 형성되었는데, 이 빚의 전체 규모가 얼마나 되는지 정확하게 파악할 수도 없었다. 해밀턴은 그 수치를 약 2500만 달러로 추정했으며, 연방정부와 주정부가 지고 있는 총 부채는 액면가로 7900만 달러였다.

(액면가이기 때문에 공개 시장에서 평가되는 가치와는 차이가 나는 금액이다.) 이 금액은 주정부의 부채가 불명확했기 때문에 다소 높게 추정된 것인데, 실제 금액은 약 7400만 달러였다.**14**

하지만 부채의 합계를 내면 이 문제의 복잡성은 가려지고 만다. 즉 부채의 종류가 엄청나게 다양하며 이자율과 상환일도 제각각이고 채권자 집단도 미국인과 외국인이 뒤섞여 있다는 점이 가려져 버리는 것이다. 또 그렇게 합계를 냈다고 하더라도 그렇게 나온 합계 금액이 시장에서 평가되는 실제 가치로는 얼마인지(어쨌거나 7400만 달러보다 적긴 하겠지만) 전혀 알 수 없는 상황이었다. 그랬기에 연방정부나 주정부의 채권을 가지고 있는 미국인들로서는 1달러짜리 채권을 10센트나 20센트에도 기꺼이 팔아치우려고 했다.

외채를 제외하고는 실제 평가 금액이 액면가와 비슷한 채권은 거의 아무것도 없었다. 그리고 설령 그 부채의 실제 평가액을 정확하게 매길 수 있다 하더라도, 그것만으로는 당시의 경제적·정치적 쟁점들을 해소할 수는 없었다. 미국이 이미 오래전부터 파산이나 다름없는 상태였다는 것은 엄혹한 진실이었기 때문이다. 해밀턴은, 미국이 이런 상태에서 벗어나 어떻게든 신용을 회복하지 않는다면, 연방국가로 더는 존립할 수 없을 것이라고 믿었다.

* * *

해밀턴은 어린 시절에 세인트크루이 섬에 살면서 가족이 해체되는 경험을 했고, 또 그 뒤 독립전쟁 때는 워싱턴의 야전 지휘본부에서 여러 해 동안 삶과 죽음을 포함한 존망의 경험을 쌓았기 때문에, 열강이 호전적으로 다툼을 벌이는 세상에서 국가 방위는 늘 그의 머릿속에서 가장 중요한 문제로 걸러 있었다. 해밀턴은, 자유를 보존하려면 활력이 넘치는 정부뿐만 아니라 강력한 군대도 필요하다는 결론을 내렸다. 아닌게 아니라 헌법도 연방정부는 '공동방위를 제공한다'고 규정하고 있었다.**15**

유럽 강대국의 위협에 맞설 수 있는 군대를 창설하고 유지하는 데는 막대한 예산이 들어갈 것임을 해밀턴도 잘 알았다. 이 예산을 마련할 수 있는 역량은 미국의 신용에 달려 있었다. 앞으로 누구에게든 돈을 빌리려면, 기존에 지고 있는 막대한 규모의 부채를 충분히 갚을 능력이 있음을 보여주어야 했다. 해밀턴도 인식했듯이, 미국과 미국의 시민이 자유를 계속해서 보장받으려면 그 부채 문제를 즉각적이고도 효과적으로 처리해야만 했다.**16**

하지만 단순한 산수만으로는 그 문제를 풀 수 없을 것 같았다. 해밀턴은 중장기적으로 연방정부가 한 해에 약 280만 달러씩 갚아나갈 수 있을 것이라고 믿었다. (하지만 이것도 7400만 달러라는 전체 부채에 비하면 아주 작은 금액이었다.) 이 경우의 부채상환비율은 1/26.4이나 될 터였다. 이것은 현재까지 통틀어 미국 역사상 가장 높은 수준의 부채상환비율이었다.

1789년에 총 부채 규모를 계산하는 방식에 대해서조차 동의하는 사람은 거의 없었다. 온갖 다양한 부채들에 대한 논의는 이미 적어도 10년 동안 진행되었지만, 부채를 갚을 수 있는 자금을 조성하는 방식을 둘러싼 논의는 해가 갈수록 점점 더 거칠고 험악해졌다. '자금 조성(funding)'은 그 부채를 즉각적으로 갚는다는 뜻이 아니었다. 그건 불가능한 일이었기 때문이다. 그 말이 의미하는 것은 오늘날의 표현으로 치자면 '재융자(refinancing)'였다. 즉, 이자를 정기적으로 지급하며 나중에는 결국 7400

만 달러의 원금을 조금씩 갚아나갈 어떤 프로그램을 마련하는 것을 의미했다. 국가주의자들은 연방정부의 부채와 주정부의 부채를 하나로 합친 다음에 이 부채를 갚아나갈 방안을 모색하고자 했다. 이런 방향에 대해서 각각의 주들 사이에서는 찬반이 엇갈려, 연방정부가 모든 부채를 떠안아야 한다는 주도 있었고, 각각의 주는 자기가 진 부채를 자기 스스로 해결해야 한다는 주도 있었다. 초미의 과제이던 외채 문제는 해외 투자자들의 재융자를 통해서 해결할 수도 있을 것 같았다.

1787년 헌법은 국가주의자들이 승리를 거둔 결과였다. 그러나 국가주의적인 재정 정책을 실제로 실행하는 것은 전혀 다른 문제였다. 해밀턴을 비롯한 국가주의자들은 주정부가 아니라 연방정부가 관세수입 및 세수입에 대한 권리를 가진다고 주장했다. 그러므로 주정부가 지고 있는 부채를 주정부가 알아서 자체적으로 해결해야 한다는 안을 반대하는 것은 해밀턴으로서는 당연한 논리적 귀결이었다. 그런데 이미 실제로 많은 주들이 주정부 차원에서 무거운 세금을 매기며 그렇게 하고 있었으며, 해밀턴은 이런 일들이 중단되길 원했다. 그와 그의 동맹자들은 과세 권한은 국가의 주권과 떼려야 뗄 수 없는 관계라고 생각했다. 미합중국이라는 연방을 더욱 단단하게 묶어줄 접착제가 바로 그 과세 권한이라고 보았던 것이다.

재무부장관이 되기 전에 해밀턴은 이미 부채 금액의 하향 조정이 있을 수밖에 없을 것이라고 예상했다. 하지만 하향 조정의 규모가 얼마나 될지, 그리고 이것이 어떤 방식으로 진행될 것인지는 알지 못했다. 만일 재융자를 하게 된다면 이자율을 어느 수준으로 설정해야 할지 아는 사람은 아무도 없었다. 주정부의 부채를 연방정부가 떠안는다는, 폭발력과 분열성이 강력한 바로 그 쟁점에 대해서 의회가 어떤 선택을 할지 예측할 수 있는 사람은 아무도 없었다. 전체 부채 가운데서 어떤 부채에 대해서 원금의 일부를 상환하게 될 것인지, 만일 그렇다면 언제 상환할 것인지, 그 모든 것들 가운데서 분명한 건 아무것도 없었다. 미국의 재정 상황은 더 이상 혼돈스러울 수 없을 정도로 혼돈 그 자체였다.

CHAPTER 9
부채를 놓고 벌인 투쟁

　이 혼돈스러운 상황에 질서를 부여하기 위해서 해밀턴은 대담한 행동을 제안했다. 거의 숨이 막힐 정도로 놀라운 제안이었다. 1789년에 의회가 재무부라는 부처를 만들기로 의결할 때, 의회는 재무부장관은 대통령과 하원 양쪽에 모두 보고의 의무를 지도록 설정했다. 이 조항 덕분에 재무부장관 해밀턴은 법안을 발의할 기회를 가질 수 있었다. 사실 법안 발의는 대통령인 워싱턴도 가지고 있지 않던 권한이었다. 해밀턴은 1790년 1월에 의회에 제출한 장문의 보고서 〈공적신용 지원을 위한 준비에 관한 보고서(Report Relative to a Provision for the Support of Public Credit)〉에서, 자기가 할 수 있는 가장 강력하고 설득력 있는 방안을 제시한 다음, 마지막으로 복잡한 어떤 법안을 제안했다. 이 보고서에서 그는 '부채는 자유를 위해 치러야 하는 대가'라는 지적에서부터 논의를 시작했다. 미국이라는 신생국은 국내외의 채권자들로부터 돈을 빌리지 않았더라면 결코 자유를 얻지 못했을 것이라고 지적한 뒤에, 의회가 관련 법안들을 의결함으로써 서로 연관이 있는 다음 네 가지 문제를 해결할 수 있도록 해달라고 제안했다.[1]

첫째, 당국이 즉각적으로 외국 채권자들에 진 빚과 이자를 액면가대로 갚아야 한다고 요구했다. 그는 외국 투자자들로부터 특별히 조성한 대출을 통해서 기존의 대출을 상환하겠다고 했다. 즉, 유럽 채권자들에게 진 1200만 달러의 빚을 갚기 위해서 재융자를 하겠다는 것이었다. 그가 제시한 계획 가운데 이 부분만큼은 그다지 큰 반대 없이 통과되었다. 그렇게 해서 유럽에서 새로 돈을 빌리는 일은 곧 협상에 들어가면서 진행되었다. 해밀턴이 크게 안도했음은 말할 것도 없다.[2]

둘째, 국내 채권자에 대한 국가 채무 문제를 해결하기 위해서 그는 재무부가 새로운 연방 채권을 발행해서 기존에 있던 모든 종류의 채권 원금을 갚자고 제안했다. 이것도 역시 액면가를 기준으로 한 것이었다. 그런데 새로 발행할 채권에는 만기를 설정하지 말자고 했다. 그리고 이 새로운 채권을 구입한 사람들에게 재무부가 1년에 특정한 금액을 초과하는 돈을 주지는 않을 것이라고 했다.

해밀턴은 만기를 설정하지 않음으로써 국가 경제가 성장할 시간을 벌 수 있다고 추론했다. 그리고 해밀턴은 이 공채 구입을 유도하기 위해서 앞으로 설령 이자율이 내려간다 하더라도 재무부가 높은 이자를 보장하는 공채를 회수하지는 않을 것이라는 단서 조항을 달자고 했다(오늘날에 이 조항은 이른바 '콜프로텍션(call protection)'이라고 불린다). 그리고 채권 소지자들에 대한 연간 최고 지급액 한도를 설정함으로써, 재무부가 특히 예산 부족 상황에서 지나친 요구에 시달리지 않도록 보장했다.

셋째, 해밀턴은 주정부가 안고 있는 모든 전쟁 부채를 연방정부가 떠안을 것과 이 부채 역시 연방정부 부채와 마찬가지로 액면가로 상환할 것을 제안했다.

네 번째는 가장 대담한 제안이었는데, 새로 발행할 채권의 평균 이자율을 대부분의 기존 채권이 설정하고 있는 6퍼센트가 아니라 약 4퍼센트로 하자고 했다. 이렇게 할 경우 다가올 20년 동안 정부가 갚아야 할 총 금액 가운데 엄청나게 많은 양이 줄어들 수 있었다(그 규모는 거의 3분의 1 수준이나 되는데, 재무부가 지출하려고 하는 돈은 거의 대부분 원금이 아니라 이자를 갚는 데 들어갔기 때문이다). 그의 계획안은, 이자 지급 기일이 돌아올 때 그 이자를 반드시 지급한다는 것을 보증하기 위해서, 정부는 수입관세에서 비롯되는 세입 가운데 상당한 부분을 따로 모으자고 제안했다. 이런 조치는 예산에서 이자 지급액을 따로 떼어내는 결정을 정기적으로 할 필요가 없도록 하자는 것이었다. 즉, 그 뒤 다시는 의회에서 공채에 대한 이자 지급을 놓고 해마다 열띤 논박을 할 필요가 없도록 하자는 것이었다. 해밀턴은 또한 이자 지급은 금과 은으로 할 것임을 명시하자는 특이한 의견도 함께 내놓았다. 이것은 새로 발행할 공채를 매입할 잠재적인 투자자들을 안심시키기 위한 조치였고, 사람들이 전혀 예상치 못했던 제안이었다. 또한 그의 계획안이 담고 있는 여러 가지 요소들은 다른 나라의 정부들이 여태 해왔던 조치들과 상당히 많이 달랐다.

해밀턴은 복잡하고 어려운 전문 용어들을 동원해서 이런 바뀐 사항들을 부분적으로 숨겼다. 관련 지식에 정통한 투자자들만 온전하게 알아차릴 수 있도록 했던 것이다. 그리고 투자자들은 비록 정부에 그 채권을 되팔아서 현금화할 수는 없지만 다른 투자자들에게는 얼마든지 전매할 수 있도록 했다. 새로 발행할 채권의 액면가가 기존 여러 종류의 채권 액면가보다 훨씬 높을 테기 때문에, 투자자들이나 국가 전체 차원에서 모두 유동성은 증가할 터였다. 새로 발행된 연방 채권 소유자들 사이의 거래로 미국 최초의 효율적인 증권 시장이 나타났고, 이 증권시장은 나중에 뉴욕증권거래소(NYSE)가 된다.³

* * *

해밀턴의 계획이 매우 훌륭하게 작동했음이 확실해진 시점에서 당시를 되돌아본다 하더라도, 그 '어린 사자'가 엄청난 도박을 시도했음은 분명하다. 해밀턴 및 그의 재무부가 새로 발행한 채권을 산 투자자들은 해밀턴이 마련한 도박판에서 미국의 경제가 훌륭하게 성장해서 채권에 따른 수익을 확실하게 보장해 줄 것이라는 데 돈을 걸었던 것이다. 만일 미국 경제가 빠르게 성장하지 않는다면 재무부는 정상적인 정부 부처의 업무를 수행하기는커녕 그 새로운 부채에 대한 이자도 제대로 갚지 못할 터였다.

해밀턴은 만일 의회가 자기 계획안에 동의하고 법률적인 조치들을 취해 준다면 미국 경제는 대부분의 사람들이 생각하는 것보다 훨씬 빠르고 강력하게 성장할 것이라고 믿었다. 그가 재무부장관이 되었을 무렵에 경제 상황은 조금씩 개선되는 기미를 보이는 듯했다. 그러나 그가 예상했듯이 연방정부가 단기간에 해마다 280만 달러씩 갚아나갈 수 있게 될 것이라는 보장은 그 어디에도 없었다. 게다가 처음에 정부의 세입 상황은 예상보다 훨씬 저조했다. 그의 계획이 얼마나 대담한 것이었는지는, 그가 재무부장관으로 재직할 당시의 실제 연방정부 수입액 규모를 보면 분명하게 드러난다(이 수치들 가운데 일부는, 당시로부터 200년도 더 지나서 최근에 발견되었다).⁴

연도	수입액(달러)	부채에 대한 비율
1789년	16만 2천*	1/457
1790년	160만	1/46
1791년	260만	1/29
1792년	370만	1/21
1793년	470만	1/17
1794년	540만	1/15

*그해의 일부 수입만 반영된 수치임.

　1800년이 되면 특히 경제성장을 위한 해밀턴의 여러 정책들 덕분에 연방정부의 세입 규모는 1080만 달러에 이르렀고, 이때의 부채상환비율은 약 1/8.6이었다. 이 기간 및 그 뒤의 여러 해 동안 연방정부의 예산 지출 가운데 상당히 많은 부분이 부채에 발생한 이자를 지급하는 데 사용되었다(예를 들어서 1792년에는 전체 예산의 87퍼센트가 이자 지급에 사용되었다). 그러나 (위의 도표에서 드러나는 것과 같은 상황이 명백한 미래의 시점이 아니라) 해밀턴의 보고서가 제출되었던 1790년 시점에서 미래를 전망할 때, 미국 경제가 그토록 빠르게 성장해서 부채의 부담을 그토록 빠르게 덜 수 있을 것이라고 생각할 수 있었던 사람은 아무도 없었다. 1790년에 재정 정책을 둘러싼 분위기는 여전히 팽팽한 긴장 상태였고, 해밀턴은 그 입법을 제안함으로써 인생 최대의 싸움 속으로 자기 몸을 던진 셈이었다.[5]

* * *

　해밀턴이 〈보고서〉를 의회에 제출했던 1790년에 공적신용과 관련해서 어떤 조치가 있어야 한다는 사실에 의심을 품은 사람은 아무도 없었다. 그러나 해밀턴이 제시한 방안은 즉각적으로 엄청난 반발을 불러일으켰다. 의회는 말할 것도 없고 미국 전체에서도 액면가 기준으로 부채를 상환할 것인지를 두고 커다란 의견 차이가 있었다. 그리고 연방정부가 주정부의 부채를 떠안는다는 문제를 두고는 이보다 훨씬 더 큰 의견 차이가 존재했다.

부채를 액면가대로 갚아야 할 것인가 하는 문제에 대해서 많은 반대론자들이 대부분 채권의 액면가는 실제 가치에 비해서 훨씬 적다는 사실을 지적했는데, 타당한 지적이었다. 그래서 부채를 액면가대로 갚는다는 것은 아무런 의미도 없이 '투기꾼'들에게 막대한 이득만 챙겨주는 것처럼 비쳐졌다. 이런 맥락에서 해밀턴의 제안을 반대하는 사람들은 이른바 '차별화 방안'을 지지하고 나섰다.

차별화 방안은 대륙회의가 발행한 증권을 처음부터 구입해서 가지고 있던 사람들과 나중에 전매해서 가지고 있던 사람들을 구분해서 적용하자는 것이었다. 전자는 전쟁에 기여한 게 확실하지만, 후자는 투기적인 목적으로 전자로부터 싼값에 그 증권을 샀기 때문에 전쟁에 기여한 부분이 없다는 논리였다. 차별화 방안을 좇는다면 재무부는 두 집단에게 각각 다른 기준을 적용해야 했다.

이론적으로만 보자면 차별화가 합리적이고 정당하게 보일 수도 있었지만, 해밀턴은 그렇게 할 경우 재무부가 행정적인 집행 과정에서 엄청난 악몽에 휩싸이고 말 것임을 간파했다. 대부분의 채권들은 중개인들을 통해서 수도 없이 많은 전매 과정을 거쳤다. 그러므로 원소유자와 실소유자 사이의 관계를 가리려면 엄청나게 많은 조사와 판단 과정을 거쳐야 했다. 또한 이 과정이 워낙 오랜 시간에 걸쳐서 진행될 터이므로, 결과에 만족하지 못하는 사람들의 저항이 거셀 게 분명했다.

행정적으로 많은 일손이 소요된다는 문제를 차치한다 하더라도, 증권을 소유하고 있는 사람에게 증권의 액면가를 보장하지 않는다는 것은 해밀턴이 썼듯이 '명백한 계약 위반' 행위였다. 계약의 존엄성은 법치의 가장 기본적인 원리라는 말이었다. 게다가 액면가를 보장해주지 않을 경우에는 이후에 국내외적으로 정부가 채권을 발행할 때 이 채권의 신뢰성이 위협을 받을 것이라는 현실적인 문제도 존재했다. 어떤 수준이든 간에 액면가를 보장해주지 않는다는 것은 미국 정부가 부도를 낸다는 뜻이었다. 이것은 국내 투자자들을 대상으로 해서 새로운 채권을 발행할 계획을 세우고 있던 재무부로서는 재앙과 같은 나쁜 선례가 될 수 있었다. 정부의 신용과 새로운 채권의 신뢰성을 궁극적으로 갉아먹는 조치였다.[6]

게다가 해밀턴은 이른바 '돈을 많이 가진 미국인 집단'들 될 수 있으면, 각각의 주정부가 아니라 연방정부와 강력하게 엮이게 하고 싶었다. 그렇게 할 때만 비로소 새로운 연방이 하나의 국가로서 번영을 누릴 수 있으며, 또한 부채의 액면가를 보장해줄 때 돈 많은 미국인 집단을 연방정부와 한층 가깝게 만들 수 있다고 보았다. 보다 강력한 연방은 국가주의자들의 오랜 숙원이었는데, 이들은 거의 10년 가까운 세월 동안 연합규약의 굴레를 깨고자 노력해 왔다. 국가주의자들은 헌법을 만들고 또 이 헌법이 비준을 통과할 수 있도록 하는 싸움에서 마침내 승리를 거둔 사람들이었으며, 바로 이런 점에서 해밀턴이 제안했던 부채의 액면가 보장 방안은 연방 강화라는 일관적인 목적을 띠고 있었다.

* * *

해밀턴은 자기 계획안이 의회를 통과할 수 있도록 하려고 분투했다.

그런데 자기 계획안에 반대를 하는 진영의 핵심 지도자가 제임스 매디슨이라는 사실에 깜짝 놀랐다. 매디슨은 자기와 함께 오랜 세월 동안 함께 활동했던 국가주의자였으며, 헌법의 기본적인 설계를 했던 인물이며, 또한 《연방주의자 논고》를 함께 집필했던 사람이었다. 또한 매디슨은 1789년에 관세법이 의회를 통과할 수 있도록 함께 노력했던 사람이며, 예전에는 부채를 액면가 그대로 상환해야 한다는 안에 찬성하던 사람이었다. 그러나 매디슨은 이런 과거의 입장과 행보보다는 해밀턴의 제안을 거의 대부분 반대하던 버지니아 지역구 주민의 바람 쪽으로 무게중심을 옮겼다. 그는 또한 '투기꾼'들에게 막대한 이익을 보장해주는 것을 개인적으로도 용납하지 못했다.

당시 의회에서 가장 영향력이 크고 또 많은 존경을 받던 인물인 매디슨은 이제 액면가 상환에 반대하고 차별적인 상환을 주장했다. 이렇게 할 경우 정부가 발행한 채권을 애초부터 가지고 있던 사람들은 정당하게 보상을 받을 수 있었고, 나중에 전매를 통해 채권을 구입한 사람들은 비열한 투기에 대한 정당한 징벌을 받을 수 있었다. 매디슨은 유려한 성명을 통해서 자기 제안이 비정통적인 방식임을 인정하지만, 그렇다고 해서 해밀턴이 지적하는 것처럼 재앙적일 만큼 복잡하지는 않을 것이라고 주장했다. 하지만, 각양각색의 채권자 집단이 저마다 최대 규모의 상환을 보장해달라고 들고일어날 때 발생할 수 있는 행정적인 번거로움에 대해서는 전혀 관심을 보이지 않았다. 데카르트가 한 세기 훨씬 전에 말했듯이 사람은 자기 자신의 수입을 방해하는 주장은 온전하게 이해하지 못하는데, 바로 이 심리적인 문제가 지금 해밀턴을 포위해서 공격하는 형국이었다.[7]

하지만 재무부장관은 물러나지 않았다. 젊은 나이였음에도 불구하고 해밀턴은 전쟁터에서 온갖 경험을 한 퇴역 군인이자 행정가였으며 또한 적대적이던 배심원단의 마음을 숱하게 돌려놓았던 잘 훈련된 변호사이기도 했다. 이에 비해서 매디슨은 비록 탁월한 재능과 지혜를 갖추었음에도 불구하고 해밀턴의 그 특별한 경험은 가지고 있지 않았다. 매디슨과 해밀턴 사이의 불화는 또한 농업 부문과 공업 부문의 전통적인 불화를 반영하는 것이기도 했다. 대부분의 다른 나라에서처럼 미국에서도 대규모 토지를 가진 지주들과 금융에 주로 의존하던 '투기꾼'들 사이에는 서로를 존중하는 분위기가 마련되어 있지 않았다. 해밀턴은 '이 두 집단의 충돌과 경쟁은 토지를 기반으로 농업에 종사하는 사람들과 금융을 기반으로 상업에 종사하는 사람들 사이에 상시적으로 존재한다'고 썼다. 이 두 집단 사이에서는 때로 날선 비판과 경멸이 오가기도 했다. 최악의 경우에는 결투로 끝장을 보려 하기도 했다.[8]

그러나 독립전쟁의 군자금 및 전쟁 여파로 발생한 비용의 재원 마련이라는 맥락 속에서 '투기꾼(speculator)'이라는 단어를 어떻게 정의하느냐 하는 문제를 두고 의견이 분분했다. 1790년대 미국에서 '투기꾼'이라고 불리던 사람 대부분은(워싱턴과 프랭클린을 비롯한 건국자들을 포함한 토지 투기꾼을 제외하고는) 사실상 도시에 거주하는 부유한 상인들로서, 이들은 유산으로 받은 토지에서 나오는 수입이 아니라 이런저런 잔꾀를 부려서 먹고 살던 사람들이었다. 비록 매디슨은 재능이 많은 정치 이론가였지만, 그의 수입은 조상에게서 물려받기로 되어 있었을 뿐만 아니라 노예들로 운영되던 버지니아의 대농장에서 나오는 것이었다. 매디슨의 친한 친구이던 제퍼슨은 이미 자기 소유의 농장을 물려받았으며(장인이 지고 있던 빚도 함께 상속받았다), 대부분의 쟁점을 매디슨과 동일한 관점에서 바라보았다. 두 사람은 지적인 측면에서 탁월하게 뛰어났지만 사업 및 금융·재정

에 관한 지식은 해밀턴에 비해서 많이 부족했다.[9]

사실 거의 대부분의 사람들이 다 그랬다. 해밀턴의 제안을 반대하는 사람은 농장 수입에 의존하던 남부 출신 사람들에 한정되지 않았다. 미국인은 부채니 신용이니 하는 말과 관련된 문제에 관한 한 전체적으로 모두 다 부정적이었다. 그리고 금융 및 재정과 관련해서 돌아가는 판세를 정확하게 읽은 뒤 의회가 채권을 상환할 것이라고 점치며 전국을 돌면서 오래된 채권을 매집하는 사람들도 있었다. 그랬기 때문에 해밀턴의 제안에 반대하는 의견은 사방에서 쏟아졌다.

전형적인 불만은 윌리엄 매닝(William Manning)의 펜 끝에서 나왔다. 매닝은 자수성가한 매사추세츠의 농부였으며 벙커힐전투˙에 참가했던 퇴역 군인이기도 했다. 그는 다음과 같이 썼다.

"배운 것도 없고 능력도 없지만 (…) 여러 사람의 이해관계가 걸려 있는 문제는 쟁점이 뜨거워지는 법이다. (…) 가장 큰 문제는 의회나 주정부가 돈도 없고 돈을 빌릴 신용도 없는 상황에서, 어떻게 부채를 상환할 것이며 또한 이 과정이 공정할 수 있도록 보장할 것인가 하는 문제이다."

이처럼 매닝은 해밀턴이 안고 있던 문제를 정확하게 묘사했다. 그러나 매닝이 보기에 해밀턴의 계획은 '너무도 부당한 조치들을 담고 있어서' 부자에게만 유리하고 부자가 아닌 사람에게는 불리했다.

"소수의 부자와 다수의 가난한 사람들 사이에 질투를 조장하는 것으로는 돈 문제의 원칙을 바꾸는 것이 가장 크다."[10]

매디슨을 비롯한 여러 사람들은 비교적 온건하게 해밀턴을 반박했지

˙ 미국 독립전쟁에서 영국군과 대륙군이 맞두닥쳤던 두 번째 전투, 1775년 6월.

만, 매닝은 그 누구보다도 직설적으로 해밀턴을 공격했다.

그러나 해밀턴의 계획은 국가의 신용을 건전하게 확보할 수 있는 유일한 길처럼 보였다. 해밀턴은 능란한 주장과 매우 구체적이고 기술적인 설명을 했다. 해밀턴이 그 보고서를 제출한 시점으로부터 2달 뒤에야 국무부장관으로 정부에 참가한 토머스 제퍼슨은 해밀턴이 제안한 계획의 구체적인 내용의 전모를 파악하지 못했으며, 또한 해밀턴 본인도 그 계획을 잘 알지 못할 것이라고 잘못 이해했다. 해밀턴의 제안은 메릴랜드의 한 주의회 의원이 "사람들이 대체로 이해할 수 있는 수준이 아니다"라며 불평을 했을 정도로 너무 복잡했다. 예를 들어서, 액면가 100달러의 연방정부의 채권을 가지고 있는 사람들에게 의회가 제시할 수 있는 7가지 선택권 가운데 하나를 설명하는 해밀턴의 글을 살펴보자.

"즉각적으로 조성하는 66달러 67센트에 대한 이자를 6퍼센트로 보장하되, 원금과 이자를 합쳐서 연간 4.67달러를 초과하지 않도록 한다. 그리고 10년 뒤에는 26달러 88센트에 대해서 동일한 이자율과 상환 방식을 적용한다."**11**

비록 한 번 읽어서 분명하게 뜻이 파악되지는 않지만, 그렇다고 모호한 내용은 결코 아니다. 이 선택권은 문제의 100달러에 대한 실질적인 이자율을 6퍼센트가 아니라 4퍼센트로 보장한다(66.67달러의 6퍼센트는 100달러의 4퍼센트이다). 그리고 정부로부터 채권을 구입한 사람은 이 채권을 정부에 되팔 수 없으며, 이 채권 구입자에게 상환되는 금액은 이자와 원금을 합해서 한 해에 4.67달러를 초과하지 않는다. 그리고 해밀턴의 계획은 10년 만기를 의미하는 것 같긴 하지만, 사실은 원금을 완전히 상환하는 날짜를 구체적으로 언급하지 않는다. 해밀턴이 제시한 사례에서, 10년이 지나면 100달러의 원금은 6.45달러로 줄어든다(100달러에서 93.55달러를 뺀 값인데, 93.55달러는 언급된 다른 두 수 즉 66.67달러와 26.88달러를 더한 값이다). 이 계획에 따르면 100달러의 부채를 모두 갚는 데는 약 34년이 걸린다.[12]

해밀턴이 채권을 구입할 사람들을 속이고자 한 것은 아니었다. 투자자들은 대부분 그가 제시한 이런 제안을 충분히 알아들을 수 있는 국내의 상인이거나 해외의 금융인이었다. 연필로 종이에다 잠깐만 셈을 하면 해밀턴의 제안이 구체적으로 무슨 내용인지 금방 알 수 있었다는 말이다. 이 투자자들은 어떤 것에 대해서 4퍼센트를 받는 것이 아무것도 없는 것의 6퍼센트를 받는 것보다 훨씬 유리하다는 것을 쉽게 알아차릴 것이라고 해밀턴은 믿었다.[13]

아무런 이자도 보장해주지 않는 예전 정부의 채권을 가지고 있는 사람들은 정기적으로 금이나 은으로 상환을 해주는 새로운 채권으로 바꾸고 싶어서 안달이 났다. 해밀턴은 그들에게 이런 기회를 주고자 한 것이었다. 그러나 그는 이자율이 3분의 1로 줄어든다는 사실을 강조하지 않았다. 그럼으로써, 정부가 갚아야 할 부채 총액 가운데 상당한 부분을 갚지 않는다는 사실을 굳이 공공연하게 떠들진 않았다.[14]

* * *

해밀턴이 보기에는 연방정부의 부채 상환 방식을 둘러싸고 단지 두 '계급'만이 아니라 여러 계급이 각기 다른 입장을 취하고 있다는 게 분명했다. 농부인 매닝을 비롯해서 해밀턴의 제안에 가장 비판적이던 사람들은 오로지 두 집단, 즉 차별적인 접근을 원하는 집단과 액면가 상환을 원하는 집단만 바라보았다. 하지만 해밀턴의 계획은 적어도 5개 범주의 각기 다른 집단의 요구를 충족해야만 했다. 왜냐하면 채권의 종류도 워낙 다양하게 많았고 또 이자율이나 만기일도 제각각이었기 때문이다. 해밀턴은 나중에 당시를 다음과 같이 회상했다.

"투기적인 것부터 상이한 이자율과 열정이 한데 뒤엉킨 온갖 의견들이, 그런 계획을 마련하고자 하는 사람에게 얼마나 큰 당혹감을 안겨 줄지는 처음부터 명확한 사실이었다."[15]

이것은 그가 느끼고 있던 극단적인 압박감의 또 다른 표현이었다.

물론 이상적인 해법은 어디에도 없었다. 그러나 해밀턴은, 관련된 사람들이 각각의 선택권에 대해서 어떤 장단점을 발견하든 간에 결정을 내려야만 한다고 믿었다. 그리고 그는, 투기꾼들의 주머니를 두둑하게 불려주는 결과를 초래한다는 이유만으로는 부채를 액면가로 상환해서는 안 된다는 매디슨 및 여러 사람들의 의견에 설득당할 수 없었다. 집행을 해야 하는 정부 관리의 임무는 완벽을 기하는 것이 아니라 여러 가지 대안들 가운데서 최상의 선택을 만들어내고 수행하는 것이었다.

이건 해밀턴이 어릴 때부터, 즉 세인트크루이 섬에서 니콜라스 크루거의 해운회사에서 관리직 업무를 하면서부터 배운 교훈이었다. 해밀턴은 그때의 경험을 자기 인생에서 가장 유용한 경제학 훈련 과정이었다고 생각했다. 나중에 조지 워싱턴의 부관으로 4년 동안 일했던 경험도 의사결정에 관한 이런 교훈이 틀리지 않았음을 강력하게 확인할 수 있었던 기회였다. 그리고 로버트 모리스가 1781년부터 1784년까지 의회를 설득해서 정부의 예산 부족 문제를 해결하려고 갖은 노력을 다 기울였지만 결국 좌절하고 말았던 모습을 목격한 것이, 그가 1790년의 부채 위기에 올바르게 대처할 수 있었던 가장 중요한 경험으로 작용했다. 해밀턴이 자기 계획을 밀어붙이는 데 그토록 극단적일 정도로 긴박감을 느꼈던 것도 바로 이런 까닭에서였다.[16]

결국 그는 국가 부채를 액면가로 상환하는 문제에 대해서 사람들을 설득시켰다. 해밀턴의 논리와 끈기에 설득된 하원은(해밀턴은 미국 전체보다 하원을 더 쉽게 설득시켰다) 매디슨의 제안을 36 대 13으로 부결하며 해밀턴의 손을 들어주었다. 해밀턴은 승리의 달콤한 맛을 보았다. 하지만 그 기쁨은 오래가지 않았다. 의회에서의 싸움은 보다 거대한 싸움의 단지 전초전일 뿐이었다. 한층 더 어려운 정치적인 쟁점이 기다리고 있었다. 주정부의 부채를 연방정부가 떠안는 문제였다. 그리고 이 문제에 관한 한 매디슨은 해밀턴보다 더 많은 지지표를 가지고 있었다.

이 쟁점은 온갖 불공정의 문제들이 개입되어 있었다. 정말이지, 이것보다 더 어려운 문제는 찾아볼 수 없을 정도였다. 버지니아, 메릴랜드, 조지아 그리고 노스캐롤라이나 등은 이미 부채 수준을 상당히 줄여놓은 상태였다. 이에 비해서 다른 주들은 막대한 부채를 지고 있었다. 예컨대 매사추세츠와 사우스캐롤라이나는 각각 약 500만 달러씩 부채를 안고 있었는데, 이 두 주의 부채를 합하면 주정부가 지고 있던 전체 부채 2500만 달러의 약 40퍼센트가 되었다. 부채가 100만 달러 미만인 주들이 여럿 있었고, 심지어 델라웨어는 5만 달러밖에 빚을 지고 있지 않았다. 각 주의 부채 규모는 인구 및 상환 능력과 아무런 연관성이 없었다.[17]

해밀턴은 단호한 국가주의자였고 또한 어떤 주와도 직접적인 지역 연고를 가지고 있지 않았기에 각 주들 사이에 존재하는 그런 차이에 거의 신경 쓰지 않았다. 하지만 이런 신경을 많이 써야 했던 의원들이 그의 제안에 분노했다. 그리고 해밀턴은 매디슨이 다시 뒤통수를 친다고 느꼈다. 주정부의 부채를 연방정부가 떠안는 안건이 첫 번째 하원 투표에서 32 대 29로 부결되었다. 매디슨이 다수의 의결권을 확보하고 있었지만(그리고 반대 의사를 표명한 노스캐롤라이나의 몇몇 의원들이 아직 의사당에 도착하지 않았던 터라 표 차이가 점점 더 벌어질 것으로 전망되었지만) 해밀턴은 물러서지 않았다. 미국을 보다 단단한 연방 국가로 만들려는 그의 원대한 계획에서 연방정부가 주정부의 부채를 떠안는 것은 핵심적인 과정이었다. 모든 국가부채에 책임을 진다는 것은 세금 징수에 관한 한 우선적인 권한을 가진다는 뜻이었으므로, 해밀턴은 그 권한을 주정부의 손에 그냥 방치할 수 없었다. 해밀턴이 나중에 썼듯이, 그런 조치가 없다면 연방정부는 '무질서한 재정 체계의 무능함과 복잡한 엉킴에 손발이 묶이고 말 것'이 분명했다.[18]

하지만 한 주가 가고 또 한 주가 가도, 의회에서 다수파를 형성하고 있던 매디슨 진영은 해밀턴만큼이나 단호했고 타협의 여지를 두지 않았다. 해밀턴은 몇 표의 의결권을 더 확보하려고 온갖 창의적인 노력을 기울였지만 성과는 없었다. 매디슨은 의회에서 네 차례나 해밀턴의 시도를 저지했다. 그리고 채권 발행을 통한 자금 조성 계획 전반에 대해서 의회는 1790년 2월부터 8월까지의 회기 거의 전 기간 동안 논의를 했다. 주정부의 부채를 연방정부가 떠안도록 하는 해밀턴의 개혁 조치는 물거품으로 끝날 것만 같았다.

그런데 미국 역사에서 가장 결정적인 순간들 가운에 하나로 꼽힐 수 있는 일이 일어나면서 천재적인 협상이 마침내 교착 상태를 뚫었다. 장소는 뉴욕 월스트리트에서 두 블록 북쪽에 위치한 메이든 레인에 토머스 제퍼슨이 세를 내어 살던 집이었고, 이곳에서 저녁 식사를 하는 자리에서 협상 조건들이 극적으로 타결되었다. 이 자리에서 매디슨과 제퍼슨 그리고 해밀턴은 앞으로 10년 동안 미국의 수도를 필라델피아로 이전한다는 데 합의했다. (해밀턴은 자기 계획에 동의하는 펜실베이니아의 의결권 한

두 개를 확보하기 위해서 이 제안에 동의했다.) 그리고 그 뒤에는, 메릴랜드와 버지니아 사이를 가로지르는 포토맥 강을 따라 형성된 연방지구 워싱턴디시에 새로 도시를 건설해서 수도로 삼기로 합의했다.

해밀턴은 수도가 계속 뉴욕에 남는 것을 선호했을 것이다. 하지만 그는 주에 대해서는 아무런 연고도 가지고 있지 않았으므로, 지역적인 연고를 의식하는 버지니아 사람들보다는 수도의 위치에 크게 얽매이지 않았다. 해밀턴이 수도를 뉴욕에서 남쪽으로 옮기는 데 힘을 보태기로 동의한 대가로 매디슨은 해밀턴의 제안이 의회를 통과할 수 있도록 표를 동원해 주겠다고 약속했다. 이 협상이 타결되었고, 하원의 투표가 진행되었다. 투표장에서 매디슨은 애초의 자기 견해를 바꾸지 않았다. 그러나 포토맥 강을 끼고 있는 두 주 버지니아와 메릴랜드의 각각 두 의원, 도합 네 의원이 애초의 반대 입장에서 찬성 입장으로 돌아섰다. 그리고 이 밖에도 몇 개의 표가 더 움직여서, 1790년 4월에 32 대 29로 부결되었던 안건은 같은 해 7월에 역시 32 대 29로 역전되었다. 그리고 10년 뒤, 덥고 진흙투성이며 금방이라도 무너질 것 같던 포토맥 강변의 도시는 미국의 수도가 되었다. 그 지역을 직접 선택한 조지 워싱턴이 오랫동안 품었던, 불가능할 것만 같았던 꿈이 마침내 이루어진 것이다.[19]

그리고 의회는 공채 발행 및 연방정부의 주정부 부채 떠안기에 관한 안건을 1790년 8월 4일에 의결했다. 이것은 나중에도 밝혀지지만 매우 복잡한 조치였다. 외국의 채권자 기관들에 대한 부채는 네덜란드의 여러 은행들과 협상을 통해서 새롭게 돈을 빌림으로써 해결할 터였다. 그리고 국채를 가지고 있는 다른 채권자들은 옛날 채권을 새로 발행한 채권과 교환한 다음에, 새로운 채권의 3분의 2에 대한 4퍼센트 이자율을 적용해서 1792년부터 상환 받게 되었다. 그리고 새로운 채권의 나머지 3

분의 1에 대해서는 6퍼센트의 이자를 지급하되, 이 채권에 대한 상환은 1800년부터 시작하기로 결정되었다.[20]

1792년에 주정부 채권을 가지고 있는 사람들은 자기가 가지고 있는 채권의 9분의 4에 대해서 6퍼센트의 이자 그리고 3분의 1에 대해서는 3퍼센트의 이자를 받게 되었고, 나머지 9분의 2에 대해서는 1800년부터 6퍼센트의 이자를 받게 되었다. 정리차입금*의 원금 상환을 위한 '감채기금(sinking fund)**'이 있었지만, 여기에 대한 상세한 사항은 모호하게 남았다.[21]

그런데 원금을 갚기까지는 워낙 오랜 기간이 걸릴 터였으므로, 이자율을 실질적으로 6퍼센트에서 4퍼센트로 줄여도 정부가 적어도 다음 10년 동안 부채 상환에 할당해야 할 전체 금액 가운데 약 3분의 1을 줄이는 효과를 누릴 수 있었다. 이것은 해밀턴이 오랫동안 마음에 두고 있던 목표였다. 그러나 이 목표를 달성하기 위해서 그는 길고 복잡한 일련의 조치들을 고안해야 했고, 결국 그렇게 했다. 1년 동안 쉬지도 않고 매달린 끝에 마침내 그는 전체 재정 계획을 하나의 법률로 완성시켰는데, 그는 3년 뒤인 1795년에 당시를 다음과 같이 회상했다.

"만약 한 회기만 (…) 부채에 대한 적절한 조치 없이 지나갔더라면, 정말 끔찍한 상황이 벌어졌을 것이다."[22]

해밀턴은 자기 계획을 법률로 완성하기 위해서 자기가 가진 모든 천재성, 자기가 가진 모든 설득력, 그리고 자기가 부를 수 있는 모든 도움을 다 동원했으며 또 원대한 설계의 큰 틀을 깨지 않은 모든 양보를 다 했다.

• 부채 정리를 위한 차입금.
•• 채권의 상환자원을 확보할 목적으로 해마다 불특정 금액씩 적립하는 자금.

해밀턴은 만일 자기가 1789년의 제1회기에서 새로운 정부를 출범시키는 데 실패했다면(그때가 가장 유리한 순간이라고 그는 판단했고, 이 판단은 옳았다), 그 누구도 새로운 정부를 출범시키지 못했을 것이라고 믿었다. 그 성공으로 그의 승리는 한층 극적으로 빛났다. 그러나 이 과정에서 해밀턴이 개인적으로 받았던 스트레스는 상상을 초월할 정도도 컸고, 또 이 스트레스는 완전히 끝난 게 아니었다. 해밀턴으로서는 그 스트레스에서 결코 해방될 수 없었다. 비록 그 스트레스는 밀물처럼 밀려왔다가 썰물처럼 빠져나가긴 해도 결코 끝나지 않았고, 그게 그의 운명이었다.

CHAPTER 10
미합중국은행

　수도가 1790년에 필라델피아로 이전됨에 따라서 연방 산하 여러 부처의 조직 및 이들 사이의 의사소통은 한결 쉬워졌다. 로우어 리빙스턴이 상대적으로 협소했으므로 연방정부 부처는 좁은 지구 안에 다닥다닥 붙어 있어야만 했었다. 연방정부의 제1차 의회 회기는 전체 거리가 채 800미터도 되지 않는 번잡한 월스트리트의 페더럴홀에서 열렸다. 이에 비해서 필라델피아는 훨씬 더 널찍했다. 필라델피아는 식민지 시대에 전체 13개 식민지를 통틀어서 가장 인구가 많고 또 규모가 큰 도시였으며, 미국이 독립한 뒤 30년까지도 이런 상황은 변하지 않았다. 1787년의 헌법제정회의도 이 도시에서 열렸으며, 1798년까지 펜실베이니아의 수도였다.

　필라델피아는 뉴욕과 달리 여러 정부 부처 건물들이 들어서 있었다. 여기에는 펜실베이니아 주의회 의사당, 재무부와 국무부 그리고 전쟁부가 사용할 편리한 공간들도 포함되었다. 이 세 부처의 본부들은 서로 거의 맞닿아 있을 정도였다. 연방의회의 상원과 하원은 국회의사당에서 만났는데, 이 국회의사당은 애초에 필라델피아 카운티 법정으로 사용하려고 지은 새 건물이었다. 체스트넛스트리트에서 국회의사당은 독립선언문과 헌법에 서명이 이루어진 역사적 현장인 주의회 의사당 건물과 바로 붙어 있었다. (복원된 주의회 의사당은 현재 미국에서 가장 유명한 명소들 가운데 하나로 꼽히는데, 1824년에 독립의 전당(Hall of Independence) 그리고 1852년에 독립관(Independence Hall)으로 이름이 바뀌었다.) 연방정부는 필라델피아 도심에 있는 로버트 모리스의 화려한 저택을 워싱턴 대통령의 거주 공간으로 사용하려고 임대했다. 워싱턴이 1797년에 퇴임한 뒤에는 그의 후임인 존 애덤스 대통령이 이 저택을 물려받아서 대통령 공간으로 사용했다.

18세기에서 19세기로 넘어갈 즈음에는 또 다른 건물이 필라델피아에서 가장 웅장한 건물로 새롭게 등장했다. 미합중국은행 건물이었다. 이 건물은 해밀턴의 장대한 재정 계획에 포함되어 있던 핵심적인 여러 기관들 가운데 하나를 수용할 목적으로 1790년대에 지어졌다. 해밀턴의 계획 속의 이 부분은, 연방정부 및 주정부의 부채를 상환할 자금을 마련하기 위한 법안이 의회를 통과한 지 4달 뒤인 1790년 12월에 해밀턴이 의회에 제출한 〈국가은행에 관한 보고서(Report on a National Bank)〉로 처음 공개되었다. 해밀턴이 했던 다른 여러 제안들과 마찬가지로 이 제안도 의회의 즉각적인 반대에 부닥쳤다. 국가은행법안에 투표를 할 상하원의 의원들은 대부분 국가은행이 어떤 기능을 하게 될지 그저 희미한 수준으로밖에 알지 못했다. 또 어떤 사람들은 그 내용을 전혀 알지 못했다.[1]

* * *

해밀턴이 〈국가은행에 관한 보고서〉를 제출했던 1790년에 미국에 있던 은행은 모두 합해서 세 곳밖에 없었다. 로버트 모리스의 지시로 1782년에 필라델피아에서 설립된 북아메리카은행, 보스턴의 매사추세츠은행 그리고 뉴욕은행이었다. 특히 뉴욕은행은 해밀턴이 직접 설립에 힘을 보탰으며 정관을 직접 쓴 은행이기도 했다. 이 은행들 덕분에 어느 정도 진전이 있긴 했지만, 제도적 차원의 미국 신용 체계는 아직 유아적인 수준이었다.[2]

해밀턴은 의회에서 치를 전투에 대비하면서 다른 나라에 있던 은행들을 대상으로 광범위한 조사를 했다. 영국을 여행하고 있는 그의 친구 한 사람은 그에게 쓴 편지에서 잉글랜드에는 통화를 발행하는 은행이 약 50곳이나 되며 스코틀랜드에도 이런 은행은 30곳이 넘는다고 썼다. 그리고 다음과 같이 덧붙였다.

"여기 사람들은 다수가 영국이 누리는 번영과 번성은 은행 설립 및 거기에 따른 국가부채 덕분이라는 데 의견을 함께합니다. 스코틀랜드만 하더라도 농업과 상업 그리고 제조업에서 이룩한 발전의 공을 은행으로 돌리는 게 분명하고 확실한 현실입니다."[3]

해밀턴은 〈국가은행에 관한 보고서〉의 앞부분을 가장 기초적이며 꼭 필요한 지식인 재정 및 금융 관련 지식으로 시작했다.

"훌륭한 신용을 가진 은행은 자기들이 보유하는 금과 은의 실제 자본의 총액보다 훨씬 많은 [화폐] 금액을 시중에 유통할 수 있다는 것은 이미 잘 알려진 사실입니다."[4]

은행에 예금을 맡긴 사람들이 그 돈을 한꺼번에 인출할 가능성은 거의 없으므로, 은행은 지급준비금으로 보유하는 자산(금, 은, 연방 채권)의 가치보다 훨씬 많은 액수의 통화를 발행할 수 있었다(이것은 오늘날 '부분지급준비금제도'라고 불린다). 해밀턴의 표현을 빌자면 '그렇게 초과되는 금액이 어느 정도까지 가능할지는, 비록 2 대 1이니 3 대 1이니 하고 추론을 하긴 하지만, 제대로 가늠할 수 없을 듯' 보였다. 그래서 해밀턴은 다음과 같이 썼다.

"한 개인의 돈은, 이 개인이 안전한 보관을 목적으로 은행에 맡기거나 주식에 투자함으로써 그 돈을 다른 곳에 사용할 기회가 오기를 기다리는 동안, 그 사람의 손이 닿지 않는 곳으로 옮겨지지 않고서도 다른 사람들이 필요로 하는 것에 도움을 준다. (…) 즉, 이렇게 함으로써 돈은 끊임없는 활동 상태를 유지하는 것이다."[5]

사실상 해밀턴의 계획은 2 대 1이나 3 대 1이 아닌, 5 대 1의 지급준비율을 가능하게 하는 것이었다(하지만 사실 5 대 1도 지나치게 높은 게 아님이 증명되었다). 계속해서 해밀턴은, 미합중국은행은 세금 징수를 간편하게 하고 정부가 원리금 상환이나 대출을 보다 쉽게 할 수 있을 것이라고 말했다.

해밀턴은 배심원단의 마음을 돌려놓으려고 법정에서 열변을 토하는 변호사처럼 다음과 같은 말로 의원들의 마음을 사로잡으려고 애를 썼다.

"은행의 장점을 구체적으로 일일이 장황하게 설명하는 것은 의원님들의 끈기를 시험하는 일이 될 것입니다."

그래서 그는 실질적인 것이든 가상의 것이든 간에 나타날 수 있는 문제점들만 나열한 뒤에, 자기 제안에 대한 예상 가능한 모든 반론을 반박하고 분쇄했다. 한 가지 핵심적인 구체적인 사항은 미합중국은행은 기본적으로 이익을 추구하는 민간기관이라는 사실이라고 그는 강조했다. 정부는 이 은행의 전체 자본금 1000만 달러 가운데 200만 달러만 대고 나머지 5분의 4는 민간투자자들의 투자금으로 충당할 것이라고 했다. 그런데 당시 미국에 존재하던 모든 은행의 자본금을 합해봐야 200만 달러를 넘을까 말까 했다.[6]

그리고 전체 25명의 이사들로 구성될 이사진은 정부 지명자가 아니라 민간인으로 채워질 것이라고 했다. 또, 미합중국은행은 본부가 있는 필라델피아뿐만 아니라 전국 각지에 지점을 둘 수 있으며, 이 지점들을 통해 정부는 실제로 자산을 물리적으로 이동시키지 않고서도(이것만 하더라도 얼마나 많이 편리해지는 줄 모른다!) 세금 징수 지역에서 멀리 떨어진 곳에서도 손쉽게 예산을 집행할 수 있을 것이라고 했다. 그리고 이 은행의 허가권은 의회가 정한 법률에 따라서 1811년까지 20년 동안 지속되며, 허가권이 만료되는 시점에 허가권을 갱신하거나 폐기할 수 있을 것이라고 했다. 비록 이 은행의 정관 7조 9항이, 만일 이 은행이 1000만 달러를 초과해서 발행한 증권에 돈을 지급하지 못할 경우 이사들이 개인적으로 책임을 질 수 있도록 규정하고 있지만, 그럼에도 불구하고 이 은행은 유한회사*였다.

해밀턴은 금이나 은으로 지급이 보증되지 않는 통화를 발행하고자 하는 정부의 유혹을 통제할 방법으로서 미합중국은행이 이익을 추구하는 기관이 되어야 한다는 것을 알고 있었다. 지급 보증이 되지 않는 통화 혹은 증권을 찍어내는 이런 경향은 독립전쟁 시기에 특히 맹렬했다. 해밀턴의 새로운 계획에서는 정부 부처인 재무부가 아니라 미합중국은행이 지폐를 발행하는 것으로 되어 있었다. 다음은 해밀턴이 했던 주장

• 사원이 회사에 대하여 출자 금액을 한도로 책임을 질 뿐, 회사 채권자에 대하여 아무 책임도 지지 않는 사원으로 구성된 회사.

이다.

"지폐를 찍어내는 일은 세금을 부과하는 일보다 훨씬 쉬운 일이다. 그러므로 지폐를 인쇄해서 시장에 푸는 관행은, 어떤 긴급한 상황이 발생할 경우에는 예외 없이 그리고 또 지체 없이 발동되고 만다."

따라서 새로운 은행이 '공공의 정책이 아니라 개인의 이익이라는 방침 아래에서 공적인 지시가 아닌 민간적인 지시를 따를 필요'가 있었다.

"올바르고 현명한 행정가들이 연속적으로 나와서 나라를 잘 이끌어간 축복을 받은 나라가 도대체 어디에 있단 말인가?"

그래서 해밀턴의 보고서는, 정치인들이 저지르는 남용의 여러 유형들을 예방할 목적으로 미합중국은행은 연방정부나 어떤 주정부에 빌려줄 수 있는 금액을 '사전에 법률로 허락을 받지 않는 한' 최고 5만 달러까지로 제한했다.**7**

* * *

해밀턴은 이런 조항들을 설정함으로써 돌 하나로 4마리의 참새를 잡으려고 했다. 그런데 크고 강력한 미국인 집단 하나가 모든 종류의 은행이 존재하는 것에 반대했다. 그들은 여전히 모든 종류의 지폐를 의심했기 때문이다. 시민들 가운데 다수는 대륙회의와 주정부들이 발생한 지폐를 인정하는 순간 자기 재산을 강탈당했던 터라서 오로지 금과 은만을 유일한 자산으로 인정하고 있었다.

두 번째 집단은 경제적인 이유가 아니라 정치적인 이유로 국가은행을 반대했다. 그들은 해밀턴의 제안이 주정부를 희생해서 연방정부의 권한을 강화하려는 또 하나의 음모라고 생각했다. (20세기와 21세기에도 연방준비제도는 이런 식으로 생각하는 사람들을 분노하게 만들었다. 1913년에 연방준비제도가 생긴 이래로 의원들을 비롯한 여러 사람들은 주기적으로 연방준비제도의 철폐를 주장해 왔다.)

세 번째 집단은 자기들이 설립하려고 하는 주정부 차원의 은행들이 성장하는 데 해밀턴의 국가은행이 방해될 것이라고 전망하면서 이 은행의 설립에 반대했다. 많은 도시에서 상인들은 자기들이 직접 은행을 설립해서 사업을 시작하고 싶어 했다. 이 사람들은 해밀턴의 계획이 준독점적인 금융 권력을 탄생시킬 것이고, 이렇게 될 경우 자기들이 세우고 있던 계획이 무산될 것을 염려했다. 이 사람들은 연방정부의 허가를 받은 은행이 주정부의 허락을 받은 은행보다 금과 은을 보다 많이 보유할 것이라고 바라보았고, 이 추정은 정확했다. 게다가 또 그 국가은행은 자기들이 세운 은행의 지폐를 액면가대로 받아들이길 거부함으로써 실질적으로 주정부의 기관들을 규제하고 감독하는 권한을 가지게 될 수도 있었다. 그러니 그 사람들로서는 국가은행을 반대하는 게 당연했다.

그리고 마지막 집단은 네 집단 가운데서 가장 닳고 닳은 집단인데, 이들은 국가은행의 필요성을 정확하게 잘 알고 있었다. 그러나 이들은 순수하게 공적인 기관이 지급준비금도 없이 무제한의 지폐를 발행하고자 하는 유혹을 이겨낼 수 없을 것이라고 확신했다. 이 네 번째 집단에는, 국가은행에 돈을 예금하고 또 국가은행이 발행하는 증권에 투자해주길 해밀턴이 기대하던 '많은 돈을 가진 미국인들도 포함되어 있었다. 이런 점은, 해밀턴이 〈국가은행에 관한 보고서〉에서 이 은행은 철저하게 민간의 지배를 받을 것이며, 또 지급준비금 없이 통화를 발행하는 일은 철저하게 금지될 것이라고 특히 강조했던 이유이기도 하다. 해밀턴은 자기가 세우고 있던 국가 경제 발전의 전체 계획 속에서 이 부자들이 가지고 있는 금융 자원이 필수적인 요소라고 믿었다. 아울러, 투자

이후에 자연스럽게 뒤따를 이 부자들의 정치적인 지원도 필수적인 요소라고 믿었다. 해밀턴은 〈마태복음〉에 나오는 '재물이 있는 곳에 마음이 있다'는 구절에 철저하게 의존했다.

* * *

해밀턴은 의회가 얼마 전에 의결한 부채 청산을 위한 자금 조성 및 주정부 부채의 연방정부 떠안기 법안과 이 새로운 은행을 어떻게 연결할지 잘 알고 있었다. 그의 〈국가은행에 관한 보고서〉는 이 은행의 자본금은 1000만 달러여야 하며, 이 가운데서 미합중국 대통령이 마음대로 좌우할 수 있는 재무부는 최대 200만 달러밖에 보유할 수 없다고 구체적으로 적시했다. 나머지 800만 달러는 국내외의 투자자들이 참여하도록 한다는 것이었다. 이 투자자들은 전체 투자 자본 가운데 4분의 1인 200만 달러만 금이나 은으로 지불하고, 나머지 600만 달러는 앞서 의결한 자금조성법에 따라 발행한 새로운 연방채권으로 지불하게 했다.

해밀턴의 목적은 연방정부와 주정부의 부채를 '화폐화(monetizing)'함으로써 국가의 통화 공급량을 확대하는 것이었다. 즉 미합중국은행에 금이나 은만을 예치하게 하는 게 아니라 연방정부가 발행한 채권(즉, 공개시장에서 가치가 결정되는 이자를 발생하는 증권)도 예치하게 하는 것이었다. 이렇게 함으로써 금과 은 그리고 정부 발행 채권의 형태로 존재하는 은행의 준비금을 새로운 지폐 통화의 토대로 삼는다는 것이었다. 재무부가 아니라 미합중국은행이 발행할 이 통화는 미국의 통화 공급량을 획기적으로 늘릴 것이고, 따라서 경제가 자극을 받을 것이라고 해밀턴은 전망했다. 그리고 얼마 뒤에 해밀턴은 또 다른 중요한 보고서인 〈조폐국에 관한 보고서(Report on a Mint)를 의회에 제출했는데, 이 보고서는 달러가 미국의 통화임을 확인했으며 또 정부가 금화와 은화를 주조할 것에 대비했다.[8]

하원은 해밀턴의 은행법안을 39 대 20이라는 압도적인 표 차이로 의결했다. 상원 역시 이 법안을 의결해서 워싱턴 대통령에게 보냈다. 워싱턴은 이 법안에 서명을 하기 전에 국무부장관 토머스 제퍼슨과 법무부장관 에드먼드 랜돌프를 불러서 의견을 물었다. 제퍼슨은 해밀턴을 이민자 출신으로 벼락출세를 한 사람으로만 보았을 뿐만 아니라, 모든 은행을 혐오했고 또 특히 이 법안이 헌법에 위배된다는 이유를 들어서 법안에 반대하던 인물이었다. 제퍼슨과 랜돌프 모두 부정적인 의견을 내놓았다. 이 두 사람은, 헌법은 은행을 포함해서 어떤 종류의 사업체를 만드는 것에 대해서 아무런 규정도 하지 않고 있다는 점을 들어 해밀턴의 국가은행 설립 계획에 반대했다. 사실상 그들은 대통령이 그 은행법안에 거부권을 행사할 것을 권고한 셈이었다. 제퍼슨의 메시지는 강력했다. 그는 비록 대통령이 거부권을 행사하지 않을 수도 있는 상황에 대해서 빠져나갈 여지를 남겼음에도 불구하고, 대통령의 거부권 행사를 제퍼슨 본인이 정말 원했다는 점에 대해서는 의심할 여지가 거의 없었다. 랜돌프와 제퍼슨은 버지니아 출신이었고, 버지니아 출신의 대다수 정치인들은 해밀턴의 은행법안에 반대했다. 버지니아 출신이긴 했어도 그 두 사람보다는 훨씬 더 국가주의자에 가까웠던 워싱턴은 마음을 정하지 못했다. 만일의 사태에 대비해서 그는 제임스 매디슨에게 거부권 메시지의 초안을 잡아두라고 지시했다.[9]

그런 다음에 대통령은 랜돌프와 제퍼슨이 서면으로 작성한 반대 의견을 해밀턴에게 건네주었다. 그러자 해밀턴은 한 주 동안 치열하게 반박 문건을 작성했다. 그는 우선 제퍼슨과 랜돌프가 반대하는 근거의 핵심은 헌법이 규정하는 연방정부의 권한을 편협하게 해석한 데 있다고 지적했다.

"국무부장관님과 법무부장관님의 반대는 미국 정부가 주식회사를 설립할 권한을 가지고 있지 않다는 견해를 바탕으로 하고 있습니다."

이 문장에 뒤이어 해밀턴은 랜돌프 그리고 특히 제퍼슨이 내놓았던 구체적인 주장들 및 여러 전제들을 조목조목 반박했다.[10]

"이 문제를 바라보고 추론하는 과정에 이상한 오류가 개재되어 있는 것 같습니다. (…) 법인을 마치 어떤 위대하고 독립적이며 실체적인 어떤 존재, 즉 어떤 정치적인 목적을 가진 특이한 존재로 여겼던 것 같습니다. 그러나 이것은 어떤 목적에 접근하는 어떤 질, 자격, 혹은 평균값으로 바라보아야 옳습니다."[11]

즉 미합중국은행이라는 법인은 연방정부가 할 수 있거나 할 수 없는 것을 언급한 '필요하고 적절한'이라는 조항에서 헌법이 분명하게 허용하는 조치라는 말이었다.

해밀턴은 계속해서 다음과 같이 썼다.

"만일 제퍼슨 장관님의 헌법 해석이 옳다면 그것은 마치 그 조항 앞에 '절대적으로'나 '필요 불가결하게'라는 단어가 붙어 있는 것이나 마찬가지입니다. (…) 헌법 조항을 이런 식으로 해석한다면, 불확실성과 당혹스러움은 수도 없이 많이 나올 것입니다. 어떤 조치가 절대적으로 필요하다는 확실성이 있어야 합니다. 이런 확실성이 없다면 정부에 주어진 권한은 아무런 쓸모가 없어집니다. 모든 사안은 이런 확실성 속에서 다루어져야 합니다. 그렇지 않을 경우에는 정부가 내린 조치가 실제로 효력을 발휘하는 게 지극히 드물 겁니다."[12]

더 나아가, 제퍼슨이 워싱턴에게 보낸 편지에는 기존에 존재하는 주정부 은행들만으로도 충분하다고 언급했는데, 해밀턴은 제퍼슨의 이런 추정이 국가은행뿐만 아니라 주정부 차원의 은행조차도 장차 단 한 곳도 설립되지 못하게 가로막는 결과를 초래할 것이라고 지적했다.

"어떤 주의 헌법에도 법인을 설립할 수 있다는 '꼭 이대로의 표현으로 표시된' 권한 조항은 없다는 사실을 명심하셔야 합니다."[13]

이것은 해밀턴이 1784년에 뉴욕은행의 정관 초안을 작성하던 과정에서 조사해서 확인한 설득력이 있는 구체적 사항이었다. 하지만 제퍼슨은 그런 사실을 알지 못했다.

해밀턴의 본론은 그 뒤로 본격적으로 전개되었다.

"국무부장관님이 주장하신 내용 가운데는 특이할 정도로 정확하지 않은 부분이 두 군데 있습니다. 하나는 제안된 은행 설립 법안이 국가의 권위를 등에 업고 배타적인 은행업을 할 수 있도록 명문화함으로써 독점금지법을 어긴다는 지적입니다. 또 하나는 주정부의 은행들이 가지고 있는 권한보다 더 높은 권한을 그 은행에 부여한다는 지적입니다."[14]

이 두 가지 점에서 제퍼슨이 잘못 알고 있다고 해밀턴은 반박했다.

"은행법안은 주정부가 원하는 만큼 얼마든지 많이 은행을 설립하는 것을 가로막지 않을 뿐더러, 얼마든지 많은 사람들이 은행 사업을 하는 것을 가로막지도 않습니다."

그러니까 독점이니 뭐니 하는 비판은 전혀 근거가 없다고 했다. 그리고 두 번째 비판, 즉 은행법안이 미합중국은행을 주정부의 법보다 상위에 놓을 것이라는 비판에 대해서도 여전히 근거가 없다고 반박했다.

국가은행의 정관은 오로지 자기 조직에만 적용된다는 것이었다.

"이 정관은 결코 법에 위배되는 일이 없습니다. 여기에서 법이라 함은 연방정부의 법뿐만 아니라 주정부의 법도 포함합니다."[15]

그런 다음에 해밀턴은 가상의 어떤 상황을 제시했다.

"어떤 국가가 전쟁의 위협을 받고 있습니다. 전쟁에 대비하려면 갑자기 많은 예산이 필요해집니다. 전시 비용을 충당할 목적으로 세금을 걷습니다. 그러나 세금을 부과한 뒤에 실제로 그 예산을 집행하기까지는 적지 않은 시간이 걸립니다. 그러니 그 예산을 미리 당겨서 쓸 수밖에 없습니다. 그런데 만일 은행이 있다면 이 문제는 금방 해결됩니다. 하지만 은행이 없다면 수많은 개인들로부터 즉각적으로 필요한 그 예산을 충당할 돈을 빌려야만 합니다. 긴급한 상황을 염두에 두자면 이런 과정은 너무도 더딥니다."[16]

해밀턴이 묘사한 이런 상황이 실제로 21년 뒤인 1812년에 일어났다. 미국과 영국 사이의 전쟁이었다. 하지만 이때 미국에는 국가은행이 없었기 때문에 하마터면 재정적·군사적 재앙 속에 미국의 운명이 달라질 뻔했다.

그리고 나서 마지막으로, 해밀턴은 제퍼슨과 랜돌프가 공개적인 모욕으로 느낄 수 있는 표현을 동원한 뒤에 장문의 편지를 마감했다. 전문가라면 마땅히 헌법 정신과 일치한다고 판단해야 할 것을 놓고서 위배된다고 잘못 판단했을 뿐만 아니라, '옆에서 구경하는 사람이 걱정하는 것과 전혀 동떨어진 엉뚱한 걱정'을 한다고 지적한 것이다. 사실 이 법안에 제퍼슨이 반대하고 나선 점이 특히 해밀턴의 마음을 아프게 했다. 그리고 해밀턴은 누가 자기를 공격한다고 느낄 때는 늘 그랬듯이 자기가 받은 것보다 더 많은 것을 돌려주었다. 해밀턴의 이런 반박으로 제퍼슨은 고지식한 인간으로 비치고 말았다. 헌법에 대해서 아는 게 거의 없고 재정과 금융에 대해서는 아무것도 모르면서 신경질만 내는 못된

아이처럼 비쳐진 것이다.**17**

동기가 무엇이었든 간에 해밀턴의 이 답장은 또 하나의 역작으로 남았다. 여태까지 그가 썼던 가장 매력적인 문건들 가운데 하나로 꼽히게 된 것이다. 이 편지는 약 1만 6,000단어 분량인데, 오늘날의 평균적인 책으로 치자면 무려 50쪽 분량이다. 해밀턴의 빈틈없는 논리는 워싱턴 대통령을 설득했고, 대통령은 그 법안에 곧바로 서명했다. 해밀턴의 이 문건은 28년 뒤인 1819년에 맥컬록 대 메릴랜드 주(州) 재판에서 존 마셜(John Marshall) 대법원 재판관이 내린 판결의 토대가 되었다.* 이 판례는 헌법이 정한 연방정부의 권한을 광범위하게 해석할 수 있는 토대가 되었다. 심지어 이 판례는 오늘날까지도 대법원 역사에서 가장 중요한 판결들 가운데 하나로 여전히 효력을 발휘하고 있다. 이런 사실을 해밀턴은 여러 가지 이유로 흡족하게 여겼을 것이다. 건국자들 가운데서도 해밀턴은 특히 연방 대법원의 위헌법률심사권을 누구보다도 열렬하게 지지한 사람이었고, 반면 제퍼슨은 거기에 대해서 가장 소극적인 사람들 가운데 한 명이었다.**18**

은행법안이 의결된 뒤에 해밀턴은 주당 400달러라는 표준가격에 미합중국은행의 주식 5,000주를 구입하는 데 들어갈 예산을 마련하기 위해서 재무부의 이름으로 200만 달러 규모의 연방 채권을 발행했다. 그런 다음에 그는 이 200만 달러의 공적자금을 자기가 세워두고 있던 재정개혁 계획에 집행했다. 즉 미합중국은행이 200만 달러를 연이자율 6퍼센트로 연방정부에 빌려준 것이다. 이런 종류의 노련한 수순은 애초

• 연방정부가 설립한 은행에 대하여 메릴랜드 주정부가 세금을 매겼는데 이에 대해 대법원은 연방정부의 은행 설립 권한은 헌법에 명시되어 있지 않으나, 헌법이 명시한 '필요적절 조항'에 따라 연방정부는 은행 설립 권한을 가지며, 따라서 연방의회의 은행 설립에 관한 법률은 주법에 우선하므로 주정부의 연방 은행에 대한 조세 부과는 위헌이라고 판결하였다.

의 〈국가은행에 관한 보고서〉에는 들어 있지 않았다. 은행은 주정부든 연방정부든 간에 5만 달러를 초과해서 빌려줄 수 없다는 단서 조항 때문에 금지되었기 때문인 것 같다. 그런데도 이런 일을 감행한 것은 해밀턴이 그만큼 대담했기 때문이기도 했지만, 다른 한편으로는 연방정부가 처해 있던 재정적인 궁핍함이 그만큼 절박했기 때문이기도 하다. 해밀턴은 이런 상황을 미리 예측하고 〈국가은행에 관한 보고서〉에 '법률적으로 미리 인정을 받아두지 않는 한'이라는 구절을 넣어 뒀었고, 의회는 그 200만 달러의 대출에 대해서는 미합중국은행 정관 11절에서 인정을 했다.

미합중국은행이라는 새로운 기관의 수장을 선택해야 할 때가 왔고, 은행의 이사진은 필라델피아 사람이던 토머스 윌링을 적임자로 선택했다. 로버트 모리스와 한때 동업을 한 사람이자 필라델피아 시장이었던 그는 예전에 북아메리카은행의 수장이 되었던 것과 마찬가지로 다시 한 번 중요한 직책을 맡았다. 윌링은 1791년에 취임해서 건강 문제로 1807년에 사임할 때까지 탁월하게 은행장 역할을 수행했다.[19]

이렇게 해서 결국 해밀턴은 다시 한 번 승리를 거두면서 은행을 가지게 되었다. 그는 자기 앞에 닥치는 모든 장애물을 하나씩 극복하고 넘어가는 것처럼 보였다. 미국 경제는 활황으로 돌아서서 빠르게 성장하기 시작했고, 새로운 연방 채권은 액면가에서 거래되었으며, 연방정부가 주정부의 부채를 떠안았으므로 주정부의 세입은 점점 줄어들고 있었다. 그리고 이민자 출신의 해밀턴은 토박이들의 저항을 압도하고 있었다.[20]

* * *

하지만 해밀턴은 이런 승리에 대한 대가를 혹독하게 치렀다. 제퍼슨이나 매디슨과 같은 어마어마한 거물들과 계속해서 싸움을 벌여야 했으니, 누군들 거기에서 비롯된 무지막지한 압박감을 견뎌낼 수 있었을까. 은행법안을 반대하고 나선 제퍼슨의 논리를 반박하는 편지에서 군데군데 해밀턴이 내비쳤던 경멸적인 어조는, 그가 어쩌면 그 압박감 아래에서 부서지기 시작했다는 신호일 수도 있었다. 아무리 거리낄 것 없이 당당하다 하더라도 그도 역시 인간이었고, 인간인 만큼 그에게도 약점은 여럿 있었다.

그림7 필라델피아의 미합중국은행. 웅장한 건물 모습은 해밀턴이 국가 재정 체계에 대해서 가졌던 거대한 전망을 상징한다. 이 건물은 1797년에 완성되었으며, 지금도 여전히 써드스트리트에 서 있다. 붉은 벽돌로 된 측면 모습은 이 판화에서는 잘 드러나지 않는다.

그 약점들 가운데 하나는, 과거 군인 시절에 이미 드러났듯이 여자였다. 은행법안이 의회를 통과한 직후인 1791년 여름에 그는 마리아 레이놀즈(Maria Reynolds)라는 23살의 미녀 꽃뱀에게 걸려들었다. 이 여자와 그녀의 남편은 재무부 사업과 관련된 내부 정보를 빼내려고 정교한 계획을 세운 뒤, 엘리자 해밀턴이 필라델피아에 없는 틈을 노렸다. (엘리자는 여름이면 아이들을 데리고 앨버니의 고향집으로 가서 몇 달 동안 머물다가 돌아오곤 했다.) 마리아는 외로운 해밀턴에게 접근했고, 아름다운 여자의 유혹에 해밀턴은 곧바로 넘어가고 말았다. 결국 해밀턴은 부부 사기꾼에게 돈을 뜯겼다. 그러나 해밀턴은 사기꾼 부부가 야심만만하게 노렸던 재무부 내부 정보는 단 1건도 발설하지 않았다. 이 사기 사건은 10달쯤 뒤인 1792년 초에 끝났다.[21]

그런데 필라델피아의 연방정부 공직자 사회가 워낙 좁다 보니까 의원들 가운데 몇몇 사람들이 해밀턴에게 어떤 일이 일어나고 있는지 눈치를 챘다. 그래서 해밀턴은 3인위원회 앞에서 소명을 해야 했고, 이 자리에서 그는 자기가 저지른 죄는 육체적인 죄밖에 없으며 공직자로서 지켜야 할 의무를 저버린 것은 단 한 가지도 없다는 내용으로 그 사람들을 설득시켰다. 이 위원들은 입을 다물었고, 다행히 그 불미스러운 일이 더는 사람들에게 노출되지 않았다. 그러나 레이놀즈와 관련된 이 스캔들의 전모는 5년 뒤인 1797년에 공개되고 말았다(여기에 대해서는 13장에서 자세히 설명하겠다).

한편, 미합중국은행을 포함한 해밀턴의 재정·금융 체계는 점점 더 확고하게 자리를 잡아가고 있었다. 1800년이 되면 미합중국은행은 필라델피아의 본점 외에 보스턴, 뉴욕, 볼티모어 그리고 찰스턴에 각각 하나씩 지점이 있었고, 곧이어 노포크, 사바나, 워싱턴 그리고 뉴올리언스에도 지점이 생길 터였다. 각각의 주정부도 모두 합해서 30개 가까이 되는 은행의 설립을 허가했으며, 이 은행들의 정관은 미합중국은행의 정관을 거의 그대로 따랐다. 유한책임 조항은 미합중국은행뿐만 아니라 그 뒤를 이은 여러 주정부 은행들이 성공할 수 있었던 핵심 요인들 가운데 하나였다. 유한책임회사일 경우에는 주주들이 자기가 가진 전 재산을 다 잃을 위험을 지지 않아도 된다. 이에 비해서 영국에 있는 대부분의 은행은 동업자 관계로 조직되었기 때문에 주주들이 그런 위험에 항상 노출되어 있었던 것이다. 이렇게 해서 이제 미국의 금융제도는 점차 세계 표준이 되어가고 있었다. 해밀턴이 거둔 승리는 유례가 없을 정도로 압도적이고 포괄적이었다.[22]

CHAPTER 11
미국 경제를 다각화하다

해밀턴은 미국 경제의 폭을 넓혀서 다각화하기로 결심했다. 농업뿐만 아니라 제조업과 금융업 그리고 상업과 같은 부문들에서도 활기를 띠어야 한다고 생각했던 것이다. 1791년 말에 그는 재무부장관으로서 의회에 제출하는 세 번째 보고서 〈제조업에 관한 보고서(Report on the Subject of Manufactures)〉를 냈다. 이제 거의 35살이 된 그는 미국에서 워싱턴을 제외하고는 가장 강력한 인물이었다. 이 보고서를 준비하면서 그는 더 많은 경제학 관련 논문들을 읽었으며 부하 직원들에게는 통계에 관한 온갖 질문을 했으며 또 온갖 지시를 내렸다. 그는 7달 동안 정기적으로 이 보고서에 매달려서 초고를 낸 다음에도 적어도 4번이나 고쳐 썼다. 그리고 이 보고서를 1791년 12월에 의회에 제출했다. 미합중국은행에 관한 제안을 한 지 1년 뒤였다.

〈제조업에 관한 보고서〉는 미국 경제 및 미래의 미국 경제를 바라보는 해밀턴의 전망을 파노라마식으로 담았다. 그는 농업과 공업 사이의 관계, 제조업의 적절한 역할, 미국 경제계의 지형 그리고 경제 성장을 위한 최상의 방법 등을 탐구했다. 앞서 제출했던 2개의 보고서에서처럼 그는 이번에도 격렬한 논쟁의 대상이 되는 제안들을 했다. 그런데 이번에는 국가부채나 국가은행보다도 한층 더 복잡하고 다면적인 주제였다.

〈제조업에 관한 보고서〉는 지난 2번의 보고서와 비교하면 행정적인 어떤 제안이라기보다는 개발도상국이 당면한 여러 가지 문제 및 기회에 관한 철학적인 논의에 가까운 것이었다. 다른 문건에서도 그랬듯이 이민자 출신이라는 배경 덕분에 해밀턴은 미국의 현재 모습 및 미래 모습을 유별나도록 명확하게 바라볼 수 있었다. 늘 그랬듯이 그는 단일한 국가로서의 미국이라는 커다란 틀에서 이 모든 것을 바라보았다. 그는 예전에 비해서 뉴욕에 점점 더 많은 연고를 가졌지만, 이번 보고서에서도 그는 특정한 지역이나 주(州)의 이해관계에서 철저하게 초월했다.

이 보고서는 전국적인 차원에서 제조업을 증진하기 위해서 정부가 정력적으로 활동하며 수행해야 할 다양한 제안들을 담았다. 오늘날의 용어로 표현하자면 '거시경제학적' 계획이었다. 20세기에 들어선 다음에야 비로소 만들어지고 사용된 거시경제학이라는 단어는 총합에 초점을 맞춘다. 그런데 해밀턴은 (놀랍게도!) '제조업의 총합적인 번영 그리고 농업의 총합적인 번영'이라고 썼으며, 이 둘은 '긴밀하게 연결되어 있다'고 썼다. 그는 이 보고서의 말미에 다음과 같이 반복했다.

"한 국가의 국정 운영에서 산업과 풍부함의 총량을 증가시키는 것은 궁극적으로 그 산업을 구성하는 모든 부분에도 도움이 된다."[1]

* * *

해밀턴은 〈제조업에 관한 보고서〉를 시작하면서 우선 농업을 다른 경제 활동보다 우월하게 여기는 일반적인 의견에 문제를 제기했다. 그런 발상은 사람들이 들에서 땀을 흘리며 일을 하는 것은 가게나 공장에서 일을 하는 것보다 더 '자연스럽다'는 명제로 압축될 수 있었다. 물론 자연스러울수록, 즉 자연에 가까울수록 더 나은 것이라는 인식이 전제되어 있었다. 1780년대에 제퍼슨은 저서 《버지니아 주에 관한 기록(Notes on the State of Virginia)》에서 다음과 같이 썼다.

"땅에서 노동을 하는 사람들은, 만약 신이 누군가를 선택했다면, 신의 선택을 받은 사람들이다. (…) 우리에게 노동을 할 땅이 있다면, 우리의 시민이 공장의 작업대 앞에 서 있는 모습을 절대로 보지 않도록 하자. (…) 대도시들의 군중은, 마치 몸에 난 종기가 우리 신체의 힘을 앗아가는 것과 마찬가지로, 순수한 정부의 지원 역량을 그만큼 앗아간다."[2]

해밀턴은 제퍼슨과 매디슨이 반대하고 나설 것임을 예상하고(실제로 이 두 사람은 대단한 적의를 드러냈다), 한편으로는 농업을 찬양하면서도 상업과 제조업도 농업 못지않게 자연스럽고 도덕적이며 필요하다고 천명했다. 그는 (18세기의 특징적인 모습이라고 할 수 있는) 전쟁이 거의 언제나 끊이지 않고 이어지는 세상이라는 맥락 속에서 일부 주장을 전개했다. 이런 세상에서 농업 중심의 국가는 국가 방위에 필요한 물자들을 구입하거나 스스로 제조할 수 없는 위험에 끊임없이 노출될 수밖에 없다고 했다.

"모든 국가는 시민이 생존과 관련된 거주지와 의복 그리고 방위의 여러 수단들을 필요로 한다. (…) 지난 전쟁에서 미국이 [꼭 필요하던 음식, 의복, 탄약 등의] 공급 부족으로 경험했던 그 당혹스러움은 지금도 여전히 예리하게 돌아보아야 할 문제이다."[3]

이것을 그는 보다 일반적인 의미로 다음과 같이 풀어서 설명했다.

"국내에서 사용할 제조업 물품을 외국에 의존하는 것은 기계를 채용함으로써 얻을 수 있는 이득을 외국의 여러 나라들에게 넘겨주는 것이다."

이런 사실만으로도 미국 경제의 여러 부분을 기계화해야 하는 강력한 이유가 충분하다고 했다. 미국은 만성적인 노동력 부족에 시달리고 있으며, 노동력을 절감해주는 기계를 도입해서 활용하면 엄청나게 많은 이득을 누릴 수 있을 것이라고 했다.[4]

해밀턴은 인간 성정을 포괄적으로 언급하면서, 미국의 중심적인 산업에 농업 말고도 공업을 추가하면 자기 재능을 최대한 발휘하고자 하는 미국인 특유의 성향도 충족될 것이라고 했다.

"노동의 대상을 다각화함으로써 인간의 노동이 낳는 결과는 어마어마하게 증가할 것이다. 어떤 공동체 안에서 다양한 종류의 산업들이 진행될 때, 이 공동체에 속한 각 개인은 자기에게 가장 적합한 산업을 찾을 수 있을 것이며, 자기 안의 자연(성정)을 최대한 열심히 쏟아낼 것이다. (…) 사람들이 각자 자기가 가장 잘할 수 있는 것을 하게 할 때 공동체가 누릴 수 있는 편익도 가장 커질 것이다. (…) 농업만 하는 국가에서는 농업과 상업을 하는 국가에 비해서 진취적인 정신이 약할 수밖에 없다. 그리고 농업과 상업을 하는 국가도 농업과 상업과 공업을 하는 국가에 비해서 이런 정신이 약할 수밖에 없다."[5]

그런 다음에 해밀턴은, 1791년 기준으로 미국에는 사람들이 거주할 수 있는 것보다 훨씬 많은 땅이 있다고 지적했다. 이런 '매우 특이한 상황에서' 싼 토지의 매력은 지나치게 많은 사람들을 시골로 이주시키는 결과를 낳을 것이라고 했다. 그리고 그렇게 이주한 곳에서 사람들은 국내외에서 소비할 수 있는 것보다 더 많은 농작물을 생산할 테지만, 제국주의적인 여러 제한 조치들로 미국의 농산물은 해외 시장에 제대로 들어가지도 못할 것이라고 했다.

"미국은 지금 해외 무역에서 어느 정도 배제된 상태에 놓여 있다. (…) 수입량은 계속해서 늘어나지만 수출량은 제자리걸음을 할 것이다. 그러므로 경제를 다각화할 필요성은 너무도 자명하다."**6**

값싼 땅을 찾아 시골로 이주해서 농사를 짓는 대신 도시에서 상업과 제조업에 종사하는 노동자들은 공산품을 생산하는 역할에 그치지 않고, 자기 가족과 함께 국내 식량 시장의 규모를 늘리는 역할도 한다고 했다. 이민자들이 계속 유입됨에 따라서 이 전체 과정이 경제의 선순환이 될 것이라고 했다. 하지만 만일 이렇게 되지 않을 경우에는 어떻게 될까? 여기에 대해서 해밀턴은 다음과 같이 경고했다.

"유럽의 제조업과 경쟁해서 이길 가능성은 절망적이라고밖에 할 수 없다. (…) 만일 유럽이 우리 땅에서 난 생산물을 우리가 제시하는 조건으로는 받아들이지 않겠다고 한다면, 여기에 대한 가장 자연스러운 대응은 외국의 생산물에 대한 우리의 수요를 가능한 한 줄이는 것이다."**7**

* * *

유럽의 생산물에 대한 미국의 수요를 줄인다는 것은 그 생산물 즉 공산품을 미국에서 직접 생산하는 것이었다. 이 지점에서 해밀턴은 전체 보고서에서 가장 선견지명이 있는 문장으로 제시했다.

"숙련된 기술을 가진 사람들이 유럽에서 미국으로 이주해 와서 자기가 가진 전문성을 발휘하도록 하는 것이다. 만일 이 사람들이 이렇게 할 경우에 충분히 자기에게 이득이 된다고 판단한다면, 얼마든지 그렇게 할 것이다."**8**

해밀턴은 이른바 '기능공'이 구세계에서 신세계로 이주할 수 있도록 유도하는 몇 가지 단계를 이미 마련해두고 있었다. 사실 이것은 그 기능공들로서나 이들이 미국으로 이주하도록 설득하는 사람들에게 모두 위험할 수도 있었다. 당시 산업혁명의 선두주자였던 영국은 숙련된 기능공 혹은 심지어 기계 전문가들이 해외로 이주하는 것을 법으로 엄격하게 제한했다. 해밀턴의 협력자였던 토머스 디기스(Thomas Digges)도 벨파스트에서 해밀턴에게 보낸 편지에서 '특별한 기능을 가진 장인을 꾀어서 다른 나라로 보내려 하는 사람은 500파운드의 벌금과 함께 12개월 징역형이라는 가혹한 처벌을 받게 되어 있다'고 썼다. 그럼에도 불구하고, 메릴랜드 태생의 딕스는 자기가 '지난 한 해 동안 매우 소중한 가치가 있는 장인 및 기계 생산자 18명에서 20명을 미국으로 보내는 데 기여했다'고 썼다.**9**

외국의 기술자를 모집해서 미국으로 보내는 일에 종사했던 미국인은 여러 명이 있었고 이 가운데 한 사람이었던 딕스는 더블린의 출판업자에게 해밀턴의 〈제조업에 관한 보고서〉 100부를 주문하기도 했는데, 이것은 '이곳 및 잉글랜드에 있는 여러 제조업협회들에 이 보고서가 담고 있는 정보를 손쉽게 알리고(잉글랜드에서 나는 며칠 뒤에 이 보고서 삼사백 부를 확보할 예정입니다), 또한 이 보고서를 읽게 함으로써 장인들의 미국 이주를 유도하기 위해서'라고 썼다.

해밀턴과 마찬가지로 딕스와 같은 사람들은 영국에서 한창 달아오르는 산업혁명의 열기가 미국에서도 일어나기를 바랐던 것이다.

"기계의 아름다움과 편리함은 대단합니다. 소요 노동력을 줄임으로써 다양한 물품들의 제조비용을 엄청나게 줄여줍니다. 기계를 생각하지 못했거나 보지 못한 사람들로서는 도저히 믿을 수 없을 정도입니다."[10]

외국의 장인들은 이미 미국으로 이주하고 있었다. 이들이 기계를 기반으로 하는 산업혁명의 초기 열매를 미국으로 들여오고 있었던 것이다. 이런 사람들 가운데 가장 특출한 사례는 새무얼 슬레이터(Samuel Slater)였다. 슬레이터는 해밀턴이 재무부장관이 되던 바로 그해인 1789년에 미국으로 이주했다. 슬레이터는 영국에서, 영국 직물산업의 위대한 개척자이자 위대한 발명가였던 리처드 아크라이트(Richard Arkwright)가 개척한 여러 원리에 입각해서 설계된 수력 방적공장에서 도제로 수련했었다. 도제 기간 동안에 슬레이터는 아크라이트가 만든 기계 및 공장 설계에 대한 상세한 사항들을 모두 머릿속에 담았다. 그리고 농장 일꾼으로 위장해서 미국으로 가는 배에 올라 영국에서 빠져나왔다.[11]

슬레이터는 뉴욕에 도착했고, 얼마 뒤에 로드아일랜드의 프로비던스로 이주했다. 그리고 거기에서 초기 벤처 자본가의 역할을 하던 브라운 가문의 사람들과 동업자 관계를 맺었다. 오늘날 브라운대학교라는 교명의 기원이기도 한 브라운 가문은 대서양을 오가는 무역으로 막대한 재산을 일구었는데, 이들은 재산의 일부를 국내 제조업에 투자하고자 했고, 이런 사업 방침은 해밀턴이 마음에 담아두고 있던 계획과 정확하게 일치하는 것이었다. 브라운 가문은 슬레이터를 만나기 이전에 이미 방적공장을 세웠지만, 복잡한 기계를 조립하고 가동할 전문성을 확보하지 못하고 있었다.[12]

그런데 새무얼 슬레이터가 이 전문성을 제공했다. 포터킷 폭포 인근에 세워진 그의 첫 번째 공장이 면사를 생산했고, 이것이 미국 산업혁명의 기초가 되었다. 면으로 만든 옷은 비단이나 양털로 만든 옷보다 훨씬 쌌다. 뿐만 아니라 물로 자주 빨아도 아무런 문제가 없었다. 그리고 그로부터 채 20년도 지나지 않아서 면은 옷, 침대보, 커튼 그리고 돛천 등의 거대 시장을 지배하게 되었다. 예전에 양털 셔츠 한두 벌밖에 가질 수 없었던 남자들이 이제 면으로 만든 셔츠 대여섯 벌을 가질 수 있게 되었으며, 여자들도 예전에는 드레스를 2벌밖에 가지지 못했지만 이제는 6벌까지도 가질 수 있게 되었다. 게다가 값이 싼 면직물 덕분에 인류 역사상 처음으로 속옷을 입는 습관이 일반화되었다. (비단이나 아마로 속옷을 만들어 입을 여유가 있는 사람은 극소수였으며, 양털은 너무 긁히는 느낌이 들어 속옷 소재로는 적합하지 않았다.) 〈제조업에 관한 보고서〉에서 해밀턴은 프로비던스에 있는 '저 유명한 방적공장'이 미국에서 제조업이 성장할 수 있는 훌륭한 사례라고 제시했다.[13]

* * *

계속해서 해밀턴은, 국가 경제가 빠르게 성장함에 따라서 1780년대에는 불가능했던 제조업 촉진이 가능해졌고, 그렇게 할 시기가 무르익었다고 보고서에서 지적했다.

"여러 가지 점으로 볼 때 전체 산업이 다시 활기를 띠고 있는 것 같다. 최근 우리에게 봄날이 찾아온 것은 확실하다. 그리고 연방의 여러 지역에서 자본이 형성되고 있다. 이런 것들은 지금까지 거의 없었던 일이다."

여기에서 해밀턴은 사실을 이야기할 뿐만 아니라 자기가 했던 사업들, 즉 국가부채를 액면가 그대로 상환하는 일이나 연방정부가 주정부의 부채를 떠안은 일 그리고 미합중국은행을 설립한 일 등이 거둔 성공을 티 나지 않게 드러내며 자화자찬했다.

"독립전쟁 이후로 각 주들에서는 특히 제조업이 가장 뚜렷하게 성장했는데, 그 덕분에 이 주들은 전쟁의 상처에서 빠르게 회복하고 있으며, 특히 금전적인 자원을 풍부하게 확보했다."

그러나 시장의 힘만으로는 제조업을 전국적인 차원에서 증진시킨다는 목적을 달성할 수 없다며 해밀턴은 '정부의 촉진책과 후원이 필요하다고 썼다.[14]

하지만 어떻게? 이 질문에 대한 대답으로 해밀턴은 여러 가지 제안을 내놓았다. 통상적인 유럽 방식, 즉 국내 제조업을 보호하기 위해서 값싼 수입품에 높은 관세를 물리는 방식을 미국이 활용해야 한다고 했다. 미국의 재정은 영국에서 들어오는 수입품에 값싼 관세를 물리고 여기에서 발생하는 재원에 가장 크게 의존했다. 그런데 높은 보호관세율은 제조업에는 도움이 되겠지만 소비자물가를 높여서 연방정부의 수입이 줄어들 수도 있었다.

정부 수입의 약 90퍼센트는 수입관세에서 발생했고, 전체 수입품 가운데 4분의 3은 영국 수입품이었다. 그래서 해밀턴은 적지 않은 산업에서 국내 제조업에 도움을 주지만 모든 수입을 완전히 막아버릴 정도로는 높지 않은 수준으로 관세를 인상할 것을 제안했고, 이 제안을 하원은 37 대 20으로 의결했다. 수입관세를 올린 품목은 14개밖에 되지 않았고, 여기에는 못(파운드당 1센트에서 2센트로), 돛천(도매가격의 5퍼센트에서 10퍼센트로), 화기와 무기류(5퍼센트에서 15퍼센트로), 인쇄된 책(5퍼센트에서 10퍼센트로) 그리고 쇠(7.5퍼센트에서 10퍼센트로) 등이 포함되었다.[15]

해밀턴은 경쟁력이 있는 여러 품목에 대해서는 기존의 관세율을 그대로 유지하자고 했으며, 미국 국내 제조업자들이 사용한 원재료에 대해서는 오히려 관세를 내릴 것을 요구했다. 예컨대 화약 원료인 황의 관세

율은 5퍼센트에서 0퍼센트로 내렸으며, 구리, 비단 그리고 과학책이 그 대열에 합류했다.[16]

하지만 그가 한 제안 가운데 가장 논란이 되었던 것은 이른바 '보조금'과 관련된 것이었다. 보조금은 양모, 유리창, 면직 옷 등과 같은 물품 생산자에게 정부가 직접 지급하는 지원금이었다. 그는 여러 산업 선진국에서 이런 보조금을 지급하는 일반적인 관행들을 소개한 뒤에, 이런 정책이 유발하는 특수한 이점을 자세하게 나열했다. 이 방법은 다른 어떤 방법보다 '능동적이고 직접적'이라고 했으며, 훨씬 빠른 결과를 내놓을 것이라고 했다. 또한 수입관세율 인상과 같은 조치가 낳을 수 있는 '일시적인 가격 상승과 같은 불편함'도 초래하지 않을 것이라고 했다. 그리고 또 이 보조금 지급은 보호관세와 다르게 품귀 현상도 초래하지 않을 것이라고 했다.[17]

하지만 의회는, 정부의 보조금이 다른 여러 나라에서 산업을 촉진하는 데 유용함이 입증되었음에도 불구하고, 선을 긋고 나섰다. 이 보조금은 제조업자들에 한해서만 지급될 것이므로 공정하지 못할 수도 있다는 게 근거였다. 그리고 이런 제도는 해밀턴이 장관직을 떠난 뒤 필연적으로 부패의 온상이 될 것이라고도 했다. 해밀턴은 여전히 정부 보조금 지급에 열의를 보였지만, 미국 전체의 정치 지형에서 그 방법은 (이것이 가져다줄 경제적인 이점이 무엇이든 간에) 순탄하지 않았다. 제퍼슨과 매디슨 그리고 이들의 협자들은 〈제조업에 관한 보고서〉가 담고 있는 거의 모든 것에 반대를 했는데, 특히 보조금 지급 부분은 이들에게 좋은 공격 거리가 되었다.

'유용한 제조업 설립을 위한 조합(Society for the Establishment of Useful Manufactures)'을 지원하기 위한 해밀턴의 노력도 마찬가지였다. 이 기관은 세금을 거의 면제받은 민관합동 유한회사로, 뉴저지 북쪽에 있는 퍼새 익 강의 15미터 높이 폭포 주변 지역을 산업 구역으로 개발할 목적으로 1791년에 설립되었다. 보고서에서 해밀턴은 '미래에 성공할 가능성이 높다고 자신할 수 있는' 17개 공산품 목록을 제시했다. 이 목록에는 종이, 도자기, 카펫, 전선 등이 포함되었다. 그러나 위의 조합은 처음엔 실패했다. 사업에 필요한 투자금, 기능공 공급, 경영의 전문성 등이 아직은 미국에 존재하지 않았기 때문이다. 하지만 이것의 기본적인 발상은 궁극적으로 성공했다. 1820년이 되면 패터슨이라는 도시는 퍼새익 강의 폭포를 동력원으로 한 방적공장 덕분에 미국에서 가장 선도적인 산업중심지로 자리를 잡게 된다.[18]

* * *

의회는 관세율 조정을 제외하고는 해밀턴의 〈제조업에 관한 보고서〉가 제안하는 거의 모든 제안을 무시하고 거부했다. 이 보고서의 분석이 정확하지 않아서가 아니라 다른 이유가 있었다. 그 이유는 세 가지였다. 첫째, 1790년과 1791년에 상원과 하원은 해밀턴이 제안한 일련의 정책(부채를 액면가로 상환하는 것, 주정부의 부채를 연방정부가 떠안는 것, 미합중국은행이라는 국가은행을 설립하는 것)을 놓고 예외적일 정도로 길게 논의를 했었다. 미국의 정치 제도로서는 거기까지가 한계였는데, 해밀턴의 세 번째 보고서가 이 한계를 초과한 것이다. 적어도 즉각적이고 실천적인 차원에서는 그랬다. 그런데 해밀턴의 적들은 해밀턴이 제안한 모든 것에 무조건 반사적으로 부정적인 반응을 보이고 나섰다. 매디슨과 제퍼슨은 해밀턴의 그 보고서를 깎아내렸다. 그리고 해밀턴이 한 여러 제안 가운데 몇몇은 비록 충분히 가능성이 있었음에도 불구하고 시대를 너무 앞서간 측면이 있었다. 앞서 언급한 '유용한 제조업 설립을 위한 조합'의 경우와 마찬가지로, 해밀턴의 전체 계획 가운데 특정한 부분을 수행하는 데 필요한 자원이 아직 미국에서는 마련되어 있지 않았다.

한편, 미국이 세계에서 차지하는 위상 및 미국 경제의 미래에 대한 철학적 성찰로서의 〈제조업에 관한 보고서〉는 해밀턴의 저작물 가운데서 가장 생각이 깊고 선견지명이 있는 문건이었다. 150년 뒤에 경제학자 조셉 슘페터(Joseph Schumpeter)가 썼듯이, 그 보고서는 '아무리 과소평가한다 하더라도 응용경제학이었다.' 즉, 한 국가의 전면적인 개발계획이었다는 말이다. 슘페터는 계속해서 다음과 같이 썼다.

"해밀턴은 유례를 찾아보기 어려운 경제정책 전문가로서, 특정한 유형의 청중들에게 어떤 설명을 할 때는 보다 분석적인 경제 관련 자료를 확보하는 것이 한층 더 가치가 있는 일이라고 생각했다."**19**

기업가정신에 대한 연구로 강단의 개척자가 되는 슘페터와 마찬가지로 해밀턴은 기업가정신을 가진 엘리트의 혁신적인 역할을 매우 중요하게 여겼다. 이에 비해서 제퍼슨을 비롯한 그의 추종자들은 자작농 및 도시의 기계공을 의심의 눈초리로 바라보았으며, 이렇게 함으로써 중요한 정치적 지지를 대가로 받았다. 해밀턴은 경제가 실질적으로 돌파구를 찾아내려면 공공 부문에서든 민간 부문에서든 간에 자기처럼 미래의 전망을 제시하는 리더십이 필요하다고 믿었다. 그는 자기 적들이 주장한 것처럼 부자의 편을 들지 않았다. 대신 그는 재능이 넘치는 모험적인 사업가들을 매우 귀중한 자산이라고 여기며 존중했다. 새뮤얼 슬레이터와 같은 사람들의 미국 이주를 적극적으로 권장하며 그들을 프로비던스의 브라운 가문과 같은 투자자들과 연결시켜 주려고 노력한 이

유도 바로 여기에 있었다.[20]

* * *

해밀턴은 1795년 초까지 재무부장관직을 수행한 뒤에 물러났다. 그 사이에 그는 1790년부터 1793년까지 자기가 제안했던(그리고 거의 대부분 자기가 직접 쓴) 법안 내용을 현실 경제에서 실천했다. 그는 오랜 기간 침체되었던 경제가 활짝 꽃을 피우며 번성하는 것을 지켜보았다. 역사학자 리처드 실라가 지적했듯이, 해밀턴이 재무부장관이 되었던 1789년 당시에 미국은 막대한 규모의 부채를 갚을 계획을 전혀 가지고 있지 않았다. 안정적인 통화도 없었고, 건전한 신용 제도도 마련되어 있지 않았으며, 중앙은행도 없었고, 믿을 수 있는 증권시장도 없었고, 유한회사라는 것도 없었다. 그러나 1795년이 되면 이 모든 상황이 바뀐다. 해밀턴의 정책이 이런 것들을 고쳐놓은 것이다. 미국은 유럽 금융시장에서 가장 높은 신용등급을 자랑했다. 그 기간 동안 해밀턴은 개인적으로 엄청난 욕을 먹었지만, '나의 상업 체계'의 거의 대부분이 제자리를 잡는 모습을 만족스럽게 지켜보았다.[21]

해밀턴은 미합중국은행 설립의 전기를 마련하고 국가부채를 상환할 자금을 마련하는 장치를 고안한 것 외에도 민간 자본으로 설립된 대규모 기업들이 유리하게 영업을 할 수 있는 환경을 만들었다. 식민지 시대를 통틀어서 수익을 추구하는 유한회사는 미국에 겨우 8개밖에 없었다. 그러나 1790년대에 이런 기업 311개가 새로 허가를 받았는데, 이 회사들은 거의 대부분 개별적인 주들이 고속도로, 교량, 운하, 제방, 급수시설 등과 같은 공공의 목적을 달성하고자 설립한 것들이었다. 총 3,884

명의 사업가가 이런 벤처사업에 참가해서 대규모 사업을 이끌었다. 그런데 이런 사업의 대부분은 주주에게 제한적인 책임만 부과하며 주식을 매매할 수 있는 권리를 보장하고(파산과 청산을 막아주는) 제도적인 영속성을 보장하는 유한회사라는 기업 형태가 없으면 불가능했다. 개인 기업이나 동업자 기업은 일반적으로 관계된 개인 사업자가 죽으면 소멸되었지만, 유한회사는 영속적으로 유지되었다. 이런 기업들은 정부로부터 권한 남용을 규제받았을 테지만, 다른 형태의 기업 조직들에 비해서 엄청난 강점을 누렸다.[22]

해밀턴의 정책들이 거둔 성과는 여러 사건들과 결합해서, 거대한 경제적 에너지가 방출될 수 있는 무대를 마련함으로써 장기적인 기업 신뢰를 높였다는 점이다. 그가 제시한 프로그램들은 정치적인 안정과 경제 성장 역량 사이의 미국적 균형의 틀이 형성되는 데 기여했다. 그의 프로그램들 덕분에 모험적인 기업가들이 보다 커다란 전망 아래에서 새롭고 위험한 벤처 사업에 즐겁게 뛰어들 수 있었다. 또한 열정이 넘치는 개인들이, 해밀턴 본인이 외국 출신의 가난한 소년에서 미국에서 가장 영향력이 있는 인물로 성장했듯이, 사회적 계층이나 출신 국가를 떠나서 미국 사회에서 보다 높은 곳으로 계층 사다리를 올라갈 수 있었다. 물론 그 시대에 이런 계층 상승은 주로 백인 남자에게만 허용되긴 했지만, 오랜 시간이 지나고 나면 백인 여성과 유색인도 보다 나은 계층 상승의 기회를 누리게 된다.[23]

* * *

그 모든 것들이 엄청난 일이었다. 계획과 실행 모두 기념비적인 성취였다. 나중에야 확인되는 사실이긴 하지만 1790년대는 놀라운 성장의 10년이었다. 특히 1770년대와 1780년대와 비교하면 더욱 그랬다. 경제는 빠르게 확대되었고 연방정부의 역량은 점점 커졌는데, 이 두 경우 모두 통신·의사소통 네트워크의 등장에 크게 힘입었다. 우체국의 수는 75개에서 903개로 늘어났으며, 우편물 수송도로의 총연장 길이도 3,018킬로미터에서 3만 3,796킬로미터로 늘어났고, 신문의 수도 100개에서 250개로 늘어났다.[24]

물론 이 모든 변화에 대한 공을 해밀턴에게만 돌릴 수는 없다. 하지만 그는 경제학자로 그리고 경제정책 입안자로서뿐 아니라 행정가로서도 탁월했다. 1789년부터 그는 연합 시기로부터 인계받았던 재무 관련 직원들 및 예전에 개별 주들이 운영하던 관세 담당 부서의 직원들에게 새로운 규율을 부과했다. 그것은 효율성이었다. 그가 공무원 사회에 실현한 효율성은 독립전쟁 이전의 식민지 시대의 효율성과는 비교도 할 수 없을 만큼 높았다. 해밀턴과 그의 후임자들은 자금의 수령 및 분배에 관한 신뢰할 수 있는 진행 일정, 다양한 여러 경제 문제들에 확실한 자료 그리고 변화하는 조건에 대한 정확한 보고서들을 필요로 했으며 (믿을 만한 부하 직원들로 이루어진 부대와 같은 체계적인 조직이 이 보고서를 전달했다), 또한 해밀턴의 개혁 덕분에 그런 것들을 정확하게 제공받았다. 이런 것이 없었다면 연방정부가 주정부의 부채를 떠안고 이 부채를 상환할 자금을 마련하는 일이나 미합중국은행을 설립하는 일이나 전체 재정 체계를 확립하는 일은 불가능했을 것이다. 효율성을 확립한 행정가로서의 해밀턴의 성과만 하더라도 그만큼 위대한 것이다.[25]

만일 해밀턴이 덜 똑똑했거나 덜 대담했거나 혹은 목표를 추구하는 과정에서 덜 끈기가 있었다면, 아마 우리는 그의 이름을 들어보지도 못했을 것이다. 알렉산더 해밀턴이라는 인물은 프랭클린, 워싱턴, 애덤스, 제퍼슨 그리고 매디슨과 같은 쟁쟁한 건국자들과 어깨를 나란히 할 수 없었을 것이다. 그는 최고의 재능을 가지고 있었으며 끊임없는 연구와 헌신으로 이 재능을 뽐냈다. 그는 동시대의 그 누구보다도 더 많은 것을 성취할 수 있었으며, 또한 재무부의 공무원들에게서 최상의 노력을 이끌어낼 수 있었다. 과장된 허튼소리를 하지 않는 것으로 유명한 정치학자 레너드 화이트(Leonard D. White)도 해밀턴에 대해서만큼은 1948년에 다음과 같이 썼다.

"그는 당대 미국 최고의 행정 천재였으며, 시대를 통틀어 위대한 행정가로 손에 꼽을 수 있는 위인이다."[26]

해밀턴은 그보다 더 야심찰 수 없는 목표를 추구하면서 20년이 넘는 세월 동안 쉬지 않고 거의 초인간적인 노력을 다했다. 그는 많은 역할을 수행했다. 10대 때 이미 팸플릿을 만들어서 영국에 저항하는 강력한 행동을 옹호했으며, 독립전쟁 때는 포병장교로 그리고 워싱턴 장군의 부관으로 복무했고, 1787년의 헌법제정회의에서는 헌법 제정을 주동하는 인물로 활약했으며, 헌법 비준 과정에서는 성공적인 헌법 비준을 위해서 《연방주의자 논고》에 수록되는 수십 편의 에세이를 썼다. 재무부장관이 된 뒤에는 신생국 미국의 포괄적이고 대담한 경제 성장 프로그램들을 만들어낸 다음 의회를 설득해 이 프로그램들을 뒷받침할 일련의 법률을 탄생시켰다. 세인트크루이 섬을 떠나 미국에 발을 디디던 그 순간부터 그는 수많은 글을 썼다. 편지, 팸플릿, 에세이, 연설문 그리고 보고서……. 그가 쓴 글들은 한결같이 강한 설득력을 가지고 있었다. 테오도르 루즈벨트는 해밀턴이 '미국 역사상 가장 똑똑한 정치인으로 당대 최고로 고매하고 예리한 지성의 소유자'였다고 말했다.[27]

그림8 1792년의 알렉산더 해밀턴, 존 트럼블(John Trumbull)이 그린 초상화. 당시 그의 나이 35살이었고, 개인적으로는 권력의 정점까지 올라갔던 시절이다.

그림9 1793년(추정)의 알렉산더 해밀턴, 지우세페 세라치(Giuseppe Ceracchi)가 제작한 흉상. 엘리자 해밀턴 및 다른 가족들이 특별히 소중하게 여긴 작품이다.

그림10 30대 후반의 알렉산더 해밀턴. 존 트럼블이 1804년에 예전의 여러 초상화들 및 스케치를 바탕으로 해서 그린 초상화. 해밀턴의 초상으로는 가장 많이 알려진 것으로, 그의 처제 한 명이 '결코 잊을 수 없는 얼굴'이라고 했던 모습을 보여준다.

*＊＊

해밀턴의 저작물 가운데 4개는 앞으로도 영원히 고전으로 남을 것이다. 의회에 제출한 3개의 보고서들(《국가부채에 관한 보고서》, 《미합중국은행에 관한 보고서》, 《제조업에 관한 보고서》)은 그 뒤로도 여러 차례 재출판 되었다. 이 3개의 보고서를 합치면 오늘날의 일반적인 책으로 대략 220쪽이 된다. 해밀턴의 이 보고서들은, 지금도 꾸준하게 팔리고 있는 500쪽 분량의 확실한 고전 《연방주의자 논고》와 함께, 그의 사상의 힘이 얼마나 강력한지 그리고 그의 사상이 현대의 여러 쟁점들에도 얼마나 여전히 참조되고 있는지 입증해 준다.

미국 땅에 발을 디딘 지 겨우 17년밖에 되지 않던 1789년에 그에게는 국가 경제의 틀을 설계할 기회가 주어졌다. 이것은 아무리 최상의 환경이라고 하더라도 용기가 없는 사람이라면 도저히 감당할 수 없는 일이었다. 그렇게 어린 나이에 그처럼 막중한 임무를 부여받은 경우는 현대 역사에서 거의 없는 일이다. 게다가 그는 불법 이민자 출신이었다. 그리고 해밀턴은 이 과업을 수행하면서 곧, 미국에서 가장 재능이 넘치고 강력한 영향력을 행사하며 최고의 명문가 출신이던 두 사람을 상대로 해서 치명적인 싸움이 되고 말 어떤 것에 자기도 모르는 사이에 휩쓸렸다. 이 두 사람은 제임스 매디슨과 토머스 제퍼슨이었다. 매디슨은 헌법의 주요 저자였고 제퍼슨은 독립선언문의 초안을 쓴 사람이었다. 해밀턴이 이 두 저명한 건국자들과 벌였던 끊임없는 갈등 속에서 미국 최초의 정당 제도가 서서히 싹을 틔웠다.

CHAPTER 12
긴장 그리고 정당

    헌법에서는 정당에 대해서 아무런 언급도 하지 않았다. 그러나 1787년의 헌법제정회의에 참석한 대표들이나 그 뒤에 각 주에서 헌법을 비준하는 과정에 참여했던 사람들의 마음에서 이 주제가 완전히 사라졌던 건 결코 아니다. 엄청나게 많은 논의와 주장들이 정당과 관련해서 이루어졌다. 그런데 그 대표들 가운데서 토리당과 휘그당의 영국 양당 체제를 그대로 복제하고 싶은 마음을 가진 사람은 거의 없었다. 선출직이 아닌 임명직 의원 체계도 마찬가지여서, 대부분의 대표들은 군주제처럼 결국 부패로 이어질 수밖에 없는 이런 제도와 전혀 다른 대의제 공화국을 선호했다.

    한편, 많은 대표들은(그리고 전국에서 내로라하는 수백 명의 영향력 있는 정치인들은) '거대한' 공화정이 제대로 잘 작동할지 의심을 품었다. 이들은 몽테스키외를 비롯한 여러 저자들의 말을 인용하면서 작고 동질성이 있는 공화정 체계가 장기적으로 살아남을 것이라고 주장했다. 그들은 헌법이 규정하는 그런 종류의 공화정은 결국 쪼개지고 말 것이라며 두려워했다. 미국은 너무 컸으며, 또 남부 대 북부, 큰 주 대 작은 주, 노예제도에 찬성하는 주 대 반대하는 주, 농민 대 상인, 부자 대 빈자 등 대립도 다양했다. 뉴잉글랜드, 중부대서양의 몇 개 주들 그리고 농업을 중심으로 하며 노예제도에 찬성하는 남부의 여러 주들로 크게 구분해서 이들이 느슨한 연맹을 구성하는 것이 보다 나은 해법이 될 것이라고 주장하는 사람들도 있었다. 이 경우에는 물론 대부분의 정치적인 권한을 주정부가 가져야 한다고 생각했다.

실용적인 공화국의 크기는 헌법을 지지한 사람들이 풀어야 하는 가장 어려운 질문이었다. 1787년에 발표된 《연방주의자 논고》의 9번째 글에서 해밀턴은 이 문제를 직접적으로 다루면서, '선동과 당파의 유혹적인 파도'가 '이탈리아와 그리스의 작은 [도시국개] 공화국'을 재앙으로 몰아넣었다고 썼다. 그는 이 글의 제목을 "분파와 반란에 대비하는 안전장치로서의 연맹의 효용성"이라고 붙이고, 이 문제를 해결하기 위한 해법을 제시했다.[1]

이 글에 이어서 제임스 매디슨은 곧바로 같은 제목으로 '계속'된 글을 썼고(《연방주의자 논고》의 10번째 글이었다), 유려하면서도 풍성한 내용을 담은 이 글은 《연방주의자 논고》의 전체 85편 가운데서 장차 가장 많이 인용된다. 핵심적으로 말하면, 매디슨은 주정부와 연방정부 사이의 권한 배분은 믿을 만한 상하원 의원을 선택하는 것과 함께 오히려 공화정의 덩치가 작을 때보다 클 때 더 실용적으로 기능할 것이라고 주장했다.

"보다 크고 총합적인 관심사는 연방정부에서 다루고, 지역적이고 특수한 관심사는 주정부에서 다룬다."[2]

미합중국이라는 거대한 공화국 안에서 연방정부의 여러 다양한 요소들이 협소한 지역적 관심들을 일소할 것이라고 매디슨은 썼다. 다른 '정당들(parties)'(이 표현을 매디슨은 오늘날의 이른바 '이익집단들(interest groups)'이라는 의미로 사용했다)과 타협을 하지 않고서는 그 누구도 다수파가 될 수 없을 것이라고 했다. 어떤 법안이든 간에 상원과 하원 두 곳에서 모두 다수의 동의를 얻어내기는 어려울 것이므로, 모든 집단의 이익을 보호할 수 있다는 것이었다. 그러므로 오로지 전국적인 차원의 정책들만 상원과 하원에서 모두 찬성을 이끌어낼 수 있다는 말이었다.

매디슨의 이 글은 지금까지 수많은 정치학자, 역사가, 변호사, 판사가 분석을 해왔다. 그런데 이 글의 의미 해석은 어떤 특정한 논지를 이끌어내고자 하는 사람에 따라서 헌법 해석만큼이나 천차만별이었다. 하지만 대부분은 해밀턴의 9번째 글과 매디슨의 10번째 글 모두 정당 성립에 반대한다는 데는 동일했다. 예컨대 2000년에 존 폴 스티븐스 판사는 대법원 판결문에서 《연방주의자 논고》의 10번째 글을 인용하면서 다음과 같이 썼다.

"정당이라는 것은 헌법을 제정하면서 예방하고자 했던 여러 사악한 요소들 가운데서 높은 자리를 차지한다."[3]

물론 그 꿈은 이루어지지 않았다. 해밀턴과 매디슨이 그 글을 쓰고 5년이 채 지나지 않아서 미국의 정당 체계가 본격적으로 시작되었던 것이다. 이유는 여러 가지 있지만 그 가운데 세 가지가 두드러진다. 우선 해밀턴의 재정 프로그램을 놓고 벌어진 분열이었다. 외교정책과 긴밀하게 연관된 쟁점이 그 균열의 틈을 더욱 벌였다. 또, 제퍼슨주의자들은 상대 진영을 프랑스보다 영국을 선호한다고 해서 '앵글로맨(Angloman)'이라고 불렀고, 해밀턴과 그의 협력자들은 제퍼슨주의자들에게 '프랑코파

일(Francophile, 프랑스를 사랑하는 사람들)'이라는 딱지를 붙였다. 그리고 정당이 발생하게 된 세 번째 원인은 여러 신문사들의 선동적인 논조였다. 이 신문들은 수면 아래 잠겨 있던 차이점들을 바깥으로 끌어내어 대서특필함으로써 불에 기름을 끼얹는 역할을 했다.

* * *

1790년, 해밀턴이 정부의 부채 상환과 여기에 필요한 자금 조성을 위해서 제안한 법안들을 매디슨이 반대하고 나서자 해밀턴은 깜짝 놀랐다. 매디슨이 이렇게 나올 줄 해밀턴은 전혀 예상하지 못했기 때문이다. 이 충격은 해밀턴이 재무부장관으로 있으면서 받았던 그 어떤 충격보다도 컸다. 이 일은 워싱턴과 해밀턴을 한편으로 하고 매디슨과 제퍼슨을 또 다른 한편으로 하는 두 집단 사이의 분열을 암시하는 전조였다. 또한 이것은 매디슨과 제퍼슨을 중심으로 하는 공화당(Republican Party)과 워싱턴, 존 애덤스 그리고 해밀턴을 중심으로 하는 연방당(Federalist Party)이라는 양당 체제의 전조이기도 했다.

1792년, 해밀턴은 군대에서 처음 만나 친구로 지내오던 버지니아 출신 에드워드 캐링턴(Edward Carrington)에게 보낸 장문의 편지에서 매디슨의 배신에 대한 감정을 토로했다. (당시 캐링턴은 세관에서 일을 했고, 따라서 직제상으로는 해밀턴의 부하 직원이었다.) 이 편지는 해밀턴이 쓴 편지 가운데서 가장 솔직한 내용을 담고 있는데, 그가 죽고 한참 뒤에 공개되었다.

내가 재무부장관직을 수락한 것은, 나를 설득하는 말들이 내 생각과 같았고 또 개인적인 호의를 거절할 수 없었기 때문입니다. 나는 그 직책을 수행하는 일반적인 과정에서 매디슨 씨의 확고한 지지를 받을 것이라고 생각했습니다. 그런데 지금의 상황이 엄중하다는 것과 매디슨 씨가 가지고 있는 영향력이 막강하다는 것을 알고 있기에, 나는 지금 내가 [재무부장관직을 맡아달라는] 그 제안을 전혀 다른 입장을 가지고서 받아들였다는 사실을 믿을 수 없습니다.

나는 그분과 내가 비슷한 생각을 하고 있다는 사실을 언급했습니다. 거기에는 국가 정책이나 연방정부의 일반적인 여러 원칙뿐만 아니라 재정과 관련된 문제를 행정적으로 처리할 때 뒤따를 일련의 문제들에 대한 기본적인 방침도 포함되어 있었습니다. 즉, (1) 부채를 상환할 자금을 마련하는 것이 좋다는 것 (2) 최초 채권 구입자와 현재 채권 소유자를 구별하는 것이 좋지 않다는 것 (3) 연방정부가 주정부의 부채를 떠안는 것이 좋다는 것도 포함되어 있었습니다.**4**

로버트 모리스가 정부의 재정 책임자로 있던 시절인 1783년 연방의회 당시에 매디슨은 부채를 액면가로 상환하는 데 지지한다는 의견을 분명히 표명했다. 내국인이 가지고 있는 정부 채권을 연방정부가 떠안지 않을 경우에 대해서 매디슨은 분명히 다음과 같이 말했다.

"그러면 연방이 있을 이유가 어디 있겠소? 의회의 권위는 또 어떻게 되겠소? 연방을 구성하는 각 주들 사이의 관계가 어떻게 하나로 유지되겠소?"**5**

이랬던 매디슨이 단 한마디 언질도 없이 갑자기 해밀턴과 미국 정부가 직면한 가장 큰 문제이자, 또한 해결하는 데 시간이 가장 많이 걸리는 문제인 재정 관련 문제에 관해서 태도를 바꾸어 버린 것이다.

캐링턴에게 보낸 편지에서 해밀턴은 계속해서 다음과 같이 썼다.

"이것뿐만 아니라, 그분과 나 사이에서는 국가부채에서부터 새로운 정부의 출범에 이르기까지 수없이 많은 이야기가 오갔지만, 그동안 생각이 바뀌었다는 표시를 그분은 단 한 번도 하지 않았습니다. 나는 재무부장관으로 [1789년에] 임명된 뒤에 의회가 휴회하는 기간에 재정과 관련된 문제에 대해서 동의를 얻고자 그분에게 편지를 한 통 썼습니다. 그런데 그분은 내게 보낸 답장에서 자기 생각이 바뀌었다는 내색은 단 한 군데서도 하지 않았습니다."**6**

해밀턴은 연방정부가 주정부의 빚을 떠안는 문제를 놓고 매디슨이 자기에게 등을 돌린 것은 자기를 철저하게 배신한 것이라고 믿었다.

"지금의 정부를 구성하기 위해서 필라델피아에서 회의를 할 당시의 어느 날 오후에 우리는 함께 산책을 하면서 그런 조치가 필요하다는 점에 대해서는 완벽하게 의견 일치를 보았습니다."**7**

매디슨이 등을 돌린 사실에 상처를 받기도 했고 또 혼란스럽기도 했던 해밀턴은 그런 배신이 두 가지 원천에서 비롯되었을 것이라고 짐작했다. 하나는 매디슨의 지역구 주민들이 가지고 있던 의견이었고, 또 하나는 그의 친한 친구이던 국무부장관 토머스 제퍼슨이 가지고 있던 의견이었다. 그래서 해밀턴은 다음과 같이 썼다.

"제퍼슨 씨는 그 재정 계획에 반대한다는 의견을 노골적으로 밝혔습니다. 부채를 갚는 것이 필요하다는 데 의문을 제기한 사람입니다."

그런데 매디슨과 제퍼슨에 눈으로 볼 때 이들이 해밀턴의 재정 계획에 반대한 보다 강력한 이유는 그 조치들이, 그 두 사람이 그토록 싫어하던 영국에서 있었던 일련의 조치들과 너무도 비슷하다는 사실이었다. 그러나 해밀턴은 그 두 사람의 신념이 얼마나 강고한지 아직은 잘 알지 못했다.**8**

주정부의 부채를 연방정부가 떠안는 법안을 놓고 한 차례 전투가 치러지고 여러 달이 지난 뒤, 제퍼슨이 다시 또 해밀턴의 미합중국은행 설립 제안에 제동을 걸고 나섰고, 이 일로 해밀턴은 더욱 발끈했다. 이 은행 법안 문제를 놓고 제퍼슨이 워싱턴 대통령에게 보낸 편지에서 제퍼슨이 했다는 언행을 해밀턴은 캐링턴에게 보낸 편지에 썼다.

"제퍼슨 씨는 그 제안이 헌법에 위배되며 타당하지도 않다고 썼을 뿐만이 아닙니다. 그 편지를 읽으면서 나는 모욕감을 느꼈습니다. 나를 경멸하고 모욕하는 느낌이 들도록 하는 문체이자 태도였습니다."[9]

미합중국은행 설립 법안을 놓고 벌인 싸움에서도 이전의 부채 상환 및 연방정부의 주정부 부채 떠안기 관련 법안을 놓고 벌인 싸움에서와 마찬가지로 자기가 이겼다고 해밀턴은 썼다. 하지만 해밀턴의 연이은 승리에 두 버지니아인은 더욱 화가 났다.

"한쪽이 연이어 이기고 다른 쪽이 연이어 지자, 진 쪽은 더욱 화가 났고, 결국 정부를 희생해서라도 상대방을 꺾고야 말겠다는 결심을 한 것입니다."

당시 전쟁부장관이던 헨리 녹스도 마찬가지로 제퍼슨과 매디슨 진영의 공격을 받았다. 그 이유를 해밀턴은 다음과 같이 설명했다.

"전쟁부장관은 큰 틀에서 나와 동일한 생각을 했으며, 대통령의 호의와 신임을 받고 있었기 때문입니다."[10]

그리고 해밀턴은 캐링턴에게 보낸 편지에서 밑줄까지 그어가면서 다음과 같이 결론을 내렸다.

"매디슨 씨가 제퍼슨 씨에게 협력하는 것은 나와 재무부에 결정적으로 적대적인 어떤 당파를 구성한다는 것입니다. 그리고 이런 행위는 내가 보기에 좋은 정부의 원칙을 파기하고 이 나라의 단결과 평화와 행복을 위협하는 것입니다."

그리고 그는 계속해서, 본인도 미처 의식하지 못했던 어떤 선견지명을 드러냈다.

"어떤 점으로 보더라도 매디슨 씨는 대통령 의자에 앉고 싶어 안달이 난 게 분명합니다."[11]

캐링턴에게 보낸 이 장문의 편지에 담긴 표현들은 해밀턴 본인도 인정했듯이 '격렬한' 표현이었다. 솔직하고 무분별하기까지 한 이런 표현들을 담은 편지는 오랜 친구 캐링턴에게 인편을 통해 개인적으로 전달되었다. 그러나 캐링턴은 정치적 영향력을 거의 가지고 있지 않은 인물이었다.

1792년 5월 23일, 해밀턴이 캐링턴에게 편지를 보내기 사흘 전이었는데, 이날 토머스 제퍼슨은 워싱턴 대통령에게 통렬한 내용의 편지 1통을 썼다. 편지의 내용은 해밀턴에 대한 자기 생각 및 의회에서 자본가들이 부당한 영향력을 행사하고 있다는 믿음에 관한 것이었다. 제퍼슨은 이 편지에서 '부패한 채권 거래 부대'라는 표현을 여러 차례 썼는데, 이들은 바로 해밀턴의 부채 상환 관련 법안 및 미합중국은행 법안에 의해서 타락해 버린 사람들이자 공화제 정부의 존립을 위협하는 사람들이라고 제퍼슨은 설명했다.

"만일 이런 상황을 방치한다면 미국의 재정 체계는, 장차 이 땅에 국왕과 영주 그리고 평민이 나타나도록 하는 도구로 전락하고 말 것입니다."

말을 가려서 하는 사람이 아니었던 제퍼슨은 계속해서 대통령에게 미국의 비극적인 운명을 막아야 한다고 했다.

"우리 정부는 지구상에서 가장 부패한 정부가 되고 말 것입니다. 저들의 부패 수단을 제거하지 않고 방치한다면 말입니다."[12]

제퍼슨은 또 계속에서 이렇게 말했다.

"북부의 견해와 남부의 견해가 갈등을 일으킬 때마다 북부 사람들은 만족했고 남부 사람들은 희생되었습니다."

노예제도와 관련해서는 확실히 맞는 말이었다. 국가부채 문제는 여전히 논쟁거리로 남아 있었다. 생애의 대부분 기간 동안 온갖 다양한 미국인 및 영국인 채권자들에게 큰 빚을 지고 살았던 제퍼슨은, 편지에도 썼듯이 '빚을 진 사람은 남부 사람들이고 빚을 준 사람은 북부 사람들'이라고 의심할 여지없이 믿었다. 하지만 그는 그 질문의 틀을 잘못 잡았는데, 이런 사실은 재정 및 금융에 대한 인식이 변변찮았음을 보여준다. 국가부채의 짐을 진 사람은 미국인 전체였지 특정한 어떤 지역에 사는 사람들이 아니었다. 또 최근에 이루어진 연구조사를 통해서 확인된 사실이지만, 채권자들 가운데는 버지니아와 사우스캐롤라이나를 포함해서 남부의 여러 주에 거주하던 부유한 투자자들도 포함되어 있었는데, 이들은 어마어마한 규모의 연방 채권을 구입했었다.[13]

워싱턴은 자기 생각을 덧붙여 제퍼슨의 편지를 필사한 다음 서명을 해서 해밀턴에게 보냈다. 이 과정에서 '부패한 채권 거래 부대' 따위의 거친 표현들은 지우고 또, 이 편지를 쓴 사람이 누구인지 추정할 수 있는 내용도 모두 지웠다. 이 편지를 받아본 해밀턴은 평소 습관대로 길고 통렬한 답장을 썼다. 그는 자기가 계획하는 재정 체계를 옹호하며 제퍼슨이 '군주제적인' 목적이라고 일컬었던 주장을 격렬하게 반박했다.[14]

이 시점에서 해밀턴과 제퍼슨이 동의했던 견해는 워싱턴이 반드시 재임 대통령이 되어야 한다는 것뿐이었다. 그 정도로 두 사람은 완전히 틀어져 있었다. 한편 워싱턴 대통령은 자기가 가장 아끼던 두 장관이 원수가 되어 싸우자 마음이 아팠다. 그래서 1792년 8월 말에는 두 사람 모두에게 제발 좀 의견을 조정해서 화해하라고 권유하는 편지를 보내기도 했다. 하지만 소용이 없었다. 1792년 9월 9일, 해밀턴과 제퍼슨 모두 워싱턴에게 답장을 보냈는데, 두 사람 모두 상대방을 격렬한 어조로 비난한 것이다.

해밀턴: "저는 제퍼슨 씨가 현재의 공직 임명을 받고 뉴욕시티에 발을 들여놓았던 처음 그 순간부터 일관되게 저를 반대해 왔다는 사실을 잘 알고 있습니다. 또한, 그동안 제가 저 사람들의 진영에서 수군거리는 가장 고약한 험담의 대상이었다는 사실도 믿을 만한 여러 정보통을 통해서 들어서 알고 있습니다. 입법기관에서 그의 후원을 받는 당파가 저를 거꾸러뜨리려고 하는 일들을 오랫동안 봐왔습니다."

제퍼슨: "나는 처음 정부에 합류할 때 입법기관의 일에 중뿔나게 간섭을 하고 나설 생각은 없었습니다. 다른 부처의 일에도 될 수 있으면 그렇게 하지 않으려고 생각했습니다. 그런데 이런 제 결심이 처음이자 유일하게 바뀌었습니다. 재무부장관에게 속아서, 당시로서는 내가 전모를 충분히 알지 못하고 있던 그의 계획을 추진하는 데 일조를 하고 말았던 겁니다[1790년에 수도를 워싱턴디시로 옮기는 대가로 주정부의 빚을 연방정부가 떠안는 타협을 했던 것을 말한다]. 이것은 내가 그동안 정치를 하면서 했던 여러 실책들 가운데서 가장 후회가 되는 일입니다. (…) 만약 재무부장관의 여러 계획을 무산시키려는 의원들 사이에 내가 어떤 영향력을 행사했다는 말이 있다면, 그건 진실과 전혀 다른 사실입니다."

해밀턴: "현재 진행되고 있는 책동이 제가 보기에 정부에 아무런 위험이 되지 않는 한, 저는 저에게 가해진 위해의 고통을 침묵 속에서 안고 갈 생각이었습니다. (…) 그러나 그 책동이 정부를 위험하게 만든다는 사실이 더는 의심의 여지없이 확실해졌을 때 (…) 저를 향한 그 욕설들

에 저항하는 것이 나의 의무라고 생각했습니다. 그리고 그렇게 하기 위한 기본적인 수단은 중요한 배우들의 가면을 벗기는 일이라고 생각했습니다."

제퍼슨: "내가 이 자리[국무부장관직]를 맡아서 왔을 때 될 수 있으면 우아하게 이 자리에서 물러나겠다고 결심했습니다. (…) 나는 나의 퇴임이, 자기에게 빵을 주었을 뿐만 아니라 자기의 머리에 명예를 높이 쌓아주었던 나라의 자유에 반하는 책동을 줄기차게 해왔던 사람이 해대는 중상비방으로 얼룩지는 고통은 당하지 않을 것입니다. 적어도 역사가 그의 정체를 간파한 순간부터는 말입니다."[15]

이처럼 이민자라는 해밀턴의 배경을 언급하는 것은, 제퍼슨의 협력자들에게는 드문 일이 아니었지만 제퍼슨에게는 드문 일이었다.

여기에서, 제퍼슨과 매디슨이 버지니아의 명문가 출신이었던 데 반해 해밀턴은 동반자가 없는 15살의 가난한 불법 이민자로 미국 땅에 발을 들여놓았다는 사실을 환기할 필요가 있다. 이 소년이 알던 사람은 아무도 없었다. 소년에게는 그저 고향 사람들이 써준 여러 장의 추천서들이 빈약하게 보장해 주던 인맥들뿐이었다. 다른 어떤 것보다 명예를 소중한 덕목으로 치던 시대에 그는 오로지 혼자 힘으로 세상을 헤쳐 나가야만 했다. 그리고 독립전쟁에서 아무리 영웅적인 활약을 했다 하더라도, 아무리 명문가인 스카일러 가문의 딸과 결혼해서 계층의 사다리를 높이 올라갔다 하더라도, 그리고 또 아무리 국가의 높은 공직에 올라갔다 하더라도, 그는 늘 사람들로부터 의심의 눈초리를 받는 자기 과거와 싸워야만 했다.

특별하게 어렵고 곤궁했던 시절이 그에게 끼친 심리적인 영향은 분명하게 존재했고, 또 그것은 그가 쓴 편지에도 드러났다. 제퍼슨이 워싱턴에게 편지를 보낸 지 3달이 지난 뒤인 1792년 12월, 해밀턴은 친구 존 제이에게 편지를 썼다.

"공직의 부담은 어떤 사람이든 온통 모든 것을 바쳐서 몰두해야 할 정도로 큰 부담이긴 하지만, 내가 마음을 빼앗기는 것은 이 공직의 부담만은 아닙니다. 내가 부담해야 할 짐을 더 무겁고 복잡하게 만드는 것은, 입법 과정에 내가 추가로 쏟아야만 하는 관심만이 아닙니다. 내 머리를 어지럽고 혼란스럽게 만드는 것은 어둠 속에서 갑자기 나를 향해 찔러대는 비수처럼 악의적인 음모입니다. 이런 음모로부터 스스로를 방어하지 못하는 경우가 너무도 많습니다. 이런 음모 때문에 내가 처한 상황은 거의 참을 수 없을 지경이 되었으며, 도대체 누구를 친구라고 믿을 것이며 또 어떤 정치적 성향이 나에게 힘을 줄 수 있을지 도무지 분간할 수 없게 되었습니다."[16]

해밀턴이 이 편지를 쓰고 1달이 지났을 무렵에 제퍼슨이 했던 가장 격렬한 행동이 나왔다. 1793년 1월에 제퍼슨은 해밀턴을 비난하는 10개 항목의 결의문을 익명으로 작성한 다음에, 하원의원들에게 이 문건을 회람시킬 목적으로 동향인이자 연방의회 의원이던 윌리엄 브랜치 자일스(William Branch Giles)에게 은밀하게 전달했다. (이 문건을 쓴 사람이 제퍼슨이라는 사실은 한 세기 뒤인 1895년에야 비로소 밝혀진다.) 이 문건의 10번째 결의 내용은 다음과 같았다.

"재무부장관은 직무 태만의 죄를 저질렀으므로, 의회의 의견과 대통령의 명령에 따라서 면직되어야 마땅하다."[17]

자일스는 비록 성미가 급한 사람이긴 해도 이 10번째 결의 내용을 삭제하고 나머지 결의 내용도 부드럽게 순화시켜서 하원에 제출했는데, 9

개의 결의안 모두 압도적인 표 차이로 기각되었다.

이런 맥락 속에서, 정당 체계를 피하고자 했던 바람은 소멸되었다. 국가의 미래에 대한 견해 차이가 워낙 컸으므로, 그건 어쩌면 필연적인 결과였을지도 모른다. 영국과 프랑스 사이의 임박한 전쟁 때문에 언론이 공화당과 연방당이라는 선동적인 표현으로 양 진영의 차이를 연일 뜨겁게 부각시키는 가운데, 정당 체제는 미국 정치에 점점 더 강고하게 뿌리를 내렸다.

* * *

1793년, 마침내 영국과 프랑스 사이에 전쟁이 발발했다. 1815년에 나폴레옹이 워털루전투에서 패배할 때까지 장차 22년 동안이나 이어질 전쟁이었다. 이 기간의 상당 부분 동안에 프랑스와 영국은 미국 물품을 많이 수입했다. 특히 영국이 그랬다. 화물 대부분은 수천 척의 미국 상선이 운송했다. 이들 선박은 중립국 소속의 화물선이라서 원칙적으로는 양측의 어느 쪽으로부터도 공격을 받지 않았다. 그러나 영국군 혹은 프랑스군이 미국 상선을 공격해서 약탈하는 일이 주기적으로 일어났다. 프랑스에 비해서 상대적으로 해군력이 우월하던 영국은 미국 항구를 출발한 상선이 프랑스나 프랑스의 동맹국 항구에 들어가는 걸 막는 데 많은 노력을 기울였다.

1792년에 해밀턴은 프랑스와 영국 사이에 전운이 점점 짙어지는 모습을 바라보면서 미국에 어떤 치명적인 위험이 제기될 것임을 예견했다. 매디슨과 제퍼슨은 프랑스와 친했던 터라, 자기들이 평소 경멸해 마지않던 영국에 무역 제재를 가해야 한다고 주장했다. 영국 혐오 정서는 미국 전역으로 확산되었고, 또 1776년 이후로 적어도 두 세대 동안 미국 외교정책의 기본 골격을 형성하는 요소로 존재했다. 여기에 대해서 해밀턴은 캐링턴에게 보낸 편지에서 다음과 같이 썼다.

"이런 성향은 특히 제퍼슨 씨에게서 강하게 나타나는데, 나로서는 최근까지도 도무지 이해할 수 없는 발상입니다. 여러 가지 환경으로 볼 때 이 신사분들이 계속 이렇게 자기들만의 길을 좇을 경우, 6달도 채 지나지 않아서 미국과 영국 사이에 전쟁이 벌어질 것입니다."[18]

만일 이런 전쟁이 일어나기라도 하면 미국의 재정은 완전히 파산할 것이라고 했다. 재무부는 거의 전적으로 관세수입에 의존하는데, 미국으로서는 영국이 가장 큰 수입국이기 때문이라고 했다. 미국 정부 예산의 대부분은 영국에서 들어온 수입품에 매긴 관세에서 발생했다. 이런 상황에서 해밀턴은 다시 한 번 더 펜을 들고 '파스피쿠스'와 '아메리카누스'라는 익명으로 10개의 신문 기사를 써서, 영국과 싸우는 프랑스를 돕는 데 반대한다는 주장을 폈다. 프랑스를 도울 경우, 영국보다 미국이 훨씬 더 큰 피해를 입을 것이라고 했다.

"현재 우리 예산 수입의 10분의 9는 상업관세에서 나온다. (…) 여기에 대한 다른 대안은, 시민들에게 무거운 세금 부담을 지우는 것 말고는 없다."[19]

재무부장관으로서 해밀턴은 이 문제를 놓고 날마다 씨름했지만 매디슨과 제퍼슨은 그렇게 하지 않았다. 그러나 영국이 미국 상선을 계속해서 공격하고 약탈하는 행위에 대해서 어떤 조치를 내려야 한다는 점에 그 누구도 의문을 제기하지 않았다.

워싱턴 대통령은 전쟁 발발의 가능성에 직면해서 1794년 존 제이를 특사 신분으로 영국에 보냈다. 제이에게 맡겨진 임무는 독립전쟁 이후

10년 넘게 방치되어 있던 무역 관련 여러 쟁점들을 놓고 협상을 하는 일이었다. 제이가 이끌어낸 협상안은(이 안의 일부분은 해밀턴이 만들었다) 1795년에 의회에 제출되었고, 의회는 이것을 두고 곧바로 논쟁을 시작했다. 그리고 이 논쟁은 1790년대의 가장 큰 정치 논쟁이 되었다. 미국은 지역에 따라서 그리고 또 이제 막 싹을 틔우는 정당 체제의 전선에 따라서 둘로 갈라졌다. 제이의 협상안을 놓고, 주로 사업가이며 거의 모두 연방주의자들이던 북부의 의원들은 대체로 찬성했고 농업에 종사하는 사람이 많았으며 거의 대부분이 제퍼슨주의자들이었던 남부의 의원들은 영국에게만 일방적으로 유리한 내용이라면서 격렬하게 반대했다.

워싱턴과 자주 말다툼을 했으며 해밀턴과 여러 차례 싸워서 번번이 패했던 제퍼슨은 제이 조약(Jay Treat) 상황 이전인 1793년 겨울에 국무부 장관직에서 물러났다. 그는 그 뒤에 몬티첼로로 돌아갔고, 거기에서 전국적인 정당을 만드는 일을 시작했다. 빈틈이라고는 찾아볼 수 없는 정치인이었던 제퍼슨은 몬티첼로에서 수백 통의 편지를 썼으며 또 그곳을 찾는 방문자들을 환대했다. 제이 조약을 둘러싸고 벌어지던 갈등을 계기로 제퍼슨은 다시 정력적인 활동을 개시했다.

* * *

해밀턴은 자기가 세웠던 재정 계획이 착착 진행되어 완성되는 것을 본 다음에 5년 반 동안 지켰던 재무부장관직에서 물러났다. 이때가 1795년 1월 말이었다. 해밀턴의 사직서에 대한 답장으로 워싱턴은 매우 따뜻한 감사와 찬사의 편지를 썼다.

당신이 오랜 기간 공직 생활을 하는 것을 지켜보았는데, 언제까지고 당신을 그 자리에 붙잡아 두고자 했지만 당신은 기어이 떠나려고 하는군요. 당신이 공직을 떠나려 하는 이 순간에 나는 당신이 해왔던 일들을 돌이켜봅니다.

오랜 세월 알고 지내왔지만 나는 늘 당신의 재능과 헌신과 성실성을 신뢰해 왔음을 새삼스럽게 깨닫습니다. 내가 이런 말을 보다 자유롭게 할 수 있는 것은, 결코 틀릴 수 없으며 또한 세상이 당신에게 보여주는 존경심의 훌륭한 증거가 되는 수많은 정보들을 내가 누구보다도 많이 가지고 있기 때문입니다.

퇴임 후에도 언제나 행복하기를 진심을 다해서 기원합니다. 아울러 나의 진실한 존경심과 우정을 의심하지 말기를 바랍니다.

당신의 애정 어린 사령관, 워싱턴.[20]

당시에 제이 조약은 영국과 미국 사이에 협상이 완료되긴 했지만, 아직 비준을 받기 위해서 상원에 제출되거나 이 조약을 수행하기 위한 예산 승인을 위해서 하원에 제출되지 않은 상태였다. 당시에 상원은 연방주의자들이 장악했고, 하원에서는 공화주의자들이 다수파였다. 공화주의자들은 제이 조약에 대해서 통합적이고 효과적인 공격을 수행해 왔던 터라 자기들이 이길 것이라고 기대했다. 제퍼슨은 몬티첼로에서 매디슨에게 편지를 써서, 그 조약은 '연방주의자들이 헌법을 훼손하려고 시도했던 여러 행동들 가운데서 가장 무모한 행동'이라고 말했다.[21]

한편 비슷한 시기에 해밀턴은, 공화주의자들은 외교정책과 재정 사이의, 다시 말하면 국가의 안전과 군자금 사이의 떼려야 뗄 수 없는 상관성을 제대로 파악도 하지 못하는 것 같다는 내용으로 개인적인 메모를 쓰고 있었다.

"이성과 경험으로 볼 때, 모든 국가에서 발생하는 엄청난 예산 지출은 전쟁에서 비롯된다. 몽상가들 혹은 사기꾼들은 이 나라에 영원한 평화를 보장하겠다는 허울만 번드르르한 약속을 함으로써, 이런 명백한 사실을 토대로 한 주장을 약화시키려는 습관을 가지고 있는데, 이들의 헛된 생각이 잘못된 것임을 우리는 이미 경험을 통해서 잘 알고 있다. 우리는 최근 유럽의 최강대국을 상대로 하마터면 전쟁을 치를 뻔하다가 가까스로 위기를 모면하지 않았는가?"**22**

영국과 전쟁을 치를 경우 미국은 치명적인 위험에 노출될 수 있을 뿐만 아니라, 영국 수입품에 대한 수입관세라는 우리 정부의 가장 중요한 세수 원천도 봉쇄될 수 있었다.

그 조약을 무산시키려는 공화당원들의 필사적인 노력에 대응해서 해밀턴은 다시 한 번 더 펜을 휘둘러 일련의 글들을 신문에 게재했다. 민간인 신분으로 글을 썼지만 이번에도 그는 역작을 써냈다. 1795년 여름 한철 동안에 그는 그 조약을 지지하는 글 28편을 '카밀러스'라는 이름으로 신문에 게재했으며, 또 '필로 카밀러스'라는 필명으로도 4편의 글을 썼다. 그는 뉴욕의 유능한 상원의원 루퍼스 킹에게도 도움을 청했고, 이 상원의원은 10편의 글을 썼다(이 글들의 마지막 편집 작업은 해밀턴이 했다).**23**

수사학적 성취로 보자면 카밀러스의 글들은 《연방주의자 논고》에 실린 글들의 수준에 접근한다. 또한 그 글들이 다루는 주제의 범위도 제이 조약의 특별한 몇몇 조항들을 지켜내기 위한 설득에서부터 세계정세 소개까지 광범위하다. 이 글이 얼마나 효과적이었는지는 제퍼슨이 매디슨에게 보낸 편지에서 드러나는 그의 반응을 보면 알 수 있다.

"해밀턴은 공화당에 반대하는 정당에는 거인이나 마찬가지입니다. 그

쪽 사람들은 이미 행진을 하며 나서긴 했지만, 아마도 거기에서 끝장이 날 겁니다. 그러나 공화당 쪽에서 너무 안전을 생각하며 몸을 사리다가는 해밀턴의 재능과 불굴의 투지가 그 사람들을 탈출시킬 시간을 벌어주는 꼴이 되고 말 것입니다. 그를 저지하기 위한 역량이라고 우리에게 있는 것은 변변치 않습니다. 아닌 게 아니라 그가 전면에 나서면 그를 대적할 사람은 당신을 제외하고는 아무도 없습니다. (…) 제발, 펜을 들어주기 바랍니다."**24**

펜을 들어 신문에 글을 쓰는 일을 제퍼슨 본인이 직접 할 수도 있었다. 그러나 늘 조심스러웠던 그는 신문 지면을 통한 공개적인 갑론을박에는 언제나 몸을 사렸다. 매디슨 역시 제퍼슨의 재촉을 받긴 했지만 펜을 들지 않았고, 제이 조약은 그대로 진행되었으며, 마침내 1795년 6월 워싱턴의 강력한 지지 아래 상원은 이 조약을 비준했다. 그런데 찬성률은 최소 요건인 3분의 2에 턱걸이를 한 20 대 10이었고, 그 바람에 이 조약에 반대하는 전국적인 열기가 거세게 타올랐다. 펜실베이니아에서는 어떤 상원의원의 집이 공격을 받았고, 켄터키에서는 비준에 찬성한 한 상원의원의 허수아비를 만들어서 화형에 처했으며, 비준에 찬성한 다른 의원들도 여러 인쇄물을 통해서 무차별 공격을 받았다. 이런 조약 반대의 분위기는 금방 수그러들 것 같지 않았다.**25**

조약을 이행하기 위한 예산 지출을 논의하는 하원에서 이런 의견 대립은 지역적인 갈등으로 뚜렷하게 드러났다. 그다지 많은 예산이 걸리지 않았지만, 단 1표라도 반대표가 더 나오면 조약이 폐기될 수도 있었다. 1차 투표에서 북부 의원들은 35 대 5로 찬성표를 던졌지만, 남부 의원들은 41 대 3으로 반대표를 던졌다. 상원에서 비준을 한 지 10달이 지난 뒤인 1796년 4월에야 비로소 하원은 51 대 48로 아슬아슬하게 조약

이행에 필요한 예산 집행을 가결했다.²⁶

이런 흐름 속에서 매디슨과 제퍼슨은 일관되게 반대 입장을 견지했다. 매디슨은 워싱턴 대통령이 그 조약의 협상 지침을 내리는 공식적인 문서를 작성해야 한다고 주장했고, 매디슨의 이 잘못된 조언 때문에 매디슨과 워싱턴 사이가 틀어졌다. 1793년에 제퍼슨이 워싱턴과 언쟁을 벌이고 또 해밀턴을 독설로 비난함으로써 제퍼슨과 워싱턴 사이가 틀어졌던 것과 비슷한 양상이었다. 이런 일들이 일어나기 이전만 하더라도 워싱턴과 이 두 사람 사이는 무척 긴밀했다. 그러나 워싱턴이 가지고 있던 위대한 힘 가운데 하나는 한번 판단을 내리면 그 판단을 절대적으로 밀고나간다는 점이었다. 무장 충돌의 가능성이 보일 때 언제 어디에 선을 그어야 할지 그는 누구보다도 잘 알았다. 그래서 그는 개인적인 차원에서 제이 조약 논란에 적극적으로 개입해서 이 조약을 살려냈다. 자칫 영국과 전쟁이 벌어질 수도 있는 사태를 막은 것이었다. 사실 미국으로서는 그 전쟁에 대한 대비가 전혀 되어 있지 않았다.²⁷

바로 이런 중차대한 목적 아래에서 그 조약은 무사히 통과되었다. 이제 미국 상선은 영국의 카리브 해 식민지들에 보다 자유롭게 접근할 수 있었으며 또한 (오늘날의 중서부 지역, 즉 오하이오 강 이북의 오대호에 걸친 지역인) 북서부 영토에 있는 영국의 여러 요새에 피항할 수 있게 되었다. 그러나 그 조약도 미국인이 가지고 있던 수없이 많은 다른 불평을 모두 해결하지는 못했다. 인디언 여러 부족을 쑤석거려서 미국이 서쪽으로 확장하지 못하도록 하는 영국의 방해 책동 문제가 그랬고, 특히 영국이 미국인 선원을 강제로 영국 해군에 입대시키는 행위가 그랬다. 영국 역시 불만은 남아 있었다. 미국의 주정부들이 전쟁 이전의 부채를 영국 채권자에게 갚지 않아도 된다고 판결한 것이나, 독립전쟁 때 미국을 떠났다가 다시 되돌아오는 (영국을 지지했던) 왕당파들의 재산을 몰수한 것이나, 영국령 캐나다와 미국의 북서부 영토 사이의 경계선이 획정되지 않은 것 등이 영국의 불만 사항이었다. 양측이 불만스럽게 생각하던 이런 쟁점들은 제이 조약이 설정한 기간인 10년 이상 해결되지 않은 채 그대로 남았다. 이런 쟁점들 대부분은 나중에 영국과 미국 사이의 1812년 전쟁을 통해서 해결된다.[28]

이 조약의 몇몇 조항이 불리했음에도 불구하고 미국 정부로서는 영국에서 들어오는 수입물품에 매겨지는 관세라는 주된 수입원을 끊어버릴 여유가 없었다. 그래서 그 조약이 전체적으로 영국에 유리했음에도 불구하고, 미국으로서는 그 조약으로 전쟁을 피할 수 있게 되었을 뿐만 아니라 미국의 무역에 가해지던 압박을 누그러뜨릴 수 있었다. 아울러 미국은 경제를 발전시킬 귀중한 시간을 벌었다. 워싱턴과 해밀턴은 다시 한 번 승리를 거두었고, 공화당원들은 깊은 실망과 좌절에 빠졌다.

이 기간을 다룬 최근의 연구 저작물들 가운데 많은 것들이 해밀턴의 접근을, 17세기와 18세기 유럽 국가들 사이에 나타났던 국가 유형이던 '재정-군사국가'(fiscal-military state)를 열망하는 것으로 규정해 왔다. 재정-군사국가는 높은 세금과 대규모 상비군 그리고 몇몇 국가들에서 나타났던 공격적인 팽창주의 등을 특징으로 하는 국가 유형 개념이다. 해밀턴이 군사적인 기질을 가지고 있었으며 미국을 외국의 위협으로부터 보호해야 한다는 생각에 사로잡혀 있었다는 점에서 보자면 딱히 잘못된 묘사라고 할 수는 없다. 그러나 미국의 실질적인 과세 수준과 인구 대비 군사력이라는 점에서 보자면 미국을 재정-군사국가로 규정하는 것은 옳지 않다. 해밀턴은 짧지 않은 기간 동안의 군대와 재무부 경험으로, 미국인들이 영국이나 유럽 수준의 과세나 육군과 해군을 모두 포

함한 대규모 상비군 제도를 지지하지 않을 것임을 잘 알고 있었다.[29]

***

제이 조약을 두고 오랫동안 싸움이 이어지면서 미국 정치계에 양당 정치가 태동해서 형태를 갖추어 나가기 시작했다. 그 싸움으로 당파적 저널리즘이 한껏 달아올랐다. 신문은 제각기 어느 한쪽을 편들면서 다른 편을 비난했다. 그리고 이런 상호 비난의 수위는 1790년대가 펼쳐지면서 점점 더 높아졌다. 신문의 수도 1792년의 우편법 제정에 힘입어 1790년 100개에서 1800년 250개로 늘어났다. 우편법으로 신문사들 사이에서 신문 교환이 자유롭게 이루어졌으며 또 많은 신문사들은 다른 신문사의 기사를 자기 지면에 재게재했다. 이 법으로 신문을 구독자에게 부치는 데 들어가는 비용도 매우 싸졌다. 1790년대 말까지 신문의 수는 엄청나게 빠르게 또 많이 늘어났는데, 이는 공화당이 약진할 수 있는 강력한 추진력으로 작용했다. 새로운 신문의 편집인들 가운데서는 공화당 지지자들이 연방당 지지자들보다 많았기 때문이다.[30]

1790년대 10년 동안 신문은 대부분 4쪽짜리였으며 한 주에 한두 번 발행되었다. 일러스트레이션은 없었고 광고와 미국 및 유럽에서 날아온 온갖 보도가 잡탕처럼 뒤섞여 있었다. 게다가 이들 신문은 대부분 《연방주의자 논고》의 '퍼블리우스'나 제이 조약 싸움 당시의 '카밀러스'와 같은 고전적인 이름으로 필자의 이름을 익명 처리한 시론(時論) 기사를 게재했다. 그리고 또 신문사는 보통 대단한 수익을 올리지 못했으며, '신사'가 아닌 인쇄공들이 사장인 경우가 많았다. 1790년대 그리고 1800년대 초에 많은 인쇄공이 전업 편집인으로 바뀌었는데, 이 과정에서 매우 중요한 변화로 꼽을 수 있는 현상으로는 이 편집인들이 정치적으로 강력한 영향력을 행사하는 인물이 되었다는 점이다.[31]

그 가운데 특히 가장 중요한 언론인은 《가제트 미국(Gazette of the United States)》의 존 페노(John Fenno)였다. 보스턴 사람이던 페노는 1789년 4월에 이 신문을 발행하기 시작했고, 이 신문사의 재정은 매사추세츠의 투자자들이 댔다. 대부분의 다른 신문과 달리 페노의 《가제트 미국》은 해밀턴과 워싱턴의 국가주의적인 개혁을 지지했다. 페노는 이 신문을 한 주에 두 번 발행했으며, 수도가 뉴욕에서 필라델피아로 바뀔 때는 신문사도 함께 옮겼다. 이 신문은 편집인의 글뿐만 아니라 존 애덤스와 해밀턴이 자기 이름을 숨기고 쓴 많은 글들도 게재했다. 해밀턴은 상원과 재무부의 인쇄 관련 일감을 페노에게 몰아주었으며, 때로는 돈을 빌려주기도 했다.[32]

정책 논의의 열기가 뜨거워지면서 《가제트 미국》의 논조 역시 후끈 달아올랐다. 군주제적인 경향이 도처에서 횡행한다고 생각하던 제퍼슨은 《가제트 미국》의 논조를 우려했다. 이 신문이 마치 정부의 기관지 같다는 사실에 화가 난 제퍼슨은 보복에 나서기로 했다. 그는 시인이자 언론인으로 유명하던 필립 프리노(Philip Freneau)를 상당한 수준의 급여를 주고 국무부 소속 번역자로 고용했다. 프리노는 제임스 매디슨이 대학교에 다니던 시절 룸메이트이기도 했다.

프리노는 필라델피아에서 정부 부처에 소속된 공무원이 된 뒤에 곧바로 번역 작업에 돌입했다. 하지만 프리노가 아는 외국어는 프랑스어뿐이었는데, 사실 프랑스어에는 제퍼슨 본인도 능통했다. 프리노가 실질적으로 하는 일은 《내서널 가제트(National Gazette)》 발행이었다. 이 신문은 1791년에 발행을 시작해서 곧 《가제트 미국》의 실질적인 경쟁 신문으로 자리를 잡았다. 프리노의 신문은 페노의 신문과 마찬가지로 수도뿐만 아니라 전국의 여러 도시들에서도 영향력을 행사했다. 전국 각지의 친공화당 신문들이 《내셔널 가제트》의 기사를 그대로 재게재했기 때문이다.[33]

페노의 신문에 익명으로 게재한 기사에서 해밀턴은 프리노를 후원하는 제퍼슨이 그를 국무부 직원으로 임명했었다는 사실을 폭로했으며, 더 나아가 프리노가 하는 실질적인 업무는 정부의 권위를 훼손하는 것이라고 지적했다. 제퍼슨이 자기가 임명한 사람을 시켜서 자기가 속한 정부를 음해한다는 것이었다. 연방정부의 부처에서 발생하는 일감을 존 페노에게 몰아주긴 했지만 페노를 정부 직원으로 고용하지는 않았던 해밀턴은 제퍼슨과 프리노가 명백하게 위법 행위를 한다고 지적한 셈이었다. 제퍼슨과 프리노는 이 공격을 제대로 받아내지 못했다. 해밀턴의 폭로에 대한 이들의 대응은 서툴렀을 뿐만 아니라 거짓이기도 했다. 그래서 그 대가를 혹독하게 치러야 했다.[34]

국무위원과 언론인의 유착은 불명예스러운 것이었다. 비록 두 신문 모두 상대방에게 날선 비난으로 공격했지만, 대중의 지지는 프리노의 《내셔널 가제트》에 조금 더 많이 몰렸다. 제임스 매디슨은 때로 자기 이름으로 혹은 익명으로 이 신문에 기사를 실었는데, 매디슨 및 제프리를 중심으로 한 정치 집단에 '공화주의자'라는 이름을 붙인 사람은 다름 아닌 프리노였다. 《내셔널 가제트》는 해밀턴 및 그가 추진하는 사업을 지칠 줄 모르고 공격했을 뿐만 아니라, 조지 워싱턴까지도 종종 비판했다. 워싱턴이 제퍼슨에게 프리노를 국무부에서 해임하라고 했을 때 제퍼슨은 그 사람이 '우리의 헌법을 구원했다'며 워싱턴의 요구를 거부했다.[35]

《가제트 미국》과 《내셔널 가제트》가 서로에게 날린 독설은(그리고 1790

년대 후반에 발행된 다른 신문들은 훨씬 더 심했지만) 21세기 미국의 주류 언론들에서 찾아볼 수 있는 독설보다 더하면 더했지 결코 덜하지 않았다. 이들 신문의 논조는 오늘날 당파성이 강한 블로그나 라디오 토크쇼와 비슷해서, 근거도 없었고 제멋대로였으며 때로는 익명성 뒤에 숨기도 했다. 하지만 이 둘 사이의 주된 차이는 글의 품질에 있다. 기본적으로 훌륭한 문장가였던 해밀턴, 애덤스, 매디슨 그리고 그 밖의 (페노와 프리노를 포함한) 많은 기고자들은 오늘날의 언론인이나 블로거에 비해서 한층 세련된 문체를 구사했다. 하지만 그들은 때로 정말이지 철면피처럼 뻔뻔했다.[36]

페노의 《가제트 미국》은 페노가 1798년에 사망한 뒤에도 계속 발행되었으며, 신문의 이름은 《가제트 미국 그리고 필라델피아 애드버타이저(Gazette of the United States and Philadelphia Advertiser)》로 바뀌었다. 설립자 페노의 아들이던 존 워드 페노(John Ward Fenno)가 아버지의 뒤를 이어 2년 넘게 편집인으로 일했으며, 그 뒤 1800년에 아들은 이 신문을 필라델피아의 투자자들에게 팔았다. 그 뒤로 이 신문의 정치적 영향력은 연방당의 힘이 줄어드는 것과 나란히 서서히 줄어들었다. 그러나 1790년대에 이 신문은 강력한 기관이었다. 특히 1791년에서 1793년에 걸쳐서 진행되었던 연방당과 공화당의 싸움 과정에서는 더 그랬다. 필립 프리노의 《내셔널 가제트》 역시 창간된 지 2년 만인 1793년에 폐간될 때까지 커다란 영향력을 행사했다. 그러나 두 신문 모두 아주 적은 돈으로 유지되었다. 특히 프리노의 신문이 페노의 신문보다 더 적은 돈으로 유지되었다.

프리노의 《내셔널 가제트》가 폐간되었다고 해서 공화당을 지지하는 언론이 위축되었다는 뜻은 아니었다. 심지어 《내셔널 가제트》가 창간되었던 1791년 이전에 이미 제퍼슨은 21살의 조숙한 언론인이자 같은 이름을 가진 할아버지의 손자인 벤저민 프랭클린 바크(Benjamin Franklin Bache)에게 접근했다. 하지만 그는 페노의 《가제트 미국》에 대항하는 신문을 만들자는 제퍼슨의 제안을 거절하고 독자적으로 《제럴드 애드버타이저(General Advertiser)》라는 신문을 1790년에 창간했다. 이 신문은 여러 차례 이름을 바꾼 뒤에 마침내 《필라델피아 오로라(Philadelphia Aurora)》로 정착했다. 그리고 곧 바크는 해밀턴의 재정 프로그램과 워싱턴-애덤스 정부를 필립 프리노보다 더 격렬하게 비판했다. 그는 필라델피아에 살고 있었기에 여러 공인의 일신상의 이야기들을 쉽게 접할 수 있었고, 자기 글에 이런 이야기 특히 존 애덤스 그리고 때로는 심지어 조지 워싱턴의 개인적인 이야기까지 곁들였다. 이 신문은 이런 식의 논조를 1790년대 대부분의 시기 동안 유지했으며, 그 10년 기간 동안의 가장 중요한 신문으로 등극했다. 이렇게 해서 바크는 페노나 프리노가 결코 도달하지 못했던 수준인 막강한 정치적 영향력의 소유자가 되었다.[37]

1795년에 제이 조약이 비준된 뒤로는 《필라델피아 오로라》는 오로지 공화당의 주장에 헌신하는 순수한 정치 신문으로 바뀌었다. 1796년에는 바크가 워싱턴이 3선에는 성공하지 못할 것이라는 이야기를 만들어냈다. 그는 또한 강력한 정치 조직을 만드는 일에 1790년대 중반을 보냈던 제퍼슨이 대통령 후보로 나설 것이라는 오랫동안 떠돌던 소문이 사실임을 확인했다.[38]

한편 바크의 주머니에 돈이 점점 떨어지기 시작했고 연방주의자들에 대한 그의 공격도 점점 무뎌졌다. 그는 워싱턴이 대통령직에서 물러나던 1797년의 바로 그날, 다음 글을 쓰면서 자기 운명을 결정했다. '워싱턴이라는 이름이 오늘부터는 정치적인 부정행위를 더는 유통시키지 못하게 되었고, 이제 부패를 합법화할 수 없게 되었다. (…) 이날을 미국의 축제일로 삼아야 한다.' 바크는 애덤스 정부 및 1798년의 보안법 의결을 표적으로 삼아서 무절제한 공격을 퍼부은 뒤에 체포되고 수감되었다. 보석으로 석방된 그는 그해 필라델피아를 덮쳤던 황열병에 걸려서, 29살의 나이로 재판정에 서기도 전에 사망했다.**39**

그러나 용기와 독창성과 경솔함이 특이하게 결합한 그의 짧은 인생 경력은 미국 정치 저널리즘의 진화 과정에서 중요한 분수령이었다. 바크의 이런 특이한 경력과 사망은 또한 알렉산더 해밀턴에 앞에 놓여 있던 어떤 사건의 불길한 징조이기도 했다. 여러 해 전인 1791~1792년에 마리아 레이놀즈와 벌였던 스캔들에 대한 폭로와 거기에 따른 한바탕 소란이 그를 기다리고 있었던 것이다.

CHAPTER 13
몰락의 길

　레이놀즈 스캔들을 폭로한 사람은 선동적인 수사의 버릇이 있는 이민자 출신의 언론인 제임스 캘린더(James Callender)로, 고향인 스코틀랜드에서 1792년에 부패와 전쟁에 관한 통렬한 팸플릿인 〈영국의 정치적 진전〉을 발표한 뒤에 기소를 피해서 아일랜드를 거쳐 미국 땅에 들어온 사람이었다. 32살이었던 그는 미국의 수도인 필라델피아에 정착했다. 캘린더는 곧 벤저민 프랭클린 바크의 《필라델피아 오로라》 및 그 밖의 다른 신문에 익명으로 글을 쓰기 시작했다. 연방주의자들의 정책과 연방당 지도자들에 대한 풍자는 특히 악의로 넘쳐났다. 그는 풍자 대상에게 별명을 붙여주는 걸 좋아했는데, 워싱턴과 애덤스 그리고 해밀턴을 비롯해서 다른 저명한 연방주의자들도 그의 이런 공격을 피할 수 없었다.[1]
　1797년 6월과 7월에 캘린더는 두 개의 팸플릿 〈1796년을 위한 미국의 역사〉와 〈미국 역사 스케치〉를 발표했다. 이 두 팸플릿에서 그는 해밀턴이 1791년에서 다음 해까지 유부녀인 마리아 레이놀즈와 벌인 간통의 애정 행각을 자세하게 썼다. 그는 해밀턴이 개인적인 치부를 위해서 그리고 레이놀즈 부부의 지갑을 불려주기 위해서 재무부장관이라는 자기 지위를 이용했다고 주장하며, 이 세 사람을 공모자라고 불렀다.

캘린더는 10명이 넘는 사람들이 하는 이야기를 통해서 하나의 진실과 하나의 거짓이라는 두 가지 이야기를 모두 다 알고 있었다. 진실은 해밀턴이 유부녀와 바람을 피웠다는 것이었고, 거짓은 해밀턴이 개인적인 목적으로 권한을 남용했다는 것이었다. 그런데 캘린더가 어떤 경로를 통해서 그런 구체적인 상황을 묘사하는 자료를 확보했는지는 이런저런 추정만 있을 뿐 지금까지도 명백하게 밝혀지지 않았다. 그러나 핵심적인 정보는 제퍼슨의 후견인이자 나중에 미국의 5번째 대통령이 되는 제임스 먼로(James Monroe)에게서 나왔던 것으로 보인다. 먼로는 다른 두 의원과 함께 해밀턴의 그 일탈 행위에 대해서 1792년에 의문을 제기한 적이 있었다.[2]

캘린더가 문제의 그 팸플릿들을 1797년에 발표하자 해밀턴은 어떤 식으로든 해명을 해야 한다고 느꼈다. 많은 친구들은 그에게 침묵을 지키라고 조언했지만, 그건 해밀턴의 방식이 아니었다. 그는 평생 동안 스스로를 방어하기 위해서 글을 써왔다. 충동에 휩싸여서, 그리고 때로는 지나치게 긴 분량으로 글을 썼다. 그리고 이번에도 그렇게 했다. 하지만 이번 결정은 가장 어리석은 것이었다. 해밀턴은 95쪽 분량의 팸플릿을 썼고, 이 팸플릿의 제목은 다음과 같았다.

> 〈1796년을 위한 미국의 역사〉에 포함된 5장과 6장의 어떤 문서에 대한 의견, 전 재무부장관 알렉산더 해밀턴에 대한 공격을 본인이 전면적

으로 반박한다, 필라델피아, 1797년.

해밀턴은 이 해명 문건의 앞부분 37쪽을 할애해서 자기와 마리아 레이놀즈 사이에 있었던 일과 레이놀즈 부부가 재무부의 정보나 돈 혹은 둘 모두를 사취하고자 시도했던 일을 설명했다. 그런 다음에 나머지 58쪽에 편지를 비롯한 그 밖의 문건들을 덧붙였다. 이 팸플릿의 전체 구성은 법정에 제출되는 변호인의 문건 같았다. 이번에는 피고가 본인이라는 점이 다를 뿐이었다.**³**

연방정부의 재정을 책임졌던 사람으로서의 자기 명예를 지키기 위해서 그는 우선, 워싱턴을 포함해서 모든 연방주의 지도자들을 노렸던 언론의 사악한 공격들을 나열하고 또 설명했다.

"가장 노골적인 허위 사실이 철면피처럼 뻔뻔스럽게 그리고 지칠 줄도 모르고 생산되고 유포된다."

이어서 그는 언론의 이런 공격의 배후에 제퍼슨과 공화당 지지자들이 있음을 넌지시 비쳤다.**⁴** 그런 다음에 그는 자기는 부자가 되는 데는 조금도 관심이 없다고 했다.

"나는 재무부장관직을 수행하면서 공직 생활을 했던 그 어떤 사람과 비교하더라도 금전적으로 흠 하나 없이 깨끗하다. 재물에 대한 탐욕도 가지고 있지 않을 뿐만 아니라 재산을 획득하는 데 전혀 관심이 없다."

그리고 이어서 마리아 레이놀즈와 만났던 일들을 자세하게 설명했다.**⁵**

두 사람이 밀회를 시작했던 1791년에 자기는 34살이었고, 재무부장관으로 있으면서 〈제조업에 관한 보고서〉를 집필하고 있었으며 이 작업 말고도 다른 일들을 많이 했어야 했기에 업무와 관련된 압박을 상당히 크게 받고 있었다고 했다. 레이놀즈는 23살의 미녀였고, 자기로서는 거부할 수 없는 유혹이었다고 인정했다.

> 1791년 여름 어느 시기에 필라델피아에 있는 내 집으로 찾아와서 개인적으로 이야기를 하고 싶다고 했다. 나는 그녀를 가족이 없는 한 방으로 안내했다. 고민이 많은 듯한 얼굴로 그 여자는 나에게 (…) 자기를 오랜 기간 동안 마치 짐승처럼 대해 왔던 남편이 최근에 자기를 버리고 집을 나가 다른 여자와 살고 있는데, 자기는 너무도 어렵고 궁핍한 상황이며, 친구들 곁으로 돌아가고 싶은 마음이 간절하지만 수단이 여의치 않다고 말했다. 그러면서 내가 뉴욕 시민임을 알고서 인간적인 차원에서 도움을 청한다고 했다.[6]

마리아 레이놀즈는 자기가 뉴욕 명문가의 딸이라고 해밀턴에게 밝혔다. 그건 충분히 그럴 수 있는 일이었다. 그러나 제임스 레이놀즈라는 남편에게 버림받았다는 여자의 이야기는 사실이 아니었다. 그 두 사람은 다른 여러 사람들과 공모해서 미국 연방정부의 재무부를 상대로 사기를 치려고 정교한 음모를 꾸미고 있었다. 이 음모의 첫 단추는 해밀턴을 유혹하는 것이었다. 아닌 게 아니라 해밀턴이 특히 여자에게 친절하고 의협심을 발휘한다는 사실은 이미 널리 알려져 있던 사실이었다. 첫 만남에서 레이놀즈 부인이 탄식을 하며 하소연했을 때 해밀턴은 다음과 같이 대답했다.

> 나는 그녀를 친구들이 있는 곳까지 데려다줄 용의가 있다고 대답했다. 그러나 그때는 시기가 좋지 않다고 했다. (이것은 사실이었다.) 그래서 어

디에 사는지 물었다. 내가 직접 가든 아니면 사람을 보내든 해서 얼마간의 돈을 그 여자에게 줘야 한다고 생각했기 때문이다. 여자는 자기가 사는 집 주소를 불러주었고, 저녁에 나는 주머니에 지폐를 넣고 그 집으로 갔다. 나는 레이놀즈 부인을 찾았고, 2층으로 안내되었다. 꼭대기 층에서 여자는 나를 맞아서 침실로 데리고 들어갔다. 나는 주머니에서 지폐를 꺼내 여자에게 주었다. 그리고 우리 둘 사이에 약간의 대화가 이어졌고, 곧 돈 이외의 위로도 충분히 받아들여질 수 있음이 분명해졌다.[7]

이 만남 이후로 해밀턴은 '그녀를 자유롭게 만났으며, 만남 장소는 주로 나의 집이었다. 아내는 아이들과 함께 고향의 자기 아버지 집에 가 있었기 때문이었다.' 이 부분에서 해밀턴은 아내 엘리자가 5번째 아이를 임신하고 있었으며 뉴욕에 있는 그녀의 아버지 스카일러 장군 집에 찾아갈 것이라고 약속했던 사실을 어물쩍 둘러대며 넘어갔다. 한편 마리아나 레이놀즈는……

그 여자는 자기 남편이 자기더러 화해를 하자고 했다면서 이 문제에 대해서 나의 조언을 듣고자 하는 척했다. (…) 여자는 또 자기 남편이 투기사업에 손을 대왔다고 했으며, 또 이 사람이 재무부에 있는 몇몇 사람들의 행동에 대한 유용한 정보를 줄 수 있을 것이라고 믿는다고 했다.[8]

이 말에 속은 해밀턴은 여자의 남편인 제임스 레이놀즈를 만났다. 남자는 '재무부에 직원 한 사람으로부터 토지 불하 청구와 관련된 정보를 얻어서 투기사업에 이용했다고 고백했다. 그래서 나는 친구로서의 호의를 기대하면서 그 사람이 누구인지 밝혀달라고 했다.' 남자는 전직 재무부차관보인 윌리엄 듀어(William Duer)라고 했다. 듀어는 수도가 뉴욕에서 필라델피아로 이전하기 전에 공직에서 물러났던 소문난 투기꾼이었다. 그랬으므로 남자가 밝힌 내용은 해밀턴에게 특별할 것도 없었다. 그 시점부터 해밀턴은 도대체 레이놀즈 부부가 무슨 일을 하려고 하는지 의심하기 시작했다.[9]

하지만 바로 그 시점에 해밀턴은 이미 레이놀즈 부인과 성적인 관계에 푹 빠져 있었던 것 같다.

> 한편 레이놀즈 부인과의 성적인 만남은 그동안에도 계속되었다. 그리고 비록 여러 가지 생각을 해보면(레이놀즈 부부에 대해서 보다 많은 사실을 알아냈더라면, 그리고 또 이 두 사람의 협력 관계를 조금이라도 의심했더라면) 그 만남을 중단했을 테지만, 그 여자에게서 헤어나기란 불가능할 정도로 어려웠다. (…) 나의 감수성 그리고 어쩌면 나의 허영심이 진짜 사기 사건에 휘말릴 수도 있는 여지를 만들었다. (…) 한편 레이놀즈 부인은 모든 수단을 다 동원해서 내 관심을 사로잡고 우리 둘 사이의 만남을 계속 이어가려고 했다.[10]

그리고 레이놀즈 부부가 해밀턴에게서 빼낼 내부 정보나 재무부 자금이 없다는 걸 확실하게 깨달은 뒤에는 해밀턴을 협박해서 돈을 뜯어내려고 했다. 부정한 만남에 대해서 입을 다물어주는 대가로 돈을 요구했고, 해밀턴은 약 1,100달러를 여러 차례에 걸쳐서 지급했다. 이 돈은 그의 개인 돈이었다. 당시 그가 받았던 연봉은 3,500달러였다.[11]

두 사람의 만남은 약 10달 정도 이어졌다. 정부 청사에서 멀지 않은 곳에 있던 해밀턴의 집에서 두 사람이 그토록 많이 만났으므로, 다른 사람들의 눈에 띌 수밖에 없었다. 해밀턴은 자기 적들이 이런 사실을 눈치 채지 못할 것이라고 믿었지만 그것은 너무도 무모한 생각이었다.

적들이 눈치를 챘다. 제임스 먼로와 다른 두 의원이 해밀턴의 집을 방문해서 항간에 떠도는 소문에 대해서 물었고 해밀턴은 솔직하게 있는 그대로 대답했다. 하지만 해밀턴은 자기가 레이놀즈 부인을 만난 것은 순전히 성적인 이유 때문이었다는 사실을 그 의원들에게 설득시키려고 자기와 레이놀즈 부부 사이에 오간 편지들을 보여주었다. 그리고 그 사람들이 입을 다물어주는 대가로 돈을 주긴 했지만, 다른 방식으로는 즉 재무부의 내부정보를 공개한다든가 하는 방식으로는 일절 어떤 대가를 제공한 적이 없다고 해명했다. 세 의원은 해밀턴의 주장에 수긍했다. 어디까지나 해밀턴의 개인적인 욕망의 문제이지, 재무부를 타락시키거나 공금에 손을 댄 일이 없었다는 사실을 받아들인 것이다.

사실 해밀턴은 무척 운이 좋은 셈이었다. 재무부장관으로 재직하는 기간 동안에는 그 일이 세상에 알려지지 않았기 때문이다. 그러나 이런 종류의 정보는 언제든 세상에 알려지기 마련이다. 게다가 해밀턴은 치명적인 실수를 했다. 자기와 레이놀즈 부부 사이에서 오간 편지들 가운데 많은 것들을 그 의원들에게 줬던 것이다. 그러나 이 세 의원은 그 편지를 해밀턴에게 돌려주기 전에 하원 서기이자 열렬한 제퍼슨주의자이던 존 버클리(John Beckley)에게 건넸고, 버클리는 이 편지들의 사본을 만들어 두었다. 그리고 1790년대에 두 당파 사이의 갈등이 치열해지면서 이 사본은 언제 터질지 모르는 시한폭탄으로 변했다.

***

제임스 캘린더가 1797년에 이 폭탄을 터트렸을 때, 그리고 또 해밀턴이 공개 팸플릿 형태로 장문의 해명서를 냈을 때, 해밀턴의 친구들과 적들은 모두 그의 무모한 용기에 경악했다. 연방주의 성향의 언론인 노아 웹스터(Noah Webster)는 '사람이 모두 선하다고 믿음으로써 스스로를 진창 속으로 밀어 넣었는지, 아무도 믿지 않는 혐의를 벗으려고 자기 가족을 스캔들의 소용돌이 속으로 몰아넣었는지 알 수 없다'고 했다. 어쩌면 30년 전 세인트크루이 섬에서 있었던 어머니 레이첼 포시트의 명예롭지 못한 행동과 관련이 있는 어떤 정신적인 동기가 작용했던 것 같다.[12]

해밀턴은 팸플릿에서 레이놀즈와 주고받았던 편지를 모두 담았다고 했다. '이 문제에 관한 한 그 어떤 의심의 그림자도 남기지 않기 위해서'라고 했다. 다른 말로 하면, 국가의 재정을 책임지는 신망 있는 공직자로서의 자기 명성을 보호하기 위해서 아내에게 충실한 남편이라는 개인적인 명성은 얼마든지 희생할 수 있다는 것이었다. 공직자의 명예에 관한 그의 극단적인 기준을 놓고 보자면 그의 선택을 충분히 이해할 수 있다.[13]

하지만 그의 가족은 어떻게 되었을까? 이 모든 소용돌이 속에서 엘리자 해밀턴은 가장 우아한 행동을 보였다. 공화당을 지지하는 《필라델피아 오로라》는 엘리자까지 싸잡아 비방했다. 이 신문은 "당신은 한 남자의 아내가 맞습니까?"라는 질문을 던졌다. 노골적으로 악의에 찬 질문이었다. 그리고는 "그 사람을 보시오, 당신이 평생의 동반자로 선택한 사람이 매춘부의 가랑이에 빠져 있군요"라고 비아냥댔다. 엘리자가 공개적으로 뭐라고 한마디만 했어도 해밀턴의 경력은 온전하게 끝이 날 수도 있는 상황이었다. 그러나 그녀는 조금도 흔들리지 않고 침묵을 지켰다. 의심할 바 없이 큰 상처를 받았을 게 분명하지만 그녀는 그런 폭로가

남편에게 끊임없이 가해졌던 정치적인 공격들 가운데 하나일 뿐인 것처럼 행동했던 것이다.[14]

제임스 캘린더는 자기가 터트린 폭탄이 해밀턴에게 그렇게 큰 피해를 입히리라고는 생각지도 않았다. 게다가 해밀턴이 스스로 자기에게 상처를 입히고 나설 줄은 더욱 상상도 하지 못했다. 캘린더는 해밀턴의 95쪽짜리 해명 팸플릿을 읽은 뒤에 제퍼슨에게 보낸 편지에 다음과 같이 썼다.

"만일 아직도 그 팸플릿을 읽지 않으셨다면, 이 문건이 야기하는 불명예가 어느 정도까지 될 것인지 아무리 상상한다 하더라도 그 이상일 것입니다. 미국에 있는 최고의 문필가 50명이 그를 비판하면서 쓴 글들을 모두 합한 것만큼이나 파괴력이 큽니다. 그리고 무엇보다 가여운 것은 그 사람이 당신을 의식하고 있다는 것입니다."

한편 제임스 매디슨은 먼로로부터 해밀턴의 팸플릿 사본을 받아본 뒤에 제퍼슨에게 다음과 같이 썼다.

"사건과 관련된 모든 일들을 낱낱이 밝힌 것은 팸플릿의 저자가 천재적으로 어리석다는 사실을 흥미롭게 보여주는 표본입니다. 이런 실수와 나란히 할 수 있는 또 하나의 실수는, 단순함과 솔직함 때문에, 신중함이 무죄를 주장하며 입을 수 있는 유일한 옷이라는 사실을 망각한 것입니다."[15]

단 한 번도 해밀턴을 좋아한 적이 없는 사람이며 대통령으로서 연방당의 지도자로서 해밀턴과 경쟁해야 했던 존 애덤스는 '내가 알기로 아버지 벤저민 프랭클린이 그 사람의 모델인데, 해밀턴은 이 사람만큼이나 방탕한 도덕을 가지고 있음을 스스로 드러냈다'라고 논평했다. 아들 프랭클린의 끝없는 야망은 '덜어낼 곳을 찾을 수 없는 상황에서 빚어지는 분비물 과다'로 거슬러 올라갈 수 있다는 말도 했다. 이어서 나중에 애덤스는 해밀턴의 '간음, 간통, 근친상간'을 언급했는데, 근친상간 부분은 해밀턴의 매력적인 처형이자 수많은 연서를 나누었던 안젤리카 처치를 염두에 둔 것이었다. 해밀턴은 정말이지 여자에 약했다. 그러나 비록 당대 사람들이 필사적으로 파헤쳤으며 또 그 뒤 역사가들이 200년 이상 그랬지만, 해밀턴이 마리아 레이놀즈를 제외한 다른 여자와 바람을 피웠다는 신빙성 있는 증거는 어디에도 없다.[16]

하지만 그렇다고 하더라도 레이놀즈 스캔들은 그의 명성에 영원한 흠집을 내었고, 그가 대통령이 될 수 있는 기회를 완전히 날려버렸다. (비록 그는 외국에서 태어나긴 했어도 대통령 후보가 될 수 있는 자격을 갖추고 있었다. 헌법이 채택되는 시점인 1789년을 기준으로 해서 시민권을 가지고 있는 사람은 누구나 대통령이 될 수 있도록 헌법이 규정하고 있었기 때문이다.) 레이놀즈 스캔들은 200년 동안 미국 정치계 최악의 스캔들로 남았다. 그러나 이보다 더 큰 스캔들이 20세기의 마지막 10년 동안에 연이어 터졌는데, 1990년대에 클린턴-르윈스키 스캔들과, 1998년부터 2000년 사이에 DNA 증거로 밝혀진 토머스 제퍼슨의 스캔들, 즉 제퍼슨이 자기가 소유하던 여자 노예 샐리 헤밍스(Sally Hemings)가 낳은 여러 명의 아이들의 아버지였다는 스캔들이다.[17]

제퍼슨이 헤밍스와 관계를 맺었다는 혐의는 1802년에 연방주의 성향의 신문이던 《리치먼드 리코더(Richmond Recorder)》의 편집인이 처음 제기했다. 이 편집인은 다름 아닌 제임스 캘린더였는데, 그는 그 사이에 제퍼슨에 대한 반감을 쌓아왔었고 정치적인 입장을 바꾸었던 것이다. 그런데 당시 미국의 대통령이던 제퍼슨은 현명하게도 이런 폭로를 가볍게 무시하는 선택을 했고, 곧 그 이야기는 다른 중요한 화제들 속에 묻히고 말았다.

* * *

해밀턴은 레이놀즈 논란이 터진 1797년에 아무런 공직도 가지고 있지 않았다. 그러나 그는 여전히 연방당 안에서 막강한 영향력을 행사하고 있었다. 그는 1797년에 워싱턴이 대통령직에서 물러날 때 그의 고별사 대부분의 초안을 잡았으며 정부 내에서 무시하지 못할 실력을 행사했다. 그의 뒤를 이어 재무부장관이 된 올리버 월코트(Oliver Wolcott)는 수시로 그에게 자문을 구했고 또 그의 자문을 충실하게 따랐다. 22년 전 해밀턴과 엘리자의 결혼식에 유일하게 참가한 동료 장교였던 전쟁부장관 제임스 매켄리도 여전히 해밀턴과 가깝게 지내면서 수시로 그의 조언을 구했다. 그의 또 다른 친구이던 국무부장관 티머시 피커링(Timothy Pickering)은 프랑스와 영국에 대한 외교정책에 관한 한 해밀턴보다도 더 강경한 견해를 가지고 있었다. 이 세 사람 모두 워싱턴 정부에서 기용되었지만 애덤스 정부에서도 그대로 잔류했으며, 또한 이들은 모두 대통령보다 해밀턴과 더 친밀했다. 애덤스로서는 자기를 이끌어줄 다른 참모가 없었기에 워싱턴 내각을 고스란히 가져갔다.[18]

1798년부터 1800년까지 국가 정책에서 가장 지배적인 쟁점은 미국과 프랑스 사이의 이른바 '준전쟁(Quasi-War)'이었다. 이 갈등은 제이 조약의 또 다른 부산물이었다. 나폴레옹의 지배력 안으로 점점 더 깊이 빨려들어가던 프랑스는 이 조약이 영국에 명백하게 유리하다는 사실에 분개했다. 이 두 강대국은 1793년부터 1815년까지 유럽의 역사에 깊은 흔적을 남기는 전면적인 대결 상태에 놓여 있었다. 이 길고 피비린내 나는 경쟁에서 나폴레옹은 점차 유럽에서 우위를 차지했지만, 바다에서는 한층 강력해진 영국 해군이 프랑스 해군 및 이따금씩 프랑스의 협력국으로 행동하던 스페인의 해군을 격파했다.

    1790년대에 프랑스 해군 함정과 사략선*들은 영국에 대한 투쟁의 일환으로 미국 상선을 나포하기 시작했고, 그 수는 모두 합해서 수백 척이 되었다. 여기에 대한 대응으로 애덤스 정부는(애덤스 정부는 해밀턴과 그의 동맹자들이 탄생시켰다) 육군과 해군을 창설하고 프랑스와의 전쟁을 상정하고 군사비 지출을 늘렸다. 그런데 해밀턴 진영은 특히 육군의 강화를 강조했고, 애덤스 진형은 해군의 강화를 강조했다. 이런 의견 차이는 애덤스의 재임 기간 동안에 가장 큰 쟁점이었으며, 또한 연방당이 허약해지는 원인이 되었다. 애덤스는 1800년에 내각을 근본적으로 다시 구성했지만, 그때는 시기가 이미 너무 늦었고 결국 그해 선거에서 애덤스는 대통령직에서 물러나야 했다.

    한편 해밀턴은 프랑스와의 준전쟁이 진행되던 1798년에 군의 복귀 명령을 받았다. 조지 워싱턴은 이미 86살이었고 건강도 좋지 않았지만, 해밀턴이 워싱턴 다음으로 높은 육군 소장으로 복귀한다는 조건으로 육군 총사령관직을 수락했다. 해밀턴은 그때부터 21개월 동안 육군을 재조직하는 힘든 일을 수행했다. 프랑스와의 대결은 거의 전적으로 해상에서 일어났지만, 이 일로 해밀턴은 그 뒤 평생 동안 '장군'이라는 호칭으로 불리게 되었다. 1800년 중반에 애덤스는 프랑스와 종전 협상을 시작함으로써 양국 간의 갈등이 가라앉기 시작했다.[19]

    1800년 말에 해밀턴은 애덤스가 대통령으로서 가지고 있는 단점에 대한 장문의 통렬한 글을 썼다. 해밀턴은 그 글이 공개될 것이라고 믿을 만한 근거를 가지고 있었고, 또 실제로 그렇게 되었다. 이 글은 그해의

• 전시에 적의 상선을 나포할 수 있는 허가를 받은 민간 무장선.

대통령 선거에 어떤 영향을 미치기에는 시기가 너무 늦은 것 같았다. 이 글의 명백한 목적은 연방정부의 대통령 선거에 투표권을 가진 사람들이 찰스 코트워스(Charles Cotesworth)에게 표를 던지도록 하는 것이었다. 코트워스는 사우스캐롤라이나 출신으로 투표용지에 애덤스의 러닝메이트로 이름을 올린 사람이었다. 해밀턴의 이 글은 레이놀즈 스캔들 관련 팸플릿만큼 본인에게 큰 피해를 안겨주지는 않았지만, 그래도 해밀턴의 분별력과 판단이 최악의 상태임은 확실히 보여주었다. 해밀턴은 침묵을 지켰어야 하는 시점에 자기 자신을 제어하지 못했다.[20]

1801년에 해밀턴은 《뉴욕 이브닝포스트(New York Evening Post)》를 창간했는데, 미국에서 일간으로 연속해서 현재까지 발행되는 것으로는 가장 오래된 신문이다. 그러나 그해에 해밀턴에게 가장 의미가 깊은 사건은 가족과 관련된 일이었다. 외할아버지 필립 스카일러 장군의 이름을 딴 그의 장남 필립 해밀턴이 자기 아버지를 모욕한 인물에게 결투를 신청했다. 27살의 변호사이자 퇴역 군인이던 찰스 에커(Charles Eacker) 대위가 제퍼슨을 치켜세우면서 해밀턴을 비판했고, 이 일이 있은 직후 극장에서 연극을 관람하던 도중에 필립 해밀턴과 그의 친구가 갑자기 에커의 관람석으로 들어가서 그의 여자 동행 및 다른 한 쌍의 남녀가 지켜보는 가운데 에커에게 모욕을 줬다.

그러자 에커는 필립과 그의 친구에게 결투를 신청했고, 먼저 에커와 친구가 붙어서 각각 2발씩 쐈지만 두 사람 다 다치지 않았다. 그 다음에 에커와 필립이 다시 마주섰다. 장소는 맨해튼의 허드슨 강 건너편 뉴저지의 위호켄으로, 결투를 하는 사람들이 주로 사용하던 곳이었다. 뉴욕이나 뉴저지에서 모두 결투는 불법이었지만, 이 불법 행위에 대한 단속은 뉴욕이 보다 더 강력했다.

결투 시작을 알리는 신호가 내려졌지만 두 사람은 한동안 망설였다. 그러다가 에커가 먼저 발사를 했고, 필립은 쓰러져 다음 날 아침에 사망했다. 필립은 19살이었으며, 재능이 출중했고 그 나이 때의 해밀턴만큼이나 미남이었다. 필립의 부모는 망연자실했다. 특히 해밀턴은 아들의 죽음을 자기 탓이라고 여겼다. 아들이 자기의 명예를 대신 지켜주려다가 그 일을 당했을 뿐만 아니라, 아들에게 총을 쏘지 말거나 쏘더라도 허공에 대고 쏘라고 충고를 했었기 때문이다. 그 일이 있고 얼마 지나지 않아서 엘리자가 8번째 아이를 낳았고, 해밀턴 부부는 이 아이에게 다시 필립이라는 이름을 지어주었다. 가족은 그 아이를 '작은 필립'이라고 불렀다.[21]

* * *

아들의 죽음은 알렉산더 해밀턴이 겪었던 일 가운데서 가장 가슴 아픈 일이었을 것이다. 해밀턴은 평생 동안 이 상실의 아픔에서 벗어나지 못했다. 44살에서 47살까지의 남은 3년의 생애 동안에 해밀턴은 대부분의 중년 남자가 변하는 것보다 훨씬 많이 변했다. 이 시기 그의 초상화에서는 예전의 정력적이고 자신감이 넘치며 심지어 자만심으로 우쭐대던 모습을 찾아볼 수 없다. 얼굴에는 깊은 슬픔이 깃들어 있다. 그는 비록 강인한 성격의 소유자였지만 이제는 너무 많은 역경에 지친 사람의 얼굴을 하고 있었다.

필립이 죽은 뒤에 해밀턴은 대부분의 시간을 변호사 일을 하면서 가족의 경제적 기반을 다지는 데 보냈다. 여전히 글을 써서 발표를 했지만, 예전의 생동감 넘치는 활력과 설득력은 찾아보기 어려웠다. 예를 들어서, 토머스 제퍼슨의 첫 번째 연두교서에 대한 그의 글에서는 예전과 같은 매력을 찾아볼 수 없었다. 그도 이제는 자기 시대가 지나가 버렸음을 깨달은 것 같았고, 어린 시절의 종교적인 뿌리를 찾아가기 시작했다. 일요일 아침이면 그는 북부 맨해튼에 새로 마련한 시골 저택에서 가족들에게 성경 구절을 읽어주곤 했다. 해밀턴은 그 집에 '그란제'라는 이름을 붙였는데, 그의 조상이 스코틀랜드에서 살던 집의 이름을 딴 것이었다.

해밀턴은 그란제에서 전원과 은둔을 즐겼다. 그러나 주변 상황은 그렇게 돌아가지 않았다. 필립이 죽고 3달 뒤, 제퍼슨, 매디슨 그리고 앨버트 갤러틴이 연방정부를 장악하고 있던 상황에서 거버너 모리스에게 다음과 같은 내용이 담긴 편지를 썼다.

"내 운명은 참으로 특이합니다. 아마도 미국에서 그 누구도 나만큼 현재의 헌법을 위해서 희생한 사람은 없을 겁니다. (…) 그러나 적들은 저주를 하고 있고, 친구들도 이것 못지않게 많은 불평을 하고 있습니다. 이러니 이제 무대에서 물러나는 것 말고 내가 또 무얼 할 수 있겠습니까?"[22]

해밀턴은 1795년에 재무부를 떠난 뒤에 비록 공직에 있지는 않았지만 그럼에도 여전히 활발하게 국정에 관여했었다. 하지만 워싱턴이 대통령직에서 물러난 뒤로는 그의 분별력이 점점 예리함을 잃기 시작했고, 자기 파괴적으로 바뀌었다. 그리고 1799년에 워싱턴이 갑작스럽게 사망했을 때는 한 친구에게 다음과 같이 썼다.

"어쩌면 이 상실감에 나만큼 괴로워하는 사람은 없을 것입니다. 나는 그분의 친절함에 누구보다도 많은 은혜를 입었습니다. 그분은 나에게 제우스의 방패와 같은 분이었습니다."[23]

1796년부터 1804년까지 해밀턴은 독립전쟁에서 거둔 무공,《연방주의자 논고》의 주 저자로서 펼쳤던 활약, 그리고 재무부장관으로 수행했던 개혁 작업 등에 필적하는 일은 아무것도 하지 않았다. 그러나 그는 이미 자기가 커다란 명성을 얻었다는 사실, 즉 자기가 최고의 역사적인 인물이 되었다는 사실을 잘 알고 있었다.

다른 건국자들 역시 이미 미국의 전당에 자기 자리를 잡았지만 이제 주인공의 자리에서 밀려나서 살아가고 있다는 사실을 알고 있었다. 해밀턴이 사망하던 1804년이 되면 다들 각자 가장 중요하게 여기던 일들을 모두 마친 상태였다. 존 애덤스는 1826년까지 생존하지만, 그도 역시 가장 위대한 업적은 1770년대와 1780년대에 이미 성취했으며, 1801년에 대통령직에서 물러날 때는 정치적으로 확실히 뒷전으로 밀려난 상태였다. 제퍼슨 역시 1826년까지 살았다. 그는 50번째 독립기념일이던 1826년 7월 4일에 사망했는데, 그와 오랜 세월 동안 수많은 편지를 주고받았던 애덤스도 같은 날 사망했다. 제퍼슨의 업적 가운데서 가장 위대한 것은 1776년의 독립선언문을 작성한 일과 1790년대와 1800년대 초에 있었던 공화당의 골격을 조직한 일 그리고 첫 번째 재임 기간이던 1803년에 루이지애나를 프랑스로부터 매입한 일이다. 제임스 매디슨은 1836년까지 살았는데, 매디슨도 제퍼슨과 마찬가지로 두 번에 걸쳐서 대통령직을 수행했다. 그러나 매디슨이 자기 이름을 역사에 새겼던 가장 큰 업적은 1787년에 헌법의 주 저자가 된 일이었다.

그런데 애덤스와 제퍼슨 그리고 매디슨이 특이할 정도로 장수한 탓에 자주 간과되는 것 하나가 이 사람들이 해밀턴이 죽은 뒤에도 줄기차게 그의 명예를 훼손했다는 점이다. 이 세 사람이 해밀턴보다 많은 나이를 모두 합하면 42살이었지만, 이들이 해밀턴보다 오래 산 햇수를 모두 합하면 76년이나 된다. 1804년 이후로 제퍼슨과 매디슨이 해밀턴에 대해서 공개적으로 말한 내용은 많지 않았지만, 그들이 말하고 또 쓴 내용은 해밀턴의 명예에 상당한 흠집을 냈다.

심지어 해밀턴이 살아 있을 때조차도 존 애덤스는 그를 '외국인'이라고 불렀다. 해밀턴이 죽은 지 9년이 지난 1813년에 애덤스는 '그는 진정한 미국인이 아니었다'라고 썼다. 이 발언은 뉴잉글랜드 지방주의를 최악의 상태로 몰고 갔다. 해밀턴의 생애는 철저하게 미국적인 영웅담 그 자체였다. 해밀턴은 아무런 연고도 없이 미국 땅을 밟은 가난한 이민자 소년이었지만 비범한 재능과 투지와 능력 그리고 끈질긴 노력으로 결국 승리와 성공을 거머쥔 인생 이야기를 써내려갔다. 그렇게 해서 그는 자기를 받아준 나라가 제공한 기회의 가능성을 현실에서 이룩했다.[24]

그림11 이상적으로 묘사된 날짜 미상의 그란제의 모습. 이 집은 북부 맨해튼에 있던 알렉산더 해밀턴의 시골 저택이며 그가 유일하게 소유했던 집이기도 하다. 그가 죽기 2년 전인 1802년에 완성된 이 건물은 1830년대까지 그의 가족 소유로 남아 있었다. 1848년에 엘리자 해밀턴이 뉴욕에서 워싱턴디시로 이사를 했는데, 그녀는 그곳에서 1854년에 97세의 나이로 사망했다. 그녀는 '나의 해밀턴'보다 50년을 더 살았는데, 평생 동안 그의 명성을 지키느라 필사적인 노력을 다했다.

그림12 19살의 필립 해밀턴. 그는 자기 아버지를 모욕한 사람과 1801년 11월에 결투를 해서 목숨을 잃었는데, 죽기 직전의 모습이다.

그림13 필립 해밀턴의 죽음으로 충격을 받은 아버지 해밀턴의 모습. 그가 받은 충격은 그의 외모까지 바꾸어 놓았다. 올버니의 화가 에즈라 에임스(Ezra Ames)는 이 변화를 포착해서 1802년에 그의 초상화를 그렸으며, 화가 본인이 이 초상화를 1810년에 모사해서 새로 또 그렸다.

CHAPTER 14
결투

해밀턴이 살던 시기에 명예를 지키기 위한 방도로 결투를 선택하는 것은 드문 일이 아니었다. 하지만 그렇다고 해서 자주 있는 일도 아니었다. 결투를 할 때 마주선 두 사람 사이의 거리가 열 걸음이나 스무 걸음밖에 되지 않았지만 이런 결투에서 치명상을 입는 경우는 거의 없었다. 결투는 거의 대부분 군 장교들 사이에서 일어났다. 해밀턴이 특히 명예를 중시했고 또 오랜 기간 군에 복무했기 때문에 보통 사람들보다 이런 결투와 관련된 일에 더 많이 휘말렸던 것 같다. 그는 결투의 당사자로 혹은 입회인이나 화해 중재자로 결투 사건에 여러 차례 관여했다. 하지만 그가 실제로 결투 당사자로 직접 총을 들고 상대방과 마주선 것은 단 한 차례였고, 그때는 1804년이었다. 그리고 결투 상대는 애런 버였다.[1]

그 전에도 해밀턴이 결투 직전까지 간 적이 있긴 있었다. 마리아 레이놀즈 스캔들로 한창 시끄럽던 1797년이었다. 제임스 먼로가 레이놀즈 부부와 자기 사이에 있었던 일의 진실을 확인해 주지 않자 화가 난 해밀턴은 먼로에게 결투를 신청했다. 여러 달 동안 분노의 말들이 오간 끝에 두 사람 사이의 불화는 김이 빠지고 식어버렸다. 그런데 아이러니하게도 이 결투가 이루어지지 않도록 하는 데 핵심적인 역할을 한 사람이 애런 버였는데, 버는 당시 먼로가 결투 현장에 자기 입회인이 되어 달라고 부탁한 사람이었다.²

해밀턴과 버는 독립전쟁 때 조지 워싱턴의 지휘본부에서 부관으로 함께 일할 때 처음 서로 알게 되었으니까 1804년을 기준으로 하자면 알고 지낸 지가 거의 30년이 다 되었다. 군에서 나온 뒤에는 뉴욕시티에서 변호사로 함께 일을 하면서 자주 접촉했다. 그러나 이 두 사람이 진정하게 친밀한 관계로 발전하지는 않았다. 두 사람 모두 야심이 넘치고 활동적이며 정치적으로 유력한 실력자였기 때문이다. 버는 식민지의 명문가 출신이었다. 그의 외할아버지 조나단 에드워즈(Jonathan Edwards)는 당대 미국에서 가장 유명한 신학자였고, 버의 아버지는 나중에 프린스턴대학교가 되는 학교의 총장을 역임했다.

1789년에 있었던 뉴욕 주지사 선거에서 해밀턴과 버 두 사람 모두 당시 강력한 정치 집단의 수장이던 조지 클린턴(George Clinton)의 재선에 반대했었다. 클린턴은 벌써 12년 동안 주지사직에 있었는데, 이번에도 다시 재선에 성공했다. 클린턴은 자기의 영향력을 강화할 생각으로 버에게 주정부 법무장관이라는 임명직을 제안했고 버는 이 제안을 받아들였다. 그리고 1791년 뉴욕 의회에서 열린 상원의원 선거에서 버는 해밀턴의 장인이던 현직 상원의원 필립 스카일러를 꺾었다. 그리고 양당 체제가 점차 자리를 잡아가면서 버는 클린턴 및 제퍼슨 진영과의 연대를 강화했다. 버지니아의 공화당원들은 버를 별로 좋아하지 않았지만, 뉴욕은 공화당에게 결정적으로 중요한 주였다.

그런데 이미 1792년에 해밀턴은 어떤 편지에서 '공인으로서나 사인으로서나 모두 지조가 없는 사람'이라고 버를 묘사했다. 그리고 시간이 흐르면서 두 사람 사이의 반감은 점차 커졌고, 1800년 대통령 선거 기간 동안에 이 반감은 최고조에 다다랐다. 당시에 버는 토머스 제퍼슨과 대통령 자리를 놓고 경쟁했는데, 공화당 선거인단의 투표는 두 후보에게 똑같은 득표수를 안겨주었다. 결선 투표를 무려 36차례나 거듭했지만 결판이 나지 않았던 것이다. 이런 상황에서 해밀턴은, 두 사람 모두 싫어했지만, 원칙도 없고 도덕성도 없는 버보다는 제퍼슨이 훨씬 낫다고 판단하고 제퍼슨이 대통령이 되도록 연방당 의원들에게 영향력을 행사했다. 그 결과 제퍼슨이 대통령이 되고 버는 부통령이 되었다.* 선거가 끝난 뒤에 잔꾀에 밝은 신임 부통령에 대한 공화당의 반감이 점점 커졌다. 1804년에 다시 대통령 선거가 돌아왔고, 그해 초에 버는 조지 클린턴에게 밀려서 대통령 및 부통령 후보로 나설 수 없게 되었다. 그러자 버는 뉴욕 주지사 선거에 나섰고, 낙마했다. 여기에는 해밀턴의 반대가 부분적으로 작용하긴 했지만 가장 큰 이유는 클린턴이 장악하고 있던 정치 집단이 버를 충분히 강력하게 지지하지 않은 데 있었다.³

아직은 부통령 자리를 유지하고 있긴 했지만 그 어떤 때보다 자기를 비판하는 목소리에 민감해진 버는 더 이상의 좌절은 도저히 받아들일 수 없었다. 그래서 해밀턴이 계속 자기를 나쁘게 말하자 결투를 신청하기로 마음먹었다. 해밀턴은 이 결투를 피하려면 얼마든지 피할 수 있었

• 당시 미국의 대통령 선거는 후보자의 득표 수에 따라 대통령과 부통령이 정해지는 방식이었다. 1796년의 선거에서 연방당의 존 애덤스가 대통령이 되고 공화당의 제퍼슨이 부통령이 된 것도 바로 이 때문이었다.

다. 해밀턴이 버에 대해서 한 발언들은 공식적인 발언이었고 따라서 당시에 통용되던 결투 성립 요건을 충족하지 않았기 때문이다. 하지만 그는 결투를 피하지 않았다. 그에게 결투를 피하는 행위는 명예를 더럽히는 것이었기 때문이다. 뿐만 아니라 3년 전에 아들이 결투에서 목숨을 잃은 아픈 기억도 버의 결투 신청을 받아들이는 데 어느 정도 작용을 했을 것이다. 아들이 아버지의 명예를 지켜주기 위해서 기꺼이 목숨을 내놓았는데, 아버지 본인이 자기 명예를 지키기 위해서 목숨을 내놓지 않을 수는 없었을 것이다.

* * *

1804년 7월 11일 이른 아침, 버를 만나러 가는 길에 해밀턴의 머릿속에는 온갖 감정들이 서로 뒤엉켜 싸움을 벌였다. 사실 그는 버 및 버와의 결투에 대한 자기 태도를 지난 13일 동안 비망록에다 자세하게 적어뒀었다. 자기 생각을 정연하게 기록하는 변호사로서의 습관으로 그는 그 문제에 대한 찬반양론을 다음을 같이 정리했다.

내가 이 만남을 피하고 싶다는 것은 분명한 사실이다. 여기에 대한 가장 설득력 있는 이유로는 다음과 같은 것들이 있다.
 1. 결투는 내가 가지고 있는 종교적·도덕적 원칙에 강력하게 위배된다. 법이 정하고 있는 개인적인 전투 과정에서 동료 생명체가 피를 뿌리도록 해야 한다면 나는 거기에 따른 고통에 시달릴 것이다.
 2. 나의 아내와 아이들은 그 무엇에 비유할 수 없을 정도로 나를 좋아한다. 그리고 나의 아내는 여러 가지 다양한 측면에서 볼 때 아

이들에게 가장 중요한 존재이다.

3. 나는 내가 빚을 지고 있는 사람들에게 책임감을 느낀다. 이 사람들은 만약 내가 잘못될 경우에 내 재산이 강제로 처분될 때 고통을 당할 수도 있다. 나는 나 자신이 정직한 사람으로서, 그들을 이런 위험에 빠트려도 될 만큼 자유롭지 않다고 생각한다.

4. 나는 버 대령에 대해서 악감정을 전혀 가지고 있지 않다고 생각했다. 물론 정치적으로는 그를 반대하는 입장인데 이런 태도는 순수하고 정당한 여러 동기들에서 비롯된 것이다. 어쨌거나 이런 입장은 그에 대한 악감정과 아무런 상관이 없다.

5. 마지막으로, 이 일로 나는 많은 것을 잃을 게 분명하지만 내가 얻을 수 있는 것은 아무것도 없다.

그러나 나로서는 이 일을 피할 수 없다는 것을 분명하게 알고 있다. 그 일에는 내재적인 여러 어려움들이 있었고, 그리고 버 대령의 일 처리 방식에서 인위적인 당혹감들이 있었다.

내재적이라고 하는 것은, 버 대령의 정치적인 원칙이나 견해에 대해서 나는 매우 신랄한 비판을 여러 차례 했으며, 또 이 신사의 개인적인 여러 행동에 대해서도 나는 다른 많은 사람들과 마찬가지로 매우 고까운 비판들을 해왔기 때문이다. (…)

버 대령이 나에게 내가 했던 발언을 부인하라고 요구했지만, 이 요구는 일반적인 측면에서 도저히 수락할 수 없는 것이었다. (…)

아울러, 이와 비슷한 일들과 관련해서 내가 일반적으로 가지고 있는 원칙과 기질로 볼 때, 아무리 내가 내 생각을 확신한다 하더라도 버 대령에게 상처를 입힐 수도 있기 때문이다. 설령 우리의 결투가 보통의 결투대로 진행된다 하더라도 그리고 또 신께서 나에게 어떤 기회를 준다 하더라도, 나는 내 첫 번째 총알을 포기하기로 결심했다. 심지어 두 번째 총알까지도 포기할 생각을 했다. 이렇게 함으로써 버 대령에게 이 결투를 멈추고 다시 한 번 생각할 기회를 줄 참이다.[4]

해밀턴은 버를 죽이거나 다치게 할 생각이 없었다. 용기가 없어서는 물론 아니었다. 이런 용기라면 독립전쟁 때나 그 이후로 수도 없이 많이 증명했다. 해밀턴은 아들이 총격을 받았던 위호켄의 결투 현장과 거의 동일한 지점에서, 이미 결심했던 대로 자신의 첫 발을 허공에 쏘았다. 그가 쏜 총알은 버의 왼쪽으로 4피트(120센티미터)나 떨어진, 그리고 그의 머리보다 한참 위에 있는 나무로 날아갔다.

하지만 버는 해밀턴을 정조준했다. 버가 쏜 총알은 해밀턴의 오른쪽 엉덩이 윗부분을 맞혔고 간을 관통한 다음 척추뼈에 박혔다. 순간적으로 해밀턴은 하반신이 마비되면서 쓰러졌다. 해부학을 잘 알고 있던 그는 즉각적으로 치명상을 입었음을 알아차렸다. 그리고 친구들과 가족들에 둘러싸인 채 31시간 동안 격심한 고통에 시달렸다.

* * *

그의 죽음으로 온 미국이 들썩거렸다. 여러 신문들이 앞을 다투어서 해밀턴이 독립전쟁에서 수행했던 역할, 재무부장관으로 있으면서 이룩했던 탁월한 업적 그리고 비범하고도 극적인 그의 삶을 기사로 실었다. 한편 여전히 부통령 지위이던 버는 살인죄 기소를 피해서 조지아로 달아났다. 나중에 이 살인죄 혐의는 기각되었다.

뉴욕에서 처리진 그의 장례식은 그 도시가 생긴 이래로 가장 성대하게 치러졌다. 가장 유명한 시민의 갑작스러운 죽음에 충격을 받은 시민 수천 명이 거리로 나왔다. 그는 브로드웨이와 월스트리트가 교차하는 지점에 있는 트리니티교회의 묘지에 묻혔다. 그의 묘비석에 새겨진 글 가운데 일부는 다음과 같다.

부패를 모르는 청렴한 애국자
용맹함을 인정받은 군인
원숙한 지혜를 가진 정치인
1804년 7월 12일, 47세로 사망

뉴욕의 시민들은 1달 넘게 검은색 상장(喪章)을 팔에 찼다.
해밀턴은 결투 장소로 나가기 전에 결투에 임하는 심정을 적은 메모 뿐만 아니라, 혹시 자기가 죽을 경우에 대비해서 아내에게 짧은 편지도 1통 썼다.

사랑하는 엘리자, 어쩌면 이 편지는 당신에게 전달되지 않을 수도 있습니다. 지상에서의 내 삶이 종료되지 않는다면 그렇게 될 것입니다. 간절하고도 겸손하게 신의 은총과 자비를 바라는 마음이 통한다면, 행복하게도 나는 삶을 계속 이어갈 수 있겠지요.
만일 내가 그 결투를 피할 수 있었다면, 아마도 그것은 순전히 당신과 우리의 소중한 아이들을 향한 사랑 때문이었을 겁니다. 하지만 그것은 불가능했습니다. 그게 가능할 수 있으려면 나 자신을 당신의 존경을 받을 가치가 없는 인간으로 만들어야만 했는데, 그렇게 할 수는 없었으니까요. 내가 느끼는 아픈 마음을 굳이 당신에게 말할 필요는 없겠지요.

굳이 그렇게 해서 당신의 마음을 더욱 아프게 하고 싶지는 않습니다. 게다가, 나를 남자답지 못하게 만드는 이 이야기를 더 하고 싶지 않습니다.

신앙의 위로만이 사랑하는 당신을 지탱해 줄 겁니다. 당신은 이런 위로를 받을 자격을 충분히 가지고 있습니다. 신의 가슴에 안겨 평온한 위안을 받기 바랍니다. 그리고 마지막으로, 보다 나은 세상에서 다시 당신을 만날 행복한 기대를 가슴에 품고 있겠습니다.

안녕, 세상에서 최고인 아내이자 최고의 여성인 당신, 사랑하는 아이들을 나 대신 따뜻하게 안아주시오.

언제나 당신의,

AH[5]

PART II
앨버트 갤러틴
1761~1849

CHAPTER 15
신세계를 선택하다

제네바 출신의 이민자 앨버트 갤러틴(Albert Gallatin)은 세인트크로이 섬 출신의 이민자였던 알렉산더 해밀턴이 조지 워싱턴 대통령을 위해서 했던 것과 똑같은 역할을 토머스 제퍼슨 대통령과 제임스 매디슨 대통령을 위해서 했다. 갤러틴은 1801년부터 1813년까지 재무부장관으로 있으면서 연방정부의 재정 관련 정책과 사업을 지배했다. 그런데 그의 활동 범위는 재정 분야에 국한되지 않고 외교정책, 군사 전략 그리고 미국 서부 개발 분야로까지 확장되었다.[1]

* * *

1795년부터 1801년까지 하원의원이었던 갤러틴은 애팔래치아 산맥 서쪽에 살던 사람으로서는 최초의 유력한 연방의회 의원이기도 했다.

그림14 앨버트 갤러틴의 동상, 제임스 얼 프레이저(James Earle Fraser) 제작, 1947년. 이 동상은 워싱턴디시에 있는 재무부 청사의 북쪽 광장을 내려다본다.

1801년에 제퍼슨이 그를 재무부장관으로 임명했을 때 그는 또한 미국 역사상 연방정부의 각료로 임명된 사람 가운데 최초의 서부 출신 정치인이기도 했다. 그는 서부의 이주민 정착 및 서부의 경제 발전을 위해서 그리고 미국의 공공용지를 사회적 공익을 위한 자산으로 바꾸어놓기 위해서 다른 어떤 연방 관료보다도 많은 일을 했다. 이것이 바로 그가 이룩한 업적의 핵심으로, 재정의 현대화라는 해밀턴의 업적과 대비된다.[2]

해밀턴과 갤러틴은 정치적으로 적이었다. 그러나 두 사람 사이에는 많은 공통점이 있었다. 우선 9살이라는 어린 나이에 부모가 없는 고아가 되었다. 10대에 미국으로 이주했으며 나중에는 뉴욕 명문가의 딸과 결혼했다. 눈부신 지성의 소유자였으며, 숫자와 셈에 특히 빨랐고, 특이할 정도로 탁월한 행정 능력을 가지고 있었다(당시로서는 이런 능력을 가진다는 건 매우 드문 일이었다). 또 두 사람은 같은 시대를 살던 사람과 경쟁해서 그 누구와도 지지 않을 능력을 가지고 있었으며, 노예제도에 반대해 노예 해방을 촉진하는 단체에 가입했다.

두 사람 모두 생각이 깊은 사람이었다. 그러나 벤저민 프랭클린처럼 자서전을 쓰지도 않았고 토머스 제퍼슨처럼 일기나 비망록을 쓰지도 않았다. 하지만 두 사람은 각자 모두 합쳐서 수천 쪽 분량이나 되는 편지와 팸플릿과 정부 보고서를 남겼다. 두 사람의 문체는 프랭클린처럼 소박하면서도 꿈을 꾸는 듯한 것도 아니었고 제퍼슨처럼 격정에 불타는 것도 아니었다. 신중하며 사실을 바탕으로 한 분석을 거쳐 언제나 상세한 정책적 처방으로 이어지는 것이었다. 두 사람의 성격을 놓고 비교하자면 해밀턴이 갤러틴보다 더 기운차고 대담했다. 꾀바름이라면 갤러틴이 한 수 위어서 사람들은 해밀턴과 일하는 것보다 갤러틴과 일하는 것을 더 편하게 여겼다. 그래서 어쩌면 사람들은 갤러틴을 쉽게 여겼을 수도 있는데, 사람들이 이런 오해를 한다는 사실을 잘 알고 있던 갤러틴은 이런 오해를 오히려 유리하게 이용하기도 했다.

갤러틴은 178센티미터의 키에 68킬로그램의 몸무게로 해밀턴보다 7센티미터 더 컸고 몸무게도 11킬로그램이나 더 무거웠다. 멍하게 넋을 놓은 듯한 표정과 커다란 코 그리고 일찍부터 조짐을 보인 대머리 때문에, 여성의 시선을 끄는 외모적인 매력은 해밀턴에 뒤처졌다. 뿐만 아니라 글솜씨와 말솜씨 모두 해밀턴의 상대가 되지 않았다. 사실 그 누가 그 방면에서 해밀턴의 상대가 될 수 있었을까. 이와 관련해서 갤러틴은 다음과 같이 회상했다.

"나는 말을 정말 잘 못했다. 외국어(영)에로 그것도 지독하게 나쁜 발음으로 사람들 앞에서 연설해야 하는 엄청난 어려움을 극복해야만 했다."[3]

비록 갤러틴이 미국 땅을 처음 밟은 건 20살 이전이었지만 그의 프랑스식 억양은 평생 그를 따라다녔다.

이 세대 정치인들을 대상으로 한 초기 분석가로 가장 유능했던 인물인 헨리 애덤스(Henry Adams)는 해밀턴과 갤러틴이 미국 정치에서 수행했던 특별한 역할을 정확하게 포착했다. 그는 오로지 이 두 사람만이 '미국적인 체계 아래에서 실천적인 정치력이 어떤 것인지 알고 싶은 사람들이 연구할 필요가 있는 대상'이라고 썼다. 제2대 대통령 존 애덤스의 증손자이자 제6대 대통령 존 퀸시 애덤스의 손자였던 역사가 애덤스는 계속해서 다음과 같이 썼다.

"워싱턴과 제퍼슨이 우리의 국가적 특성과 야망을 가장 잘 대표했던 출중한 지도자였음은 의심할 여지가 없다. 그러나 워싱턴은 해밀턴에 깊이 의존했으며, 제퍼슨도 갤러틴이 없었더라면 손도 쓰지 못하고 난감했을 것이다."**4**

여기에서 '손도 쓰지 못하고 난감했을(helpless)'이라는 표현은 물론 조금은 과장되었다. 하지만 적어도 애덤스가 지적하고자 했던 행정적인 측면만을 놓고 보자면 결코 과장이 아니다.

애덤스는 또 제퍼슨과 제임스 매디슨 그리고 갤러틴 세 사람을 언급하면서 '삼두정치'라는 표현을 썼지만, 이 표현은 갤러틴의 역할을 과대평가한 게 결코 아니다. 아닌 게 아니라 1813년에 보스턴 출신의 조시아 퀸시(Josiah Quincy)는 '2명의 버지니아인과 1명의 외국인'이 최근까지 12년 동안 미국을 지배했다고 말했을 정도이다. 차분한 평정심과 빈틈없는 판단으로 갤러틴은 제퍼슨의 관념적인 열정과 매디슨이 자주 보였던 우유부단함을 보완했다. 만일 이 두 대통령이 갤러틴의 말에 조금 더 많이 귀를 기울였다면 아마도 보다 많은 성공을 거둔 대통령이 되었을 것이다.**5**

* * *

에이브러햄 알폰세 앨버트 갤러틴(Abraham Alfonse Albert Gallatin)은 1761년에 스위스의 제네바에서 태어났다. 해밀턴이 서인도 제도에서 태어나고 4년 뒤였다. 갤러틴 가문의 조상은 사부아˙에서 살다가 1510년에 제네바로 이주했고, 그때부터 그 후손은 줄곧 제네바에서 살았다. 앨버트의 아버지는 귀족 지주이자 시계를 파는 사람이었는데, 앨버트가 4살때 죽었다. 그러자 그의 어머니가 가업을 맡아서 운영했는데, 아들은 카

• 프랑스 남동부, 이탈리아와 접하는 옛 지방의 이름.

트린느 픽텟(Catherine Pictet)이라는 부유한 독신 여성에게 양육을 맡겼다. 픽텟은 앨버트 어머니의 절친한 친구이자 아버지의 먼 친척이기도 했다. 그런데 앨버트가 9살 되던 해에 어머니마저 세상을 떠났다. 하지만 그때 앨버트는 사실상 카트린느 픽텟의 양자나 마찬가지로 살고 있었다. 그녀는 앨버트를 위해서 여러 명의 가정교사를 고용했으며, 앨버트가 12살이 되자 지금으로 치면 중학교에 해당되는 제네바칼리지에 보냈고, 14살이 되었을 때는 제네바아카데미에 진학시켰다. 제네바아카데미는 지금의 대학교 수준이었다.[6]

당시 인구 2만 5,000명의 도시이던 제네바는 (지금도 마찬가지이지만) 매우 독특한 지정학적 특성을 가지고 있었다. 면적은 좁았고(채 16평방킬로미터가 되지 않는다) 프랑스 쪽으로 쑥 들어가 있었다. 그리고 예나 지금이나 알프스 산맥으로 둘러싸여 있으며 자연의 아름다움을 그대로 간직하고 있다. 갤러틴 시대에 스위스연방의 한 단위였던 이 도시는, 면적이 이 도시의 30배도 훨씬 넘는 레만 호(일명, 제네바 호)에 의해서 스위스와는 단절되어 있었다. 유럽에서 주요 강으로 꼽히는 론 강도 레만 호의 물을 받아서 이어진다. 제네바는 왕국이 아니라 독립공화국이었고 시민 2,000명이 투표권을 행사했는데, 이는 당시로서는 매우 이례적인 일이었다.

아울러 제네바는 독특한 문화를 가지고 있었다. 비록 제네바가 저 유명한 시계 산업과 갑작스럽게 발전한 은행 산업으로 부자 도시가 되긴 했지만, 이 도시의 지역적인 도덕률의 뿌리는 여전히 프로테스탄트 신학자이자 제네바의 역사에서 가장 유명한 인물이던 존 칼빈(John Calvin, 1509~1564)에 있었다. 이와 관련해서 갤러틴은 다음과 같이 회상했다.

"그런 영향으로 훌륭한 부모를 둔 젊은이가 게으름을 피우는 일을 수치스러운 행위로 여겼습니다. 모든 사람들은 다 자기에게 주어진 재능을 동원해서 최대한 열심히 일을 해야 했습니다."[7]

갤러틴이 이런 환경에서 성장한 사실은 그가 나중에 해밀턴에 뒤지지 않을 정도로 일 중독자가 되는 것과 무관하지 않을 것이다.

칼빈의 엄격한 종교적 규율은 제네바 시민들로 하여금 보석으로 치장하고 다니지 못하도록 금했다. 심지어 도시 안에서는 마차를 사용하지도 못하게 했다. 갤러틴은 이런 철저한 금욕과 절약을 평생 실천하며 살았다. 갤러틴은 칼빈이 남긴 가장 큰 유산은 교육을 중시하는 태도라고 믿었다. 두드러진 교육열 덕분에 제네바의 사람들은 유럽에서도 가장 교육 수준이 높았다. 제네바에서 태어난 철학자인 루소와 볼테르도 갤러틴이 청춘 시절을 보낼 즈음에 이 도시에서 혹은 이 도시 인근에서 살았다. 이 철학자들의 저작물은 비록 때로 종교적인 이유로 금서 목록으로 지정되긴 했지만 높은 수준의 사색과 분석을 자극하고 권장했다. 이런 환경 덕분에 면학가 기질을 가지고 있던 갤러틴은 미국으로 이주한 다른 많은 청년들에 비해서 지성의 깊이가 훨씬 더 깊었다. 제네바아카데미에서 그는 수학과 라틴어 번역 그리고 자연철학(이것은 자연과학을 일컫던 전통적인 표현이다) 과목에서 자기 반에서 1등을 했다.[8]

제네바아카데미를 졸업할 무렵에 갤러틴은 이미 양어머니의 엄격함 및 제네바의 꽉 막힌 분위기를 못 견뎌 했다. 그는 무척 강한 독립심의 소유자였던 것이다. 아카데미에서 함께 공부했던 두 친구 앙리 세레(Henri Serre)와 장 바돌레(Jean Badollet)와 함께 제네바를 떠나 대서양 건너 광대한 땅이 개발을 기다리고 있는 미국으로 가기로 결심했다. 이때가 갤러틴이 19살이고 미국이 독립전쟁을 벌이던 1780년이었다. 또한 알렉산더 해밀턴 중령이 약혼녀에게 편지를 써서 만일 전쟁에서 미국이 진다면 결혼을 한 뒤에 제네바로 이주하자고 했던 바로 그 무렵이기도 했

다.⁹

미국으로 이주하기로 결심한 갤러틴과 그의 두 친구는 낭만적인 꿈에 뿌리를 둔 심리적 충동에 이끌려서 행동했다. 해밀턴이 세인트크로이 섬을 떠날 때와 다르게 이 세 청년의 등을 떠밀어 제네바를 떠나게 만든 것은 스스로 머릿속에 그리던 상상 말고는 아무것도 없었다. 갤러틴이 그처럼 문화적 소양이 깊은 도시이자 자기 조상이 1510년 이후로 계속 살아왔던 도시이며 또한 충분히 높은 사회적 지위를 누릴 수 있던 도시를 미련 없이 훌쩍 떠났다는 사실은 매우 특이하게 보인다. 그는 대담한 청년이었다. 하지만 갤러틴이나 그의 두 친구는 미개척지 그대로 남아 있는 세상에서의 삶이 어떤 것일지 그저 모호하게만 알고 있었을 뿐이다. 게다가 그들은 영어를 거의 할 줄 몰랐다. 그런 이들이 모국어인 프랑스어가 통용되는 퀘벡이 아니라 굳이 미국으로 간 이유는 무엇이었을까?

그들은 반항 심리에 사로잡혀 있었고, 그랬기에 존재 자체가 반항인 땅으로 가고자 했던 것이다. 그들은 루소가 가르치는 자연주의 도덕규범이 미국에서는 실현될 수 있을 것이라고 믿은 듯하다. 미국이라는 신세계에서는 자기들도 부유한 지주가 될 수 있을 것 같고 또 좋은 일을 하면서 잘살 수 있을 것 같다는 생각을 했을 것이다. 한 번도 농사를 지어본 적이 없고 따라서 실패할 가능성이 높다는 사실도 이들의 결심을 막지 못했다. 막대한 토지를 가진 지주가 되겠다는 그들의 꿈은 방향이 잘못 설정된 환상이었다.

갤러틴이 자기 재능은 토지를 경작하고 농사를 짓는 데 있지 않고 돈이나 그 밖의 금융적인 여러 도구들을 다루는 데 있다는 사실을, 다시 말해서 부동산의 토지가 아니라 동산의 자본을 다루는 데 있다는 사실을 깨닫기까지는 장차 10년이라는 세월이 걸린다. 갤러틴의 재능은 제퍼슨이나 매디슨의 재능보다는 해밀턴의 재능을 더 많이 닮았다. 바로 이런 점 덕분에 그는 나중에 제퍼슨과 매디슨이라는 두 버지니아인과 공화당에 그토록 유용하며 없어서는 안 되는 인물이 된다. 갤러틴이 제네바를 떠나기 100년 전에 이미 제네바에는 여러 은행들이 있었다. 그랬기에 그는 은행이라는 존재를 당연하게 받아들이고 있었다. 제퍼슨이나 매디슨은 도무지 이해할 수 없었던 방식으로…….

* * *

갤러틴은 그 누구에게도 심지어 양어머니에게도 말하지 않고서 앙리 세레와 함께 제네바를 떠났다. 그때가 1780년 4월 1일이었다. (두 사람의 친구인 장 바돌레는 몇 년 뒤에 두 사람의 뒤를 따른다.) 갤러틴과 세레는 21세기 초를 기준으로 할 때 약 5,000달러 상당의 돈을 가지고 있었다. 이 돈이면 뱃삯을 치르고, 또 미국에서 대지주의 장대한 꿈을 펼치기 전에 우선 작은 가게 하나는 충분히 열 수 있었다. 두 친구는 4주 동안 프랑스를 가로질러서 낭트에 도착했다. 자기들이 맞이하게 될 상황이 어떤 것인지 여전히 모르고 있던 그들은 미국 배 케이티호 탑승권을 샀다. 또한 미국에 도착하면 팔아서 이문을 챙기려고 가진 돈을 다 털어서 차를 9상자 샀다.

매사추세츠까지는 7주가 걸리는 먼 뱃길이었다. 어항이던 글로체스터에 내린 갤러틴과 세레는 남쪽으로 64킬로미터 떨어진 보스턴으로 향했다. 일자리를 찾기 위해서였고 또한 더욱 절실하게는 프랑스어를 할 줄 아는 사람을 만나기 위해서였다. 차 판매는 계획한 것처럼 제대로 잘

되지 않았다. 갤러틴은 보스턴이 제네바만큼이나 청교도적이라는 사실을 발견했다. 모험이나 오락의 기회가 거의 없었던 것이다. 보스턴 사람들은 영국과의 전쟁에 온통 사로잡혀 있었지만 갤러틴이나 세레는 군인이 되는 데는 전혀 관심이 없었다.

운이 좋게도 두 아이는 제네바 인근에서 성장해서 미국에 와 있던 보스턴 사람을 만나 그 사람과 함께 작은 배를 타고 보스턴에서 북동쪽으로 400킬로미터 떨어진 작은 마을 마키아스에 있는 포트게이츠로 향했다. 하지만 두 아이의 이 결정은 여전히 세상물정 모르는 것이었다. 마키아스는 (당시에는 매사추세츠에 속해 있던) 메인의 최북단 해안에서 내륙으로 8킬로미터 떨어진 지점에 있었고, 두 아이를 데리고 간 남자의 아들은 포트게이츠 인근 즉 캐나다와의 국경 부근에 있던 작은 전진기지에 주둔하던 미군 부대의 군인이었다. 이곳으로 향하기 전에 두 아이는 군인이나 토착 미국인(인디언)에게 팔려고 약간의 술과 설탕 그리고 담배를 샀다. 그 물건들을 짐승의 모피와 맞바꿀 생각이었다. 두 아이가 마침내 거기에 도착했을 때는 10월 중순이었고, 메인의 사나운 겨울이 막 시작되던 참이었다. 이들이 보스턴에서 사 가지고 간 물건들을 사준 사람은 딱 한 사람뿐이었다. 포트게이츠의 종군(從軍) 매점 상인이었고, 이 상인은 물품값으로 대륙 통화 100달러를 주었다.

앞날이 깜깜했음에도 불구하고 갤러틴과 세레는 계속해서 마키아스에서 머물며 겨울을 보냈다. 그리고 봄도 보내고 여름도 보내면서 무언가 신나고 멋진 일이 일어날 것이라는 마음을 가지고 기다렸다. 하지만 아무 일도 일어나지 않았다. 이번에는 갤러틴이 우겨서 두 사람은 함께 보스턴으로 되돌아왔다. 그 무렵에 제네바에 있던 갤러틴의 양어머니 카트린느 픽텟은 두 아이를 추적해서 이들이 보스턴에 있다는 사실을 확인했다. 그리고는 보스턴에 친구를 둔 제네바 사람 몇몇을 설득해서 두 아이를 도와주도록 손을 썼다. 픽텟이 이렇게 손을 쓴 덕분에 알거지가 되어 있던 갤러틴과 세레는 하버드칼리지에 프랑스어 강사로 취직했다. 갤러틴은 하버드칼리지의 다른 강사들이 내던 것과 같은 금액의 숙식비를 지불했다. 70명의 학생이 그가 강의하던 여러 강좌에 등록했고, 그는 이렇게 프랑스어를 가르치며 매사추세츠 케임브리지에서 2년 동안 보냈다. 이 과정에서 그의 영어 실력이 점차 늘어났고, 그동안 그는 다음 모험지를 어디로 정해야 할지 곰곰이 생각했다.

CHAPTER 16

서부로, 서부로

갤러틴은 뉴잉글랜드를 싫어했다. 그때도 그랬고, 그 뒤 평생 동안 그랬다. 그의 꿈은 처음부터 애팔래치아 산맥 너머 서부에서 대농장 지주가 되는 것이었다. 그는 여러 해가 지난 뒤에 다음과 같이 썼다.

"초기 영국인 이주자들의 눈으로 볼 때 드넓은 들판은 문명인에게 스스로를 활짝 열었다. 그들에게 주어진 과제는 황무지를 개척하고 무한하게 거주민의 숫자를 늘려서 대륙 구석구석에 정착하며, 자기들이 가지고 온 제도와 문명을 대서양과 태평양 사이의 그 대륙에 뿌리내리는 것이었다."

그들에게 이것은 자기 고향 도시를 비하하는 것이 아니었다.

"그러나 제네바의 상황은 정확하게 이것의 반대였다."[1]

* * *

다른 많은 이민자들과 마찬가지로 갤러틴의 눈은 여전히 미국 서부의 토지를 소유하겠다는 꿈에 초점이 맞추어져 있었다. 갤러틴은 거의 처음부터 아주 구체적인 계획을 가지고 있었다. 1780년 10월, 겨우 19살밖에 되지 않은 나이로 앙리 세레와 함께 여전히 메인에 발이 묶여 있던 그 시기에 장 바돌레에게 쓴 편지에서 갤러틴은, 유럽의 농민들을 미국으로 이주하도록 설득함으로써 자기들 셋이 부자가 될 수 있다고 썼다. 서부의 땅을 산 다음에 유럽의 농민들이 대서양을 건너는 뱃삯을 지불하고 또 이들이 도착한 다음에는 1년 동안 생활을 지원하자고 했다. 그 다음에는 어떻게?

"이 농민들이 우리가 제공한 땅에 곡물을 심어서 수확하면 수입의 절반을, 목초지인 경우에는 수입의 4분의 1을 우리에게 내도록 하는 거야. 이렇게 해서 땅값을 10년이나 15년 혹은 20년에 걸쳐서 갚도록 하는 거지. 이 기간은 길면 길수록 좋아. 그리고 이 상환 기간이 끝나면 그 땅의 절반이나 4분의 1은 그 농민들 소유가 되는 거야."**2**

하지만 이 계획은 3년 동안 유예되었다. 제네바에서 온 아이들에게는 토지를 매입하거나 다른 곳에 투자할 돈이 없었기 때문이다. 갤러틴이 자기가 꾸던 꿈을 좇을 수 있는 최초의 실질적인 기회는 그가 보스턴에서 만난 장 사바리(Jean Savary)라는 프랑스 사람에게서 비롯되었다. 이 사람은 전시 물자를 버지니아에 공급하는 부유한 프랑스 상인의 대리인이었다. 사바리는 영어로 말을 할 줄도 몰랐고 글을 쓸 줄도 몰랐는데, 이 사람이 갤러틴더러 자기가 남쪽으로 멀리 리치먼드까지 여행을 할 텐데 자기와 동행해서 통역을 해달라고 부탁한 것이다. (그때 갤러틴은 미국에 온 지 이미 3년이 지나서 영어로 의사소통을 하는 데 아무런 문제가 없었다.) 사바리는 리치먼드에서 버지니아의 공유지에 대한 자기 의뢰인의 권리를 주장할 것이라고 했다.

그런데 이 여행 도중에 갤러틴은 뉴욕과 필라델피아에서 (본인의 표현을 빌자면) '부유한 척하는 분위기'를 목격했다. 하지만 그에게는 뉴욕이든 필라델피아든 그런 도시에 자리 잡을 마음이 전혀 없었다. 그가 죽은 부모의 유산을 물려받을 수 있는 나이인 25살이 되려면 아직 3년을 더 기다려야 했다. 그 사이에 사바리는 갤러틴이 19살에 구상했던 거대한 사업, 즉 토지를 매입한 다음에 이것을 빌려주거나 되파는 사업을 시작하는 데 도움을 줄 터였다. 당시에 갤러틴은 최상의 기회는 뉴잉글랜드에도 있지 않고 남부 깊숙한 곳에도 있지 않으며 펜실베이니아와 버지니아 서쪽 지역에 있다고 판단했다. 당시 버지니아는 매우 큰 주였다. 현재의 켄터키와 웨스트버지니아까지 모두 아우르고 있었기 때문이다. 반면 1780년에 펜실베이니아가 편입된 북부의 몇몇 지역들에 대한 소유권은 다소 불분명했다.

로버트 모리스, 벤저민 프랭클린, 조지 워싱턴과 같은 유명 인사들을 포함해서 수천 명의 미국인이 벌써 토지 투기를 시작한 뒤였다. 리치먼드, 볼티모어 그리고 그 밖의 여러 도시들이 토지를 매입하는 데 필요한 이른바 '보증서' 매매의 주요 중심지가 되어 있었다. 그런데 미개발지역인 애팔래치아 지역의 토지 보증서는 가격이 쌌다. 서부에서 수확한 곡물을 애팔래치아 산맥 너머 동부의 시장으로 수송하는 데 어려움이 많았기 때문이다.[3]

보스턴에서 리치먼드로 가는 여행길에서 갤러틴과 사바리는 볼티모어에서 잠시 발길을 멈추었고, 이곳에서 사바리는 오하이오 리버밸리에 있는 12만 에이커에 대한 토지 보증서를 샀다. 그리고 그는 이 가운데 4분의 1에 대한 권리를 갤러틴에게 넘기기로 했다. 대금은 몇 년 뒤에 갤러틴이 유산을 상속받으면 그때 갚는다는 조건이었다. 그런데 그 4분의 1 토지의 넓이는 자그마치 제네바의 약 7.5배나 되었다. 갤러틴은 여전히 큰 꿈을 꾸고 있었던 것이다. 이 토지의 일부는 오하이오 강과 닿아 있어서 미시시피로 그리고 다시 남쪽 뉴올리언스로 화물을 운송하기 좋았다. 그리고 그 토지의 많은 부분이 머농거힐라 강을 따라 놓여 있었는데, 이 강은 현재의 웨스트버지니아를 관통해서 피츠버그에서 앨러게니 강과 만나 오하이오 강이 된다. 당시의 다른 사업가들과 마찬가지로 갤러틴은 오하이오 강을 동쪽으로 흘려서, 대서양까지 나아가는 포토맥 강과 연결하면 좋겠다는 생각을 가지고 있었다(나중에 갤러틴은 이 거대한 목적을 위해서 공공도로 및 운하를 계획하는 데 중심적인 역할을 한다). 그가 여행의 최종 목적지인 리치먼드에 도착했을 때 앨러게니 산맥 서쪽으로 난 '인공 도로'는 단 한 곳도 없었다.[4]

리치먼드에 도착했을 때를 갤러틴은 다음과 같이 회상했다.

"여행을 하던 도중에 그 어떤 곳에서도 받아보지 못했던 저 유명한 버지니아 인심을 실감했다."

그가 만난 모든 사람이 그에게 관심을 가졌다.

"나는 단지 연방정부의 채권자 대리인의 통역인에 지나지 않았다. 그러나 이런 자격만으로도 나는 정부의 모든 관리들을 만나서 인사를 나누었고 심지어 의회의 가장 유명한 의원들까지도 만날 수 있었다. 덕분에 나는, 내가 전혀 알지 못했던 내 재능의 어떤 희미한 가능성을 처음으로 드러낼 수 있었다. 심지어 연설가로서의 재능까지도 말이다."

나중에 연방정부의 대법원장이 되는 존 마셜의 경우 '1783년에 28살의 젊은 변호사였지만 (…) 나를 자기 사무실로 데리고 가서 내가 탁월한 변호사가 될 수 있을 것이라고 자신감을 심어주었다. (…) [주지사이던]

패트릭 헨리는 나더러 서부로 가면 내가 법률을 공부할 수 있을 것이라며 거기로 가라고 조언하면서, 아마 내가 나중에 정치인이 될 것 같다고 예언을 하기도 했다.'[5]

비록 당시에 갤러틴은 협상가로서의 자질을 막 싹틔우고 있긴 했지만, 사바리의 의뢰인이 제기했던 토지에 대한 권리를 확보하는 데 실패했다. 그 뒤 갤러틴과 사바리는 필라델피아에서 여러 달을 머물면서 서부 펜실베이니아와 북서부 버지니아를 탐사할 계획을 세웠다. 그곳의 땅을 사들일 계획을 가지고 있었던 것이다. 그런데 두 사람이 산맥을 넘자마자 곧 자기들이 가진 볼티모어의 보증서들이 지정한 땅 대부분이 풀이 우거진 들판이 아니라 가파른 언덕이라서 농사를 짓기에 적합한 땅이 아니라는 사실을 깨달았다. 이런 일은 서부의 땅에 투자를 했던 수백 명의 투기꾼들이 맞았던 절망적인 상황이기도 했다.

그러나 갤러틴은 거대 지주가 될 것이라는 자기 꿈을 이룰 수 있는 열쇠를 버지니아가 쥐고 있다는 믿음을 여전히 버리지 않고서, 필라델피아만큼이나 자주 리치먼드로 여행을 했다. 1785년에 그는 버지니아 주정부에 충성을 다할 것을 맹세하고 미국 시민이 되었다. 그 무렵에 독립전쟁은 끝이 났고 갤러틴은 24살이 되었다. 그의 프랑스인 후원자이던 사바리는 개척지 땅에 대한 투자에 예전과 같은 매력을 느끼지 못했고 또 인디언의 위협에 질린 나머지 대서양 연안으로 가버렸다.[6]

갤러틴과 사바리의 동업은 그 뒤로도 4년 동안 더 이어졌지만, 두 사람 사이의 개인적인 관계는 예전과 같지 않았다. 제네바에서 갤러틴과 같은 반 친구였고 또 미국으로 함께 건너온 그의 가장 친한 친구 앙리 세레는 하버드칼리지에서 약속했던 강의 기간이 끝나는 대로 버지니아에서 그와 합류하기로 약속했었다. 그러나 세레는 자메이카로 건너갔고, 자메이카에 도착하고 얼마 지나지 않아서 20대 중반의 나이로 사망했다.

*＊＊

이제 갤러틴은 혼자였다. 하지만 그동안 미국에 대해서 많은 지식을 쌓았다. 보스턴, 뉴포트, 뉴욕, 필라델피아, 볼티모어 그리고 리치먼드 등에 거주하거나 방문했다. 노포크와 찰스턴 그리고 사바나 등과 같은 남쪽의 여러 항구들을 제외하고는 미국의 주요 도시들에 대해서 알 만큼 알게 된 셈이었다. 버지니아 서부 지역과 펜실베이니아를 탐사하고 그곳의 땅들을 매입했으며, 이 과정에 미국의 미래를 결정해줄 것처럼 보이던 광대한 황무지에 익숙해졌다. 그는 또 동부로도 자주 여행을 했다. 특히 리치먼드와 필라델피아에 자주 갔다. 물론 북쪽으로도 자주 여행을 했다. 한번은 코네티 밸리에 도착했다는 소식에 하버드의 친구들은 깜짝 놀랐다. 이 친구들은 갤러틴이 인디언에게 죽임을 당했다는 소식을 그 이전에 신문을 통해서 접했기 때문이었다. 제네바에 있는 그의 양어머니도 이 소문을 듣고 당시 프랑스에 공사로 와 있던 토머스 제퍼슨에게 소문의 진위를 물었다. 그녀는 '허영'과 '게으름'을 꾸짖는 편지를 아들에게 수도 없이 많이 썼다. (그런데 사실 그녀가 염려했던 그의 이런 생활 태도는 실제 그의 모습과는 정반대였다.)**7**

1786년에 갤러틴은 마침내 부모가 남긴 유산을 상속받았다. 양어머니는 필라델피아에 있던 로버트 모리스의 회사의 환어음을 통해서 그가 상속받은 전체 유산의 4분의 1을 송금했다. 21세기 초를 기준으로 환산하면 약 6만 5,000달러쯤 되는 돈이었다. 불경기에 시달리던 1780년대에 이 돈은 상당히 큰돈이었다. 갤러틴은 이 돈의 일부로 땅을 더 샀다. 그리고 비옥한 농토로 바뀔 것이라고 믿어 의심치 않았던 펜실베이니아의 페이에트 카운티의 경치 좋은 400에이커의 땅에도 저택을 짓고 살겠다고 마음을 먹었다. 그가 선택한 곳은 펜실베이니아에서도 남서쪽 구석이라 버지니아 및 메릴랜드와의 경계선이 멀지 않았다. 그곳에 갤러틴은 조지 시대의 건축 양식을 따른 근사한 석조 건물을 짓고 '프렌드쉽힐(Friendship Hill, 우정의 언덕)'이라고 이름을 지었다.**8**

그곳에서 가장 가까이 있던 정착지는 피츠버그로, 북쪽으로 약 80킬로미터쯤 떨어져 있었다. 피츠버그는 강 3개가 합류하는 지점으로 교통의 요지라는 지정학적 특성 때문에 상업의 중심지였다. 몇 년 뒤에 유럽에서 전쟁이 일어나 제네바와 스위스연방이 위험해지자 갤러틴은 적어도 자기가 스위스 사람들을 미국에 정착시킬 수 있을 것이라고 믿었다. 이렇게만 할 수 있다면 '우주에서 가장 자유로운 나라'라고 믿던 미국에 자유를 사랑하는 농민들의 공동체를 건설할 수도 있었다.**9**

제네바 사람들을 펜실베이니아에 정착시키겠다는 그의 계획은(사실 이 계획은 9년 전에 처음 꾸었던 꿈을 구체화한 것이었다) 보기보다는 그래도 조금은 덜 '말이 안 되는 것'이었다. 제네바에서 친구 장 바돌레가 마침내 미국으로 건너와서 프렌드쉽힐 가까이에 정착했다. 스위스 사람들을 이주시킨다는 계획의 성사 가능성이 비록 적긴 했지만, 그렇다고 아주 없었던 것은 아니다. 갤러틴의 사고방식은 대부분의 다른 사업가들과 다르지 않았다. 확실한 사업을 추구하지 않고, 비록 확실한 성공이 보장되지는 않았지만 만약 성공을 하면 엄청난 보상을 누릴 수 있는 그런 사업을 추구했던 것이다. 그가 생각한 전략은 자기 집과 여러 개의 농장 그리고 또 제법 되는 사업체들을 포토맥 강과 오하이오 강 사이에 두는 것이었다. 이렇게 할 경우에 동쪽으로 대서양으로 통할 수도 있었고 오하이오 강과 미시시피 강을 경유해서 멕시코 만으로도 통할 수 있었다.

그러나 갤러틴은 세 가지 중대한 실수를 저질렀다. 이 실수들 하나하나는 모두 경험이 없는 사업가들이 흔히 저지르는 실수였다. 우선 정부가 포토맥 강과 오하이오 강을 연결하는 운하 및 도로를 건설하는 데 걸리는 시간을 지나치게 낙관적으로 보았다. 즉, 그런 건설 사업들이 모두 끝날 때까지 계획을 보류하고 기다려야 함으로써 발생하는 비용을 지나치게 낮게 잡았던 것이다.[10]

두 번째 실수는 충분히 많은 수의 스위스 혹은 유럽 사람이 직접 땅을 소유하는 것이 아니라 소작농으로 정착할 것이라는 잘못된 예측이었다. 아닌 게 아니라 당시 미국의 땅은 너무도 쌌기 때문에 배삯을 내고 대서양을 건널 정도로 여유가 있는 사람이면 거의 대부분 작은 농장은 얼마든지 매입할 여력을 가지고 있었다. 그 뒤 여러 세대에 걸쳐서 미국 땅을 밟은 수백만 명의 이민자들과 달리 갤러틴은 농업에 대해서 아는 게 거의 없었다. 그는 유럽에서 농사를 짓다가 미국에서 농사를 지으려고 이주한 사람이 아니었다. 그는 농부가 아니었다. 밭에서 손에 흙을 묻히며 고된 노동의 땀을 흘려본 적이 없는 사람이었다. 그는 제네바를 떠날 때와 마찬가지로 미국에서 자기는 땅을 이용해서, 즉 농사를 짓거나 땅을 빌려주거나 되팔아서 돈을 벌 수 있을 것이라고 확고하게 믿었다. 그리고 땅의 비옥도 문제는 어떻게든 저절로 해결될 것이라는 헛된 망상에 사로잡혀 있었다.

한편 갤러틴과 장 바돌레 그리고 다른 세 사람의 투자자들이 돈을 모아서 '앨버트 갤러틴 앤 코퍼레이션'이라는 회사를 만들었다. 이 사람들은 모두 자기들이 가지고 있는 땅을 사람들에게 빌려주거나 되팔겠다는 생각을 가지고 있었다. 이런 생각을 함께 가지고 있었던 갤러틴의 동업자들은 갤러틴의 집 인근에 뉴제네바라는 마을을 만들었다. 그리고 머농거힐라 강에 작은 배를 만들기도 하고 수리하기도 하는 회사를 세웠으며, 또 나중에는 유리 세공업에도 손을 했다. 그러나 이 사업들은 동업자들의 기대에 미치지 못했다. 가장 큰 이유는 정착민이 그 마을로 찾아오지 않았기 때문이었다.

그런데 그들의 유리 세공업은 당시 애팔래치아 산맥 서쪽에서는 최초의 유리 세공업이었는데 처음에는 제법 번성했고, 갤러틴의 눈에는 이것이 최고의 투자로 비춰졌다. 그러나 이 투자도 결국 실패로 돌아갔다. 투자한 자본이 너무 적었고 또 당시에 갤러틴은 정치에 더 많은 관심과 시간을 들인 바람에 이 사업을 제대로 감독하지 않았기 때문이다. 하지만 갤러틴은 유리 공장이 번성할 것이라는 전망을 결코 버리지 않았다. 나중에 재무부장관이 된 뒤에 갤러틴은 이와 비슷한 사업들을 지원하기 위한 연방 투자은행을 설립하려고 노력했다. 토지 개발업자로서 실패한 경험 때문에 투자 자본에 대한 그의 생각은 보다 현대적인 방향으로 진화하기 시작했다. 하지만 이렇게 생각이 바뀌기까지는 여러 해가 걸렸는데, 만일 그가 조금이라도 덜 똑똑했더라면 아마도 평생을 프렌드쉽힐에서 벗어나지 못했을 것이다.[11]

갤러틴은 붙임성 있는 성격을 가졌고 훌륭한 교육을 받았으며 또 어렵고 힘든 일을 해낼 수 있는 능력을 가지고 있었기에, 자연스럽게 펜실베이니아의 정치계에서 페이에트 카운티를 대표하게 되었다. 강한 프랑스어 억양 때문에 그에게 거부감을 느낀 유권자들도 있었지만, 워낙 많은 재능을 가지고 있었기에 이런 어려움쯤은 그에게 아무것도 아니었다. 페이에트 카운티에 살고 있던 대부분의 사람들은 최근에 이주한 사람들이었다. 그랬기에 갤러틴의 정치적인 전망은 필라델피아나 시카고 혹은 오랜 정착의 역사를 지닌 그 밖의 다른 도시들에 비해서 개척지의 정착민을 대변하는 경향이 강했다. 1788년에 그는 미국 헌법 비준을 논의하고자 해리스버그에서 열린 회의에 참석할 대표로 뽑혔다. 당시에 갤러틴은 헌법이 연방정부에 권한을 집중하는 것에 대해 못마땅하게 생각하고 있었으며, 총회 자리에서 그는 통과될 가망이 전혀 없는 조항들을 제안했다. 이 일을 계기로 그는 언제 말을 해야 할지 그리고 또 언제 입을 다물고 있어야 할지 분명하게 깨닫는 소중한 교훈을 얻었다. 이것은 나중에 갤러틴이 가지게 되는 가장 강력한 자산 가운데 하나가 되는데, 갤러틴에 비해서 알렉산더 해밀턴은 이런 교훈을 평생 동안 깨우치지 못했다.

　당시 펜실베이니아 내부의 정치적 이견 때문에 미국에서 가장 큰 도시이자 장차 수도가 될 도시인 필라델피아는 서부의 개척지 도시들과 정치적으로 대립했다. 개척지 도시들에 사는 사람들은 중앙집권적인 정부라는 발상에 반대하는 경향이 농후했기 때문이다. 서부를 대변하는 대표단의 일원으로서 갤러틴은, 강력한 연방정부에 반대하던 사람들을 통칭하던 표현인 이른바 '반(反)연방주의자' 대열에 섰다. 결국 펜실베이니아는 헌법을 비준했지만, 다른 많은 주들과 마찬가지로 헌법이 수정되어야 한다는 조건을 전제로 해서 비준했다. 그리고 이 수정 조건의 결과는 1791년 12월에 발효되는 헌법 수정조항 제1조부터 제10조까지의 권리장전(Bill of Rights)으로 나타났다.

* * *

1788년, 갤러틴은 27살이었다. 외로움을 달래주며 프렌드쉽힐에서 자기와 함께 살 아내를 절실하게 필요로 하던 나이였다. 그리고 마침내 그런 이상적인 여자를 만났다. 소피 알레그르(Sophie Allegre)라는 미녀로, 그가 자주 찾았던 리치먼드의 하숙집 딸이었다. 소피는 편모 슬하였고, 그녀의 조상들은 프랑스 위그노 교도 이민자들이었다. 그녀는 갤러틴과 프랑스어로 대화를 나눌 수 있을 만큼 프랑스어에 유창했다. 갤러틴은 처음 본 순간부터 그녀에게 빠졌다. 그런데 갤러틴은 여자에 대해서 거의 아무것도 몰랐으며, 또 자기들의 미래에 대한 진지한 대화를 어떻게 풀어나가야 할지 전혀 모른다는 게 문제였다. 그래서 갤러틴은 편지로 자기 마음을 표현하기로 하고 편지를 써서 자기와 결혼해 달라는 말을 빙빙 돌려서 완곡하게 했다. 그런데 그녀는 대답을 주지 않았다. 갤러틴을 좋지 않게 바라보던 어머니가 반대를 하고 나선 게 틀림없었다. 하지만 갤러틴의 이런 우유부단하고 미적지근한 구혼은 계속되었고, 소피는 여전히 무응답으로 일관했다.

그리고 마침내 1년이 지난 뒤인 1789년 봄에 결정적인 계기가 찾아왔다. 소피가 결혼한 언니를 만나러 리치먼드에서 50킬로미터쯤 떨어진 뉴켄트를 방문한 것이다. 28살이던 갤러틴은 그녀를 따라서 뉴켄트로 갔고, 단단히 마음을 먹고 그녀 앞에 나타나 결혼해 달라고 분명하게 말했다. 그런데 소피의 반응이 놀라웠다. 갤러틴은 친구에게 보낸 편지에서 다음과 같이 썼다.

"그녀는 나에게 전혀 아양을 떨지 않았어. 그러나 그 다음 날부터 나에게 마음을 활짝 열었지."

소피는 또 진작 그가 용기를 내서 자기 앞에 나타나 구혼을 했더라면 받아들였을 것이라는 말도 덧붙였다.

"그녀는 내가 자기를 사랑한다는 사실을 줄곧 알고 있었지만, 1년이 지나가도록 내가 직접 그런 말을 자기에게 하지 않는다는 사실이 늘 궁금하고 놀라웠다고 했어."[12]

사실 그녀의 이런 반응은 전혀 놀라운 게 아니었다. 소피의 어머니는 두 사람 사이에 이런 일이 있었다는 사실을 알고는 딸을 곧바로 리치먼드로 불렀다. 갤러틴은 소피의 어머니를 설득하려고 애썼지만 별로 소용이 없었다. 같은 편지에서 갤러틴은 이렇게 썼다.

"어머니는 불같이 화를 내시더군. 더 이상 냉정할 수 없을 정도로 잔인하게 문전박대를 당했지. 어머니는 집에 발조차 들여놓지 말라고 하셨거든."

소피의 어머니는 갤러틴처럼 강한 프랑스어 억양을 가지고 있으며 하버드에서 강의를 한 사람은 소피의 짝으로 맞지 않다고 믿었다. 게다가 갤러틴이 위험하기 짝이 없는 서부의 개척지로 데리고 간다고 했으니……. 소피의 어머니는 그런 곳에서 갤러틴이 성공할 가능성은 전혀 없다고 믿었다.

"어머니는 무서운 악마야. 딸이 무서워서 벌벌 떠는 악마 말이야. 하지만 내가 꼭 성공할 것이라고 나는 믿어."

그의 말대로 두 사람은 결혼을 했다. 결혼식은 리치먼드 외곽에서 조용하게 치러졌다. 그리고 소피는 자기 어머니의 마음을 누그러뜨리려고 애를 썼다.

"그 사람이 비록 뛰어나게 잘생긴 사람은 아니지만 그보다 더 중요한 장점들을 많이 가지고 있거든요. 내가 가늠을 하려고 해도 도저히 알 수 없을 정도로 큰 장점들을 말이에요. 나하고는 비교도 안 될 정도로, 오히려 내가 부족할 정도로 말이에요."[13]

결혼을 한 뒤에 갤러틴은 좋아서 어쩔 줄 몰랐다. 그러나 이 행복은 너무도 짧았다. 당시에는 흔한 일이었지만, 항생제가 없었던 탓에 감염은 때로 목숨까지 앗아가곤 했는데, 소피가 바로 이런 비극의 주인공이 되어 1789년 10월에 사망했다. 결혼 5달 만에 일어난 일이었다. 갤러틴은 그녀를 프렌드쉽힐 기슭에 묻었다.

사랑하는 아내의 죽음에 충격을 받은 갤러틴은 지난 9년 동안 자기가 했던 모든 것을 되돌아보기 시작했다. 양어머니에게 한마디의 언질도 없이 제네바를 떠나온 일, 미국 전역을 건들거리며 돌아다닌 일, 이미 고인이 된 친구 앙리 세레와 함께 호탕하게 어울리던 일, 소피에게 매달리며 구혼을 한 일, 그리고 소피를 황량한 개척지로 데리고 온 일 등. 1790년 4월, 갤러틴은 카트린느 픽텟에게 편지를 써서 미국에 있는 재산을 모두 처분하고 제네바로 돌아갈 뜻을 비쳤다. 하지만 바로 그 무렵에 프랑스혁명이 일어나는 바람에 프랑스와 제네바의 미래가 어떨지 불투명했다.[14]

양아들의 편지를 받고 픽텟은 답장을 썼다.

"네가 돌아오겠다고 하고 또 네가 여기에서 무엇을 하면 좋을지 물었지만 나는 뭐라고 대답을 해줘야 할지 몰라서 당황스럽구나."[15]

갤러틴은 이 냉담한 답장에 깜짝 놀랐다. 그러나 사실 그는 미국을 진짜로 떠날 마음은 없었다. 그래서 그는 유럽으로 돌아가는 대신 새로운 조국이 자기에게 맡긴 공직에 몰두하면서 슬픔을 잊어버리기로 했다. 그가 공직에 몸담고 보낸 세월 동안에, 성공과 실패를 두루 경험했던 이민자 사업가로서의 경력은 그가 했던 가장 혁신적인 여러 제안 및 정책의 토대가 되었다.

CHAPTER 17
정치 입문

　소피가 세상을 떠났던 1789년부터 1829년까지 40년 동안 갤러틴은 자기에게 주어진 모든 시간과 열정을 공직에 쏟았다. 나중에야 밝혀지는 사실이지만 그가 발휘했던 열정은 어마어마한 것이었다. 당시에 갤러틴은 '나는 엄청나게 많은 노동의 재능을 타고났다'는 말을 하기도 했다. 1789년에서 1790년으로 넘어가던 겨울에 그는 페이에트 카운티를 대표해서 펜실베이니아 주헌법을 개정하는 회의에 참가했다. 그의 이웃들은 당시에 그를 주 하원의원으로 선출했다. 그 선거에서 그는 전체 득표수의 3분의 2를 차지하는 압도적인 표 차이로 하원의원이 되었다. 그리고 1791년과 1792년에도 재선에 성공했다. 그래서 프렌드쉽힐에서 보내는 시간보다 펜실베이니아의 주도이자 미합중국의 수도이던 필라델피아에서 보내는 시간이 더 많아졌다.[1]

　갤러틴은 비록 반연방주의자라는 소수파 집단에 속했지만 펜실베이니아의 69명 대표단 가운데서 유력한 인물로 빠르게 부상했다. 비록 그는 서부의 농업 지역을 대표하는 인물이었지만 재정 및 재무 분야에서 뛰어나 1790~1791년 세입위원회 전체 보고서를 혼자서 준비했다. 그는 이 업적이 자기 명성의 토대가 되었다고 믿었다.

"나는 이 보고서에 찬사가 쏟아지는 것을 보고 무척 놀랐다. 사실 나 자신도 내가 그렇게 잘했다는 사실을 전혀 알지 못했다. (…) 펜실베이니아 의회 안에서 나는 비범한 영향력을 행사할 수 있게 되었다. (…) 일은 거의 나에게만 맡겨졌고, 1791~1792년 회기에 나는 35개 위원회에 위원으로 임명되어 모든 보고서를 준비했으며 모든 법안을 작성했다."**2**

갤러틴이 일을 얼마나 열심히 했을지 상상할 수 있다. 그리고 그는 정치를 빠르게 배웠다.

그는 작성한 보고서 가운데 하나에서 노예제도를 '자연법, 다시 말해서 정의의 명령 (…) 그리고 천부인권을 명백하게 위반하는 것'이라고 비난했다. 아울러 그는 '펜실베이니아 노예제 철폐 촉진회'에 가입했다. 하지만 그는 자기에게 주어진 시간의 대부분을 재정 및 과세 관련 법안을 만드는 데 쏟았다. 특히 법안의 문구가 정확하도록 하는 데 신경을 썼다.

"나는 세부적인 사항에 몰두해서 오로지 행정적인 차원의 법류에만 관심을 두었지, 이른바 의결에는 관심을 두지 않았다."**3**

즉 법안이 의결되도록 하기보다는 법안을 마련하는 데 더 많은 노력을 기울였다는 말이다.

갤러틴이 가졌던 특별한 재능은 알렉산더 해밀턴이 가졌던 재능처럼 빈틈없는 정치적 흥정이나 떠들썩한 찬사나 수사 같은 데 있지 않고, 어떤 법안의 의결 가능성을 높이고 또 의결이 되면 효율적으로 집행될 수 있도록 법안을 만들고 손질하는 데 있었다. 갤러틴이 거둔 주요한 성공들은 주로 재정과 관련된 것이었다. 주정부의 부채를 줄이기 위한 과세 계획이 그랬고, 여러 개의 지점을 거느리는 펜실베이니아은행을 설립하는 것이 그랬으며(이 은행은 북아메리카은행과 해밀턴의 미합중국은행의 뒤를 이어서 펜실베이니아에서 설립된 3번째 은행이었다), 또 세입위원회의 감독을 받는 검약 프로그램이 그랬다. 이런 업적들은 모두 나중에 갤러틴이 연방의회 의원 그리고 또 재무부장관이 되었을 때 그가 수행할 일의 전조였다. 그리고 이 모든 업적들로 그는 해밀턴에 맞서던 제퍼슨주의자들 사이로 한 걸음씩 가깝게 다가섰다.

* * *

1791년, 여전히 펜실베이니아 주의회 의원이던 갤러틴은 연방주의자들의 재정 프로그램과 처음으로 직접 충돌했다. 해밀턴의 간절한 부탁 아래에서 연방의회는 위스키에 소비세를 신설하는 법안을 의결했다. 이것은 헌법이 비준된 이후 처음 실시되는 '내국세'로, 수입물품에 대한 관세가 아닌 국내 소비품에 매기는 연방정부의 세금이었다. 이 법은 세금을 산정하는 방식을 두 가지로 제시했다. 증류되는 위스키의 양에 따라서 세금이 점차 줄어드는 방식과 단위 갤런에 일정한 금액을 부과하는 방식이었다. 그러므로 이 법은 위스키를 대량으로 생산하는 동부의 업자들에게 유리했다. 이들은 평균적으로 1갤런에 약 6센트만 세금으로 내면 되었다. 이에 반해서 소규모로 위스키를 생산하던 서부의 농민들은 1갤런에 약 9센트를 세금으로 내야 했다. 1갤런에 9센트면 당시 소매가격의 약 40퍼센트나 되는 금액이었다.[4]

서부 사람들은 분노로 들끓었다. 이들은 위스키 판매가 자기들에게 매우 중요하다고 주장했다. 사실 이것은 틀린 말이 아니었다. 왜냐하면 곡물 형태가 아닌 증류된 술로 동부의 시장으로 운송하는 게 운송비가 훨씬 싸게 먹혔기 때문이었다. 그래서 서부의 농민들은 집단적으로 들고일어났다. 이들은 심지어 위스키에 매겨진 세금을 아예 내지 않겠다고까지 했다.[5]

위스키 법안이 연방의회에서 논의되는 동안에 갤러틴은 펜실베이니아 의회에서 이 법안을 격렬하게 성토하는 발언을 여러 차례 했다. 한번은 한 주에서 다른 주로 매매되는 상품에 연방의회가 세금을 부과하는 것은 헌법에 어긋난다는 주장을 하기도 했다. 이 과격한 제안은 아무런 성과를 얻지 못했고, 이때 갤러틴은 또 하나의 중요한 교훈을 얻었다. 자기 생각을 공개적으로 어디까지 과격하게 밀어붙일까 하는 것과 관련된 교훈이었다. 연방의회가 위스키법을 의결하고 워싱턴 대통령이 여기에 서명한 뒤에, 이 법을 둘러싼 싸움은 의회 회의장이 아니라 농민들이 사는 시골의 현장으로 옮겨졌다.[6]

애팔래치아 산맥을 끼고 있는 거의 모든 주의 서부 사람들은 오랫동안 위스키에 매기는 세금을 의심의 눈초리로 바라보고 있었다. 펜실베이니아 주정부도 이런 세금을 부과한 적이 있지만, 서부의 여러 카운티들에서 분노에 사무친 저항이 일어나자 곧바로 철폐했다. 이런 경험이 있는 상황에서 연방정부가 위스키에 세금을 매긴다고 하자 서부 사람들의 분노는 폭발하고 말았다. 애팔래치아 산맥 서쪽에 사는 펜실베이니아 및 여러 주의 주민들은 자기들의 삶에 영향을 미칠 수 있는 연방정부의 모든 권한을 그렇잖아도 의심의 눈초리로 바라보던 터였는데, 위스키법으로 마침내 분노가 폭발한 것이었다. 1790년대까지 서부 사람들이 연방정부의 조치에 불만을 품은 일은 한두 가지가 아니었다. 우선 연방정부는 인디언의 준동으로부터 주민을 보호하는 조치를 충분히 취해주지 않았다. 특히 펜실베이니아에서 더욱 그랬다. 또, 연방정부는 서부 사람들이 미시시피 강을 따라 남쪽으로 즉 당시 스페인령이던 루이지애나 영토로 물품을 운송할 수 있는 권리를 보장해주지 않았다.

이런 상황이었기에 서부 사람들은 위스키법이 자기들의 뺨을 때리는 것이나 마찬가지라고 받아들였다. 조지아, 사우스캐롤라이나, 노스캐롤라이나, 메릴랜드, 버지니아 그리고 펜실베이니아의 개척지 농민들은 이 법에 저항하는 회합을 소집했고, 위스키에 부과된 세금을 걷으러 온 징수원들을 때려서 쫓아버렸다. 1792년에 갤러틴은 피츠버그에서 열린 '위스키 반란'의 한 모임에서 서기 자격으로 참석했다. 그는 나중에 이것을 '나의 유일한 정치적 범죄 행위'라고 술회했는데, 자기 지역구 사람들의 분노를 누그러뜨리기 위한 노력을 거의 하지 않았다는 게 그가 든 이유였다. 위스키 세금을 둘러싼 싸움은 해를 여러 번 넘기면서 이어졌고, 1794년에는 연방정부를 상대로 한 반란으로까지 치달았다.[7]

* * *

1793년에 펜실베이니아 의회는 갤러틴을 연방 상원의원으로 선출했다. 이렇게 해서 갤러틴은 펜실베이니아의 또 다른 상원의원인 로버트 모리스와 어깨를 나란히 하게 되었다. 이 해에 그는 재혼을 했는데, 아내는 뉴욕의 저명한 인사이던 제임스 니콜슨(James Nicholson)의 딸 한나 니콜슨(Hannah Nicholson)이었다. 제임스 니콜슨은 해군 장교로 복무한 경력이 있는 부자로 뉴욕 정치계에서 반(反)스카일러-해밀턴 진영의 유력

정치인이었다. 그와 해밀턴은 결투를 하기 직전까지 갔을 정도로 사이가 좋지 않았다.

갤러틴이 한나 니콜슨에게 구혼하는 과정은 그가 이 방면에 무척이나 서툴다는 사실을 다시 한 번 증명했다. 하지만 이번에는 친구들의 도움을 받아서 성공할 수 있었다. 길고 길었던 회기가 끝난 뒤인 1793년 봄, 갤러틴의 막역한 펜실베이니아 친구 알렉산더 제임스 덜레스(Alexander James Dallas)는 갤러틴에게 자기와 함께 뉴욕에 잠깐 다녀오자고 했다. 덜레스 역시 갤러틴과 마찬가지로 이민자였으며 나중에 재무부장관이 되는 인물로, 자메이카에서 태어났으며 키가 크고 온화한 성정의 소유자였다. 뉴욕시티에서 두 사람은 니콜슨 제독의 집을 방문해서 니콜슨과 그의 아내를 만났다. 니콜슨의 장인은 버뮤다에서 뉴욕으로 이주한 이민자였다.

니콜슨 부부에게는 아들 하나와 딸 넷이 있었다. 딸 하나는 조지아 출신의 연방 상원의원과 결혼했으며 또 한 명의 딸은 나중에 메릴랜드 출신의 하원의원과 결혼하게 된다. 그런데 덜레스 부인이 갤러틴을 처녀이던 한나와 맺어줄 생각으로 허드슨에서 앨버니까지 가는 뱃길 여행에 함께 가자고 초대했다. 이 여행을 함께하면서 32살의 갤러틴은 한나와 사랑에 빠졌다. 당시 한나는 27살로 조금만 더 있으면 노처녀로, 평생을 독신으로 살 수도 있는 나이였다.[8]

갤러틴은 필라델피아로 돌아왔다가 곧 다시 뉴욕으로 가서 그녀에게 구혼을 했다. 갤러틴이 친구 장 바돌레에게 쓴 편지에 묘사한 한나는 다음과 같았다.

"그녀는 잘생긴 편도 아니고 그렇다고 해서 썩 부자도 아니다. 그렇지만 센스가 있고, 아는 게 많으며, 성격이 좋고, 존중할 만한 가문의 딸인

데, 한나의 가족들도 우리의 결합에 만족해 한다."

갤러틴은 소피 알레그르에게서 느꼈던 것과 같은 강렬한 성적 매력을 한나에게서 느끼지는 않았지만, 한나를 향한 애정으로 가득 차 있었던 것만은 분명하다. 갤러틴은 예전에 소피에게 구혼을 할 때 너무도 오랫동안 뜨뜻미지근하게 질질 끌었던 것을 생각하면서 이번에는 신속하게 자기 마음을 전하기로 마음먹었다. 그는 한나의 부모에게 편지를 써서 '자기가 지난번에 뉴욕을 방문한 목적과 뉴욕에서 했던 행동의 목적'을 잘 알고 있었을 것이라고 쓴 다음, 한나와 결혼하고 싶으니 허락해 달라고 했다.

"나는 니콜슨 양을 사랑합니다. 그녀와 영원히 하나가 되는 것보다 더 큰 행복은 바라지도 않습니다."[9]

한나의 아버지는 어휘를 조심스럽게 선택한 내용으로 답장을 보냈다.

"우리 아이의 손을 잡고자 하는 그대의 의도에 우리 가족은 반대하지 않네. 그 점에 대해서는 우리가 동의한다네."

하지만 아버지는 한나의 재산은 순전히 버뮤다에 있는 그녀 외할아버지에게서 받을 수 있는 유산밖에 없음을 분명히 했다. 그리고 또 그 유산은 자기의 다른 아들과 딸 4명과 나누어야 한다는 점도 분명하게 일러주었다.

"그러므로 한나의 어머니가 사망할 때까지는 한나와 관련된 경제적인 지출은 순전히 자네가 책임져야 할 걸세. 이 모든 이야기에 대한 책임을 장차 두 사람이 져야 할 것이라는 말이네."[10]

갤러틴과 한나는 페이에트 카운티에서 한나가 어떤 생활을 할 것인지를 두고 많은 이야기를 나누었고(한나는 개척지에서는 단 한 번도 살아본 적이 없다), 마침내 한나는 결혼을 하겠다고 했다. 힘들 수밖에 없는 개척지에서의 생활을 한나가 염려하자 갤러틴은 자기가 연방정부의 상원의원이라는 사실과 미합중국의 수도인 필라델피아에서 많은 시간을 함께 보내게 될 것임을 강조하면서 마음의 부담을 덜어주었다.

* * *

갤러틴은 자기가 사회적으로 여러 가지 제약을 안고 있음을 잘 알았다. 소년티를 막 벗었을 즈음에 제네바를 떠나 미국 땅에 발을 처음 디뎠으며, 또 미국에 와서도 대부분 기간 동안에 주로 변방에서만 살았다. 다음은 그가 한나에게서 쓴 편지에 나오는 내용이다.

"그래서 비록 사람들과 어울릴 때 당혹해 하거나 하지는 않지만, 그래도 어쩐지 어색한 느낌은 여전히 듭니다. 그래서 내가 속한 여러 사회적인 집단 속에서 스스럼없이 녹아들지 못할 것 같습니다."

그런데 주의회의 의원으로 정치 활동을 하면서 이런 모습이 조금은 고쳐진 것 같다고 하면서도 어쩐지 그런 모습을 바꾸어야겠다는 마음은 들지 않는다고 했다. 그러니 한나가 자기를 도와서 이런 모습을 고쳐주면 좋겠다고 했다.

"당신은 나의 행동거지를 반짝반짝 빛나게 만들어주어야 합니다. 초면인 사람에게는 어떤 식으로 말을 해야 하는지 나에게 가르쳐 주어야 합니다. 낯선 사람들에게 호감을 줄 수 있도록 나를 조련시켜야 합니다."[11]

갤러틴은 이미 여러 차례 자기 지역구에서 의원으로 선출된 적이 있으며, 나중에는 눈부신 화술로 유명해지기까지 했다. 그러나 한나에게 쓴 이 편지에서 그가 말하는 대상은 여성 즉 투표권도 가지고 있지 않으며 함께 시간을 보내본 적도 거의 없는 여성이다.

그가 한나와 결혼한 것은 해밀턴이 엘리자베스 스카일러와 결혼한 것처럼 사회적 계층의 사다리를 한꺼번에 여러 계단 올라가게 만들어 주지는 않았다. 하지만 그럼에도 불구하고 그는 결혼을 통해서 사회적으로 상당한 것을 얻었다. 갤러틴은 뉴욕에서뿐만 아니라 조지아와 메릴랜드에서도 강력한 정치적 연고를 획득했다. 한나의 두 여자 형제의 남편이 모두 그 주의 유력한 정치인이었기 때문이다. 또 한나의 남동생인 제임스 W. 니콜슨은 갤러틴의 사업 관련 동업자가 되어서 그 뒤 35년 동안 펜실베이니아의 자기 재산을 관리하는 일을 돕는다. 갤러틴은 우애가 넘치는 니콜슨 가족의 일원이 됨으로써 고아로 살면서 느꼈던 외로움을 나머지 인생을 사는 동안에는 잊을 수 있었다. 갤러틴과 한나 사이에는 아들 둘과 딸 넷이 태어났다. 또한 갤러틴은 처가를 통해서 독일 출신의 모피상인 존 제이컵 애스터(요한 야코프 아스토르, John Jacob Astor)를 소개받는데, 두 사람은 그 뒤 매우 가까운 우정을 쌓는다.[12]

두 사람의 결혼식은 1793년 11월에 거행되었다. 그리고 1달 뒤, 갤러틴은 상원의원이 되었고, 이 신분으로 그는 해밀턴의 재정 계획에 강력하게 반대하고 나서기 시작했다. 해밀턴이 1789년 이후 재무부에서 실시했던 모든 사업의 회계 내용을 하나도 빠트리지 말고 제출할 것을 요구하는 결의안을 이끌어냈다. 엄청난 결의안이었다. 하지만 곧 펜실베이니아의 여러 청원자들이 갤러틴이 상원의원이 될 자격을 가지고 있지 않은데 상원의원이 되었다고 문제를 제기했다. 이민자는 미국 시민권을 획득한 뒤로 9년이 지나야 피선거권이 주어지기 때문이었다. 비록 당시에 그 쟁점이 전적으로 선명하지 않긴 했지만 어쨌거나 그 문제 제기는 타당했는데, 청원자 대표는 '고대 로마에서도 외부인이 로마의 정치에 간

여를 하면서 로마가 멸망했다'고 지적했다.**13**

갤러틴은 상원의원 자리를 지키려고 분투했다. 자기도 미국 시민으로서의 노력과 헌신을 다했다고 주장했다. 21살이던 1780년에 메인에 살았는데, 그때 비록 짧은 기간이긴 하지만 독립전쟁에서 군인으로 복무했으니, 이미 그날로부터 실질적으로 자기는 미국 시민이었다고 주장한 것이다. 하지만 그의 이런 주장은 힘이 없었다. 단 한 차례 정찰을 나가긴 했지만 영국군과 맞닥뜨리진 않았기 때문이다. 이런 사실은 여러 해가 지난 뒤 본인도 인정했다.

"나는 단 한 번도 적군과 만나지 않았습니다. 내가 군복무를 했다고 주장할 근거가 전혀 없습니다."**14**

1794년 2월 말, 상원에서 갤러틴의 상원의원 자격을 놓고 투표가 치러졌고, 당시 연방주의자들이 장악하고 있던 상원은 14 대 12로 갤러틴의 자격 박탈을 의결했다. 당시 펜실베이니아의 또 다른 상원의원이었던 로버트 모리스는 당초에 중립을 지키겠다고 약속했지만 커다란 압력 속에서 다수파의 주장에 동조할 수밖에 없었다. 상원에서 쫓겨난 갤러틴의 정치 생명은 심각하게 타격을 받을 것처럼 보였다. 갤러틴이 상원을 떠난 뒤에 공화주의자들은 해밀턴의 회계 내용을 공개하라는 정치적인 공세를 중단했다. 그 싸움을 계속할 경우 상당한 정치적 역풍을 받을 것이라고 믿었기 때문이다.

갤러틴은 한나와 함께 프렌드쉽힐로 갔다. 그런데 한나는 개척지에 전혀 정을 붙이지 못했다. 필라델피아에서 페이에트 카운티까지 가는 길만 하더라도 여러 개의 산을 넘어서 몇날 며칠을 가야 하는 힘든 여정이었다. 갤러틴은 프렌드쉽힐을 사랑하긴 했지만 그곳은 가족과 함께 우아하고 안락한 생활을 하기에 적당한 곳이 아니었다. 갤러틴과 그의 친구 장 바돌레는 펜실베이니아의 개척지를 이상적으로만 생각했었으며, 그곳의 경제 발전 속도를 지나치게 낙관했었다. 엄청난 고집의 소유자인 바돌레는 거기서 18년 동안 계속 살았지만, 갤러틴은 동부 연안에 또 다른 집을 하나 장만하기로 했다. 그는 프렌드쉽힐을 비롯해서 서부의 땅 대부분은 계속 가지고 있으면서 나머지 다른 재산은 로버트 모리스에게 팔았다. 그런 다음에 한나와 함께 필라델피아와 뉴욕시티에서 많은 시간을 보내면서 살았다. 한나로서는 뉴욕시티가 훨씬 더 편안했다.

* * *

1790년대 초, 잠잠하던 위스키 폭동이 전면적으로 비화되었다. 갤러틴이 평화적으로 해결하려고 노력했지만 소용없었다. 분노한 농민들은 세금 징수원들을 개별적으로 공격했으며 위스키법에 굴복하고 세금을 낸 사람들의 농장 헛간에 불을 질렀다. 1794년 7월에 무장 군인 500명이 피츠버그 인근에 집결했다. 그리고 공포탄 쏘기, 법정에서 재판 방해하기, 우편물 탈취하기, 피츠버그에 있는 연방정부 재산 공격 예비음모 등의 모든 행위를 엄단하겠다는 연방정부의 단호한 의지를 과시했다. 위스키 폭동은 헌법이 제정된 이후로 미국 시민이 정부에 대항한 첫 번째 반란이었고, 정부는 단호하게 대처했다.[15]

워싱턴 대통령은 해밀턴의 강력한 권고에 따라서 1만 2,500명의 연방군을 서부 펜실베이니아로 출동시켰다. 압도적인 위세를 자랑하는 병력이었다. 해밀턴 본인도 연방군이 출동한 모습을 직접 보러 필라델피아에서 그곳으로 달려갔다. 당시 정황을 해밀턴은 처형이던 안젤리카 처치에게 쓴 편지에서 다음과 같이 묘사했다.

"대규모 군대가 그 미치광이들의 용기를 꺾어놓았습니다. 이제 유일하게 남은 문제는 어떻게 하면 광란 상태를 예전 상태로 가장 잘 되돌리는가 하는 것 같습니다. (…) 이 문제를 처리하는 과정에 단 하나의 실수도 있어서는 안 된다는 점이 아주 중요합니다."[16]

군대는 주모자 12명을 체포했고, 이 가운데 2명에게 반역죄로 교수형을 선고했다. 하지만 워싱턴은 이 두 사람을 사면했다. 갤러틴은 연방정부가 군대를 보내고 주모자를 체포해서 사형 선고까지 내린 것은 말도 안 되는 과잉대응이라고 생각했고, 이 판단을 끝까지 고치지 않았다. 이 일로 갤러틴은 해밀턴이 정말 잘못된 방향으로 미국을 이끌고 있다는 생각, 해밀턴은 서부야 어떻게 되든 상관하지 않는 부유한 동부 사람들의 앞잡이일 뿐이라는 생각을 더욱 굳혔다.

비록 갤러틴은 1794년 2월 상원에서 쫓겨나긴 했지만 곧 의원으로 다시 복귀했다. 이번에는 하원의원이었다. 그가 피선거권 자격을 갖춘 뒤인 그해 11월에 치러진 연방 하원 선거에서 당선되었다. 이렇게 해서 그는 상원에서 쫓겨난 1년 뒤이자 해밀턴이 재무부를 떠난 직후인 1795년에 하원의원으로 화려하게 다시 복귀했다. 그리고 곧바로 하원의 유력한 인물이 되었다.

CHAPTER 18
제퍼슨의 사람이 되어

    1793년에 토머스 제퍼슨이 국무부장관직에서 물러난 뒤에 제퍼슨과 그의 동맹자들은 연방정부의 권력을 장악할 계획을 세우기 시작했다. 무엇보다도 영국과 맺은 제이 조약을 둘러싸고 연방주의자들과 벌인 싸움이 이들이 필요로 하던 국면 전환의 계기를 마련해 주었다. 그러므로 갤러틴이 1795년에 의회에 재입성한 것은 이들에게 결정적인 전환점이었다. 제퍼슨 쪽 사람들은 연방주의자들을 공공연하게 공격했다. 해밀턴이 추진하던 경제 관련 사업들뿐만 아니라 제이 조약을 두고서도 파상 공세를 폈다.

    제이 조약으로 하마터면 터질 수도 있었던 영국과의 전쟁을 피할 수 있었으며 또한 카리브 해에 미국의 물품을 수출할 수 있는 항구도 여럿 열렸다. 그러나 그렇다고 해서 개척민들이 서부로 진출하는 것을 방해하는 인디언의 준동이 멈춘 것도 아니었고, 또 더 중요하게는 영국이 미국 상선의 선원들을 영국 해군으로 강제 징집하는 행태가 근절된 것도 아니었다. 1796년에 공화주의자들은 제이 조약이 명백하게 영국에 유리한 조약이었다는 데 분노하며 미국 역사상 최초로 정당 당직자 회의를 소집했다. 한편 연방주의자들은 해밀턴이 이끌던 강경파와 존 애덤스가 이끌던 온건파로 갈라지기 시작했다.

바로 이 시점에 갤러틴은 의회에서 공화당의 최고 재정 전문가로서의 입지를 굳히기 시작했다. 그는 공화당 내의 그 어떤 의원보다도 그리고 그 어떤 공화주의자보다도 이 문제에 관한 한 많은 것을 알고 있었다. 그는 수학적인 재능과 복잡한 재정 보고서를 꼼꼼하게 연구할 수 있는 끈기를 가지고 있었을 뿐만 아니라, 펜실베이니아 주의회 활동을 통해서 재정과 관련해서 소중한 경험을 이미 해본 터였다. 매디슨은 1796년에 제퍼슨에게 보낸 편지에서 다음과 같이 썼다.

"갤러틴은 정말이지 보물과 같은 존재입니다. (…) 원칙에 충실하며 계산이 정확하고 연구·조사에 관한 한 지칠 줄 모르는 사람입니다."[1]

제퍼슨도 매디슨에게 보낸 답장에서 분명하게 밝혔듯이 해밀턴이 쓴 연방정부에 관한 재무부의 여러 보고서들이 명백한 문제점들을 모호한 표현들로 숨긴 게 분명하다고 썼다.

"해밀턴은 그 보고서들을 일부러 아무도 이해하지 못하게 썼습니다. 나는 해밀턴이 뭔가를 잘 모르고 있다는 말을, 신용을 훨씬 초과하는 부채 문제에 대한 분명한 해결책을 제시할 수 없으며 또한 우리가 부채를 늘여야 할지 아니면 줄여야 할지조차 알지 못한다는 말을 줄곧 했었습니다."

제퍼슨은 계속해서 다소 일관성이 없게 이렇게 썼다.

"미합중국의 회계는 평범한 농부의 장부만큼 단순해야 하며 또한 이런 농부도 충분히 이해할 수 있을 정도로 단순해야 합니다."[2]

매디슨은 제퍼슨보다 더 많이 알고 있었고, 갤러틴은 매디슨보다 훨씬 더 많이 알고 있었다.

1794년 선거에서 공화당이 하원에서 다수당이 되었다. 이렇게 해서 갤러틴은 하원에서 다수당 의원으로 활동하게 되었다. 그리고 제퍼슨이나 매디슨이 각자 설정하고 있던 공화당의 발전 방향에서 갤러틴은 특별하게 소중한 존재가 되었다.

* * *

해밀턴의 재정 프로그램들은 그동안 줄곧 공화주의자들에게는 독약이나 마찬가지였다. 그리고 이 프로그램들을 공격할 최상의 무기가 바로 갤러틴임이 입증되었다. 갤러틴은 하원의원이 된 지 1년 만인 1796년에 〈미합중국 재정에 관한 스케치(A Sketch of the Finances of the United States)〉를 펴냈다. 이 문건은 제목만 스케치이지 웬만한 책 1권 정도의 분량이며, 연방정부 수입·지출의 상세한 수치들로 가득 차 있다. 또한 해밀턴 및 그의 후임자인 올리버 월코트 그리고 심지어 워싱턴 대통령까지 가차없이 공격하는 내용을 담고 있다. 갤러틴은 이 사람들의 이름을 직접 거명하지는 않지만 조금이라도 사정을 아는 사람이라면 그가 누구를 공격 대상으로 삼는지는 쉽게 알 수 있다. 이 문건은 그 시대의 다른 어떤 문건보다도 탁월하게, 당시 미국의 다양한 쟁점들을 둘러싼 미국의 두 가지 대립되는 인식을 뚜렷하게 대비시킨다.[3]

〈스케치〉에는 강력한 도덕적인 논조가 일관되게 흐른다. 국가부채는 합법적이지 않으며 끊임없이 해악(즉 사회적 기풍의 타락, 과도한 군사비 지출, 정부의 부당한 자본가 후원 등)만 끼치며, 간단히 말해서 식민지가 반란을 일으키게끔 만들었던 영국의 제도와 다르지 않다는 정통 공화주의자들의 신념을 충실하게 담았다. 갤러틴은 해밀턴의 재정 계획 때문에 연방정부의 지출이 방만하게 이루어졌으며, 결국 그 바람에 국가부채가 한층 심각하게 늘어났다고 주장한다. 이 문건은 또한 재정 문제 외의 군사 및 다른 분야의 여러 문제들에 대해서도 제퍼슨 쪽 사람들의 견해를 거의 정확하게 표명한다. 또한 이 문건은 나중에 제퍼슨과 매디슨이 대통령이 되었을 때 추진할 여러 정책들을 담고 있기도 하다. 이처럼 〈스케치〉는 면밀하게 살펴볼 가치가 충분하다.[4]

갤러틴은 우선 약 30쪽 분량을 할애해서 연방정부의 재무부가 돈을 어떻게 마련해서 어디에다 쓰는지 상세하게 설명한다. 그는 신생국의 재정 관련 여러 문제들에 대해서 통찰력이 있는 논평을 달긴 하지만, 해밀턴의 프로그램들이 그 문제들을 처리하고 극복하는 방식에 대해서는 찬사의 박수를 단 한 번도 보내지 않는다. 예를 들어서 1795년의 수입 항목들을 열거하면서 과거에 있었던 암울한 전망들은 일절 언급하지 않는다. 즉 그는 다음과 같은 식으로만 설명했던 것이다.

연방정부 수입 (1975년)

수입물품에 대한 관세	$5,810,000
내국세	410,000
우편요금	30,000
은행 주식에 따른 배당금	160,000
합계	$6,410,000

갤러틴은 1790년부터 1793년까지는 온전하게 정확한 수치 자료를 가지고 있지 않았다. 그러나 1794년의 연방정부 수입 합계는 540만 달러였다는 사실을 잘 알고 있었다. 그러므로 1795년의 연방정부 수입은 전년도에 비해서 19퍼센트 증가했으며, 아울러 1790년에 비해서는 무려 4배나 증가했다는 사실도(추정이 아니라 구체적인 수치를 가지고 있었다면) 갤러틴은 잘 알고 있었을 것이다. 해밀턴이 이처럼 짧은 기간 안에 정부 수입을 획기적으로 늘릴 정도로 경제 활성화에 기여했음에도 불구하고 갤러틴은 단 한 번의 박수도 보내지 않는다. 이것뿐만이 아니다. 1793년에 시작된 영국과 프랑스 사이의 전쟁 덕분에 수출이 증가하고 해운산업이 성장한 긍정적인 효과에 대해서도 자세하게 설명하지 않는다.[5]

갤러틴은, 영국 수입품에서 비롯되는 세입에 미국 정부가 많은 의존을 하는데 이 의존에서 벗어날 때 불편한 점들이 발생할 수밖에 없음을 잘 알고 있었지만, 〈스케치〉에서는 해밀턴이 재무부장관으로 재직할 때인 1789년보다 1796년의 미국 경제 상황이 악화되었음을 증명하려고 노력한다. 그 기간 동안에 국가부채가 7500만 달러에서 8500만 달러로 늘어났다는 것이다. 하지만 미국 경제와 연방정부의 수입은 같은 기간에 부채가 증가한 속도보다 훨씬 빠른 속도로 호전되었다. 그러므로 갤러틴으로서는 아무런 편견 없이 객관적으로 바라보는 사람들에게 미국 경제가 더 나빠졌다는 사실을 설명하고 설득하기가 무척 힘들었을 것이다. 역사적인 기록물로서의 〈스케치〉는 제퍼슨을 중심으로 한 공화주의자들이 당시에 있었던 여러 사건들을 어떻게 바라보는지 파악할 수 있는 개요로서 그리고 또한 그들이 나중에 이끌게 되는 정부 아래에서 진행되는 여러 정책들의 전조로서 유용한 기초 자료이다.

〈스케치〉는 크게 두 부분으로 나뉘는데, 이 보고서에서 갤러틴이 최근 역사를 바라보는 내용은 잠재적인 새로운 정책들을 추려서 정리한 내용에 비해서 덜 효과적이다. 상대적으로 덜 파괴적인 앞부분에서 그는 해밀턴이 설정했던 애초의 계획 및 워싱턴 정부의 전반적인 조치가 중대한 실책이었음을 장황하게 설명한다. 그리고 주정부의 부채를 연방 정부가 떠안아야 한다는 해밀턴의 주장이 최악의 실수였다고 주장한다. 갤러틴이 쓰라린 패배의 기억이 깃든 이 싸움을 다시 언급하는 것은 국가부채가 훨씬 더 줄어들 수 있었음에도 불구하고 그렇게 되지 못했다고 주장하기 위해서이다. 부채에 대한 이자가 '불필요한 비용을 발생시키는데, 이 비용은 부채에 관한 불필요한 가정 때문에 빚어진 것이며, 또한 이 비용은 부채가 완전히 소멸될 때까지 계속해서 발생할 것'이라고 갤러틴은 주장한다.[6]

이어서 갤러틴은 육군과 해군에 들어가는 군사비 지출을 다루는데, 우선 인디언의 공격 위험을 줄이는 일에 연방정부가 과도한 지출을 한다면서 불평한다. 그런데 이런 비판은, 인디언 준동으로 가장 큰 피해를 보고 있으며 또 정부의 충분하지 못한 지원을 늘 불만스럽게 여기던 펜실베이니아 서부를 대표하는 사람의 입에서 나온 것이라고 보기에는 어쩐지 앞뒤가 맞지 않는다. 그리고 또 (여기에서 갤러틴의 당파성은 어휘 선택만으로도 한층 선명하게 드러나는데) 해군의 군사 장비가 '실질적인 효용보다는 과시적인 목적에 따른 것 같다'고 주장한다.[7]

당시 워싱턴 정부는 프리깃함 6척을 건조하고 있었다. 이 가운데 가장 유명한 군함은 '올드 아이언사이즈'로 불리던 컨스티튜션(헌법)호였다.* 1794년에 매디슨은 제퍼슨에게 편지를 보내서 '처음에 그 군함들을 건

---

* 이 배는 1797년에 진수한 목조범선으로 50문 이상의 포로 무장했고 450명 이상의 해군을 태웠다.

조하는 것은 아무리 봐도 현명하지 않다고 했는데 지금은 현명하지 않은 정도가 아니라 터무니없는 것이라고 말할 수 있습니다'라고 썼다.[8] 그리고 그로부터 두 해가 지난 시점에서 갤러틴은 〈스케치〉에서 한 걸음 더 나아가 미국에 과연 해군이 필요할까 하는 문제를 제기한다. 즉 그 군함들을 만드는 데 들어가는 예산을 차라리 '목재와 여러 가지 원재료 등을 구입하는 데 지출함으로써, 그리고 오로지 시간만이 해결해 줄 수 있는 그 모든 것들을 준비함으로써 실질적인 해군의 기초를 닦는 데 지출하는 것이 더 낫다'고 주장한다. 하지만 이렇게 대처를 했다가는 전쟁을 억지할 수 있는 군함은 1척도 없을 터였다. 그리고 또 전쟁이 갑작스럽게 일어날 경우 군함을 새로 건조하는 기간 동안에는 미국의 항구와 상선은 적국의 해군으로부터 전혀 보호를 받지 못할 터였다.

* * *

〈스케치〉는 그 다음에 위스키 폭동에 정부가 적절하게 대응하지 못한 점을 지적한다. '폭동을 진압한다는 명분 아래에서 1만 5,000명이나 되는 군인을 동원하고 1200만 달러나 되는 예산을 쓰는 것은 터무니없는 조치였다고 비난한다. 이 자원의 5분의 1만 동원해도 충분했을 것이라고 말한다. 갤러틴은 이 사건을 매사추세츠 스프링필드에서 일어난 셰이즈의 반란과 비교했다. 셰이즈의 반란은 위스키 폭동이 일어나기 8년 전인 1786년에서 다음 해까지 걸친 경제 불황기에 일어난 농민 반란이다.[9]

이 비교는 상당히 훌륭한 수사(修辭)이긴 했지만 그 두 사건은 결코 동일한 종류이거나 비슷한 게 아니었다. 독립전쟁에 참가했던 군인들에게 지급할 돈을 마련하기 위한 인두세, 경화(硬貨) 부족 그리고 모기지 납입금 등에 대한 저항으로 시작된 셰이즈의 반란으로 여러 사람이 죽고 많은 사람이 다쳤으며 2명이 교수형에 처해졌다. 이때 약 4,000명의 군인이 출동해서 매사추세츠 주정부뿐만 아니라 연방정부의 병기고까지 위협했던 반란을 진압했다. 이 셰이즈 반란을 두고 제퍼슨의 저 유명한 다음 발언이 나왔다.

"크지 않은 반란이 이따금씩 일어난다는 것은 좋은 일입니다. 자유라는 나무는 애국자와 독재자의 피로 이따금씩 신선하게 충전되어야 합니다. 이것이 자연스러운 이치입니다."[10]

당시 제퍼슨은 프랑스 파리에 공사로 가 있었는데, 그의 견해는 동료 버지니아 정치인이던 워싱턴 및 매디슨의 견해와 달랐다. 셰이즈 반란의 진정한 의미는 연합규약이 생명력이 있는 연방정부를 세우기에는 너무 허약한 토대임을 입증하는 것이었다. 그래서 셰이즈 반란은 헌법제정회의 소집의 길로 나아가는 이정표가 되었다.

이어서 〈스케치〉는 해밀턴의 국가부채 관련 계획으로 넘어간다. 그는 어떤 방식으로든 국가가 자금을 조달할 필요는 분명하게 있었다고 인정한다. 그러나 해밀턴이 부채를 액면가로 상환함으로써 시장 가치의 4배나 되는 금액을 갚은 것이라며 불만을 제기한다. 주정부의 부채를 연방정부가 떠안은 점에 대해서도 갤러틴은 다시 한 번 잘못된 선택이었다며 상당한 분량을 할애해서 지적한다. 전혀 그럴 필요가 없었던 일이며, 전체 금액 가운데 일부분은 '100 대 1의 비율로' 조성되었으며, 개별 주정부들이 발행한 '지폐의 가치 절하는 (…) 전쟁 기간 동안 주정부가 사람들에게 거두어들인 유일한 세금'에 해당되는 것이었다는 말이다. 여기에서 그는 주정부가 발행한 지폐를 사람들이 액면가로 받아들인 행위는 사실상 독립전쟁에 필요한 자금을 마련하기 위해서 자발적으로 정부에 기부한 행위라고 바라보는 듯하다. 그런데 이 주장은, 만일 주정부가 발행한 화폐의 가치가 빠르게 하락하는 것에 대해서 사람들이 집단적으로 저항하는 일이 없었더라면 그리고 또 주정부가 발행한 여러 채권들을 연방정부가 잇달아 무효라고 선언하는 일이 없었더라면 훌륭한 주장이 될 수도 있었겠지만, 실제 현실에서는 그렇지 않았다.[11]

이 각각의 주장들과 관련된 논쟁은 이미 오래전에 해소되었다. 그러나 많은 공화주의자들의 마음속에는 여전히 살아 있었으며, 연방주의자들에 대한 보다 근본적이고 과격한 비판이 막 일어나고 있었다. 공화주의자들이 가지고 있던 핵심적인 교의 가운데 하나는, 국가부채는 그게 얼마가 되었든 간에 무조건 국가에게 저주라는 내용이었다. 프랑스 정부가 막대한 부채를 지고 있었는데 이 부채를 갚으려고 여러 가지 세목을 새로 설정한 것이 1789년 프랑스혁명이 일어나는 데 중심적인 역할을 한 것이라고 공화주의자들은 주장했다. (사실 틀린 말은 아니었다.) 또 국가부채를 상환하기 위한 해밀턴의 계획들이, 증오해 마지않았고 재정적인 부패로 필연적으로 이어질 수밖에 없다고 보았던 영국의 제도와 너무 비슷하다는 점도 공화주의자들의 눈에는 좋게 보이지 않았다. 거의 모든 공화주의자들이 보기에 미국이 독립전쟁을 벌인 것도 바로 이런 제도에 대항해서 싸우기 위함이었다. 하지만, 독립전쟁을 벌임으로써 새로 세운 국가 미합중국은 막대한 금액의 빚을 지고 말았다는 사실은 피할 수 없는 사실로 남아 있었다.

갤러틴의 〈스케치〉는 독립전쟁이 무척 비싼 비용이 들어간 전쟁이었음을 인정한다. 그러나 해밀턴이 미국의 국가 신용을 천재적으로 회복했다는 사실, 다시 말해서 연방정부의 채권을 국내외의 투자자들에게 매력적으로 비치도록 만들었다는 사실은 인정하지 않는다. 갤러틴은 심지어 채권을 외국인에게 파는 것에도 반대했다. '일시적으로는 어떤 현기증 나는 효과'를 줄 수 있었지만 곧 '증권에만 투자를 한 투기꾼들이 국가 대신 부를 축적하는' 결과를 빚었다고 했다. 이렇게 해서 국가는 이제 외국인이 구입한 채권에도 이자를 지급해야 했기에 어려움에서 헤어나기는커녕 상황은 더욱 나빠졌다고 했다. 이런 유형의 추론은 갤러틴으로 보자면 너무도 고지식한 것이었을 수도 있지만, 연방주의자들을 향한 당파적인 공격 차원에서 이루어졌을 가능성이 높다. 다시 말하면, 독자를 설득할 목적에서라면 어떤 주장도 끌어다 쓰는 식으로 이런 주장을 했을 것이라는 말이다.[12]

〈스케치〉는 주정부의 부채를 연방정부가 떠안는 해밀턴의 조치에 가장 지독한 말들을 총동원해서 비난한다. 여기에서 갤러틴은 이런 조치가 미합중국이 단일한 국가로서 하나로 결속하는 데 접착제 역할을 할 것이라는 해밀턴의 주장을 완전히 뒤엎어 버린다.

"경험으로 볼 때, 이 조치에 따라서 연방정부에게 지워지는 추가적인 부채는 정부를 강화하기는커녕 다른 어떤 조치보다도 더 많은 불만과 불편을 안겨주었다."[13]

각종 연방 세목들이 신설되어(그러나 사실 위스키 세금 말고는 없었다) 주정부로부터 떠안은 부채의 이자를 갚아야 했고, 또 정부의 수입은 '그 부채를 늘리고 영속화하기를 바라는 몇몇 영향력 있는 인사들에게' 흘러들어갔다고 한다. 즉 해밀턴이 사악한 사람들이 이득을 편취할 수 있도록 사기성이 농후한 이 프로그램들을 음모적으로 부추기고 선동했을 수 있다는 뜻이다.

갤러틴은 해밀턴이 내렸던 조치를 '치명적인 조치'라고 못박으면서, 만일 연방정부가 주정부의 부채에 관여해야 했다면 해밀턴은 액면가로 부채를 상환하는 일은 절대로 하지 말았어야 한다고 단언한다. 2200만 달러가 아니라 1100만 달러의 주정부 부채만 떠안았어야 한다는 것이다. 그러나 여기에서도 갤러틴은 해밀턴의 조치가 시행되지 않았을 경우에 국가 신용도가 입었을 유독한 효과에 대해서는 한마디도 언급하지 않는다. 이 문제가 쟁점으로 부각되었을 당시 매디슨이 주장했던 것과 거의 비슷하게, 갤러틴은 주정부의 빚을 갚기 위한 자기 자신의 계획이 어떤 방식으로 진행되었을 것이라는 점만 상세하고 장황하게 설명할 뿐이다.[14]

그 다음에는 미합중국은행으로 넘어가는데, 여기에서는 은행 자체를 전면적으로 반대했던 제퍼슨의 견해와 선을 긋는다. 갤러틴은 은행이 꼭 필요하다고 주장한다. 특히 자본시장과 멀리 떨어져 있고 은이나 금을 많이 보유하고 있지 않은 신생국일 경우에는 특히 더 그렇다고 주장한다. 그는 은행 그 자체에는 반대하지 않는다. 그는 미국으로 이주하기 전에 제네바에 있을 때 이미 은행이라는 제도를 잘 알고 있었으며, 또 주의회에 몸담고 있을 때는 펜실베이니아은행의 정관 작성에 힘을 보태기도 했던 사람이다. 하지만 그는 해밀턴이 미합중국은행의 자본금을 조성하는 방식을 비판한다. 동부 연안에 자리를 잡고 있는 자기 친구들이나 지지자들의 불법적인 주식 투기를 합법적인 행위로 만드는 것이 해밀턴의 목적이었음을 은근히 암시한다. 이것은 수많은 공화주의자들이 해밀턴의 정책에 반대하면서 내세웠던 판에 박힌 근거였다.[15]

실제로 갤러틴은 워싱턴-해밀턴 정부가 미합중국은행에서 지나치게 많은 돈을 빌렸다는 주장으로까지 나아간다. 정부가 과도하게 높은 이자를 지불하며 예산을 너무 헤프게 쓴 바람에 공공대출에 내재한 부정부패의 가능성을 한껏 높였다고 주장한다. 그래서 은행에 대해서 제퍼슨이 가지고 있었던 두려움, 즉 '은행이 정부의 손에서 정치적인 어떤 엔진이 될지도 모른다는 우려가 (…) 몇몇 경우에는 실제로 입증되었다'고 말한다. 이 점에 대해서 갤러틴은 상대적으로 분명한 근거를 가지고 있었다. 실제로 해밀턴은 〈국가은행에 관한 보고서〉가 애초에 금지했었지만 의회의 승인을 받고 의결되었던 여러 가지 목적들(예를 들면, 연방정부에 대한 대규모 대출 등)을 수행하는 데 미합중국은행을 이용했다.[16]

전쟁이 끝났던 1783년과 해밀턴의 〈국가부채에 관한 보고서〉가 나온 1790년 사이에 7년이라는 세월이 지나갔지만 실질적으로 재정적인 위기 상황은 없었다고 주장하면서 더욱더 많은 경멸을 해밀턴에게 퍼부었다.

"부채를 상환하기 위한 예비비 문제는 민간 부문의 노력에 의해서 이미 상당한 수준으로 정리되었다. 그러므로 부채 상환을 위한 자금 조성은, 이자를 갚는 데 필요한 세금을 걷는 것을 제외하고는, 시급한 문제들을 해결하기 위한 급박한 조치가 전혀 아니었다."[17]

여기에서 갤러틴은 1780년대가 경제적으로 호황기였으며 국가부채는 저절로 해결되었을 것이라는 주장을 하는 듯하다. 매우 흥미롭고도 특이한 주장이긴 하지만, 최근의 역사를 다시 쓰는 일은 당시나 지금이나 정치에서는 흔히 있는 일이다.

갤러틴은 더 나아가 해밀턴이 후원해서 새로 발행된 채권은 아무런 목적도 가지고 있지 않았다고 주장한다. 즉 국가부채를 없애기 위한 것이 아니라 그 부채를 갚기 위해서 자금을 조성하는 것은 적법성을 상실한 정책이라고 비난한다. 심지어 미합중국은행이 창설되기 전에 기존의 은행들은 충분히 많은 돈을 발행하고 있었다고 한다.

"그리고 이 돈들이 창출한 통화량 증가는 미국의 수요를 충당하고도 남았다."**18**

이런 상황에서 미합중국은행이 통화를 추가로 발행하는 것은 귀중한 자원을 불필요하게 소모하는 행위일 뿐이라고 말한다. 그러면서 갤러틴은 다시 한 번 더 공화주의자들이 해밀턴을 공격하면서 즐겨 동원했던 비판을 제시한다. '다른 어떤 내부적인 원인보다도 연합을 약화시킨 가장 큰 요인이 부채라는 사실을 누가 과연 의심할 수 있는가?'라고 갤러틴은 쓴다. 하지만 이 비판은 잘못된 것이었다.

"지금 미국인은 보다 강력한 정부에 의해서 하나로 묶여 있긴 하지만 8년 전즉 1788년에 비해서 정서적으로 더 소원해져 있다는 점은 통탄할 사실이다."

지금 필요한 것은 미국인을 갈라놓고 있는 불필요한 조세 및 그 밖의 모든 규제를 철폐하는 것이라고 주장한다. 그 목록의 맨 위에 국가부채가 있음은 말할 필요도 없다고 했다.

"이런 사실을 따로 증명할 필요도 없다. 적어도 정치적인 관점에서 모든 국가가 공공부채 때문에 허약해진다는 것은 너무도 자명한 진리이다."

그러면서 갤러틴은 이 부채가 거의 모든 방면에서 미국에 상처를 입힌다고 말한다.

"우리의 정부 수입과 자원이 해마다 (…) [부채에 대한 이자를 갚는 데 필요한 금액인] 500만 달러씩 부질없이 날아간다는 사실이 알려지지 않았다면, 우리는 훨씬 더 많이 약탈당하고 터무니없는 공격에 노출되며 또 모든 나라가 우리를 얕볼 것이다."**19**

그렇다면 갤러틴이 제시한 총체적인 해법은 무엇이었을까? 그가 제시한 해법은 더없이 단순했다. 부채를 없애는 것이었다. 갤러틴은 해법을 요약하면서, 당파적인 주장에서 벗어나서 미국이 현재 처한 상황을 보다 객관적으로 분석한다. 그리고 연방정부는 예산 수입의 대부분을 계속해서 관세에서 충당해야 하지만, 지금은 여기에 덧붙여서 서부의 놀고 있는 공유지를 팔아서 정부 수입을 증대시켜야 한다고 말한다. 이것은 정부가 소유하고 있던 수천만 에이커에 달하는 서부의 땅을 개발해야 한다는 본인의 오래된 생각에 따른 것이다.

갤러틴은 당시 미국이 처한 상황을 다음과 같이 묘사한다.

"현재 미국에는 일반적인 특성으로 볼 때 토지와 자본이라는 두 가지 종류의 부(富)가 있다. 인구 비례로 따질 때 미국이 상업국가로 꼽힌다는 것은 널리 알려진 사실이다. 우리가 최고의 농업국가라는 사실을 부인할 수는 없다. 또한 아직은 우리가 제조업 국가가 아니라는 점을 인정해야 한다. 상업 부문에 들어가 있는 우리의 자본은 엄청나게 크다. 그리고 토지에 들어가 있는 우리의 자본도 어마어마하게 크다. 하지만 제조업에 우리가 많은 자본을 투자해 놓고 있다는 말을 할 수는 없다. 빚을 갚을 여유가 있는 바로 그 돈에서 세금을 걷도록 해야 한다."[20]

즉, 우선 수입 관세를 통해서 그리고 그 다음에는 토지 판매를 통해서 세금을 걷어야 한다는 말이다. 한편 연방정부는 극단적으로 예산을 줄여야 하며 특히 국방비 지출을 줄여야 한다고 갤러틴은 말한다. 상비군을 두거나 막강한 해군을 설치해야 할 급박한 필요성은 지금 전혀 존재하지 않는다고 말한다. 그런데 정부 소유의 토지 판매는 사실상 1796년부터 시작되었지만 해밀턴이나 갤러틴이 예상했던 것과 같은 대규모 수입이 발생한 적은 한 번도 없었다.

* * *

해밀턴이 시행하던 프로그램을 갤러틴이 싸잡아서 비판한 것은 비록 과장되긴 했지만 어쨌거나 그가 가지고 있던 마음속의 분노를 반영한다. 공화주의자들은 실제로 연방주의자들이 독립전쟁의 이상을 배신하고 있다고 믿었다. 〈스케치〉는 공화당의 당파적인 문건으로뿐만 아니라 독립전쟁의 원칙을 회복하자는 외침, 특히 국가부채를 없애자는 외침으로 가장 많이 읽힌다. 이 목표는 단순히 공화주의자들의 재정적인 이념만은 아니었고 도덕적인 이념이기도 했다. 그것은 영국에 반대하고 부정부패에 반대하는 이념을 지탱하는 기둥이었다.[21]

갤러틴은 〈스케치〉를 통해서, 해밀턴을 비롯한 연방주의자들이 자기 목적을 달성하기 위해서 했던 여러 가지 일들, 즉 공화주의자들이 벌써 잊어버렸을 수도 있는 그 일들을 일깨웠다. 그리고 대안과 실행 가능해 보이는 정책들을 구체적으로 제시함으로써 출구까지도 제안했다. 그가 해밀턴이 이룩한 장대한 성공을 경멸했다는 점은 사실 어떻게 보면 사소한 문제이다. 이런 문제는 당파적인 입장에서 집필된 문건에서 일반적으로 발견되는 특징일 뿐이다. 〈스케치〉는 총선이 있던 1796년에 발표되었다. 의원 선거가 치열한 공방전 속에서 진행될 게 분명했을 뿐만 아니라 제퍼슨이 차기 미국 대통령 후보로 워싱턴의 강력한 경쟁자가 되어 있던 상황이었다.

갤러틴의 〈스케치〉는 이민자 출신의 한 재정 전문가가 이 분야의 또 다른 전문가를 공격할 목적으로 만들어진 문건이었다. 그 두 사람은 각 정치 진영에서, 즉 해밀턴은 연방당에서 그리고 갤러틴은 공화당에서 이미 탁월한 경제 전문가로 스스로를 입증한 인물들이었다. 그런데 이민자 출신의 경제 전문가가 각각의 진영을 이끌었다는 점은 결코 우연의 일치가 아니었다. 자본이 국가의 경계선과 대양을 넘어서까지 이동할 수 있다는 생각, 그리고 미국을 하나로 통합해서 대서양 너머의 신용시장에서 신용등급이 높은 참여자로 만들어야 한다는 생각은 이민 혹은 이주라는 본인들의 경험을 통해서 이미 일찌감치 형성되어 있었던 것이다.[22]

〈스케치〉를 집필하던 1796년에 갤러틴은 이미 미국 정치의 한가운데 들어가 있었다. 그러므로 그는 권력을 잡고 명예를 획득하는 데 해밀턴 못지않게 깊은 관심을 가지고 있었다고 볼 수 있다. 그렇다면 그가 선택할 수 있는 길은 무엇이었을까? 그가 갈 수 있는 최상의 길은 제퍼슨이 대통령이 되고 제퍼슨 정부 아래에서 재정 분야의 최고 전문가가 되는 것이었다. 갤러틴은 그 야망을 향해서 달렸고 또 머지않아서 그 야망이 이룩될 터였지만, 아직은 때가 아니었다.

CHAPTER 19
권력을 향해서

1796년 선거에서 연방주의자들은 하원에서 다수당의 지위를 되찾았고 상원에서는 여전히 다수당의 지위를 유지했다. 대통령 선거에서는 토머스 제퍼슨이 조지 워싱턴 정부의 부통령이었던 존 애덤스에게 간발의 차이로 패배했다. 1804년에 12차 헌법 수정이 의결되기 전까지는 최다 득표자가 대통령이 되고 그 다음 득표자는 부통령이 되었다. 그래서 제퍼슨은 부통령이 되긴 했지만 애덤스 대통령으로부터 자문을 요청받는 일은 거의 없었다. 하지만 제퍼슨은 나름대로 활발하게 국정에 참여했다. 격동의 4년 동안에 상원을 주재했으며, 야당을 튼튼하게 세우고, 차기 대통령 출마를 위한 계획을 차근차근 세웠다.[1]

애덤스 정부는 1797년에 정권을 인수했고, 제임스 매디슨은 하원을 떠나서 자기의 버지니아 대농장인 몬트필리어로 돌아갔다. 제퍼슨이 1793년에 몬티첼로로 낙향했던 것과 똑같은 모습이었다. 그러자 하원의 공화당을 이끌 리더십의 많은 부분이 앨버트 갤러틴에게 떨어졌다. 당시 갤러틴은 아직 32살밖에 되지 않았다. 하지만 그는 의원으로서뿐만 아니라 연방주의자들을 권좌에서 몰아내려는 제퍼슨의 계획에서 핵심적인 인물로 기능하며 많은 시간을 일했다.

갤러틴이 정치에 빠져 있는 동안에 서부 펜실베이니아에 있던 그의 대리인들과 지인들이 그의 사업을 살폈다. 하지만 이들의 관리는 계속해서 잘못되기만 했다. 이와 관련해서 그는 1798년에 한 친구에게 쓴 편지에서 '나는 형편없는 농부입니다. 그리고 몇 가지 사업을 했지만 운이 따라주지 않았습니다'라고 썼다. 갤러틴은 수십 년 전에 비해서 자기가 경제적으로 더 나아진 게 없다고 믿었다. 여기에는 로버트 모리스의 파산도 한몫했다. 모리스에게 땅을 팔고 받기로 했던 대금의 3분의 1을 받지 못했기 때문이다. 하지만 갤러틴은 적어도 겉으로는 모리스에게 냉담하게 굴지 않았다. 과거 상원에서 모리스가 등을 돌린 탓에 갤러틴은 상원의원 자격을 상실하고 쫓겨났었고 또 이번에는 모리스가 파산한 바람에 상당한 규모의 손실을 입었지만 모리스에게 웃는 얼굴을 보였다. 이것은 갤러틴이 그만큼 관대한 성격을 가지고 있음을 보여준다. 위에 언급한 편지에서 갤러틴은 계속해서 다음과 같이 말했다.

"사실은 나는 돈을 벌 계산을 철저하게 하지 못합니다. 돈을 버는 데 신경을 별로 쓰지 않습니다. 나는 나 자신을 위해서는 그다지 많은 것을 바라지 않기 때문입니다. 사업을 할 때보다 다른 일들을 추구할 때 내 마음은 더 즐겁습니다."[2]

아닌 게 아니라 그때의 중앙 정치는 펜실베이니아에서 힘겹게 개척지 생활을 하는 것보다 훨씬 더 유쾌하고 흥미로웠다.

* * *

1797년부터 1801년까지 이어진 애덤스 정부는 시작부터 삐걱거렸다. 애덤스는 비록 엄청나게 많은 재능을 가지고 있었지만, 아쉽게도 행정가나 정당 지도자로서의 재능이 아니라 변호사나 헌법 이론가로서의 재능이었다. 애덤스도 그랬고 알렉산더 해밀턴도 그랬지만 토머스 제퍼슨이 가지고 있었던 정치인으로서의 재능은 전혀 가지고 있지 않았다. 정치인이라면 예컨대 전국적인 운동을 은밀하게 설득하거나 막후에서 오케스트라 지휘자처럼 조정하는 능력이나 언제 말을 해야 하고 언제 입을 다물어야 할지 순간적으로 파악하는 능력 그리고 모든 유권자의 마음에 들도록 행동하는 요령 등을 가지고 있어야 하지만, 두 사람은 그렇지 못했던 것이다. 게다가 애덤스는 터무니없이 많은 시간을 수도인 필라델피아가 아니라 자기 고향인 매사추세츠의 퀸시에서 보냈다. 또 애덤스는 해밀턴과도 사이가 좋지 않았다. 두 사람은 심각할 정도로 등졌고, 이런 배척 상황은 사람들 눈에 심심찮게 목격되었다. 두 사람은 이렇게 하지 말았어야 했다. 서로 만나기만 하면 언쟁을 벌였지만 이런 모습은 두 사람 어느 누구에게도 도움이 되지 않았다. 연방당의 힘을 약화시켰고, 두 사람의 개인적인 평판을 나쁘게 만들었으며, 궁극적으로는 국가 전체에 피해를 입혔다.[3]

앨버트 갤러틴은 애덤스 대통령 재임 기간 동안 의회에서 활발하게 자기 역할을 수행했다. 그는 신임 재무부장관 올리버 월코트 주니어를 끊임없이 가로막고 서서 온갖 정보를 수도 없이 요구하며 괴롭혔다. 월코트는 오랜 기간 해밀턴의 보호를 받았으며 이제 그의 뒤를 이어 재무부장관이 된 인물로 코네티컷의 명문가 자손이었다. 그는 처음에 회계 감사관으로 일을 하다가 재무부 감사관으로 일했으며, 나중에는 워싱턴 대통령의 임명을 받고 재무부장관이 되었다. 1795년부터 1800년까지 재무부장관직에 있으면서 그는 해밀턴이 마련해둔 재정·금융 정책을 철저하게 따랐을 뿐만 아니라 자주 해밀턴을 찾아가서 그의 조언을 들었다. 1급 수준의 행정가였던 그는 사람들을 바짝 다잡으며 능숙하게 재무부를 이끌었지만, 정치 상황은 점점 더 악화되고 있었다. 월코트는 해밀턴이 했던 것과 같은 폭넓은 역할을 해달라는 요청을 대통령이나 그 누구로부터 단 한 번도 받지 않았다.

1797년 3월에 끝이 났던 워싱턴의 두 번째 재임기의 마지막 기간에도 그랬고 애덤스 대통령 재임 때도 그랬다. 이 기간 동안에 앨버트 갤러틴이 하원에서 했던 발언과 행동은(갤러틴은 재무부의 모든 활동을 보다 강력하게 감시하는 체제를 갖추었으며 또 재무부에 수없이 많은 보고서 제출을 요구했다) 월코트를 비참할 지경으로 몰아붙이고 윽박질렀다. 이런 생활을 5년 동안 한 뒤에 월코트는 대통령 선거가 있던 해인 1800년에 재무부장관직에서 물러났다. 애덤스는 해밀턴의 영향력을 약화시킬 목적으로 내각 구성원들을 거의 모두 교체했다. 기존의 장관들은 거의 4년 내내 해밀턴의 입김을 아래에서 그의 뜻에 따라서 움직이던 그의 수족이었기 때문이다. 당시에 애덤스는, '해밀턴은 개자식(bastard)이고 갤러틴과 다를 게 없는 외국인'이라는 말도 했다. 뉴잉글랜드에서는 미국의 다른 지역에서보다 이민자에 대한 편견이 훨씬 심했던 것 같다.[4]

* * *

프랑스와의 준전쟁(1798~1800) 시기 동안에 공화주의자들은 갤러틴을 의회 내 주된 대변인으로 내세워서 육군이나 해군에 대한 예산 지출을 가로막고 나섰다. 이들은 영국에 대한 반감을 여전히 가지고 있었다. 심지어 나중에 나폴레옹이 프랑스혁명의 이상을 배신했다고 비난할 때조차도 그랬다. 의회에서 갤러틴은 프랑스에 대한 군사 행동에 그리고 심지어 이 군사 행동을 준비하는 데조차도 반대했다. 이렇게 한 바람에 그는 자기 이민 경력과 강한 프랑스식 억양 때문에 지속적인 공격을 받았다. 심지어 그는 미국을 향한 충성심조차도 의심받았다.

1797년, 연방당에 속하던 코네티컷의 존 앨런(John Allen) 의원은 하원에서 갤러틴을 직접적으로 조준해서 '미국은 수상한 음모를 꾸미는 외국인과 관련된 외국과의 교류는 오래전에 끊어 버렸어야 했을 충분한 이유가 있었습니다'라고 말했다. 그리고 몇 달 뒤, 미국과 프랑스 사이가 계속해서 악화되자, 미국 군함이 상선을 호위하는 것을 반대한다고 갤러틴이 발언했을 때 앨런이 다시 그를 공격했다.

"그게 자기 조국을 사랑하는 미국인이 할 말입니까? 아닙니다, 그건 외국의 스파이나 할 수 있는 말입니다."[5]

연방주의자들의 입에서는 이처럼 모진 말들이 나왔지만, 사실 이런 말은 과거 해밀턴의 이민 경력에게 가해졌던 비슷한 공격만큼이나 전혀 근거가 없는 말이었다.

1790년대 말이 되면 귀화한 유권자 대부분은 공화주의자들에게로 돌아섰다. 공화당이 내세우던 민주주의 관련 수사(修辭)가 더 매력적으로 비쳤기 때문이다. 연방당이 지배하던 하원은 이런 현상을 타개할 생각으로 1798년에 이민자가 시민권을(아울러 자동적으로 투표권을) 획득하는 데 필요한 대기 기간을 14년으로 늘리는 이민법을 의결했다. 이 법률은 나중에 여러 차례 계속해서 바뀌면서 그 기간은 계속해서 줄어들었다.[6]

연방당이 지배하는 의회는 미국을 보다 긴급한 위험으로 몰아넣는 법안을 의결했고 대통령은 그 법안들에 서명을 했다. 그것은 바로 3개의 법률로 구성된 통칭 '재류외국인 및 선동법(Alien and Sedition Acts)'이었다. 상원에서는 쉽게 통과했지만 하원에서는 근소한 표 차이로 통과한 이 법률로 해서 이제 대통령이 위험하다고 판단하는 외국인을 강제로 추방할 수 있게 되었으며 또 정부를 비판하는 행위에 무거운 벌을 내릴 수 있게 되었다. 제퍼슨은 이 법이 부분적으로 앨버트 갤러틴의 지위를 위협할 목적으로 제정되었다고 믿었다.[7]

하지만 이 법률의 보다 큰 목적은 정부 정책에 반대하는 기자들의 입에 재갈을 물리는 것이었다. 공화당이나 연방당 모두 두 정당 사이에 쟁점이 생길 때마다 자기 당에 유리한 논조의 기사가 실리도록 각자 자기에게 우호적인 신문사들을 후원하고 지원했다. 그런데 이 신문들 가운데 많은 수가 영국과 아일랜드에서 대서양을 건너온 재능 있는 이민자들을 편집자로 두고 있었다. 대중의 여론을 사로잡고자 하는 싸움에서 우세를 보여 왔던 공화당 지지 신문의 편집자들은 그 법의 주요 표적이 자기들임을 어렵지 않게 깨달았다.[8]

공화주의자들은 이 법에 신속하게 대응했다. 부통령이던 제퍼슨은 1798년에 켄터키 주의회에서 채택할 이른바 '켄터키 결의안'의 초안을 작성했으며 제임스 매디슨도 비슷한 내용으로 '버지니아 결의안'을 작성했다. 이 두 결의안의 초안을 작성한 사람이 누구인지는 비밀에 부쳐졌는데, 제퍼슨은 켄터키 결의안을 법률적 청원서 형식으로 작성했다. 그는 독립선언문을 집필할 때 그랬던 것처럼 힘이 넘치는 단어들을 세심하게 골라서 반복적으로 배치했다. 얼마나 과격하게 썼던지 켄터키 주의회 의원들이 굳이 표현을 완화시켜야 했을 정도였다. 그러나 이렇게 완화된 표현도 여전히 강력한 폭발력을 안고 있었다. 이 결의안에서 제퍼슨은 다음과 같이 썼다.

"'재류외국인 및 선동법'은 법이 아니다. 그냥 아무것도 아니고 아무런 구속력도 없다."[9]

부통령이 쓴 글로서는 놀라울 정도로 과격한 표현이다.

한편, 직업적인 변호사는 아니긴 했어도 법률적 상식의 깊이가 남다르게 깊었던 매디슨은 보다 온순하며 덜 형식적인 문체로 결의안을 완성했다. 이 두 사람이 각각 쓴 결의안은 둘 다 주정부의 법률이 연방정부의 법률을 무효화할 수 있다고 천명하는데, 이는 나중에 분리 독립을 주장하는 사람들이 채택하는 이른바 '연방 법령 실시 거부'의 전조인 셈이다. 1812년 전쟁 전 및 그 전쟁이 진행되는 기간 동안에 뉴잉글랜드 사람들이 그랬고, 1820년대부터 남북전쟁 때까지 남부 사람들이 그랬다. '재류외국인 및 선동법'은 연방주의자들 및 공화주의자들의 행동에 고약하게 반영된 당파적 분열이 재앙적인 결과를 가져다줄 수 있음을 암시했다.[10]

연방주의자들은 이 법을 의결함으로써 의도하지 않게 자기 진영에 스스로 상당한 정치적 타격을 입혔다. 특히 이 법은 이민자 출신의 유권자들을 분노하게 만들었으며, 또 공화당을 지지하던 언론인들이 전면적으로 들고일어나서 이전보다 훨씬 강력한 논조로 연방당 진영을 공격하고 나섰다. 켄터키와 버지니아의 의회가 각각 채택한 결의안들은 제퍼슨과 매디슨의 유산을 드높이지 못했고, 그 효과는 두 사람을 열렬하게 지지하는 사람들 사이에서만 한정되었다. 만일 그 결의안을 쓴 사람이 제퍼슨이라는 사실이 밝혀졌더라면 아마도 제퍼슨은 1800년 선거에서 대통령에 당선되지 못했을 가능성도 있다. 미국의 현직 부통령이 연방정부의 권한을 무효화하자는 주장을 한 것일 뿐만 아니라 사실상 헌정 혁명을 요구한 셈이었기 때문이다.[11]

* * *

해밀턴이 과거에 비슷한 내용으로 공격을 받았을 때와 마찬가지로 갤러틴도 '재류외국법'의 공격으로 크게 위축되거나 피해를 입지는 않았다. 프랑스와의 준전쟁이 1800년 선거 때까지 계속 이어지자 갤러틴은 1796년에 썼던 〈스케치〉와 비슷하게 연방주의자들의 재정 정책을 비판하는 장문의 문건을 또 하나 썼다. 〈미합중국의 국가부채와 세입 및 세출에 관한 여러 가지 의견(Views of the Public Debt, Receipts and Expenditures of the United States)〉이었다. 이 문건에서 갤러틴은 애덤스 대통령이 재임했던 거의 대부분 기간에 연방정부는 지출한 것보다 더 많은 수입을 기록했다고 지적했다. 정부는 현명한 정책을 추진해서 국가부채를 360만 달러 가까이 줄였지만, 애덤스 정부의 마지막 해에 정부는 프랑스와의 전쟁에 대비한 군사비 지출에 너무 많은 예산을 낭비한 바람에 국가부채가 약 500만 달러나 늘어났다고 지적한 것이다. 공화주의자들은 미국의 국가적 명예를 연방주의자들 못지않게 중요하게 여겼다. 하지만 제퍼슨과 갤러틴은 이 새로운 군사비 지출에 당황할 정도로 놀랐다. 또 이들은 프랑스가 영국보다 덜 위협적인 국가라는 인식을 계속 유지하고 있었으며, 아울러 영국에 대한 혐오감을 여전히 강하게 가지고 있었다. 만일 그 군사비 지출이 프랑스를 상대로 한 게 아니라 영국을 상대로 한 전쟁에 대비한 것이었다면, 이 두 사람의 반대는 그처럼 강력하지는 않았을 것이라고 추정할 수 있다. 그러나 나중에 이 두 사람이 권력을 잡은 뒤에 펼치는 정책은 군사비 지출 자체에 반대하는 원칙을 고수한다.

1793년부터 1812년까지 미국 정부의 주요 외교정책 과제는 영국과 프랑스가 서로 싸우면서 일으키는 격렬한 소용돌이에 빨려들지 않는 것이었다. 오랜 시간이 지난 뒤에 돌이켜보면 분명해지는 사실이지만, 미국이 두 국가가 벌이는 싸움에서 종종 경제적으로 상당한 혜택을 누리긴 했지만, 보다 큰 그 딜레마에서 벗어날 길은 어디에도 없었다. 갤러틴은 처음에는 하원의 공화당 지도자로서 그리고 나중에는 재무부장관으로서, 영국과 프랑스 각각에서 비롯되는 위협이 제기하는 여러 문제들을 처리하는 데 엄청난 시간을 들일 수밖에 없었다. 그건 피할 수 없는 일이었다.[12]

존 애덤스 정부와 제퍼슨 정부 그리고 매디슨 정부도 모두 진퇴양난의 딜레마를 해결할 수 있는 묘책을 찾으려고 끊임없이 노력했다. 그리고 외교적인 권모술수, 보이콧, 엠바고(미국 상선의 영국 취항 금지 조치), 미국 상선을 무장하는 것, 해군의 해상 시위 등 가능한 모든 수단을 동원했다. 미국 영토 안에서도 전쟁은 밀물처럼 들어왔다가 썰물처럼 나가곤 했다. 때로는 프랑스를 상대로 한 전쟁이었고 때로는 영국을 상대로 한 전쟁이었으며 또 때로는 (믿기 어렵게도) 둘을 동시에 상대로 한 전쟁이었다. 이런 긴 기간 동안 내내 갤러틴은 경제정책만큼이나 외교 문제에 매달려 있었다. 처음에는 영국 혹은 프랑스와 전쟁을 하게 되는 상황을 피하고자 온갖 시도와 조치를 다했고, 그 다음에는 영국과 벌인 1812년 전쟁에 대한 비용을 조달하려고 애를 썼고, 마지막으로는 이 전쟁을 종식할 협상 문제에 매달렸다. 영국과 프랑스 사이에 22년 동안이나 진행되었던 전쟁 기간 동안 갤러틴이 썼던 온갖 서신들에는 국가 재정 문제뿐만 아니라 외교정책 문제에 대한 수천 통의 편지와 쪽지가 포함되어 있다.

이 기간의 한가운데 시점이던 1800년의 대통령 선거 때 미국의 수도는 워싱턴으로 바뀌었다. 필라델피아에서 포토맥으로의 이전은 해밀턴이 1790년의 저 유명한 저녁 만찬에서 제퍼슨과 매디슨을 상대로 해서 주정부의 부채를 연방정부가 떠안는 문제와 맞바꾸었던 사안이었고, 이 일이 드디어 마침표를 찍게 되었다. 1800년 11월에 존 애덤스 대통령은 대통령 관저로 들어갔다. (이 대통령 관저가 백악관이라는 이름으로 불린 것은 1812년부터이다.) 하지만 4달 뒤에 재임에 실패한 뒤에 짐을 싸야 했다. 애덤스는 제퍼슨의 취임식에 참가하지 않았는데, 그는 후임자에게 단 한마디의 말도 건네지 않고 새벽 4시에 쓰라린 마음을 안고서 백악관을 떠났다.

* * *

제퍼슨의 대통령 취임식이 있기 2달 전인 1801년 1월, 갤러틴은 아내에게 새로 정해진 수도가 아직 개발되지 않아서 허름하고 원시적이라는 사실을 자세하게 묘사하는 장문의 편지를 썼다. 한나가 도시에서 사는 걸 더 좋아하고 시골 생활을 어려워한다는 걸 잘 알고 있었기에 갤러틴은 솔직하게 다음과 같이 경고했다.

"우리가 위치한 곳은 즐거움과는 거리가 멉니다. 편리하지도 않습니다. 국회의사당 주변에는 하숙집이 일고여덟 개 정도 있고, 옷집이 하나, 구둣방이 하나, 인쇄소가 하나, 빨래해 주는 집이 하나, 팸플릿과 문방구를 파는 집이 하나, 작은 포목상이 하나 그리고 굴을 파는 집이 하나 있습니다. 이게 바로 국회의사당과 연결된 수도의 모습 전부입니다."[13]

캐피톨힐에는 멋지게 지어놓은 개인 주택들도 제법 있었다. 갤러틴은 이런 집을 구해서 가족을 데려오고 싶었다. 결국 그가 원하는 대로 되었고, 그의 아내와 아이들로서는 무척 다행한 일이었을 뿐만 아니라, 그도 하루 일과를 소화하기에 좋았다. 그러나 거주 환경이 워낙 나빴기 때문에 직원들을 구하기가 무척 어려웠다. 정부는 때로 어쩔 수 없이 직원들에게 필라델피아에서 줬던 것보다 훨씬 많은 봉급을 줄 수밖에 없었다.

국회의사당에서 동쪽으로 약 1,200미터 되는 지점에 포토맥 강이 흐르며 그 강에는 '배가 단 한 척도 정박해 있지 않은 항구가 있다'고 갤러틴은 아내 한나에게 썼다. 강가에는 금방이라도 쓰러질 것 같은 건물들이 한 무더기 모여 있었다. 그리고 커다란 습지 하나가 포토맥 강과 캐피톨힐을 나누었으며 국회의사당에서 대통령 관저로 쉽게 지나다니지 못하게 가로막았다. 새로 지은 건물인 국회의사당과 대통령 관저 사이에는 '(펜실베이니아 애비뉴라고 불리는) 둑방길'이 나 있었다. 그러나 습지에서 나는 냄새가 워낙 고약해서 '단 1채의 집도 이 길에는 들어서 있지 않으며, 만일 그런 집이 들어선다면 그 집에 살게 된 불쌍한 세입자는 늘 열병에 걸려 있을 것'이라고 했다.[14]

하지만 거기에서 서쪽으로 조금만 벗어나면 그래도 조금은 환경이 좋았다. 대통령 관저에서 약 2,400미터쯤 떨어진 다소 높은 곳에 메릴랜드의 오래된 정착지 조지타운이 있었다.

"그러나 우리는 거기에 있지 않습니다. 거기에서 국회의사당까지 가기에는 거리가 너무 멀거든요. 의원들 가운데 예닐곱 명은 조지타운에 거처를 마련했고, 세 사람은 대통령과 가까운 곳에 거처를 마련했으며, 나머지 사람들은 모두 국회의사당 가까이에 있는 8개의 하숙집에서 복닥거리고 있습니다."

콘래드와 맥먼의 하숙집에서 갤러틴은 매사추세츠 출신 의원과 방 하나를 함께 사용했다.

"음식과 장작, 양초, 술 등을 모두 포함해서 1주에 15달러씩 내고 있습니다. 밥을 먹을 때는 24명에서 30명이 한꺼번에 먹습니다. (…) 그 자리에 하숙집 부인네 2명이 없었더라면, 아마도 수도사들이 커다란 식당에서 식사를 하는 것처럼 보일 것입니다."[15]

갤러틴은 계속해서, 정치 때문에 자기 가족이 따로 떨어져 사는 일은 결코 없을 것이라고 재차 강조했다. 한나는 남편이 일에 얼마나 집착하는지 잘 알았기에 체념한 듯한 어조로 답장을 했다.

"당신이 가족 이외의 사람과 한방에서 지내는 게 지금이 마지막이 될 것이라는 걸 기억하셔야 합니다. 이런 멋진 생각을 하면 위안이 될 겁니다. 또 그렇게 되어야 하고요. 아, 앨버트! 당신은 이런 이야기를 당신의 불쌍한 아내에게 얼마나 자주 했는지 아십니까? 하지만 괜찮아요. 나는 지금 과거 어느 때보다도 마음을 단단히 먹고 있으니까요. 그리고 이번 일이 미래에 우리 가족이 함께 살아갈 일에 어느 정도 영향을 줄 것이라고 나는 생각합니다."[16]

하지만 이 두 사람 가운데 그 누구도 남편이 미국 연방정부의 재무부 장관이 될 것이라고, 해마다 여름이면 적어도 2달 동안은 가족과 떨어져 살아야 하는 지위에 오를 것이라고는 상상도 하지 못했다. 또한 10년 뒤에는 남편이 외교적인 임무를 띠고 유럽으로 가서 2년 넘게 머물다가 돌아올 것이라고는 상상도 하지 못했다.

* * *

현직 부통령이며 차기 대통령이 될 토머스 제퍼슨을 비롯해서 다른 많은 저명한 정부 인사들이 갤러틴과 비슷한 생활을 하면서 같은 하숙집에서 머물렀다. 이들이 나눈 대화는 대통령 선거에 초점이 맞춰졌다. 투표는 이미 1800년 4월부터 시작해서 10월까지 진행되고 있었다. (당시에는 각 주가 투표일을 결정한 권한을 가지고 있었기 때문이다.) 그리고 마지막 투표가 끝났을 때 공화당을 지지하는 선거인이 연방당을 지지하는 선거인을 73 대 65로 이겼다. 각각의 선거인은 2표를 행사할 수 있었는데, 제퍼슨을 선택했던 공화당 지지자들이 부주의한 나머지 제퍼슨과 그의 런닝메이트인 애런 버에게 역시 1표를 준 바람에 두 사람은 73 대 73으로 동일한 득표수를 기록했다. 이 경우 헌법이 정한 규정에 따라서 대통령과 부통령을 정하는 일은 하원에게로 넘어갔다.

당시에 각 주별로 의원 수는 버지니아 19명, 매사추세츠 14명, 펜실베이니아 13명이었고, 인구가 많지 않던 조지아, 테네시 그리고 델라웨어는 각각 1명씩이었다. 그러나 선거인단 선거에서 다수자가 나오지 않았을 때는 헌법의 규정에 따라서 각 주는 크기와 상관없이 1표씩만을 행사해서 대통령을 선정해야 했다. 전체 16개 주 가운데서 적어도 9표 이상을 획득해야 대통령이 될 수 있었다. 1798년에 하원 다수당이 되었던 연방당은 여전히 하원의 다수당이었다. 공화당이 1800년 선거에서 대통령을 배출하며 권력을 장악했지만, 대통령으로 누가 되든 간에 새로운 의회는 3월 이전에는 열리지 않을 터였다.[17]

이런 꼬이고 불확실한 상황에서는 국가가 엄청난 타격을 입을 가능성이 매우 높았다. 어떤 지식인들은 연방주의자들이 애런 버를 대통령으로 만들려고 음모를 꾸민다면 내전이 일어날 수도 있다고 예측했다. 제퍼슨을 대통령으로 당선시키기 위해서 하원에서 거의 24시간 동안 일했던 공화당의 하원 지도자 앨버트 해밀턴도 이런 가능성을 생각했다. 게다가 문제는 더욱 복잡하게 꼬여버려서, 버가 제퍼슨에게 대통령직을 양보하겠다고 공식적으로 발표를 하면 문제가 조금은 더 쉬워질 수도 있었지만 버는 그런 내색조차 하지 않았다. 하원은 1801년 2월 11일부터 17일까지 7일 동안 극도의 불안함 속에서 토론과 투표를 이어갔지만 과반 득표를 하는 후보는 없었다. 어떤 날은 회의가 20시간 동안 이어져서 많은 의원들이 국회의사당 바닥에 누워서 잠을 자기도 했다.

연속적으로 이루어진 35번의 투표에서 제퍼슨은 필요한 9개 주의 득표 가운데 8표를 획득했다. 버는 6표를 얻었다. 남아 있던 버몬트와 메릴랜드의 대표단들은 여전히 의견이 갈리고 있었다. (이들 주의 대표단은 각각 2명씩이었다.) 그래서 결국 이 2주는 기권표를 던졌다. 제퍼슨은 매디슨과 제임스 먼로에게 직접 편지를 써서 만일 버가 연방주의자들의 지지를 얻어서 대통령이 된다면 헌법 수정을 위한 전국 회의(헌법수정회의)를 소집해야 한다고 제안했다. 갤러틴은 여러 해 뒤에 다음과 같이 썼다.[18]

"나는 어떤 경우에도 공화당은 [버를 대통령으로 올리는] 그 계획을 승인하지 않았을 것이라고 단언합니다."

나중에 '1800년 혁명'이라고 일컬어지는 그 사건 속에서 여러 아이러니한 일들이 일어났지만, 이 가운데 특히 알렉산더 해밀턴이 오랜 세월 자기 정적이었던 제퍼슨을 대통령으로 만드는 데 기여한 일을 꼽을 수 있다. 해밀턴은 처음에 연방주의자 진영의 분열을 가속화함으로써 존 애덤스의 대통령 후보 입지를 약화시켰다. 그런 다음에는 애런 버와 토머스 제퍼슨 사이의 싸움에서 제퍼슨을 지지했다. 버가 부도덕한 기회주의자라고 생각했기 때문이다. 예컨대 그는 1800년 12월에 올리버 월코트에게 보낸 편지에서 다음과 같이 썼다.

"모든 것을 신중하게 살피고 계산할 때 제퍼슨이 더 낫다는 점은 의심할 여지가 없습니다. 그래도 이 사람은 훨씬 덜 위험한 사람이며 그냥 허세가 심한 사람일 뿐입니다."

1달 뒤, 대통령 선출을 두고 교착 상태가 계속 이어지자 해밀턴은 델라웨어의 단독 의원이던 제임스 베이야드(James Bayard)에게 다음과 같은 내용을 담아 버 대신 제퍼슨을 선택하라고 편지를 썼다.

"버는 미국 대통령직을 수행하기에 가장 적절하지 않은 사람입니다. 만일 이 사람이 대통령이 된다면 대외적으로는 수치이고 대내적으로는 파멸이라는 결과가 빚어질 겁니다. (…) 간절하게 청하건대 제발 이 나라를 커다란 재앙에서 구할 수 있도록 힘써 주시기 바랍니다."**19**

베이야드는 해밀턴의 의견에 동의하고 기권표를 던졌다. 또한 버몬트, 메릴랜드 그리고 사우스캐롤라이나의 연방주의자 의원들도 선거인단 투표에 응하지 않았다. 이렇게 해서 버의 득표는 2표가 줄어들었고 제퍼슨의 득표는 2표가 늘어나, 결국 10 대 4로 제퍼슨이 대통령이 되었다. 젊은 공화국이 하마터면 걷잡을 수 없는 위기에 빠져서 헤어나지 못할 수도 있었던 아찔한 사건이었다. 이런 사태를 막기 위해서 1804년에는 각 주들이 제12차 헌법수정을 비준했고, 이로써 대통령 선거와 부통령 선거는 분리되어 치러지게 되었다.

* * *

비록 새로운 대통령이 전원생활이 도시 생활보다 우월하다고 믿는 사람이긴 했지만, 1800년 혁명은 도시를 향한 농촌의 운동이 아니었다. 하지만 그 선거는, 대부분의 백인을 포함하며 보다 많은 사람들의 민주주의적 권리를 지향하는 계급 기반의 운동을 반영했다. 농민뿐만 아니라 도시의 장인, 기계공 그리고 상인까지 포함하는 '중간층(middling sort)'의 대부분은 이 목표로 결집했다. 물론 대부분의 이민자들도 마찬가지였다. 이 집단들 각각은 이미, 이른바 '고귀한 연방주의자'라고 불리던 사람들로 대변되던 돈 많은 사람들을 포함하는 '보다 나은 사람들(betters)'을 덜 존경하게 되었다.[20]

헌법이 제정된 뒤 얼마 지나지 않은 기간 동안에는 그 돈 많은 사람들을 구슬려서 개별 주 차원이 아니라 연방 차원에서 생각하고 판단하도록 유도하는 게 필수적이었다. 해밀턴은 막대한 국가부채를 갚을 재원을 마련하려면 이 전술이 필요하다고 판단했다. 그러나 일단 이 목표가 달성되고 나자, 미국의 계급구조가 귀족적 특권의 전통을 가지고 있는 영국식 계급구조가 약화된 양상이었음에도 불구하고 일반 대중의 정서는 여기에조차 강력하게 멀어지는 쪽으로 작용했다.

이런 변화의 속도와 폭은 제퍼슨이 대통령에 당선된 시점을 전후로 의회 구성원의 정당 소속 비율이 급격하게 달라지는 데서도 확인할 수 있다. 1798년 선거에서 하원에서 이긴 후보의 약 43퍼센트는 공화당 소속이었다. 하지만 8년 뒤인 1806년 선거에서는 83퍼센트로 치솟았다. 같은 기간에 상원의 변화는 22 대 10으로 연방당이 다수당이었던 것이 18 대 6으로 공화당이 다수당이 되었다. 미국 역사에서 의회의 정당 구성 비율이 이처럼 급격한 변화를 보인 적은 그 이후로 단 한 번도 없었다.[21]

하지만 설령 그렇다 하더라도, 대부분의 사회운동이 그렇듯이 제퍼슨주의는 뿌리 깊은 곳에서부터 진화한 것이다. 1775년 혁명(영국으로부터의 독립)의 초기 정당성의 한 부분은 어쨌거나 영국의 국왕이 정한 비합리적인 여러 정책에 저항해서 영국인의 권리를 보존하는 데 있었다. (그런데 여기에서 영국인이란 식민주의자이던 바로 자기 자신들이었다.) 그러므로 제퍼슨이 표방했던 공화주의는 앤드류 잭슨(Andrew Jackson)을 1828년에 대통령에 당선시키는 일련의 사회적인 흐름과는 전혀 다른 것이었다. 제퍼슨과 매디슨 그리고 갤러틴은 그들이 패권을 놓고 다투던 연방주의자 경쟁자들과 마찬가지로 18세기적인 의미로 '신사'였다. 이에 비해서 잭슨이나 샘 휴스턴(Sam Houston) 그리고 에이브러햄 링컨(Abraham Lincoln)과 같은 가까운 미래의 저명한 정치인들은 신사가 아니었으며 또 신사가 되려고 하지도 않았다.

CHAPTER 20
부채와 군비 증강 그리고 루이지애나

1801년 3월 4일, 제퍼슨이 대통령이 되었다. 이때 조금이라도 세상 물정을 아는 사람이라면 제퍼슨이 갤러틴을 재무부장관에 임명할 것임을 알고 있었다. 비록 갤러틴이 제네바 출신의 이민자인 재선 하원의원이었지만, 이런 임명이 이루어질 것임은 세상이 다 알고 있었다. 그 자리의 적임자로는 갤러틴 말고는 아무도 없었다. 이와 관련해서 제퍼슨도 다음과 같이 말했다.

"갤러틴은 해밀턴이 만들어 놓은 온갖 미로들을 헤집고 다녔기에 재무부의 정확한 상태 그리고 미국이 보유하고 있는 여러 가지 자원을 미국에서 유일하게 정확하게 이해하는 사람이다."[1]

갤러틴은 원래 1803년에 하원의원 임기가 끝나면 정치에서 손을 떼고 대도시로 이주할 생각이었다. 비록 구체적이지는 않았지만 변호사가 되겠다는 계획도 세워두고 있었다. 그는 처제에게 쓴 편지에서 이렇게 밝했다.

"[의원이라는 자리와 비교할 때] 정치적인 측면이 강한 재무부장관이라는 자리는 의심할 것도 없이 내 기질에 더 잘 맞습니다. 그러나 다른 어떤 자리보다도 부지런하게 일을 해야 하고 또 많은 책임을 져야 하는 자리입니다."

그러면서, 필라델피아나 뉴욕에서 법률을 공부하고 가족을 부양하기 위해서 돈을 더 많이 버는 게 좋지 않을까 싶다고 했다. 하지만 결국 그는 정치를 계속하는 길을 선택한다. 물론 그때는 자기가 얼마나 부지런하게 일을 해야 하고 또 얼마나 많은 책임을 져야 하는지 전혀 알지 못했다.[2]

그런데 관련된 많은 사람들이 상원이 갤러틴이 재무부장관이 되는 데 동의해 줄지 확신하지 못했다. 갤러틴은 의회에 몸을 담고 있는 동안 강력한 당파주의자였으며, 또 심지어 공화당의 상원의원들조차도 몇몇은 그가 외국 이민자 출신이라는 점을 들어서 그에게 의심의 눈길을 거두지 못하고 있었기 때문이다. 그래서 제퍼슨은 갤러틴의 요청을 받아들여서, 상원과 하원이 모두 휴회 중이던 1801년 5월까지 임명을 늦추었다. 그리고 상원은 다음 해 1월에 갤러틴의 재무부장관 임명에 동의했다. 그 무렵에 갤러틴은 하숙집에서 나와 아내 한나 및 가족들과 합쳐서 캐피톨힐에 있던 몇 되지 않던 좋은 집으로 이사했다.[3]

그의 재무부 사무실은 집에서 마차로 약 20분 거리였고 대통령 관저와 바로 붙어 있었다. 그러나 근검절약이 몸에 배어 있던 갤러틴은 마차를 거의 사용하지 않았다. 보통 걸어서 출근했으며, 12달 가운데 6달 동안은 뜨거운 워싱턴의 햇빛을 가리려고 우산을 들고 다녔다. 갤러틴의 가족이 워싱턴에 머물던 기간 내내 이 새로운 수도에서의 삶은 변함

없이 원시적인 수준이었다. 갤러틴의 일상은 재무부에서 보내는 시간과 국회의사당에서 보내는 시간 그리고 집에서 보내는 시간으로 다람쥐 쳇바퀴 돌듯이 나뉘어 있었다. (그의 집은 국회의사당에서 채 150미터도 떨어져 있지 않았다.) 이렇게 해서 그 뒤 12년 동안 갤러틴의 집은 공화당의 의회 지도자들과 이런저런 일을 상의하기에 가장 편리한 공간으로 기능하게 되었다.[4]

* * *

제퍼슨과 갤러틴 그리고 국무부장관이던 매디슨은 한 팀으로서 긴밀하게 협의하며 움직였다. 세 사람 가운데서 갤러틴이 40살로 나이가 가장 어렸을 뿐만 아니라 가장 열정이 넘쳤고 또 정부 기관을 관리하는 데 가장 활동적이었다. 제퍼슨은 58살이었고 매디슨은 50살이었는데, 두 사람 다 만성적인 질병을 가지고 있었다. 삼두정치의 핵심 3인방이던 이들은 1801년에 연방주의자들로부터 정권을 넘겨받은 뒤로 두 가지의 주요 목적을 가지고 있었으며, 또한 이 목적을 달성하기 위해 잘 정리된 일련의 정책들을 가지고 있었다. 첫 번째 목적은 아직 채 성숙하지 못한 정당이면 모두 가지고 있는 목적, 즉 권력을 계속 유지하면서 상원과 하원에서 자기 당 소속 의원의 비율을 높이는 것이었다. 그리고 두 번째 목적은 연방정부가 지고 있는 국가부채를 줄이거나 아예 없애 버리는 것이었다.[5]

이 두 번째 목적을 달성하기 위한 여러 가지 수단 가운데 하나로 연방정부의 규모를 줄이는 것이 우선적으로 제퍼슨의 관심을 끌었다. 그러나 갤러틴은 이런 정책에 반대하고, 미국 전체의 인구가 550만 명이나

그림15 재무부장관 3년차 시절이던 1803년의 앨버트 갤러틴. 평소보다 훨씬 다듬고 치장한 모습이다. 길버트 스튜어트(Gilbert Stuart)가 그린 초상화를 바탕으로 해서 대중 판매용으로 만든 판화이다.

되며 또한 이 인구가 점점 늘어나는 상황에서 전체 직원이 약 2,500명 밖에 되지 않는 연방정부의 규모를 줄인다는 것은 실현 가능성이 적다는 말로 제퍼슨을 설득하고 나섰다. 하지만 그럼에도 불구하고 제퍼슨은 수백 명의 직원을 해고했다. 또 제퍼슨은 갤러틴의 조언을 받아들이지 않고, 연방주의자적 정치적 성향을 가지고 있던 대부분의 임명직 관료들을 공화주의자로 대체했다.

공화당이 정권을 장악했을 때 갤러틴은 연방정부의 관리는 철저하게 능력 위주로 임명해야 한다고 제안했다. 대민 업무를 수행하는 관료를 임명할 때 그 사람이 어느 정당에 가입해 있는지를 따로 고려해서는 안 된다고 보았던 것이다. 하지만 공화당이 정권을 잡은 뒤에는 실제로 임명이 그런 식으로 진행되지 않았다. 제퍼슨은 전임 대통령들 못지않게, 교육을 많이 받았거나 돈이 많거나 '인맥이 풍부한' 사람을 공직에 많이 임명했다. 능력 위주의 임명 원칙에 따라서 보통 사람이 갑자기 높은 지위로 발탁되는 일은 결코 없었다. 뿐만 아니라 제퍼슨은 여성 인력 채용이 정부에 많은 도움이 될 것이라는 갤러틴의 제안도 받아들이지 않았다. 이와 관련해서 제퍼슨은 다음과 같이 썼다.

"여성을 정부 부처의 관리로 임명하는 것은 개혁인데, 이 개혁에 일반 대중은 준비가 되어 있지 않고, 나 또한 마찬가지입니다."[6]

갤러틴과 제퍼슨 모두 연방정부의 현직 관료 가운데 연방주의자이던 사람들을 공화주의자적인 이념을 받아들이게 하려고 애를 썼고, 이 노력은 상당한 성과를 거두었다. 그러나 이 관료들의 갑작스러운 정치적 태도 변화의 진실성은 지금까지도 의심을 받고 있다. 한편 정치적 태도를 바꾸지 않은 많은 연방주의자들은 해고되거나 강제적으로 자리에서 물러나야 했다. 1801년에는 1829년 앤드류 잭슨 대통령 때처럼 전면적인 엽관제도(spoils system, 獵官制度)*가 실행되지는 않았지만, 제퍼슨은 정부의 관료들을 당파적인 특성에 따라서 상당한 수준으로 물갈이를 했다. 그가 첫 번째 연두교서에서 밝혔던 저 유명한 '우리는 모두 공화주의자입니다. 그리고 또 우리는 모두 연방주의자입니다'라는 말은 실제로 그가 실행했던 공무원 임명과는 동떨어진 것이었다.7

그러나 갤러틴은 딱 한 번 정부 관료 인사에 개인적인 정실을 내세웠다. 1803년에 오랜 친구이던 장 바돌레를 오하이오 영토의 감독관으로 추천했던 것이다. 바돌레는 변덕스러운 성격이었지만, 갤러틴에게 바돌레와의 우정은 제네바에서 보냈던 초년기의 정서적인 연결 고리로 여전히 남아 있었다. 1804년에 갤러틴은 바돌레가 보다 중요한 자리에 앉도록 힘을 썼고, 덕분에 바돌레는 인디애나 영토의 수도인 빈세네스의 토지 관리청 관료가 되었다. 그 뒤 바돌레는 죽을 때까지 빈세네스에서 살았다. 그는 노예제도의 참혹상과 개척지의 힘겨운 삶을 내용으로 삼은 장문의 감정적인 편지를 갤러틴에게 자주 썼다.8

* * *

갤러틴과 매디슨 그리고 제퍼슨은 국가부채를 없애려고 애를 썼는데, 이들은 권력을 잡고 있는 동안 계속해서 이 목적을 유지했다. 제퍼슨이 부채 자체에 격렬하게 반대했던 점은 그가 가지고 있던 복잡한 특성 가운데서도 특이한 아이러니이다. 본인은 평생 동안 모두 합해서 600명이나 되는 노예를 소유했으면서도 틈만 나면 노예제도를 공격했던 것과

---

* '교체 임용주의'의 속칭으로, 공무원의 임면(任免)을 당파적 충성에 의하여 결정했다.

마찬가지로, 개인적으로는 많은 빚을 지고 살았으면서도 국가부채에 대해서는 늘 비판적이었다. 그는 늘 수수한 옷차림이었고, 절약하는 사람이라는 이미지를 만들었다. 하지만 그는 포도주, 책, 가구 그리고 그 밖의 물건들에 돈을 펑펑 썼다. 그 바람에 몬티첼로는 화려한 씀씀이의 전시장이 될 정도였다. 일생의 거의 대부분 기간 동안 제퍼슨은 미국과 영국의 온갖 다양한 채권자들로부터 많은 돈을 빚지고 살았다. 그랬기 때문에 그는 자주 노예를 팔아서 빚을 갚아야 했다. 또 6,500권의 장서를 의회도서관으로 넘긴 저 유명한 일화도 개인적으로 지고 있던 빚을 갚기 위해서 어쩔 수 없이 선택해야 했던 일이다. 하지만 보다 큰 차원의 빚인 국가부채는 도덕과 관련된 문제로 바라보았다. 반드시 철폐해야 할 저주로 바라보았던 것이다.[9]

국가부채를 없애겠다는 목적을 달성하기 위해서 제퍼슨과 갤러틴은 세 가지 정책을 강조했다. 세금과 예산 지출을 줄이고, 특정한 예산 지출 항목들에 대한 관리를 보다 철저하게 하며, 상비군 창설 및 해군 강화를 포기하는 것이었다. 그들은 영국을 비롯한 유럽의 전통에서 통탄할 만한 잘못이라고 생각하던 것들(즉 군주제, 사치, 엄격한 계급 구조, 재정 분야의 부패, 군사비 지출, 중과세)을 피할 수 있는 방법을 모색했다. 충분히 이해는 할 수 있지만 크게 바라보면 정확하지 않은 방식으로 그들은 해밀턴의 재정 프로그램 및 연방주의자들의 정부 철학을 영국 및 유럽 대륙의 재정 체계 및 정부 철학과 동일시했다. 갤러틴은 제퍼슨과 다르게 검소하게 살았다. 심지어 어떤 연방주의자 상원의원은 갤러틴의 인색함을 놓고 다음과 같이 불평했을 정도이다.

"옷차림에 대해서 전혀 신경을 쓰지 않을 정도이다. 속옷은 더러웠고, 겉옷도 넝마나 다름없다."[10]

제퍼슨과 그의 추종자들은 1801년부터 1825년까지 대통령직을 잡고 놓지 않았다. 하지만 그들은 해밀턴이 미국 경제의 미래를 위해서 놓았던 기초는 결코 훼손하지 않았다. 제퍼슨은 첫 번째 임기 초반에 갤러틴에게 '해밀턴이 했던 실수와 사기'를 찾아내서 공개하라고 지시했다. 갤러틴은 그런 것들을 열심히 찾았다. 하지만 결국 그는 제퍼슨이 실망할 수밖에 없는 보고를 해야만 했다.

"해밀턴은 단 한 차례의 실수도 하지 않았으며 또 단 한 차례의 사기도 벌이지 않았다. 그가 잘못한 것은 하나도 없었다."[11]

갤러틴은 공화주의자들이 주요한 국내 전략으로 삼고 있는 것들 전부가 동원되던 의회 투쟁을 지도했다. 그는 하원 세출입위원회와 원만한 관계를 유지했다. 그는 이 위원회의 설립에 직접 힘을 보탰고, 이 위원회는 갤러틴이 가지고 있던 계획을 실천하는 데 핵심적으로 중요한 존재였다. 그리고 이제 이 위원회를 이끌고 있는 사람은 그의 좋은 친구인 버지니아 로어노크의 존 랜돌프(John Randolph)였다. 랜돌프는 머리가 비상하긴 했지만 때로는 괴짜처럼 행동하던 인물이었다. 이 위원회에서 두 번째 서열을 차지하고 있던 사람은 한나 갤러틴의 사촌이던 메릴랜드의 조셉 호퍼 니콜슨(Joseph Hopper Nicholson)이었다. 갤러틴은 이 두 의원과 협력해서 제퍼슨 정부의 첫 번째 목적을 달성했다. 즉 증오의 대상이던 위스키세를 포함해서 여러 연방 세금을 축소하는(대부분의 세목을 철폐하는) 법안을 처리했다.[12]

* * *

갤러틴은 또한 세출입위원회를 움직여서 연방정부의 예산 지출을 줄이도록 했으며, 이런 변화 역시 어렵지 않게 의회의 승인을 받아냈다. 하지만 재무부를 강화해서 다른 부서들의 예산 지출을 통제하는 데는 상대적으로 큰 성공을 거두지 못했다. 갤러틴이 요구했던 엄격한 통제는 전쟁부장관과 (1798년에 신설된 직제인) 해군부장관으로부터 즉각적인 반발을 샀다. 이 두 사람은 동일한 회계연도 내에 어떤 용처의 변화가 일어날 때 이 예산을 저곳에 쓰고 저 예산을 이곳에 쓰는 식의 유연성이 갤러틴에게 부족하다고 주장했다.[13]

갤러틴은 국가부채를 없애는 것을 자기가 해야 할 가장 기본적인 과제라고 생각했다. 세금을 적게 걷는 데는 성공했지만 수입관세를 축소할 의도는 전혀 가지고 있지 않았다. 수입관세는 여전히 연방정부의 가장 중요한 수입원이었기 때문이다. 연방정부의 연방 세수가 1000만 달러를 넘어선 상황이었던 터라 그는 수입관세에서 나오는 연간 730만 달러를 국가부채의 원리금을 상환하는 데로 돌리자고 제안했다. 이렇게 할 경우, 1801년 기준으로 8300만 달러 조금 넘던 총부채를 16년 안에 모두 털어낼 수 있을 것이라고 그는 계산했다.

빚을 모두 청산하겠다는 단호한 결심이 옳은 것인지 아닌지는 따로 젖혀두고 본다면, 이것이 전혀 비합리적인 계획만은 아니었다. 충분히 이 목적을 달성할 수 있었다. 갤러틴은 해밀턴이 1790년에 직면했던 상황과 비교하면 훨씬 양호한 재정 상황을 물려받았기 때문이다. 해밀턴은 부채 대 세수의 비율이 46 대 1이나 되는 극한적인 상황에서 미국이 살아남을 수 있는 방안을 모색했어야 했다. 하지만 갤러틴이 처음 맞닥뜨렸던 부채 대 세수의 비율은 8.3 대 1밖에 되지 않았다. 그리고 재무부장관으로 있던 거의 대부분의 기간 동안에 그는 부채를 줄이는 데 상당한 성과를 거두었다.[14]

갤러틴이 제퍼슨에게 미친 영향력의 수준은 처음부터 무척 높았다. 갤러틴은 자기 견해가 대통령의 견해와 다를 때는 언제나 망설이지 않고 직언을 했다. 대통령이라고 하더라도 잘못된 견해는 수정해야 한다고 생각했다. 이런 조정 덕분에 종종 낭만적으로 보이던 제퍼슨의 이상이 실천적인 정책으로 변모되는 경우도 자주 있었다. 제퍼슨 본인이 권력에서 소외된 상황에 익숙하던 터라서 미국이라는 국가 전체가 될 수 있으면 빠른 기간 안에 자기 자신의 전망 아래에서 하나로 뭉쳐지길 바랐다. 제퍼슨은 대중연설에는 서툴렀지만 어떤 주제든 간에 자기가 실행하고자 하는 일을 글로써는 언제나 시급하고 절실한 과제로 보이게 만들 수 있는 문장가였다. (그가 초안을 쓴 독립선언문은 과도하게 선동적인 문장들을 많이 담고 있었다.) 이런 그의 수사를 차분하게 가라앉히는 것은 다른 사람의 몫이었다. 그 역할을 갤러틴이 주로 했고, 때로는 매디슨도 했다. 만일 제퍼슨이 쓴 글들 가운데 어떤 것들이 수정·편집 과정을 거치지 않고 공개되었다면, 아마도 새로 들어선 제퍼슨 정부는 제대로 기능하지 못했을 것이다.[15]

예를 들어서 제퍼슨은 헌법의 보편적인 공공복지(general-welfare) 조항을 늘 미심쩍게 생각했었다. 그것은 해밀턴이 의회 전략으로 여러 차례 사용해서 성공을 거두었던 조항이었다. (헌법 1조 8절은 의회에 '미국 채무를 지불하고, 공동 방위와 일반 복지를 위하여 조세, 관세, 부과금 및 소비세를 부과, 징수할' 권한을 부여한다.) 제퍼슨은 연두교서 초안에서 이 부분을 삭제하는 헌법 수정을 제안했다. 그러자 갤러틴은 만일 이 내용이 헌법에서 삭제될 경우 미래 세대는 엄청난 문제점들을 맞이할 것이라면서 그 제안을 삭제해야 한다고 설득했고, 마침내 헌법 수정 제안 내용은 빠졌다.[16]

1802년에 제퍼슨이 첫 번째 연두교서 초안을 작성해서 보여주며 조언을 구했을 때 갤러틴은 약 3,500자에 이르는(책으로 치자면 약 10쪽 분량이나 되는) 추가 및 삭제 제안을 했다. 〈대통령 연두교서에 대한 메모〉의 여러 부분들은 국가의 재정 상황 및 이런 상황이 빚어지게 된 과정을 제퍼슨에게 가르치기 위한 것이었다. 제퍼슨은 그 초안에서 연방정부의 수입이 인구 증가와 '거의 동일한 비율로' 증가해 왔다고 썼지만, 갤러틴은 실제로 연방정부의 수입은 훨씬 빠르게 성장했다고 지적하고, 또 이런 현상과 관련된 여러 가지 복잡한 이유들을 설명했다. 예컨대 미국의 부와 정부의 수입은 인구증가율보다 빠른 속도로 증가했으며, 또 수입물품에 대해서는 약 20퍼센트의 수입관세를 물려서 정부의 중요한 세수원천으로 삼고 있으며, 이 수입물품의 소비는 시골보다 도시에서 더 빠르게 증가했는데, 시골에서는 수입물품 소비를 덜하기 때문이라고 했다. 또 이 두 가지 환경 모두 '기본적으로는 영국과 프랑스가 벌이는 전쟁에서 중립을 지킨 덕분이며, 이것은 호전적인 강대국들의 약탈에도 불구하고 어디까지나 평화를 유지한 덕분에 거둘 수 있었던 이점의 명백한 증거'라고 설명했다.[17]

공공예산에 대한 갤러틴의 접근법 특히 육군과 해군에 지출되는 예산을 삭감하려고 했던 갤러틴의 방침은 미국이 계속해서 평화를 유지하며 유럽으로부터 이민자를 끌어들이기 위한 것이었다. 그는 이런 환경이 미국에 특이한 여러 기회, 즉 국가부채를 청산하고 국민을 무거운 세금으로부터 보호하고 또 새로운 유형의 국가를 창조하려는 미국인의 노력을 굳건히 할 수 있는 기회를 제공한다고 믿었다.

새로운 정부가 막 출범하던 때인 1801년 3월에 갤러틴은 제퍼슨에게 시민 정부에서 경제를 통해서 '수천 명을 살릴 수 있지만' 육군과 해군에 지출하는 예산을 삭감함으로써 '수십만 명을 살릴 수 있다'고 썼다.

제퍼슨주의자들은 기존에 존재하는 부채 및 연방주의자들의 대출 습관을 단순히 관념적인 차원의 대처법으로 바라보지 않았다. 그리고 갤러틴 본인도 아무 생각 없이 무턱대고 예산을 삭감한 게 아니었다. 부채를 없애고 공공예산 지출의 규모를 줄이는 것은 부정부패와 군사주의라는 영국을 비롯한 유럽의 추악한 전통을 피하고자 했던 공화주의자들의 대처법을 상징하는 것이었다. 갤러틴에게 미국은, 알렉산더 해밀턴에게 그랬던 것처럼, 아직은 여전히 부서지기 쉬운 진행 상태의 실험이었다.[18]

해밀턴과 갤러틴의 차이는 해밀턴은 미국이 갤러틴이 생각한 것보다 군사적으로 더 취약하다고 믿었던 데 있다. 갤러틴은 대서양이라는 거대하고 든든한 해자로 보호를 받고 있기 때문에 수백 년 동안 유럽을 징글맞게 괴롭혔고 또 정부를 부패하게 만들었던 고질적인 전쟁이 미국에서는 일어나지 않을 것이라고 믿었다. 1801년 11월에 갤러틴은 제퍼슨에게 편지를 써서 다음과 같이 말했다.

"괜히 세금을 올리고 재화를 비축하다가는 오히려 전쟁을 더욱 촉발할 수 있습니다."[19]

다른 공화당원들과 마찬가지로, 하지만 대부분의 공화당원들보다 더 단호하게, 갤러틴은 구세계의 전통, 즉 군사비 지출과 전쟁 준비를 거부했다. 이런 행동들이 전쟁으로 이어지는 경우가 많다고 믿었던 것이다.

***

제퍼슨-매디슨-갤러틴 삼두정치가 1801년 권력을 행사하기 시작한 바로 그 시점부터 이 세 사람은 군사비 지출을 될 수 있으면 많이 줄여야 한다는 같은 생각을 가지고 있었다. 갤러틴이 의회에 제시했던 제안의 내용은 전쟁부에 최소한의 예산만 제공하자는 것과 해군 예산을 최대한 삭감하자는 것이었다. 그는 이런 목적을 거의 대부분 달성했다. 그러나 이 과정에서 격렬한 반대를 겪어야 했다. 특히 해군의 반대가 심했다. 기존의 군함을 유지하는 데는 많은 비용이 들어갔으며 새로운 군함을 건조하는 데는 더 많은 비용이 들었다. 해군을 두느냐 마느냐 하는 문제는 독립전쟁 뒤에 일시적으로 해군을 폐지했던 이후로 줄곧 예리한 논쟁점이었다.

1793년에 영국과 프랑스는 전쟁을 시작했고, 이 전쟁 때문에 미국의 상업은 위협을 받기 시작했다. 여기에 대한 반응과 워싱턴 대통령의 요청으로 의회는 1794년에 그다지 많은 예산을 들이지 않는 군함 건조 프로그램을 승인했다. 하원에서 이 조치는 46 대 44로 아슬아슬하게 통과되었다. 이렇게 반대표가 많았던 이유는 제퍼슨이 대규모의 해군 강화 프로그램에 반대했기 때문이다. 그러나 1790년대에 일어났던 일련의 사건들로 해서 신생국 미국은 영국과 프랑스의 위협에 대비해서 적어도 어느 정도의 해군력을 가질 필요가 있음이 분명하게 드러났다. 영국과 프랑스 모두 거의 200척이나 되는 군함을 가지고 있었다. 여기에는 오늘날의 전함에 해당되는 배도 수십 척 포함되어 있었다. 1799년에 해밀턴은 미국이 해군을 훨씬 더 강력하게 육성할 필요가 있다며 '전함 6척, 프리깃함 12척 그리고 슬루프형 포함(砲艦)• 24척'을 마련하자고 제안했었다. 이 제안은 받아들여지지 않았지만, 1800년이 되면 미국은 이미 6척의 프리깃함 건조를 마친 상태였다. (프리깃함은 오늘날의 구축함이나 소형 순양함에 해당된다.)[20]

• 윗갑판에만 함포를 장비한 소형 군함.

당시 동급의 군함으로는 세계 최대이자 최고 수준이던 이 6척의 군함은 컨스티튜션(헌법)호, 칸스털레이션(별자리)호, 유나이티드스테이츠호, 프레지던트호, 콩그레스(의회)호 그리고 체사피크호였다. 이 군함들의 이름은 체사피크호만 빼고 모두 조지 워싱턴이 직접 지었다. 이 군함들 가운데 몇몇은 프랑스와의 준전쟁 시기에 수많은 프랑스 상선을 나포함으로서 유용성을 입증했다. 1779년과 1780년에 칸스털레이션호는 해상에서 프랑스의 프리깃함과 일대일로 대결해서 이겼는데, 이것은 미국 해군사에서 미국인이 자체적으로 건조한 군함으로 거둔 최초의 승리로 기록된다.[21]

당시 갤러틴은 하원의원으로 있으면서 해군에 정부 예산을 지출하는 데 반대했는데, 이런 정책적인 기조는 재무부장관에 취임해서도 변하지 않았다. 육군과 해군 예산을 삭감할 것이라는 의향을 의회에 전달한 뒤에 자기가 세우고 있던 계획이 의회의 의결을 무사히 통과하도록 만들었다. 하지만 이 과정에서 해군에 몇 가지 양보를 해야만 했다. 해군 및 미국 상선과 관련이 있는 사람은 거의 모두가 갤러틴과 제퍼슨을 미국 해군력의 용서할 수 없는 적이라고 여겼다.[22]

제퍼슨은 대양을 누비는 대형 군함보다는 비싸지 않은 소규모의 포함을 훨씬 더 선호했다. 그래서 이런 포함들을 기존의 조선소가 아니라 포토맥 강에 있는 워싱턴해군조선소에서 건조하라고 제안했다. 미국의 해군 전문가들은 거의 모두 펄쩍 뛰면서 이 제안에 반대하며 포함 건조 계획을 비웃었다. 이들의 생각이 옳았음이 나중에 판명되었다. 1812년 전쟁 때 이 작은 포함들은 실제 전투에서 전혀 도움이 되지 않았다. 군함 대 군함의 전투에서 각각의 배는 수백 발의 대포를 상대방에게 날렸다. 그런데 소규모 포함은 영국의 군함이 쏜 대포 한 발만 맞고도 침몰

할 수 있었다. 이런 상황은 제퍼슨 정부 및 매디슨 정부를 딜레마에 빠트렸다. 그 딜레마는 한편으로는 군사비 지출을 줄이고 싶지만 다른 한편으로는 미국의 명예를 드높이고 싶다는 것이었다.[23]

기준을 깨는 최초의 일화는 제퍼슨의 첫 번째 임기 초반에 나왔다. 여기에는 북아프리카의 바르바리 해안을 따라서 늘어서 있던 '해적' 국가들(알제리, 트리폴리, 튀니지 그리고 모로코)인 바르바리제국*을 포함하고 있었다. 이 국가들이 지중해에서 미국 상선을 나포하기 시작했다. 미국 상선뿐만 아니라 해마다 '세금'을 꼬박꼬박 바치지 않는 다른 나라 상선들도 이들의 포획 대상이었다.[24]

영국과 프랑스는(그리고 워싱턴 대통령과 애덤스 대통령 시절의 미국도 역시) 바르바리제국이 자기 나라의 상선을 건드리지 않는다는 조건으로 꼬박꼬박 세금을 냈다. 하지만 제퍼슨은 이것을 도덕적인 차원의 문제로 바라보고 세금을 내지 않겠다고 선언했다. 그는 갤러틴의 조언을 무시하면서 군함 여러 척을 바르바리 해안으로 파견했다. 파견된 군함 가운데는 1790년대에 본인이 건조를 반대했던 6척의 프리깃함 중 3척도 포함되어 있었다. 이 배들은 지중해에 들어가서 장차 '제1차 바르바리전쟁'으로 불리게 될 전쟁에서 미국의 명예를 드높였다. 이 미국 함대의 호위는 1801년부터 1805년까지 단속적으로 계속되었다. (바르바리제국과의 이 갈등으로 나중에 해군 군가에 '트리폴리 해변에'라는 문구가 들어간다.) 이 갈등은 또한 최초의 미국 태생 해군 영웅인 스티븐 디케이터(Stephen Decatur)를 낳았으며, 아울러 미국의 애국심을 드높였다.[25]

---

* 16세기부터 19세기까지 터키 지배하에 존속했다.

＊ ＊ ＊

그럼에도 불구하고 갤러틴은 재무부장관에 부임하면서부터 군사비 지출에는 반대했다. 단지 추상적으로뿐만 아니라 해상에서 미국 국적의 배를 보호하는 것과 같은 구체적인 문제에 대해서도 마찬가지였다. 갤러틴이 파악한 것처럼, 설령 바르바리의 해적들이(그리고 더 중요하게는 영국과 프랑스의 군함 및 사략선이) 미국 상선을 제물로 삼는다고 하더라도, 미국의 해양 부문은 전체적으로 여전히 크고 번성한 상태를 유지했다. 미국은 전쟁 상태에 있던 프랑스와 영국에 수출되는 물품의 해운업을 여전히 지배했다. 이 무역품 가운데 많은 부분은 농산물과 (일단 미국에 하역되었다가 다시 선적되어 외국으로 나가는) 재수출품이었다. 미국의 수출품 및 재수출품의 대부분은 영국 및 카리브 해의 영국 식민지들로 나갔다.**26**

영국 해군이 유럽으로 가는 미국 상선을 차단했기 때문에 미국의 수출품 및 재수출품은 프랑스 및 프랑스의 동맹국들로는 훨씬 적은 양만 나갔다. 언제나 앞을 내다보며 생각하고 판단했던 갤러틴은 만일 영국과 프랑스가 평화협정을 맺고 전쟁을 멈춘다면(실제로 1802년부터 1803년 사이 14달 동안 일시적으로 그런 평화가 찾아왔다) 어떤 일이 일어날지 제퍼슨에게 경고했다.

"우리의 해상 운송 물량은 틀림없이 줄어들 것입니다. (…) 그 결과 연방정부의 수입도 줄어들 것입니다."**27**

1802년의 일시적인 휴전 전후의 여러 가지 점으로 볼 때 나폴레옹은 영불해협을 건너 영국 본토 침공을 감행할 수도 있었다.

1803년에 전쟁이 다시 시작되자 미국 정부의 수입은 다시 늘어났으며 국가부채도 계속해서 줄어들었다. 1801년에 8300만 달러였던 국가부채는 1812년 미국이 영국에 선전포고를 하기 직전에는 4520만 달러로 줄어들었다. 1801년을 기준으로 하면 무려 46퍼센트나 줄어든 셈이었고, 이것은 어떤 기준으로 보든 간에 매우 인상적인 성과였다. 만일 1803년에 루이지애나를 매입하지 않았더라면 이 부채 규모는 훨씬 더 줄어들었을 터였다. 제퍼슨 정부로서는 딱 한 번 국가부채를 발생시켰는데, 그게 바로 루이지애나 매입 때였다. 서부 사람이던 갤러틴은 루이지애나 매입에 기꺼이 공적 자금을 투입할 용의가 있었을 뿐만 아니라, 루이지애나가 만일 적대국의 수중에 들어갈 위험이 존재한다면 이런 상황을 막기 위해서 필요한 군사 행동을 할 수 있도록 여기에 필요한 예산도 준비해두고 있었다. 루이지애나 매입은 미국의 미래를 바라보는 갤러틴의 생각을 검증하는 뜻깊은 리트머스 시험지였던 셈이다.

* * *

루이지애나에서 진행되던 상황에 개입된 나라는 미국과 프랑스뿐만이 아니었다. 스페인과 영국도 관련되어 있었다. 7년전쟁이 끝나가던 1763년에 프랑스는 미시시피 강 서쪽 영토에 대한 권리를 스페인에게 양도했고 그 강의 동쪽 영토에 대한 권리는 영국에 양도했다. 그런데 1800년에 프랑스는 스페인과의 비밀 조약을 통해서 미시시피 강 서쪽의 루이지애나 영토에 대한 소유권을 회복했다. 1803년이 되면 나폴레옹이 유럽에서 전쟁을 다시 시작하고 또 영국 침공을 준비함에 따라서 프랑스는 재정적으로 허덕이게 되었다. 또 프랑스는 사탕수수를 재배하던 카리브 해의 여러 섬들에서 거둬들이던 수입이 줄어드는 상황도 맞고 있었다. 영국 해군이 프랑스 선박을 저지하고 나섰기 때문이다.

그런데 가장 중요한 일은 다른 곳에서 일어났다. 생 도미니크(아이티)의 프랑스 지배에 저항하는 투생 루베르튀르(Toussaint Louverture)의 혁명을 나폴레옹이 진압하는 데 실패했고, 그 바람에 나폴레옹은 서반구에서 모험을 계속 해나갈 수 없을 만큼 재정적으로 시달렸다. 즉, 나폴레옹으로서는 더 이상 루이지애나를 지킬 수 없게 되었다는 뜻이다. 나폴레옹은 또한 미국이 장차 영국의 대항마로 성장할 수 있도록 가능한 모든 방식을 동원해서 미국을 돕고자 했다. 그래서 그는 미국의 정치인들이 알고 있었던 것보다 훨씬 더 루이지애나 거래에 적극적이었다.[28]

당시 루이지애나 영토는 너무도 광대해서 그 누구도 정확한 넓이를 알지 못했는데, 이 영토의 가장 큰 보석은 뉴올리언스 항구였다. 당시 서부에 살던 미국의 모피 사냥꾼, 상업적 농부 그리고 장인(匠人)으로서는, 미시시피 강 하류까지의 자유로운 통행과 자기들이 생산한 상품 수출을 위해서 뉴올리언스에 그 상품을 보관할 권리 즉 공탁권이 없어서는 안 되었다. 그런데 여러 해에 걸쳐서 스페인은 이런 권리를 박탈했다가 허용하기를 반복했다. 공화당원들은 어떤 실천적인 방도를 통해서 이것과 관련된 문제를 최종적으로 정리하고 싶어 했다.[29]

1801년에 제퍼슨 정부는 스페인이 루이지애나를 프랑스에 넘긴다는 비밀 조약에 대해서 알았다. 1802년에 루이지애나 지배권을 프랑스에 넘기는 시급한 사안을 여전히 쥐고 있던 스페인의 뉴올리언스 행정관이 또다시 미국인의 공탁권을 철폐하면서 루이지애나 문제는 매우 급박하게 바뀌었다. 공탁권 철폐 조치는 스페인과 프랑스뿐만 아니라 영국까지도 관련이 되는 실질적인 위기라는 위협을 제기했다. 제퍼슨은 여전히 영국을 증오했지만, 루이지애나에 대한 권리를 되찾는 데 영국이 잠재적인 동맹자가 될 수 있음을 알았다. 뉴올리언스는 서부 개발에 없어서는 안 되는 조건이었으므로 제퍼슨과 갤러틴은 그 도시를 미국의 발전에서 가장 중요한 핵심이라고 파악했다.**30**

제퍼슨-매디슨-갤러틴 3인방은 뉴올리언스를 매입하는 단순한 방식을 통해서 이 문제를 해결하기로 결정했다. 매디슨 국무부장관은 미국의 프랑스 주재 공사이던 로버트 리빙스턴(Robert Livingston)에게 협상을 시작하라고 지시했다. 1803년까지 협상은 아무런 성과를 이끌어내지 못했고, 제퍼슨은 제임스 먼로(James Monroe)를 파리로 급파해서 66살의 늙은 공사를 보조하게 했다.**31**

그런데 먼로가 파리에 도착하기 나흘 전에 프랑스는 뉴올리언스뿐만 아니라 루이지애나 영토 전체를 팔겠다는 제안을 해서 리빙스턴을 깜짝 놀라게 만들었다. 나폴레옹의 재무부장관이 리빙스턴과 먼로에게 그 광대한 루이지애나 영토를 1500만 달러에 팔겠다고 제안한 것이다. 본국으로부터 뉴올리언스라는 도시 및 그 주변의 여러 섬들을 매입하는 비용으로 200만 달러를 제시할 것과 협상을 통해서 최대 1000만 달러까지 양보할 수 있다는 훈령을 가지고 있던 상황에서 놀라운 제안이었다. 루이지애나 영토의 실제 넓이가 정확하게 어느 정도나 되는지는 알려져 있지 않았다. 하지만 이 영토를 사들임으로써 미국의 영토가 적어도 2배나 커질 수 있는 것만은 분명했다. 가격을 놓고 2주 동안 협상한 뒤에 먼로와 리빙스턴은 그 제안을 받아들였다. 그건 도박이었다. 미국에 있는 대통령이 자기들의 판단을 지지해 줄지 전혀 알 수 없었다. 이 조약은 1802년 4월 30일에 체결되었고 서명은 5월 2일 파리에서 이루어졌다. 조약 내용이 워싱턴에 도착한 것은 7월 14일이었다.**32**

미국 역사에서 특히 획기적인 사건으로 꼽히는 루이지애나 매입은 다음 네 가지 환경이 하나로 합쳐져서 나타났다. 첫째, 아이티 혁명의 성공. 이로써 나폴레옹은 루이지애나를 처분할 수밖에 없게 되었다. 둘째, 영국과 프랑스 사이의 전쟁. 이 전쟁은 두 나라의 재정을 바닥나게 만들었다. 셋째, 미국 정부의 튼튼한 신용도. 이 신용도는 1790년대에 해밀턴이 구축했으며 갤러틴이 재무부장관으로 2년 동안 있으면서 더욱 튼튼하게 만들었다. 그리고 마지막으로 '1800년 혁명.' 이것을 통해서 제퍼슨과 갤러틴 그리고 그 밖의 서부 개발에 중점을 둔 공화당원들이 권력을 잡았다.

거의 모든 연방주의자들은 루이지애나 매입에 반대하고 나섰다. 예외는 몇 명 되지 않았는데, 이 예외 가운데 한 명이 알렉산더 해밀턴이었다. 이 거래의 성사를 비관적으로 바라보았던 해밀턴은 신문에 기고를 해서 정부는 '플로리다와 뉴올리언스를 즉각 움켜쥔 다음에 협상에 나서야 한다'고 썼다. 루이지애나 매입이 성사되고 나자 해밀턴은 이 성공을 '예측하지도 않았고 기대하지도 않았던 우연한 행운'으로만 돌렸지 '미국 정부가 취한 어떤 현명하거나 단호한 조치'에 따른 것은 아니라고 했다. 그리고 가장 주요한 환경적 요인은 '[생 도미니크의] 흑인 거주민들이 보여주었던 용감하고 끈질긴 저항'이었다고 덧붙였다.[33]

이 여러 요소들이 하나로 결합해서 루이지애나 매입이라는 결과를 낳았다. 제퍼슨이 두 차례에 걸친 재임기에 한 일 가운데 가장 빛나는 업적으로 남게 되는 루이지애나 매입은 우연한 행운이었을 뿐만 아니라 기회가 오면 놓치지 않는 미국적 특성이 눈부시게 발휘된 결과이기도 하다. 로버트 리빙스턴은 루이지애나 매입 조약에 서명을 할 때 다음 메모를 남겼다.

"우리는 세상을 오랫동안 살았다. 그러나 이 일은 우리가 살아오면서 한 일 가운데서 가장 멋진 일이다. (…) 오늘로 미국은 세계 최고의 열강들과 어깨를 나란히 한다."**34**

* * *

　앨버트 갤러틴은 루이지애나 매입에서 세 가지 중요한 역할을 했다. 먼로가 프랑스로 떠나기 전에 갤러틴은 뉴올리언스 매입이 헌법에 위배되지 않는다는 사실을 공식적으로 표명했다. 제퍼슨은 미국의 영토를 추가로 매입하는 것을 승인하는 내용으로 헌법을 수정하지 않고서 일을 진행하는 것을 꺼렸다. 하지만 그렇게 하다가는 시간이 너무 지체되어 뉴올리언스를 매입할 수 없게 될 것임을 갤러틴은 깨닫고 즉각적으로 대응했다. 대통령에게 보낸 장문의 열정적인 편지에서 갤러틴은, 1791년 미합중국은행 설립에 제퍼슨이 반대하는 상황에서 해밀턴이 했던 것과 매우 비슷하게, 헌법을 느슨하게 해석하는 방식을 동원했다. 이번에는 제퍼슨이 두 손을 들었고, 결국 협상과 거래가 빠르게 진행될 수 있었다.**35**

　갤러틴은 또한 루이지애나 매입에 들어가는 예산 1500만 달러를 마련하는 일을 총지휘했다. 어떤 복잡한 거래에서 재무부는 1125만 달러의 채권을 6퍼센트 이자율 조건으로 발행했다. 조약일로부터 15년이 지난 뒤부터 해마다 최소한 300만 달러씩 갚아나가는 조건이었다. 나폴레옹 정부는 아미앵 화약 이후 14개월 동안 이어졌던 평화를 뒤로 하고 1803년 5월에 영국과 다시 전쟁을 시작해야 했던 급박한 상황에서 15년씩이나 기다렸다가 판매 대금을 받을 여유가 없었다. 그래서 프랑스는 이 미국의 채권을 당시 선도적 은행이던 암스테르담의 '호프앤코(Hope & Co)'와 런던의 '베어링 브라더스' 은행에 현금을 받고 팔았다. 재무부는 이미 채권의 일부를 베어링 브라더스에 보내놓았었다. 알렉산더 베어링(Alexander Baring)과 갤러틴 사이의 친밀한 관계는 그 뒤 평생 따뜻한 우정으로 지속되었다. 1500만 달러 대금의 나머지 금액을 보충하기 위해서 재무부는 프랑스 채무자들이 미국에 살고 있던 채권자들에게 빚지고 있던 375만 달러를 현금으로 상환했다. 제퍼슨 정부나 미국으로서는 이 복잡한 거래가 이루어지던 기간에 갤러틴이 재무부장관이었다는 사실이 무척이나 행운이었던 셈입니다. 갤러틴은 그런 어마어마한 규모의 거래에도 눈 하나 깜박하지 않는 유럽 출신의 닳고 닳은 이민자였기 때문이다.[36]

이런 행운에도 불구하고 루이지애나 매입은 물거품이 될 수도 있었다. 하원이 나폴레옹에게 1500만 달러를 실제로 지급하는 것에 문제를 제기하며 제동을 걸고 나왔을 때였다. 1500만 달러라는 금액은 당시 연방정부의 연간 세수보다 무려 40퍼센트나 많은 돈이었다. 루이지애나 매입 건을 놓고 연방주의자 의원들은 거의 만장일치로 반대하고 나섰으며 또 공화주의자 의원들 중 로어노크의 존 랜돌프가 이끌던 수많은 의원들도 반대 대열에 합류했다. 한때 갤러틴의 동맹자였으며 의회에서 강력한 영향력을 행사하던 정치인 가운데 한 명이던 랜돌프는 주정부의 권리 보호와 미국 헌법의 한계 설정과 관해서는 극단적인 견해를 가지고 있었다. 결국 루이지애나 매입에 대한 비준 의결은 59 대 57로 아슬아슬하게 통과되었다. 찬성과 반대의 수가 동일할 때 상원에서는 부통령이 캐스팅보트를 행사할 수 있지만 하원에서는 그렇지 않았다. 그러므로 하원의 전체 투표수 116표 가운데 단 1표라도 반대로 돌아섰다면 루이지애나 매입은 성사되지 않을 뻔했다.[37]

갤러틴은 메리웨더 루이스(Meriwether Lewis)와 윌리엄 클라크(William

Clark)가 했던 서부 탐험의 계획을 세우는 데 참여함으로써 루이지애나 매입과 관련된 세 번째 역할을 수행했다. 1801년에 이미 제퍼슨은 당시 자신의 개인 비서로 일하던 육군 장교 신분의 루이스와 서부 탐험을 논의했었다. 그리고 나폴레옹이 루이지애나를 팔겠다고 제안하기 한 해 전인 1802년에 갤러틴은 제퍼슨 및 다른 여러 사람들에게 대륙을 횡단해서 태평양 연안까지 가는 탐험 여행이 필요하다고 주장했다. 갤러틴은 극서부 지방으로 가는 최상의 경로를 발견하고 싶었다. 또한 그 지역의 지형, 토착 인디언의 인구, 모피 산업을 확대할 가능성 및 태평양의 항구들을 사용할 가능성 등에 관해서 될 수 있으면 많은 정보를 얻고자 했다.[38]

제퍼슨과 갤러틴 두 사람 다 서부 정착에 대해서, 또 서부를 미국이 지배하는 것에 대해서, 그리고 영국이 인디언과 동맹을 맺어 개척민들이 서부로 진출하는 것을 방해하는 일이 없도록 하는 것에 대해서 장기적으로 생각하고 있었다. 탐험 준비는 1802년에 착실하게 진행되었다. 당시에 미국이 루이지애나 영토를 매입하게 될 것이라고 생각한 사람은 미국에 아무도 없었다. 루이스와 클라크의 탐험은 1804년부터 1806년까지 자그마치 2년이나 걸렸다.

1805년, 몇 달 동안 힘겨운 여행을 한 끝에 탐험대는 북아메리카에서 가장 긴 강인 길이 3,970킬로미터의 미주리 강 원류에 도착했다. 그 지점에서 3개의 강이 하나로 합쳐져서 미주리 강을 형성했는데, 탐험대는 그 3개의 강에 제퍼슨과 매디슨 그리고 갤러틴이라는 이름을 붙였다. 이 세 강의 합류 지점에 장차 형성되는 작은 마을인 쓰리 포크스는 몬태나 주의 갤러틴 카운티 소속이다. 그리고 또 로키 산맥의 지류로 갤러틴 산맥이 있으며, 갤러틴 협곡이 있고, 또 옐로우스톤 국립공원과 맞닿

아 있는 8,500평방킬로미터 넓이의 갤러틴 국립산림지도 있다.³⁹

그림16 두 번째 임기가 시작될 무렵의 토머스 제퍼슨의 초상화, 길버트 스튜어트(Gilbert Stuart) 그림, 1805년. 62살의 제퍼슨은 이미 예전의 활력을 잃어버리기 시작했다.

그림17 제임스 매디슨의 초상화, 길버트 스튜어트 그림, 1804년. 1809년에 대통령이 된 뒤에 종종 우유부단한 모습을 보이긴 했지만, 매디슨은 모든 건국자들 가운데서 가장 깊이가 있는 사상가였다고 할 수 있다. 제퍼슨의 두 번째 임기가 시작되던 1805년에 그는 54살의 나이로 국무부장관직을 수행했다.

그림18 44살의 앨버트 갤러틴의 초상화, 렘브란트 필(Rembrandt Peale) 그림, 1805년. 당시 재무부장관이던 갤러틴은, 해밀턴이 제퍼슨 대통령 아래에서 그랬던 것과 마찬가지로, 삼두정치에서 가장 무거운 행정적 부담을 지고 있었다.

CHAPTER 21
서부 개발

 갤러틴이 루이지애나에 가졌던 집착은 1780년 스위스의 제네바에서 미국으로 이주하게 된 동기였던 토지에 대한 강렬한 충동에서 비롯된 것이다. 이 집착은 또한 버지니아와 펜실베이니아의 공공용지를 직접 샀던 일이나 프렌드쉽힐 주변 지역을 개발하고자 노력했던 일과도 관련이 있다. 미국이 발전해 나가야 할 경로에 대해서 그가 가지고 있었던 생각의 한가운데는 서부 정착이 자리 잡고 있었다. 이것이 가능하려면 재정·금융 차원의 혁신이 필요했다. 검약이 몸에 배어 있던 갤러틴이었지만 서부에 널려 있는 땅을 조사하고 개척하고 정착민에게 팔기 위한 연방 차원의 예산은 얼마든지 많이 지출할 의지가 있었다.
 값싼 땅을 쉽게 얻을 수 없었다면 갤러틴이나 그가 미국에 이주했던 시기를 전후해서 미국 땅을 밟은 수백만 명의 이민자들은 대서양을 건너지도 않았을 것이다. 갤러틴이 미국 땅을 밟기 100년 전에 펜실베이니아는 영국 왕실이 신대륙 개척자인 윌리엄 펜(William Penn)과 그의 친구들에게 하사한 땅을 토대로 형성되었다. 영국에서 종교적인 이유로 박해를 받았던 퀘이커 교도들이 1681년에 장차 펜실베이니아가 될 드넓은 땅에 대한 권리를 획득했다. 이들은 종교적이면서 동시에 상업적인 원칙에 입각해서 새로운 식민지를 개발했으며, 필라델피아의 많은 퀘이커 교도 상인들이 부유한 국제 무역상이 되었다. 펜의 다른 친구들은 애팔래치아 산맥 동쪽에 기름진 농장을 일구었다. 그리고 극소수는 갤러틴보다 한 세대 전에 애팔래치아 산맥 서쪽에 정착했다.[1]

식민지 시대부터 19세기 들어와서까지 북아메리카에서는 누구나 원하는 것은 무엇이든 얻을 수 있을 것처럼 보였다. 왕실, 식민지, 주정부 그리고 마지막으로는 연방정부가 끝이 보이지도 않는 광대한 땅을 싼값에 팔거나 조건부 무상으로 제공했다. 모든 사람은 가장 좋은 땅을 원했으며, 최초의 식민지 사람들이나 변방에 정착하는 개척민들 모두 토착 인디언이나 다른 사람의 땅을 빼앗는 행위에 양심의 가책은 거의 느끼지 않았다. 그래서 사람들은 때로 노골적인 살인까지도 서슴지 않았다. 서쪽으로 향하던 개척의 열풍은 위대한 서사시였고, 이런 내용은 수많은 미국 소설과 영화에서 낭만적으로 묘사되었다. 하지만 자세히 들여다보면 그것은 지독하게 야만적인 이야기였다.[2]

갤러틴이 미국에 들어오기 4년 전인 1776년에 미국이 독립을 선언했을 때 백인 정착민 대부분은 대서양을 접한 바다에서 그다지 멀리까지 진출해서 정착하지는 않았다. 연합규약 아래에서 서부의 광대한 토지에 대한 소유권을 가진 여러 주들이 자기들의 땅을 연방정부에 양도했다. 뉴욕이 1780년에, 버지니아가 1781년에, 매사추세츠가 1784년에 그리고 코네티컷이 1786년에 그랬다. 미국인은 독립전쟁에서 이긴 뒤에 파리 조약(1783)에 따라서 미시시피 강 동쪽과 오대호 남쪽에 영국이 소유권을 주장하던 땅을 건네받았다. 경계선조차 분명하지 않던 이 넓은 지역은 오하이오 강의 북쪽과 서쪽에 위치했는데 나중에 북서부 영토로 일컬어진다. (영국 지배 아래에서는 '원주민 자치구역(인디언 보호지역)'이라고 불렸다.) 이 영토는 현재의 오하이오, 인디애나, 일리노이, 미시간, 위스콘신 그리고 미네소타 일부분까지 아울렀다.

북서부 영토를 개발하기 위한 여러 법률들이 1784년과 1785년 그리고 1787년에 의결되었는데, 이 법률들은 연합의회가 했던 입법 활동의 결과로는 가장 중요한 것이었다. 이 법률들이 바로 나중에 이 영토를 처분할 수 있는 법률적 근거가 되었다. 그리고 이 법률들은 또한 미국 전역에 있던 공공용지 개발의 전범이 되었다. 또 토머스 제퍼슨이 주로 집필한 1784년의 조례는 기본적이며 기초적인 토대를 닦았다. 다음 해의 1785년 조례는 공공용지를 측정하는 절차를 구체적으로 명시했다. 즉, 새로운 땅을 가로세로 6마일(약 9킬로미터) 즉 넓이 36평방마일의 '타운십(township)'으로 나누도록 했다. 그리고 이 땅은 약 640에이커인 1평방마일 단위로 정착민이나 그 밖의 매입자에게 판매되었다. 그리고 세 번째 조례인 1787년의 '북서부조례'는 영토 안에서 노예제도를 금지했으며 새로운 주가 연방에 편입되는 전범을 마련했다. 이 두 가지 조항들은 모두 나중에 미국이 발전하는 데 결정적인 기능을 한다.

북서부 영토는 루이지애나를 비롯해서 나중에 편입되는 다른 대규모 영토들과 마찬가지로 연방정부 및 국가 전체에 계산할 수도 없이 커다란 가치를 안겨주는 엄청난 노다지였다. 심지어 갤러틴은 1801년에 재무부장관이 되기 전에 이미 공공용지는 정부의 가장 소중한 자산임을 대부분의 다른 미국 정치인보다 더 분명하게 깨달았다. 나아가 그는 땅이

자금을 조성하는 것을 포함해서 여러 가지 다른 목적으로 활용될 수 있다는 점도 간파했다. 해밀턴과 마찬가지로 갤러틴은 서부의 땅이 유동성이 높은 자본으로 전환될 수 있다고 믿었다. 하지만 머지않은 시기에 그렇게 될 것이라며 지나치게 낙관적으로 믿었던 게 오류였다.

그럼에도 불구하고 땅은 북아메리카의 비옥한 토양과 풍부한 천연자연 덕분에 미국 경제 성장의 요체가 되었다. 물론 땅이라는 자산만으로는 미국이 오랜 기간에 걸쳐서 꾸준하게 경제 성장을 지속한 사실을 설명할 수 없다. 풍부한 천연자원의 혜택을 받은 러시아와 같은 오래된 나라 혹은 콩고와 같은 신생국만 하더라도 미국이 기록했던 것과 같은 장기간에 걸친 지속적인 성장은 이루지 못했다.[3]

이에 비해서 일본이나 스위스와 같은 나라들은 천연자원의 혜택을 상대적으로 덜 받았음에도 불구하고 높은 교육 수준과 상품의 높은 품질을 통해서 세계에서 가장 부유한 국가로 군림해 왔다. 미국에서 정부와 민간 기업가들은 이런 전력들을 결합해서 천연자원에 또 다른 가치를 추가했다. 산림은 목재, 합판, 종이가 되었고 석유는 휘발유와 석유화학제품이 되었으며, 철광석과 석탄은 쇠가 되었고 이 쇠는 다시 다리, 자동차, 고층건물이 되었다.[4]

체계적인 개발의 양상 또한 미국적 농업의 특징이 되었다. 1800년에 미국 노동력의 74퍼센트가 농장에서 일했다. (하지만 오늘날 그 수치는 1.4퍼센트밖에 되지 않는다.) 남부에서는 대규모 담배 농사와 쌀농사로 번영을 누렸다. 그러나 대부분의 농민층, 다시 말해서 대부분의 미국인은 자급자족을 목적으로 농작물을 경작했다. 갤러틴이 미국 땅을 밟았을 무렵에 농민들은 이미 오래전부터 물물교환을 했으며 또 상당한 양을 매매하고 있었다. 몇몇 특성화 작물 재배가 이미 시작된 뒤였다. 자급자족형 농업에서 (노예제도를 기반으로 한 담배, 쌀, 그리고 나중의 일이지만, 면화에 이르는 분야의) 상업적 농업으로의 이런 변화는 미국 자본주의가 보다 폭넓은 차원에서 시작되는 데 기여했다.[5]

* * *

그럼에도 불구하고 생산의 네 가지 요소(토지, 노동력, 자본, 기업가정신)는 미국에서 제대로 균형을 이루지 못했다. 토지는 남을 정도로 많았고 또 건강한 기업가정신도 넘쳤지만 노동력과 자본은 너무 부족했다. 1791년에 알렉산더 해밀턴은 〈제조업에 관한 보고서〉에서 다음과 같이 적었다.

"이런 상황은 매우 특이하다. 미국의 인구는 영토에 비해서 터무니없을 정도로 적고, 또 한 정착지에서 미개척지로 떠나고자 하는 유혹은 끊임없이 계속된다."[6]

노동력의 부족은 발명 및 작업을 기계화하기 위한 여러 방안에 커다란 동기가 되었다. 게다가 실질임금은 유럽에서보다 훨씬 높은 수준으로 올라가 있었다. 이런 덕분에 유럽에서 미국으로 들어오는 이민 행렬은 꾸준하게 계속되었다.

해밀턴은 〈제조업에 관한 보고서〉에서 '금융자본의 결핍'도 언급했다. 미국에서는 해밀턴이나 갤러틴과 같은 정책입안자들이 토지가 돈의 기능을 하도록 함으로써 이 자본 부족 문제를 해결하려고 노력하는 모습이 다른 나라들에 비해서 훨씬 절박하게 나타났다. 1781년부터 1867년 사이에 북서부 영토와 루이지애나 매입 및 그 밖의 거대한 인수를 통해서 (알래스카는 포함하지 않고서도) 20억 에이커나 되는 거대한 땅이 연방정부에 생겼다. 어떤 새로운 주가 연방에 합류할 때 그 주가 가지고 있던 공공용지는 연방정부의 재산이 되었다. 유일한 예외가 텍사스였는데, 텍사스는 연방에 편입되는 조건으로 주정부의 재산이던 공공용지를 연방정부에 양도하지 않는 걸 내세웠고, 그 조건이 관철되었다.[7]

20세기의 마지막 4반세기까지 연방정부는 연방정부 소유의 전체 공공용지 가운데 절반을 처분한다. 정부가 처분한 10억 에이커 가운데서 4분의 1은 일반 시민에게, 또 다른 4분의 1은 1862년의 홈스테드법 아래에서 정착민에게 돌아갔다. 그리고 11퍼센트 조금 넘는 부분은 철도 부지로 철도 회사나 주정부에게 넘어갔다. 주정부는 또 공립학교 지원 명목으로 추가로 7퍼센트를 더 받았다. 나머지는 참전용사 보상금이나 유수지 등의 다양한 용도로 처분되었다.[8]

연방정부 소유지를 이렇게 팔거나 증여함으로써 정부나 땅 수령자 모두 이 땅을 현금이나 신용을 대체하는 것으로 편리하게 사용할 수 있었다. 다시 말해서, 땅을 매개로 해서 하나의 생산요소를 다른 생산요소로 변환시킬 수 있게 되었던 것이다. 심지어 오늘날까지도 미국인은 다른 어떤 자원을 이용하는 것보다 땅값이 상승하는 것에서 보다 많이 부를 늘려 왔다. 주기적으로 부동산 거품이 꺼지면서 상당한 손해를 보기도 했지만 오랜 기간에 걸쳐서 땅값이 꾸준하게 상승함으로써 손해를 본 것보다 훨씬 많은 이익을 거두었다.

* * *

연방정부가 일반 시민에게 공공용지를 최초로 대규모로 판매할 때 앨버트 갤러틴이 이 과정을 감독했다. 그가 재무부장관으로 있었던 13년 동안 토지를 담당하는 사무소는 4개에서 18개로 늘어났다. 이들 사무소에서 정착민들이나 혹은 그 밖의 다른 목적을 가진 매입자들은 토지 대금을 지급하고(대개는 할부였다) 해당 토지에 대한 권리를 부여받았다. 1801년부터 1812년까지 재무부는 400만 에이커의 땅을 팔았는데, 이 규모는 어마어마하다고는 할 수 없었지만 상당히 인상적인 출발이었던 것만은 분명하다.[9]

토지 관련 사무소를 운영하는 일은 단순한 게 아니었다. 북부와 남부 그리고 서부에서 광범위하게 진행되던 땅 투기는 17세기 이후 이미 미국의 전통으로 자리 잡고 있었다. 갤러틴이 설정했던 여러 목표들 가운데 하나는 이 전통을 바꾸어서 돈이 많은 투자자들이 아니라 실제로 정착해서 살아갈 사람들에게 땅이 돌아가도록 하는 것이었다. 하지만 문제는 한두 가지가 아니었다. 공식적인 측량과 조사에는 많은 비용이 들었고 또 간단한 작업이 아니었지만, 어쨌거나 토지 판매가 효과적으로 진행되려면 사전에 이런 작업이 선행되어야 했다. 많은 지역들에서 정착민들은 이미 새로운 영토에 들어가서 살고 있었으며, 이들은 정부 소유의 공공용지를 무단으로 점거해서 농사를 짓고 있었다. 그러면 더 많은 사람들이 그곳으로 몰려와서 역시 불법적으로 땅을 점거해서 살았다. (갤러틴은 이들을 '침입자'라고 불렀다.) 무단 점거자들을 쫓아내기란 쉬운 일이 아니었다. 그리고 이들이 점거하고 있는 땅을 팔기란 무척 복잡하고 어려웠다. 토지 구획이 깔끔하게 정리가 되어 있던 오하이오 영토에서는 그다지 큰 문제가 없었다. 그러나 그 북쪽으로 즉 켄터키, 테네시 그리고 특히 (앨라배마를 포함하며 예전에는 조지아 식민지가 소유권을 주장했던) 미시시피 영토에서는 그렇지 않았다.[10]

또 가격 책정의 문제도 있었다. 갤러틴은 공공용지를 매각함으로써 연방정부의 수입을 극대화하는 한편 과세 부담은 최소화하고자 했다. 이런 목적의식은 과거 해밀턴보다 더하면 더했지 결코 덜하지 않았다. 그러나 이 두 재무부장관 모두 그다지 큰 성공을 거두지 못했다. 많은 정착민들을 유인하려면 가격을 낮게 책정할 필요가 있었다. 하지만 가격이 낮으면 투기꾼들도 꼬이게 마련이었다. 또 많은 경우에 신용 판매가 이루어졌는데, 신용 판매의 경우에는 투기꾼들이 더욱 활개를 쳤다. 하지만 가격을 높게 책정하면 모든 부문의 매입자들은 뒷걸음질 칠 게 뻔하고, 그러면 새로운 정착민의 유입은 늦어지고 재무부 금고에도 돈이 적게 들어올 터였다. 1804년에 갤러틴은 오하이오 토지에 대해서 에이커당 2달러 가격을 제안했는데, 의회는 이 가격을 1.64달러로 낮추었다. 토지 매입자들에게는 엄청나게 싼 가격이었다.[11]

갤러틴 본인도 오하이오, 버지니아 그리고 켄터키에 땅을 소유하고 있었는데, 그 가운데는 1780년대에 볼티모어에서 장 사바리와 함께 샀던 땅도 포함되어 있었다. 갤러틴은 공공용지를 불하받아 본 경험을 직접 한 덕분에, 3명의 전임 재무부장관과 (아울러 대부분의 후임자들과도) 다르게 이 분야에 관한 한 강점을 가지고 있었다. 그랬기에 그는 연방정부가 관리하는 광대한 영토와 관련된 여러 가지 쟁점들을 누구보다 잘 이해했다.

우선적으로 해결해야 하는 문제는 명백했다. 가격 책정, 무단 점거자, 소유권 다툼 등의 문제를 해결할 법원과 판사 그리고 측량기사가 부족하다는 사실이었다. 여기저기 부패가 스며들 여지는 넘쳐났다. 심지어 토지 관리소 직원들이 이런 부패에 연루될 가능성도 높았다. 갤러틴 휘하의 측량 책임자이던 자레드 맨스필드(Jared Mansfield)는 투기꾼들이 상습적으로 '뇌물 제공, 독직, 문서 위조 등 (…) 노동 이외의 모든 것'에 개입한다고 보고했다. 그런데 맨스필드 본인도 이런 부정적인 물결 속에 휩쓸리고 있었고, 이런 사실에 갤러틴은 실망감을 감추지 못했다. 맨스필드는 몰수라는 행정적인 처분을 통해서 정부 소유가 된 땅을 본인이 직접 싼 가격에 샀던 것이다. 불법적인 행위는 아니었지만, 담당 공직자의 처신이라는 기준을 놓고 보자면 적절하지 못한 행위였던 것만은 분명했다. 다른 직원들은 한층 더 대담했으며, 이들의 불법 행위를 적발하려는 시도가 중대한 문제를 일으키기도 했다. 하지만 미국 정부는 이런 상황을 적절하게 통제할 수 있을 정도로 충분히 크지도 않았고 또 잘 조직되어 있지도 않았다.[12]

이런 사실을 갤러틴은 그 누구보다도 잘 알았다. 하지만 재무부장관으로서 그가 해야 할 일은 이것 말고도 많았으므로, 누군가 와서 이 일을 도와준다면 더할 나위 없이 좋았다. 그렇게 그는 도움을 간절하게 원했는데, 마침내 이 도움의 손길이 1812년에 나타났다. 의회가 연방정부 소유의 토지를 전담해서 관리하는 토지청(General Land Office)을 신설한 것이다. 이 조직은 1849년에 내무부가 정부 부서로 신설될 때까지 재무부 산하의 독립 기관으로 운영되었는데, 이 조직이 갤러틴의 어깨에서 크고 무거운 짐 하나를 덜어준 셈이었다.

비록 정부 토지 매각을 통해서 그다지 많은 자금을 조성하지는 못했지만, 토지 정책의 체계적인 개발과 성공적인 이행은 갤러틴의 능숙한 행정력이 없었다면 불가능했을 것이다. 재무부장관으로서 수행해야 하는 다른 많은 어렵고 복잡한 업무들을 수행하면서도, 정부 소유의 토지 불하와 같은 요란스럽고 혼란스럽고 또 온갖 이익이 충돌하는 문제를 처리하는 데 끝까지 고삐를 늦추지 않은 것은 정말 놀라운 일이다. 기적을 만들어냈다고 해도 과언이 아니다. 토지 정책에서는 거의 모든 것이 잘못될 수 있었다. 투기꾼들이 설쳐댔고, 공무원 사회의 부정부패가 판을 쳤고, 무단 점거자들을 쫓아낼 공권력은 터무니없이 부족했고, 서부로의 이주는 너무도 빠른 속도로 진행되고 있었고, 새로운 영토를 조직하는 과정은 혼돈 그 자체였다. 그러나 크게 잘못되는 일 없이 무난하게, 즉 성공적으로 일은 진행되었다. 갤러틴의 리더십 아래에서 북서부 영토, 루이지애나 매입 그리고 미시시피 영토 등의 관리는 여전히 소란스럽게 떠들썩했지만 통제가 불가능할 정도는 아니었다.[13]

* * *

그렇게 넓은 공공용지를 획득하고 또 관리할 때 이 땅을 어떻게 개발할 것인가 하는 질문이 자연스럽게 제기되었다. 이 질문은 미국이 국가적인 차원에서 해결해야 할 경제 성장의 보다 커다란 문제의 한 부분을 묻는 것이었다. 재무부장관이었기에 갤러틴은 제퍼슨이나 매디슨보다 더 집중해서 그리고 더 많은 시간과 관심을 들여서 이 문제를 바라보았다. 그는 또한 확고한 국가주의자였기에 서부 개발에 연방정부의 돈을 투자하는 데는 버지니아의 두 동료(제퍼슨과 매디슨)보다 더 적극적이고 전향적이었다.[14]

공화당원들은 엄격하게 법을 해석했음에도 불구하고 상당수가 공공예산을 도로와 운하(이런 부문을 당시에는 '국내 개발'이라고 불렀다)에 지출할 필요가 어느 정도는 있다고 바라보았다. 이 문제는 갤러틴이 집착하던 것들 가운데 하나였으며, 그는 대부분의 다른 공화당원들보다 훨씬 진보적인 태도를 취했다. 1802년에 그는 애팔래치아 산맥을 넘는 도로를 연방정부의 예산을 들여 건설해서 대서양 연안 도시들과 내륙 도시들이 쉽게 연결될 수 있도록 하자고 제안했다. 이렇게만 된다면, 그가 20년 전에 포토맥 강과 오하이오 강 가까이에 위치한 프렌드쉽힐에 정착하면서 꾸었던 꿈이 이루어질 수 있었다. 나중에 '국도'로 일컬어지는 이 도로는 대서양으로 흘러들어가는 포토맥 강에서 미시시피 강과 만나서 뉴올리언스를 지나 멕시코 만으로 흘러들어가는 오하이오 강까지 이어질 터였다. 이 도로가 건설된다면 서부의 생산자들이 상품을 동부와 남부 그리고 외국의 시장에 내놓을 때 비용을 훨씬 줄일 수 있었다.[15]

제퍼슨은 1802년 연두교서에서 이런 제안을 언급했다. 그리고 1805년에 있었던 두 번째 취임식 연설에서는 이 발상을 더 발전시켜서 제시했다. 연방정부의 예산이 '평화 시기에 강, 운하, 도로, 기술, 제조업, 교육 그리고 그 밖의 위대한 목적들'에 지출될 수 있을 것이라고 말했던 것이다. 갤러틴은 이런 문제들을 놓고 여러 차례 제퍼슨과 협의했다. 그리고 적잖게 어렵긴 했지만 마침내, 그런 목적을 수행하려면 헌법을 수정할 필요가 있다고 여기던 제퍼슨의 태도를 바꾸어 놓았다. 갤러틴은 또한 미국 내 각각의 지역은 인구에 비례해서 연방정부의 지원을 받아야 한다고 생각하던 제퍼슨의 발상도 문제를 삼아서 협의했다. 갤러틴의 관점에서 보자면 제퍼슨의 이런 발상은 말이 안 되는 것이었다. 대부분의 도로와 운하를 건설하는 목적은 개발이 덜 된 새로운 지역을 개발하자는 것이지, 기존 지역의 여건을 개선하자는 게 아니었기 때문이다.[16]

1807년에 보다 결정적인 조치를 취할 시기가 무르익었다고 판단한 갤러틴은 상원을 움직여서 국가 인프라의 전면적인 개발을 위한 청사진을 자기더러 제시하도록 주문했다. 그리고 1808년 4월에 그는 〈도로와 운하에 대한 보고서(Report on Roads and Canals)〉를 제출했다. 이 보고서는 그가 거의 1년에 걸쳐서 작업한 장문의 문건이었다. 이 보고서에는 당시로서는 어마어마한 금액인 총 2000만 달러의 비용을 연방정부 예산으로 요구하는 여러 가지 사업들이 제안되어 있었다. 이 보고서에서 갤러틴은 연방정부가 강력한 주도권을 행사하는 데 반대하는 전통적인 공화주의자적 도그마를 공격했다.[17]

갤러틴은 10년 동안 해마다 200만 달러의 예산이 자동으로 집행되어야 한다고 주장했다. 이것은 의회에서 해마다 어떤 지역에 얼마의 예산을 배정해야 하는가 하는 문제를 놓고 싸우지 않고 예산 문제를 한꺼번에 해결하고자 한 주도면밀한 전략이었다. 해밀턴이 1790년에 수입관세 가운데 많은 비율을 국가부채에서 발생하는 이자를 갚는 데 사용할 예산으로 확보하려고 의회를 설득할 때 바로 이런 전략을 구사했었다. 갤러틴 본인도 과거에 이와 비슷한 전략을 구사한 적이 있었다. 1801년에 부채의 원금 상환을 위해서 해마다 지급해야 할 돈을 따로 마련해둬야 한다며 한 번에 뭉뚱그려 처리해 달라고 의회를 설득할 때였다.[18]

〈도로와 운하에 대한 보고서〉에서 그는 연간 200만 달러의 예산으로 국내 개발의 네 가지 구체적인 인프라 시설이 마련될 것이라고 주장했다. 그 내용은 다음과 같았다.

1. '대서양 연안을 따라서 북에서 남으로 이어지는 대규모 운하들'. 여기에서 갤러틴은 바닷물 운하를 염두에 뒀다. 예를 들면 이런 것들이었다. 매사추세츠의 케이프코드를 관통하는 운하, 뉴욕과 필라델피아 사이의 교역에 방해가 되는 델라웨어 반도를 관통하는 운하, 북부의 여러 항구들에서 볼티모어 그리고 다시 워싱턴으로 이어지는 직선 경로를 가로막고 있는 체사피크 반도를 관통하는 운하, 그리고 버지니아와 노스캐롤라이나의 디즈멀 습지를 관통하

는 운하. 새로 건설될 이 운하들은 대서양 연안을 따라 남북으로 이동하는 화물 수송에 드는 시간을 획기적으로 줄여줄 터였다. 갤러틴은 또한 이런 것들보다 훨씬 규모가 큰 북–남 프로젝트인 '메인 주에서 조지아 주까지 이르는 유료 고속도로'도 제안했다. 이 고속도로 사업은 그가 한 제안들 가운데서 가장 많은 비용이 들어가는 것이었으며, 또한 기술적인 차원에서도 가장 어려운 것이었다.

2. '대서양과 태평양 사이 내륙의 교통'. 1808년에 미국에서 동부와 서부를 오가는 수송은 대부분 말이나 소가 끄는 수레가 담당했다. 현대적인 도로는 없고 오로지 원시적인 도로를 따라서 말과 소 그리고 사람은 수많은 언덕을 힘겹게 오르내려야 했다. 북으로 캐나다에서부터 남으로 앨라배마에 이르기까지 1,600킬로미터가 넘게 이어지는 애팔래치아 산맥이라는 장벽은 아직 관통되어 있지 않았다. 이런 상황이 서부의 개발을 가로막고 있었고, 갤러틴은 공화주의자들이 이 문제를 해결해야 한다고 믿었다. 사실 아닌 게 아니라 갤러틴 본인도 동부 연안에서 프렌드쉽힐까지 여행할 때 마다 이 산맥을 힘겹게 넘어야 하는 시련을 겪어야만 했다.

3. '대서양과 오대호 그리고 세인트로렌스 강 사이의 교통'. 여기에서도 목적은 마찬가지로 서부를 여는 것이었다. 그리고 방식 또한 운하를 중심으로 하는 것이었다. 이때 갤러틴은 경제 발전을 위한 수송 통로로 내륙의 수로를 활용하는 영국식 모델을 염두에 두고 있었다. 영국에서는 강과 운하를 잘 발달된 여러 항구들과 연결하는 특이한 내륙 수송 체계를 갖추고 있었는데, 이 체계는 영국이 세계 최고의 제조업 국가로 성장하는 데 기본적인 발판이 되었

다.

4. '내륙 운하들'. 보스턴, 필라델피아, 볼티모어, 찰스턴 등의 항구들을 내륙으로 80킬로미터쯤 떨어져 있는 내륙 도시들과 연결하는 운하를 말한다. 여기에서도 갤러틴은 운하를 미국의 제조업과 상업을 촉진하는 데 비용이 가장 적게 드는 방법으로 바라본다. 그는 이런 운하의 통합적인 체계는 연방정부의 지원 없이는 이루어질 수 없다고 믿었다.[19]

갤러틴은 〈도로와 운하에 대한 보고서〉에서 각각의 사업에 들어갈 비용을 추정했다. 평소처럼 그는 꼼꼼하게 계산을 해서 나름대로 최상의 추정을 했다. 메인에서 조지아까지의 고속도로 건설에는 480만 달러가 들 것이라고 했고, '노스허드슨 강에서 온타리오 호에 이르는 일련의 운하들'을 건설하는 데 220만 달러가 들 것이라고 했으며, 또 '나이아가라 폭포 주변에 운하'를 건설하는 데는 추가로 100만 달러가 들 것이라고 했다. 이 2개의 운하 사업은 뉴욕 항을, 허드슨 강을 경유해서 온타리오 호, 이리 호, 휴런 호 그리고 미시간 호와 연결시킬 것이라고 했다. 이런 수송 체계는 메인-조지아 고속도로와 마찬가지로 엄청난 경제 성장을 자극할 것이라고 갤러틴은 주장했다.[20]

이처럼 갤러틴의 〈도로와 운하에 대한 보고서〉는 국가 발전에 대한 본인의 전망을 잘 담고 있다. 그는 해밀턴이 1791년에 〈제조업에 관한 보고서〉에서 그랬던 것과 마찬가지로 장대한 계획을 가슴에 품고 또 사람들에게 제시했다. 다른 점이 있다면 갤러틴은 서부 개발을 상대적으로 강조한다는 점이었다. 1791년 이후로 의회는 해밀턴의 보고서에 최소한의 관심과 행동을 보였을 뿐이다. 이런 의회의 태도는 갤러틴의 보고서에도 동일하게 적용되었다. 갤러틴과 해밀턴 두 사람은 모두 비록 흠결이 있긴 했지만 탁월할 정도로 감각이 뛰어났다. 또 헌법에 위배된다는 논리를 내세우는 의회의 저항에 발목이 잡혔다는 점도 같았다.

갤러틴이 제시했던 사업들은 하나같이 시대를 앞서간 것이었고 비용도 지나치게 많이 들었다. 해밀턴이 했던 제안들은 기술적인 문제, 경영의 전문성 문제 그리고 부족한 연방정부 수입 등의 장벽에 부닥쳤었다. 그리고 갤러틴이 꿈꾸었던 국내 개발의 관건은 예산을 마련하는 것이었다. 어렵지 않게 예산이 마련될 것이라고 갤러틴은 믿었지만, 현실은 그렇지 않았다. 국방비, 특히 1812년 전쟁으로 많은 예산이 지출되는 바람에 그쪽으로 돌아갈 예산은 남아나지 않았다. 그리고 설령 1812년 전쟁이 없었다고 하더라도 연방정부의 권한보다 주정부의 권한을 더 중요시하는 공화당 내의 편협한 형식주의자들이 가로막고 나섰을 게 분명했다. 이 사람들은 연방정부가 국내 개발에 예산을 집행하는 것을 헌법이 금지하고 있다고 주장했다. 전쟁이 끝난 뒤인 1816년에 하원은 86 대 84라는 근소한 표 차이로 국내 개발 관련 법안을 아슬아슬하게 통과시켰다. 상원도 이 법안을 승인했다. 하지만 매디슨 대통령이 헌법에 위배된다는 이유를 들어 거부권을 행사했다.[21]

* * *

그럼에도 불구하고 해밀턴과 갤러틴이 꿈꾸었던 전망은 궁극적으로 현실에서 이루어졌다. 1817년부터 1825년 사이에 뉴욕 주정부의 예산으로 건설된 이리 운하는 갤러틴이 1808년에 내다보았던 방식 그대로 서부를 열었다. 그는 온타리오 호를 서부 운하의 종점으로 더 적절하다고 판단했는데, 이리 호보다는 온타리오 호가 허드슨 강에 더 가까웠기 때문이다. 그러나 나이아가라 폭포의 깎아지른 절벽 부근에 운하를 건설하는 데는 당시의 기술 수준이 미치지 못했다.

애팔래치아 산맥이라는 장벽을 뚫는 데 증기기관차가 달리는 철도가 가장 효과적인 수단이 될지는 해밀턴과 갤러틴 모두 예상하지 못했다. 1820년대에 영국에서 개발된 철도는 곧 미국 및 다른 나라들에서 경제 발전의 관건으로 자리를 잡았다. 1820년대 말을 시작으로 볼티모어-오하이오 철도가 애팔래치아 산맥을 관통했다. 그리고 얼마 지나지 않아, 장차 수십 년 동안 이어질 치열한 철도 건설 경쟁 속에서, 각각 수많은 지선을 거느린 또 다른 3개의 간선 철도가 건설되었다. 이리 철도와 뉴욕중앙 철도 그리고 펜실베이니아 철도였다. 특히 펜실베이니아 철도는 이후 미국 역사에서 경제 발전의 가장 중요한 계기가 된다. 1850년대까지 이 4개의 간선 철도는 산이라는 장벽을 무력화시키며 전국 각지의 내륙으로 뻗어나갔다. 이렇게 해서 결국 갤러틴이 〈도로와 운하에 대한 보고서〉에서 세웠던 목표는 모두 달성되었다. 이런 위업은 주로 연방정부의 예산을 통해서 달성된 게 아니라, 주정부와 지역의 민간 투자자 및 연방정부가 다양하게 결합하는 방식을 통해 달성되었다. 그야말로 고전적인 미국 방식인 셈이었다.[22]

갤러틴이 재무부장관으로 몸담고 있을 때 시작되었던 거대한 사업은 딱 한 가지였다. 국도 건설 사업이었다. 갤러틴은 이 사업을 1802년에 처음 제안한 뒤로 고집스럽게 밀어붙였다. 이 도로는 포토맥 강에 있던 메릴랜드의 컴벌랜드를 오하이오 강에 있던 버지니아(지금의 웨스트버지니아)의 휠링과 연결했다. 대부분의 제퍼슨주의자들은 이런 종류의 연방정부 사업이 헌법에 위배된다는 이유를 들어서 반대했다. 하지만 이 국도 사업에서는 갤러틴이 그들의 반대를 기어코 물리치며 국도 사업을 성사시켰다. 그는 오하이오의 공공용지를 팔아서 마련한 예산을 국도 건설비로 돌리는 방안을 생각해낸 것이다. 또 한 번의 천재적인 발상으로 자금을 융통한 것이다. 제퍼슨은 의원들이 국도 건설의 세부적인 측면을 붙잡고 늘어지며 국도의 경로를 수정하려 할 때 마음이 흔들렸지만, 갤러틴은 대통령이 이 사업을 끝까지 밀어붙이도록 촉구했다. 갤러틴은 1808년에 제퍼슨에게 쓴 편지에서 다음과 같이 그를 몰아붙였다.

"만일 물러선다면 아마도 우리는 다음 선거에서 펜실베이니아 주를 잃어버릴 게 틀림없습니다."[23]

국내 개발을 위한 연방 예산 지출을 놓고 벌어진 논쟁은 여러 해 동안 계속 이어졌고, 연방 예산의 지출을 옹호하는 측이 대체적으로 졌다. 앤드류 잭슨이 1830년에 메이스빌(켄터키) 도로 법안(Maysville Road Bill)에 거부권을 행사한 것이나 제임스 폴락이 1846년에 강과 항만 법안(Rivers and Harbors Bill)에 서명을 거부한 것도 모두 연방정부의 지출이 헌법에 위배된다는 전통적인 법 해석에 따른 것이었다. 설령 그렇다 하더라도 19세기가 계속 진행되는 동안 정부는 갤러틴의 국도를 점점 더 멀리 서쪽으로 확장해 나갔다. 20세기에 그것은 미국 40번 고속도로가 되었는데, 이 도로는 뉴저지의 애틀랜틱시티에서 샌프란시스코까지 확대되었다. 메릴랜드를 관통하던 이 도로의 원래 경로의 일부는 현재 68번 주간(州間) 고속도로와 나란히 달리는데, 이 고속도로의 어떤 구간은 원래의 '국도(National Road)'라는 명칭을 기념해서 '국립 프리웨이(National Freeway)'라는 명칭으로 불린다.

* * *

제퍼슨-매디슨-갤러틴의 삼두정치 속에서 갤러틴이 다른 두 사람에 비해서 국내 개발에 대한 연방정부의 지출에 훨씬 더 적극적이었다. 대부분의 다른 쟁점들에 대해서(비록 노예제도와 은행은 중요한 예외이긴 하지만) 세 사람은 비슷한 견해를 가졌다. 이들이 협력했던 기간 내내 갤러틴은 가장 실용적이었고 또 가장 덜 관념적이었다. 제퍼슨이 그리고 이따금씩은 매디슨이 헌법과 일치하지 않는다고 여겼던 정책들을 세 사람 가운데서 갤러틴이 가장 거리낌 없이 추진했다.

이 버지니아 정치인들은 많은 쟁점들에 대해서 헌법과 일치하지 않는다고 주장했는데, 그들이 거의 언급하지 않긴 했지만 노예제도 철폐에 대해서도 마찬가지 입장이었다. 그리고 그 세대의(아울러 그 뒤에 이어지는 다른 두 세대의) 남부의 다른 중요한 정치인들은 정부가 노예제도를 다른 간섭으로부터 보호해야 한다고 믿었다. 미국 헌법은 이 사람들이 의지하고 있던 반석 위에 유지되었다. 그리고 그들은 어떤 쟁점에 관해서건 헌법을 확대해서 해석하려 하지 않았다. 특히 노예제도에 대해서 그랬다.

제퍼슨이 대통령이 되기 전 30년 동안에 노예제도는 대서양세계*를 통틀어서 가장 뜨거운 쟁점이었다. 영국은 1772년에 실질적으로 노예제도를 폐지했으며, 스코틀랜드도 1778년에 폐지 행렬에 동참했다. 버몬트는 1777년 헌법을 통해서 짧은 공화국 기간 동안에 노예제도를 금지했다. 1783년에 한 법정은 존 애덤스가 쓴 1780년의 매사추세츠 주헌법은 노예제도를 불법으로 규정했다고 판결했다. 1780년에는 펜실베이니아 의회가 노예제도를 점진적으로 폐지한다는 법안을 의결했으며, 다른 주들도 비슷한 법률을 제정하면서 펜실베이니아의 뒤를 따랐다. 예

• 탐험시대가 시작된 1450년대 이후의 유럽 및 아메리카를 가리킨다.

컨대 뉴햄프서는 1783년에, 코네티컷과 로드아일랜드는 1784년에, 뉴욕은 1799년에 그리고 뉴저지는 1804년에 각각 관련 법률을 제정했다. 버지니아는 1726년에 제정했던 법을 1782년에 느슨하게 손질해서 주인의 유언이나 노예해방 증서를 통해서 노예가 자유민이 될 수 있도록 했다. 1807년에는 의회가 외국으로부터의 노예 수입을 금지하는 법을 의결했는데, 이 법은 1809년 1월 1일부터 발효되었다.

하지만 이런 조치들 가운데 진정으로 근본적인 것은 거의 없었다. 그래도 노예제도가 덜 참혹한 방향으로 바뀌어가고 있다는 사실만큼은 분명했다. 그런데 역설적이게도 남부에서는 이런 변화에 대한 저항이 점점 커지기 시작했다. 예를 들어서 버지니아 주정부는 1782년에 느슨하게 완화했던 노예제도 관련 법률을 다시 검토한 뒤에 보다 강력하고 참혹한 방향으로 법률을 바꾸었다.

1793년에 엘리 휘트니(Eli Whitney)가 면화에서 솜과 씨를 분리하는 기계인 조면기를 발명했는데, 이것은 노예제도를 기반으로 한 농업은 점진적이지만 치명적인 변화가 일어날 것임을 상징적으로 알려주었다. 농장에서는 작물 재배를 줄이고 면화 재배를 늘려나가기 시작했다. 그리고 그 뒤 68년 동안 면화는 남부의 농장주와 북부의 중개인, 해운업자 및 보험업자에게는 노다지를 낳는 황금 작물로 성장했다. 의회가 1808년에 노예 수입을 금지한 것도 원인으로 작용했지만, 면화 재배에서 엄청난 수익이 발생하자 미국에 있던 기존의 노예 몸값이 껑충 뛰었다. 이렇게 노예를 매매하는 광대한 국내 시장이 50년 동안 지속되었다. 전체 노예의 가격을 모두 합하면 100만 달러나 되었는데 이 노예들의 가격은 계속 상승하는 추세였고, 이들은 사우스캐롤라이나와 노스캐롤라이나, 메릴랜드, 델라웨어 그리고 버지니아에서 매매되었다. 노예를 사는 사람은 대부분 앨라배마, 미시시피, 루이지애나, 아칸소 그리고 텍사스 등의 딥사우스 혹은 새로 부각되던 남서부로 이주하던 면화 대농장주들이었다.[24]

이 경제적 이동 현상은 제퍼슨 정부나 매디슨 정부 시절에 막 시작되었다. 하지만 변화는 이미 뚜렷하게 드러난 상태였다. 제퍼슨 대통령과 매디슨 대통령 모두 장기적인 측면에서 생각하는 경향이 있었으며, 이들은 노예제도가 궁극적으로 어디로 이어질지 모르지 않았다. 이 두 사람은 모두 노예를 소유한 대농장주였는데, 둘 다 관념적으로는 노예제도에 반대했지만 실제 행동에서는 그렇지 않았다. 두 사람 모두 개인적인 경제적 이해관계 때문에 그리고 버지니아의 보수적인 정치적 분위기 때문에 노예제도를 놓지 않고 있었다. 1792년부터 1808년까지 거의 한 해도 거스르지 않고 주정부는 노예제도의 나사를 튼튼하게 조이는, 그래서 때로는 야만적일 수밖에 없는 법률을 제정했다.[25]

1806년에 버지니아는 1782년에 제정되었던 거의 대부분의 노예해방 제도를 철폐했다. 그리고 주인이 마지막 유언을 통해서 노예를 해방할 수 있는 조건도 보다 엄격하게 제한했다. 새로 제정된 법은 또한 1806년 5월 1일 이후에 노예 신분에서 해방된 사람이 1년 안에 다른 주로 떠나가지 않으면 다시 노예 신분으로 되돌린다는 규정도 삽입했다. 1791년에 부유한 버지니아 사람이던 로버트 카터(Robert Carter) 3세는 자기가 소유한 452명의 노예에게 노예 신분에서의 해방이라는 선물을 안겨주었다. 미국 역사상 가장 큰 규모의 노예 해방이었다. 그리고 1799년에 사망한 조지 워싱턴도 사망하면서 남긴 유언장에 자기 아내가 사망한 다음 날로 자기 소유의 노예를 해방한다고 썼다.

그러나 만일 제퍼슨이나 매디슨 가운데 누구라도 철저한 노예제도 철폐론자였거나 자기 소유의 노예를 해방한다는 조치를 취했더라면, 버지니아에서 영향력 있는 정치인으로 행세하기 어려웠을 것이다. 두 사람은 세상을 떠나는 바로 그 시점까지도(제퍼슨은 1826년에 사망했고, 매디슨은 1836년에 사망했다) 노예를 소유하고 있던 자신의 문제를 만족할 만하게 해결할 수 있는 묘책을 찾지 못했다. 두 사람 다 말로는 노예해방을 지지한다고 했지만 실제로는 아무런 행동도 하지 않았다. 두 사람 다 흑인을 대규모로 미국 밖으로 추방한다는 실현 가능성이 없는 흑인 이주 계획을 내놓았을 뿐이다.[26]

제퍼슨과 매디슨 그리고 갤러틴 3인방이 연방정부를 이끌던 기간 동안에 노예제도는 미국 사회에 널리 퍼져 있었지만, 이것에 대한 얘기는 드러내놓고 말하지 못하도록 무언의 압박이 가해지고 있었다. 이민자 출신인 갤러틴은 제퍼슨이나 매디슨과 다르게 펜실베이니아와 아무런 정서적인 유대 관계를 가지고 있지 않았다. 펜실베이니아 이외의 다른 주에 대해서도 마찬가지였다. 갤러틴은 대농장주 계급에 속하지 않았으며, 언제나 노예제도에 반대했다. 1809년에는 윌리엄 헨리 해리슨(William Henry Harrison)에게 이렇게 썼다.

"이것은 내가 소중하게 생각하는 많은 친구들의 의견과 나의 의견이 갈리는 쟁점입니다."[27]

제퍼슨이나 매디슨은 헌법이 융통성이 있어야 한다는 생각에는 진절머리를 쳤고 또 노예제도를 직접적으로 공격할 수도 있는(나중에는 실제로 그렇게 공격한다) 강력한 연방정부는 질색이었다. 그러나 갤러틴은 이런 두 사람과 달랐다.

그래서 갤러틴은 자주 이 두 사람 특히 제퍼슨에게 헌법을 재량적으로 해석할 수 있어야 한다고 설득했다. 미합중국은행이나 루이지애나 매입 혹은 연방 예산을 동원한 국내 개발 사업 등과 같은 주요한 쟁점들에 대해서 헌법과 일치하지 않는다는 이유를 들어서 유예하지 말고 빠르게 행동할 것을 촉구하는 쪽은 언제나 갤러틴이었다. 해밀턴의 경우와 마찬가지로 갤러틴에게 헌법은, 제퍼슨이나 매디슨이 받아들인 것처럼 어떤 것을 구속하는 문건이 아니었다.

* * *

1810년에 갤러틴은 해밀턴이 1791년에 의회에 제출했던 〈제조업에 관한 보고서〉와 똑같은 제목으로 동일한 주제를 놓고 의회에 제안하는 내용의 보고서를 썼다. 갤러틴의 〈제조업에 관한 보고서〉는 다양한 제품을 생산하는, 그러나 아직 채 자리를 잡지 못한 미국인 제조업자들을 지원하기 위한 대담한 연방 대출 프로그램을 제안했다. 갤러틴은 해밀턴과 마찬가지로 관세 장벽을 높여서 국내 제조업을 촉진하는 전통적인 유럽식 방식을 쓰는 데 반대했다. 하지만 해밀턴과 다르게 갤러틴은 국내 업자들에게 보조금을 지급해야 한다고 주장하지는 않았다. 하지만 두 사람의 보고서 뒤에 숨어 있는 목표는 동일했다. 미국 경제를 농업과 상업을 넘어서서 보다 다양한 부문으로 다각화하며 미국 경제 내의 각 부문들 사이의 유기적인 관계를 높이는 것이었다. 제조업 지역이 농업 지역에 자기가 생산한 공산품을 팔고, 또 반대로 농업 지역이 제조업 지역에 자기가 생산한 농산품을 팔게 한다는 것이었다. 이런 국내에서의 거래가 미합중국을 구성하는 여러 주들 사이의 경제적 및 정치적 결합 관계를 한층 탄탄하게 만들어줄 것이라고 기대했다. 갤러틴의 보고서는 해밀턴이 사용했던 용어들로 가득 차 있었다. 이민자들을 포함해서 기업 활동을 하는 미국 내의 개인들이 활용할 수 있는 독특한 여러 기회들을 갤러틴 역시 잘 알고 있었기 때문이다.

해밀턴과 갤러틴은 이민자였기 때문에 미국이 대부분의 다른 국가들과 얼마나 다른지 잘 알았다. 갤러틴의 보고서가 지적하듯이, 미국의 경제 발전이 성공을 거둔 데는 '다른 국가들에서 사회의 상태와 질을 끊임없이 손상시키는 독점이나 규제 따위가 없다는 사실'에 크게 힘입었다. 그는 '여기에서는 간접적이든 직접적이든 간에, 어떤 사람을 특정한 직업이나 장소에 옭아매거나 혹은 어떤 사람은 어떤 곳에서 배제하는 어떤 법률도 존재하지 않는다'는 사실에 깜짝 놀랐다. '모든 종류의 상업, 기술, 직업, 제조업'이 누구에게나 활짝 열려 있었던 것이다. 이런 깨달음은 유럽에서 태어난 사람이 아니면 간과할 수 없었을 게 분명하다. 유럽에서는 일상적으로 존재하던 온갖 유형의 장벽들(면허증, 허가증, 길드, 도제 제도, 수출에 대한 통제 등)이 미국 경제를 지배하지 않았던 것이다.**28**

갤러틴은 계속해서 다음과 같이 말한다.

"미국의 발전은 농업 부문의 개선에만, 그리고 개척지에서 새로운 정착촌이 형성되고 또 여러 주(州)들이 형성되는 데만 국한되어 있지 않았다. (…) 연방정부가 적절하게 지원만 하면 제조업 부문에서도 똑같은 발전을 거둘 수 있다. (…) 미국의 자유는 다른 모든 곳에서와 마찬가지로 궁극적으로 이 방면에서 발휘되어야 한다. 이런 점은 세금과 규제와 독점에 짓눌린 나라에서 살아가는 사람들보다 미국에 사는 시민이 우월할 수밖에 없는 필연적인 이유이다."**29**

갤러틴은 제조업의 폭발적 발전에 유일하게 방해가 되는 것은 유동자본의 부족이라고 확신했다. 전통적인 은행들은 정부 채권을 구입하는 것을 제외하고는 오로지 단기로만 대출을 했다. 대출 기간이 3달을 넘어가는 경우는 거의 없었다. 그러나 제조업에서 자본을 투자해서 제품을 개발하고 공장을 지어 대량으로 생산해서 시장에 팔아 투자비를 회수하기까지는 이보다 훨씬 많은 시간이 필요했다.

1790년대에 갤러틴은 투자 자본의 중요성을 처음으로 생생하게 경험했다. 동업자들과 함께 펜실베이니아에 유리 공장을 설립했을 때였다. 개발비만 장기적으로 대출받을 수 있었다면 틀림없이 성공할 사업이었지만 그 투자금을 구하지 못해서 결국 실패했다. 다른 어떤 것보다 이 경험을 통해서 그는 미국 제조업이 진정한 발전을 이루려면 추가로 투자 자본이 필요하다는 사실을 깨달았다. 그런데 투자 자본을 이동시키는 데는 앨러게이니 산맥을 넘는 것보다 대서양을 건너는 것이 훨씬 쉬워 보였다. 루이지애나 매입 때처럼 막대한 금액을 동원할 때조차도 그랬다. 갤러틴은 1806년에 유리 공장을 처분했지만, 당시 12년 동안 했던 사업 경험은 어떻게 하면 제조업을 촉진할 수 있을까 하는 문제의 해법을 고민하는 그의 발상에 깊고 튼튼하게 자리 잡고 있었다.

갤러틴은 1810년의 〈제조업에 관한 보고서〉에서, 연방정부 예산 2000만 달러를 국내 개발에 투자해야 한다고 제안했던 것과 마찬가지로, 2000만 달러의 연방정부 대출 프로그램을 마련해서 이런 종류의 기업적 욕구를 충족해야 한다고 제안했다. 그는 이 보고서에서 특수한 종류의 투자은행에 대해서 깊이 있게 생각했다. 이 은행은 오늘날의 벤처캐피탈과 비슷한 것으로 해마다 200만 달러씩 총 10년 동안 2000만 달러를 대출해주자는 것이었다. 유망한 사업 계획을 가진 기업가들은 이 대출을 받으려고 경쟁을 할 것이고 또 대출을 받은 기업가는 전통적인 방식대로 이자를 지급할 것이며, 따라서 이 대출 프로그램은 곧바로 현금으로 되돌아올 것이라고 했다. 오늘날의 용어로 표현하자면 '마이크로

파이낸싱'이라고 할 수 있다.

이 아이디어가 특히 실용적이었던 이유는 대부분의 제조업이 아직은 소규모였고 막대한 투자 자본을 필요로 하지 않았다는 사실에 있었다. 당시에는 그 어떤 산업의 그 어떤 기업도 거대한 공장을 가지고 있지 않았다. 미국 최초로 대량생산 체제를 갖춘 뉴잉글랜드의 거대한 도자기 공장도 그로부터 25년 뒤에나 나타날 정도였다. 그러나 아무리 소규모 공장으로 시작한다 하더라도 어떤 식으로든 지원을 필요로 했다. 기존의 은행들은 이 지원을 해주지 않았다. 그리고 투자금을 모을 수 있는 가장 좋은 방법인 기업 형태의 조직을 설립하려면 그때마다 의회로부터 특별한 허가증을 받아야 했다. 갤러틴 시대에 의회는 고속도로나 운하 그리고 은행과 같은 공공 목적의 사업에만 주로 허가증을 주었다.[30]

갤러틴의 1810년 보고서는 19년 전 해밀턴의 보고서가 그랬던 것처럼 단기적으로 별 호응을 이끌어내지 못했다. 여러 가지 문제들이 있었지만 그 가운데서도 특히 2년 뒤에 1812년 전쟁이 발발해서 갤러틴이 제조업에 투입할 수 있을 것이라고 기대했던 연방정부 예산이 전쟁의 포화 속으로 사라져 버린 까닭이었다. 그래서 제조업을 촉진하려던 그의 계획은 국내 개발 계획과 마찬가지의 길을 걸어갔다. 하지만 두 경우에서 모두 갤러틴은 미국 경제의 장기적 발전 가능성에 대한 매력적인 전망을 제시했다. 그 이전에 해밀턴이 그랬던 것처럼. 연방 예산으로 제조업을 지원하자는 그의 제안은 가장 비(非)제퍼슨주의적인 계획이었다.[31]

* * *

제퍼슨과 매디슨 그리고 갤러틴이 의견을 같이했던 쟁점들 가운데 하나는 군사비 지출 축소였다. 이 정책 기조는 갤러틴이 재무부장관이 된 뒤부터 1812년 전쟁이 터질 때까지 이어졌다. 이 세 지도자의 머릿속에서는 군사비 지출 삭감이 국가부채 감소로 이어지고 이것은 궁극적으로 공화당이 내세우는 여러 원칙을 강화했다. 이 세 사람은 모두 미국과 다른 국가들 사이의 영속적인 평화가 이런 목적을 달성하는 데 필수불가결한 전제조건임을 잘 알고 있었다. 이들이 정확하게 주장했듯이, 영국 및 유럽 대륙의 군주제 정부는 수백 년 동안 전쟁을 일상적으로 치러 왔다. 이들 국가에서 전쟁에 대한 찬미가 당연시되었고, 따라서 군사 지도자들은 명예뿐만 아니라 토지와 궁전과 돈을 사치스러울 정도로 보장받았다.

그리고 영국, 프랑스, 네덜란드, 스페인, 포르투갈 등은 주로 탐험과 발견에 이어서 정착 그리고 원주민에 대한 무력 정복 등을 통해서 거대한 제국으로 성장했다. 애초에 미국도 이런 식으로 형성되었다. 그런데 그 정복 과정을 통해서 형성된 식민지들이 새로운 영토를 놓고 해외의 열강과 경쟁하는 일이 자주 일어났다. 북아메리카에서의 프랑스-인디언 전쟁(1754~1763)은 유럽과 남아시아에서 거의 세계적인 차원에서 전개된 7년전쟁으로 확대되었다. 나폴레옹전쟁은 비록 식민지에서 촉발된 것은 아니었지만 영국, 프랑스, 스페인 그리고 네덜란드가 가지고 있던 거의 모든 식민지를 들끓게 만들었다.

이에 비해서 공화주의(republicanism) 이념(공화주의를 소문자 'r'로 시작하는 일반적인 개념 및 대문자 'R'로 시작하는 제퍼슨주의 둘 다)은 미국 독립으로 야기된 불연속성을 낮게 평가했다. 공화주의에서 말하는 '우리 국민(We the People)'은 군주주의에서 군주가 자신을 가리키는 '짐(We)'과 다르다. 1783년에 전 세계는 조지 워싱턴이 영국에 승리를 거두고 나서 자기 집이 있던 마운트

버넌으로 물러가는 것을 의아한 눈으로 바라보았다. 과거에 중요한 싸움에서 승리를 거둔 장군이 이런 식으로 그냥 물러난 사례는 (로마 시대의 킨킨나투스를 제외하고는) 단 한 번도 없었다. 이런 전쟁 영웅들은 왕이 되어 세습 왕조를 세웠고, 이 왕조가 유럽 대부분 지역을 통치했다. 갤러틴이 살던 시대에 나폴레옹 보나파르트는 이런 통상적인 경로를 따르던 가장 최근의 군사 지도자였다. 나폴레옹은 스스로 자기 머리에 황제의 관을 씌웠으며, 자기 친족들을 여러 나라의 우두머리로 봉했다.

미국의 건국자들 가운데서도 몇몇은(즉 워싱턴, 애덤스, 해밀턴 등은) 신생국 미국이 스스로를 지킬 수 있을 만큼 충분히 강력한 군사력을 가지고 있어야 할 것이라고 믿었다. 1790년대 10년 동안에 이들은 소규모의 군대를 유지하고 주 차원의 민병대를 독려함으로써 공동 방위를 수행하려고 모색했다. 이들은 또한, 길고도 긴 미국의 해안선을 적어도 어느 정도는 방어할 수 있는 6척의 최신식 프리깃함을 포함해서 최강은 아니지만 그래도 어느 정도 역할을 할 수 있는 해군 창설을 승인했다.

하지만 다른 건국자들은(즉 제퍼슨, 매디슨 그리고 나중에 갤러틴 등은) 연방정부의 육군과 해군에 한 푼도 쓰지 않으려고 했다. 오로지 전쟁이 일어날 때만 연방정부의 예산을 국방비에 지출하면 된다고 이들은 믿었다. 1790년대에는 미국에서 전쟁이 일어나지 않았으므로, 제퍼슨주의자들 가운데 최소한의 군사비 지출 이외에 추가 지출을 지지한 사람은 거의 아무도 없었다. 이들은 전쟁이 발발할 때 병력을 동원할 수 있는 능력만 유지하길 바랐다. 그러니 평상시에는 지극히 작은 규모의 병력만 있으면 되었다.[32]

삼두정치를 이끌던 세 사람도 깨달은 사실이지만 이런 전략이 안고 있는 문제는 병력을 동원하는 데 드는 시간이 자기들이 기대하는 것에 비해서 훨씬 많이 걸린다는 점이었다. 전쟁을 원활하게 치러야 할 필요성이 제기될 때, 연방정부는 국민이 전혀 달갑지 않게 여기는 납세 및 그 밖의 여러 의무들을 국민에 지워야 한다. 여기에서 다시 워싱턴과 해밀턴이 독립전쟁 기간에 했던 개인적인 경험이 제퍼슨과 매디슨이 했던 경험과 대비된다. 워싱턴과 해밀턴은 군자금이 터무니없이 부족한 상황에서 영국에 맞서 싸우려고 전투가 벌어지는 현장에 선다는 것이 어떤 것인지 잘 알았다. (워싱턴과 해밀턴은 군에 각각 8년과 6년 동안 복무했다.) 그러나 이런 경험이 없었던 제퍼슨과 매디슨은 구체적인 군사 전략은 말할 것도 없고 미국이 지속적으로 노출되어 있던 군사적인 취약성보다는 추상적인 정치적 원칙들을 더 많이 생각하는 편이었다. 제퍼슨은 그가 썼던 많은 글들이 보여주듯이 미국은 거의 언제나 전쟁을 회피할 수 있으며 따라서 미국이 유럽에 도덕적으로 우월한 국가로 남을 것이라고 믿었다.

갤러틴도 이렇다 할 전쟁 경험이 없었다. 뿐만 아니라 군사 부문에는 거의 관심을 기울이지 않았다. 그가 미국 땅을 처음 밟은 것은 1780년이었고, 그때는 해밀턴이 워싱턴의 지휘본부에서 독립전쟁이 이제 기로에 섰다고 글을 쓰기 몇 달 전이었다.

"대륙군은 현재 군대라기보다는 어중이떠중이가 모여 있는 폭도 집단입니다. 옷도 없고 급여도 없고 먹을 것도 없고 사기도 떨어졌고 규율도 엉망입니다."**33**

당시에 평화를 추구하던 청년 갤러틴은 군복을 입어야 할 의미나 동기를 전혀 느끼지 않았다. 1794년에 의원이었던 그는 연방주의자들이 위스키 폭동에 군대를 동원한 것을 너무 지나친 과잉반응이라고 바라보았다. 그리고 1798년에 그는 프랑스와의 준전쟁을 정말 말도 안 되는

짓이라 여겼다. 갤러틴의 주된 관심사는 개발의 물결이 애팔래치아 산맥을 넘어 서부로 나아가는 것이었다. 아마도 그는 유럽 및 잠재적인 여러 전쟁에 기꺼이 등을 보이며 돌아섰을 것이다. 그의 집 프렌드쉽힐 부근에는 인디언들이 여전히 위협적인 존재로 남아 있었다. 그러나 그는 서부에 남아 있던 프랑스와 영국의 적대적인 유산들은 외교적인 여러 수단을 동원할 때 점차 줄어들어 없어질 것이라고 생각했다.

* * *

1801년에 일어난 바르바리 사건을 제외하고 미국은 제퍼슨의 첫 번째 임기 동안 전쟁이 없는 평화의 시기를 보냈다. 그 기간은 영국과 프랑스가 전쟁을 벌이던 때였고, 게다가 이 전쟁도 아미앵 화약으로 14개월 동안 중단되었다. 영국과 프랑스가 전쟁을 벌인 덕분에 미국 경제는 빠르게 성장했다. 애팔래치아 산맥 서쪽으로 정착민이 빠르게 늘어났고 인구는 지속적으로 늘어났다. 전쟁 덕분에 특히 미국은 해외 운송업으로 막대한 돈을 모을 수 있었다. 그리고 루이지애나 매입으로 연방정부는 결정적인 성취를 이룩했다. 전체적으로 볼 때 제퍼슨의 첫 번째 임기는 지금까지의 역대 미국 대통령 임기 가운데 가장 성공적이었다.

이 기간 동안에 있었던 국무회의 현장에서 갤러틴은 10년 전 해밀턴이 워싱턴 정부에서 그랬던 것처럼 점차 주도권을 잡아나갔다. 또한 해밀턴과 마찬가지로 갤러틴은 탁월한 행정가였던 터라 오늘날 백악관 비서실장이 하는 업무들까지 도맡아서 깔끔하게 처리했다. 정부에서 가장 큰 권력을 가지고 있던 세 사람 가운데서 유일하게 갤러틴만이 뜨거운 여름 몇 달을 기꺼이 워싱턴에서 보내곤 했다. 제퍼슨과 매디슨은 자주 시골 고향의 농장으로 돌아갔으며, 여름이면 아예 거기에서 눌러앉아 있다가 가을이 되면 워싱턴으로 돌아왔다. 우편물이 제퍼슨의 집 몬티첼로나 매디슨의 집 몽펠리에까지 가는 데는 꼬박 이틀이 걸렸다. 대통령이 보낸 우편물이 워싱턴까지 오는 데도 마찬가지 시간이 걸렸다. 그러나 제퍼슨은 1801년에 갤러틴에게 쓴 편지에서 다음과 같이 말했다.

"불평할 사람이 있으면 불평을 하라지요. 나는 여름 몇 달 동안을 해안 지역에서는 절대로 보내지 않을 테니까요."

제퍼슨이 워싱턴을 떠나 있었던 기간을 모두 합하면 8년 재임 기간 가운데 무려 2년이나 된다.**34**

제퍼슨은 워싱턴을 비우는 동안에 정부 운영을 감독하는 일을 갤러틴에게 의존했다. 그러므로 갤러틴은 막중한 업무에 시달릴 수밖에 없었다. 그리고 한나와 아이들의 부재에 이런 업무 부담은 갤러틴에게 더욱 크게 느껴졌다. 가족은 첫 번째 여름을 워싱턴에서 함께 보내면서 워싱턴의 열기와 습기에 학을 뗐다. 다음 해 여름이 오기 전에 갤러틴은 가족을 뉴욕에 있던 한나의 친정으로 보냈는데, 이런 일은 1801년 이후로 해마다 계속되었고 해밀턴은 혼자 워싱턴의 집과 재무부장관실을 지켰다. 해밀턴은 13년 동안 재무부장관직을 수행했는데, 뉴제네바를 방문해서 프레드쉽힐의 자기 집을 간 것은 1803년과 1806년 그리고 1810년 세 차례뿐이었다.**35**

갤러틴은 대통령을 보좌하기 위해서 많은 과제를 수행했지만, 이것 말고 재무부의 근무 기강을 세우는 데도 많은 기여를 했다. 또한 내국소비세 철폐도 후원했으며, 국가부채도 상당한 수준으로 줄였다. 그는 제퍼슨주의적인 여러 재정 원칙들을 성공적으로 실천했다. 많은 연방주의자들이 불가능하다고 여기던 것을 해낸 것이다. 전국 각지에 주정부의 승인을 받은 은행이 수십 개 설립되었다. 번영의 나날이 이어졌다.

연방주의자들이 연방정부의 권력을 쥐고 있을 때보다 더 많은 사람들이 정치에 참여하기 시작했다. 제퍼슨이 1804년에 재선에 도전했을 때 1800년이나 1796년보다 두 배나 많은 유권자가 투표에 참여했다. 그 사이에 투표와 관련된 법률이 그다지 많이 바뀌지 않았음을 고려한다면 일반 시민의 정치의식이 엄청나게 달라졌음을 알 수 있다. 1804년 선거에서 제퍼슨은 사우스캐롤라이나 출신의 연방주의자 후보 찰스 코츠워스 핑크니(Charles Cotesworth Pinckney)를 73퍼센트의 득표로 이기고 재선에 성공했다. 선거인단 선거에서도 162 대 14라는 압도적인 승리를 거두었다. 부통령은 애런 버 대신 또 다른 뉴요커이던 조지 클린턴으로 바뀌었다. 제퍼슨 정부의 또 하나의 승리가 보장된 것 같은 분위기가 미국 전역에 팽배했다. 그러나 그의 두 번째 임기 4년은 첫 번째 임기 4년에 비해서 훨씬 성과가 저조했다. 이렇게 된 가장 큰 이유는 제퍼슨이 앨버트 갤러틴의 조언에 충분히 관심을 기울이지 않았기 때문이다.

그림19 토머스 제퍼슨의 집 몬티첼로. 미국 건축물의 아이콘 가운데 하나이다. 제퍼슨은 1768년에 이 집을 짓기 시작해서 계속해서 설계를 변경한 바람에 대통령직을 수행하던 기간에야 비로소 최종적으로 완공했다. 버지니아의 샬로츠빌에 있는 1,858제곱미터(약 560평)의 이 저택은 약 150명의 노예가 농사를 짓던 5,000에이커 규모의 대농장 한가운데 있었다.

그림20 제임스 매디슨 및 그의 부모가 살았던 몽펠리에는 버지니아에 있는데 몬티첼로와는 약 50킬로미터 떨어져 있다. 1764년에 처음 건축된 이 저택은 점차 확장되어 나중에는 1,115제곱미터(약 340평) 규모로 커졌다. 이 저택은 약 100명의 노예가 농사를 짓던 5,000에이커 조금 넘는 대농장 한가운데 있었다.

그림21 앨버트 갤러틴의 프렌드쉽힐. 펜실베이니아의 남서쪽에 있으며 400에이커 대지 위에 서 있다. 사진 속의 수수한 건물은 '스톤 하우스'로 갤러틴이 영국에 공사로 가 있다가 돌아온 뒤인 1822년에 지었다. 원래의 '브릭 하우스'는 이보다 적은 규모로 1789년에 지어졌으며 지금은 치장 벽토가 덧칠해져 있는데, 사진 속의 스톤 하우스 왼쪽에 있으며, 스톤 하우스보다 나중에 지어진 것처럼 보인다. 이 집과 마당은 해밀턴 그레인지와 마찬가지로 지금은 미국 국립공원관리청이 관리한다. 프렌드쉽힐과 해밀턴 그레인지의 입장료는 무료이다. 몬티첼로와 몽펠리에는 민간 재단이 소유하고 관리하는데, 상당히 높은 입장료를 받고 있다.

CHAPTER 22
엠바고 조치와 좌절

　1806년에 루이스와 클라크가 2년에 걸친 서부 탐험을 마치고 돌아왔다. 두 사람이 작성한 루이지애나 영토에 대한 눈부신 보고서는 놀라웠다. 그러나 1805년부터 1809년까지 다른 사정들은 그다지 잘 진행되지 않았다. 제퍼슨이 두 번째 임기를 시작할 때 그의 나이는 66살이 다 된 시점이었는데, 이 정도 나이면 당시에는 꽤 나이가 많은 노인 축에 들었다. 워싱턴이 두 번째 임기 때 그랬던 것처럼 제퍼슨 역시 나이가 들어가면서 자주 아팠으며, 예전에 가지고 있던 열정도 식어갔다. 자주 두통에 시달렸고, 두통 외에도 여러 가지 만성적인 질병을 가지고 있었던 터라 제퍼슨은 몬티첼로에 있을 때 특히 편안해 했다. 거기에 있으면 끊이지 않고 이어지며 괴롭히던 모든 업무에 시달리지 않고서 일상적인 하루하루를 보낼 수 있었기 때문이다.[1]

　제퍼슨의 두 번째 임기 동안에 또 하나의 주된 문제 발생점은 외교

분야였다. 이 분야에서 문제가 점점 악화되고 있었다. 1805년에는 벌써 12년째 접어든 영국과 프랑스 사이의 전쟁이 그 어느 때보다도 치열하게 전개되었다. 유럽 대륙에서 전면전이 벌어졌고 해상에서도 치열한 전투가 이어졌다. 영국 해군의 유럽 대륙 봉쇄는 한층 엄격해졌다. 영국 정부는 일련의 긴급 칙령을 통해서 미국을 비롯한 중립국의 선박을 처음으로 간섭하기 시작했다. 여기에 대한 대응으로 미국 의회는 특정한 영국 상품에 대해서 수입 금지 조치를 내리는 수입금지법을 의결했다. 하지만 이런 조치는 유럽 항구로 향하는 미국 상선에 대한 영국의 공격을 막지 못했다. 그런데 또 나폴레옹도 영국 정부의 긴급 칙령과 비슷한 일련의 포고령을 내렸다. 수천 척의 미국 상선이 영국과 프랑스가 만만하게 보고 건드리는 동네북이 되어버렸다. 영국과 프랑스는 군함과 중무장을 한 사략선을 동원해서 미국 상선 수백 척을 나포했다. 일이 이렇게 진행되자 재무부장관으로서 갤러틴이 해야 하는 업무는 한층 더 어려워졌다.

영국 해군에 의한 미국 상선 선원에 대한 강제징집 관습은 이제 마치 당연한 것처럼 자리를 잡았고, 여기에 따라서 미국 대중의 여론은 한층 악화되었다. 영국으로서는 미국 상선의 선원을 징집 대상으로 삼아야만 해군을 원활하게 유지할 수 있었다. 그러므로 이 조치는 영국의 국가 보위에는 필수적인 것이었다. 그 전쟁 과정에 약 15만 명이 넘는 영국인이 해군에 복무했는데, 심지어 영국 상선의 선원들도 정기적으로 강제 징집을 당했다.

실질적인 문제는 영국의 강제징집 대상이 미국 상선의 선원들 그리고 심지어 미국 해군 소속 병사에게까지 확대되면서 비로소 발생했다. 예전에 적지 않은 미국인이 자원해서 영국 해군에 입대했지만, 이 사람들 가운데 많은 수가 미국 상선에 취직하려고 탈영했다. 그리고 이보다 훨씬 많은 청년들이 영국을 떠나 미국으로 이민을 갔거나 외국의 항구에 주재하던 미국인 영사들에게 많지 않은 수수료를 주고 미국 시민권을 얻었다. 그러나 영국 정부는 미국 독립전쟁이 끝난 1783년 이전까지 미국 시민권을 획득하지 않은 사람은 미국 시민으로 인정하지 않았다. 그래서 영국의 강제징집대는 영국 해군에 복무할 사람을 징집하려고 영국과 카리브 해의 항구들에 뒤지고 다니면서 탈영병과 과거 영국인이었던 미국 시민을 찾았다. 이렇게 해서 1792년부터 1802년까지 적어도 2,400명이나 되는 미국 선원이 영국 해군에 강제로 징집되었다. (그리고 그 뒤 10년 동안 약 6,000명이 더 징집되었다.) 당시 상선에 승선하던 선원의 수가 일반적으로 100명 미만이었던 점을 고려하면 엄청나게 많은 수였다.[2]

제퍼슨 대통령은 이런 난관에서 벗어날 방안을 찾느라 영국과 협상을 시도했다. 1795년에 맺었던 제이 조약도 만기를 앞두고 있었는데, 제퍼슨은 런던 주재 미국 공사이던 제임스 먼로에게 훈령을 내려서 강제징집을 금지하는 새로운 조약 갱신 방안을 알아보라고 지시했다. 먼로와 또 다른 미국인 외교관이던 윌리엄 핑크니는 4달에 걸쳐서 영국과 치열한 협상을 벌었다. 그리고 1806년 12월 31일에 양측은 협정문에 서명을 했지만, 이 협정은 무역과 관련된 권리만 다루었지 강제징집과 관련된 문제에 대한 해법은 담고 있지 않았다. 징집과 관련된 문제에 관한 한 영국은 생각을 바꿀 마음이 전혀 없었던 것이다. 이 조약 내용이 미국 정부에 알려졌을 때, 매디슨 국무부장관과 제퍼슨 대통령은 분노로 길길이 뛰었다. 이 조약이 발효되려면 상원의 비준을 얻어야 했는데, 대통령은 이 조약을 상원에 안건으로 올리지도 않았다. 협상의 실무를 맡아서 일을 추진해 왔던 제임스 먼로로서는 무척 당황스러운 일이었다.[3]

그 다음에 매디슨은 또 다른 해법을 제시했다. 영국이 미국 국적의 배에 탄 선원을 강제로 징집하는 행위를 중단한다면, 미국은 영국인을 미국 상선에 취업시키는 것을 허가하지 않는 데 동의하겠다는 것이었다. 그런데 갤러틴은 이 제안을 자세하게 들여다본 뒤에, 해외 무역에 종사하는 미국 상선에 승선하고 있는 약 9,000명의 선원이 영국인이며 따라서 영국 해군에 징집될 수 있음을 깨닫고 깜짝 놀랐다. 9,000명이면 당시 미국 상선에 승선해서 해외 운송업에 종사하던 전체 인원 가운데 거의 절반에 해당되는 수였다. 그랬기에 매디슨의 제안은 도저히 받아들일 수 없는 제안이었다. 그래서 갤러틴은 다음과 같은 내용으로 매디슨에게 편지를 썼다.

"그 정책을 실행하면 미국의 해운업이 상당한 타격을 입을 것입니다."

즉, 무슨 일이 있든 간에 영국 국적의 선원이라 하더라도 미국 상선의 선원은 계속 그 일을 해야 하며 영국의 강제징집은 있어서는 안 되는 행위라고 썼다.[4]

미국인과 미국 정부는 영국의 강제징집을 참을 수 없는 모욕이자 공격이라고 해석했다. 미국 시민이 되고자 하거나 이미 미국 시민권을 획득한 젊은 이민자들을 포함해서 중립적인 선원들의 권리를 무자비하게 짓밟는 행위로 받아들였던 것이다. 이 논쟁의 양쪽 당사자들은 타협의 여지가 없다는 것을 알았고 또 어떤 타협도 하지 않으려고 했다. 이렇게 강제징집 문제는 어떤 사건이 일어나기만 하면 그 사건이 도화선이 되어 곧바로 터질 시한폭탄으로 남아 있었다.

* * *

문제의 그 사건은 1807년 6월에 일어났다. 영국의 대형 군함 레퍼드호가 버지니아 연안에서 자기보다 덩치가 작은 미국 군함 체사피크호를 만났다. 레퍼드호는 체사피크호에 승선해서 탈영병을 찾겠다고 했고, 체사피크호가 이 요구를 거부하자 포탄을 쏘았다. 이 공격으로 3명이 죽고 18명이 부상을 당했다. 사상자 가운데는 미국인 지휘관도 포함되어 있었다. 이렇게 한 다음에 영국군은 체사피크호에 올라서 수색 작업을 벌인 뒤에 4명을 데리고 갔다. 4명 모두 영국 해군에서 탈영한 사람들이었는데, 이 가운데 3명은 미국인이었고 1명은 영국인이었다. 당시 레퍼드호의 이런 행위는 영국이 미국에 전쟁 행위를 한 것이나 마찬가지였다. 소식을 들은 미국인은 경악했다. 여기에 대해서 제퍼슨은 다음과 같이 썼다.

"이 나라가 1775년 렉싱턴 전투* 이후로 이처럼 흥분한 적이 없었다."[5]

제퍼슨과 매디슨 그리고 갤러틴이 이끌었던 혼란스러운 소동 속에서 미국 정부는 영국에 사과할 것과 미국인 3명을 돌려달라고 요구했다. (영국인 탈영병은 핼리팩스에 있던 영국 해군 기지에서 이미 교수형을 당한 후였다.) 연방정부는 전쟁을 예상하면서 주정부들에 군인을 동원하라는 소집령을 내렸다. 영국은 모호한 말로 얼버무리며 프랑스와의 해상 전투가 최고조에 다다른 상태에서 강제징집은 계속될 뿐만 아니라 단계적으로 강화될 것이라고 발표했다.[6]

갤러틴은 군대에 관한 한 거의 모든 것을 증오하긴 했지만 이제 영국과의 전쟁은 피할 수 없게 되었다고 믿었다. 갤러틴 및 다른 사람들은 여름이라 휴회 상태이던 의회를 소집해야 한다고 제퍼슨에게 건의했다.

---

* 미국 독립전쟁 당시에 영국군과 미국군이 싸웠던 최초의 전투.

전쟁을 선포하기 위해서라기보다는 당장 적절한 정책을 내놓을 필요가 있었기 때문이다. 그러나 제퍼슨은 의회 소집 요구를 거부했다. 이때 갤러틴은 아내 한나에게 다음과 같이 썼다.

"특별 회기 소집에 대한 원칙적인 반대는 공개적으로 천명되지 않을 텐데, 이것은 이 도시가 안고 있는 건강하지 못한 특성입니다."

이처럼 수도 워싱턴의 여름 기후는 전쟁과 평화를 가르는 국가의 중대사에도 영향을 미쳤다. 의회는 1807년 10월 26일에 소집되었고, 여론이 조금 잠잠해졌던 터라 제퍼슨은 전쟁을 요구하지 않고 대신 미국 상선들이 공해 밖으로 나가지 못하도록 하는, 다시 말해서 미국 국적의 배들에게 수출입을 금지하는 엠바고 조치를 요구했다. 이와 관련해서 제퍼슨이 다음 해 봄에 버지니아 주지사에게 보낸 편지에서 다음과 같이 썼다.

"엠바고의 가장 큰 목적은 우리의 배와 선원이 위험한 길로 나아가지 않도록 막는 것입니다."[7]

제퍼슨이 엠바고를 내리는 메시지는 격렬한 수사로 가득 차 있었다. 그래서 갤러틴은 또다시 '전체적인 톤과 표현이 좀 더 부드러우면 좋겠습니다'라며 언어를 순화해서 표현하는 게 좋겠다고 제안했다. 이 조치에 대해서 갤러틴은, 제퍼슨과 함께했던 8년 동안에 제퍼슨에게 했던 그 어떤 반대보다도 강력하게 반대했다. 갤러틴은 엠바고를 막으려고 필사적으로 노력했다. 그는 엠바고가 대통령 본인이 그토록 강조하며 중요하게 여긴 원칙인 개인의 자유를 얼마나 심각하게 침해하는지 지적했다.

"정부의 금지 조치는 미리 철저하게 계산된 것이라기보다는 언제나 우발적으로 이루어지는 해악입니다. 그리고 정치인이 위험을 무릅쓰면서 각 개인의 관심사를 제어하려면 많은 생각과 망설임이 필요합니다. 적어도 보다 나은 결정을 할 수 있으려면 말입니다. (…) 그 엠바고는 목적에도 부합하지 않습니다. (…) 이 조치로 영국이 우리를 대하는 태도가 개선될 것이라고 믿으실지 모르지만, 그런 믿음은 전혀 근거가 없다는 게 제 생각입니다."[8]

그러나 제퍼슨은 계속 밀고 나갔다. 체사피크호 사건이 일어나고 6달이 지난 뒤인 1807년 12월 22일에 의회는 엠바고법(수출입금지법, 금수법 혹은 출항금지법)을 의결했다. 이 법은 미국 국적의 배가 하는 일체의 무역 활동을 금지했다. 미국 국적의 배는 외국의 항구를 기항지로 삼아 출항할 수 없으며, 또 영국과 프랑스 및 이들의 식민지의 상품을 운송하지 못하게 했다. 제퍼슨이 정확하게 바라보았듯이 엠바고의 목적은 미국 상선이 두 나라에게 나포되지 않도록 보호하며 또 미국의 선원이 영국 해군에 강제로 징집당하지 않도록 하는 한편, 전쟁을 준비할 시간을 벌자는 것이었다. 정부가 주정부에 요구했던 병력 동원은 각 주들로부터 격렬한 반응을 이끌어냈다.

정부 안에서 '경제적 압박'이라는 이 조치를 가장 크게 환영한 사람은 바로 매디슨 국무부장관이었는데, 매디슨은 미국 정부가 영국에 물품을 공급하지 못하도록 함으로써 영국을 응징할 수 있다고 믿었다. 그러나 정부 내에서는 경제적 압박이 어떤 결과를 낳을지를 두고 의견이 크게 엇갈렸다. 미국 선박들에게만 적용되는 엠바고는 진정한 의미의 경제적 압박이 아니었다. 전시에서 엠바고는 곧 다가올 전쟁의 서막이었다. 그러나 1807년에 미국은 전쟁 준비가 전혀 되어 있지 않았다. 게다가 영국은 미국 시장을 수입을 위한 시장이 아니라 수출을 위한 시장으로 더 강력하게 인식하고 있었다. 담배와 면화는 미국 수출의 거의 절

반을 차지했는데, 엠바고 아래에서도 이 영국으로 향하는 수출품은 영국 상선에 의해 운송되었다.[9]

* * *

의회는 이미 수입반대법을 의결한 상태였다. 이 법은 영국 국적의 상선이 특정한 상품을 미국 항구에 들여놓지 못하게 금지했다. 그러나 예외 품목들이 금지 품목들보다 훨씬 더 많았다. 제퍼슨의 수출입 금지 조치 아래에서는 영국 상선이 미국 항구에서 계속 거래를 할 수 있었다. 예컨대 미국의 수출품을 구입하고 대부분의 수입품을 판매하며 또 수입 관세를 통해서 연방정부의 소득 중 약 절반을 제공하고 있었다. 즉, 엠바고의 최대 피해자는 영국이나 프랑스의 정부 혹은 두 나라의 생산자 및 무역업자가 아니라, 미국인 수출업자와 해운업자가 된다는 뜻이었다. 전체적으로 볼 때, 제퍼슨의 이 엠바고는 미국 경제에 스스로 상처를 입히는 무모한 정책이었다.

그런데 대부분의 사람이 예상했던 것과 다르게 이 조치는 몇 주가 아니라 제퍼슨이 대통령 관저를 떠나기 직전까지 무려 15개월 동안이나 지속되었다. 이 긴 기간 동안, 이 조치는 애초에 설정했던 목적을 전혀 달성하지 못했다. 이 조치는 말로 다할 수 없는 해악을 미국 경제에 끼쳤는데, 제퍼슨이 대통령으로 있으면서 저질렀던 가장 큰 실수이기도 했다. 매디슨 국무부장관은 약 1년 동안 엠바고를 열정적으로 환영하고 또 지지했다. 그러다가 뉴잉글랜드 여러 주에서 엠바고에 대한 반대 의견이 격렬하게 제기되면서(이런 반대를 매디슨은 불충하다고 여겼다) 매디슨의 열정도 식기 시작했다. 한편 정부는 의회에 연방정부 소속 육군을 2,800

명에서 3만 명으로 늘려달라고 요구했지만 의회는 거절했다.¹⁰

* * *

엠바고는 토머스 제퍼슨 본인도 결국 끊어버리지 못한 고르디우스 매듭임이 밝혀졌다. 오랜 기간 정치인으로 살았던 제퍼슨의 여러 강점 가운데 하나는 가파른 행동을 피하고 시간을 들여서 문제의 본질을 철저하게 파악하고 결과까지도 함께 예측하는 진지함이었다. 그러나 여기에 따른 대가도 만만치 않았다. 때로 그는 너무 늦게 행동에 나서기도 했고 실수를 적정하게 수정하지 못하기도 했다. 번개처럼 빠르게 행동하는 갤러틴이 1790년대 초에 자주 제퍼슨보다 나았던 이유 그리고 또 갤러틴이 제퍼슨을 재촉해서 루이지애나 매입과 같은 문제들을 즉각적으로 처리하도록 한 이유도 바로 여기에 있었다. 엠바고의 경우에 제퍼슨은 자기가 잘못했다는 사실을 꽤 일찌감치 알아챘던 것 같다. 그러나 그 문제가 너무도 복잡했기에 제퍼슨은 수정의 올바른 경로를 결국 찾아내지 못했다. 그리고는 곧 좌절감에 사로잡힌 나머지 그 문제에서 될 수 있으면 멀리 떨어져 있으려고 했다. 그러니 엠바고의 잘못된 매듭을 푸는 일은 온전히 갤러틴에게 떨어졌다. 아이러니였다. 갤러틴은 국무위원들 가운데서도 그 조치를 유일하게 반대했던 사람이며, 또한 그 시점에도 그 조치가 아무런 실익도 없고 오히려 해악만 끼친다고 믿었던 사람이기 때문이다. 그는 엠바고법 의결을 거대한 실수로 바라보았고, 그 법이 미국을 분열시키고 미국 경제에 커다란 상처를 입힐 것이라고 확신했다.¹¹

갤러틴은 엠바고를 놓고 제퍼슨과 수많은 대화를 나누었으며 또 그 조치가 법으로 의결된 뒤 여러 달 동안 수도 없이 많은 편지를 제퍼슨에게 보냈다. 그는 대통령에게 영국의 정책이 바뀌지 않는 한 그 정책은 효과를 발휘하지 않을 것이라고 했다. 영국의 정책이 바뀔 가능성은 거의 없다고 했는데, 실제로도 일은 그렇게 전개되었다. 엠바고는 미국 경제의 거의 모든 부문에 피해를 줄 것이라고 했다. 예를 들어 국내 해운업자들, 미국 수출품의 많은 부분을 차지하는 농산물을 생산하는 농민들, 그리고 또 외국 수출을 바라보며 생산한 공산품 제조업자들, 그리고 상인들이 피해를 입을 것이라고 했다. 상업이 쇠퇴함에 따라 미국인 화주들의 밀수가 성행할 것이라고 했다. 엠바고는 그 어느 때보다도 강력한 연방정부의 경찰력을 필요로 하는데, 이것은 제퍼슨주의의 원칙에도 어긋나는 것이라고 했다. 다음은 갤러틴이 제퍼슨 대통령에게 보낸 편지의 한 구절이다.

"의회는 이 조치를 효과적으로 수행할 수 있는 가장 강력한 권한을 대통령에게 부여하거나, 아니면 그 모든 것을 포기해야 합니다."[12]

갤러틴이 그 둘 가운데서 어떤 대안을 염두에 두고 있었을지는 분명하다.

그러나 엠바고는 계속되었고, 상황은 점점 더 꼬여만 갔다. 재무부장관으로서 갤러틴은 비록 자기가 예상했던 불행한 일들이 현실에 나타나고 있었음에도 불구하고 엠바고법을 집행하는 데 앞장서야만 했다. 재무부 소속의 세관원들은 관세를 매기고 출항 수속을 담당하는 고위 감독관이었는데, 이들은 모든 항구에서 배가 들어오고 나가는 사항을 관장했다. 갤러틴과 70명이 조금 넘는 세관원들 사이의 의사소통은 늦기도 했고 또 어렵기도 했다. 주로 우편에 의지해서 이런 의사소통이 이루어졌기 때문이다. 일부 세관원들은 좌절감 속에서 사표를 내고 나가

버렸다. 다른 사람들은 폭력의 위협을 받았기에 엠바고를 위반하는 범법자들을 철저하게 적발하지 못했다. 적발된 범법자들에 대해서는 지역 배심원들도 유죄 평결을 꺼렸다. 그런데 강을 이용한 상업의 상당 부분이 챔플레인 호와 오대호를 관통해서 캐나다의 영국 식민지와의 경계선을 따라서 이루어지고 있었다. 강과 호수에서 이루어지는 무역 역시 엠바고의 대상이었는데, 이렇게 이루어지는 위법 행위는 바다에서 이루어지는 위법 행위보다 적발하기가 한층 더 어려웠다.**13**

이런 상황에서 해상 밀수는 걷잡을 수 없을 정도로 늘어났다. 1807년 12월에 엠바고 조치가 내려지고 채 3주도 지나지 않아서 의회는, 캐나다와의 국경선을 호수로 건너는 조각배도 대상에 포함시키는 추가 법률을 의결해야만 했다. 또한 위법 행위를 한 사람에게는 배와 화물을 몰수한다는 엄청나게 무거운 처벌을 내리기로 했다. 어떤 경우에는 해당 화물 및 배 가격을 합친 금액의 2배를 벌금으로 매기기도 했다. 1808년 3월에 세 번째 관련 법률이 의결되었는데, 이 법률은 육로를 통해서 캐나다로 들어가는 모든 종류의 상품 수출을 금지했으며, 또 남쪽으로 당시 스페인이 지배하던 플로리다로 들어가는 것도 금지했다. 이 세 번째 법률은 워낙 가혹하게 애초의 법률을 확대한 것이었지만, 이것 역시 제퍼슨의 표현을 빌자면 미국의 배와 선원이 잘못되는 것을 막기 위해서였다. 1808년 7월에 갤러틴은 대통령에게 편지를 써서 이렇게 말했다.

"오로지 육지에서의 공권력만이 범법 행위를 막을 수 있을 겁니다(세관원들이 재산을 압류할 권한을 가지고 있었기 때문이다)."**14**

엠바고를 피해가기 위한 온갖 천재적인 방법들이 나타났다. 작은 배 수천 척을 동원해서 챔플레인 호와 오대호를 건너 캐나다로 물품을 들여갔다. 여기에 대응해서 갤러틴과 그의 직원들은 한층 더 엄중한 규제를 마련했다. 그러다 보니 나중에 이 세부적인 조치들은 터무니없을 정도로 우스꽝스러워졌다. 밀가루 화물은 특히 세심한 관찰을 해야 했다. 왜냐하면 식품은 영국과 유럽 대륙 그리고 카리브 식민지에서 가장 필요로 하던 것이었기 때문이다. 그러나 대규모의 밀가루 선적 및 하역은 미국의 항구에서 오랫동안 진행되어 왔었다. 검사관들의 이 밀가루의 실제 최종 기착지가 어디인지 알 수 없었기 때문이다. 당국의 규제 때문에 밀가루 및 이와 비슷한 물품을 선적한 화주들은 현금 채권을 보다 많은 양으로 꾸준하게 부쳐야만 했다. 만일 배가 도착하기로 되어 있던 곳에 나타나지 못하면 위조를 해야 했기 때문이다.

만일 엠바고가 21세기에 내려졌다면, 이 조치를 집행하는 일은 예전처럼 그렇게 어렵지는 않을 것이다. 미국 해군과 해안경비대는 미국 국적의 배가 미국의 항구를 떠나는 순간부터 철저하게 감시할 수 있다. 그러나 1807년과 1808년에는 레이더도 없었고 위성 및 항적을 추적하는 전자 장비도 없었다. 대양을 항해하는 배의 이동 경로를 최종적으로 보고하기까지는 며칠이나 몇 주, 심지어 몇 달씩 걸리기도 했다. 관리가 효율적으로 이루어질 가능성은 거의 없었다. 물이 아래로 흐르지 못하도록 금지하는 법률을 만든 것이나 다름없는 셈이었다.

제퍼슨 대통령은 도저히 성공할 수 없는 과제를 갤러틴에게 떠넘긴 뒤에 몬티첼로에 더 오랜 기간 칩거하기 시작했다. 그는 특히 임기 마지막 해에는 외교나 전쟁 발발 가능성뿐만 아니라 다른 업무에 관해서도 점점 관심을 잃어가는 듯했다. 그는 갤러틴에게 엠바고를 강력하게 강제할 것을 지시하기만 했다. 그리고 그 조치가 초래할 결과에는 될 수 있으면 눈을 감으려고 했다. 그러나 그 결과는 이미 그의 유산과 명성에 해를 끼치기 시작했다.

1808년 6월 말에 갤러틴은 아내 한나에게 엠바고가 이미 분열되어 있는 공화주의자들에게 다가올 대통령 선거에서 패배라는 대가를 안겨줄 것이라고 썼다. 그리고 7월에는 그의 친한 친구이던 알렉산더 제임스 댈러스가 그에게 편지를 써서 다음과 같이 말했다.

"당신에게 솔직하게 말하지만, 지금까지 이루어진 거의 모든 것들이 구역질이 날 정도입니다."

그리고 댈러스는 이 조치가 한 해 동안 더 계속된다면 '제퍼슨 씨는 존 애덤스보다도 더 민주당원들에게조차 끔찍한 대통령이 되고 말 것'이라고 덧붙였다. 1808년 8월에 갤러틴은 제퍼슨에게 다음과 같이 말했다.

"그 법을 집행하려고 내가 모든 방면에서 쉬지 않고 기울였던 노력들이 실패로 끝나고 마는 것을 지켜보기란 정말 마음이 아픕니다."

엠바고는 영국이나 프랑스보다 미국의 공화당을 더 아프게 만들었다. 제퍼슨은 '10월 1일 이전에 어떤 조치를 강구하지 않으면 다가오는 대통령 선거에서 우리가 패배할 것'이라고 쓰면서 갤러틴에게 보다 강력하게 법을 집행할 방안을 강구하라고 지시했다.[15]

당대 사람들은 제퍼슨 대통령의 의도에 초점을 맞추어서 주장했고, 역사가들도 줄곧 그렇게 해왔다. 어쨌거나 제퍼슨은 미국의 진정한 아이콘이었고 그의 견해가 현재 미국의 성격을 규정하는 데 커다란 힘이 된 것은 사실이기 때문이다. 그러나 엠바고는 그가 그토록 강조했던 자유라는 원칙에 정면으로 위배되었다. 영국과 프랑스가 오랜 기간 전쟁을 치르는 동안 미국의 배들이 이 두 나라에 화물을 실어 나름으로써 달성한 미국적 번영이 제퍼슨의 농업 중심적인 사고방식을 바꾸어 놓았다는 해석도 여럿 나와 있다. 그 전쟁은 한 차례 짧은 휴전을 제외하고는 제퍼슨이 대통령직에 있었던 기간 내내 계속되었다. 그런데 두 나라가 미국의 상선을 제물로 삼기 시작한 순간부터 미국의 번영은 쪼그라들기 시작했다. 그리고 1807년에 영국의 레퍼드호가 미국의 체사피크호를 공격했을 때, 모든 것은 끝나버렸다.[16]

엠바고는 제퍼슨 임기의 마지막 주까지도 철폐되지 않았는데, 이 조치가 지속되었던 15달 동안 제퍼슨 대통령은 공화주의 정부에 대한 미국적 실험에 걸고 있던, 이상주의를 바탕으로 한 고립주의 외교를 개발하고자 했던 것 같다. 미국을 다치지 않게 하겠다는 정책의 필연적인 대안은 극단적인 자급자족 개념이었다. 수출도 필요 없고 수입도 필요 없는 것이었다. 이런 종류의 정책을 가리키는 경제적인 용어는 '자립경제(autarky)'이다. 제퍼슨에게 그것은 몬티첼로에서 그가 획득했던 자급자족의 또 다른 모습이었다.

* * *

거기 몬티첼로에서는 필요한 모든 것들이 자랐고 또 생산되었다. 농업 자율성이 공업 자율성과 대등했다. 목수, 가구장이, 벽돌공, 농민, 포도주 제조자 등이 자급자족적인 공동체를 형성했다. (제퍼슨 본인도 몬티첼로를 끊임없이 재설계하는 과정에서 건축가 역할을 했다.) 그러나 이 작은 규모의 자급자족 경제를 국가적 차원으로 확장한다는 것은 쉬운 일이 아니었다. 미국처럼 다양하고 혁신적인 국가의 경제를 자급자족형으로 만든다는 것은 거의 비현실적인 공상이었다. 게다가 몬티첼로의 경제는 노예 노동에 의존하고 있었으니 그것을 모델로 삼는다는 것은 어불성설이었다.[17]

1808년 2월, 첫 번째 엠바고법이 통과되고 2달 조금 지났을 무렵이자 대통령 임기가 13달 남았을 무렵에 제퍼슨은 제임스 먼로에게 편지를 써서 '은퇴하고 싶은 갈망이 너무도 강렬한 나머지 대통령으로서 내가 해야 하는 일상적인 의무들이 너무 지겨울 정도입니다'라고 말했다. 그리고 다음 달에 또 먼로에게 편지를 써서 이렇게 말했다.

"내가 세상에 바라는 것이라면 여태껏 그래도 내가 세상에 상당히 쌓아놓은 덕을 누리면서 은퇴 생활을 하며 가족과 친구들의 품에서 나에게 남아 있는 나날들을 평온하게 보내는 것 말고는 뭐가 또 있을까요?"[18]

제퍼슨은 이때 이미 공직을 수행할 수 없을 정도로 너무 지쳤던 것 같다. 65살이 넘은 그는 건강 문제로 시달렸으며 정서적으로도 피폐했고 또 유럽 국가들의 외교와 음모에 질려 있었다. 이미 인기도 거의 다 잃어버렸으며 대통령으로서의 직무를 계속 수행하기조차 어려운 상황이었다. 40년 동안 공직에 헌신했던 제퍼슨으로서는 충분히 할 만큼 한 셈이었다. 그래서 그는 엠바고에 관해서는 스스로를 사실상 고장 난 자명종으로 만들어 버렸다.[19]

제퍼슨의 행동은 갤러틴을 곤경에 빠트렸다. 엠바고법은 특별한 항해를 하는 개인의 배에 대해서는 대통령이 예외를 허락할 수 있도록 규정했기 때문이다. 충분히 상상할 수 있듯이 대통령에게 청탁이 봇물처럼 쏟아져 들어왔고, 제퍼슨은 전혀 예측할 수 없는 순간들에 개입을 했다. 그러나 이와 관련된 모든 부담은 갤러틴에게 떨어졌고 갤러틴은 그만큼 더 난처해졌다. 엠바고의 심층적인 문제에 대해서 갤러틴은 1808년 11월에 제퍼슨에게 편지를 써서 이렇게 말했다.

"제 생각에는 우리는(혹은 대통령께서는) 그 문제에 대해서 확고한 판단을 내려야 합니다. 그래야 우리가 우리의 친구들에게 어떤 길로 가라고 지시를 할 수 있을 테니까요."[20]

그러나 제퍼슨 대통령은 거의 아무것도 하지 않았다.

* * *

제퍼슨이 이런 행동을 한 이유가 무엇이었든 간에 결과는 혹독했다. 미국의 수출은 1807년 1억 800만 달러에서 1808년 2200만 달러로 줄어들었다. 수입은 상대적으로 덜 떨어졌지만 그래도 반 이상 떨어져 1억 3900만 달러이던 것이 5600만 달러로 줄어들었다. 1808년부터 1809년까지 연방정부 수입은 1700만 달러에서 780만 달러로 대폭 줄어들었다. 일반 대중의 여론은 싸늘해졌다. 제퍼슨의 인기가 높은 적이 거의 없었던 뉴잉글랜드의 여러 주들뿐 아니라 전국의 모든 항구 도시에서 제퍼슨의 인기는 땅에 떨어졌다. 한때 제퍼슨의 동맹자였던 로어노크의 존 랜돌프는 제퍼슨의 두 번째 임기가 끝나갈 무렵에 다음과 같이 말했다.

"여태까지 그 어떤 정부도 직무를 내팽개치고 국가를 통탄할 정도로 불행한 상태로 내몬 경우는 없었다."[21]

제임스 매디슨이 1808년에 넉넉한 표 차이로 대통령 선거에 이겼지만, 제퍼슨이 심은 원한은 매디슨 임기까지 계속해서 이어졌다.

그렇다면 엠바고는 얼마나 심각한 실수였을까? 2006년에 학자 90명을 상대로 미국의 역대 대통령이 저질렀던 실수 가운데서 최악의 실수를 나열해 보라는 어떤 여론조사가 있었는데, 여기에서 엠바고는 7위를 차지했다. (제임스 뷰캐넌이 남북전쟁 직전 4년 동안에 무기력하게 굴었던 것이 1위를 차지했다.) 이런 여론조사의 결과는 시대에 따라서 달라지므로, 이 결과를 해석할 때는 대단히 조심해야 한다. 그러나 미국의 역대 대통령에 대한 많은 여론조사에서 제퍼슨은 흔히 링컨과 워싱턴 그리고 프랭클린 D. 루즈벨트에 이어서 4위를 차지한다. 그런데 바로 이런 제퍼슨이 역대 최악의 실수를 저지른 대통령 목록에 7위로 이름을 올리고 있다.[22]

  1807년 6월부터 1809년 3월까지의 명백한 아이러니는 작은 정부와 자유의 사도로 미국에서 가장 많이 알려져 있던 인물인 제퍼슨이 그런 가치와는 정반대의 행동을 밀어붙였다는 사실이다. 엠바고는 그때까지 백인 미국인의 자유에 가해졌던 족쇄 가운데서도 가장 강력하고도 지속적인 족쇄를 채우는 행위였다. 이 조치는 지금까지도 평화 시기에 행해졌던 가장 강력한 규제로 남아 있다. 제퍼슨은 사람들이 자발적으로 이 조치에 호응해 줄 것이라고 기대했다. 아마도 그는 자기 동료 시민들이 자기만큼이나 이상주의적이라고 믿었던 것 같다. 하지만 그는, 엠바고가 가혹하고 비합리적인 조치라는 명백한 사실을 극복하기 위해서, 미국인이 어떻게 행동해야 할 것인가에 대한 자기 생각이 틀림없이 실패할 수밖에 없도록 두 손 놓고 넋을 놓아버렸다.[23]

CHAPTER 23
실망스러운 외교

 나폴레옹전쟁이 미국을 노리고 쳐놓은 상업적 및 정치적 함정은 제퍼슨이 대통령직에서 물러난 뒤에도 사라지지 않았다. 제퍼슨의 후임자인 제임스 매디슨은 두 번째 임기를 두 해 남겨놓은 시점까지는 허약하고 우유부단한 대통령이었다. 그가 대통령으로 보낸 처음 6년 동안의 모습은 과거 그가 헌법제정회의 대표단의 일원으로서, 《연방주의자 논고》의 집필자로서, 그리고 의회의 공화당 지도자로서 보여주었던 모습과는 거리가 멀었다. 사실 충분히 그럴 만도 했다. 매디슨은 미국이 배출한 정치인 가운데서도 통찰력이 있고 독창적인 정치 사상가로 손꼽히는 인물이다. 1787년의 필라델피아 회의 및 《연방주의자 논고》에서 그가 했던 여러 주장들을 보면, 그는 강력한 대통령이 아닌 의회가 미국 정부의 핵심이 되어야 한다고 믿었음을 알 수 있다.
 키는 162센티미터밖에 되지 않고 몸무게는 45킬로그램밖에 되지 않을 정도로 왜소한 체구의 매디슨이었기에, 버지니아 출신의 두 전임자인 워싱턴과 제퍼슨처럼 신체적으로 남을 압도하는 카리스마가 그에게는 부족했다. '리틀 제미(Little Jemmy)* 제임스 매디슨은 최상급의 정치 사상가였지만 대통령 혹은 행정가로서는 2류였다. 제퍼슨처럼 그리고 특히 한 번에 여러 달씩 정기적으로 매사추세츠에서 보냈던 존 애덤스처럼 매디슨은 자주 워싱턴을 비우고 떠났다. 그는 버지니아에 있는 대규모 농장 한가운데 자리 잡은 저택 몽펠리에 칩거하기를 좋아했다. (몽펠리에는 제퍼슨의 몬티첼로에서 약 50킬로미터쯤 떨어져 있었다.)

 매디슨은 앨버트 갤러틴을 국무부장관으로 임명하려고 했다. 국무부장관직은 재무부장관직보다 힘은 덜 들고 특혜나 특권은 더 누릴 수 있는 자리였다. 갤러틴은 국무부장관직을 맡을 자격이 있었고, 또 본인이 그걸 원하기도 했거니와 또한 그렇게 될 것이라고 기대를 했다. 그러나 그의 발목을 잡는 게 있었으니, 바로 엠바고의 최고 책임자였다는 이력이었다. 그리고 또 재무부장관으로 재직했던 지난 8년 동안 그는 연방정부의 예산 지출을 엄격하게 통제했는데 이 과정에서 수많은 적을 만들었다. 그리고 갤러틴을 가로막던 한 가지 요소가 더 있었다. 의회의 중요한 인물들이 '외국인'을 국가 외교 책임자 자리에 임명해서는 안 된다고 주장하고 나섰던 것이다. 상원에서 이루어진 비공식적인 투표에서 17명이 반대를 했고 10명이 찬성했으며 7명은 기권했다.[1]

 그래서 새 대통령은 제퍼슨 정부에서 해군부차관이었던 로버트 스미스(Robert Smith)를 국무부장관에 임명하고 갤러틴은 재무부장관에 그대로 유임시켰다. 메릴랜드의 상원의원으로 강력한 영향력을 행사하던 새

• 'jemmy'의 원래 뜻은 도둑이 문이나 창문을 열려고 가지고 다니는 짧은 쇠막대를 뜻한다.

무얼 스미스(Samuel Smith)의 동생이자 그의 도움을 받고 있던 로버트 스미스는 오랜 세월 갤러틴의 정적이었다. 스미스 형제는 갤러틴 재무부장관이 해군부의 예산을 깎으려고 애를 쓸 때마다 자주 반대를 했으며 때로는 역겨울 정도로 모욕적인 발언을 동원하기도 했다.

매디슨이 자기가 가고자 했던 자리에 로버트 스미스를 영전해서 앉히자 갤러틴은 기분이 나빠졌다. 개인적으로도 화가 나는 일이었을 뿐만 아니라, 아는 사람은 다 아는 사실이었지만 스미스는 국무부장관이 될 자격이 없는 인물이었기 때문이다. 결국 새무얼 스미스가 이끌던 정치적인 압박과 갤러틴이 외국인 출신이라는 정치적 불평에 매디슨이 굴복한 셈이었다. 그러나 머지않아서 대통령은 자기 판단이 잘못되었음을 알고 후회한다. 로버트 스미스는 국무부장관직을 수행할 능력을 갖추지 못했을 뿐 아니라, 그 자체로 재앙이었기 때문이다. 여러 해가 지난 뒤에 존 퀸시 애덤스는 사적인 글에서, 만일 1809년에 스미스 대신 갤러틴이 국무부장관으로 임명되었더라면 '영국과의 1812년 전쟁이 일어나지 않았을 가능성이 매우 높다'고 썼다.[2]

갤러틴의 능력에 대한 이런 판단이 지나친 것일 수도 있지만, 어쨌거나 스미스가 형편없는 인물이었던 점만은 분명하다.

* * *

1809년 가을, 갤러틴의 사기는 최악으로 떨어져 있었다. 1807년에 어리석고 압제적인 것이라고 판단했던 제퍼슨의 엠바고를 막지 못했다는 자괴감에 시달렸다. 그리고 당시 가정생활도 행복하지 않았다. 1808년에 갓난아기이던 딸이 죽었다. 셋째 딸이었다. 1802년과 1805년에도 어린 딸을 먼저 저세상으로 보냈는데 그 슬픈 비극이 또다시 일어난 것이다. 비록 당시에 갓난아기가 죽는 일이 드물지 않았다 치더라도 갤러틴 부부에게 이런 일들은 정서적으로 감당하기 힘든 고통이었다. 이 부부는 자식을 6명 낳았지만 아들 둘과 네 번째 딸만이 살아남았다.

재무부장관직을 수행하는 것도 성공적이지 못했다. 통상금지와 관련된 여러 법률 때문에 국가부채를 갚아나가는 일이 불가능했다. 그가 품고 있던 거대한 목표 가운데 하나가 허물어지는 순간이었다. 1803년의 루이지애나 매입을 유일한 예외로 칠 때, 연방정부의 재정은 수입보다 지출이 많았다. 게다가 매디슨은 로버트 스미스를 국무부장관으로 임명한 것은 갤러틴에게 낙타의 무릎을 꿇리는 마지막 한 가닥 지푸라기였다. 갤러틴은 장관직에서 물러나고 싶었지만 그럴 수 없었고 억지로 그 자리에 계속 있어야만 했다.

1809년 11월에 그는 매디슨보다는 어쩐지 가까운 사이라고 느끼던 사람이자 지금은 은퇴한 지 8달째를 보내고 있던 제퍼슨에게 자기 속내를 드러내는 편지 한 통을 보냈다.

"저는 저 자신의 영역에서 나와서 다른 부처들의 내부 사정에 주제넘게 이래라저래라 할 마음이 없습니다."

그는 삼두정치를 이끄는 세 사람 가운데 한 명으로 그런 일을 줄곧 해왔지만 이제 그럴 마음이 없음을 나타낸 것이다. 갤러틴은 자기가 내는 목소리가 중요하게 받아들여지지 않음을 느꼈다. 그의 영향력은 예전과 다르게 줄어들었다.

"외람된 말씀이긴 하지만, 제 역할을 단순히 재정 전문가에만 한정해서 세금 체계를 고안하고 부채를 관리하며 아무 짝에도 쓸모가 없는 거품을 지탱하며 공동체 안에서 게으르고 방탕하게 구는 구성원의 수를 늘리며 도급자와 회계관과 대리인을 살찌우고 그리고 당신께서 그토록 혐오하던 온갖 부패와 뒤 봐주기가 무성하게 판을 치도록 하기 위한 목적으로, 여기에 필요한 여러 자원들을 구하러 다니는 일만 하는 데는 동의할 수 없습니다."[3]

자기를 내세우지 않으며 또 언제나 냉철함을 유지하던 갤러틴에게서 이런 격한 표현이 나왔다는 것은 예외적인 일이었다. 1809년 3월로 제퍼슨의 임기가 끝날 때 갤러틴은 자기도 공직에서 물러나거나 아니면 국무부장관이 되고 싶었다. 그런데 이런 소망은 물거품이 되고 말았다. 그의 가슴속에서 좌절감만 부글부글 들끓었다. 그가 제퍼슨에게 보낸 편지는 1800년 혁명이 여전히 적용되고 있는 게 아닌지 질문을 하는 것 같다. 돌이켜보면 제퍼슨과 매디슨은 갤러틴을 달래기 위해서 할 수 있는 것은 모두 다했다. 매디슨은 전혀 얼토당토않은 인물을 중요한 장관직에 임명하긴 했어도 갤러틴이 가지고 있는 재능을 꼭 필요로 했다. 재무부장관으로서뿐 아니라 외교, 군사 그리고 국정 전반에 대한 조언자로 갤러틴을 곁에 두고 싶었다.

재무부장관으로서 갤러틴은 여전히 상원에서 같은 공화당원이던 적들과 지겨운 싸움을 벌이고 있었다. '보이지 않는 사람들로 알려져 있던 적들은 로버트 스미스 국무부장관의 형이자 메릴랜드 상원의원이던 새무얼 스미스가 이끌고 있었다. 게다가 또 갤러틴은 공화당 내에서 이들과 관련이 있는 집단인 이른바 '필라델피아회'(Philadelphia Junto)라는 비밀 결사체로부터 거의 모든 주제에 관해서 끊임없이 공격을 받고 있었다. 이 모임의 대변인 격인 사람은 윌리엄 두에인(William Duane)이었다. 그는 영향력이 만만치 않던 신문 《필라델피아 오로라》의 편집인 자리를 벤저민 프랭클린 바크에게서 물려받은 인물로서 갤러틴을 무자비하게 비판했다. 두에인은 혼자 힘으로 강력한 영향력을 행사하는 정치인으로 성장하는데, 나중에도 계속해서 갤러틴을 '프랑스식 어투의 제네바인'이라고 부르며 그를 모질게 공격한다. 제퍼슨과 매디슨도 갤러틴을 노리는 두에인의 이런 모진 공격을 제어할 수 없었던 것 같다.[4]

이런 불리한 점 외에도 갤러틴은 엠바고에 뒤이은 법안들을 어쩔 수 없이 관리하고 집행해야만 했다. 맨 먼저 나온 것이 1809년의 통상금지법(Non-Intercourse Act)이었다. 매디슨이 대통령에 취임하기 사흘 전에 국회 의결을 거친 이 법은, 이전의 엠바고법을 철폐하면서도 영국이나 프랑스로 향하는 선박에 대한 그 법의 여러 조항들을 재확인했다. 이 법은 이전의 법에 비해서 한결 분명한 집행력을 가지고 있었지만 상인, 농민 그리고 특히 운송업자들 사이에서는 여전히 인기가 없었다. 이들은 모두 자기들이 겪는 고통과 불편이 갤러틴과 공화당 탓이라면서 계속해서 비난했다.

이런 무기력하고 쓸모없는 통상금지법 아래에서 2년이라는 세월이 흘렀다. 그동안 정부 안에서는 그 다음에는 무엇을 해야 할지를 놓고 끊임없는 논쟁이 진행되었으며, 이런 와중에 의회가 세 번째 조치를 법률안에 담아서 의결했다. 이 법률의 법안은 '2번 메이컨법안(Macon's Bill No. 2)'으로 일컬어졌는데, 노스캐롤라이나의 너새니얼 메이컨(Nathaniel Macon)이 위원장으로 있던 하원 외교위원회의 수정 과정을 거친 뒤 본회의에 회부되어 통과되었다. 그런데 연방정부에 대한 주정부의 권한을 극단적으로 옹호하던 메이컨은 오랜 세월 동안 모든 종류의 연방정부 권한에 반대하며 싸워온 인물이었다. 지나치게 많은 권한을 중앙정부에 넘긴다는 이유로 1787년 헌법에 반대했으며, 또 미국 해군을 혐오했다. 그런데 1번 매디슨법안이 하원에서 통과했지만 상원에서 통과하지 못하자, 외교

위원회가 이 법안을 수정한 뒤 다시 본회의 안건으로 올렸고(비록 메이컨이 반대를 했고 또 많은 상원의원들이 사정없이 공격을 했음에도 불구하고), 이 법안은 하원과 상원에서 모두 통과되었다. 1810년에 매디슨 대통령은 이 법안이 개인적으로 썩 마음에 들지는 않았지만 서명을 했다. 이렇게 해서 제퍼슨의 엠바고 조치가 이제는 더할 나위 없이 위험한 국면으로 접어드는 희극이 시작되었다.[5]

2번 메이컨법은 프랑스와 영국이 미국의 선박에 간섭하지 않을 경우 두 나라와의 무역을 원래대로 되돌릴 권한을 대통령에게 부여했다. 만일 이 두 나라 가운데 하나가 동의한다 하더라도 다른 나라가 거부할 수도 있었다. 미국인의 관점에서 보면 2번 법은 두 강대국이 서로 싸우도록 유도하는 이이제이(以夷制夷)의 꾀바른 계략이었다. 하지만 런던과 파리의 보다 경험 많은 외교관의 눈으로 보자면, 이 정책은 국제무대에서 당당한 일원으로 서겠다는 야망을 가지고 있긴 하지만 무능하기 짝이 없는 국가의 순진한 발상으로 비쳤다. 미국인은 수백 척이나 되는 1급 화물선을 가지고 있었다. 하지만 이들을 보호할 강력한 해군 없이는 이 배들은 여전히 영국과 프랑스가 마음만 먹으면 군함과 사략선의 먹이가 될 수밖에 없었다.

나폴레옹은 이 2번 메이컨법에서 영국을 잡아챌 멋진 기회를 포착했다. 나폴레옹은 그 법에 동의한다는 메시지를 워싱턴에 보냈다. 하지만 사실 그는 최종적인 동의를 해줄 의도는 전혀 가지고 있지 않았다(워싱턴에 그 메시지를 보내던 바로 그날, 그는 장관들에게 자기 계획을 설명하면서 프랑스 내의 미국 자산을 몰수할 계획을 세웠다). 프랑스의 군함과 사략선들은 계속해서 미국 선박을 나포했다. 한편 영국은 이런 모습을 포착하고는 미국의 공화당이 명백하게 프랑스 쪽으로 기운다고 판단한 뒤 화가 나서 미국에게 더욱더 비타협적으로 나갔다. 이렇게 되자 미국으로서는 양쪽 다 놓치는 꼴이 되어버렸다. 헨리 애덤스는 나중에 2번 메이컨법에 대해서 다음과 같이 썼다.

"이것은 미국 법령집에서 가장 불명예스러운 법이 될 수 있는 강력한 요건들을 갖추고 있다. (…) 그 어떤 상상력도 이보다 품위 없고 이보다 소심하며 또 실제로 증명되었듯이 해로울 수 없을 것이다."[6]

모든 해상 무역의 연방 총책임자로서 갤러틴은 1810년에 도무지 완수할 수 없는 과제에 직면했다. 장차 3년 동안 그를 괴롭힐 과제였다. 주요 항구들에 상주하던 세관원들 및 제퍼슨과 매디슨 두 대통령과 주고받았던 많은 분량의 편지를 보면, 최초의 엠바고가 통상금지법 및 2번 메이컨법으로 이어지면서 그가 품었던 불만이 점점 커지는 것을 알 수 있다. 그 문제에는 해결책도 없어 보였고 또 끝도 없어 보였다.

영국과 프랑스 사이의 전쟁은 갤러틴이 제네바에서 태어나기 7년 전인 1754년 이후로 단속적으로 계속 이어지고 있었다. 두 나라가 서로에 대해서 품고 있는 원한이 종식되는 것, 그리고 거기에 따른 당연한 결과로서 미국이 두 나라에 대해서 품고 있는 불만이 해소되는 것은 감히 바라기 어려운 일이었다. 결국 2번 메이컨법은 미국이 나폴레옹전쟁의 혼돈과 맞붙어 싸우고자 했던 또 하나의 허망한 시도였음이 밝혀졌다. 그것은 또한 미국이 영국을 상대로 벌인 1812년 전쟁으로 향하는 중간 기착지이기도 했다.

CHAPTER 24
미합중국은행의 운명

갤러틴은 또 다른 전선에서도 절망적인 싸움을 벌이고 있었다. 미합중국은행의 허가권 갱신을 놓고 국내에서 벌어지던 싸움이었다. 알렉산더 해밀턴이 1791년에 확정했던 이 은행의 20년 기한은 1811년까지였다. 제퍼슨을 비롯한 많은 공화주의자들이 모든 종류의 은행에 반대했는데, 특히 미합중국은행에 대해서는 더 그랬다. 1803년의 루이지애나 매입 직후 제퍼슨은 갤러틴에게 쓴 편지에서 뉴올리언스에 미합중국은행 지점을 설립하자는 갤러틴의 제안을 단칼에 일축했다.

"그 은행은 우리 헌법의 원칙과 형식에 가장 치명적으로 적대성을 보이는 기관입니다. (…) 미합중국에 있는 이 은행과 자기 산하에 거느리는 지점들과 함께 전시(戰時)에 얼마나 강력한 장애물이 되겠습니까? 아마 우리더러 무조건 평화를 수용하라고 압박할 것입니다. 그런데도, 이렇게나 강력하고 또 헌법에 적대적인 기관의 덩치를 더 키워야 한다는 겁니까?"[1]

그러자 갤러틴은 답장을 써서 '내가 왜 뉴올리언스에 은행이 생기길 극단적일 만큼 간절하게 바라는지' 그 이유를 설명했다. 해밀턴이 10년 여 전에 의회에 보고서를 제출하면서 그랬듯이 갤러틴 역시 미합중국은행을 유지함으로써 얻을 수 있는 장점들을 알기 쉬운 초보적인 용어를 동원해서 의원들에게 설명하려고 노력했다. 제퍼슨에게 보낸 편지에서도 썼지만, 연방 차원의 은행은 주정부 차원의 은행들을 통해서는 충분히 확보할 수 없는 여러 강점들로 연방정부의 재정 관련 사업들을 한결 용이하게 해줄 것이라고 했다. 갤러틴이 제시한 그 강점들은 다음과 같다.

> 첫째, 공공의[즉 연방정부의] 돈을 안전하게 예치할 수 있다.
> 둘째, 대륙의 한 지역에서 다른 지역으로 돈이 즉각적으로 이동할 수 있다. 그러므로 우리가 사바나나 혹은 그 밖의 다른 지점에 돈을 예치하고 있을 경우, 뉴욕에서도 즉각적으로 신용을 인정받을 수 있다.
> 셋째, 통화의 순환이 용이해져서 전체 통화량이 많아지고 또 [대출 혹은, 다른 은행이 발행한 증권에 대한 상환에 따른] 이자가 수입으로 차곡차곡 쌓인다.[2]

갤러틴은 이보다 훨씬 더 길고 장황하게 연방 차원의 은행이 발휘할 강점을 쓸 수도 있었다. 예를 들면 제퍼슨을 비롯한 연방정부 소속 공무원들의 봉급을 이 은행이 수표로 발행해 줄 수 있고, 다른 국가들과의 국제수지 균형을 맞출 수 있고, 전쟁이 일어날 경우 이 은행이 자금을 마련하는 결정적이고 핵심적인 기능을 할 수 있고, 이 은행이 있음으로 해서 연방정부의 재무부 운영이 한결 쉬워질 수 있었다. 이런 것들까지 줄줄이 다 쓸 수도 있었지만, 갤러틴은 제퍼슨을 너무도 잘 알고 있었다. 그래서 제퍼슨이 혐오하고 경멸해 마지않던 은행이라는 기관을 지나치게 많이 설명하고 싶지 않았다. 결국 마지막에 가서 제퍼슨은 못마땅하긴 했지만 갤러틴의 의견을 받아들여 뉴올리언스에 지점 설립을 허용하는 법안에 서명을 했다. 하지만 이 과정에서도 그냥 넘어가지는 않았다. 미합중국은행 자체가 헌법에 위배된다는 사실을(혹은 그럴 소지가 높다는 사실을) 다시 한 번 더 짚으면서 불만을 제기했던 것이다.

미합중국은행은 단 한 번도 격렬한 반대의 대상에서 빠진 적이 없었다. 그리고 이 은행에 반대하는 사람들은 허가권이 만료되는 시점만 기다리고 있었다. 그때가 되면 은행을 없애버리리라 다짐하면서……. 1808년 초에 미합중국은행의 주주들은 이 은행의 허가권을 갱신해달라는 내용의 청원서를 의회에 냈다. 그러자 상원은 갤러틴 재무부장관에게 도움말을 구했다. 다른 여러 진영뿐만 아니라 특히 제퍼슨이 적대성을 보일 수도 있다는 생각에 갤러틴은 대통령 선거가 끝난 뒤인 다음 회기 때 자기 의견을 보고서 형태로 제출하겠다고 대답했다. 그래서 그의 보고서는 애초에 의회가 요구했던 시점보다 약 1년쯤 늦게 나왔다. 그리고 이 시점은 제퍼슨이 대통령에서 물러나기 하루 전이었는데, 물론 이것은 우연의 일치가 아니었다. 이 보고서에서 갤러틴은 은행을 재승인해야 한다고 주장했다. 의회는 아무런 조치도 내리지 않았고 다시 또 한 해가 지나갔다. 1810년 초에 하원은 재승인 법안을 살펴보겠다는 데 동의했다. 그러나 의회는 다른 문제들도 산적해 있던 상황에서 설익은 싸움을 굳이 하고 싶지 않았기에 그 법안에 대해서는 여전히 어떤 행동도 취하지 않았다.[3]

1811년에 상원과 하원은 이 재승인 문제를 놓고 의견이 팽팽하게 갈렸다. 대부분의 연방주의자들은 갤러틴을 지지했지만 이들의 수는 많이 줄어 있었다. 그리고 공화주의자들도 여러 갈래로 갈라져 있었다. 이 문제는 흔히 예상하는 것처럼 농업적인 이해가 상업적인 이해와 상충하는 쟁점이 아니었다. 또한 남부와 북부의 대립도 아니었고 동부와 서부의 대립도 아니었다. 조지아의 윌리엄 해리스 크로퍼드(William Harris Crawford)와 같은 강력한 상원 공화당원들은 재승인을 지지했다(크로퍼드는 나중에 재무부장관이 되고 또 대통령 후보로도 나선다). 하원에서는 남부와 동부 출신의 많은 제퍼슨주의자들이 역시 재승인을 지지했다.

재승인에 반대하는 집단은 공화당원들 가운데 두 집단이었고, 이들 사이에 공통점은 거의 없었다. 버지니아 출신의 윌리엄 브랜치 자일스(William Branch Giles) 상원의원과 같은 다수의 이른바 '구공화주의자'들은 미합중국은행은 연방정부의 권한이 헌법을 위배하면서 확장된 결과라고 믿었다. 이들의 눈에 갤러틴 재무부장관은 공화당의 당파성에 위배되는 행동을 하는 것으로 비쳤다. 재승인에 적대적인 공화당 내의 또 다른 한 집단은 기업가적인 정신을 가진 사업가들이었다. 이들은 주정부 허가를 받은 자기들만의 은행을 원했다. 이 은행들이 미합중국은행의 감독을 받지 않고 운영되길 원했다. 미합중국은행 재승인에 반대하는 이유들이 제각각인 것은 5개 주의 주의회가 취한 행동에 반영되어 나타났다. 매사추세츠, 펜실베이니아 그리고 버지니아는 서로 동질성이 전혀 없음에도 불구하고, 이들 주 출신의 상원의원들은 미합중국은행 재승인에 반대하는 입장이었다.

1811년까지 각각의 주정부는 88개의 은행에 허가증을 내어준 상태였다. 1791년에 은행이 3개밖에 되지 않았던 것에 비하면 은행이 엄청나게 많이 늘어난 셈이었다. 많은 주들이 이들 신생 은행에 세금을 부과하기나 은행의 주식을 가지고 있거나 혹은 세금도 부과하고 주식도 가지고 있었다. 몇몇 주들의 경우에(특히 펜실베이니아와 델라웨어가 그랬는데) 주식 보유나 세금 징수에 따른 수입이 주정부 전체 수입 가운데 상당한 비중을 차지했다. 예컨대 펜실베이니아의 경우 1801년부터 1805년까지 주정부 수입의 50퍼센트가 거기에서 나왔다. 그 88개 은행들 가운데 거의 대부분이 독자적인 통화를 발행했다. 이 통화는 지역에서 유통되었고, 그 지역에서 멀어지면 멀어질수록 액면가보다 낮은 가치로 통용되었다. 이런 상황은 오랜 세월 단일한 국가 통화에 익숙해져 있는 오늘날의 소비자들로서는 전혀 이해할 수 없는 상황이다.[4]

　몇몇 연방주의자들은 주정부 은행의 주식을 소유했으며, 이런 사정 때문에 재승인을 지지하지 않았다. 이 사람들 및 주정부 은행의 주식을 소유하고 있던 훨씬 많은 수의 공화주의자들은 미합중국은행이 철폐되어야 마땅한 강력한 이유 두 가지를 가지고 있었다. 첫째, 미합중국은행이 재승인을 얻지 못할 경우 자기가 주식을 소유하는 주정부 산하 은행이 미합중국은행이 하던 수익성이 높은 사업을 넘겨받을 수 있었기 때문이다. 예를 들면 막대한 규모의 연방정부 예산을 예치한다거나 연방정부 및 주정부에 돈을 빌려주는 사업이 그런 것들이다. 둘째, 미합중국은행이 철폐될 경우 주정부 은행들은 감시와 감독에서 자유로울 수 있었기 때문이다. 해밀턴이 의도했듯이 미합중국은행은 오늘날의 연방준비제도와 비슷한 성격으로 중앙은행이 해야 하는 수많은 기능을 착실하게 수행하고 있었다. 그 기능들 가운데는 연방정부와 주정부의 최후의 보루 역할을 하는 것, 어디에서든 액면가로 가치를 인정받을 수 있는 통화를 발행하는 것, 그리고 주정부 산하 은행들을 감독하는 것 등이 포함되어 있었다.[5]

* * *

    미합중국은행이 주정부 산하 은행에 휘두르던 결정적인 규제 도구는 해당 은행의 통화에 대해서 금이나 은으로 지급하도록 요구하는 권한이었다. 그러므로 미합중국은행은 주정부 은행의 보유 자산을 어느 정도 통제할 수 있었고 또 자체 통화를 무제한으로 발행할 때 발생할 수 있는 인플레이션 경향에 제동을 걸 수 있었다. 요컨대 미합중국은행은 지난 20년 동안 건강한 기능을 수행하면서 성공적으로 걸어왔다. 모든 것이 해밀턴이 기대한 대로 혹은 그보다 더 성공적으로 이루어졌던 것이다. 미합중국은행이 갤러틴 및 재무부와 따로 떼어놓고 생각할 수 없다고까지는 말할 수 없다 하더라도, 적어도 이들 사이에 밀접한 관계가 있었던 것만은 분명하다.[6]

    그러나 1811년의 정치 분위기 속에서 보자면, 아무리 이 은행이 꼭 필요하고 또 그동안 눈부신 성과를 거두었다고 하더라도 이런 사정이 이 은행의 재승인을 완벽하게 보장하지는 않았다. 당시에 미국 정치는 그런 식으로 진행되지 않았으며, 또한 그 뒤로도 거의 대부분 마찬가지였다. 1811년 당시에 손쉬운 신용을 지지하던 의원들은 미합중국은행의 감독이 아무리 온당하다 하더라도 그 규제에는 반대했다. 예를 들어 힘이 펄펄 넘치던 켄터키의 청년 의원 헨리 클레이(Henry Clay)는, 자기 고향 주 및 서부의 여러 주들에서 야심찬 은행가들이 성공하는 길에 미합중국은행은 일반적으로 불편한 장애물밖에 되지 않는다고 보았다. 심지어 도시적인 뉴잉글랜드 지역의 몇몇 의원들조차도 재승인에 등을 돌렸다. 대중의 여론을 자기 쪽으로 몰아오기 위한 싸움을 놓고 보자면 이 은행의 다양한 적들로서는 이 은행에 대한 공포를 조장하는 일이 은행을 지키고자 하는 사람들이 이 은행의 장점을 설명하는 것보다 훨씬 쉬웠다.

이런 상황에서 많은 아이러니들이 노출되었는데, 특히 두드러진 것으로는 미합중국은행은 연방 기관이 아니라 수익 창출을 목적으로 하는 민간 기관이었다는 점을 들 수 있다. 미합중국은행은 해밀턴이 1791년에 설계한 그대로 유지되고 있었다. 단 하나 달라진 점이라면 1802년에 정부가 보유하던 주식 전량(전체의 5분의 1)을 민간 투자자에게 팔았다는 것뿐이었다. 그러나 그 조치도 과도한 연방정부 권한에 반대하는 목소리들이 빚어내는 합창을 막지 못했다. 피츠버그 거주민 80명이 낸 청원서는 미합중국은행을 비판하면서 다음과 같이 주장했다.

"미합중국은행은, 영국의 주주들과 연방의 이사들의 심기를 불편하게 만들까봐 두려워서 감히 양심에 위배되는 행동을 하지 못하는 수천 명의 시민들을 구속하고 있다."

그러나 사실 영국의 주주들은 아무런 영향력도 행사하지 못했으며, 또 미합중국은행의 이사진에는 연방정부의 이사가 단 한 명도 없었다.[7]

그렇다고 하더라도 영국의 투자자가 미합중국은행 주식의 많은 비중을 소유한다는 점은 재승인에 반대하는 진영으로 보자면 멋진 공격거리였다. 독립전쟁이 영국을 상대로 하는 전쟁이 아니었나? 영국의 레퍼드호가 미국의 체사피크호에게 대포를 발사하지 않았나? 엠바고법(수출금지법)과 통상금지법 그리고 2번 메이컨법이 영국을 주된 타격 대상으로 삼지 않았는가? 어떤 시민이 미국 투자자에게서 영국 투자자에게로 주식이 빨려 들어가는 기관이 계속 유지되도록 지지할 수 있단 말인가? 영국의 주주들이 미합중국은행 이사들을 뽑는 선거에 투표권을 행사할 수 없다는 점이나 그들이 이 은행의 업무에 어떤 영향력도 행사할 수 없다는 사실은 재승인을 반대하는 목소리를 내는 데 전혀 문제가 되지 않았다. 또한 영국의 자금이 미국으로 유입되면 미국 국가 경제에 도움이 된다는 사실도 이 은행을 반대하는 사람들에게는 전혀 문제가 되지 않았다. 정치에서 흔히 그렇듯이 선동적인 구호가 사실보다 힘이 더 셌다.

미합중국은행의 재승인에 반대하던 가장 중요한 핑계는 이 은행이 헌법에 위배된다는 것이었다. 이 논리는 1791년부터 워낙 자주 언급되고 주장되던 것이라 마치 진짜로 그런 것처럼 받아들여지고 있었다. 의회의 '구공화당원들'은 이 주장을 끊임없이 설파했다. 경제적인 이해관계를 가지고 있던 사람들 역시 마찬가지였다. 이들의 진짜 목적은 주정부의 허가를 받아 연방정부의 관리나 감독은 전혀 받지 않고 운영할 수 있는 자기들만의 은행을 개설하는 것이었다.[8]

강력하긴 하지만 성격이 제각각인 이 반대자들에 맞선 진영에는 항구 도시들의 해운업자 및 상인 대부분이 있었다. 농업 지역과 도시 지역을 모두 아우르던 상원과 하원의 갤러틴 지지자들 역시 미합중국은행 재승인에 찬성했다. 만일 매디슨 대통령이 보다 확고한 견해를 가지고 있었더라면, 재승인을 찬성하는 대의는 한층 강하게 확대되었을 것이고 재승인이 이루어졌을 것이다. 하지만 매디슨은 줏대 없이 흔들렸고, 이런 사실에 갤러틴은 대단히 실망하고 좌절했다.[9]

1811년 1월 24일, 하원에서 논의가 있은 지 채 3주도 지나지 않은 그 시점에 미합중국은행 재승인 발의는 65 대 64의 1표 차이로 '무기한' 연기되었다. 11명의 의원은 아예 투표조차 하지 않았다. 이 의원들의 경우 양심에 따르자면 당연히 재승인 찬성에 표를 던져야 했지만 지역구 여론이 반대로 기울어 있었기 때문에, 이들 가운데 7명은 출장 일정을 잡아놓고 투표 당일에 워싱턴 바깥으로 나갔으며 나머지 4명은 워싱턴에 있으면서도 투표에 참석하지 않았다.

　상원에서 갤러틴은 법률 초안을 작성하고 재승인에 찬성해 줄 것을 간곡하고도 열정적으로 호소했다. 그는 은행 주식을 보다 많이 발행함으로써 자본금의 대규모 증액을 제시했다. 천재적인 제안이었다. 그는 영국과 전쟁을 벌일 경우(당시 상황으로는 그렇게 될 가능성은 매우 높았다) 미합중국은행은 연방정부에 당시로서는 천문학적인 규모인 4000억 달러나 빌려줄 수 있게 되므로 따로 전쟁 예산으로 거두어들일 세금을 최소한으로 줄일 수 있다고 했다. 갤러틴 지지자들은 1811년 2월 5일에 그 법안을 제안했다. 그리고 2주 동안 토론이 진행된 뒤에(이 토론 기간 동안 갤러틴은 해밀턴이 1790년대에 지지했던 정책을 제안한다는 이유로 반대자들로부터 많은 공격을 받았다) 투표에 부쳐졌는데, 찬성과 반대가 각각 17표로 동수였다. 캐스팅보트는 부통령이던 조지 클린턴이 쥐고 있었는데, 매디슨과 갤러틴 두 사람 모두와 정적 관계이던 클린턴은 반대표를 던졌고, 갤러틴의 제안은 물거품이 되었다. 이렇게 해서 1791년에 태어난 미합중국은행은 20년 만에 생을 마감했다.

　그리고 청산 과정에서 외국인 주주들에게 돌아가야 할 돈인 약 700만 달러가 미국 경제에서 빠져나갔다. 이렇게 큰돈이 한꺼번에 빠져나가자 미국은 심각한 유동성 부족 사태를 맞았고, 게다가 타이밍도 매우 좋지 않았다. 미합중국은행의 8개 지점은 각 지점이 있던 지역(보스턴, 뉴욕, 볼티모어, 워싱턴, 노포크, 찰스턴, 사바나, 뉴올리언스)의 투자자들에게 매각되었다. 이 지점들 대부분은 주정부의 새로운 승인 아래 다시 문을 열었다. 필라델피아에 있던 본점은 웅장한 건물과 함께 부유한 프랑스 이민자이자 미합중국은행의 최대 주주이던 스티븐 지라드(Stephen Girard)에게 팔렸다. 지라드는 이 은행에 '스티븐 지라드 은행'이라는 이름을 붙여서

개인 사업체로 운영했다.[10]

　한편 주정부가 승인한 은행은 폭발적으로 늘어났다. 1811년에 88개에서 1815년에 208개 그리고 다시 1816년에는 246개로 늘어났다. 이 은행들은 대부분 독자적인 통화를 발행했으며 상급 기관으로부터 거의 아무런 규제도 받지 않았다. 그랬기에 소매점에서는 고객이 내놓은 지폐나 주인이 거슬러주는 지폐의 실제 가치를 놓고 고객과 손님이 입씨름을 벌이는 일이 일상적으로 일어났다. 1840년이 되면 800개가 넘는 은행이 영업을 했고, 이 은행들이 발행한 제각기 다른 지폐의 가치는 지역마다 달랐다. 이와 관련된 정보를 제공하는 안내서가 두꺼운 팸플릿 형태의 안내책자로 등장할 정도였다. 게다가 이런 안내책자는 주 단위로 개정되었다.[11]

　갤러틴에게 미합중국은행 재승인 실패는 상당한 타격이었다. 제임스 매디슨 대통령으로부터 개인적인 모욕을 당한 것이기도 했고, 재정 분야의 전문가이자 최고책임자로서의 위상이 흔들리는 심각한 사건이기도 했다. 1811년 3월에 갤러틴은 화가 난 심정이 고스란히 드러나는 편지를 매디슨에게 보냈다. 이 편지는 다음과 같은 글로 시작했다.

　"당신이 이끄는 현 정부는 결함투성이입니다. 이미 잘 알고 계시겠지만 그 결과는 날이 갈수록 점점 더 광범위하게 치명적으로 나타나고 있습니다. 대통령에게나 전체에 모두 해로운 새로운 분파들과 개인적인 파벌들은 날마다 점점 더 큰 힘을 얻고 있습니다. 여기에 대해서 중요한 조치들이 있었습니다만 번번이 실패하고 말았습니다. 국정의 모든 것들이, 심지어 가장 단순하고 일상적인 것조차, 방해를 받고 있거나 실행되지 못하고 있습니다. (…) 이런 일을 방치할 수는 없으므로 근본적이고도 신속한 대응이 절대적으로 필요해졌습니다."[12]

이어서 갤러틴은, 여기에 대한 처방이 무엇이든 간에 자기는 이제 장관직을 더는 수행할 수 없어 사임하기로 결심했으니 수락해 달라고 했다.

스스로 판 함정에 빠져버린 매디슨은 마침내 행동에 나섰다. 형인 새무얼 스미스 상원의원과 함께 사사건건 갤러틴에게 반대를 하고 나섰던 로버스 스미스 국무부장관을 해임한 것이다. 그런 다음에 갤러틴에게(매디슨은 갤러틴이 오래전부터 국무부장관이 되고 싶어 했음을 잘 알고 있었다) 제임스 먼로를 국무부장관으로 추천해 달라고 요청했고, 먼로는 그 요청을 받아들였다. 무한한 인내심의 소유자였지만 참을 수 없는 짜증을 드러냈던 갤러틴은 사직서를 거두어들이고 재무부장관직을 계속 수행하기로 매디슨과 합의했다.

다음 해인 1812년 전쟁이 발발했다. 갤러틴은 지난 10년 동안 정부의 수입을 추가로 늘릴 조치를 거의 요구하지 않았으며, 또 설령 그런 경우가 있었다 하더라도 의회는 대개 그런 제안을 부결시켰다. 그런데 이제 의회가 어리석게도 미합중국은행을 없애버리고 난 뒤였으므로 정부의 재정 상태는 전쟁을 치르기에는 너무도 형편없었다. 그야말로 위태롭기 짝이 없는 상태였다.

CHAPTER 25
1812년 전쟁과 미국의 재정

　영국의 레퍼드호가 미국의 체사피크호에 대포를 발사한 1807년 이후로 이미 전쟁이 일어날 가능성은 현실적인 문제로 존재했었다. 그리고 마침내 미국인 선원 및 해군에 대한 영국의 강제징집, 영국의 미국 상선 나포, 미국인의 서부 진출을 가로막기 위한 영국과 인디언 부족 사이의 밀약과 음모, 미국에 대한 전반적인 모욕 등을 매개로 해서 오랜 세월 동안 축적된 갈등의 정점에서 전쟁은 발발했다. 전쟁을 원했던 미국인은 사람들 사이에 오랜 기간 널리 펴져 있던 소문, 즉 영국이 미국을 다시 식민지로 삼으려 한다는 소문을 근거로 내세웠다. 하지만 사실 영국으로서는 그런 의도를 전혀 가지고 있지 않았다. 심지어 1812년 5월에는 미국과의 무역에 관한 몇 가지 칙령을 거두어들이며 유화적인 제스처를 취하기조차 했다. 그러나 이런 소식이 워싱턴에 도달했을 때는 미국이 이미 돌아오지 못할 다리를 건넌 뒤였다.[1]

매디슨이나 갤러틴 그 누구도 전쟁을 원하지 않았다. 하지만 두 사람은 다른 대안을 찾아내지 못했다. 게다가 전쟁이 매디슨의 재선 가능성을 높여줄 것이라는 생각이 공화당원들의 머리를 떠나지 않았다. 반드시 선전포고를 요구한 것은 아니었지만 그래도 선전포고를 요구하는 대통령 메시지를 놓고 의회에서는 투표가 진행되었다. 그런데 이 찬반 의사가 지역별로 극심한 편차를 드러냈다. 예컨대 북동부 지역은 전쟁을 강력하게 반대했지만 남부와 서부는 대체적으로 찬성하는 분위기였으며, 중부 대서양 지역의 주들은 의견이 갈렸다. 상원에서 선전포고를 놓고 벌인 투표는 찬반이 같은 표를 얻었다. 그리고 그 뒤에 찬반 토론이 이어졌고, 이 토론 뒤에 이루어진 재투표에서는 79 대 49로 찬성표가 많았다. 그런데 30표라는 이 표 차이는 전쟁 돌입 찬반에 대해 물었던 사례 중 미국의 의회 역사에서 현재까지 가장 적은 것으로 남아 있다. 1812년 6월 18일, 매디슨은 선전포고 결의에 서명을 했다.²

그런데 영국으로서는 당시 나폴레옹의 프랑스와 국가의 운명을 걸고 전쟁을 치르고 있던 터라 미국과의 전쟁은 그저 넌더리라는 하나의 부산물로밖에 바라보지 않았다. 갤러틴을 포함해서 매디슨 정부의 인사들은 모두 주의 민병대와 연방의 정규 육군이 캐나다의 전략적 요충지들을 쉽게 장악할 수 있을 것이라고 믿었다. 은퇴해 있던 제퍼슨도 '올해 ⁽¹⁸¹²⁾ 캐나다를 합병하는 일은 캐나다로 그저 행군만 해 들어가면 해결될 것'이라고 예측했다. 영토를 넓히는 것은, 비록 의회 내의 매파의 견해로는 다르긴 했지만, 미국 정부가 설정했던 주요 목표들 가운데 하나가 아니었다. 가장 큰 목표는 캐나다에서 영국의 보급품이 전달되는 지역을 점령한 다음에 이것을 곧 이어질 협상에서 지렛대로 삼겠다는 것이었다. 매디슨과 그의 참모진들은 머지않아서 이런 평화협상이 시작될

것이라고 내다보았다.³

하지만 이들은 두 가지 점에서 잘못 계산했다. 캐나다 진격 작전은 형편없는 실패로 끝나고 말았으며, 또 영국은 비록 나폴레옹과의 싸움에 발목이 붙잡혀 있긴 했지만 결코 서둘러서 협상하려 들지 않았다. 오히려 1812년 당시에 191척의 전함과 245척의 프리깃함을 보유하고 있던 영국 해군은 미국의 지중해 연안을 봉쇄하기에 충분할 정도의 군함을 파견했다. 항구를 떠난 많은 미국 상선이 영국의 사략선과 해군 함정에 나포되었다. 한편 미국의 사략선도 영국 상선을 수없이 많이 나포했다. 해전은 대서양 북쪽 및 남쪽으로 확대되었으며, 심지어 태평양에서도 해전이 이어졌는데, 태평양에서 영국은 미국 포경업을 붕괴시키는 것을 전술적 목표로 삼았다.⁴

1790년대에 연이은 연방주의자 정부가 갤러틴을 비롯해서 공화주의자 거의 대부분의 반대를 무릅쓰고 건조한 6척의 최신예 프리깃함이 영국 프리깃함을 상대로 여러 차례 일대일 전투를 벌였지만 그때마다 승리를 기록하며 미국인의 사기를 높이는 등 눈부신 활약을 했다. 하지만 이런 승리가 극적이긴 했지만 상징적이었을 뿐 실제로 영국의 해상 봉쇄를 뚫는 효과는 거의 보지 못했다. 올리버 해저드 페리(Oliver Hazard Perry)를 비롯한 여러 제독들이 오대호에서 거둔 승리가 훨씬 중요한 전술적 효과를 거두었는데, 이 승리로 미국은 영국군이 캐나다에서 육로로 진격하는 것을 효과적으로 차단했다. 시간을 초월하는 어록들이 미국의 민간전승에 자리를 잡았다. 예를 들어 페리는 '우리는 적을 만났고, 적은 곧 우리의 밥이 되었다'고 보고했으며, 1813년에 미국의 프리깃함이 패배하는 드문 사건의 주인공이었던 제임스 로렌스 선장은 죽어가면서 '우리 배를 포기하지 마'라고 말했다. (하지만 결국 그의 부하들은 그의 배 체사피크호를 포기했고, 이 배는 영국의 섀넌호에 예인되어 핼리팩스에 있는 영국 해군 기지로 끌려갔다.) 영국 해군은 볼티모어에 있던 포트 매켄리에 포격을 했고, 여기에 영감을 받은 프랜시스 스콧 키는 훗날 미국 국가의 가사가 되는 시 "별이 빛나는 깃발(성조기)"을 썼다.

영국의 레퍼드호가 미국의 체사피크호에 포격을 가한 1807년 이후로 갤러틴은 줄곧 발발 가능성이 높은 전쟁이 진짜 일어날 경우 어떻게 전쟁 비용을 조달할 것인지 생각했었다. 그리고 차관 도입과 수입품에 대한 높은 관세에 전적으로 의존하기로 계획을 세웠다. 1811년이 되면 처음 1000만 달러이던 국내 투자자 대상 발행 채권의 예상 규모는 4000만 달러로 늘어난다. 또, 의회가 정한 6퍼센트의 이자율을 8퍼센트로 올려서 연간 이자수입을 80만 달러 추가할 필요가 있다는 점도 분명하게 드러난다. 그런데 1812년이 되면 4000만 달러이던 채권 발행 예상 규모가 5000만 달러로 늘어난다. 게다가 1811년에 의회가 미합중국은행의 재승인을 거부함에 따라서 전쟁 비용 조달과 관련된 그의 전체적인 계획이 어그러져 버린다. 미합중국은행은 이미 1791년에 알렉산더 해밀턴이 예측했던 것처럼 전시에 정부에 막대한 규모의 돈을 빌려줄 수 있는 가장 중요한 기관이었는데, 이제는 없어져 버린 것이다.[5]

주정부 산하의 은행들은 정부 채권 매입을 꺼렸으며 정부의 전쟁 비용 조성에 거의 아무런 도움도 되지 않았다. 게다가 의회는, 갤러틴이 관세 인상과 내국세 신설 등을 통해서 연방정부의 수입을 늘리겠다고 하는 여러 건의 요청을 거의 대부분 거절했다. 전쟁 전야에 갤러틴은 관세를 100퍼센트 인상하겠다고 제안했고, 의회는 우여곡절 끝에 마침내 동의했다. 그러나 미국은 곧 영국과 전쟁을 치를 터였으므로 영국에서 들어오는 수입품에서 거둬들이는 관세는 급격하게 줄어들었다. 갤러틴은

내키지 않는 마음으로 10건이 넘는 세목을 신설하는 법안을 마련했고, 이 제안 대부분은 의회를 통과했다.⁶

* * *

갤러틴 및 다른 이민자들이 1812년 전쟁의 비용을 조달하는 과정에서 수행했던 역할은 이들이 초기 미국의 재정 및 금융 분야에서 얼마나 결정적으로 중요한 기여를 했는지 보여주는 또 하나의 사례이다. 이 가운데 6명이 가장 중요한 인물들이었는데 3명은 공직자였고 3명은 민간인이었다. 공직자는 1813년 5월에 매디슨으로부터 평화협상 담당자로 유럽에 파견될 때까지 재무부장관직을 유지했던 갤러틴과 그가 유럽으로 떠난 뒤에 그의 뒤를 이어 8달 동안 재무부장관직을 수행했던 스코틀랜드 태생의 조지 캠벨 그리고 캠벨의 후임자이자 갤러틴의 절친한 친구이던 자메이카 태생의 알렉산더 제임스 댈러스였다. 재능이 많았던 댈러스는, 8달의 재임 기간 동안 육체적으로 허약해서 병치레에 시달렸던 캠벨보다 훨씬 많은 일을 해냈다. 그러나 댈러스는 캠벨이나 갤러틴과 마찬가지로 합리적인 이자율로 연방 채권을 파는 데는 이런저런 문제점을 노출했다. 특히 캠벨은 엄청나게 할인을 해주고 또 높은 이자율을 부담하는 조건으로밖에 자금을 조성하지 못했다.⁷

민간 부문에서 미국의 전시 채권에 가장 많이 투자한 사람은 미국에서 가장 부유한 이민자 세 사람이었다. 먼저 스티븐 지라드라는 상인 겸 은행가가 있었는데, 그는 1774년에 프랑스에서 건너왔으며 1811년에 미합중국은행의 주식을 가장 많이 매입했다. 그리고 독일 출신의 모피 상인 존 제이컵 애스터가 있는데 그는 1784년에 뉴욕으로 이주했다. 또 금융가이자 상인이던 데이비드 패리쉬(David Parish)가 있는데, 그는 1805년에 독일에서 건너와서 필라델피아에 정착했다. 패리쉬는 전쟁 비용 조성을 목적으로 발생된 채권 구입을 위한 미국 최대의 신디케이트를 조직했는데, 그의 주요 동업자 2명이 바로 지라드와 애스터였다. 패리쉬는 처음에 자기 계획을 알렉산더 제임스 댈러스에게 말했는데, 이때 댈러스가 이 계획을 재무부장관이던 갤러틴에게 추천했다. 그런데 갤러틴은 이미 이 계획의 개요를 친구이던 존 제이컵 애스터와 논의한 뒤였다. 이 신디케이트의 1600만 달러 불입금은(이 가운데 910만 달러를 패리쉬, 지라드 그리고 애스터가 내놓았다) 전쟁이 시작된 지 10달이 지난 뒤에 조성되었다. 이때가 1813년 4월로 그야말로 아슬아슬하던 시점이었다. 1813년 5월에 갤러틴은 매디슨에게 편지를 써서 이렇게 말했다.

"각하, 우리에게는 이번 달 말까지 막아낼 돈도 충분하지 않습니다."[8]

1813년 말, 전쟁이 시작된 지도 18달이 지났고 갤러틴이 떠난 지도 제법 된 시점이었다. 의회는 해밀턴이 1790년대에 제안해서 실시되다 폐지되었던 일련의 내국세들을 다시 실시하는 법안을 의결했다. 갤러틴은 유럽으로 떠나기 전에 이 세목들을 다시 설정해야 한다고 강력한 어조로 요구했다. 한편 전쟁 비용 조달의 가장 큰 원천으로 여겨지던 재무부 채권(연방정부 채권) 판매는 지지부진했다. 전쟁은 미국의 신용도를 국내외적으로 갉아먹고 있었다.

절망적인 상황 속에서 의회는 연방정부의 지폐 발행을 승인했다. 이것은 헌법이 비준된 이후로 처음 있는 일이었다. 1812년부터 1815년까지 다섯 차례에 걸쳐서 지폐를 발행했고, 발행 금액은 총 3670만 달러였다. 대륙의회가 독립전쟁 당시에 그랬던 것과 마찬가지로 지불준비금이 마련되어 있지 않은 상태에서 돈을 찍어내고 이 돈으로 전쟁을 치르겠다는 것이었다. 미국을 떠나 있던 갤러틴이 이런 대규모 통화 발행을 뒤에서 지원했는지 여부는 지금까지도 의문으로 남아 있다. 이런 조치는 갤러틴이 가지고 있던 원칙에 크게 어긋나는 것이었다. 그러나 전쟁은 그가 유럽으로 떠나기 전에도 이와 비슷한 조치들을 그가 직접 할 수밖에 없도록 등을 떠밀었다.**9**

전쟁 비용 때문에 국가부채를 털어내겠다는 공화당의 계획은 완전히 무너지고 말았다. 갤러틴이 부채 청산을 유일한 최종 목표로 삼아 매진한 결과 루이지애나 매입 이후 6600만 달러나 되던 국가부채는 1812년 말에 약 4500만 달러로 줄어들었다. 그러나 그로부터 4년 뒤인 1816년 1월 1일 기준으로 그 부채는 전쟁 이전에 비해 거의 3배 수준인 1억 2700만 달러로 늘어났다. 연방주의자 정부 시절이던 1801년의 최고치 8300만 달러에서 50퍼센트 넘게 늘어난 액수였다.**10**

전체적으로 1812년 전쟁은 대실패의 많은 요소를 갖추고 있었다. 심지어 한 편의 코미디였다고도 할 수 있을 정도이다. 영국은 나폴레옹에게 발목이 잡혀 있었던 터라 미국에 유화적인 조치를 취했지만, 미국에 이런 소식이 미처 전해지기도 전에 미국은 영국에 선전포고를 했다. 미국 의회 투표에서 나왔던 찬반 동수는 가망이 없어 보이던 국내적인 분열이 그대로 반영된 모습이었다. 전쟁을 치르는 두 당사국은 전투에 그다지 열심이지 않았으며, 가장 열심히 전투를 수행한 주체는 캐나다의 영국 식민주의자와 이들이 동맹으로 삼았던 인디언들이었다. 전쟁이 선포되자 미 육군의 입대 현황은 지지부진했고 여러 주들에서는 연방정부의 전쟁부와 협력하는 걸 망설이기까지 했다. 심지어 뉴잉글랜드의 일부 주들은 주정부 소속의 병력을 연방정부의 지휘관 아래 편입시키는 걸 거부하기도 했다. 주정부 소속 병력이든 연방정부 소속 병력이든 간에 훌륭한 지휘관들은 없었고 전투 현장에서도 오합지졸들뿐이었다. 이런 사정은 특히 전쟁 초기에 더 심했다. 영국 해군이 미국의 연안을 봉쇄하자 미국의 상업은 숨통이 막혔다. 그러나 미국 상인과 영국의 육군 및 해군 사이의 암거래가 적지 않은 규모로 계속되었다. 미군이 거둔 가장 큰 승리는 앤드류 잭슨 장군이 지휘한 뉴올리언스 전투에서 거둔 승리였는데, 이 상황은 마치 코미디의 한 장면 같았다. 이 전투는 영국과 미국 사이에 이미 평화조약이 체결되었지만, 이런 사실이 아직 일선 부대로 전달되기 전에 벌어졌기 때문이다.[11]

1814년 8월, 영국은 여태껏 받아본 적이 없는 굴욕을 미국에 안겼다. 영국군이 메릴랜드로 진격해서 워싱턴의 일부를 불태워 버렸다. 재무부 건물, 백악관, 국회의사당에(그리고 우연인지는 몰라도 캐피톨힐에 있던 갤러틴 소유의 집에) 불을 질렀다. 매디슨 대통령은 마침 워싱턴에 있지 않았지만 영부인 돌리(Dolley)는 하마터면 영국군에 사로잡힐 뻔했다가 겨우 피신했다. 그녀가 관저를 빠져나오고 불과 몇 시간 뒤에 영국군이 관저에 진입했기 때문이다. 이 영국군 부대의 장교들은 영부인과 영부인이 초대한 손님들을 위해 마련된 저녁을 먹은 뒤에 관저에 불을 지르고 관저가 불길 속에 휩싸이는 광경을 지켜보았다.[12]

북동부 지역의 여러 주들에서는 일부 과격주의자들이 전쟁을 틈타서 연방헌법 철폐와 연방 탈퇴를 주장하고 나섰다. 아닌 게 아니라 실제로 이런 극단적인 움직임이 일어나기 전에 이미 상인과 선주들은 은밀하게 연방 탈퇴를 논의했다. 뉴잉글랜드의 연방주의자들은 제퍼슨과 매디슨이 1798년에 주정부의 법률이 연방정부의 법률을 무효화할 수 있다는 내용으로 각각 썼던 켄터키와 버지니아의 결의안을 다시 읽고서 이 두 사람이 추천한 행동을 그대로 따라하는 상황 직전까지 갔다. 북동부 지역의 산업은 제퍼슨의 엠바고 조치, 통상금지법 그리고 2번 메이컨법 아래에서 4년 동안 심각한 타격을 입고 비틀거리던 상황이었다. 1812년 전쟁은 번영의 영원한 종식을 예고하는 좋지 않은 징조였다.

1814년 말, 연방 탈퇴 문제가 뉴잉글랜드의 5개 주 대표단들이 만난 하트퍼드회의에서 제기되었다. 전쟁과 무역 규제 정책에 효과적으로 저항할 방안을 모색할 목적으로 소집된 이 회의는 1814년 12월부터 다음 해 1월까지 열렸다. 이 회의에 참석한 각 주의 대표단들은 전쟁을 끝낼 정치적인 논의가 극적인 타결을 얼마 남겨두고 있지 않다는 사실을 알지 못했다. 1814년 12월 24일에 체결된 평화협정의 결과는 배를 타고 워싱턴으로 향했고, 이제 의회의 비준만 거치면 전쟁은 끝나는 상황이었는데, 그 시점에 하트퍼드회의가 진행되고 있었던 것이다. 미국인의 여론에서는 평화협정이 체결됨에 따라서 하트퍼드회의의 진행 사항은 관심에서 밀려났고, 연방의 얼마 남지 않은 잔류 역량은 모두 궤멸되었다.[13]

* * *

1812년 전쟁은 1812년 6월부터 1814년 12월까지 30개월 동안 이어졌다. (1차 대전과 2차 대전 때는 미국이 각각 17개월과 44개월 동안 참전한다.) 1812년부터 1815년까지의 갈등은 비록 피할 수 없는 것이었다고 하더라도, 그럼에도 불구하고 미국 역사에서 가장 이상한 것이었던 건 분명하다.

그림 22 18세기에 육군이 불을 지른 뒤의 국회의사당 모습. 여러 다른 각도에서 바라본 당시 이 건물의 이미지들을 볼 때, 두 동의 건물은 길쭉이 바지는 약 23미터의 공간을 사이에 두고 서로 완전히 분리되어 있었다.

CHAPTER 26
평화를 얻다

　전쟁을 종식시키는 데서 갤러틴이 했던 역할은 그가 새로 선택한 조국 미국에 기여한 숱한 공헌 가운데서 가장 큰 것이었다. 평화협상은 무려 21개월이나 끌었다. 이 긴 기간 동안 영국은 거만하고 비타협적인 태도로 시간만 끌었다. 미국 측 협상 대표단 가운데 두 사람(존 퀸시 애덤스와 헨리 클레이)은 거의 내내 서로 싸우기만 했다. 갤러틴이 영국 및 자기 동료들을 무한한 인내심으로 참아내지 않았더라면 아마도 협상은 진즉에 깨지고 말았을 것이다.

　1813년 3월에 워싱턴 주재 러시아 대표가 매디슨 대통령에게 편지를 써서 러시아 황제 알렉산더 1세가 전쟁의 중재자로 나서겠다는 뜻을 밝혔다고 전하면서 협상은 시작되었다. 매디슨은 러시아 황제의 제안을 곧바로 받아들였다. 하지만 매디슨이 어떤 제안을 하더라도 영국은 그 제안을 받아들이지 않을 것임을 알았어야 했다. 러시아의 제안은 갤러틴이 대통령에게 예산이 곧 바닥이 날 것이라고 보고했던 바로 그 시점에 나왔다. 전쟁이 시작된 지 채 1년도 되지 않아서 파산의 벼랑 끝까지 몰린 상태였기에 매디슨은 평화를 원했다. 그것도 명예로운 방식으로.

　대통령은 협상 대표단의 수석을 존 퀸시 애덤스로 임명했다. 그때 애덤스는 러시아의 수도 상트페테르부르크에 미국 공사로 가 있었다. 예비회담도 거기에서 가지기로 했다. 내각은 세 사람으로 구성된 대표단을 제안했고, 갤러틴이 자원해서 그 일을 맡겠다고 나섰다. 그때 갤러틴은 잠시만 재무부를 떠나 있다가 금방 다시 복귀할 수 있을 것이라고 생각했다. 남은 한 자리에는 연방주의자들을 배려하는 차원에서 델라웨어 출신의 연방주의자 상원의원 제임스 베이야드에게 돌아갔다. 베이야드는 1801년 선거인단 선거에서 알렉산더 해밀턴의 설득을 받고 토머스 제퍼슨이 대통령이 될 수 있도록 결정적인 캐스팅보트를 행사했던 바로 그 인물이었다.[1]

　갤러틴은 처남에게 편지를 써서 자기가 왜 자임해서 협상 대표가 되었는지 설명했는데, 특히 두 가지 이유를 들었고, 각각의 이유 모두 1812년 전쟁에 대해서 많은 것을 이야기해 준다.

　"첫째, 현재 우리로서는 전쟁을 수행할 능력이 현저하게 떨어져 있습니다. 그래서 지금 우리가 바라고 또 응당 그렇게 되어야 할 수준에 비하면 훨씬 비효율적이고 또 무한할 정도로 많은 비용이 들어가게 되었습니다. 둘째, 연방 내 단결심의 부족. 다시 말해서 전쟁이나 연방에 대한 공공연한 적의(敵意)는, 비록 관계된 집단 혹은 당들에게 그리고 또 미국이라는 국가에 아무리 불명예스러운 것이라고 하더라도, 결코 무시해도 좋을 정도로 하찮은 수준이 아니며, 따라서 가장 무서운 어떤 경향을 결과로 낳을 수도 있는 상황입니다. (…) 이런 상황 인식 아래에서 나는 평화협상을 이끌어내는 것이 내가 할 수 있는 일 중 가장 대통령을 잘 보필하는 길이라 판단하고 그렇게 마음을 정했습니다."[2]

갤러틴은 상당히 오랜 기간 돌아오지 못할 것을 예상하고 한나와 두 아이를 뉴욕에 있는 처가로 보내고 막내인 16살의 제임스는 유럽으로 데리고 갔다.

상트페테르부르크까지는 뱃길로 2달 반이나 걸리는 먼 여행길이었다. 하지만 그렇게 해서 예비회담이 열리기로 되어 있던 곳에 도착한 갤러틴과 베이야드에게 존 퀸시 애덤스 공사는 러시아가 아무리 중재를 한다 하더라도 소용없을 것이라고 했다. 그의 예측은 맞아떨어졌다. 당시 러시아 황제는 보헤미아에서 나폴레옹과 싸우고 있었고, 영국이 러시아 황제의 중재를 받아들일 것이라고 추론할 근거는 거의 없었다. 그리고 그때부터 길고 지루한 기다림이 시작되었고, 영국은 사실상 아무런 제안이나 행동도 하지 않았다.

몇 주가 지나고, 또 몇 달이 지났다. 미국 대표단은 나름대로 자기들이 할 수 있는 최선을 다하면서 그 시간을 보냈다. 전쟁이 일어나기까지의 사건들을 자세하게 정리했으며, 처음에 어떤 제안을 먼저 할 것인지 정리했고, 또 최종적으로 수용할 수 있는 협상의 마지노선을 정리했다. 그리고 발트 해 연안으로 관광을 다녔다. 갤러틴은 런던에 있던 알렉산더 베어링에게 편지를 써서 조언을 구했다. 베어링은 루이지애나 매입 때 자금을 조성하는 과정에서 알게 되어 그 뒤로 절친한 사이로 지내던 사람이었다. 그런데 베어링은 영국은 러시아의 중재 없이 미국과 직접 협상을 하고 싶어 할 것이라고 대답했다.[3]

한편 미국에서는 갤러틴에게 불리한 방향으로 상황이 전개되고 있었다. 갤러틴의 적들이 여전히 많이 포진해 있던 상원에서 18 대 17로 갤러틴의 특사 임명을 부결시켰다. 갤러틴이 현직 재무부장관이라는 게 이유였다. 그러자 매디슨은 헨리 클레이 의원과 스웨덴에 가 있던 신임 미국 공사 조나선 러셀(Jonathan Russell)을 평화협상 대표단의 일원으로 추가로 임명했다. 그리고 갤러틴은 귀국 준비를 했다. 그런데 갤러틴으로서는 서두를 이유가 전혀 없었다. 나중에야 밝혀진 사실이지만, 그는 여전히 대표단의 일원이라는 신분을 유지할 수 있었다. 국무위원이 6달 동안 자리를 비울 경우 그 직책에서 면직된 것으로 여긴다는 법률 조항이 있었기 때문이다. 그리고 바로 이 시점에 매디슨은 조지 캠벨을 재무부장관으로 임명했다. 갤러틴이 귀국하면 그 자리에 다시 갤러틴이 앉을 것임을 다들 알고 있었기 때문이다.[4]

1814년 1월, 갤러틴과 제임스 베이야드는 상트페테르부르크에서 6달 동안 아무것도 하는 일 없이 시간을 보내느라 지칠 대로 지친 끝에 런던에 직접 가기로 마음을 먹었다. 러시아의 추운 겨울이 절정을 이루던 시기에 두 사람은 춥고 위험한 2,400킬로미터의 육로 여행에 나섰다. 그리고 3달 뒤에 가까스로 암스테르담에 도착했고, 1814년 4월에 영불 해협을 건넜다. 두 사람이 런던에 도착한 시점으로 따지자면 이들이 미국 땅을 떠난 지 벌써 1년 가까이 지났다. 한편 헨리 클레이와 조나선 러셀은 당시 스웨덴의 수도이던 에테보리에 가 있었다. 두 사람은 갤러틴에게 편지로 갤러틴이 다시 대표단 일원의 자격을 획득했음을 알려주었고, 이렇게 해서 미국 협상 대표단의 총인원은 5명이었다. 갤러틴은 답장을 써서 전체 대표단은 가능하면 이른 시일 안에 러시아와 회담을 시작해야 한다고 말했다. 그러면서 런던이나 암스테르담 혹은 헤이그를 회담 장소로 제시했다. 클레이와 러셀은 적국의 수도인 런던은 안 되지만 네덜란드의 두 도시 가운데서는 어떤 곳이든 괜찮다고 대답했다. 그런데 영국이 겐트를 회담 장소로 제안했다. 겐트는 지금의 벨기에에 속한, 남부 저지국(Low Countries, 네덜란드와 벨기에)에서 세 번째로 큰 도시였다.[5]

그리고 다시 3달이 속절없이 흐른 뒤에야 비로소 회담은 시작되었다. 영국은 급이 낮은 대표단을 겐트로 파견했다. 게다가 또 영국은 이 대표단에 런던의 상급자들과 지속적으로 상의를 하는 것 외에는 아무것도 하지 말라는 훈령을 내렸다. 시간을 끌기 위한 작전이었다. 회의가 계속해서 지체되자 미국 대표단은 화가 났다. 성미가 급하기로 유명하던 헨리 클레이는 협상을 깨고 자리에서 일어나자는 이야기를 몇 번씩이나 했다. 심지어 미국 역사상 가장 빈틈없는 외교관으로 꼽히던 존 퀸시 애덤스조차도 회담 포기를 진지하게 생각했을 정도였다. 아무런 진전 없이 다시 또 몇 주가 흐르고 몇 달이 흘렀다. 사치스러운 생활이 몸에 배어 있던 클레이는 밤새 포커를 친 뒤에 술이 덜 깬 상태로 회담장에 나타나곤 했고, 이에 비해서 절제가 몸에 배어 있던 애덤스는 아침에 일어나서 건강식을 챙겨먹곤 했다. 이런 상황에서 갤러틴은 다시 한 번 더 자기가 가진 솜씨를 최대한 발휘해서, 팀워크라고는 찾아볼 수 없었던 그 협상단을 하나로 묶으면서 점차 애덤스를 젖히고 협상단의 실질적인 대표가 되었다.

* * *

갤러틴은 영국이나 미국 그 어느 쪽도 그 전쟁에서 상대방을 압도적으로 누르고 승리를 거두지 못할 것이라고 믿었다. 만일 영국이 미국에게 압도적인 승리를 거두고 전쟁을 끝내고 싶은 마음이었다면 1814년 4월에 나폴레옹의 군대를 격파한 뒤에 대규모 병력을 북아메리카로 집결시켰을 테지만 그렇게 하지 않았기 때문이다. 또 영국은 바다와 육지에서 전면전을 벌여서 여러 해 동안 끌어감으로써, 설령 나중에 미국이 전쟁에서 이긴다 하더라도 끔찍한 대가를 치를 수밖에 없도록 할 수도 있었다. 그랬기에 겐트에서 진행된 협상에서 갤러틴은 영국이 유럽이나 북아메리카에서 승리를 거둔 뒤에는 시간을 끌도록 협상단 동료들을 설득했다. 그런데 영국 협상단은 그와 반대로 했다. 그랬기에 협상은 끝없이 길게 이어질 것처럼 보였다. 결국 겐트에서의 협상은 4달이나 잡아먹었다.

이 기간 동안 미국의 협상 대표들은 실질적인 권한을 가지고 있는 영국 정부 인사와 단 한 번도 이야기를 나누지 못했다. 그러나 갤러틴은 알렉산더 베어링과 긴밀한 접촉을 유지했고, 베어링은 영국이 20년이 넘는 오랜 기간 동안 전쟁을 치러 왔던 터라 전쟁 자체를 지겨워 한다는 사실을 일러주었다. 돈은 모자랐고 갖가지 명목의 세금은 여전히 무거웠다. 영국의 위대한 장군인 웰링턴 공작은 미국을 대상으로 한 대규모 군사 작전에 개인적으로 반대했다. (웰링턴의 이런 전략은 영국으로서는 성공이었고 또 다행이었다. 1815년 이후로 나폴레옹은 유배지 엘바 섬에서 탈출해서 프랑스로 돌아갔고 부활을 노렸지만, 영국군이 워털루에서 나폴레옹의 군대를 다시 한 번 더 궤멸시킬 수 있었기 때문이다.)

하지만 아무리 그렇다 하더라도 갤러틴은 영국이 막강한 군사력을 미국에 집중할지도 모른다는 두려움에 싸여 있었다. 그래서 1814년 8월에는 먼로 국무부장관에게 편지를 써서 영국이 그 전쟁에서 상당한 이득을 보려 한다고 썼다.

"제가 보기에는 저들이 현재 노리고 있는 진정한 대상은 뉴올리언스에 있는 것 같습니다. 그 지역이 우리로서는 중앙에서 가장 멀고 또 가장 취약한 지점이라는 것은 저들도 잘 알고 있습니다. (…) 지금으로서는 영국이 북아메리카에서 힘을 키우고 세력을 확대하는 것이 분명합니다."[6]

갤러틴의 예상이 옳았다. 1814년 9월에 대규모 영국군이 대서양 횡단에 나섰는데, 이들에게 부과된 임무는 뉴올리언스를 확보하는 것이었다.

겐트에서의 협상이 지지부진한 상황에서 갤러틴은 돌파구를 마련할 새로운 발상 하나를 떠올렸다. 협상에 임하는 양측이 자국 정부가 기꺼이 받아들일 수 있는 협상안 초안을 각자 준비하자는 제안이었다. 이렇게 나온 두 협상안을 비교해서 공통적으로 들어 있는 내용을 바탕으로 실제 협상안으로 만들자는 것이었다. 의견 차이가 상대적으로 작은 것들은 협상으로 풀어내고, 이렇게 해서 나온 최종적인 결의안을 조약 내용에 넣자고 했다. 그리고 의견 차이가 상대적으로 큰 것들은 전투를 중지한 다음에 차근차근 풀어내자고 했다. 갤러틴은 양측 모두 평화를 원하긴 하지만, 겐트에서는 결코 합의안을 찾아낼 수 없는 몇 가지 뚜렷한 쟁점들 때문에 협상이 지지부진하게 전개된다고 바라보았던 것이다.

그의 판단은 옳았다. 그리고 마침내 그의 인내와 지혜가 보상을 받았다. 갤러틴이 제안한 방식을 통해서 새로운 문서가 도출되었고, 이 문서를 놓고 양측은 약 1달 동안 논의를 했다. 그리고 1814년 12월 24일에 미국과 영국 양측의 대표단은 겐트 조약에 서명했다. 이렇게 해서 1812년 전쟁은 끝났다.

그리고 전쟁이 초래한 수많은 터무니없는 일 가운데 마지막 사건이 일어났다. 1815년 1월에 미국은 뉴올리언스전투에서 눈부신 승리를 거두었다. 이 전투의 승리는 34년 전인 1781년 요크타운전투 이래로 가장 영광스러운 승리였다. 이 전투를 승리로 이끈 사령관 앤드류 잭슨은 조지 워싱턴 이후 가장 위대한 국민적 영웅이 되었다. 그런데 이 전투는 겐트에서 평화협상이 체결된 뒤에 일어났는데, 협상이 체결되었다는 소식이 미처 미국에까지 전달되지 않았기 때문이었다.

그림23 1815년의 앨버트 갤러틴의 모습. 유럽 화가 피테르 반 후펠(Pieter Van Huffel)의 스케치. 이 스케치 아래에는 '겐트 회담에 참가한 미국 대표단 갤러틴의 초상화'라는 설명이 붙어 있다.

이 조약의 세부적인 사항들은 얼마 뒤에 나폴레옹전쟁이 끝남으로써 거의 바뀌지 않았다. 1812년 전쟁이 일어나게 된 가장 큰 배경이었던 미국 선원에 대한 영국의 강제징집은, 나폴레옹전쟁이 끝난 뒤에 영국이 군대를 대규모로 해산하는 상황에서 더는 의미가 없어져 버렸다. 제임스 먼로 국무부장관은 협상 대표들에게 강제징집 문제는 따로 젖혀두라고 지시했었고, 실제로 조약에는 이 부분에 관해서 단 한마디도 언급되지 않았다. 캐나다 영토 가운데 의미 있을 정도로 상당한 부분이 미국의 영토로 들어가지도 않았고 또 그 반대도 아니었다. 이렇게 해서 1812년 전쟁은 두 가지의 중요한 예외조항을 둔 채로 교착 상태에 빠졌다. 그리고 1815년의 여러 조건들은 전쟁이 시작되었던 1812년의 상태로 되돌아갔다.

첫 번째 예외조항은 양국 사이의 통상을 점차 정상적인 수준으로 회복한다는 것이었다. 이 조항은 미국 경제에 커다란 위안이 되었으며, 또한 영국 수입품 증가에 따른 관세 수입 증대에 따라서 재무부의 수입이 빠르게 늘기 시작했다. 두 번째 예외조항은 영국이 미국 영토 내에서 꾸준하게 지원해 왔던 인디언 동맹과 관련된 노력을 중지한다는 것이었다. 영국의 이런 노력이 미국의 모피 산업에 걸림돌이었으며, 또 더 중요하게는 백인의 서부 개척 의지를 꺾어 놓았었다.

* * *

결국 1812년 전쟁의 가장 큰 패배자는 인디언이었다. 30년 전 미국의 독립전쟁 때와 똑같았다. 인디언에게 겐트 조약은 엄청난 타격이었다. 1812년 디트로이트 공략에 인디언은 상당한 기여를 했던 터라 그들에게 이 조약은 더욱 쓰라린 타격일 수밖에 없었다. 이 전쟁은 유명한 인디언 추장들의 목숨을 여럿 앗아갔다. 1813년 온타리오 남부 지역에서 벌어진 전투에서 전사한 티컴세(Tecumseh)도 그런 희생자 가운데 한 명이었다. 티컴세는 중서부 지역에 있던 요새에서 자기 병력을 빼서 미국군의 침략에 맞서는 영국군을 지원하러 나섰다가 그런 변을 당한 것이었다. 전쟁이 끝난다는 것은 인디언에 대한 영국의 보급과 지원이 끊어진다는 뜻이었고, 결국 강고하던 인디언 연합이 백인의 무자비한 서부 개척 행렬 앞에서 무너질 수밖에 없었다. 이것이 1812년 전쟁의 가장 중대한 결과였다. 비록 갤러틴은 인디언에 대해서 대부분의 백인들보다 더 동정적이긴 했지만, 서부 개척과 국가의 내부적인 발전을 그 누구보다도 강력하게 지지하던 사람이었다.⁷

미국 시민에게 전쟁이 가져다준 가장 중요한 심리적 효과는 국민적인 사기가 한껏 올라갔다는 점을 들 수 있다. 이 전쟁이 수없이 많은 우스꽝스러운 장면을 연출했음에도 불구하고, 1815년의 교착 상태를 사람들은 승리에 가까이 다가선 상태로 해석했다. 심지어 '제2의 독립전쟁'이라는 표현까지 나왔다. 공화주의자들도 자기들이 세계 최고의 군사대국을 상대로 해서 원칙을 조금도 훼손하지 않은 채 당당하게 맞서 싸웠다고 자부심을 가질 만했고, 또 실제로도 그랬다.

그러나 이런 주장은 제퍼슨의 엠바고 조치에 따른 시민적 자유의 심각한 침해, 전쟁 비용을 마련하기 위한 과중한 세금 그리고 국가부채의 182퍼센트 증가 등을 고려한다면 과장되거나 왜곡된 것이다. '1800년 혁명' 이후로 공화주의자들이 가지고 있던 주된 목표는 국가부채를 청산하고, 세금 부과를 최소한으로 줄이고, 시민적인 자유를 확대하고, 국제 평화를 유지하는 것이었다. 엠바고 조치와 1812년 전쟁은 이런 여러 목표들을 뿌리부터 뒤흔들었다. 그러나 승리로 묘사될 수 있는 교착상태에서 이런 아이러니는 빠르게 꼬리를 감추었다.

이와 관련해서 갤러틴은 1816년에 한 편지에서 다음과 같이 썼다.

"그 전쟁은 결과적으로 공화주의자들이 행복과 자유로운 국가 기관에 바람직하지 않다고 여겨 왔던 상설적인 세금과 상비군이 마련될 토대를 놓았습니다. 그러나 우리의 예전 체제에서 우리는 너무 이기적이었고, 부의 획득에 지나치게 집착했으며, 정치적인 감정을 지역 및 주정부 차원의 목적에 뒀습니다. 그 전쟁은, 독립혁명이 가져다주긴 했지만 그동안 날마다 줄어들고 있던 애국심을 새롭게 하며 원래대로 회복시켰습니다."

알렉산더 해밀턴이 그때까지 살아 있었으면 했음직한 발언이다. 그런데 이 말이 갤러틴의 입에서 나왔다는 사실을 놓고 본다면 어쩐지 뒤늦게 합리화하며 변명하는 듯한 느낌이 든다. 계속해서 갤러틴은, 1812년 전쟁 및 이 전쟁의 결과가 사람들을 '더욱 미국적인 사람들'로 만들었으며 '사람들을 이제 예전보다 더 한 국가의 시민으로서 느끼고 행동하게' 만들었다고 말한다. 불굴의 기질 덕분에 갤러틴은 사물의 밝은 면만을 바라보는 경향이 있었는데, 1801년부터 1814년까지 그가 어떤 과제든 끈질기게 매달려서 수행했던 과정이 그를 이런 인간 유형으로 만들었다고도 볼 수 있다.**8**

미국 전체 국민은 말할 것도 없지만 갤러틴 및 다른 많은 미국 정치인들이 패배를 인정하지 않은 데는 자국 선원에 대한 적국의 강제징집과 영국군에 의한 워싱턴디시 방화와 같은 굴욕적인 사건들을 덮기 위한 심리적 보상이 작용했다. 그런데 잭슨이 뉴올리언스에서 극적인 승리를 거두었고, 이 승리는 자기들이 찬양할 수 있는 진정한 대상이 되었다. 1812년 전쟁의 예기치 않았던 결과가(설령 그 결과가 아무리 우스꽝스런 아이러니였다고 하더라도) 보다 강력한 애국심을 불어넣었다는 사실에는 의심할 여지가 없을 것 같다. 이 결과를 사람들이 주목하게 만드는 점에서 보자면 갤러틴의 말이 옳았다.**9**

* * *

미국에 한결 유리하게 체결된 겐트 조약은 외교사의 금자탑이 되었고, 이것은 갤러틴이 공직에서 거둔 또 하나의 중요한 업적이다. 존 퀸시 애덤스의 손자 헨리 애덤스(Henry Adams)는 그 조약을 '미스터 갤러틴의 특별한 저작이자 그가 거둔 특이한 승리'라고 말했다. 겐트 조약에 서명을 한 뒤에 갤러틴은 아들을 데리고 제네바로 여행을 갔고, 거기에서 1달 이상 머무르렀다. 그것은 그가 1780년에 미국으로 가겠다며 떠난 뒤로 35년 만에 이루어진 금의환향이었다. 제네바는 갤러틴을 열렬하게 환영했다. 그 뒤 갤러틴은 파리에 여러 주 동안 머무르면서 잭슨이 뉴올리언스에 진격하는 영국군을 격퇴했다는 소식과 상원에서 겐트 조약을 비준했다는 소식 그리고 나폴레옹이 엘바 섬을 탈출해서 프랑스로 막 진격하려 한다는 소식 등을 들었다. 갤러틴은 나폴레옹이 워털루에서 최후의 패배를 맞이하기 전에 영국으로 돌아갔다.[10]

그리고 겐트 조약을 이끌어냈던 대표단이 다시 한 팀으로 모였다. 이번에는 영국과 상업 조약을 체결하는 임무가 주어졌다. 회담은 런던에서 1815년 5월에 시작해서 7월까지 이어졌는데, 결과는 성공적이었다. 이 조약의 최종적인 내용은 제이 조약이 담았던 많은 사항들을 다시 한 번 더 확인하는 것이었다. 갤러틴과 그의 동료 공화주의자들이 1795년에 그렇게나 격렬하게 반대했던 바로 그 조약이자, 1807년의 먼로-핑크니 조약이 실패로 돌아간 뒤로 거의 잊어졌던 바로 그 조약이었다. 그러나 시간이 흐름에 따라서 1795년과 1807년 당시에 커다란 문제로 느껴졌던 것들이 이제는 별다른 문제가 되지 않았다. 프랑스는 이제 공화주의자들이 이상적으로 생각하는 나라도 아니었고 영국에 군사적인 위협이 되는 나라도 아니었다.

겐트 조약, 나폴레옹의 워털루전투 패배 그리고 그 뒤에 체결된 영국과 미국 사이의 통상 협정 등에 따른 여러 변화는 영국과 프랑스가 1793년부터 1815년까지 벌였던 여러 전쟁들이 미국에 얼마나 큰 질곡이었는지 입증했다. 그 기간 동안에 미국은 제이 조약을 놓고 내부적으로 분열했으며, 프랑스를 상대로 준전쟁을 벌였으며 그리고 영국과 실제로 전쟁을 치렀다. 거의 믿을 수 없는 사실이긴 하지만 미국은 영국과 프랑스 두 강대국을 상대로 2개의 전쟁을 동시에 치르기 일보 직전까지 다가갔었다.

갤러틴은 지난 22년 동안 국정의 한가운데 서 있었다. 1815년 9월에 그는 외교관으로서의 임무를 내려놓고 귀국했다. 그리고 갤러틴 부자는 27개월 만에 가족과 재회했다.

CHAPTER 27
길고도 보람찬 인생

    1812년 전쟁이 끝났을 때 갤러틴은 54살이었다. 버의 총에 맞아서 숨을 거둘 때의 해밀턴보다 7살이 많았다. 갤러틴은 해밀턴과 다르게 장수를 누렸다. 그는 88살까지 살면서 자기의 새로운 조국 미국에 계속해서 중요한 기여를 했다. 1815년에 매디슨 대통령이 재무부장관으로 복귀하라고 두 차례에 걸쳐서 요청했지만 갤러틴은 모두 거절했다. 1816년에 그는 제2미합중국은행 설립 운동에 힘을 보탰다. 1811년에 의회가 허가 기간 연장을 해주지 않아서 문을 닫았던 미합중국은행을 다시 세우는 일이었다. 과거의 교훈을 되살려서 의회는 보다 책임성 있게 행동했고 제2미합중국은행은 1816년에 두 번째 20년 허가 기간을 시작했다.

    1815년에 매디슨은 갤러틴에게 프랑스 공사직을 제안했다. 처음 갤러틴은 건강이 좋지 않고 프랑스에 머무르면서 지출해야 하는 생활비를 감당할 여유가 없다는 이유를 들어 이 제안을 거절했다. 그런데 그 제안을 받아들이고 싶은 마음도 들었다. 그래서 그 결정을 하려고 7달 동안 고민했다. 예상보다 훨씬 더 마음이 편안했던 유럽으로 다시 돌아갈 수도 있었고, 아니면 미국에 남아서 오랜 친구 존 제이컵 애스터와 함께 사업을 할 수도 있었다. 애스터에 제안에 따른 후자의 선택을 하면 부자가 될 수도 있었다. 매디슨 대통령은 다시 한 번 더 재무부장관직을 맡아달라고 부탁했다. 하지만 갤러틴은 이 제안을 단칼에 거절했다. 그러다가 결국, 국무부장관 먼로의 강력한 설득으로 유럽으로 떠나는 선택을 했다. 1816년, 그는 여전히 자기가 올바른 결정을 했는지 반신반의하면서 가족과 함께 프랑스로 향했다.

그리고 파리에서 미국 공사로 1823년까지 7년 동안 복무했다. 비록 나폴레옹 이후 부활한 부르봉 왕가는 그의 공화주의적 이상과 잘 맞지 않았지만, 나중에 본인 스스로 밝혔듯이 그 기간은 '나의 인생에서 가장 즐거웠던 때'였다. 도시에서 성장했던 한나 갤러틴은 펜실베이니아의 개척지 정착촌과는 정반대의 공간인 파리를 사랑했다. 갤러틴 본인도 연방정부의 최고위직에서 오랜 세월 동안 온힘을 다해 봉직한 뒤였던 터라 그 무거운 짐에서 해방되어 홀가분한 마음이었다. 혁명의 열기와 나폴레옹의 격변이라는 4반세기의 세월이 흐른 뒤에 한결 차분해진 '빛의 도시' 파리에서 느린 속도로 진행되는 외교 활동이 즐겁고 마음에 들었다. 그는 또한 힘들게 새로 획득한 국제적인 인물이라는 자신의 신분도 즐겼다. 유럽 사람들은 그를 저 유명한 겐트 조약의 협상 대표단의 일원이자 미국의 최고위 정치인으로 대우했던 것이다.[1]

갤러틴은 1823년에 파리에서 미국으로 돌아왔고, 이때 그는 제퍼슨주의 후보자이자 친구이던 조지아 출신의 윌리엄 해리스 크로퍼드(William Harris Crawford)를 돕고 나서면서 잠시 대통령 선거를 둘러싼 정치에 간여했다. 크로퍼드의 몇몇 지지자들은 갤러틴에게 크로퍼드의 런닝메이트로 출마하라고 요청했다. (해밀턴과 마찬가지로 갤러틴도 대통령이 될 수 있는 법률적인 자격은 갖추고 있었다. 헌법이 채택되던 해인 1789년에 이미 미국 시민의 신분이었기 때문이다.) 하지만 그는 워낙 오랜 기간 동안 외국에 나가 있었기에 정치적인 감각이 부족했다. 1824년의 선거는 1800년의 제퍼슨-애덤스 버의 선거 때보다 훨씬 더 복잡하고 난해했다. 1824년 당시에 4명의 후보자가 있었고, 이들 가운데 한 사람만 빼고 모두 갤러틴이 잘 아는 사람들이었다. 현직 재무부장관이던 크로퍼드, 국무부장관 존 퀸시 애덤스, 하원 대변인 헨리 클레이 그리고 뉴올리언스전투의 영웅이며 테네시 상원의원이던 앤드류 잭슨이 바로 그 4명의 후보였다. 갤러틴은 잭슨이 무모한 군국주의의 전형이라고 생각하면서 강한 의문을 품었다. 오로지 크로퍼드만이 공화당의 깃발을 내걸고 나섰으며 다른 후보들은 무소속으로 출마했다. 연방당이 붕괴하고 없던 터라서 정당 체제는 이미 사라지고 없었다.

선거에서 각 후보들에 대한 지지층은 지역적으로 갈렸다. 북동부 지역은 대부분 애덤스를 지지했고, 중부 대서양 지역과 남부 지역은 주로 잭슨을 지지했으며, 서부 지역은 잭슨과 클레이가 경합하는 양상이었다. 일반 투표와 선거인단 투표에서 모두 잭슨이 이겼다. (일반 투표에서는 잭슨이 41퍼센트, 애덤스가 31퍼센트의 득표율이었으며, 선거인단 투표에서는 잭슨이 99표, 애덤스가 84표, 크로퍼드가 44표, 클레이가 37표였다.) 하지만 헌법 규정으로는 대통령이 되려면 과반수의 득표자가 되어야 했다. 그래서 1800년의 경우처럼 하원에서 결판이 나게 되었다. 그런데 잭슨의 진영에서 깜짝 놀랄 일이 일어났다. 클레이의 지지자들이 애덤스에게 몰표를 던진 것이다. 이렇게 해서 결국 애덤스가 대통령이 되었다. 대통령이 된 애덤스는 클레이를 국무부장관으로 임명했고, 그로부터 저 유명한 '부패한 협상'의 전설이 시작되었다. 그리고 이 전설은 1828년의 다음 번 대통령 선거에도 영향을 미친다.

한편 갤러틴은 정치에 깊이 관여하는 일은 그만두고 펜실베이니아 서부 지역 프렌드쉽힐에 있는 자기 집으로 돌아갔다. 한나와 아이들 대부분은 그곳을 끔찍하게 싫어했지만 갤러틴은 다른 대안이 없었다. 이런 사정에 대해서 그는 오랜 친구 장 바돌레에게 쓴 편지에서 다음과 같이 말했다.

"내가 버는 변변찮은 수입으로는 도시에서 살 수가 없다네. 소중하긴 하지만 관리가 잘되지 않는 내 재산에 신경을 써야 하니 나로서는 달리 선택의 여지가 없다네. 그래서 우리 가족은 모두 여기에 있네."**2**

그렇게 그는 가족과 함께 펜실베이니아의 개척지로 돌아가 있었다. 1825년에 바돌레가 프렌드쉽힐을 방문했고, 제네바에서 소년이었던 두 사람은 60대 중반의 나이에 서로의 얼굴을 21년 만에 다시 바라보았다.

1826년에 존 퀸시 애덤스 대통령은 갤러틴에게 영국 공사로 부임해 달라고 제안했고, 갤러틴은 썩 내키지 않는 마음으로 이 제안을 받아들였다. 그런데 이번 영국 체류는 예전의 프랑스 체류 때만큼 즐겁지 않았다. 영국인들의 거만함과 뻔뻔함에 질릴 정도였다. 언제나 그렇듯이 영국인은 모든 질문에 대해서 처음에는 무조건 비타협적으로 자기주장을 고집했다. 그러나 갤러틴의 인내심과 단호함이 다시 한 번 미국의 국익을 위해서 발휘되었고, 그는 영국과 미국 사이에 여전히 해결되지 않고 놓여 있던 대부분의 쟁점들을 협상을 통해서 성공적으로 해결했다. 가장 컸던 두 가지 쟁점은 미국인의 상업적 차원의 여러 권리 그리고 양국이 동시에 소유권을 주장하던 오리건 영토와 관련된 문제였다. 결국 오리건 영토 문제에 관해서는 아무런 타협책도 나오지 않았고, 대신 기존의 합의 내용을 연장하는 데 합의가 이루어졌다.

1827년 11월에 갤러틴은 다시 미국으로 돌아와서 또 다른 외교 과제를 임무로 부여받았다. 런던에서 그가 협상해서 미국이 가지기로 했던 내용을 확고하게 확인하는 것, 그리고 캐나다의 뉴브런즈윅 주와 미국의 메인 주 사이의 경계선을 놓고 영국과 오랫동안 다투어 왔던 국경선 획정 문제를 최종적으로 해결하는 것이었다. 이 과제들을 해결하는 데 1828년과 1829년 두 해가 꼬박 걸렸다. 그리고 갤러틴은 새로 대통령이 된 앤드류 잭슨이 자기를 프랑스 공사로 다시 임명하면 그 제안을 받아서 프랑스로 갈 것이라는 의중을 비쳤지만, 새로운 정부에 지지층을 가지고 있지 않았던 그에게 잭슨은 아무런 제안도 하지 않았다.

이런 상황에서 갤러틴은 가족을 부양하기 위해서는 돈을 더 많이 벌어야 한다고 생각했고 어떻게 하면 그렇게 할 수 있을지 진지하게 생각하기 시작했다. 여러 해 동안 판단을 내리지 못하고 망설인 끝에 마침내 그는 펜실베이니아에 있던 재산을 처분하기로 결심했다. 1827년 1월에 아들 제임스에게 보낸 편지에서 그는 프렌드쉽힐 주변의 땅에 대해서 다음과 같이 썼다.

"그 땅은 골칫덩이이고 수확도 시원찮은 땅인데, 나는 이 땅 때문에 평생 시달렸다. 나는 물려받은 재산을 보다 수익성이 높은 데 투자했어야 하는데 그렇게 하지 못한 게 안타깝다."[3]

대토지 소유주의 꿈을 안고 미국 땅을 밟은 19살 소년의 꿈, 그리고 스위스 이민자들을 받아들여서 뉴제네바에 번성하는 공동체를 세우고자 했던 30살 청년의 꿈은 마침내 그렇게 시들고 말았다.

＊ ＊ ＊

그러나 갤러틴의 에너지는 여전히 식지 않았다. 1828년에 67살이던 그는 펜실베이니아를 영원히 떠나서 뉴욕시티로 이사했다. 장 바돌레에게 쓴 편지에서 그는 '언제나 날아다녀야 하는 게 내 운명인가 보다'라고 썼다. 그리고는 어쩐지 다소 의뭉스럽게 '은퇴해서 [머농거힐라 강가에서] 살고 또 죽는 데 완벽하게 만족했다'고 덧붙였다. 하지만 이런 삶은 '내 가족 가운데 여성이 그리고 워싱턴과 파리에서 성장한 아이들이 원해서 선택한' 삶이 될 수 없었다.[4]

1829년에 갤러틴은 새로 설립된 국립뉴욕은행의 은행장이 되었다. 7년 임기가 보장된 자리였다. 존 제이컵 애스터가 이 은행에 75만 달러를 투자하면서 갤러틴이 이 은행의 은행장이 되어야 한다는 조건을 달았기에 가능한 자리였다. 상당한 금액의 수입을 안정적으로 보장받은 갤러틴은 온갖 방면의 공적인 일들에 조언을 하면서 원로 정치인처럼 행동하기 시작했다.

원로 정치인이라는 역할을 하기에 그는 정확한 자리에 있었고 또 정확한 시기를 살았다. 뉴욕은 미국에서 가장 크고 자극적인 도시로 성장해 있었다. 그리고 또 점점 빠른 속도로 성장하고 있었다. 갤러틴이 한나와 결혼했던 1793년에 뉴욕의 인구는 겨우 3만 5,000명이었다. 그러나 1830년에 20만 명으로 늘어났고, 1850년에는 50만 명으로 늘어난다. 미국의 다른 어떤 도시도 뉴욕시티만큼 빠른 속도로 성장하지는 못했다. 갤러틴과 한나는(한나는 특히 자기 고향으로 돌아와 살게 되어서 무척 좋아했다) 블리커스트리트 57번지에 있는 훌륭한 집으로 이사를 했다. 그리고 그 뒤 두 사람은 그 집에서 20년 가까운 세월 동안 산다.

앤드류 잭슨은 1828년 선거에서 압도적인 대중적 지지로 대통령에 당선되었고, 1830년대에 갤러틴은 잭슨 정부를 설득해서 제2미합중국은행의 허가 기간을 연장하게 하려고 노력했다. 그러나 이 은행에 반대하는 운동은 1811년에 미합중국은행에 반대하던 운동보다 한층 더 호되고 선동적이었다. 이번에는 대통령이 은행을 '죽이겠다'고 약속했고 그 약속을 실행했다. 1832년에 의회는 일찌감치 허가 기간을 연장하는 법안을 의결했지만, 잭슨이 거부권을 행사했다. 거부권을 행사하면서 그가 발표한 메시지는 과거 미합중국은행 및 제2미합중국은행에 반대했던 오래된 주장들을 모두 그대로 담고 있었다. 건설적이지 못하고 주정부 은행을 억누르며 위험하게도 외국인이 국내 은행의 주식을 소유한다는 것이었다.[5]

잭슨은 그동안 숱하게 많이 들어서 익숙해져 버린 이런 반대 논리 외에도, 은행 주식을 가지고 있는 주주들을 민주주의적인 정부로부터 특혜를 구하는 탐욕스런 자본가들로 묘사하는 계급 갈등의 격렬한 발언도 덧붙였다. 잭슨의 이 메시지는 오늘날까지 역대 대통령이 구사했던 수사(修辭) 가운데서도 가장 강력한 표현이며 정치적으로 가장 효과적인 것이었다는 평가를 받고 있다.

"부자들 가운데 많은 사람들은 동일하게 보호받고 동일하게 혜택을 누리는 데 만족을 할 줄 모릅니다. 이들은 우리가 의회가 의결한 법을 통해서 자기들을 더욱더 부자로 만들어 주기만을 바라며 또 그렇게 할 방법을 찾고 있습니다. 우리는 이 사람들의 욕망을 만족시키면서 입법 과정과 그 결과 속에서 파벌로 나뉘어 싸우고, 서로의 이익을 좇아서 싸우고, 사람이 사람을 상대로 싸우며, 결국 우리 연방의 토대를 뒤흔들어놓을 무시무시한 혼란 속으로 빠져듭니다."[6]

1836년이 되면 이 은행의 허가 기간을 연장하기에 충분한 의석이 확보되긴 하지만, 잭슨의 거부권을 막을 수 있을 정도로 충분한 의석을 확보하지는 못했다. 결국 허가 기간 연장 법안은 대통령에게 다시 제출되지 못했고, 제2미합중국은행은 문을 닫았다.

그 결과 1836년부터 연방준비제도이사회가 처음 소집되는 1914년까지 78년 동안 미국에는 중앙은행이 존재하지 않았다. 이 기간은 엄청난 경제 성장이 이루어진 시기였으며, 대부분의 해에 전반적으로 호황을 누렸다. 그러나 공황, 경기후퇴 그리고 불황의 시기도 물론 있었다. 1837년, 1839~1843년(심각했다), 1847~1848년, 1853~1854년, 1865~1867년, 1873~1877년(심각했다), 1882~1885년, 1893~1894년(심각했다), 1896~1897년, 1902~1904년, 1907~1908년(심각했다), 그리고 1910~1911년이 그랬다. 1907년의 공황 이후에 이어진 의회 조사는 결국 1913년에 연방준비법 의결로 이어졌다. 이런 경제 불황의 원인에 대해서 그 어떤 합의도 존재하지 않았지만, 잘 관리되는 중앙은행이 이런 위기를 예방하거나 충격파를 줄여줄 수 있을 것이라는 데는 거의 아무도 의심을 품지 않았다. 몇몇 사항에 대해서 의견이 달랐던 알렉산더 해밀턴과 앨버트 갤러틴이 중앙은행을 한 목소리로 강조하며 주장했던 것은 올바른 판단이었다.

* * *

갤러틴은 뉴욕에서 20년 동안 거주하면서 수많은 공공서비스 위원회에서 의장직을 맡았고 잡지에 영향력이 있는 글을 게재했으며 거의 모든 사람들로부터 존경을 받았고 또 이 모든 것을 즐겼다. 1831년에 그는 현재의 뉴욕대학교 설립을 도왔으며 이 대학교 추밀원의 원장이 되었다.

이와 관련해서 갤러틴은 장 바돌레에게 쓴 편지에서 다음과 같이 말했다.

"만일 우리가 노동계급에 대한 보통교육을 실시하고 이 사람들의 정신을 보다 나은 환경에서 태어난 사람들의 수준으로 끌어올리지 않으면 민주적 제도와 보통선거를 정착시키는 일은 불가능하다는 생각이 들었다네."**7**

오늘날 뉴욕대학교에는 '갤러틴 개인 연구 스쿨', 학생들의 출판 및 원고 발표를 위한 〈갤러틴 리뷰〉, '앨버트 갤러틴 장학금' 제도, '앨버트 갤러틴 강의' 시리즈 그리고 '갤러틴 아트 페스티벌' 등이 있다. 이 대학교의 내부 웹사이트인 '앨버트' 웹사이트는 온라인 데이터에 접근하기 위한 기초적인 정보 원천이며, 대부분의 학생들이 거의 매주 사용하고 있다.

갤러틴은 많은 업적을 쌓았다. 그럼에도 불구하고 그가 이민자 출신이라는 딱지는 평생 그를 따라다녔으며, 그의 적들은 툭하면 이런 사실을 끄집어내서 그에게 모욕을 주곤 했다. 1831년에 보호관세 문제를 놓고 악의적인 논박이 한창 진행되었는데, 이때 해밀턴이 보다 자유로운 무역을 증진하기 위한 어떤 위원회의 위원장직을 수락했다. 자유무역은 그가 평생 지지했던 가치였기 때문이다. 그리고 이 위원회는 갤러틴이 예전에 이루었던 업적들(예를 들면 1976년에 그가 썼던 〈미합중국 재정에 관한 스케치〉)을 생각나게 하는 장문의 문건을 생산했다. 그리고 또 이 위원회는 1832년에 결의안을 의회에 제출했다. 그해는 대통령 선거가 있는 해였다. 켄터키 출신의 상원의원이자 열렬한 보호무역주의자이던 헨리 클레이가 현직 대통령인 앤드류 잭슨에게 도전장을 던져 놓고 있었다. 그런데 클레이가 한 행동이라고는 도저히 믿을 수 없는 어떤 행동을 그가 했는데, 상원에서 갤러틴을 무자비하게 깎아내리는 연설을 한 것이었다. 18년 전에 겐트 조약 체결을 위해서 숱하게 많은 날 동안 머리를 맞대고 함께 애를 썼던 바로 그 갤러틴을 모욕했던 것이다.

"거의 50년 전에 펜실베이니아는 그를 자기 가슴에 안았습니다. 그리고 그를 따뜻하게 품어주었고 또 그에게 영광을 베풀었습니다. 그런데 그가 과연 그 고마움을 어떻게 표현했습니까? 펜실베이니아가 번영하려면 반드시 필요한 어떤 제도에 결정타를 날리고 있습니다. [펜실베이니아는 보호무역주의를 강력하게 주장하던 주였다.] 그는 이 정부에서 30년 동안 국내에서 그리고 또 해외에서 고위직에 있었던 사람입니다. 하지만 그는 지금도 마음 깊은 곳으로 보자면 여전히 바깥에서 들어온 외국인일 뿐입니다."**8**

노예제도를 논외로 친다면, 보호관세를 둘러싼 의견 대립은 19세기 미국 정치계에서 가장 논란이 많은 쟁점들 가운데 하나였다. 이런 사실을 염두에 두고 본다면 클레이가 쓴 표현은 그다지 특별하달 수도 없었다. 하지만 그래도 갤러틴이 이민자라는 사실까지 들먹인 것은 도가 지나친 언행이었다. 사실 이런 일은 해밀턴에게도 있었고, 또 그 이전에도 있었다.

* * *

갤러틴이 만년에 이룩한 여러 업적들 가운데 하나로, 아메리칸 인디언의 민속에 대한 일련의 저작물을 내면서 이 분야를 개척한 사실을 꼽을 수 있다. 60대와 70대에 그는 이 주제로 책 2권을 냈다. 《미국 인디언 언어(A Table of Indian Languages of the UnitedStates)》(1826년)와 《로키 산맥 동쪽 및 북아메리카의 영국령과 러시아령에 있는 여러 인디언 부족 개관(A Synopsis of the Indian Tribes within the United States East of the Rocky Mountains and in the British and Russian Possessions of North America)》(1836년)이다. 《…인디언 부족 개관》은 422쪽이나 되는 두꺼운 책인데, 이 책을 발간할 당시 갤러틴의 나이는 75살이었다. 그는 인디언에 대해서 흡수동화 정책을 강변했는데, 이것은 인디언을 강제로 보호구역으로 몰아넣는 정책과는 정면으로 반대되는 정책이었다. 1842년에 그는 미국민속학회를 창립해서 초대 회장이 되었다. 다음 해에는 뉴욕역사학회 회장으로 선출되어 원로 정치인으로서 한껏 폭넓은 인정을 받았다.[9]

그렇다고 해서 정치에 소원했던 것도 아니다. 1844년에 제임스 포크(James K. Polk)가 대통령에 당선되자 갤러틴은 격렬한 언어를 동원해서 군국주의적 팽창주의에 반대했다. 오리건 영토 전체가 미국의 영토라는 포크 정부의 호전적인 주장이 특히 그의 마음을 어지럽게 만들었다. 오리건 영토는 현재의 워싱턴, 오리건 그리고 아이다 호 3개 주 전체와 몬태나의 일부 그리고 캐나다 브리티시컬럼비아의 많은 부분까지 아우를 정도로 어마어마하게 넓었다. 이 오리건 영토에 대한 소유권 분쟁으로 영국과 또 한 차례의 전쟁이 벌어질 수도 있었다. 갤러틴은 1820년대 중반 런던에 미국 공사로 가 있는 동안에 이 영토에 대해서 미국과 영국이 합동 정부를 세우고 관할하는 방안을 놓고 협상했었는데, 이제 이런 조정은 이미 물 건너간 것 같았다.[10]

미국이 북아메리카 전체를 지배할 운명을 가지고 있다는 주장을 함축한 '명백한 운명(Manifest Destiny)'이나 캐나다와의 국경선이 '북위 54도 40분이 아니면 싸움이다(Fifty-four forty or Fight)'와 같은 구호가 보편적인 국민적 구호가 된 것도 오리건 영토와 관련된 분쟁에서였다. 이 북위 54도

40분은 가장 극단적인 미국의 주장이었는데, 이렇게 할 경우 브리티시 컬럼비아 깊숙한 곳까지 모두 미국의 영토가 되었다. 그러자 여기에 맞서서 영국은 북위 40도를 주장했는데, 이 두 위도선 사이의 거리는 약 1,340킬로미터나 된다. 그런데 갤러틴이 1820년대에 영국과 협상하면서 정했던 북위 49도라는 전통적인 경계선이 결국 대세적인 인식이 되었다. 그러나 이 사건은 미국이 채택하고 있던 위험한 벼랑 끝 전술이 드러난 하나의 사례일 뿐이었다.

갤러틴은 또한 포크 정부가 텍사스가 연방에 합류하도록 지원하는 데도 반대했다. 텍사스가 미합중국의 한 주로 합류한다는 것은 노예제도를 지지하는 주가 하나 더 늘어난다는 뜻이었다. 그런데 텍사스의 광활한 면적을 고려한다면, 텍사스와 연방정부 사이에 이루어진 합의대로 적어도 5개 주로는 충분히 쪼개질 수 있었다. 그리고 또 하나 갤러틴이 분통을 터트릴 수밖에 없는 요소가 있었다. 만일 텍사스가 미국에 합병된다면 멕시코와 전쟁을 치러야 하는 건 불을 보듯 뻔했다. '외로운 별' 텍사스는 1836년에 텍사스공화국으로 독립한 상태였지만 멕시코는 이를 인정하지 않고 있었기 때문이다. 그러나 텍사스는 1845년 12월 29일에 연방의 일원이 되었고, 예정된 수순으로 멕시코와 미국 사이에 전쟁이 벌어졌다.

1847년, 이제 86살의 갤러틴은 유려한 장문의 팸플릿 〈멕시코와의 평화(Peace with Mexico)〉를 썼고, 이 팸플릿 9만 부를 미국 전역에 배포했다. 이 팸플릿에서 갤러틴은 미국이 텍사스를 합병함으로써 미국이 애초에 가지고 있던 목적, 즉 '전 세계의 수준을 개선하고 공화국의 모범적인 전범이 된다'는 가치를 배신했다고 썼다. 미국은 역사상 처음으로 '군사적 명성 및 잘못된 영광을 향한 사랑'에 이끌려서 이른바 '야수적인 무력으로 부당한 영토 확장에 스스로를 내맡겨 버렸다며 개탄했다. 만년에 갤러틴은 자기가 새로운 조국으로 받아들인 미국이 올바른 방향으로 진화하지 못할지도 모른다는 의심에 사로잡혔다.[11]

역설적이게도, 오리건 영토 분쟁 및 텍사스 위기를 초래한 것은 갤러틴 본인이 오랜 세월 가슴에 품었던 이상인 미국인의 굽히지 않는 냉혹한 서부 진출이었다. 어떤 국가가 영토를 확장한다면 거의 언제나 폭력이 뒤따르게 마련이다. 루이지애나 매입은 나폴레옹전쟁에서 비롯되었으며, 그 영토에 대한 백인 정착 때문에 인디언과의 전쟁이 수도 없이 많이 일어났다. 갤러틴은 이 명백한 진리 앞에서 결코 소박하게 미소만 짓지는 않았다. 그는 마지막까지 평화를 호소하면서 싸웠다.

1842년에 그는 친한 친구이던 알렉산더 베어링에게 장문의 편지 1통을 썼다. 베어링은 루이지애나 매입 당시에 자금을 조달하는 과정에서 갤러틴에게 도움을 줬으며 또 겐트에서 협상을 할 때도 도움을 줬던 친구였다.

"내 나이 이제 82살째 접어들었습니다. 오랜 경력의 지나온 날들을 돌아보면서 한 가지 사실이 나에게는 크나큰 위안이 됩니다. (…) 평화의 외교관이었다는 사실입니다. 지난 20년 세월 동안 나는 거의 전적으로 내가 할 수 있는 모든 힘을 다해서 전쟁을 막으려고 했고, 전쟁 중에는 빠르게 평화를 정착시키려고 힘썼으며, 또한 수많은 쟁점들을 조정하면서 당시에 가능했던 평화를 위한 조치들을 찾으려 했으니까 말입니다."[12]

갤러틴은 비록 자기를 내세우는 사람이 아니었지만, 자기가 한 일에 대해서 충분히 자부심을 가져도 되는 사람이었다.

* * *

1840년대가 저물어갈 무렵에 55년 동안 부부로 살아온 갤러틴 부부의 건강은 빠르게 나빠졌다. 1849년 5월에 한나는 뉴욕시티의 자기 집에서 남편의 침실과 붙어 있던 자기 침실에서 사망했다. 그리고 3달 뒤 앨버트 갤러틴은 거의 1년 동안 폐질을 앓던 끝에 자기 방에서 숨을 거두었다. 그의 나이 88살이었다.

공을 들인 화려한 장례 행렬은 없었다. 하지만 본인도 자기 장례식이 대단한 볼거리로 펼쳐지는 걸 원치 않았을 것이다. 그가 원했을 것은 조촐한 추모 모임이었을 테고, 실제로 그런 추모 모임은 뉴욕역사학회에서, 미국골동품협회에서 그리고 또 그 밖의 수많은 비영리조직에서 이루어졌다. 워싱턴디시의 《데일리 내셔널 인텔리전서(Daily National Intelligencer)》는 뉴욕역사학회가 그에게 바친 찬사를 실었다.

"그가 걸어온 길은, 우리의 행복한 조국의 영광스러운 제도 아래에서는, 영광스럽고 성취할 가치가 있는 모든 것에서 발전하고 성공하는 데는 오로지 우수한 자질만 필요할 뿐임을 보여준다. 외국인 청년 한 사람이 아는 사람 하나 없고 친구도 없고 그리고 또 우리말을 거의 하지도 못하면서 우리 땅에 발을 들여놓았다. 그러나 그는 성인의 나이가 되기도 전에 사람들의 신뢰를 한 몸에 받았다."[13]

미시시피의 한 일간지도 동일한 주제로 기사를 실어 호응했다.

"누구도 알지 못했던 이방인 한 사람이 그 누구의 도움도 받지 않고 혼자 힘으로 자기가 새로 선택한 조국의 법률이 허용하는 가장 높은 지위까지 올라갔으며, 그가 쌓은 경력은 미국의 제도가 완벽하다는 사실을 눈부시게 입증했다."[14]

필라델피아의 한 신문도 그에게 아낌없는 찬사를 보냈다.

"외교관이었던 그는, 다른 어떤 국가의 공사가 하지 못했던 일을 훌륭

그림24 80살 때의 앨버트 갤러틴의 초상화(1841년), 윌리엄 포웰 작.

하게 수행했으며, 다른 어떤 외교관보다 높은 명성을 유지했다. 앨버트 갤러틴보다 미국을 더 잘 대변한 사람은 지금까지 아무도 없었다."[15]

갤러틴은 자기 세대 사람들 중 가장 오래 살았고 가장 큰 영광을 누렸으며 또 가장 생산적인 공직 생활을 했다. 그는 월스트리트와 브로드웨이가 교차하는 지점에 있는 트리니티교회의 작은 묘지에 묻혔다. 알렉산더 해밀턴의 무덤이 있는 곳에서 그다지 멀지 않은 곳이다.

대서양을 사이에 두고 멀리 떨어진 곳에서 각각 태어난 이민자이자 재정·금융 전문가인 이 두 사람이 지금도 여전히 이민자들로 넘쳐나는 바로 그 장소, 같은 교회의 묘지에 함께 묻혀 있다는 사실은 우연의 일치치고는 너무도 절묘하다. 미국이 그 뒤로 놀랍도록 발전했다는 사실에 두 사람 모두 만족해 할 것이다. 하지만, 19세기 말의 대호황시대에서부터 1929년의 뉴욕증권시장 대폭락에 이르기까지, 또 20세기 말과 21세기 초에 일어났던 철면피의 탐욕스런 부당이득에 이르기까지 '월스트리트'라는 말로 상징되는 부도덕한 사건들이 이따금씩 일어나는 것에 대해서는 둘 다 눈살을 찌푸릴 것이다.

해밀턴과 갤러틴 두 사람은 미국이 경제 혁신의 강력한 엔진으로 세계 속에서 우뚝 설 수 있도록 이론적 및 정책적인 차원에서 커다란 틀을 마련하는 데 기여했다. 두 사람 모두 각자 자기가 복무한 정부에서 일을 하면서도, 미국에서 대농장의 자손으로 태어난 다른 동료들과는 전혀 다른 눈으로 세상을 바라보고 또 미래를 설계했다. 이들 두 사람은 개인적으로 뿌리를 잃어버렸다는 깊은 상실감을 공통적으로 가지고 있었다. 또한 대서양의 세상과 카리브 해의 세상에 대한 경험을 공통적으로 가지고 있었으며, 또 국내적인 차원 및 국제적인 차원에서 돈이 흐르고 유통되는 경험도 공통적으로 가지고 있었다. 두 사람은 바로 이런 배경을 공통적으로 가지고 있었기에 각자 가지고 있던 탁월한 재능을 발휘해서 미래를 내다볼 수 있었고 또 뿌리가 없는 자본을 적소에 배치해서 미합중국이라는 신생국의 경제를 강화할 수 있었다.

PART III
유산

CHAPTER 28
미국의 예외주의

　로버트 모리스와 알렉산더 해밀턴 그리고 앨버트 갤러틴은 왜 그렇게 결정적인 시기에 그렇게 오랫동안 미국의 재정을 감독하는 자리에 발탁되었을까? 이 질문에 대한 대답은 간단하다. 올바른 정보를 가지고 있었던 정치 지도자들이 미국의 유동자본을 관리하는 능력에 관한 한, 이 사람들이 다른 후보들에 비해서 뛰어나다고 판단했기 때문이다.

　1781년의 위기 속에서 재무 책임자라는 신설 직책에 적합한 인물로는 로버트 모리스가 유일하게 논리적인 대안으로 비쳐졌다. 연방정부는 파산 상태였고 대륙군은 해체 직전의 위기를 맞고 있었다. 모리스는 수십 년 동안 돈과 신용을 다루던 사람이었고 카리브 해와 유럽에서 소중한 상업적 관계들을 축적·발전시켜 온 사람이었으며, 또 정부에서도 많은 경험을 쌓은 사람이었다. 모리스와 같은 인물은 드물었다. 게다가 자기 개인 재산을, 그것도 막대한 금액의 재산을 기꺼이 위험 속에 내던질 수 있는 사람은 더욱 없었다. 심지어 24살의 알렉산더 해밀턴이 이 자리에 적격으로 인정받았다는 사실은 그럴 만한 인물이 매우 적었다는 사실을 증명한다.

8년 뒤에 해밀턴은 재무부장관으로 임명되었다. 해밀턴은 모리스와 마찬가지로 10대 시절에 해운 회사에서 일을 했다. 거기에서 그는 회계, 여러 국가 화폐 및 통화의 가치 그리고 돈을 바다 혹은 국경선 너머로 쉽게 이동시킬 수 있는 어음 교환의 메커니즘을 직접 익혔다. 그리고 20살이던 1777년에 워싱턴 장군의 보좌관이 된 뒤에는 손에 넣을 수 있는 모든 금융 및 재무 관련 보고서와 논문을 섭렵했다. 이런 자기 훈련이 일에 대한 집착 및 타고난 명석함과 합쳐졌기에 재무부장관이 된 뒤에는 그 업무를 독보적으로 잘 수행할 수 있었다.

앨버트 갤러틴은 이미 금융의 중심지이던 유럽의 한 도시 제네바에서 성장했다. 제네바에는 미국에 은행이 생기기 한 세기 전부터 이미 은행이 있었고, 갤러틴은 이런 은행의 정당성을 당연한 것으로 받아들였다. 그는 신사로 태어났으며, 모리스나 해밀턴과 달리 미국으로 건너가서 펜실베이니아의 뉴제네바에서 유리공장, 선박 수리소 그리고 소매점을 세워서 운영하기 전까지는 '장사'를 해본 적이 없었다. 갤러틴은 물질적인 성공을 거둘 수 있는 최고의 기회는 땅을 사서 모으는 것이라고 생각했다(나중에 이 생각은 잘못된 것이었음이 드러난다). 하지만 그가 가지고 있는 진정한 강점은 숫자에 대한 타고난 감각과 복잡한 회계장부를 쉽게 해석하는 능력이었다. 이런 재능을 가지고 있다는 점에서 그는 모리스 및 해밀턴과 비슷했지만, 농업국가에서 그런 재능을 가진 사람은 많지 않았다.

로버트 모리스와 알렉산더 해밀턴이라는 두 이민자를 워싱턴이 초대 및 2대 재무부장관으로 선택했다는 사실은 잠재적인 후보자들 사이에서 이들의 재능이 얼마나 발군이었는지 말해준다. 미국에서 태어난 몇몇 정치인들도 재무부장관 자리를 원했다. 예를 들어서 뛰어난 정치인이자 뉴욕 명문가 출신이었던 로버트 리빙스턴은 재무부장관이 되려고 노력했지만 기회를 잡지 못했다. 나중에 앨버트 갤러틴이 재무부장관으로 임명받았다는 사실은(제퍼슨 대통령 때 2번 임명받았고 매디슨 대통령 때 2번 더 임명받았다) 미국에서 태어난 미국인 가운데서는 재정 분야의 능력과 경험을 갖춘 사람이 여전히 부족했음을 말해준다. 갤러틴의 후임자인 조지 캠벨과 알렉산더 제임스 댈러스도 모두 이민자 출신이었다.

다른 후보자들이 전혀 없었던 것은 아니다. 특히 연방주의자들 사이에는 그런 후보자들이 있었다. 그런데 이 후보자들 가운데 다수는 부유한 도시인이나 저명한 상인이었다. 해밀턴에 이어 재무부장관이 되었던 올리버 월코트는 코네티컷의 유서 깊은 가문 출신이었고, 재무부장관직을 수행할 자격을 갖추었으며 또한 실제로도 훌륭하게 해냈다. 그러나 월코트가 이렇게 잘할 수 있었던 것은 재무부장관이 되기 전에 해밀턴 아래에서 6년 가까운 기간 동안 충실하게 보좌한 경험이 있었기 때문이었다.

* * *

그런데 모리스와 해밀턴 그리고 갤러틴을 선택한 사람들은 이들이 최적의 인재임을 어떻게 알아보았을까? 모리스는 오랜 세월 동안 필라델피아의 기업계에서 낯익은 인물이었다. 상업과 정치 두 분야에서 저명하던 윌링 가문과 연줄로 연결되어 있었기 때문이다. 토머스 윌링과 동업을 하며 여러 해를 보내는 동안, 모리스는 상업적으로 성공해서 여러 식민지를 통틀어서 손꼽히는 부자의 반열에 올랐다. 1775년에 그는 대륙의회 의원으로 지역구에서 선출되었고, 1776년에는 비밀상업위원회 의장으로 활동했다. 그는 막대한 전쟁자금을 모았으며, 해외에 있는 폭넓은 인맥을 이용해서 화약 및 탄약을 조달했으며 때로는 자기 개인의 재산과 신용까지 위험에 노출시키면서 재무부장관으로서의 역할을 충실하게 수행했다. 1781년 시점으로 보자면 이민자든 토박이든 간에 그런 일을 감당을 사람은 모리스 말고는 없었을 것이다.

알렉산더 해밀턴은 모리스보다 더 공격적으로 자신을 위험 속으로 내던졌다. 1775년에 독립전쟁이 일어났지만 그 이전에 이미 대륙회의의 억센 조치들을 지지하는 탁월한 두 개의 팸플릿을 발간함으로써 여론의 경연장 속으로 뛰어들었다. 전쟁이 일어나자 곧바로 입대했고 포병 장교로 배속되었다. 2년 뒤에는 워싱턴의 부름을 받고 그의 지휘본부에서 보좌관으로 활동하기 시작했다. 그 뒤 12년 동안 해밀턴은 손에 넣을 수 있는 모든 자료를 통해서 공공재정에 대한 지식을 스펀지처럼 빨아들였고, 결국 이 분야의 전문가로 알려졌다.

해밀턴은 또한 법학을 공부했으며, 연합의회에서 의원으로 한 차례 임기를 채웠으며 또한 뉴욕 주를 대표하는 대표단의 일원으로 헌법제정회의에도 참석했다. 재무부장관으로 기용되기 아주 오래전에 그는 이미 국가부채 문제, 주정부의 부채를 연방정부가 떠안는 문제 그리고 미합중국은행 창설 등을 해결할 구체적인 계획을 세웠다. (이런 담대함은 그의 성격적인 특성이다.) 해밀턴이 아직 젊은 나이였음에도 불구하고 해밀턴 대신 재무부장관이 되어서 그런 문제를 해결할 수 있는 사람은 아무도 없었다.

앨버트 갤러틴은 모리스와 해밀턴이 어린 시절에 했던 상업 경험이 부족했다. 하지만 세 사람 중 정식 교육은 가장 충실하고 훌륭하게 받았다. 1780년에 미국 땅을 밟은 뒤에 구체적인 목표 없이 여기저기 왔다 갔다 한 뒤에 그는 프렌드쉽힐에 자기 집을 짓고 살았는데, 이런 과정에서 앨러게이니 강 주변 사람들로부터 아는 게 많으며 똑똑하다는 명성을 얻었다. 그리고 연방의 헌법을 펜실베이니아 주정부 차원에서 비준해야 하는 일이 닥쳤을 때 그 지역의 사람들이 갤러틴을 지역 대표로 선출했고, 갤러틴은 주의회 의원이 되었다. 그는 1790~1791년 회기 때 펜실베이니아 주의회의 하원 세출입위원회에서 활동했다.

그리고 다음해에는 무려 35개나 되는 위원회 활동을 하면서, (본인의 진술에 따르면) 그 모든 위원회의 일을 거의 혼자 도맡아서 하다시피 했다. 갤러틴이 명성을 얻은 것은 바로 이 무렵이었다. 그는 주변 사람들로부터 빠르게 인정을 받았고, 주의회는 그를 펜실베이니아를 대표하는 연방 상원의원으로 뽑았다. 그런데 연방주의자들은 그가 소정의 자격을 갖출 수 있을 만큼 충분히 미국에 거주하지 않았다는 이유를 들어서 그를 상원에서 쫓아냈고, 그 뒤에 그는 연방 하원의원으로 선출되었다. 셈이 빨랐고 복잡한 재무 관련 자료를 빠르게 흡수하는 능력을 갖추었으며 또한 해밀턴의 경제 개혁 계획을 열정적으로 공격했기에 그는 곧 공화당에서는 없어서는 안 되는 주요한 자산이 되었다. 제퍼슨주의자들 가운데서 이 모든 것을 동시에 다 잘하고 또 열성적으로 할 수 있는 사람은 제퍼슨 말고는 없었던 것이다. 1801년에 대통령이 된 제퍼슨으로서는 재무부장관직을 갤러틴에게 맡기는 것 말고는 다른 대안이 없었다.

* * *

그런데, 모리스와 해밀턴 그리고 갤러틴 외에 재무부장관직을 수행할 수 있는 인재 풀이 왜 그토록 형편없었을까? 우선, 1776년 이전에는 아예 국가가 존재하지도 않았으므로 그 누구도 국가 차원의 공공예산을 처리해 본 적이 없었기 때문이다. 미국의 인구는 적었고 또 넓은 지역에 드문드문 흩어져 있었다. 그리고 식민지에서나 주정부에서 공공예산을 다룬 사람이 있었다 하더라도 그 예산 규모는 매우 작았다.

여러 식민지들 안에서 통화를 관리하고 세금을 징수하며 국방과 공공사업에 예산을 지출하는 기능은 모두 미국에 주재하던 영국 관리들이나 지역의 관리들이 했다. 대규모의 예산을 다루는 재무 분야에는 지적인 진공 상태가 존재했다. 이런 사정은 특히 미합중국이라는 신생독립국이 출범한 1776년부터 뚜렷하게 드러난다. 그 시기에 주와 주 사이에, 주와 연방정부 사이에, 그리고 미국과 다른 나라들 사이에서 발생하는 일련의 재무 관련 작업들을 어떤 식으로든 처리해야 했고, 이 작업을 모리스와 해밀턴 그리고 갤러틴 및 다른 이민자들이 수행했다. 이들은 빠른 속도로 진행되는 변화 속에서, 다층적인 제도 속에 존재하던 많은 제도적 구멍을 메웠다.

식민지에 살았던 사람이나 신생국에 사는 사람이나 할 것 없이 은행에서 일해 본 경험이 있는 사람은 아무도 없었다. 은행이라는 게 존재한 적도 없었기 때문이다. 모리스는 크지 않은 규모의 은행이던 북아메리카은행(Bank of North America)을 설립하는 작업을 시작했고, 이 은행은 1782년에 문을 열었다. 그리고 1784년에는 해밀턴이 뉴욕은행(Bank of New York) 설립을 위한 주정부 승인서를 작성했다. 1791년에 의회의 승인을 얻어 문을 연 미합중국은행(The Bank of the United States)은 당시 영업 활동을 하고 있던 3개의 은행과는 비교가 되지 않을 정도로 큰 규모였다.

이렇게 되기까지 걸린 시간은 독립을 선언한 뒤로 꼬박 15년이었다.

18세기 말 미국에서 태어난 미국인 중 재무 분야를 깊이 있게 이해하는 사람이 그토록 적었다는 사실은 미국이 농업 사회였고 빚을 지는 것을 혐오하는 분위기가 사회적으로 폭넓게 형성되어 있었음을 말한다. 개인 차원이든 기업 차원이든 혹은 정부 차원이든 간에 빚은 무조건 잘 못된 것이라고 사람들은 인식했다. 도매상인이나 보험업자처럼 신용을 이해한 사람들 가운데서 많은 사람들은 공직에 나가는 걸 달갑지 않게 여겼다. 특히 불황이 휩쓸던 1780년대에는 더욱 그랬다. 대부분의 상인들은 자기 사업을 돌보기에도 바빴기 때문이다.

당시에 사람들이 가장 많이 경제적인 관심을 기울인 부문이 토지였다. 토지에 대한 이런 집착과 열풍이 사회에 깊고 넓게 자리를 잡고 일반인과 사회의 지도자들을 사로잡았다. 워싱턴과 제퍼슨 두 사람 모두 농업 분야의 전문가였다. 워싱턴은 현금 수입원이 되는 주요 작물을 담배에서 밀로 바꾸는 대담한 판단을 내렸으며, 제퍼슨은 미국에서 식물학 분야의 손꼽히는 전문가였다. 제퍼슨은 농업적인 삶이 도시적인 삶보다 우월하다고 목소리를 높였는데, 그가 정치적으로 인기를 누린 원인 가운데 이런 측면도 단단히 한몫을 했다. 심지어 1858년에도 에머슨은 다음과 같이 썼다.

"최초의 농부가 최초의 인간이었으니, 역사의 모든 고귀함은 토지를 소유하고 또 이를 이용하는 데 달려 있도다."[1]

앨버트 갤러틴이 초기에 토지에 집착했던 사실은, 그리고 또 로버트 모리스가 1790년대에 어마어마한 규모로 토지 투기를 했던 사실은, 이런 집착이 사회에 얼마나 광범위하게 퍼져 있었는지 잘 보여준다. 당대에 가장 재능 있는 재무적 태도를 가지고 있었던 두 사람이 자기가 가진 자본을 유동성이 가장 적은 자산인 토지에 투자를 했던 것이다. 지금 시점에서 돌이켜보면 정말 기묘하다고밖에 할 수 없지만, 이 두 사람이 토지에 집착했다는 것은 사실 놀라운 일도 아니다. 전체 건국자들 가운데서 가장 다방면으로 재주가 많고 여기저기 많은 곳을 여행한 사람이자 신사로 태어나지도 않았던 벤저민 프랭클린조차도 토지 투기에 푹 빠져 있었다. 농장에서 성장한 존 애덤스는 헌법학자로 위대한 업적을 남기긴 했지만 재무를 싫어했고 은행을 혐오했다. 그는 매사추세츠 퀸시 주변에 있던 자기 땅에 깊이 집착해서 인생의 대부분을 거기에서 보냈다. 대통령 재임 시절에도 마찬가지였다.

18세기와 19세기 초에 땅은 미국뿐만 아니라 유럽에서도 가장 존경받는 재산이었다. 18세기 말의 프랑스 중농주의자들은 최초의 전문 경제학자라고 할 수도 있는데, 이들조차도 모든 부(富)는 땅에서 비롯된다고 믿었다. 중농학파의 지도자였던 프랑소와 케네(François Quesnay)와 마르키스 드 미라보(Marquis de Mirabeau)는 농업만이 잉여생산물을 뜻하는 '순생산물(produit net)'을 최대로 많이 산출할 수 있다고 주장했다. 애덤 스미스(Adam Smith)를 비롯한 다른 고전경제학파 학자들은 중농주의의 논리에 찬성하지 않았다. 그러나 스미스도 《국부론(The Wealth of Nations)》에서 미국은 농업에 집중하는 것이 좋을 것이라고 주장했다.

영국과 유럽 대륙의 대부분에서 19세기가 된 뒤에도 사람들은 토지를 가지고 있던 귀족들과 이들 바로 아래의 이른바 '토지를 가진 젠트리'들이 사회를 이끌어가는 지도자라고 인식했다. 이들 위에 있는 존재는 모든 땅을 소유한 왕족뿐이었다.

영국 소설가 앤서니 트롤럽(Anthony Trollope)의 1867년 소설 《바셋 주의 마지막 연대기(The Last Chronicle of Barset)》에 등장하는 한 인물은 '자기 땅에 발을 디디고 서 있으면 편안한 기분이 든다. 땅은 날아가 버리지 않는 유일한 어떤 것이다'라고 말한다. 이것은 확실히 독립전쟁 세대의 미국인 대부분이 가지고 있던 인식, 정치적으로는 매우 진보적이었음에도 불구하고 낡은 관념에 깊이 사로잡혀 있던 인식이었다. 영국인이 처음 북아메리카에 정착했던 1607년 이후로 약 250년이 지났지만 미국에서 가장 재능이 많은 사람들 가운데 많은 수가 토지 개발 쪽으로 몰려들었고 상업, 금융 그리고 제조업은 돌아보지도 않았다. 이런 편중된 인식은 특히 남부의 대농장 계급에서 뚜렷하게 나타났다. 물론 다른 지역에서도 이런 인식은 의심할 여지 없이 존재했다.

식민지 시대부터 19세기 말까지 이민자들은 대부분 토지에 대해서 지독한 갈증을 느끼고 있었다. 유럽에서 밀려나온 가난한 사람들이 신세계에 펼쳐진 기회를 바라보며 느끼는 감정이었다. 수백 년 동안 충족되지 못했던 이런 수요가 갑자기 어마어마한 규모의 공급을 만났다. 신참 이민자들이 토지를 갈망했고, 이 갈망이 그들을 북아메리카 대륙의 서쪽으로 나아가도록 등을 떠밀었다. 거기에서 그들은 자기들이 소유할 수 있는 농장을 짓고 광산을 개발했다. 이것은 가장 원초적인 형태의 '아메리칸 드림'이었다. 그리고 그 꿈을 품었던 사람들 가운데 다수는 두 가지의 의심을 동시에 했다. 하나는 자기에게 주어진 행운을 의심하는 것이었고, 또 하나는 그 꿈을 실현하는 데 필수적인 조건인 등골이 휘는 노동을 과연 자기가 감당할 수 있을지 의심하는 것이었다.[2]

풍부하게 넘쳐나는 땅은 미국 이민자와 미국 경제 성장을 다루는 이야기의 출발점이다. 그러나 땅은 미국 산업 제도의 특징을 규정하게 되는 혁신의 기본적인 토대가 아니었다. 땅은 그저 여러 생산요소들 가운데 하나일 뿐이다. 생산요소에는 땅 외에도 자본과 노동 그리고 기업가정신이 있다. 이 4가지 요소 가운데서, 이 책에서 다루는 이민자들을 다른 사람들과 달리 특출한 존재로 돋보이게 만든 것은 자본을 다루는 전문성이었다.**³**

* * *

1775년부터 1816년까지 미국 정부를 이끌거나 지원했던 이민자 출신의 재무·금융 전문가로는 모리스와 해밀턴 그리고 갤러틴만 있었던 게 아니다. 그 밖의 다른 사람들에 대해서는 이 책의 앞부분에서 언급했다. 그러나 이 사람들을 여기에서 다시 한 번 더 언급하며 이들이 언제 미국 땅을 밟았는지 소개하는 게 유용할 것 같다.

헤임 솔로몬은 폴란드 태생으로 로버트 모리스를 도와서 독립전쟁 군자금 조성을 도왔다. 솔로몬은 1772년에 미국으로 이주했는데, 독립전쟁이 발발한 뒤에 영국이 점령한 뉴욕에서 간첩 혐의로 사형 선고를 받았지만 감옥에서 탈출해서 필라델피아로 달아났다. 거기에서 1779년부터 1783년까지 미국군과 동맹을 맺은 프랑스군의 급료 지급 담당자가 되었고, 또 모리스가 연방정부의 재정담당관으로 있는 동안에는 연방정부 산하 재무부서의 공식적인 중개인이 되었다. 솔로몬은 의회가 발행한 채권을 팔고, 의원들 및 그 밖의 여러 사람들에게 돈을 빌려주었으며, 또 연방정부가 전쟁에 기울이던 총력에 자기 재산을 투자했다.

1789년 재무부에서 해밀턴 바로 아래 직급에 있던 5명의 공직자들 가운데서 적어도 2명이 이민자였다. 그런데 이 가운데 한 사람은 정직하지 못했고 또 한 사람은 탁월했다. 정직하지 못한 사람은 차관보이던 윌리엄 듀어(1743~1799)였다. 영국 잉글랜드 데번셔에서 태어난 그는 서인도에 있던 사탕수수 대농장을 조상으로부터 유산으로 물려받았다. 그런데 1768년에 목재 공급을 확보하려고 카리브 해에서 뉴욕으로 여행하던 중에 돈을 벌 수 있는 새로운 기회를 발견하고는 허드슨밸리에 정착했다. 그는 토지, 목재 그리고 상업에 투자했다. 한꺼번에 여러 가지 일을 하던 듀어는 대륙회의 대표단과 뉴욕 주의회 대표단의 일원으로도 복무했다.

듀어에게는 자기 개인의 사업과 공직 업무를 구분할 이유가 없었다. 로버트 모리스가 1784년에 재무 책임자 자리에서 물러나자 듀어는 모리스가 하던 일을 떠맡은 3인 위원회의 서기들 중 한 사람이 되었다. 듀어는 공직에 있는 동안에도 개인 사업을 계속했을 뿐만 아니라 내부정보를 이용해서 개인적인 이익을 챙겼다. 그런데 이런 관행을 금지하는 재무부법이 1789년에 의결되자 그는 다음해에 차관보의 공직에서 물러났다. 그리고 2년 뒤에 금융 공황이 덮쳤고, 이 공황의 촉발에 한몫을 거들었던 듀어 본인도 역시 재산을 모두 잃고 말았다. 그리고 여생을 빚쟁이들을 수감하는 감옥에서 살다가 1799년에 사망했다.[4]

해밀턴의 재무부에서 탁월한 기여를 했던 또 한 사람의 이민자는 조셉 노어스(Joseph Nourse)였는데, 그는 런던에서 살다가 1769년에 15살의 나이로 미국 땅을 처음 밟았다. 독립전쟁 때 노어스는 육군에 입대해서 여러 보직에서 근무했다. 1779년에는 재무이사회에서 기록담당자로 임명을 받았다. 그러다가 1781년에 재무담당관 모리스 산하의 재무기록관이 되었고 1789년에는 해밀턴의 재무부에서 재무관이 되었다. 그가 맡아서 하던 업무 가운데 하나는 연방정부의 모든 중요한 금융조절수단에 서명을 하는 것이었다. 재무부가 대량의 채권을 발행하기 시작한 뒤로 노어스는 수천 건의 공채 증서에 서명을 했다. 그가 수행했던 더 중요한 업무로는 재무부의 회계 장부를 기록하는 일이 있었다. 고도의 집중력과 정확성을 필요로 하는 업무였다. 노어스는 지금까지 '미국인 최초의 공무원'으로 불리고 있는데, 그는 그 자리를 자그마치 38년 동안이나 지켰다. 1803년에 루이지애나 매입에 필요한 자금을 조성할 때, 그는 총 5,071매의 채권에 자기 이름을 서명했다.[5]

조지 캠벨은 스코틀랜드에서 살다가 1772년에 부모와 함께 미국으로 이주했다. 갤러틴과 마찬가지로 그도 애팔래치아 산맥 서쪽에 정착했는데, 그가 선택한 곳은 테네시였고 테네시 주민들은 그를 자기 주를 대표하는 상원의원으로 뽑았다. 갤러틴이 겐트 조약으로 일컬어질 조약을 만들어내느라 한창 협상을 할 무렵에 제임스 매디슨은 캠벨을 재무부 장관으로 임명했다. 캠벨은 1814년의 어렵던 해에 8달 동안 재무부장관 직을 수행했다.

알렉산더 제임스 댈러스는 1783년에 자메이카에서 미국으로 이주했는데, 캠벨의 뒤를 이어 재무부장관이 되었으며 1814년부터 1816년까지 2년 동안 그 자리를 지켰다. 댈러스는 갤러틴과는 친한 친구 사이였으며 필라델피아의 저명한 변호사였다. 갤러틴이 외교 임무를 띠고 유럽으로 떠나기 전에는 갤러틴을 도와 1812년 전쟁의 비용을 마련하기 위한 단일 채권으로는 최대 규모의 채권을 팔았다. 이 채권 덕분에 재무부는 금고가 바닥나는 상황을 아슬아슬하게 피할 수 있었다. 그리고 이 과정에서 세 사람의 이민자가 더 재무 관련 공직에서 명성을 드높였다.

이 가운데 첫 번째가 스티븐 지라드였다. 1774년에 프랑스에서 이주한 지라드는 1811년에 의회가 미합중국은행의 허가 기간을 갱신해 주지 않아서 이 은행이 문을 닫자 이 은행의 주식 대부분을 사서 미합중국은행이 있던 바로 그 자리에 '스티븐 지라드 은행'을 열었다. 1814년의 금융 비상사태 때는 연방정부가 전쟁 비용을 조달하려고 발행한 채권을 대량으로 구입하는 신디케이트에도 참여했다.

이 투자자 연합에 지라드와 함께 참여했던 파트너로 1784년에 독일에서 온 존 제이컵 애스터와 1808년에 역시 독일에서 온 데이비드 패리쉬가 있었다. 대부분의 미국 출생 투자자들이(특히 뉴잉글랜드에서 태어난 투자자들이) 미국이 힘겹게 전쟁을 치르고 있는 상황임에도 불구하고 재무부 채권 구입을 거부하던 바로 그 시기에, 이민자들인 패리쉬, 갤러틴 그리고 댈러스는 채권 투자 신디케이트 조직을 주도했다. 지라드와 애스터, 그리고 패리쉬는 모두 자기가 선택한 제2의 조국을 구하기 위해서 자기 재산의 상당 부분을 거는 모험을 감행했던 것이다.[6]

이 투자자들의 목록은 다음과 같다. 솔로몬, 듀어, 노어스, 캠벨, 댈러스, 지라드, 애스터 그리고 패리쉬. 그런데 이 가운데 3명은 다른 5명에 비해서 좀 처진다. 윌리엄 듀어는 공직을 이용해서 개인적인 욕심을 채웠고, 조지 캠벨은 유능한 상원의원이었지만 유능한 재무부장관은 되지 못했다. 8달 동안 재무부장관직에 있으면서 건강 때문에 일을 제대로 할 수 없었기 때문이다. 그리고 조셉 노어스는 공적 회계 분야에서는 탁월한 감독관이었고 재무관으로서의 직무를 수행하는 데 더할 나위 없이 훌륭한 자질을 가지고 있었지만, 국정을 좌우할 정도의 1급 재능은 가지고 있지 않았다.

나머지 5명은 모리스, 해밀턴 그리고 갤러틴과 함께 정말이지 탁월한 능력을 발휘했다. 당시에 대규모 자금을 동원한다든가 연방정부를 튼튼하게 강화하는 과제에서, 이들 없이 미국에서 태어난 미국인만으로 하려고 했다면 불가능했을 것이다. 그 모든 것은 이 8명이 있었기에 가능했다.

***

 그런데, 외국인 출신으로 재무적인 재능을 갖춘 사람을 정부의 재무 분야 책임자로 임명한 나라는 미국이 유일할까? 그렇지 않다. 17세기부터 현재까지의 역사를 보면 외국인에게 재무 분야의 헝클어진 문제를 맡겨서 해결한 국가의 사례는 적지 않다. 외국인은 기존의 이익집단들과 얽매여 있지 않기 때문에 어떤 문제를 해결하기 위해서 무슨 일부터 해야 하는지 한결 더 객관적으로 판단할 수 있다.[7]

 가장 두드러진 사례로는 프랑스의 루이 15세가 스코틀랜드의 경제학자 존 로(John Law, 1671~1729)를 프랑스의 재정총감으로 임명한 것이 있다. 프랑스는 태양왕 루이 14세 때부터 거의 끊이지 않고 전쟁을 해왔던 터라 프랑스 경제는 줄곧 허덕일 수밖에 없었다. 이런 상황에서 루이 15세는 로가 프랑스 경제를 구원해 줄 구세주라 판단했다. 지폐의 메커니즘을 이해했던 1급 이론가였던 로는 프랑스 최초의 중앙은행 설립, 무역 증가, 제조업 촉진 등 많은 성과를 올렸다. 그러나 로는 고질적인 모험주의자였다. (심지어 어떤 역사학자들은 포커 게임을 만든 사람이 바로 존 로라고 주장한다.) 그랬기에 그는 현명하지 못하게도 루이지애나에서 거래를 하고 있던 여러 회사들을 '미시시피 컴퍼니'라는 단일한 거대 기업으로 통합했다. 이 회사의 주식 가격이 가파르게 올랐고(이것이 이른바 '미시시피 거품'이었다), 결국 이 회사는 그 거품의 끝에서 내려앉고 말았다. 비극은 여기에서 끝나지 않아 프랑스의 중앙은행도 직격탄을 맞았다. 결국 프랑스는 경제 공황을 맞이했고, 로는 사임한 뒤에 쫓기듯이 프랑스를 떠나야 했다.

 두 번째 사례는 자크 네케르(Jacques Necker, 1732~1804)이다. 그는 프랑스의 은행 부문에서 폭넓은 경험을 쌓은 독일의 금융이론가였다. 해밀턴을 비롯한 많은 독자들이 금융의 기초적인 사항에 대해서 지식을 쌓은 것도 네케르가 써낸 여러 베스트셀러 논문을 통해서였다. 1777년에 루이 16세의 프랑스 정부는 네케르를 재정총감으로 임명했다. 네케르는 낡은 세금 체계를 개혁하고 대규모 국가부채를 조달하는 데 획기적인 성과를 거두었다. 그는 또한 프랑스가 미국의 독립전쟁을 지원해야 한다고 주장했고, 그의 이 주장은 올바른 판단이었다.

네케르는 이런 개혁을 하는 바람에 논란의 중심에 서야 했고, 마리 앙투아네트의 특별한 적이 되고 말았다. 결국 그는 1781년에 사임했다. 당시 그의 세제 개혁 방안은 아직 미완이었고, 프랑스의 재정은 악화되었다. 1788년에는 국가 부도의 위기로까지 몰렸다. 그러자 네케르가 다시 재정총감으로 임명되었다. 비록 그가 재무 분야의 탁월한 이론가였음은 분명하지만 궁정 정치에는 이번에도 역시 서툴렀다. 프랑스 국민들로부터 열정적인 지원을 받았음에도 불구하고 그는 채 1년이 되지 않아 1789년 7월 11일에 해임되었다. 이 해임 조치는 사흘 뒤인 7월 14일에 일어난 바스티유감옥 습격의 주된 계기로 작용했다. 그랬기에 국왕은 7월 20일에 네케르를 다시 복직시켰다. 하지만 그때는 이미 프랑스혁명의 수레바퀴를 되돌리기에는 너무 늦은 시점이었다.[8]

한 국가에서 외국인이 국가의 헝클어진 재정 관련 문제를 해결해달라는 부탁을 받은 사례는 방금 든 사례들 말고도 많이 있다. 몇몇 개별적인 '머니 닥터(money doctor)'들은 1850년대 이후에 많이 알려졌는데, 국제통화기금(IMF)이 이런 기능을 제도화했다. 1945년에 설립된 국제통화기금은 개발도상국뿐만 아니라 영국과 같은 선진국에도 재정 자문팀을 파견했는데, 1976년에는 이 자문팀이 영국의 경제를 살리는 데 성공적으로 기여했다. 그런데 국제통화기금의 이런 노력들은 긍정적인 결과뿐만 아니라 부정적인 결과도 낳았는데, 특히 국제통화기금이 대출 조건으로 전형적으로 내세우는 긴축 재정 조치 때문에 이 기관의 노력은 논란의 대상이 되고 있다.**9**

그런데 존 로, 자크 네케르, 머니 닥터들 혹은 국제통화기금과 관련된 사례들을 미국에서 활약했던 외국인 출신의 재정 전문가들이 했던 역할과 같다고 할 수 있을까? 근본적으로 그렇지 않다. 미국에서 활약했던 그 외국인들은 애초에 전문가 자격으로 초빙을 받은 게 아니었다. 그들은 청년 시절에(혹은 어린 시절에) 이민자 신분으로 미국 땅을 밟았다. 이들이 마음에 담고 있던 목적은 그저 새로운 나라 미국에 영원히 정착하는 것이었다. 그리고 그들은 미국 땅을 등지고 떠날 생각을 전혀 가지고 있지 않았기에, 자기가 한 경제 관련 조치의 결과를 동료 시민들과 함께 어떻게든 감내해야 했다. 이에 비해서 로, 네케르, 머니 닥터들 그리고 국제통화기금의 직원들은 자기들에게 주어진 일을 한 뒤에는 곧바로 그 나라를 떠났다. 이들은 미국의 독립전쟁을 지원하려고 왔다가 전쟁이 끝난 뒤에 자기 나라로 돌아간 유럽의 군인들, 예컨대 프랑스의 장교 마르퀴스 드 라파예트(Marquis de Lafayette)나 폴란드의 기술관 타데우츠 코시치우슈코(Tadeusz Kosciuszko)와도 같았다. 재정이라는 분야에서 이민자 출신 관료들이 미국 사회에서 차지한 위상은 비록 세계적으로나 역사적으로 유일하고 독특한 존재는 아니었다 할지라도, 1775~1816년 기간 동안에 확실히 예외적인 존재였던 것만은 분명하다.**10**

CHAPTER 29
필연과 우연

일반 대중의 의식에서, 심지어 많은 학술 논문에서, 이 책이 아우르는 역사적인 시대의 여러 측면들은 알렉산더 해밀턴과 토머스 제퍼슨이라는 두 사람의 개성과 사고방식의 대립으로 요약된다. 이 두 사람은 200년이 넘는 세월 동안 미국 정치사에서 가장 강력한 상징적 개인으로 군림해 왔다. 역사물과 전기물 그리고 심지어 소설까지도 사상과 정부 정책에서 드러났던 두 사람의 경제적, 정치적 차이점을 탐구해 왔다.

이런 노력의 결과들 가운데 몇몇은 비록 장점을 가지고 있긴 하지만 적지 않은 점에서 부족한 점을 노출시킨다. 해밀턴과 제퍼슨의 저작물을 지나치게 많이 파고들면서도 또한 동시에 각 인물이 권력을 잡았을 때 했던 일에는 지나치게 적은 관심만 기울이기 때문이다. 해밀턴을 이야기할 때 워싱턴의 지지와 지원을 빼놓을 수 없음에도 불구하고 워싱턴에 대해서 지나치게 소홀하게 다룬다. 또 공화주의자들이 권력을 잡

앉을 때, 제퍼슨의 파트너였던 매디슨과 갤러틴의 역할도 지나치게 소홀하게 다룬다. 해밀턴이나 제퍼슨 가운데 어떤 한 사람이 다른 사람보다 더 나은 특성을 가지고 있었다거나 혹은 어떤 한 사람이 옳았고 다른 사람은 틀렸다는 주장을(예를 들어서 해밀턴은 부(富)를 숭상한 엘리트주의자이며 군주제 지지자였고, 이에 비해서 제퍼슨은 가난한 사람과 자기와 특별한 유대를 가지고 있던 '중간층'의 이익을 위해서 싸웠다는 주장이 있다) 뭉뚱그려서 다룰 수 없을 정도로 매우 민감한 문제들을 지나치게 단순화하는 경향도 보인다.[1]

이 두 사람의 배경을 고려한다면 이런 특성화는 적어도 직관에는 어긋난다. 두 사람이 워싱턴 정부에서 장관으로 내각에 합류했을 때 제퍼슨은 사회적으로 이미 저명한 46살의 버지니아 대농장주, 그러니까 미국 사회의 귀족이나 다름없는 존재였다. 이에 비해서 해밀턴은 제퍼슨의 북아메리카 첫 번째 조상이 미국 땅에 처음 발을 디딘 지 100년 뒤에 미국 땅을 밟은 32살의 서인도제도 출신 가난한 이민자였다. 해밀턴은 부유한 기업가가 많이 나와야 미국의 경제가 살아날 수 있다고 믿었다. 그러나 그는 제퍼슨이나 매디슨이 1790년대에 쉬지 않고 공격했던 것처럼 군주제 지지자가 아니었음은 분명하다. 보다 정확하게 짚자면, 해밀턴과 제퍼슨은 워싱턴 정부에서 각기 다른 종류의 과제를 안고 있었다. 그들이 각자 안고 있던 과제를 비교하는 것은 사과와 오렌지 가운데 어느 것이 더 맛있느냐는 양자택일의 질문이 아니다. 하지만 둘 다 최적의 접근은 아니다.

이 책은 매디슨은 말할 것도 없고 제퍼슨보다도 해밀턴을 더 우호적으로 묘사한다. 하지만 이렇게 된 기본적인 이유는 이 책이 재정·재무·금융 분야를 다루기 때문이다. 이 분야는 해밀턴의 장점이 가장 돋보이는 분야이지만 매디슨 그리고 특히 제퍼슨에게는 가장 취약한 분야이다. 그렇기 때문에 이 책에서는 뛰어난 경제사상가로서의 갤러틴 역시 제퍼슨이나 매디슨보다 더 나은 인물로 묘사한다.

역사적인 사건이나 인물에 매겨진 순위는 많은 경우 의미가 없다. 이런 순위는 대부분 지나치게 주관적이므로, 이런 순위를 활용할 때는 대단히 조심해야 한다. 그러나 이 책이 만일 정치 이론에 관한 책이라면 아마도 매디슨이 제퍼슨이나 해밀턴을 누르고 1등의 자리에 올라설 것이다. 또 정치 기술에 관한 책이라면 제퍼슨이 손쉽게 1등의 자리에 올라설 것이다. 제퍼슨은 미국의 역사 속에서 가장 판단이 빠르며, 또한 사람들에게 가장 큰 영감을 주는 정치인이었기 때문이다. 이 경우에는 매디슨과 갤러틴이 각각 2등이나 3등을 차지할 테고 해밀턴은 점수 차이가 확연하게 벌어지는 4등이 될 것이다. 그리고 또 외교술에 관한 책이라면 갤러틴이 1등을 차지할 것이다. 아닌 게 아니라 겐트 조약의 지리멸렬한 협상 과정을 해밀턴이라면 과연 끝까지 참아낼 수 있었을지 의심스럽다. 제퍼슨 역시 그 지루한 협상 과정을 참아내지 못했을 가능성이 높다. 매디슨은 어쩌면 제퍼슨보다는 더 잘 참아냈을 것이다.

* * *

가장 많은 정보를 찾아낼 수 있는 비교는 비슷한 것들을 놓고 하는 비교이다. 시인 윌리엄 워즈워스(William Wordsworth)를 소설가 제인 오스틴(Jane Austen)과 비교할 게 아니라 같은 시인인 존 키츠(John Keats)와 비교해야 한다. 이런 기준을 놓고 보자면 제퍼슨과 해밀턴을 애초부터 비교하지 말아야 한다. 제퍼슨의 비교 상대는 다른 국무부장관이나 대통령 혹은 여러 차례의 선거에서 승리를 거뒀던 정치인이 되어야 한다. 그리

고 이 세 가지 범주에서 모두 제퍼슨은 누구를 상대하더라도 이긴다.[2]

해밀턴도 제퍼슨과 비교하기보다는 미국의 역대 재무부장관들과 같은 다른 임명직 고위 관료들과 비교하거나(이 경우 해밀턴이 1등이라는 것은 주지의 사실이다), 다른 나라에서 국가 경제의 전략을 설계한 사람들과 비교해야 한다. 후자의 경우 비교 대상으로 삼을 수 있는 인물은 루이 14세 때 1665년부터 1683년까지 개혁적인 재정총감이었던 장 바티스트 콜베르(Jean-Baptiste Colbert), 1690년대에 잉글랜드은행(Bank of England)의 주요 설립자이자 재무대신이었던 찰스 몬태규(Charles Montagu), 혹은 1770년대와 1780년대 프랑스의 재정총감이었던 자크 네케르 등이다. 해밀턴은 이 세 사람의 저작물, 특히 네케르의 저작물을 충실하게 읽고 공부했다. 그리고 해밀턴은 재무부장관직을 수행하면서 이 사람들보다 낫거나 대등한 업적을 쌓았다.

해밀턴과 비교할 때 재무부장관으로서 앨버트 갤러틴은 자기 전임자들이 세웠던 이 분야의 특이한 업적이라는 묘기 기준은 충족하지 못했다. 그러나 그런 게 필요 없었다. 왜냐하면 그로서는 기본 구조를 따로 설계할 필요가 없었기 때문이다. 그리고 갤러틴은 탁월한 장관으로, 일반적으로 해밀턴 다음으로 유능했던 장관으로 손꼽힌다. 그는 재직 기간 동안 국가가 필요로 하는 것을 안성맞춤으로 만들어냈다. 그는 해밀턴이 워싱턴 대통령에게 그랬던 것처럼 제퍼슨 대통령과 매디슨 대통령에게 유용한 인물이었다. 만일, 워싱턴이 해밀턴의 조언을 충실하게 받아들였던 만큼 제퍼슨과 매디슨도 갤러틴의 조언을 충실하게 받아들였다면, 아마도 이 두 사람은 훨씬 더 많은 업적과 성공으로 기억되겠지만 그렇게 하지 않았다. 아마도 제퍼슨은 1807~1809년에 미국 경제에 검은 그림자를 드리웠던 엠바고 조치를 시행하지 않았을 것이며, 매디슨은

1811년에 미합중국은행의 허가 기간 연장에 거부권을 행사하지 않았을 것이다. 심지어 존 퀸시 애덤스가 말했듯이, 만일 매디슨이 1809년에 국무부장관으로 로버트 스미스를 임명하지 않고 갤러틴을 임명했더라면 1812년 전쟁도 일어나지 않았을 것이다.[3]

이런 보다 폭넓은 비교가 많은 이점을 가져다줄 수 있을 것처럼 보임에도 불구하고 제퍼슨의 삶을 설명하는 많은 진술들이 해밀턴의 품격을 낮추거나 심지어 해밀턴을 악마처럼 묘사하는 경향이 있고, 또 반대로 해밀턴의 삶을 설명하는 많은 진술들도 마찬가지이다. 하지만 이런 것들은 낡은 관점이다. 이것은 해밀턴과 제퍼슨의 특성을 왜곡할 뿐만 아니라 다른 정치인들의 특성까지도, 심지어 당대 미국 사회의 특성까지도 왜곡한다.[4]

초기 공화국에 대한 역사 저작물들은 이례적으로 훌륭하다. 그러나 건국자들에 초점을 맞춘 몇몇 저작물들은, 유동적이며 빠른 속도로 변화하면서 건국자들의 행동에 영향을 주는 사건들을 포함한 사회적 환경을 경시하는 경향을 보인다. 키르케고르가 썼듯이 '인생은 뒤로 돌아보아야만 온전하게 이해할 수 있지만, 언제나 앞을 향해서 살아야만 한다.' 심지어 모든 종류를 통틀어 최고의 역사 저작물인 경우에도 결과는 우연적인 환경과 관계없이 확실하다면서 그런 환경을 최소화하는 경향이 있다.

앞을 내다보지 않고 관계자들의 관점에서 뒤로만 돌아볼 때의 결과는 역사를 고착화할 수 있다. 1775년부터 1816년까지의 미국 역사에서 실제와 다른 결과들을 상상해보길 꺼린다면, 가장 중요한 몇몇 결정들이 아주 작은 차이로 인해서 내려지던 아슬아슬한 순간의 현상들을 무시하는 것이 된다. 최악의 경우, 독자들은 충분히 성숙한 정치인들이 오늘날까지 그들의 이름에 따라붙는 원칙과 태도에 시종일관 충실하게 행동했다는 식으로 생각할 수도 있다. 그러나 원본 자료로 돌아가서 그들이 결정을 내리던 상황을 재구성해 보면, 그들은 극단적으로 변화무쌍한 상황에서 시시각각으로 제기되는 갖가지 문제에 대응해서 새로운 대답을 하나씩 내놓으면서 한 걸음씩 전진해 갔음이 명백하게 드러난다. 때로 그들이 내린 대답들은 우리가 그들이 남긴 저작물에서 유추하는 이미지나 혹은 심지어 당시에 그들이 선호하던 경향과도 일치하지 않는다. 역사의 많은 부분은 다르게 전개되었을 수도 있는 일련의 사건들로 구성된 이야기이다. 링컨도 1864년에 다음과 같이 말하지 않았던가.

"나는 내가 모든 사건들을 통제했다고 주장하지 않습니다. 솔직히 그 사건들이 나를 통제했던 겁니다."[5]

초기의 미합중국에서도 그랬다. 중요한 사건들이 뒤이어 나타난 사건들에 영향을 미쳤다. 즉, 어떤 일들이 일어나지 못하게 했거나, 일어나게 했거나, 혹은 그 어떤 일들의 구체적인 형상을 결정지었다. 예를 들어서 연합규약* 집필자들은 이 규약에, 헌법 수정에 관한 내용은 13개 주 전체가 만장일치로 찬성해야 한다는 조항을 넣었다. 그런데 만일 이 조항이 그 규약에 없었다면, 로드아일랜드는 1781년에 관세 수입에 대한 통제권을 장악하려던 연방의회의 시도를 차단할 수 없었을 것이다. 그리고 만일 이 반대가 없었더라면 연방정부는 보다 규모가 크고 주정부의 눈치를 보지 않아도 되는 독립적인 수입원을 늦어도 1781년까지는 확보했을 것이다. 그리고 이런 상황에서였다면 로버트 모리스의 재정 사업

---

* 미국이 영국으로부터 독립을 선언한 뒤 최초로 제정한 헌법, 1777년에 기초되고 1781년에 비준되었다.

들은 잘 진행되었을 것이다. 그리고 새 헌법에 대한 욕구도 그렇게 강하지 않았을 것이며, 1787년의 헌법은 어쩌면 탄생하지 않았을지도 모른다.[6]

그럴 경우, 새로 비준된 헌법 아래 진행되었던 1789년부터 1816년까지의 역사도 달라졌을 것이다. 사건들 혹은 이전 사건들의 결과들이 공공정책의 틀을 형성했고, 이 공공정책이 이번에는 그 뒤에 뒤따르는 사건들과 정책들의 틀을 형성했다. 이 기간의 처음 4년 동안인 1789년부터 1792년까지, 독립전쟁과 연합규약 시대에서 비롯된 재정적인 곤궁함이 공무(公務)를 지배하는 경향이 있었다. 이어서 1793년부터 1815년까지의 다음 20년 동안에 미합중국이라는 신생국의 재정 정책과 외교정책에는 영국과 프랑스 사이의 긴 전쟁 및 미국과 영국의 1812년 전쟁의 그림자가 깊게 드리웠다.

* * *

건국자들이 남긴 저술은 워낙 방대해서 이 저술들을 따로 젖혀놓고 논의를 펼친다는 것은 불가능한 일이다. 게다가 이 저술들은 내용이 모호하고 때로 모순적인 부분이 있어서 읽을 때마다 독자를 헛갈리게 만든다. 그러나 건국자들끼리 싸움을 했던 결과물들은 매우 분명하게 의미를 파악할 수 있다. 1789년부터 1816년까지의 기간에 워싱턴과 해밀턴 그리고 애덤스의 지휘 아래에 있던 연방주의자들은 처음 12년 동안 거의 모든 중요한 싸움에서 승리를 거두었다. 그러다가 제퍼슨과 매디슨 그리고 갤러틴이 지휘하는 공화주의자들이 그 다음 15년 동안 그랬다. 이 27년 동안 건국자들 사이에서는 격렬하고 신랄한 갈등이 끊이지 않았다. 이런 상황에서 타협의 정신은 1787년 헌법제정회의에서 절정에 다다랐다가, 연방당이 몰락한 대략 1817년까지는 줄곧 그 수준을 회복하지 못했다.

위싱턴 재임 기간 동안에(이때 해밀턴은 재무부장관이었고 제퍼슨은 국무부장관이었으며 매디슨은 하원의 실질적인 지도자였다) 해밀턴은 모든 싸움에서 이겼고 제퍼슨과 매디슨은 모든 싸움에서 졌다. 굵직한 싸움만 들어도 국가부채를 액면가로 상환하는 문제, 주정부의 부채를 연방정부가 떠안는 문제, 미합중국은행 창설 문제, 6척의 해군 프리깃함 건조 문제, 제이 조약 및 영국에 대한 무역제재 문제 등이 있었다. 매디슨과 제퍼슨은 영국에 대한 무역제재를 강하게 밀어붙였다. 해밀턴은, 재무부는 막대한 금액의 국가부채에 대한 이자 지급 부담에 허덕이는 형편이므로 미국의 수입품이 줄어드는 상황에 따른 관세 수입 감소를 감당할 수 없다는 논리를 내세워 싸웠다.

각 진영이 가지고 있던 사상 그리고 또 이 사상의 결과를 놓고 양 진영은 제퍼슨과 해밀턴 그리고 매디슨이 각각 1793년, 1795년, 1797년에 정치 일선에서 물러난 뒤에도 변함없이 예전과 마찬가지로 싸웠다. 이 세 사람은 표면적으로는 권력에서 물러나 있던 기간에도 여전히 막강한 영향력을 행사했다. 제퍼슨은 1797년부터 1801년까지 부통령으로 있었고, 비록 연방당의 견제 때문에 국정에 거의 관여하지 못하긴 했어도 정부 바깥에서 야당의 반대 기조를 계속 이어가고 또 강화했다.

1794년부터 1796년까지는 제이 조약이 국가 정책을 지배했다. 위싱턴과 해밀턴의 눈으로 보자면 이 조약의 성공은 영국과의 전쟁을 피할 수 있는 유일한 기회이자 재무부가 파산이라는 재앙을 피할 수 있는 유일한 기회가 반영된 것이었다. 이에 비해서 제퍼슨이나 매디슨은 이 조약이 프랑스를 희생하면서 영국에 빌붙는 워싱턴 정부의 특성을 잘 보여주는 증거라고 여겼다. 이 두 사람에게는 해밀턴의 이런 정책이 순수한 미국식 제도에 영국식 부패를 도입하려는 파렴치한 시도이기도 했다.

해밀턴 진영이, 비록 워싱턴이 직접 개입한 결과이긴 하지만, 이 결정적인 싸움에서 이겼다. 그러나 그것과 관련해서 필연적인 것은 아무것도 없었다. 그저 우연하게도 그런 결과가 빚어졌을 뿐이다. 결국 상원이 이 조약을 비준했지만 헌법이 정한 최소 요건인 3분의 2에 겨우 턱걸이를 한 20 대 10이었고, 그리고 하원에서는 상원에서 비준을 한 지 10달이 지난 뒤에야 51 대 48로 아슬아슬하게 조약 이행에 필요한 예산 집행을 가결했다. 연방주의자들은 1798년에 '재류외국인 및 선동법' 제정 싸움에서도 이겼지만, 이때도 이 법안은 하원을 52 대 48로 아슬아슬하게 통과했다. 그래서 1789년부터 1801년까지의 연방당의 세 차례 임기 동안(조지 워싱턴이 2번 재임했고 존 애덤스가 1번 재임했다) 연방주의자들은 커다란 정치적인 싸움에서 거의 다 이겼다. 하지만 하마터면 이기지 못할 뻔했던 싸움도 여럿 있었다는 사실을 명심해야 한다.

1800년의 대통령 선거에서 토머스 제퍼슨과 그의 러닝메이트이던 애런 버가 동일한 득표수를 기록하는 특이한 일이 일어나서 헌정 질서가 무너질 수도 있는 위기 상황이 빚어지긴 했지만, 어쨌거나 이 두 후보 모두 공화주의자였고 공화주의자들이 권력을 잡는 데는 아무런 문제가 없었다. 이렇게 되자 연방주의자들은 1801년부터 거의 모든 싸움에서 공화주의자들에게 졌다. 우선 공화주의자들은 루이지애나 매입 건을 놓고 벌인 싸움에서 연방주의자들을 눌렀다. 하지만 매입 대금을 프랑스에 지급할 것을 놓고 벌인 하원 투표에서 59대 57이라는 역시 아슬아슬한 표 차이에 따른 승리였다. 이런 상황은 당파적인 갈등과 불화를

반영한 것이었다.[7]

　공화주의자들은 계속해서 다른 싸움에서도 승리 기록을 이어갔다. 1807년의 엠바고법 제정, 1809년의 통상금지법 제정, 1810년의 2번 메이컨법 제정, 1811년의 미합중국은행 허가 기간 연장 부결, 그리고 1812년 영국에 대한 선전포고 등이 그런 싸움의 결과였다. 그런데 이런 안건들을 처리한 투표에서 많은 경우에 표 차이는 극단적일 정도로 아슬아슬했다. 예를 들어서 미합중국은행 허가 기간 연장 건은 하원에서 55대 54로 의결되었지만 상원에서 17 대 17 동수였고 결국 공화주의자인 부통령이 캐스팅보트를 행사했다. 1812년 전쟁 선포 안건도 역사상 유례를 찾아보기 어려울 정도로 아슬아슬하게 의회를 통과했다. 처음 상원에서는 1차 투표에서 17 대 17이었다가 나중에 19 대 13이었고, 하원에서는 79 대 49였다.

　이런 투표 하나하나가 모두 미국 내에서 지역적으로, 경제적으로 그리고 문화적으로 존재하던 첨예한 분열을 반영한 것이었다. 1792년 이후로 이 모든 분열은 영국과 프랑스 사이의 전쟁 때문에 미국이 빠진 재정적·외교정책적 딜레마를 반영했다. 1811년 미합중국은행 허가 연장 건을 놓고 벌인 싸움에서조차도 이 안건에 반대하는 측에서는, 은행의 주식 가운데 상당한 부분을 외국인, 특히 그들이 혐오하던 영국인이 소유한다는 사실을, 은행을 없애야 하는 이유로 제시했다.

　이처럼 수없이 많은 중요한 법안의 의결 혹은 부결이 아슬아슬한 표 차이로 결정되었고, 이런 사실은 역사적인 결과는 필연적인 것이 아니라 우연적인 것이라는 진리를 뒷받침한다. 1790년에 주정부의 부채를 연방정부가 떠안기로 한 결의도 하원에서 32 대 29로 의결되었으며, 이 법안은 해밀턴이 수도를 이전한다는 데 공화주의자들에게 동의하지 않았다면 통과되지도 않았다. 이런 협상 조건이 없었더라면 지금 미국의 수도는 뉴욕에 그대로 남아 있을 것이다.**8**

만일 1794년에 연방주의자들이 제안했던 6척의 프리깃함 건조 계획이 하원에서 46 대 44로 의결되지 않았더라면, 바르바리제국에 파견할 군함은 없었을 것이고 1812년 전쟁에서 영국과 맞서 혁혁한 전과를 올릴 군함도 없었을 것이다. 마찬가지로, 제이 조약이 1795년에 의회를 통과하지 않았다면, 영국과의 전쟁은 1812년이 아니라 전쟁 준비가 훨씬 덜 되었던 시점에서 발발했을 것이다. 그리고 루이지애나 매입비용 지출에 관한 의결이 1804년에 의회를 통과하지 못했더라면 그 뒤 미국의 역사는 전혀 다른 길로 진행되었을 것이다.

그 시기에 일어났던 일 가운데 거의 모든 일이 실제 일어났던 것과 다르게 전개될 수 있었다. 영국의 역사가 메이틀런드(F. W. Maitlan)가 말했듯이 '지금 과거에 있는 것은 한때 미래에 있었다.' 아슬아슬하게 가결이 되거나 부결이 되었던 이 모든 투표에서 의원 몇 명이(어떤 경우에는 단 한 명이라도) 생각을 다르게 해서 투표를 했거나, 혹은 의결 직전에 갑작스럽게 번개를 맞거나, 급성 폐렴으로 사망했다면 그 뒤의 역사적인 사건은 전혀 다르게 진행되었을 것이다. 이 시기를 다룬 역사물들은 이런 놀랍도록 아슬아슬하고 극적인 사실들을 지나칠 정도로 무시하지만, 이런 것들 하나하나가 모두 미국 내에 뿌리 깊었던 분열을 반영하는 것이었다.

그리고 만약 연방정부의 권력을 잡은 진영이 처음부터 달랐다면 미국은 그 뒤에 겪어왔던 행운을 누리지 못했을 것이다. 예컨대 미국을 파산에서 구하고 건전한 반석 위에 올려놓은 해밀턴의 재정 관련 사업들이 이른바 '1800년 혁명' 이전에, 즉 국가부채를 청산하는 것이 유일한 정부 목표로 설정되기 이전에 진행되었다는 사실은 미국으로서는 행운이라고 말할 수 있을 만큼 다행스러운 일이다.

　반대 상황이었다면 이자를 주는 조건을, 부채를 조성하는 것이 아니라 될 수 있으면 빠른 시일 안에 원금을 청산하는 쪽으로 정부의 재정 계획을 잡았을 것이다. 1790년대의 상황에서 이런 정책을 펼쳤다면 설령 재앙은 아니었다 하더라도 재정적 및 정치적 불행이 미국을 덮쳤을 것이다. 해밀턴이 추진한 사업 이후에 빠르게 찾아온 번영은 결코 없었을 것이다. 그리고 1780년대의 불경기도 아마 지속되었을 것이다. 갤러틴이 1801년에 재무부장관이 되기 전 거의 대부분 기간 동안에 미국의 납세자들은 국가부채의 원금을 갚을 처지도 되지 못했거니와 그럴 의향을 가지지도 않았을 것이다.

　초기 미국 역사물 가운데 몇몇은 1789년부터 1816년까지 있었던 중요한 사건들 및 우연적인 사건들이 담고 있는 중요하면서도 구체적인 사실들을 놓치고 있다. 게다가 1816년에 멈추는 단기적인 시선을 취함으로써 또 다른 2개의 실수를 저질렀다. 첫째, 노예제도 문제의 심각성을 지나치게 저평가했다. 이 문제는 적어도 1819년부터 미국을 괴롭히다가 앨버트 갤러틴이 죽고 12년 뒤인 1861년에게 해결되었다.

　둘째, 대부분의 기존 역사물들은 공화주의자들이 연방주의자들의 정책을 적지 않게 채용한 것으로 인식한다. 그러나 이 역사물들은 보다 폭넓은 경제 전략들, 특히 해밀턴과 갤러틴의 전략들이 장기적인 차원에서 하나로 융합되었다는 사실을 무시했다. 하지만 바로 이 융합이 19세기 내내, 그리고 오늘날까지도 이어지는 미국적 정치경제의 자본주의적 기본 틀을 구성했다.

CHAPTER 30
자본주의와 신용

해밀턴과 갤러틴의 시대에 미국 경제는 현대적인 자본주의 체제를 향해 나아가고 있었으며, 이 체제는 19세기 동안 성숙했다. 두 사람의 정책들은 이런 전이 과정을 가속화시켰다. 하지만 그 시기에 노련하고 정교한 분석가였던 이 두 사람도 활짝 꽃을 피운 산업자본주의 경제가 어떤 모습일지는 그저 막 상상을 하기 시작했을 뿐이다. 그때는 '자본주의'라는 용어 자체도 나오지 않을 때였다. 이에 비해 '자본'이라는 용어는 1630년에 이미 데뷔했다. 《옥스퍼드영어사전》은 자본을 '축적된 부(富)로서 재생산에 투입된 것'이라고 정의한다.

물론 자본은 거의 모든 유형의 경제에서 존재한다. 그러나 자본주의는 다른 것과 구분되는 뚜렷한 특징을 가지고 있다. 전면적인 시장 체제, 법치, 소유물의 손쉬운 구매와 판매, 계약의 신성함, 노동의 이동성, 임금의 현금 지급, 그리고 (결정적인 요소인데) 신용의 행사이다. 신용이라는 요소에서 자본주의의 '자본'이 지닌 의미는 훌쩍 먼 곳까지 포괄하게 된다. 자본주의는 축적된 부뿐만 아니라 신용의 또 다른 이름인 '정신의 돈(money of the mind)'까지 포함한다.[1]

바로 여기에 로버트 모리스와 알렉산더 해밀턴 그리고 앨버트 갤러틴의 진영과, 존 애덤스와 토머스 제퍼슨 그리고 제임스 매디슨의 진영 사이에 존재하던 미국 경제 인식에 대한 핵심적인 차이가 존재한다. 신용은 잘만 관리하면 거의 무한한 경제 성장의 열쇠가 될 수 있다. 그러나 신용을 잘못 관리하면 국가 경제에, 기업에 그리고 개인에 재앙을 가져다줄 수 있다. 로버트 모리스와 윌리엄 듀어가 그렇게 재앙을 맞이했다. 신용은 또한 제퍼슨에게 엄청난 골칫거리를 안겨주었다. 제퍼슨은 오래 살면 살수록 점점 더 깊은 빚의 수렁에 빠졌기 때문이다.

* * *

신용은 자본주의 체제의 핵심에 놓여 있다. 신용은 보다 나은 물질적 미래에 대한 믿음의 의존한다. (신용의 라틴어 어원 'credere'는 '믿는다'는 뜻이다.) 모리스와 해밀턴 그리고 갤러틴이 필수불가결한 기관이라고 여겼으며 또한 애덤스와 제퍼슨 그리고 매디슨이 혐오하며 탄식해 마지않았던 은행은 자기가 가지고 있는 현금 보유액을 훨씬 초과하는 금액을 개인이나 기관에 빌려준다. 은행은 미래에 돌려받을 것을 기대하며 자기가 가지고 있던 돈을 빌려주되, 원금을 회수할 때까지 정기적으로 이자를 지급받는다. 이 과정이 신용을 창조하고 유통되는 통화량을 여러 배로 증가시키며 그 결과 경제가 훨씬 빠르게 성장하도록 해준다. 기업이 주식 혹은 회사채를 발행할 때, 이와 비슷한 효과를 노린다. 이렇게 발행된 증권의 가치는 그 기업의 미래 수익에 따른 기대 수익에 따라 결정된다. 심지어 정부 채권의 건전성도 그 채권을 발행한 정부가 미래에 보여줄 능력에 대한 채권 소지자의 믿음에 따라 결정된다.

그러므로 자본주의 체제의 요체는 미래에 대한 강력한 심리적 지향이다. 그리고 이 지향은 자본주의 체제가 신용에 속속들이 의존하는 것으로 표현된다. 신용을 바탕으로 하는 자본주의는 비록 많은 결점을 가지고 있음에도 불구하고 인류가 여태까지 개발한 것 가운데 가장 생산적인 경제 체제임이 밝혀졌다. 해밀턴이 재무부장관으로 임명되고 59년이 지난 뒤인 1848년에 나온 《공산당선언》에서 심지어 칼 마르크스(Karl Marx)와 프리드리히 엥겔스(Friedrich Engels)조차도 자본주의가 '이전 세대를 모두 합친 것들보다 더 거대한 생산력을 창조했다'고 인정했다.[2]

그러나 자본주의는 인간사의 자연스러운 상태가 아니다. 만일 그렇다면 자본주의는 수천 년 전에 나와서 전 세계에 퍼져 있었을 것이다. 자본주의는 17세기에 반근대적인 형태로 처음 나타났다. 심지어 그때도 네덜란드, 영국 그리고 유럽의 여러 도시국가들에서만 나타났는데, 이런 데서는 그 이전에 이미 은행들이 제법 많이 생겨나 있었다. 플로렌스의 메디치은행이나 아우크스부르크의 퍼거스가 그런 사례이다. 모리스와 해밀턴 그리고 갤러틴이 미국의 재무 체계를 건설할 당시를 기준으로 하면, 이 초기 형태 자본주의가 세상에 나타난 게 100년이 될까 말까 했다.

자본주의가 도래하기 전 수백 년 동안에는 거의 모든 나라에서 농업이 국가 경제를 지배했다. 영국과 유럽 대륙에서 농사는 사유 토지와 장자 상속 및 세습의 원칙을 중심으로 조직되었다. 북아메리카에서는 땅이 워낙 풍부하게 공급되었으므로 이런 전통의 효과가 힘을 잃었다.

이런 현상은 심지어 식민지 시대에도 그랬다. 그러나 해밀턴과 갤러틴 시대에는 미국 대부분의 지역에서 옛날 전통이 여전히 살아 있었다.

버지니아의 여러 사유지들에서는 노예들이 동원되어 농사를 지었다. 이런 사유지들은 워싱턴과 제퍼슨 그리고 매디슨과 같은 건국자들이 소유하고 있었는데, 이런 사유지들이 바로 옛날 전통이 고스란히 남아 있는 부문이었다. 그런데 미국과 유럽 대륙이 중요하게 다른 점이 있었다. 미국에서는 노예가 실질적으로 주인에게 소유되고 있다는 점, 그리고 미국의 사유지는 인근의 미개발지를 매입하는 방식으로 쉽게 확대될 수 있다는 점이었다. 해밀턴의 처가인 스카일러 가문처럼 네덜란드 통치 시절부터의 대지주가 소유한 뉴욕의 영지들도, 비록 대부분은 노예가 없긴 했지만 그래도 비슷한 방식으로 운영되었다. 이런 대규모 사유지는 구세계 전통이 여전히 가지고 있는 힘을 상징했다.

그러나 독립 초기에 미국 경제는 어떤 다른 방향으로 움직이기 시작했다. 도시의 장인이나 서기 그리고 작지만 수입이 좋은 농장을 운영하는 사람 등을 아울러서 일컫던 이른바 '중간층'에 속하는 사람들이 점점 더 많아지고 있었다. 1800년 이후 대통령 선거와 의원 선거에서 공화당이 다수당이 되도록 지지한 층이 바로 이 집단이었다.

신용을 바탕으로 한 상업과 제조업이 특히 1816년 이후로 중요한 부문으로 떠올랐다. 모든 종류의 상품의 국내 및 해외 거래가, 비록 1818~1819년에 금융 공황이 있긴 했지만, 제임스 먼로의 재임기(1817~1825) 대부분을 관통해서 지속되었던 이른바 '기분 좋은 시대(Era of Good Feelings)'를 지탱했다. 이전 두 세대 동안 있었던 격렬한 정치적 싸움은 짧은 휴전 상태에 돌입한 것 같았다. 그러나 1793년에 조면기*가 발명됨에 따라서 1812년 이후로 노예제도가 폭발적으로 확대되었다. 예상치 못한 이런 부흥으로 농장주와 북부의 해운업자들 그리고 신용을 바탕으로 한 수출을 관리하는 데 도움을 주던 보험업자들이 큰돈을 벌었다. 그러나 남부에서는 이런 현상이 농업과 공업 두 부문에서 모두 현재적인 자본주의로 나아가는 운동을 가로막고 나섰다.³

자본주의 체제는 발생 초기부터 지금까지 변함없이 제어하기 어려운 대상이었다. 방해받지 않는 시장과 사회적 구속(제재) 사이의 적절한 균형이 따로 설명할 필요가 없을 정도로 자명했던 적은 한 번도 없었다. 앞으로도 마찬가지일 것이다. 자본주의 아래에서는 온갖 조건들이 끊임없이 바뀌기 때문이다. 해밀턴과 갤러틴 모두 깨달았듯이 정부의 간섭이 너무 지나치면 기업이나 산업 전체 혹은 국가 경제 자체를 파멸로 몰 수 있다. 그러나 정부가 간섭을 너무 적게 해도 마찬가지 결과가 일어날 수 있다. 자본주의가 성공하려면 기업가정신을 적극적으로 촉진해야 한다. 그러면서 또한 동시에 이 체제가 정부의 통제를 벗어나지 않도록 정부는 지속적으로 감시를 해야 한다. 미래의 이익에 사로잡혀 있는 기업가들은 끊임없이 미지의 세계로 빠르게 육박해 들어가고, 정부는 힘겹게 허덕이며 그 뒤를 따라잡으려 한다. 기업계에서 일어나는 추문이 지금은 너무도 잦아졌는데, 이제 이런 것들은 자본주의 체제 자체에 특히 재무 분야에서 재앙으로 여겨야 할 정도이다.

그런데 왜 재무 분야일까? 왜냐하면, 바로 거기에서 신용이 관리되고 지폐가 발행·유통·조종되며 또 도저히 버티지 못하는 수준까지 가격이 오름에 따라서 '거품'이 처음 발생하기 때문이다. 17세기와 18세기 초에 네덜란드의 튤립 거품, 프랑스의 미시시피 거품 그리고 영국의 남해

• 목화에서 목화씨와 목화솜을 분리하는 기계.

거품 등은 모두 신용을 토대로 점점 더 많은 돈을 벌려는 편집증에 가까운 행태에서 비롯되었다. 위에 언급한 거품 이야기 하나하나는 수많은 사적 개인 및 공적 관료들을 낭패 속으로 몰아넣었다.

1792년에 최초의 금융 거품이 미국을 강타했다. 한때 해밀턴 아래에서 해밀턴을 돕기도 했던 윌리엄 듀어가 뉴욕은행의 주식 및 다른 여러 증권의 가격을 올리려고 애를 썼고, 이에 반해 부유한 리빙스턴 가문은 이 증권들의 가격을 떨어트리려고 애를 썼다. 그러자 증권을 가지고 있던 사람들이나 예금자들은 현금을 확보하려고 은행에 길게 줄을 늘어섰고, 은행은 이 요구에 대응하기 위해서 대출금 회수에 나섰다. 이 상황에서 증권의 가치가 폭락할 게 불을 보듯 뻔했다. 이때 해밀턴이 나서서 빠르게 행동을 취했다. 재무부에 증권을 매입하도록 지시해서 미합중국은행 및 당시의 몇몇 은행들이 대출금 회수에 나서지 않도록 방어를 해줌으로써 대형 위기가 터지는 걸 막았다. 그러나 신용이 자본주의 체제의 심장으로 남아 있는 한 시장은 여전히 거품을 향해서 언제나 치달을 것이며, 또한 이런 상태를 신속하게 수정하는 조치는 여전히 필요할 것이다.

* * *

해밀턴은 여러 연구조사 사업 및 경험을 통해서 신용이 당시의 그 어떤 미국 정치인보다 낫다는 사실을 깨달았다. 그는 재무부장관 재직 마지막 달에 의회에 보고서 하나를 제출했다. 〈공공신용의 추가 지원을 위한 계획에 대한 보고서(Report on a Plan for the Further Support of Public Credit)〉(1795)였다. 해밀턴이 작성한 공적인 보고서들 가운데 최고 수준이라고 꼽을 수 있을 뿐만 아니라 역사적으로 연구자들로부터 가장 많이 무시당했던 이 문건에서 그는 지난 5년 동안 미국이 성장하는 데 신용이 수행했던 역할을 요약했으며 또 미래에 신용이 가질 수 있는 중요성이 얼마나 큰지 강조했다.

"공적이든 사적이든 간에 신용은 모든 국가에서 가장 중요한 요소이다. 좀 더 강조해서 말하면, 경제에 활력을 불어넣는 요소이다. 아무리 많은 지식과 정보를 가지고 있는 사람이라도, 그동안 미국 경제가 성장해 온 과정에서 신용이 끼친 막강한 영향력 덕분이라는 사실을 올바로 인식하지 않고서는, 미국이 어린아이 수준에서 지금의 모습으로 성장한 과정을 제대로 파악할 수 없다."[4]

그리고 계속해서, 모든 종류의 신용이 각자 독특한 역할을 수행했다고 했다. 공적신용(국가부채나 주정부의 부채 조성이나 미합중국은행 창설에 의해 확보된 신용)은 그동안 기업에 훨씬 유리한 분위기를 만들어 왔다고 했다. 상인들 사이의 사적인 신용은 '새로운 국가(미국)'에 유례가 없는 번영을 안겨주었다고도 했다.

"기존에 존재하는 자본을 대체하는 대체물로서의 신용은 농업에서, 상업에서, 제조업에서 그리고 기계업에서 금이나 은 못지않다."[5]

그래서 신용을 바탕으로 할 때 미국의 번영은 앞으로 계속해서 새로운 기록을 세워나가며 무한하게 이어질 것이라고 했다. 해밀턴은 또 그 보고서에서 다음과 같이 썼다.

"만일 미국이 면밀한 관심을 기울여서 신용의 가르침을 관철한다면 (…) 신용이 외국 자본에 제시할 강력한 매력은 자기 국내의 신용뿐만 아니라 미국의 신용에도 강력하게 이끌리게 만들 수 있을 것이다."[6]

이미 유럽의 투자자들은 부도 위험이 적은 미국 정부 채권과 미합중국은행의 주식을 대량으로 매입한 상태였다. 비록 해밀턴은 알지 못했지만, 몇 해 지나지 않아서 외국 투자자들이 미국의 연방 채권과 미국 은행의 주식을 추가로 대량 매입할 터였다. 이처럼 해외 자본이 미국으로 유입됨에 따라서 미국 경제는 강화되었고, 아울러 해밀턴이 추진한 여러 정책들이 효력이 있다는 사실이 입증되었다. 해밀턴은 그 보고서에서 다음과 같이 결론을 내렸다.

"신용은 모든 것이다. 신용을 구성하는 각각의 모든 부분은 다른 모든 부분과 멋지게 공조한다. 가지 하나를 잘라내면 나무 전체가 위축되고 말라간다. 각각의 채권자에게 확실성을 보장하는 것은 전체 채권자들에게 확실성을 보장해주는 것과 떼놓고 생각할 수 없는 문제이다."[7]

그러므로 경제 체제를 매우 주의 깊게 관찰하고 관리해야 한다고 했다. 몇 가지 결점이 있다거나 잠재적인 어떤 재앙의 위험이 있다고 해서 신용을 부정하거나 가치를 폄하하는 것은 성장하는 시장경제에서 신용이 수행하는 본질적인 역할을 무시하는 것이라고 했다. 경제 성장에 없어서는 안 되는 다른 어떤 요소와 마찬가지로, 신용을 검열하면 신용이 소멸된다고 했다.

"신용을 남용하는 데 반대함으로써 신용을 나쁘게 말하려는 모든 시도는 허망한 것이다. 남용이나 오용이 나쁘지 않은 게 어디 있겠는가?"[8]

해밀턴은 그 보고서에서 신용이 미국 경제 발전의 장기적인 과정에서 수행할 역할을 놀라우리만치 정확하게 예견했다. 수많은 이민자들이 유럽에서 미국으로 들어오던 것처럼 막대한 자본이 미국에 유입되었다. 외국의 신용이 미국 경제 성장의 촉매제가 되었던 것이다.

앨버트 갤러틴은 비록 초기에는 신용에 다소 회의적이었지만 곧 해밀턴과 동일한 결론에 다다랐다. 심지어 1790년대에 갤러틴은 자기 당 지도자인 제퍼슨이 단호하게 반대했음에도 불구하고 미합중국은행을 지지했다. 1804년에 갤러틴은 제퍼슨에게 뉴올리언스에 미합중국은행 지점을 설립하는 게 좋겠다고 조언했으며, 1811년에는 이 은행의 허가 시한 연장을 위해서 강력하게 싸웠다. 그리고 1816년에는 제2미합중국은행 설립을 주장했다. 1830년대에 그는 앤드류 잭슨이 제2미합중국은행 설립 재허가를 거부권 행사를 통해서 막자, 그를 강력하게 공격했다. 본인은 그 시기에 직접 은행의 은행장직을 수행하기도 했다.

해밀턴과 갤러틴은 이런 조치들을 촉진하는 과정에서 그들이 처음 미국 땅을 밟았을 때 만연해 있던 신용에 대한 편견들에서 벗어났다. 두 사람은 장차 자본주의라고 불릴 체제, 미국 경제를 인류 역사상 유례가 없을 정도로 빠르게 성장시킬 경제 체제의 핵심적인 요소들 가운데 하나에 대한 정의를 내리고 있었다.

CHAPTER 31
해밀턴과 갤러틴의 정치경제학

　미국은 자기 역사의 대부분 기간 동안 전형적인 자본주의 국가였다. 기업가정신을 구현할 수 있는 기회가 가장 많이 열려 있던 나라가 바로 미국이었다. 미국의 법과 환경은 외국 이민자들이 이 기회를 활용하도록 장려했으며 또한 경제 성장을 촉진했다. 이런 것들은 바로 독립전쟁 및 해밀턴과 갤러틴 그리고 이 책에서 언급한 다른 이민자들이 강화했던 경제정책들이 남긴 유산이다.

　이런 법과 환경 그리고 정책들이 하나로 합쳐져서 기업 활동이 싹을 틔우고 결국 번창할 수 있는 온실 역할을 했다. 민간 기업들이 실질적인 성장을 이룩했으며 최종적인 수확을 했다. 그러나 그런 온실이 없었다면 그리고 충분한 일사량과 온습도가 갖추어지도록 세심하게 관심을 기울이지 않았다면, 그 수확의 결과는 그처럼 풍성하지 않았을 것이다.[1]

　경제 성장을 가능하게 한 온실이라는 이 틀을 어떻게 하면 가장 잘 이해할 수 있을까? 그리고 또 이 틀이 해밀턴과 갤러틴이라는 두 인물의 경력과 어떻게 연관이 있을까? 비록 거칠긴 하지만, 자본주의 경제체제에서 정부의 개입을 다음 네 가지 범주로 나누어서 생각해보자.

(1) 자유방임. 정부의 개입을 최소화한다.
(2) 대부분 자유로운 시장에서 모든 차원의 정부가(즉, 도시, 카운티, 주정부, 연방정부가) 자주 그리고 조정되지 않은 차원에서 개입한다.
(3) 민간의 의사 결정에 정부가 체계적으로 지침을 내려주는데, 이런 지침은 주로 연방정부 차원의 상부에서 작성되고 하달된다.
(4) 전체 경제를 정부가 철저하게 관리하고 모든 의사 결정을 정부가 내리되, 이런 계획과 지침은 전적으로 상부에서 작성한다.

미국 역사를 통틀어서 보면 미국은 대체로 (2)의 범주의 속한다. 이것은 미국이라는 국가의 특성 가운데 하나이다. 미국은 이 범주를 중심으로 해서 다른 범주들로 오가곤 했는데, 그렇다고 하더라도 (2)의 범주를 오랫동안 떠나 있었던 적은 거의 없다. (1)의 범주(자유방임)와 (4)의 범주(철저한 통제)에 속한 적은 한 번도 없었다. 커다란 전쟁이 일어났던 몇몇 시기 동안에만(즉, 1861~1865년, 1917~1918년, 1941~1945년) 일시적으로 (3)의 범주에 머물렀다. (2)의 범주는 공공경제 관리의 미국식 방식이었던 셈이다.[2]

해밀턴과 갤러틴이 재무부장관으로 재직하던 시기에 두 사람이 가지고 있던 이념적 차이가 종종 두 사람의 견해가 일치하는 부분을 압도하곤 했다. 두 사람이 남긴 저작물이나 두 사람의 삶을 다른 역사물도 마찬가지이다. 관련 연구서들은 흔히 두 사람이 강력하게 주장했던 내용에 비중을 두었지만, 사실 그런 내용들은 대개 당파적인 목적에서 비롯된 것들이었다. 그러나 냉정하게 돌이켜보면, 두 사람 모두 두 번째 범주를 선호하며 구체적인 정책의 핵심이 다르지 않음을 알 수 있다.³

공화주의자들이 1801년에 권력을 잡은 뒤에 외부에서 작용하는 여러 압박들은 제퍼슨과 매디슨 그리고 갤러틴으로 구성된 삼두정치를 (2)의 범주로 강력하게 밀어댔다. 나폴레옹 전쟁, 루이지애나 매입, 1807~1809년의 엠바고 조치 그리고 1812년 전쟁은 공화주의자 정부로 하여금 (해밀턴의 관점에서 보자면) 보다 '힘이 넘치도록' 만들었다. 1800년 이후 연방정부가 경제에 개입했던 빈도와 폭은 1790년대에 공화주의자들이 이상적으로 생각했던 것에 비하면 한층 많고 또 넓었다.

1816년 이후로 정권이 민주당과 공화당 사이에서 주기적으로 교체되면서 해밀턴의 사상과 갤러틴의 사상이 타협을 하게 된다. 갤러틴은 (주정부든 연방정부든 간에) 모든 차원의 정부 개입을 최소화하는 것을 선호하면서 (1)의 범주 쪽으로 이끌리긴 했지만, 그렇다고 해서 갤러틴이 자유방임적인 정책을 주장하거나 옹호한 적은 단 한 번도 없었다. 사실은 그렇지 않지만 설령 그런 경향이 그에게 없잖아 있었다고 하더라도, 서부를 개발하겠다는 그의 소망을 실현하려면 연방정부의 예산을 들여서 공유지를 적극적으로 관리하고 또 국내 개발을 이룩해야만 했다. 한편 비슷하게, 열정이 넘치고 또한 정부 차원에서 잘 조정된 해밀턴의 여러 정책들이 (3)의 범주로 이끌리는 경향을 보이긴 하지만, 한 번도 그 범주에 속한 적은 없었다. 갤러틴이 자유방임주의를 주장한 적이 없었던 것과 마찬가지로 해밀턴이 연방정부 차원의 상부 지침을 주장한 것은 없었다.⁴

* * *

물론 해밀턴과 갤러틴은 국가부채 관리 문제나 적절한 과세 수준 결정 등의 문제에 대해서 또 (적어도 수사적으로는) 정부 자체의 적절한 역할에 대해서도 의견이 달랐다. 두 사람 사이의 가장 큰 차이점은 국가 안보에 대한 생각에 있었다. 해밀턴은 1772년에 미국 땅을 처음 밟았다. 그때는 영국과 치를 전쟁의 먹구름이 잔뜩 끼어 있을 때였다. 해밀턴은 애초부터 군사적인 사고방식을 가지고 있었다. 그리고 그때 이후 그에게 남아 있던 32년이라는 여생 동안 그에게 가장 중요한 문제는 독립이었고, 그다음은 자기가 선택한 새로운 조국이 외국의 위협으로부터 안전하게 유지되는 것이었다. 외국의 위협으로부터 조국을 지켜내겠다는 단호한 결심이 그의 머리와 가슴에 박혀 있었던 것이다.

이에 비해서 갤러틴은 군사적인 것은 모두 혐오했다. 1780년에 처음 미국 땅을 밟았지만 그는 독립전쟁에 자기 한 몸을 던지겠다는 생각은 손톱만큼도 가지고 있지 않았다. 1801년에 재무부장관이 되고 난 뒤에도 제퍼슨이 바르바리의 해적들을 상대로 군사 작전을 펼친다고 했을 때 반대하고 나섰으며, 또 영국과 프랑스를 상대로 무역 제재를 취하려 할 때도 반대했고, 1807~1809년의 엠바고 조치에도 반대했으며, 심지어 1812년 전쟁이 발발하는 그해에도 군대를 강화하는 데 반대했다. 그리고 1812년 전쟁의 결과로 외부적인 위협이 종식되자, 평화를 추구하는 갤러틴의 강력한 성향이 남은 34년 인생 동안 그를 지배했다.

해밀턴과 갤러틴의 태도가 이처럼 확연하게 달랐기 때문에 국가 방위의 지리적 전망도 다르게 나타났다. 유럽발 위협으로부터 독립을 유지해야 한다는 생각에 사로잡혀 있던 해밀턴의 시선은 동쪽의 유럽을 향했다. 1790년에 해밀턴은 어떤 논평에서 영국령 캐나다는 '우리의 왼쪽'에 있고 스페인의 점령지들은(당시에 뉴올리언스가 스페인 점령지 가운데 하나였다)

'우리의 오른쪽'에 있다고 말했다. 이런 표현은 그가 동쪽으로 대서양을 정면으로 바라보고 있을 때만 나올 수 있는 표현이다. 해밀턴도 서부 개발의 중요성을 알고 있었으며, 루이지애나 매입과는 시기적으로 한참 이전인 프랑스와의 준전쟁 시기에조차도 뉴올리언스를 취할 준비가 되어 있었다. 그러나 그는 애팔래치아 산맥 서쪽에 펼쳐져 있던 미래를 갤러틴만큼 선명하게 바라보지는 못했다. 갤러틴은 외국의 위협에 대해서는 해밀턴보다 걱정을 덜했다. 그리고 그는 대서양을 바라보는 게 아니라 서쪽을 정면으로 바라보는 관점을 일관되게 유지했다. 하지만 설령 이렇다 하더라도 두 사람은 경제적인 차원의 국가주의자들이었고, 국가 개발에 대한 공통된 관점은 국가 방위에 대한 서로 다른 관점을 덮어주었다. 군사적인 효과는 경제력에 좌우된다는 사실을 두 사람 다 믿었기 때문이다.[5]

두 사람은 경제적인 차원의 국가주의자들이었기에 국내 개발에(당시의 국내 개발이라 함은 도로, 운하, 강, 항구 등과 관련된 인프라 건설을 뜻한다) 연방정부가 지원해야 한다는 점에 동의했고 또 이렇게 주장했다. 바로 이 지점에서 갤러틴은 버지니아 동료들인 제퍼슨 및 매디슨과 견해가 달라졌다. 이 문제에 관해서 제퍼슨은 어정쩡한 태도를 취했지만 매디슨은 거의 대부분 분명하게 반대 의견을 표명했다. 한 가지 사례만 들자면, 매디슨은 대통령에 재임하던 때인 1817년에 의회에서 통과한 국내 개발 법안에 거부권을 행사했다.

갤러틴의 1808년 보고서 〈도로와 운하에 대한 보고서〉가 나온 지 200년이 넘는 세월이 흐르는 동안 국내 개발에는 철도와 고속도로 그리고 공항이 포함되었다. 이 긴 기간 동안에 각급 차원의 정부가 수행해야 하는 역할을 놓고, 갤러틴이 그 보고서가 처음 나왔을 때와 다르지 않게 숱한 논쟁이 있었다. 어떤 정당이 정권을 잡느냐에 따라서, 민간 자본을 보충할 필요성에 따라서, 그리고 연방정부나 주정부 혹은 지역 정부 가운데 어느 쪽이 주된 책임을 져야 하는지 하는 문제에 대한 논의의 향방에 따라서, 연방정부의 예산이 늘기도 하고 줄기도 했다.[6]

해밀턴과 갤러틴은 둘 다 미국의 제조업을 촉진하고자 했으며, 이 과제를 달성하기 위한 경로에 대해서 각각 통찰력 있는 보고서를 썼다. 해밀턴은 제조업 분야에 특별히 보조금을 지급하는 방안을 선호했지만, 갤러틴은 그렇지 않았다. 보조금은 비록 효과적일 수 있고 또 유럽에서는 실제로 그랬지만 정치적인 선심이라는 함정에 빠질 수 있었다. 갤러틴은 구세계에 만연한 부패를 척결한다는 것이 미국 건국 이념의 핵심이라고 바라보았기에 차라리 보조금 지급을 반대했던 것이다. 하지만 보다 중요한 사실은 갤러틴과 해밀턴 모두 국가 경제를 다각화 속에서 발전시킬 최고의 방안을 모색했다는 점이다.

두 사람의 정책에서 가장 중요한 공통점은 두 사람 다 미합중국은행을 강력하게 지지했다는 사실이다. 둘 다 미합중국은행을 위해서 엄청난 노력을 기울였으며, 또 이 은행뿐만 아니라 모든 은행에 대해서 토머스 제퍼슨과 예리하게 각을 세웠다. 해밀턴은 워싱턴 대통령의 지지를 업고 1791년에 미합중국은행을 설립하고 이를 디딤돌 삼아서 즉각적으로 상당한 성공을 거둘 수 있었다. 하지만 매디슨 대통령으로부터 지지를 받지 못했던 갤러틴은 1811년에 미합중국은행의 허가 기간을 연장하는 데 실패했다. 그 결과 미국 경제는 1812년 전쟁 발발과 함께 엄청난 타격을 받았다. 매디슨은 자기가 잘못했음을 깨달았고, 1816년에 제2미합중국은행 설립 법안에 서명했다.

해밀턴과 갤러틴은 노예제도 반대에도 한 목소리를 냈다. 두 사람은 이 특이한 제도를 향한 적개심을 숨기려 들지 않았으며, 노예 해방을 촉진하는 단체에 회원으로 가입했다. 두 사람 모두 새로이 제기되던 이 싸움에서 상당한 역할을 수행할 수도 있었지만, 개인적으로 노예를 소유한 대통령 아래에서 재무부장관으로 있었던 터라서 이 문제를 공식적으로 제기하고 또 싸움을 벌여나가기에는 껄끄러웠을 것이다.

비록 해밀턴이 갤러틴보다 노예제도에 더 강력한 반발심을 품고 있었지만, 갤러틴은 제퍼슨이나 매디슨과 마찬가지로 해밀턴보다 훨씬 더 오래 살면서 남북전쟁의 실질적인 쟁점이 되는 문제들을 직접 눈으로 목격했다. 노예제도 때문에 연방이 분리될 수도 있다는 위험은, 노예제도가 실시되는 주와 그렇지 않은 주 사이의 의원 수 구성의 균형을 유지하기 위해서 마련된 복잡한 조치인 1820년의 미주리 타협(Missouri Compromise)이 나오기 이전에 제기되었다. 1819년과 1820년에 하원과 상원에서 진행된 논쟁은 헌법 문제가 걸리는 위기로 치달았다. 1820년에 당시 77살이던 토머스 제퍼슨은 한 친구에게 보낸 편지에서 다음과 같이 썼다.

"이 중대한 문제는 한밤중에 울리는 화재 경보처럼 나를 잠에서 깨웠고 또 나를 공포에 질리도록 만들었다오. (…) 미국은 절체절명의 상태에 놓여 있으니 (…) 한쪽은 정의를 말하고 다른 한쪽은 자기 이익을 지키겠다고 하는데, 나는 이 문제가 바로 우리 연방에 검은 그림자를 드리우는 불길한 징조가 아닐까 생각했다오."[7]

연방 탈퇴는 또한 보호관세라는 쟁점을 놓고서도 제기되었다. 보호관세를 놓고 북부에 있던 많은 주들은 찬성했지만 남부의 대부분 주들은 반대했다. 남부 사람들은 이렇게 주장했다. 왜 우리가 수입품을 보다 비싼 값에 구입해서 북부의 산업을 발전시키는 일을 지지해야 한단 말인가? 의회는 1816년에, 1812년 전쟁 뒤에 값싼 수입품이 영국에서 갑자기 물밀듯이 들어오는 걸 막을 목적으로 처음으로 폭넓은 품목에 대해 명백하게 보호관세를 설정하는 법안을 의결했다. 이 조치의 목적은 전쟁 기간 동안에 막 싹을 틔우고 있던 미국 제조업에 유리하도록 공산품 가격을 일정 수준으로 높게 유지하는 것이었다. 1816년의 관세 수준은 비록 터무니없을 만큼 극단적으로 높지는 않았지만, 그래도 갤러틴이나 해밀턴이 추천했음직한 수준보다는 훨씬 높았다. 그런데 이런 관세 인상의 효과는 해밀턴이 1791년에 〈제조업에 관한 보고서〉에서 그리고 또 갤러틴이 1810년에 〈제조업에 관한 보고서〉에서 각각 목표로 설정했던 경제 다각화 촉진으로 나타났다.[8]

국제 정치에서 장기적인 보호무역주의는 1816년에는 아무도 예측할 수 없었던 어떤 쟁점이 되어 나타났다. 1828년에 의회는 엄청나게 높은 수준의 관세를 매기는 법안을 의결했고, 이 관세를 나중에 남부에서는 '혐오스러운 관세(Tariff of Abominations)'라고 불렀다. 1832년에는 관세 수준을 제법 줄였지만, 그래도 남부의 대다수 정치인들, 특히 사우스캐롤라이나의 정치인들을 설득하기에는 여전히 지나치게 높았다. 그래서 사우스캐롤라이나 주의회는 1832년 11월에 '연방 법령 실시 거부법(Ordinance of Nullification)'을 의결했는데, 이 법률의 이론적 토대는 1798년에 제퍼슨과 매디슨이 각각 집필했던 켄터키 결의안과 버지니아 결의안이었다. 그러자 의회는 군대동원법 의결로 대응했다. 대통령에게 주정부를 상대로 군대를 동원할 권한을 부여하는 법이었다. 이로써 앤드류 잭슨 대통령은 사우스캐롤라이나를 상대로 군사 행동을 해도 되는 권한을 확보했고, 또 실제로 그렇게 할 마음의 준비도 되었다. 그런데 의회는 그와 동시에 낮은 관세를 부과하는 법안을 의결해서 타협안을 모색했다. 그러자 사우스캐롤라이나는 1833년 3월 11일에 연방 법령 실시 거부법을 철폐했다.

이 법률 철폐가 있기 1달 전까지 위기감은 여전히 팽배했다. 이때 갤러틴은 제네바에서 함께 미국으로 건너왔던 오랜 친구 장 바돌레에게 보낸 편지에서 '현재 국제 정치 상태는 실망스럽기 짝이 없다'고 썼다. 이제 72살의 노인이던 갤러틴은 계속해서, 노예제도나 보호관세와 같은 진실로 '위험한 쟁점들'은 '반밖에 단단하게 여물지 못했고 반밖에 연방주의적이 아닌 복잡한 우리의 정부 형태'에서 비롯되었는데, 일단 모두 피할 수 있으면 피해야 한다고 말했다.

"사우스캐롤라이나가 의결한 법은 언어도단이고 결코 정당화될 수 없다. 우리 정부가 해결해야 할 어려운 문제는 무효화를 무효화하는 방법과 내전을 피하는 방법을 찾아내는 일이다."[9]

갤러틴의 편지 전반에 묻어나는 고뇌는 그가 묘사하고 있는 여러 문제들이 내포하는 까다로운 특성을 반영한 것이었다.

* * *

재무부장관으로 재직할 당시에 해밀턴과 갤러틴은 모두 국가주의자들이었다. 이들은 제퍼슨이나 매디슨 그리고 다른 건국자들에 비해서 국가주의적 성향이 훨씬 강했다. 비록 다른 사람들 역시 영국에 대해 단호한 혁명적 관점을 가지고 미국의 독립을 이끌어내긴 했지만, 이들은 미국에 아무런 지역 연고를 가지지 않았던 이민자들에 비해서 미국이라는 전체 국가보다는 자기들이 대대로 살아온 주(州)에 보다 더 얽매여 있었다.[10]

해밀턴과 갤러틴이 했던 많은 정책들의 융합은, 해밀턴이 1790년부터 다음해까지 내놓았던 여러 편의 보고서들 이후 나온, 미국의 국가 경제 발전을 설계하는 총체적 경제 프로그램인 이른바 '미국적 시스템(American System)'에서 확인할 수 있다. 1815년부터 시작해서 그 뒤 거의 20년 동안 헨리 클레이를 비롯한 여러 사람들은 제2미합중국은행의 설립과 유지, 도로와 운하를 건설하는 데 투입될 연방정부의 예산 지원, 서부 개발, 그리고 높은 수준의 보호관세를 통한 국내 제조업 촉진 등을 위한 청사진들을 연설 및 법안을 통해서 그렸다. 높은 보호관세를 제외한 이 목적들 하나하나에 대해 미국적 시스템은 해밀턴과 갤러틴 두 사람이 제시하고 실천했던 정책들을 반영했다. 미국적 시스템의 목적은 경제 성장을 촉진하는 것뿐만 아니라 지역적인 차원의 불화로 가득 찬 미국에 화합을 증진하는 것이었다.[11]

미국적 시스템이라는 커다란 전제 아래에서 공업을 중심으로 하는 북동부 및 중부 대서양 지역은 자기가 생산한 물건을 팔 시장들을 남부에 새롭게 확보할 터였고, 남부는 남북전쟁이 일어나기 전 수십 년 동안 전체 미국 수출의 절반을 차지하는 면화에 대한 국제 시장을 계속 유지해 나갈 터였다. 남부는 또한 뉴잉글랜드에서 급격하게 성장하기 시작하던 면직물 공장에 면화를 공급할 터였다. 남부는 유럽으로부터는 보다 적은 양을 수입하고 대신 미국 북부에서 생산된 공산품을 구매하게 될 터였다. 이처럼 미국적 시스템은 단지 서로 관련이 없는 정책들을 편의적으로 하나로 묶은 것이 아니라 전국적 차원의 수요-공급 체계를 마련하는 것이었다.

미국적 시스템을 지지하는 사람들 대부분은 철두철미한 국가주의자들이었고, 이들은 미국을 경제적인 차원에서 하나로 단단하게 엮어서 노예제도라는 쟁점 때문에 분열되는 것을 막고자 했다. 그러나 이 사람들 및 그들의 전체 세대는 결국 실패하고 말았다. 노예제도는 남부의 경제 및 사회구조에 너무도 깊이 스며들어 있었으며 또한 북부에서도 너무도 넓은 지역에서 너그럽게 받아들여지고 있었다. 그것은 도덕적 차원의 쟁점이었으며, 아무리 잘 고안하고 설계한다 하더라도 경제력으로 어떻게 해결할 수 없는 저주였다.

활짝 꽃을 피운 산업 정책으로서의 미국적 시스템은 이 시스템을 지지한 사람들이 기대했던 수준으로는 이행되지 않았다. 보다 강력한 연방정부가 있어야 했지만 미국의 유권자들은 아직 그런 정부를 수용할 준비가 되어 있지 않았다. 게다가 또 거기에는 보호무역주의가 지나치게 많이 포함되어 있었다. (연방정부 은행을 지지하고 또 국내 개발에 연방정부의 예산을 투입하자는 주장에도 마찬가지였다.) 이 모든 것은 해밀턴과 갤러틴이 당대의 실정과 맞지 않게 조금 앞서갔기 때문이다. 1829년부터 남북전쟁이 발발한 1861년까지 앤드류 잭슨 및 그의 후임 대통령 대부분은 이 미국적 시스템에 반대했다.[12]

그러나 미국적 시스템의 많은 것들이 남북전쟁 전에, 그리고 특히 후에까지 살아남았다. 19세기의 나머지 기간 동안에 연방정부의 지원은 철도 부지, 주택지, 학교 부지 등의 명목으로 기업이나 개인 혹은 주정부에 제공되었다. 또한 마찬가지로 중요한 사실인데, 개별 도시 및 주가 독자적으로 지원 프로그램들을 마련해서 은행, 운하 철도 등을 건설하는 데 나섰다. 해밀턴의 재정 사업이 보잘것없던 미국 경제를 단단한 기초 위에 올려놓았던 때로부터 한 세기가 지난 1890년이 되면 미국은 이미 농업 및 공업 생산에서 세계를 선도하는 국가로 성장한다.

***

해밀턴과 갤러틴 그리고 그 밖에 수많은 이민자 국가주의자들이 염원했던, 하나로 통합되고 다각화되어 번성하는 국가 경제의 꿈이 마침내 실현되었다. 잉글랜드에서 성장한 로버트 모리스, 세인트크루이에서 성장한 해밀턴, 제네바에서 성장한 갤러틴, 폴란드에서 성장한 헤임 솔로몬, 자메이카에서 성장한 알렉산더 제임스 댈러스, 프랑스에서 성장한 스티븐 지라드, 독일에서 성장한 존 제이컵 애스터와 데이비드 패리쉬, 이 모든 이민자들은 열린 마음과 참신한 시각, 그리고 재무·재정·금융에 대한 재능을 가지고서 자기가 태어난 고향을 떠나 미국 땅을 밟고 미국을 제2의 조국으로 삼아 민간 부문에서 혹은 공공 부문에서 자기에게 주어진 몫을 충실하게 수행했다. 미국에서 보다 나은 미래를 성취할 수 있을 것이라고 믿었기 때문이다. 이 사람들은 자기가 믿은 것을 실현했다. 자기 자신을 위해서, 또 미국을 위해서.

감사의 말

 이 엄청난 주제를 가지고서 책을 쓰는 일은 나에게 엄청난 즐거움이었다. 이 과정에서 나를 도와준 사람들을 떠올리며 감사의 말을 한다는 것 자체가 나에게는 또 하나의 기쁨이다.
 맨 먼저 아내 수전 맥크로(Susan McCraw). 그녀가 17살이고 내가 18살이던 때부터 나는 그녀를 미친 듯이 사랑했고 이 사랑은 지금까지도 변함이 없는데, 아내가 이 책의 집필 과정에서 가장 크고 많은 도움을 줬다. 아내는 내가 작업을 하는 과정에 늘 함께 있었다. 아내는 세 아이를 훌륭하게 키워낸 훌륭한 어머니로서, 돈 관리 및 세금 납부에 이르기까지 재정과 관련해 나보다 훨씬 현명한 납세자로서, 전국적으로 이름을 날리고 있는 섬유예술가로서, 또 우리의 대가족 속에서 정신적인 지주로서 더 훌륭한 역할을 하고 있다. 아내는 무한한 인내심과 관대함으로 내가 이 책을 떠올리고, 집필하고, 또 (그녀의 예리한 지적을 받아들여서) 수정하며 그리고 최종적으로 31개 장 가운데 10개의 장을 구성하는 최종적인 판단을 내리는 데 도움을 주었다.

펠리스 휘텀(Felice Whittum)이 했던 유능한 보조 조사 작업이 없었다면 이 책을 결코 효과적으로 완성하지 못했을 것이다. 펠리스는 때로는 이상하게 여길 수도 있는 지시를 받고서도 언제나 기민하게 움직여 산더미처럼 많은 조사 자료를 내놓곤 했다. 그녀가 한 작업의 대부분은 주(註)에 수록되어 있다. 그녀는 모든 주를 꼼꼼하게 확인했고, 여러 개의 실수를 바로잡았다. 그녀는 능률의 전범이다.

하버드대학교출판부의 창의적인 수석편집자인 수전 월레스 보머(Susan Wallace Boehmer)는 이 책의 계획을 잡는 과정에서 나에게 도움을 주었다. 수전은 해밀턴과 갤러틴에 대한 초기의 초고들을 읽고서는 길고 긴 글을 보내줬는데, 이 글이 내가 책의 전체적인 구성을 다시 생각하는 데 도움을 줬다. 우리는 수없이 많은 이메일을 주고받았는데, 그녀는 늘 나의 궁금증을 풀어줬고 또 내가 작업을 하는 동안 지치지도 않고 나를 지지하고 지원했다. 이 책뿐만 아니라 다른 작업들과 관련해서도 몇 차례 함께 일을 하면서 오래전부터 알던 사이인, 같은 곳에서 일하는 마이클 애론슨(Michael Aronson)도 마찬가지였다. 또 출판사의 요청을 받고 완성된 원고를 읽은 뒤 건설적인 제안을 해준 익명의 두 검토자들로부터도 놀라운 도움을 받았다는 점을 밝혀두고 싶다.

나의 좋은 친구들인 짐 바우먼(Jim Baughman), 글렌 포터(Glenn Porter), 리처드 테들로(Richard Tedlow), 잭 하이(Jack High), 그리고 월터 프리드먼(Walter Friedman)이 있는데, 모두 예전에 하버드대학교 비즈니스스쿨의 동료들이었으며 또한 나와 함께 해당 분야 최고의 잡지인 《비즈니스 히스토리 리뷰(Business History Review)》의 편집자들이기도 한 이들이 탁월한 지성과 재무에 관한 풍부한 지식을 보태줬으며, 이 책에 무엇을 넣고 무엇을 뺄야 할지 결정하는 데 핵심적인 도움을 주었다. 짐 바우먼은 특히 초기 작업에서 큰 도움을 줬는데, 작업의 방향을 설정하고 여기에 확신을 가지게 해주었다. 그와 글렌 포터 그리고 잭 하이는 원고의 특정 부분이 수정될 때마다 읽어주었고, 리처드 테들로와 월터 프리드먼은 원고 하나하나 다 읽어주었다. 이 친구들은 모두 원고의 수준이 조금이라도 더 나아질 수 있도록 수많은 제안을 해주었다.

다른 대학교에 몸담고 있는 친구 셋도 커다란 도움을 주었다. UCLA의 토머스 하인스(Thomas S. Hines)는 내가 처음 이 책을 염두에 둘 때 이 책의 가능성을 인정하며 격려를 아끼지 않았다. 오하이오주립대학교의 윌리엄 차일드스(William Childs)와 텍사스대학교의 루이스 굴드(Lewis GouldLewis Gould)는 전체 원고를 읽은 뒤 소중한 비평 및 논평을 해줬다.

건국 초기의 정치·경제적 상황을 이해하는 데는 다음 세 학자에게 많은 빚을 졌다. 우선 뉴욕대학교의 리처드 실라(Richard Sylla). 그는 해밀턴에 대해서는 세계 최고의 전문가인데 내가 쓴 해밀턴 관련 초고를 읽은 뒤에 적지 않은 오류를 발견해서 지적해 주었다. 그 다음으로 토머스 제퍼슨의 사상과 1807~1809년의 엠바고 조치에 대한 권위자인 뉴욕변호사회 소속의 버턴 스피박(Burton Spivak), 그리고 1760년부터 1830년까지 기간에 대한 수많은 역사물을 꿰뚫고 있는 젊은 학자 고담 라오(Gautham Rao)가 있다. 라오 교수는 해밀턴과 갤러틴 시대에 연방정부의 주된 수입원이던 관세에 대해서 해밀턴이나 갤러틴만큼이나 정확하게 알고 있는 사람이다. 이 두 사람은 내가 쓴 전체 원고를 읽고서 전화와 이메일로 나와 토론을 했으며 또 셀 수 없을 만큼 많은 소중한 제안을 해주었다.

또 나는 이 책에서 담고 있는 주장을 미리 《아메리칸 스칼라(American

Scholar》,《뉴욕타임스(New York Times)》, 그리고 온라인 잡지인《자본주의와 사회(Capitalism and Society)》등의 매체에 기사로 게재함으로써 일종의 오디션을 보는 혜택을 누리기도 했다. 하버드대학교 경영역사 세미나에서 학생과 동료 약 30명이 참석해서 함께했던 토론도 커다란 도움이 되었다. 또 나는 10년 동안 해마다 약 160명씩 수강하는 하버드의 비즈니스스쿨에서 인기가 높은 선택 과목인 "관리자본주의의 도래" 강좌를 했는데 이 경험도 이 책을 집필하는 과정에서 많은 도움이 되었다.

하버드의 비즈니스스쿨은 관대하게도 이 책을 집필하는 과정에 필요한 연구 작업을 지원해 줬다. 특히 제프리 존스(Geoffrey Jones) 교수가 연구조사 총책임자로서 기울여 준 노력을 고맙게 생각한다. 제프리 교수는 이 작업을 완성하는 데 반드시 필요한 자료들을 찾을 수 있도록 최대한의 지원을 해줬다.

그리고 이 책이 나오는 과정에서 편집진에게서 받은 도움도 빼놓을 수 없다. 위에서 언급한 분들 외에 제프 스트라본(Jeff Strabone), 신시아 바우먼(Cynthia Baughman) 그리고 마리아 애셔(Maria Ascher)로부터 값으로 매길 수 없는 도움을 받았음을 밝혀둔다. 이 세 사람은 이 책의 형식뿐만 아니라 내용적인 측면에서도 많은 기여를 했으며, 덕분에 이 책이 한결 더 나아질 수 있었다.

이 모든 분들에게 나는 무한한 감사의 마음을 전한다. 그럼에도 이 책에 남아 있는 실수와 부족한 점들은 모두 나의 잘못이다.

옮긴이의 말

난세의 한국 경제,
애국적인 영웅을 기다린다!

1.

빚을 지고 사는 게 좋을까 아니면 조금은 고달프더라도 빚을 지지 않고 사는 게 좋을까?

1776년에 독립을 선언하고 영국과 독립전쟁을 치르던 미국 연방정부가 이 질문에 맞닥뜨렸다. 당시 미국은 전쟁 비용을 충당하느라 각 주정부와 연방정부가 온갖 종류의 채권을 발행해서 국내적으로뿐만 아니라 국제적으로도 네덜란드와 프랑스에 엄청난 빚을 졌다. 미국은 독립전쟁에 이겨 독립을 쟁취했지만, 국내외의 빚을 갚을 대책이 없었다. 연방정부의 수입이라고 해봐야 각 주정부에서 갹출하는, 그것도 강제성이 없는 돈뿐이었다. 유일한 수입원이던 관세 수입도 주정부가 쥐고 있었고, 연방정부는 그야말로 손가락만 빨고 있던 상황이었다. 정치적으로 기껏 독립을 하긴 했지만 연방의 결속력은 보잘것없었다. 금방이라도 붕괴될 수 있었다. 연방이 찢어져서 주별로 뿔뿔이 흩어지고 나면, 다시 또 영국이나 프랑스 혹은 네덜란드나 스페인의 식민지로 전락할 수도 있는 상황이었다. 혁명에 성공해서 영국 식민지에서 벗어나 독립을 했지만 다시 예전의 식민지로 돌아간 사례는 숱하게 많이 있었고, 이런 운명을 미국이라고 쉽게 피할 수는 없다.

그러나 당시 제조업 공장이라고는 단 한 곳도 없던 농업 국가 미국에서 태어난 정치인들, 미국 '건국의 아버지들'은 거의 대부분은 빚을 지는 것은 부도덕하다는 인식에서 벗어나지 못했다. 그래서 빚을 갚지 못한 사람들은 무조건 형사적인 책임을 지고 감옥에 갇히는 제도가 당연한 것으로 존재했다.

그런데 바로 이 시점에 20살 안짝에 미국으로 이주한 이민자 출신이 미국의 구원자로 나타났다. 이들은 미국이 비록 많은 빚을 지고 있지만 더 많은 빚을 당겨서라도 경제에 활력을 불어넣어(이것은 상대적으로 공업을 촉진하는 정책이었다) 그 빚을 갚아 나갈 수 있는 체제와 신용을 마련하자고 주장했다. 이 과정은 또한 연방정부의 권한을 주정부의 권한보다 상위에 두는 체제로 헌법을 새로 만드는, 다시 말해서 연방을 강화하는 방향으로 나아가는 것이었다. (연방정부의 헌법은 독립을 선언한 지 11년 뒤인 1787년에 마련되었다.)

이렇게 해서, 기존에 주정부가 가지고 있던 관세에 관한 일체의 권한을 연방정부가 가지고 또 연방정부가 보다 적극적으로 빚을 더 내서 농업 일변도의 미국 산업구조를 공업 중심으로 다각화할 목적의 인프라를 구축함으로써 미국은 파산의 위험에서 벗어났을 뿐 아니라, 자본주의라는 용어가 생기기도 전에 이미 자본주의의 길을 개척하며 '자본주의=미국 자본주의'라는 공식을 만들어 냈다. 그리고 이 체제는 21세기 지금까지 이어지고 있다.

2.

저자는 이 성공적인 과정에 초점을 맞추면서 이 과정을 이끈 주인공들의 특성으로 이민자 출신이라는 배경에 주목한다.

소설처럼 펼쳐지는 이 책의 주요 '등장인물'은 알렉산더 해밀턴과 앨버트 갤러틴이다.

해밀턴은 카리브 해의 작은 섬 세인트크로이의 덴마크 식민지에서 태어나 15살 소년 시절에 단신으로 미국 땅을 밟은 뒤 독립전쟁 때 대륙군 사령관이자 장차 미국의 초대 대통령이 될 조지 워싱턴 대륙군 사령관 휘하의 부관으로, 또 요크타운전투의 일선 지휘관으로 명성을 떨치고, 30대 초반에 재무부장관이 되어 미국이 안고 있던 근본적인 재정 문제를 해결한다. 그가 이렇게 할 수 있었던 것은 어린 시절, 겨우 열서너 살 무렵에 이미 세인트크로이의 해운 회사에서 실무를 맡아서 선장들에게 이런저런 지시를 내리고 또 그들에 대한 업무 평가까지 했던 경험을 가지고 있었고, 또 비미국인으로 세계적인 관점을 가지고 있었기 때문이다.

갤러틴 역시 이민자였고 스위스 제네바 출신이었다. 전원주의 철학이 지배하던 미국에서 온갖 반대와 비판을 뚫고 은행이 생기기 100년 전에 이미 은행이 생겼던 제네바에서 성장하면서 상업과 금융의 분위기에 자연스럽게 젖어 있었던 터라, 20살 이전에 미국으로 이주해서 상업과 공업 및 부동산 투자에 종사하면서 짧은 시간 만에 재정 전문가로서의 능력을 인정받을 수 있었다. 여기에는 금융이나 재정에 관한 한 그와 같은 수준의 본토인이 많지 않았다는 점도 이유로 작용했다.

이처럼 이 책의 두 주인공이 각자 이룩한 경제사적인 업적만큼이나 이들의 개인적인 이력도 특이하다. 이 특이한 두 측면의 주제가 이 책이 가지고 있는 매력이다.

즉, 이 책은 미국이라는 나라가 세계경제를 좌우하는 자본주의 체제의 최강국으로 성장하는 밑그림을 그려 나가던 시기의 지역별·계층별 갈등 및 이 갈등의 극복 과정을 세밀하게 들여다보는 경제 역사물인 동시에, 20살 이후 평생을 정적들과 싸우면서 미국 자본주의의 틀을 짜며 보내다가 결국 현직 부통령과의 결투로 40대 중반에 죽음을 맞이하는 해밀턴과 80대 후반까지 장수하면서 미국 정치 및 경제의 폭을 넓힌 갤러틴이라는 문제적인 인간의 생존과 투쟁과 죽음을 다룬, 또 이 두 사람의 얽히고설킨 인생사를 다룬 서사적인 전기물이기도 하다.

3.

그런데 이 책이 가지고 있는 의미는 해밀턴과 갤러틴이라는 문제적인 개인의 캐릭터 혹은 미국 자본주의 형성 과정의 구체적인 역사에만 국한되지 않는다. 200년 전에 있었던 일이고 또 그때 그 시절의 사람들이긴 하지만(우리 역사로 치면 정조(재위 1776~1800)와 순조(재위 1800~1834) 시절이다) 지금도 여전히 진행 중인 사건이기 때문이다. 무엇이? 빚을 지고 사는 게 좋은가 아니면 빚을 지지 않고 사는 게 좋은가, 하는 문제가. 어디에서?

미국에서, 그리고 또 한국에서.

2013년 3월 1일 기준으로 미국의 부채 규모는 16조 6100억 달러이다. 납세자를 기준으로 하면 1인당 14만 6000달러의 빚이 있는 셈이며, 미국인 1인당 무조건 5만 2000달러의 빚을 진 셈이다. 우리나라의 2013년 예산 342조 원을 기준으로 하면 무려 50년 동안 우리나라 국민 및 우리나라에 수출하는 해외의 수출업자가 세금을 단 한 푼도 내지 않아도 되는 어마어마한 돈이다. 100달러짜리 지폐를 미국의 자유의 여신상 주변으로 빽빽하게 몇 겹으로 쌓고도 남는 어마어마한 양이다. 전 세계의 달러를 모두 다 긁어모은다고 해도 채울 수 없는 규모의 부채이다. 그런데 문제는 이 빚이 좀처럼 줄어들 기미가 보이지 않는 현실이다. 줄어들기는커녕 점점 늘어나고 있다.

해밀턴과 갤러틴이 초석을 놓은 '빚 지고 사는 더 좋은 세상'의 200년 후 모습이다. 여기에서 다시 200년 전의 그 질문이 제기된다.

빚을 지고 사는 게 좋을까, 아니면 조금은 고달프더라도 빚을 지지 않고 사는 게 좋을까?

과연 해밀턴이라면 혹은 갤러틴이라면, 이 빚을 갚을 수 있다는 신용을 구축하기 위해서 더 많은 빚을 끌어들이는 게 옳다고 200년 전 그때처럼 결론을 내릴까? 아닌 게 아니라 적어도 여기까지 오는 동안에는 정책 당국자들이 줄곧 그렇게 해왔다.

미국만의 문제가 아니라 한국도 마찬가지이다. 2013년의 일반 정부 부채는 480조가 넘고 공기업 부채 520조 그리고 정부가 보증한 채무 33조를 더하면 1000조가 훌쩍 넘는다. 가계 부채 수준이 안정적이라면 괜찮겠지만 가계 부채도 1000조가 넘었으니 정부가 가계에 더 손을 벌리기도 힘든 상황이다. 문제는 이 부채 규모가 점점 커지고 있다는 데 있다.

그런데 경제는 나아질 조짐이 보이지 않는다.

어떻게 해야 할까?

보다 확실하게 부채를 크게 더 끌어당겨서 부채를 갚을 수 있다는 신용을 시장에 구축할 수 있도록 나아가야 할까? 여태까지 그랬던 것처럼 계속 이렇게 경제 규모를 부채 규모와 나란히 키워 나가야만 할까? 그렇지 않으면 다른 방법이 또 있을까?

…이런 근본적인 문제를 차분하게 되짚어보게 만드는 책이다.

세계를 호령하는 미국 자본주의를 처음 설계한 자들의 활약을 어쩐지, 현재의 미국연방준비제도이사회 의장의 활약이나 한국 당국자의 활약과 비교하면서 읽어봐야 할 것 같다. 그리고 여기에서 어떤 지혜를 얻을 수 있으면 좋겠다. 독자 개인이든 혹은 당국자든 간에, 모두.

4.

이 책의 독자로서 옮긴이는 그 지혜의 핵심 바탕이 애국심이라고 생각한다. 한국 경제가 어떤 방향을 잡고 어떻게 나아가든 간에 성패를 가르는 중요한 열쇠가 될 덕목을 해밀턴과 갤러틴의 삶 속에서 찾을 수 있는데, 그것은 바로 애국심, 특히 경제 수장을 필두로 한 당국자들의 애국심이다.

아무리 좋게 보이는 정책이라 하더라도 이것이 국가의 먼 미래를 바라보며 나온 것이 아니라면, 다시 말해 개인의 인기나 단기적인 효과만을 노리고 나온 것이라면 필시 좋은 처방이 될 수 없다.

해밀턴과 갤러틴은 평생을 재정을 바탕으로 한 미국 연방의 강화라는 단 하나의 목표에 바쳤다. 때로는 정파적인 이익에 등을 돌리면서까지 그렇게 했다. 이들이 그렇게 할 수 있었던 정신적인 기반은 애국심이었다. 애국심을 잃지 않았기에 미래의 미국이라는 커다란 그림(전망)을 끝까지 놓치지 않을 수 있었다. 이 애국심은 개인적인 소신, 좀 더 노골적으로 말하면 개인적인 집착이 아니었다. 개인적인 집착은 개인에서 출발해서 국가라는 전체로 나아가지만 애국심은 반대로 전체에서 출발한다. 미래의 미국이 어떤 모습이 되어야 할 것인지 명확한 상에서 출발해서 자기가 현재 어떤 정책을 가지고서 어떻게 의회와 국민을 설득할 것인가 하는 쪽으로 나아간다.

물론, 해밀턴과 갤러틴이 살았던 시기가 국가의 초석을 다지던 건국기라는 특수성이 있긴 하다. 그래서 두 사람의 활약이 더욱 두드러져 보일 수는 있다. (그래서 난세에 영웅이 난다고 했던가?) 이렇게 보면 두 사람이 살았던 시기의 조건은 경제의 방향과 틀이 상대적으로 안정화되어 있는 현재의 한국과 다를 수 있다.

그러나 아이엠에프 사태를 거친 뒤 여러 차례의 세계적인 경제 위기 속에서 지금까지 진행되고 있는 한국 경제의 상황은 여러 경제지표들이 가리키는 내용으로 보자면 결코 만만치 않다. 어쩌면 6, 70년대의 경제개발기 이후로 가장 큰 격동기인지도 모른다. 이런 시기에 경제 수장을 비롯한 당국자들의 애국심, 혜안을 바탕으로 한 애국심은 그 어느 때보다도 절실하게 필요하다. 기업은 기업대로 가계는 가계대로 각자 살길을 도모하겠지만, 그보다 높은 차원에서 한국의 미래라는 커다란 그림을 읽고서 한국 경제의 방향을 이끌어갈 몫은 경제 수장과 당국자들이다. 목숨까지 내놓겠다는 단단한 각오의 애국심으로 임해야 가능한 일이 그들의 손에 달려 있다.

한국의 알렉산더 해밀턴과 앨버트 갤러틴의 등장이 절실하게 필요하다. 이런 사실을 이 책 《미국 금융의 탄생》을 통해서 많은 독자, 특히 경제 분야에서 일하는 공무원들과 당국자들이 깨달았으면 좋겠다. 난세의 한국 경제는 애국적인 영웅을 기다린다.

주

서문

1. 이 책에는 '이민자(immigrant)'라는 단어가 많이 나올 것이다. 하지만 18세기에는 '낯선 이(alien)', '외국인(foreigner)' 그리고 '신입자(newcomer)'라는 단어들이 훨씬 더 보편적으로 사용되었다. 《옥스퍼드영어사전》은 선구적인 미국 역사가 제레비 벨크냅(Jeremy Belknap)이 '이민자'라는 용어를 인쇄된 글에서 처음 사용한 사람들 가운데 한 명이라고 적고 있다. 그는 저서 〈뉴햄프셔의 역사(History of New Hampshire)〉(1972년)에서 다음과 같이 썼다. "우리가 일상적으로 나누는 대화에서 매우 편리한 것으로 확인된 영어 단어의 또 다른 파생어가 있다. (…) 동사 '이민 오다(immigrate)'와 명사 '이민자' 및 '이민(immigration)'을 나는 이 책의 몇몇 부분에서 망설임 없이 사용한다."(3권, 서문, 6) '이민자'라는 단어의 사용은 북아메리카로 엄청나게 많은 사람이 이주하기 시작한 뒤부터 비로소 자주 사용되었던 것 같다. 1840년대부터 시작된 미국으로의 대량 이주 이후부터 그 단어가 일상적인 용어로 자리 잡았다. 다음 글이 유용한 참고가 될 것이다. Donna Gabaccia, "Nations of Immigrants: Do Words Matter?", The Pluralist 5, 2010, 5–31.

관례 및 사례에 대해서는 참조, Richard R. John, "Why Institutions Matter: Rewriting the History of the Early Republic," Common-Place, 2008, www.common-place.org/vol-09/no-01/john/(accessed 12/27/11).

2. 1970년대의 정치경제학 및 해밀턴에 대해서 최근에 이루어진 여러 연구의 성과는 매우 두드러진다. 여기에는, 이 책 1부의 주(註)에서 밝히듯이, 다음과 같은 여러 학자의 저작들이 포함된다. 더글러스 어윈(Douglas A. Irwin), 로버트 라이트(Robert E. Wright), 하워드 보덴혼(Howard Bodenhorn), 데이비드 코웬(David J. Cowen), 제프리 파슬리(Jeffrey L. Pasley), 과탐 라오(Gautham Rao), 맥스 에들링(Max M. Edling) 그리고 특히 리처드 실라(Richard Sylla)와 론 처노(Ron Chernow).

3. 여섯 번째 이민자 장관은 제임스 매켄리(James McHenry)였다. 1753년 아일랜드에서 태어나서

1771년에 북아메리카로 이주한 매켄리는 알렉산더 해밀턴과 친하게 지내는 친구가 되었으며, 조지 워싱턴과 존 애덤스 두 대통령 아래에서 전쟁부장관을 지냈다. 1789년부터 1839년까지 50년 동안의 60명이라는 숫자는 한 사람이 동일한 혹은 동일하지 않은 장관직을 여러 차례에 걸쳐서 맡았을 경우 중복해서 계산하지 않은 결과이다. 그러나 법무부장관과 우정부장관도 이 숫자에 포함되어 있는데, 이 두 직책이 장관으로서의 온전한 지위를 획득한 시기는 역사가들 사이에서 이견이 존재한다.

4. 1815년 이후 최초 이민자 출신 장관 두 사람 가운데 시기적으로 앞선 사람은 윌리엄 두에인(William J. Duane)인데, 그는 아일랜드에서 태어났고 어린 시절에 미국 땅을 밟았다. 그는 1833년 5월 29일부터 1833년 9월 22일까지 장관직에 재임했으며, 제2미합중국은행에서 연방정부 자금을 회수하길 거부한 뒤 앤드류 잭슨 대통령으로부터 해임되었다. 그리고 두 번째 인물은 마이클 블루멘탈(W. Michael Blumenthal)인데, 그는 1926년 독일에서 태어났으며 1939년에 부모와 함께 나치 치하를 피해 상해로 갔다가 1947년에 미국으로 이주했다. 그는 지미 카터 대통령 아래에서 1977년 1월 23일부터 1979년 8월 4일까지 재직했다. 미국의 역대 재무부장관 67명 가운데서 두 사람만이 장관직에서 한 차례 물러났다가 다시 장관직에 복귀했는데, 이들은 모두 미국에서 태어난 사람들이었다. 물론 이런 종류의 통계는 오해를 부를 수도 있다. 그러므로 그 장관들이 어떤 사람이었으며 또 어떤 상황 혹은 환경에서 장관직을 수행했는지 자세히 살펴야 한다. 그러나 그 모든 상황을 고려한다 하더라도, 78퍼센트와 1퍼센트라는 차이는 발생할 수 있는 오차를 충분히 커버하고도 남는다.

5. 이 백분율은 확보 가능한 자료를 토대로 한 추정치이다. 1790년대에 거의 10만 명이나 되는 이민자가 미국으로 들어왔지만, 50년 뒤의 경우와 비교하면 이것도 아주 작은 규모에 지나지 않는다. 다음을 참조, Hans-Jurgen, Grabbe, "European Immigration to the United States in the Early National Period, 1783–1820," in Susan E. Klepp, ed, The Demographic History of the Philadelphia Region, 1600–1860(Philadelphia: American Philosophical Society Proceedings 133, 1989), 190–214.

1840년대까지는 대량 이민이 시작되지 않았다. 앨버트 갤러틴이 프랑스에서 공사(公使)로 7년 동안 근무하고 미국으로 돌아오던 해인 1849년에는 아일랜드인 1,100명과 독일인 183명이 미국으로 이주했다. 그러나 갤러틴이 사망한 해인 1849년에는 아일랜드인 15만 9398명과 독일인 6만 235명이 미국으로 이주했다. 아일랜드인과 독일인이 각각 수십만 명씩 미국으로 이주했던 10년이라는 세월이 지난 뒤인 1850년에 실시한 인구통계조사로는 전체 인구에서 이민자가 차지하는 비율은 9.6퍼센트였다.

19세기 말에 남유럽 및 중유럽에서 엄청나게 많은 이민자가 유입된 이후의 상황을 보면, 1900년에 이민자 비율은 13.6퍼센트였고 1910년에는 14.7퍼센트로 역사상 최고치를 기록했다. 그리고 1970년에는 이 비율이 5.4퍼센트까지 떨어졌다. 그러나 2000년 이후로 10.4퍼센트에서 약 14퍼센트까지 다시 올라갔다. 이 이민자들 가운데 일정 부분은 불법체류자이다. 다음을 참조, U.S. Bureau of the Census, Historical Statistics of the United States, Colonial Times to the Present (Washington, DC: Government Printing Office, 1975), I, 106; and Roger Daniels, Coming to America: A History of Ethnicity and Immigration in American Life, 2nd ed. (New York: HarperPerennial, 2002), 410.

6. 존 애덤스에게는 1629년까지 거슬러가는 조상이 둘 있는데, 그 두 사람은 메이플라워 호를 타고 대서양을 건너온 존 올던(John Alden)과 프리실라 올던(Priscilla Alden)이다. 벤저민 프랭클린의 외할아버지 피터 폴거는 1635년에 매사추세츠의 워터타운에 정착했다. 벤저민의 아버지 조시아 프랭클린(Josiah Franklin)은 1683년에 영국을 떠나 보스턴으로 이주했다. 제임스 매디슨의 고조할아버지 존 매디슨은 1653년에 버지니아에서 600에이커의 토지에 대한 권리를 취득했는데, 아마도 그가 미국에 이주한 시기는 그 이전일 것이다. 제퍼슨의 외가 쪽 증조할아버지 윌리엄 랜돌프(William Randolph)는 영국에 살다가 1672년에 버지니아 땅을 밟았다. 그의 친가 쪽 증조할아버지이며 그와 이름이 같던 토머스 제퍼슨은 영국에서 이주한 뒤 (중앙아메리카 카리브 해에 있는) 세인트키츠에서 얼마 동안의 시간을 보낸 뒤에 1670년대에 버지니아에 정착했다.

7. 비록 구체적인 통계 수치가 없다 하더라도 공화국 초기에 미국으로 이주한 이민자들의 비율이 높다고 해서 이들이 재무 분야에 탁월한 재능을 가지고 있었다고 볼 수는 없다. 연합규약 아래 재무 책임자였던 로버트 모리스(Robert Morris)와 재무부장관이었던 해밀턴과 갤러틴이 미국의 초기 역사에서 가장 영향력이 컸던 재무 분야 정책입안자였다고 치자. 그런 다음에 이들이 공직에 있던 시기를 합산한 기간 동안에 외국에서 태어나서 미국에 거주하던 백인의 인구 비율이 평균 5퍼센트였다고 치자. 이렇게 가정할 경우, 공화국 초기에 이민자가 가장 영향력이 큰 재무 책임자가 될 수학적 확률은 0.05×0.05×0.05=0.000125로 8,000명에 한 명꼴이다. 설령 백인 인구를 10퍼센트로 높게 잡는다 하더라도 1,000명에 한 명꼴밖에 되지 않는다.

8. 조지 워싱턴이 가장 넓은 토지를 소유했다. 1790년대에 약 8,000에이커를 소유했는데 대부분 마운트 버넌 주변이었다. 몬티첼로 및 그 인근에 있던 제퍼슨의 농장은 모두 5,000에이커였다. 몬티첼로에서 약 50킬로미터쯤 떨어져 있는 몬트필리어에는 매디슨의 농장이 있었는데, 이 농장의 규모도 5,000에이커였다. 먼로도 몬트필리어에서 멀지 않은 하이랜즈(나중에 애시론으로 불린다)에 550에이커의 농장을 가지고 있었으며, 이것 말고도 버지니아 북부의 오크힐에 4,400에이커의 농장을 가지고 있었다. 이 농장들은 모두 노예들이 경작했다.

9. 에머슨의 이 표현은 다음 그의 에세이에서 인용한 것이다. "Wealth," In The Collected Works Of Ralph Waldo Emerson, vol.6: The Conduct of Life, ed. Joseph Slater, Douglas Emory Wilson, and Barbara L. Packer (Cambrige, MA: Harvard Uni-versity Press, 2004), ch. 3. 버지니아에서 허가를 받은 6개 은행의 평균 자본금 규모는 100만 달러가 넘었는데, 매사추세츠 은행들의 30만 1000달러, 뉴욕 은행들의 37만 9000달러, 펜실베이니아 은행들의 48만 5000달러에 비하면 훨씬 많은 돈이다. 이런 차이는 여러 가지 요인을 반영하는데, 그 가운데 하나는 은행을 개설하고자 하는 기업가들의 시도 횟수이고 또 하나는 주정부를 통해서 은행 허가를 받을 수 있는 용이함의 정도이다. 1837년에 버지니아 전체 은행의 자본금 총액은 670만 달러였는데, 매사추세츠는 371만 달러, 뉴욕도 371만 달러 그리고 펜실베이니아는 238만 달러였다. 참조, John Joseph Wallis, "The Other Foundings: Federalism and the Constitutional Structure of American Government", in Douglas A. Irwin and Richard Sylla, eds., Founding Choices: American Economic Policy in the 1790s (Chicago: University of Chicago Press, 2011), ch. 6. 대부분의 은행에서 강령의 핵심적인 요소는 주주들이 져야 하는 책임을 최소한으로 정하는 규정이었다. 주주들은 굳이 은행에 모든 것을 거는 모험을 할 필요가 없었기 때문이다. 독립국가 미국이 탄생할 당시에 전체 13개 주를 통틀어서 버지니아의 인구가 가장 많았으며 뉴욕은 다섯째였다. 1840년의 인구조사에서 앞서 언급한 4개 주의 인

구는 다음과 같았다. 뉴욕 240만 명, 펜실베이니아 170만 명, 버지니아 100만 명, 매사추세츠 73만 8000명.

10. 미국으로 이주한 사람들의 유형별 분석에 대해서는 다음을 참조, Marylin C. Baseler, "Asylum for Mankind": America, 1607–1800 (Ithaca, NY: Cornell University Press, 1998).

11. William Faulkner, Light in August (New York: Random House, 1932), 241. 인용된 포크너의 소설 배경은 독립전쟁 시기가 아니라, 예전에 노예였다가 해방된 사람들을 돕자는 북부의 개혁 운동이 남부로 확산되던 남북전쟁 이후이다. 인용 부분의 화자는 조안나 버튼이다.

CHAPTER 1 세인트크로이 섬과 트라우마

1. 해밀턴이 윌리엄 잭슨에게 쓴 편지(1800년 8월 26일). 이 편지는 제임스 매켄리에게 보낸 1800년 8월 27일 편지에 동봉되어 있었다. The Papers of Alexander Hamilton(이하 Hamilton Papers로 표기), ed. Harold Syrett et al. (New York: Columbia University Press, 1961–1978), vol. 88. 총 1만 6000쪽이나 되는 27권짜리 주석 달린 이 전집은 해밀턴의 삶을 더듬을 수 있는 최상의 자료이다. 해밀턴이 자기가 부당한 비판을 받는다고 느꼈던 사례는 많이 있다. 예를 들어서 1787년 2월 15일 뉴욕 주 하원에서 했던 발언(ibid., vol. 4, 73)이 그렇고, 스코틀랜드에 살던 삼촌 윌리엄 해밀턴에게 보낸 1797년 5월 2일자 편지(ibid., vol. 21, 77–78)가 그렇다.

2. 해밀턴 전기학자들 사이에서는 그의 출생일을 놓고 의견이 갈린다. 현재 가장 철저한 연대기 편자로 일컬어지는 론 처노(Ron Chernow)의 Alexander Hamilton (New York: Penguin, 2004)은 그의 출생일을 1755년으로 잡는다. 1950년 이후에 출간된 해밀턴의 또 다른 중요한 전기물로는 다음과 같은 것들이 있다, John C. Miller, Alexander Hamilton: Portrait in Paradox (New York: Harper, 1959), 통찰력이 있는 읽을 만한 책이다; Broadus Mitchell, Alexander Hamilton, 2 vols. (New York: Macmillan, 1957, 1962), 경제사학자가 정리한 분석서이며 이 책은 나중에 Alexander Hamilton: A Concise Biography (New York: Oxford University Press, 1976)로 축약되었다; Jacob Cooke, Alexander Hamilton: A Profile (New York: Hill and Wang, 1967), Hamilton Papers의 공동편집자가 썼으며 온갖 심리적 주장으로 가득하다; James Thomas Flexner, The Young Hamilton: A Biography (Boston: Little, Brown, 1978), 해밀턴의 20대를 통찰력 있게 깊이 파헤쳤다; Forrest McDonald, Alexander Hamilton (New York: Norton, 1979), 특히 해밀턴이 세운 경제적인 업적을 중시하며 제퍼슨의 주장에 동조한 해밀턴 반대론자들에게 비판의 날을 세운 공격적인 책이다; Noemie Emery, Alexander Hamilton: An Intimate Portrayal (New York: Putnam, 1982), 심리적인 측면의 통찰력이 훌륭하다; Richard Brookhiser, Alexander Hamilton, American (New York: Free Press, 1999), 간명하게 잘 쓴 그리고 공감이 가는 해석이다.

3. 해밀턴의 형수가 했던 진술은 다음에 나와 있다. Robert Henderson, Hamilton I, 1757–1789 (New York: Mason Charter, 1976), 246.

4. Hamilton Papers, vol. 1, 3; Esmond Wright, "Alexander Hamilton, Founding Father," History Today 7 (1957), 182–189; Emery, Alexander Hamilton, 36.

5. 처노의 Alexander Hamilton은 해밀턴의 아버지와 관련된 내용을 충실하게 담고 있다(27–28).

그러나 처노는 아무런 결론도 내리지 않는다. DNA 증거가 없이는 어떤 결론도 가능하지 않다. 하지만 처노는 해밀턴과 스티븐스가 이복형제였다고 믿는다. 물론 구체적인 증거도 없고, 또한 여기에 대해서 처노는 길게 말을 하지도 않는다.

6. Mitchell, Alexander Hamilton: A Concise Biography, 12.
7. Hamilton Papers, vol. 1, 8; Chernow, Alexander Hamilton, ch. 2.
8. Hamilton Papers, vol. 1, 14, 24.
9. Ibid., 4.
10. Ibid., 34–37.

CHAPTER 2 뉴욕과 약속의 땅

1. The Papers of Alexander Hamilton(이하에서는 Hamilton Papers로 표기), ed. Harold Syrett et al. (New York: Columbia University Press, 1961–1978), vol. 1, 40–1; vol. 20, 456; vol. 26, 307; Ron Chernow, Alexander Hamilton (New York: Penguin, 2004), 38, 695, 725.

2. Hamilton Papers, vol. 1, 80; Chernow, Hamilton, 2장; Noemie Emery, Alexander Hamilton: An Intimate Portrayal (New York: Putnam, 1982), 27–8; Jacob Cooke, Alexander Hamilton: A Profile (New York: Hill and Wang, 1967), 7–9; Nathan Schachner, "Alexander Hamilton Viewed by His Friends: The Narratives of Robert Troup and Hercules Mulligan," William and Mary Quarterly 4 (1947), 203–225.

3. 독립전쟁의 배경과 전개에 대한 기록물은 엄청나게 다양하고 또 풍부하다. 표준적인 저서 몇 가지만 소개하면 다음과 같다. Bernard Bailyn, The Ideological Origins of the American Revolution, enlarged ed. (Cambridge, MA: Harvard University Press, 1992), 제목이 말하는 주제에 관한 기본적인 저술이다; Bernhard Knollenberg, Origin of the American Revolution, 1759–1766 (New York: Macmillan, 1960), 인지세법이 나오기 이전에 영국이 이미 내리고 있던 조치들이 얼마나 중요한 요인들이었는지 보여준다; Douglas Leach, Roots of Conflict: British Armed Forces and Colonial Americans, 1677–1763 (Chapel Hill: University of North Carolina Press, 1986), 식민지 사람들이 이미 거의 100년에 걸쳐서 영국의 군 당국에 저항해왔음을 보여준다; Fred Anderson, Crucible of War: The Seven Years' War and the Fate of Empire in British North America, 1754–1766 (New York: Knopf, 2000), 군사 관련 역사가 특히 생생하다; Alan Rogers, Empire and Liberty: American Resistance to British Authority, 1755–1763 (Berkeley: University of California Press, 1974), 제목이 모든 내용을 말해준다; Pauline Maier, From Resistance to Revolution: Colonial Radicals and the Development of American Opposition to Britain, 1765–1776 (New York: Random House, 1973), 식민지의 저항이 어떻게 혁명으로 진화했는지 분석한다; Robert Middlekauf, The Glorious Cause: The American Revolution, 1763–1789 (New York: Oxford University Press, 2005), 기존의 분석들을 종합했다; Gordon S. Wood, The American Revolution: A History (New York: Modern Library, 2002), 간략하지만 풍성하게 해석한다; Max M. Edling, A Revolution in Favor of Government: Origins of the U.S. Constitution and the Making

of the American State (New York: Oxford University Press, 2003), 건국의 아버지들 가운데의 민족자결주의자들은 새로운 공화국을 군사적인 위협으로부터 보호하는 데 관심을 가졌다고 주장하기 위해서 비교분석적인 방법론을 사용한다; T. H. Breen, The Marketplace of Revolution: How Consumer Politics Shaped American Independence (New York: Oxford University Press, 2004), 건국자들의 역할보다 시장의 역할을 더 강조한다; Gary B. Nash, The Unknown Revolution: The Unruly Birth of Democracy and the Struggle to Create America (New York: Viking, 2005), 평범한 시민의 기여에 초점을 맞춘다; Jack Rakove, Revolutionaries: A New History of the Invention of America (Boston: Houghton Mifflin Harcourt, 2010), 이미 잘 알려져 있는 건국자들뿐만 아니라 비교적 덜 알려진 건국자들까지도 동일한 비중으로 묘사한다. 본문 인용의 출처는, 존 애덤스가 헤지카이어 나일스(Hezekiah Niles)에게 보낸 편지(1818년 2월 13일), The Works of John Adams, Second President of the United States: With a Life of the Author, Notes and Illustrations, ed. Charles Francis Adams (Boston: Little, Brown, 1856), vol. 10, 282–283.

4. John Brewer, The Sinews of Power: War, Money and the English State, 1688–1783 (New York: Knopf, 1989). 다음도 참조, Eliga H. Gould and Peter S. Onuf, eds., Empire and Nation: The American Revolution in the Atlantic World (Baltimore: Johns Hopkins University Press, 2005), 이 책은 (프렌치인디언전쟁으로 시작된 보다 큰 갈등이었던) 7년전쟁에 따른 효과와 혁명(미국의 독립) 그 자체에 대한 측면을 동시에 다룬다.

5. 가장 표준적인 해설서들은 다음과 같다. Edmund S. and Helen M. Morgan, The Stamp Act Crisis: Prologue to Revolution (Chapel Hill: University of North Carolina Press, 1953); Maier, From Resistance to Revolution; and Peter D. G. Thomas, British Politics and the Stamp Act Crisis: The First Phase of the American Revolution (New York: Oxford University Press, 1975). 영국에서도 인지세법 제정을 반대하는 목소리는 상당히 컸는데, 특히 식민지에 상품을 수출하는 상인들의 반대가 거셌다. 인지세법이 효력을 발휘하는 기간 동안 대부분의 식민지는 이 법을 이행하지 않았다. 그러나 수출 경제는 직접적인 영향을 받았다. 미국 선박들은 영국 정부가 발행한 인지가 붙은 어음을 사용하지 않았으므로 영국 본토 및 영국령 항구에서 화물을 배달할 수 없었기 때문이다. 의회는 인지세법을 1766년에 폐지하면서, 세금과 관련된 법을 포함해서 식민지에 적용할 모든 법을 만들 권한이 있음을 확인하는 선언법(Declaratory Act)이라는 결코 현명하지 못한 법을 제정했다.

6. Hamilton Papers, vol. 1, 45 및 그 뒤.

7. Hamilton Papers, vol. 1, 81 및 그 뒤. 인용된 문구는 122. 간략한 설명을 보려면 다음을 참조, Richard Brookhiser, Alexander Hamilton, American (New York: Free Press, 1999), 162.

CHAPTER 3 전쟁과 영웅주의

1. The Papers of Alexander Hamilton, ed. Harold Syrett et al. (New York: Columbia University Press, 1961–1978), vol. 1, 182, 195–196 (이하에서는 Hamilton Papers로 표시); Ron Chernow, Alexander Hamilton (New York: Penguin, 2004), 83–86.

2. 워싱턴의 다른 부관들도 물론 재능이 넘치는 인재들이었다. 그렇지 않았더라면 워싱턴의 부

관으로 선발되지도 않았을 것이다. 그 가운데서도 특히 텐치 틸먼(Tench Tilghman)과 존 로렌스(John Laurence)는 해밀턴만큼이나 워싱턴에게 소중한 인재였다. 그리고 또 수석 부관이던 로버트 핸슨 래리슨(Robert Hanson Harrison)도 그랬다. 아마 그 밖에도 이런 인물은 더 있었을 것이다. 참조, Jacob Cooke, Alexander Hammiton: A Profile (New York: Hill and Wang 1967), 13-15.

3. 워싱턴 지휘본부의 하루 일상에 대해서는 다음을 참조, ibid., 12−16; James Thomas Flexner, The Young Hamilton: A Biography (Boston: Little, Brown, 1978), 136−158; John C. Miller, Alexander Hamilton: Portrait in Paradox (New York: Harper, 1959), 21−42; and Chernow, Alexander Hamilton, 86−90.

4. 해밀턴이 로렌스에게 쓴 편지(1779년 4월), Hamilton Papers, vol. 2, 34-35. 존 ('잭') 로렌스는 대륙회의 의장 헨리 로렌스의 아들이었다. 노에미 에머리의 저서 Alexander Hamilton: An Intimate Portrayal (New York: Putnam, 1982), 38−39, 는 워싱턴이 장려했던 지휘본부 분위기는 해밀턴이 가졌던 가족적인 삶의 이상뿐만 아니라 워싱턴의 이상까지도 충족시켰을 것이라고 주장한다. 해밀턴은 때로 워싱턴에 대해서 그다지 큰 애정을 느끼지 못한다면서 장군이 드러내는 친밀성이 부담스럽다고 말하곤 했다. 이 경계에는 자신의 독립심을 보호하려는 심리가 작용했을 가능성이 매우 높다. 참조, 해밀턴이 필립 스카일러에게 쓴 편지(1781년 2월 18일), Hamilton Papers, vol. 2, 563-564. 그리고 처노의 Alexander Hamilton 88-89, 153, 290, 479, 499-500 그리고 600쪽도 해밀턴과 워싱턴 사이의 관계에 대해서 유용한 자료를 담고 있다.

5. The Farmer Refuted, in Hamilton Papers, vol. 1, 157−158.

6. Flexner, The Young Hamilton, 137; Cooke, Alexander Hamilton, 15−16.

7. 해밀턴을 외국인으로 바라보는 라파예트의 견해에 대해서는 다음을 참조, Flexner,The Young Hamilton, 238.

8. Ibid., 케이넌은 해밀턴이 언제나 '국가가 우선이고 나는 그 다음'이라고 말했으며, 이것은 단순한 희생이 아니라 '깊은 욕망을 충족하는 과정'이라고 지적했다. Cecelia M. Kenyon, "Alexander Hamilton: Rousseau of the Right," Political Science Quarterly 73 (1958), 174. 해밀턴은 1780년에 결혼을 하려고 잠시 워싱턴의 지휘본부를 떠나지만 곧 다시 복귀했다.

9. 해밀턴이 워싱턴에게 쓴 편지(1780년 11월 22일), Hamilton Papers, vol. 2, 509. 보다 더 넓은 주제에 대해서는 다음을 참조, 더글러스 어데어(Douglas Adair)의 고전적인 에세이 "명성과 건국의 아버지들(Fame and the Founding Fathers)", Trevor Colbourn, ed., Fame and the Founding Fathers (New York: Norton, 1974), 3−36. 이 책에는 제목과 관련된 다른 강력한 에세이들도 수록되어 있다.

10. 해밀턴이 매켄리에게 쓴 편지(1781년 2월 18일), Hamilton Papers, vol. 2, 569.

11. Chernow, Alexander Hamilton, 160−164.

12. Ibid., 164−166.

13. Emery, Alexander Hamilton, 33−37, 75−76.

14. 해밀턴이 워싱턴에게 쓴 편지(1782년 3월 1일), Hamilton Papers, vol. 3, 5. 대륙회의는 나중에 장교들에게 지급하는 제대 급여에 대해서 어정쩡한 태도를 보이며 오락가락하다가, 결국 정부의 부담을 최소화하는 선에서 그 급여의 지출을 결정했다.

CHAPTER 4 사랑과 사회적 지위

1. 해밀턴이 존 로렌스에게 쓴 편지(1780년 1월 8일), The Papers of Alexander Hamilton, ed. Harold Syrett et al. (New York: Columbia University Press, 1961-1978), vol. 2, 255 (hereafter cited as Hamilton Papers).

2. 해밀턴이 존 로렌스에게 쓴 편지(1779년 4월), Hamilton Papers, vol. 2, 37.

3. Caroline V. Hamilton, "The Erotic Charisma of Alexander Hamilton," Journal of American Studies 45 (2011), 1-19. 애비게일 애덤스의 발언은 다음에 인용되어 있다. Page Smith, John Adams, 2 vols. (New York: Doubleday, 1962), vol. 2, 907.

4. 해밀턴이 엘리자베스 스카일러에게 쓴 편지(1780년 3월 17일), Hamilton Papers, vol. 2, 286-287. 본문에서 그 뒤에 나오는 틸먼의 말은 다음에 인용되어 있다. Ron Chernow, Alexander Hamilton (New York: Penguin, 2004), 129.

5. 해밀턴이 마가리타 스카일러에게 쓴 편지(1780년 2월), Hamilton Papers, vol. 269-270. 본문에서 그 뒤에 나오는 틸먼의 일기는 다음에 인용되어 있다. James Thomas Flexner, The Young Hamilton: A Biography (Boston: Little, Brown, 1978), 277.

6. Chernow, Alexander Hamilton, 136.

7. 해밀턴이 로렌스에게 쓴 편지(1780년 6월 30일), Hamilton Papers, vol. 2, 347-348.

8. 해밀턴이 엘리자베스 스카일러에게 쓴 편지(1780년 8월), Hamilton Papers, vol. 2, 398-399. 부(富)에 대한 해밀턴의 태도에 대해서는 다음을 참조, Richard Brookhiser, Alexander Hamilton, American (New York: Free Press, 1999), 185-186.

9. 엘리자에게 보낸 스카일러의 편지는 다음에 인용되어 있다. Chernow, Alexander Hamilton, 136-137.

10. 처나우, 쿡 그리고 에머리가 각각 쓴 전기들은 엘리자베스 묘사에 특히 강점을 보인다. 쿡은 심지어 '해밀턴이 세인트크로이 섬의 농장 사회 변방에서 뉴저지와 뉴욕의 이너서클로 도약한 데는, 역사가 그에게 경의를 표해 왔던 다른 모든 업적을 이루는 것보다 더 많은 기민함을 필요로 했다'(7쪽)고 표현했다. 해밀턴이 죽은 뒤에 엘리자는 그가 남긴 방대한 글들을 세심하게 보존한 다음, 의회도서관과 협의를 해서 의회도서관이 영구적으로 관리를 하도록 했다. 그녀는 또한 해밀턴의 최초의 중요한 전기를 출판하는 사업을 추진했는데, 두 사람 사이에 태어난 아들인 존 처치 해밀턴이 원고를 집필했고, 집필 과정에서 그녀가 아들을 끊임없이 재촉한 끝에 마침내 여러 권 분량의 전기가 완성되었다. 엘리자에 대해서는 다음을 참조, Chernow, Alexander Hamilton, 3, 146, 148-49, 203-207, 367, 643. 안젤리카 처치에 대해서는 다음을 참조, ibid., 133-134.

11. Hamilton Papers, vol. 3, 82-83.

12. Paul Finkelman, "Alexander Hamilton, Esq.: Founding Father as Lawyer" (Review of Julius Goebel Jr. and Joseph H. Smith, eds., The Law Practice of Alexander Hamilton, 5 vols. [New York: Columbia University Press for William Nelson Cromwell Foundation, 1964-1981]), American Bar Foundation Research Journal 229 (1984), 235-36: "해밀턴의 실행 매뉴얼은 믿을 수 없을 정도로 멋진 저작이다. 이 소책자는 모든 1학년 법학생에게 배부해서 상급생 및 졸업생과의 연속성을 획득하고, 이 천재적인 저작에 경외심을 느끼고, 또 비교적 단순명료한 연방규칙의 특성을

보다 잘 이해할 수 있도록 해야 한다."

13. 해밀턴이 로렌스에게 쓴 편지(1782년 8월 15일), Hamilton Papers, vol. 3, 145.

14. 해밀턴이 라파예트에게 쓴 편지(1782년 11월 3일), Hamilton Papers, vol. 3, 191-192; Flexner, Young Hamilton, 379; Emery, Alexander Hamilton, 83; Cooke, Alexander Hamilton, 38; Finkelman, "Alexander Hamilton, Esq.," 240.

15. Nathan Schachner, "Alexander Hamilton Viewed by His Friends: The Narratives of Robert Troup and Hercules Mulligan," William and Mary Quarterly 4 (1947), 235. 해밀턴은 자기가 토리당원을 변호하고 나선 여러 이유를 5,000단어나 되는 장황한 다음 에세이를 통해서 설명했다, "A Letter from Phocion to the Considerate Citizens of New-York on the Politics of the Day" (New York: Printed by Samuel Loudon, 1784), Hamilton Papers, vol. 3, 483 및 그 뒤.

16. 해밀턴이 워싱턴에게 쓴 편지(1783년 4월 8일), Hamilton Papers, vol. 3, 317-321.

17. "The Continentalist," No. 6, July 4, 1782, Hamilton Papers, vol. 3, 106.

CHAPTER 5 **사상의 뿌리**

1. 하지만 이것은 1780년대의 미국 상황이 1770년대의 상황과 동일했다는 말은 아니다. 1770년대의 기본적인 과제는 독립으로 나아가는 것, 영국과 전쟁을 치르는 것 그리고 이 전쟁에 필요한 자금을 마련하는 것이었다. 그러나 1781년에 요크타운전투를 승리로 이끈 뒤에 미국의 가장 중요한 문제는 재정, 국가 금융 정책 그리고 1787년의 헌법 마련 및 비준이었다.

2. Drew R. McCoy, The Elusive Republic: Political Economy in Jeffersonian America (Chapel Hill: University of North Carolina Press for the Institute of Early American History and Culture, 1980), 76, 90-93.

3. 다음 글이 이 기간의 폭넓은 경제적 쟁점들을 훌륭하게 요약하고 분석했다, Ben Baack, "Economics of the American Revolutionary War," EH.Net Encyclopedia, ed. Robert Whaples, Nov. 13, 2001 (updated Aug. 5, 2010). 참조, eh.net/encyclopedia/article/baack.war. revolutionary.us (accessed 6/15/11).

4. 1780년대의 미국 경제의 조건을 놓고 많은 논란이 있었다. 어떤 역사가들은 그 기간의 상황이 대단히 나쁘지는 않았다고 주장해 왔다. 예를 들어 다음을 참조, Merrill Jensen, The New Nation: A History of the United States during the Confederation (New York: Knopf, 1950). 그런데 이 책의 주장은 1780년대는 미국의 미래에 어두운 위기의 그림자를 드리운 결정적인 10년이었다는, 오랫동안 견지되었던 다음에 열거하는 여러 역사가의 견해를 수정·반박한다. E. James Ferguson, The Power of the Purse: A History of American Public Finance, 1776-1790 (Chapel Hill: University of North Carolina Press for the Institute of Early American History and Culture, 1961); Edwin J. Perkins, American Public Finance and Financial Services, 1700-1815 (Columbus: Ohio State University Press, 1994). 1780년대가 경제 침체기였다는 반대 의견은 근거가 풍성하고 권위가 있는 다음 저작들을 통해서 개진되었다. Gordon Bjork, "The Weaning of the American Economy: Independence, Market Changes, and Economic Development," Journal of Economic

History 24 (1964), 541-560; John J. McCusker and Russell R. Menard, The Economy of British North America, 1607-1789 (Chapel Hill: University of North Carolina Press for the Institute of Early American History and Culture, 1985), 17장; Roger H. Brown, Redeeming the Republic: Federalists, Taxation, and the Origins of the Constitution (Baltimore: Johns Hopkins University Press, 1993).

5. 해밀턴이 제임스 두에인에게 쓴 편지(1780년 9월 3일), The Papers of Alexander Hamilton(이하 Hamilton Papers로 표기), ed. Harold Syrett et al. (New York: Columbia University Press, 1961-1978), vol. 2, 406. 군대에 보급을 지원하는 문제의 한 부분은 단지 자금 부족만은 아니었다. 많은 식민지가 (스스로 창설하는 정규군을 포함해서) 모든 형태의 정규군에 대해서 가지고 있었던 관념적인 차원의 의심이 문제이기도 했다. 대부분의 미국인은 민병대를 훨씬 더 선호했던 것이다. 정규군을 향한 혐오 정서에 대해서는 다음을 참조, Charles Royster, A Revolutionary People at War: The Continental Army and American Character, 1775-1783 (Chapel Hill: University of North Carolina Press for the Institute of Early American History and Culture, 1979); E. Wayne Carp, To Starve the Army at Pleasure: Continental Army Administration and American Political Culture, 1775-1783 (Chapel Hill: University of North Carolina Press, 1984); John R. Nelson Jr., Liberty and Property: Political Economy and Policymaking in the New Nation, 1789-1812 (Baltimore: Johns Hopkins University Press, 1987), 10.

6. 미국의 수출입 규모는 영국 파운드화 단위로 다음과 같았다. 독립 이전인 1770년에 수출 102만에 수입 193만, 1780년에 수출 1만 8600에 수입 82만 5000, 1790년에 수출 104만에 수입 326만. Historical Statistics of the United States: Colonial Times to 1970, 2 vols. (Washington, DC: Government Printing Office, 1975), vol. 2, 1176.

7. 때로 그 쟁점은, 노예제도 문제가 북부 및 남부 여러 주들 사이에 균형 잡힌 과세를 해야 한다는 문제와 직접 연결되어 있음에도 불구하고, 노예제도라는 문제보다 더 첨예하게 남부와 북부 사이의 불화를 조장했다. 참조, Robin L. Einhorn, American Taxation, American Slavery (Chicago: University of Chicago Press, 2006).

8. 독립 유지와 관련해서 가장 큰 위험은 여전히 영국, 프랑스 그리고 스페인에서 비롯되었다. 이 나라들은 모두 북아메리카 땅에 대한 권리를 여전히 가지고 있었으며, 뿐만 아니라 자국에게 상대적으로 유리하게 작용할 수단으로 삼을 수 있지 않은 한, 식민지에서 혁명이 일어나길 원하지 않았기 때문이다.

9. 해밀턴이 로렌스에게 쓴 편지(1780년 6월 30일), Hamilton Papers, vol. 2, 347-348. 비록 해밀턴은 예상하지 못했겠지만, 그와 비슷한 일이 19세기와 20세기에 중앙아메리카와 남아메리카의 스페인 여러 식민지들에서 그리고 또 영국과 프랑스가 과거 식민지로 삼았던 아시아와 아프리카의 여러 나라에서 일어났다. 이들 나라는 독립을 이룩한 직후에 내전을 겪거나, 또 비슷한 처지의 다른 나라와 전쟁을 벌였다. 외국으로부터의 위협이 계속될 것이라는 가능성을 예측한 건국자는 해밀턴뿐만이 아니었다. 존 애덤스를 비롯한 몇몇 건국자 역시 그런 예측을 했다. 미국이 유럽 여러 국가들의 간섭에서 스스로를 보호할 방안에 대한 애덤스의 사상 및 관련 주제를 탐구하려면, 다음을 참조, Eliga H. Gould, Among the Powers of the Earth: The American Revolution and the Making of a New World Empire (Cambridge, MA: Harvard University Press, 2012). 보다 일반적인 사항

에 대해서는 참조, Max M. Edling, A Revolution in Favor of Government: Origins of the U.S. Constitution and the Making of the American State (New York: Oxford University Press, 2003).

10. 해밀턴이 엘리자베스 스카일러에게 쓴 편지(1780년 8월, 날짜 없음), Hamilton Papers, vol. 2, 398-399.

11. 해밀턴이 엘리자베스 스카일러에게 쓴 편지(1780년 9월, 6일), ibid., 422.

12. Gloria Main, "Forum: Toward a History of the Standard of Living in British North America," esp. "The Standard of Living in Southern New England, 1640-1773," William and Mary Quarterly 45 (1988), 124-134; John J. McCusker, "Comment," ibid., 167-170.

13. 해밀턴이 두에인에게 쓴 편지(1780년 9월 3일), Hamilton Papers, vol. 2, 400-417. 이 편지는 무려 7,000개의 단어가 동원된, 오늘날의 평균적인 책으로 치자면 약 23쪽 분량이나 되는 장문의 편지이다.

14. Ibid.

15. Ibid.

16. Ibid. 당시 민족주의자들의 프로그램에 대한 일반적인 해설에 대해서는 다음을 참조, E. James Ferguson, "The Nationalists of 1781-1783 and the Economic Interpretation of the Constitution," Journal of American History 56 (1969), 241-261.

17. '대륙주의자들'의 에세이는 Hamilton Papers 2권과 3권에 실려 있다. 해밀턴을 다룬 모든 중요한 전기들 및 2차 자료들은 이 에세이들의 중요성을 강조한다. 예를 들어서 다음을 참조, Robert James Parks, European Origins of the Economic Ideas of Alexander Hamilton (New York: Arno Press, 1977), 42-43.

18. "The Continentalist," No. 5, April 18, 1782, Hamilton Papers, vol. 3, 775-782.

19. Ibid.

20. Ibid.

CHAPTER 6 로버트 모리스와 해밀턴, 그리고 재정

1. 해밀턴이 두에인에게 쓴 편지(1780년 9월 3일), The Papers of Alexander Hamilton(이하에서는 Hamilton Papers로 표기), ed. Harold Syrett et al. (New York: Columbia University Press, 1961-1978), vol. 2, 408-409.

2. 로버트 해리스의 훌륭한 전기로는 두 권이 있는데, 하나는 Clarence L. Ver Steeg, Robert Morris: Revolutionary Financier (Philadelphia: University of Pennsylvania Press, 1954)로 학술적인 차원의 역작이고, 또 하나는 Charles Rappleye, Robert Morris: Financier of the American Revolution (New York: Simon and Schuster, 2010)로 위의 책보다 풍부하게 더 많은 분야를 다루며 또한 보다 극적으로 기술한다. 다음도 참조, Ellis Paxson Oberholtzer, Robert Morris, Patriot and Financier (New York: Macmillan, 1904); Eleanor Young, Forgotten Patriot: Robert Morris (New York: Macmillan, 1950).

3. 아버지 모리스는 선상에서 진행되던 어떤 행사에 참석한 뒤에 작은 배로 갈아타고 항구로 돌

아오던 길이었다. 그런데, 배에서 의례의 한 절차로 예포를 쏘았고, 이 과정에서 먼 소재의 대포 충전재에 그가 맞고 말았다. 비록 발사 전에 포탄이 제거되긴 했지만 그래도 그 사고로 심각한 부상을 입었고, 결국 사흘 뒤에 사망했다.

4. 다음 책은 비록 모리스를 언급하지는 않지만 모리스가 상업 활동을 활발하게 하던 당시에 필라델피아가 경제적으로 얼마나 활기가 넘쳤는지 생생하게 묘사한다. Thomas M. Doerflinger, "Commercial Specialization in Philadelphia's Merchant Community, 1750-1791," Business History Review 57 (1983), 20-49. 다음은 모리스와 윌리스의 동업 관계를 다루고 있을 뿐만 아니라 토머스 윌링에 관한 한 최고의 자료 출처이기도 한 글은 다음과 같다. Robert E. Wright, "Thomas Willing (1731-1821): Philadelphia Financier and Forgotten Founding Father," Pennsylvania History 63 (1996), 525-560. 다음도 참조, Burton Alva Koonkle, Thomas Willing and the First American Financial System (Philadelphia: University of Pennsylvania Press, 1937).

5. 이 이복동생 토머스 모리스(Thomas Morris) 때문에 로버트 모리스는 그 뒤로 골치를 썩여야 했다. 토머스는 미국에서뿐만 아니라 회사가 출장차 보낸 유럽에서 종잡을 수 없는 변덕스런 행동으로 이복형의 모든 호의를 탕진해 버렸다.

6. 필라델피아에서 상업이 빠르게 진화한 상황에 대해서는 다음을 참조, Thomas Doerflinger, A Vigorous Spirit of Enterprise: Merchants and Economic Development of Revolutionary Philadelphia (Chapel Hill: University of North Carolina Press, 1986).

7. 해밀턴이 모리스에게 쓴 편지(1781년 4월 30일), Hamilton Papers, vol. 2, 604 및 그 뒤.

8. Ibid., 604-606.

9. Ibid., 606-607.

10. 해밀턴은 독립전쟁 이전에 13개 식민지들이 대략 '3000만 달러를 가지고 있었으며, 이 가운데 800만 달러는 [지폐가 아닌, 금이나 은과 같은] 정화(正貨)'라고 추정했다. 하지만 미국에서는 식민지적인 전통 및 국가로서의 전통 모두 세금이 매우 낮게 매기는 것이었으므로, 이것을 가지고 유럽과 비교하기는 어려웠다. 그래서 미국에서는 '사람들이 세금에 거의 익숙하지 않았으므로, 유럽과 동일한 비율의 세금을 걷는 게 가능할 수 있을지 의심스러울 수도 있습니다'라고 썼다, Ibid., 609-610.

11. Ibid., 608-610.

12. Ibid., 617.

13. Ibid., 618.

14. Ibid., 617-618, 621 및 그 뒤.

15. Ibid., 635.

16. 해밀턴은 계속해서 모리스에게 다음과 같이 말했다. "국가부채는 압제가 되지 않으면서도 산업을 자극할 수 있는 수준으로 세금을 유지할 필요성을 낳을 것입니다. 우리는 유럽에서 멀리 떨어져 있어서 그만큼 위험으로부터도 멀리 떨어져 있긴 하지만, 만약 그렇지 않으면, 우리가 즐겨 사용하는 격언이 자칫 우리를 지나치게 절약을 하거나 지나치게 방종하게 만들지도 모른다고 두려워해야 할 것입니다. 우리는 지금 유럽의 다른 어떤 문명국에 비해서도 노력을 적게 하고 있습니다. 사람들의 노동 습관은 그 사람의 정신과 육체의 건강과 활력에 필수적이며, 이것은 또한 국가 전체의 복지에도 이바지합니다." (Ibid.) 해밀턴이 한 이 발언에 대한 칭찬과 비난 및, 현재 미국 정부의 재정 적자에 반대하는 논박을 낳은 부채의 역사에 대해서는 다음을 참조, John Steele Gordon, Hamilton's

주 529

Blessing: The Extraordinary Life and Times of Our National Debt (New York: Walker, 1997).

17. 모리스가 해밀턴에게 쓴 편지(1781년 5월 26일), Hamilton Papers, vol. 2, 645.

18. Ibid., 646. 모리스가 워싱턴에게 쓴 편지(1781년 5월 29일), The Papers of Robert Morris(이하 Morris Papers로 표기), ed. E. James Ferguson et al. (Pittsburgh: University of Pittsburgh Press, 1978-1999), vol. 1, 96.

19. Donald F. Swanson, "The Origins of Hamilton's Fiscal Policies," University of Florida Monographs (Gainesville: Winter 1963), Social Sciences 8, 36 및 그 뒤. 펜실베이니아가 발행한 화폐가 다른 어떤 주에서 발행한 화폐보다 높은 가치를 보유했다.

20. 나중에 거버너 모리스는 프랑스 주재 미국 공사이자 뉴욕을 대표하는 상원의원 자격으로 1787년의 헌법제정회의에도 파견되었다. 그는 또 조지 워싱턴을 비롯한 수많은 친구로부터 도와달라는 부탁을 끊임없이 받았다. 그 친구들은 그의 방랑벽을 보다 나은 방향으로 제어하려고 애를 썼던 것이다. 그러나 그는 친구들의 조언을 따르지 않았다. 참조, William Howard Adams, Gouverneur Morris: An Independent Life (New Haven, CT: Yale University Press, 2003); Richard Brookhiser, Gentleman Revolutionary: Gouverneur Morris, the Rake Who Wrote the Constitution (New York: Free Press, 2003).

21. 솔로몬은 1785년 1월에 사망했으며, 그가 남긴 글은 별로 없다. 그를 주인공으로 다룬 소설이나 어린이 책도 상당히 많은데, 대부분 그를 실제보다 훨씬 더 영웅적으로 묘사한다. 하지만 그럼에도 불구하고 그가 독립전쟁 기간 동안에 군자금 모금에 혁혁한 공을 세웠음은 분명한 사실인데, 이런 내용은 Morris Papers에서 여러 차례 언급된다. 모리스는 보통 '중개인(the broker)'이라고 불리곤 했다. 솔로몬의 경력에 대해서 짧지만 믿을 만한 정보를 원한다면 다음을 참조, James H. Peeling, "Hyam Salomon," Dictionary of American Biography (New York: Scribner, 1928-936); Leo Hershkowitz, "Hyam Salomon," in Michael Berenbaum and Fred Skolnik, eds., Encyclopedia Judaica, 2nd ed. (Detroit: Gale Cengage, 2007), 697-698; Edgar J. McManus, "Haym Salomon," American National Biography Online, www.anb.org.

22. 펜실베이니아은행(Bank of Pennsylvania)이 그보다 먼저 1780년에 문을 열었었다. 모리스가 주로 투자를 했는데, 그는 자기 돈 1만 파운드를 이 은행에 투자했다. 그런데 이것은 통상적인 의미의 은행이 아니라, 군자금을 관리하기 위한 기관이라는 게 더 정확했다. 나중에 설립된 북아메리카은행이 이 은행보다 더 커지긴 했지만, 두 은행 모두 중앙은행의 위상으로까지는 나아가지 못했다. 이 은행(그리고 일반적인 의미의 은행들)을 놓고 해밀턴과 모리스가 주고받은 서신은 Hamilton Papers와 Morris Papers에 실려 있는데, 이 두 책 모두 찾아보기와 해설이 잘 정리되어 있다. 모리스의 프로그램과 해밀턴이 10년 뒤에 시행할 프로그램의 유사성은 다음 책에 잘 묘사되어 있다. Ver Steeg, Robert Morris: Revolutionary Financier.

23. 모리스는 정부의 재정을 책임지는 재정담당관이었을 뿐만 아니라 해군 대리인(Agent of Marine)으로서의 역할도 충실하게 수행해서, 전쟁 기간 대부분 동안에 해상 작전에서 중요한 역할을 했다. 미국의 해군은 보잘것없었다. 그러나 이런 문제는 바다를 통한 해외 무역을 활발하게 했던 나라에게는 수많은 걱정거리 가운데 단지 하나일 뿐이었다. 모리스가 관련된 에피소드로 시간이 많이 소요되는 이야기로는 다음을 참조, Stephen Tallichet Powers, "Robert Morris and the Courts-Martial of Captains Samuel Nicholson and John Manley of the Continental Navy," Military

Affairs 44 (1980), 13-17. 모리스가 했던 사업을 매우 잘 드러내는 에피소드는 다음을 참조, Mary A. Y. Gallagher, "Private Interest and the Public Good: Settling the Score for the Morris-Holker Business Relationship, 1778-1790," Pennsylvania History 69 (2002), 179-209. 이 글은 제목보다 훨씬 더 폭넓은 내용을 다룬다.

24. Rappleye는 Morris Papers에서 이 에피소드에 거의 한 장(章) 전체를 할애한다. 참조, Victor L. Johnson, "Robert Morris and the Provisioning of the American Army during the Yorktown Campaign of 1781," Pennsylvania History 5 (1938), 7-20.

25. 1782년에 요청되었고 지급받은 금액은 다음 글에 나타난다. Ben Baack, "Forging a Nation State: The Continental Congress and the Financing of the War of American Independence," Economic History Review 54 (2001), 639-656. 이 글은 독립전쟁 군자금 마련에 대한 다른 정보도 풍부하게 담고 있다. 모리스가 세 사람의 주지사에게 각각 쓴 편지들은 다음에서, Morris Papers, vol. 3, 414-415.

26. Morris Papers, vol. 3, 476.

27. Ibid., vol. 6, 282.

28. Ibid., vol. 6, 631.

29. Ibid., vol. 7, 574.

30. Ibid., vol. 9, appendix 3, 697-698.

CHAPTER 7 헌법

1. 철저한 분석을 위해서는 다음을 참조, Edward Countryman, A People in Revolution: The American Revolution and Political Society in New York, 1760-1790 (Baltimore: Johns Hopkins University Press, 1981).

2. 해밀턴이 제이에게 쓴 편지(1783년 7월 26일), The Papers of Alexander Hamilton, ed. Harold Syrett et al. (New York: Columbia University Press, 1961-1978), vol. 3, 416-417 (이후로는 Hamilton Papers로 표시). 주와 연방정부 사이의 권한 분산에 대한 생각의 점차적인 변화에 대해서는 다음을 참조, Alison L. LaCroix, The Ideological Origins of American Federalism (Cambridge, MA: Harvard University Press, 2010). 재정 관련 쟁점들 및 헌법에 대해서는 다음을 참조, Roger H. Brown, Redeeming the Republic: Federalists, Taxation, and the Origins of the Constitution (Baltimore: Johns Hopkins University Press, 1993). 이 책은 조세에 관한 주정부의 저항과 연방 정부의 허약함을 강조한다.

3. 매디슨의 노트(1783년 1월 29일), Hamilton Papers, vol. 3, 247.

4. 그의 결심이 어땠는지 보려면 참조, Hamilton Papers, vol. 3, 420-426. 이 글은 무려 2,500단어나 된다.

5. 아나폴리스회의 연설문(1786년 9월 14일), Hamilton Papers, vol. 3, 686 및 그 뒤. 인용 부분은 689. 버지니아, 뉴욕, 매사추세츠, 뉴햄프셔, 뉴저지 그리고 로드아일랜드가 대표단을 임명했지만 이들은 나타나지 않았다. 코네티컷, 조지아, 사우스캐롤라이나 그리고 메릴랜드(특히 메릴랜드는 회

의 장소가 자기 주에 있었음에도!)는 대표단조차 임명하지 않았다. 이 회의는 1786년 9월 11일부터 14일까지 나흘 동안 열렸다.

6. 필라델피아회의에서 헌법 초안을 작성하는 그 위대한 작업에서 주도적인 역할을 한 사람은 해밀턴이 아니었다. 스코틀랜드 출신의 재기 넘치는 법학자 제임스 윌슨(James Wilson)이 그 역할을 했다. (그는 제임스 매디슨 다음으로 중요한 역할을 했다고 할 수 있다.) 윌슨은 펜실베이니아의 대표단 위원으로 회의에 참석했으며, 헌법 초안을 구성하는 작업에 참여했다. 조지 워싱턴은 나중에 그를 초대 대법원 판사들 가운데 한 명으로 임명했다.

7. 노예제도와 헌법 사이의 관계는 매우 논쟁적인 주제이다. 버나드 베일린(Bernard Bailyn)이나 고든 우드(Gordon Wood)와 같은 저명한 헌법학자들은, 자기들이 제도보다는 이데올로기에 더 관심이 많다는 이유로 (나로서는 이렇게 간단하게 정리할 수밖에 없는데, 그렇지 않을 경우 너무도 길고 복잡해지기 때문이다) 그 관계를 경시하는 경향을 보였다. 이와 반대 입장에 서서, 헌법이 작성되고 비준되어 발효될 수 있었던 타협점의 핵심에 바로 노예제도가 있다는 주장은 주로 다음 책들에서 펼쳐진다. Robin L. Einhorn, American Taxation, American Slavery (Chicago: University of Chicago Press, 2006), 교과서적인 헌법이다; George William Van Cleve, A Slaveholders' Union: Slavery, Politics, and the Constitution in the Early Republic (Chicago: University of Chicago Press, 2010), 이 책은 특히 법률적인 쟁점들에 강점을 보인다; David Waldstreicher, Slavery's Constitution (New York: Hill and Wang, 2009), 이 책의 161-168쪽의 내용은 해당 논쟁의 진화과정을 정확하게 요약하고 있으며, 특히 이 책은 풍성한 참고목록을 제공한다; Paul Finkelman, Slavery and the Founders: Race and Liberty in the Age of Jefferson (New York: M. E. Sharpe, 1996)은 건국자들, 특히 1787년에 프랑스에 공사로 가 있어서 헌법제정회의에 참석하지 않았으면서 나중에 노예제도에 대한 글을 자주 썼던 제퍼슨을 열정적으로 반박하는 책이다.

8. 이 조항이 포함된 법안은 전체 13표 가운데 11표밖에 얻지 못해서 통과되지 못했다. 연합규약 체제 아래에서는 만장일치여야 했기 때문이다. 참조, Einhorn, American Taxation, American Slavery, 162-169. 이 부분은 과세 및 인구 산정의 쟁점을 선명하게 설명해준다.

9. Ibid.

10. Ibid. 해밀턴의 발언은 다음에 인용되어 있다. Joseph J. Ellis, Founding Brothers: The Revolutionary Generation (New York: Knopf, 2000), 201. 헌법에서 인용된 구절은 각각 1조 2절, 4조 2절 그리고 1조 9절이다.

11. 정부의 구성 계획에 대한 헌법제정회의 연설문(필라델피아, 1787년 6월 18일), Hamilton Papers, vol. 4, 223-224.

12. Ibid.

13. Ron Chernow, Alexander Hamilton (New York: Penguin, 2004), 234. 비록 개연성이 낮긴 하지만 매디슨이 해밀턴의 이미지가 나쁘게 보이도록 하려고 초고를 수정했을 수도 있다. 매디슨은 1790년대에 해밀턴과 매우 심하게 등을 졌다. 그리고 그는 1787년의 필라델피아회의에서부터 1836년 사망하던 해까지 자주 자기가 남겼던 기록을 수정했고, 그가 남긴 기록은 그가 사망한 뒤에 출간되었기 때문이다. 매디슨에게 가장 우호적인 전기작가인 어빙 브랜트(Irving Brant)는 매디슨이 역사적인 기록을 수정한 몇 가지 사례를 인용하는데, 그는 심지어 일차적인 자료까지 수정했다. 그 가운데는 자기가 제퍼슨에게 보냈던 다수의 편지까지도 포함된다. 그런데 한편, 뉴욕의 클린턴주의자

이던 로버트 예이츠(Robert Yates) 대표단 위원이 기록한 노트는(그 가운데 일부가 본문에 인용되어 있다) 해밀턴의 1787년 발언이 매디슨이 설명한 내용과 다르지 않음을 확인해준다. 참조, Hamilton Papers, vol. 4, 195–201.

14. 역사학자이자 해밀턴의 팬이 결코 아니며 또한 헌법제정회의의 예리한 분석가로 꼽히는 고든 우드는 다음과 같이 썼다. "상원의원과 대통령을 종신직으로 해야 한다는 해밀턴의 터무니없는 주장은 버지니아 플랜이 실제보다 더 온건하게끔 보이도록 하기 위한 전술적인 차원의 노력이었다. 해밀턴이 버지니아 플랜과 이것의 대척점에 서 있던, 연합규약을 아주 조금만 손질한 바람에 '소스를 거의 바꾸지 않은 돼지고기 요리'라는 말을 듣던 뉴저지 플랜을 동일한 차원의 발상으로 묶으려고 노력했던 것도 바로 이런 까닭에서였다. 참조, Wood, review of Andrew Burstein and Nancy Isenberg, Madison and Jefferson (New York: Random House, 2010), in The New Republic, April 7, 2011, 25. 다른 학자들도 비슷한 주장을 했음은 처노의 다음 주석에서 확인할 수 있다. Chernow notes in Alexander Hamilton, 234.

15. 해밀턴이 워싱턴에게 쓴 편지(1787년 7월 3일), Hamilton Papers, vol. 4, 223–224.

16. 55명이라는 표본의 수가 너무 적어서 통계적인 유의미성이 부족할 수도 있다. 하지만 설령 그렇다 하더라도, 로버트 모리스와 해밀턴 외에 그 초안에 서명을 한 재정 분야에 정통한 또 한 명의 이민자로 토머스 피즈시몬스(Thomas Fitzsimons)라는 인물이 있다는 점에 주목할 필요가 있다. 피즈시몬스는 아일랜드에서 살다가 1760년에 미국으로 이주했으며, 1780년대에는 뱅크오브노스아메리카(Bank of North America)의 책임자로 활발하게 활동했다. 버지니아의 조지 위스(George Wythe)처럼 서명을 하지 않은 몇몇 대표들도 회의장을 떠나지 않고 필라델피아에 계속 남아 있었더라면 아마도 서명을 했을 것이다. 위스는 자기 주에서 필라델피아회의의 결의를 비준할 때 헌법 초안을 지지했다.

17. 해밀턴이 쓴 글들은 다음에 수록되어 있다. Hamilton Papers, vol. 4, 287–717. 다음은 원문은 없고 대신 막대만 분량의 2차 저작물들의 대표적인 것들을 모은 책이다. David Epstein, The Political Theory of the Federalist (Chicago: University of Chicago Press, 1984). 해밀턴은 또한 구버너 모리스와 윌리엄 듀어(William Duer)도 이 작업에 함께 참여하도록 요청했는데, 모리스는 달리 해야 할 일들이 있어서 거절했고, 듀어는 두 편의 글을 썼지만 《연방주의자 논집》에는 묶이지 않았다. 참조, Chernow, Alexander Hamilton, 246–250.

18. 헌법에 대한 신문의 지지에 대해서는 참조, Jeffrey L. Pasley, "The Tyranny of Printers": Newspaper Politics in the Early Republic (Charlottesville: University Press of Virginia, 2001), 43.

19. 뉴욕 헌법비준회의에서 해밀턴이 했던 연설(포킵시, 1788년 6월 17일), Hamilton Papers, vol. 5, 102. 국가주의의 성격과 역사를 다룬 많은 저작이 있지만, 해밀턴의 사상과 감정을 가장 잘 포착한 것은 이사야 벌린(Isaiah Berlin)이 내린 정의이다. "어떤 국가에 소속되고자 하는 압도적인 필요성, 어떤 국가를 구성하고 있는 모든 요소 사이에 존재할 유기적인 관계 그리고 그 국가가 우리의 것이므로 우리 자신에 내재된 가치 그리고 마지막으로 권력을 다투는 경쟁자들과 직면한 상황에서 국가의 주장과 권한이 가지는 우월성 등에 대한 믿음이다." 참조, "Nationalism: Past Neglect and Present Power," in Berlin, Against the Current: Essays in the History of Ideas (New York: Viking, 1980), 342, 345.

20. Chernow, Alexander Hamilton, 286–288; Charles Rappleye, Robert Morris: Financier

of the American Revolution (New York: Simon and Schuster, 2010), 454-455. 이 두 저자 모두 워싱턴이 모리스에게 했던 제안을 설명하면서, 워싱턴의 손자뻘 후손이 쓴 다음 저서에 의존했다. George Washington Parke Custis, Recollections and Private Memoirs of Washington (Washington, DC: W. H. Moore, 1857). 그러므로 (인사와 관련된 임명 제안 및 거부가 대개 그렇듯이) 증거는 박약하며, 결정적이지 못하다. 하지만 그렇다고 해서 확실한 반대 증거가 있는 것도 아니다.

매디슨은 이전에 제퍼슨에게 재무부장관 후보로 가장 돋보이는 사람은 해밀턴, 존 제이 그리고 뉴욕의 로버트 리빙스턴이라고 보고했다. (리빙스턴은 그 직책을 원했지만 얻지는 못할 것이라고 덧붙였다.) 참조, 매디슨이 제퍼슨에게 쓴 편지(1789년 5월 27일), James Morton Smith, ed., The Republic of Letters: The Correspondence between Thomas Jefferson and James Madison, 1776-1826 (New York: Norton, 1995), vol. 1, 613. 그리고 한 달 뒤에 매디슨은 그 후보들 가운데서 '해밀턴이 가장 평판이 좋다'고 다시 제퍼슨에게 알렸다. 매디슨이 제퍼슨에게 쓴 편지(1789년 6월 30일), ibid., 622. 계속해서 매디슨은 하원의원들은 그 자리에 앉을 자격이 없다고 했다. 로버트 모리스는 워싱턴과 대화를 나눈 지 여러 달이 지난 뒤인 1789년 9월이 되어서야 펜실베이니아 상원의원으로 선출되었다.

21. 빚을 갚지 못한 채무자들이 투옥되던 관행과 개인 부채를 바라보는 태도의 변화에 대해서는 다음 참조, Bruce H. Mann, Republic of Debtors: Bankruptcy in the Age of American Independence (Cambridge, MA: Harvard University Press, 2003).

CHAPTER 8 새로운 정부, 오래된 부채

1. 중요한 예외 두 가지는 루이지애나 매입 비용 마련을 위한 1803년의 대규모 대출 그리고 전쟁, 특히 남북전쟁 기간 동안에 부과된 무거운 세금이다.

2. 의회는 재무부를 창설하고 해밀턴이 재무부장관으로 임명되기 2달 전에 관세법을 의결했다. 워싱턴은 이 조치에 1789년 7월 4일 서명했다. 관세는 세입 증가의 필요성 때문에 1790년대와 1800년대 초에 주기적으로 인상되었다. 당시의 관세율이 일괄적으로 어땠다고 말하기는 어렵다. 수입 물품에 대한 일괄적인 관세율은 5-10퍼센트로 매겨져 있었지만 특정 물품에 대해서는 이보다 훨씬 높은 세율이 적용되었기 때문이다. 보다 충실한 설명은 다음을 참조, Douglas A. Irwin, "Revenue or Reciprocity? Founding Feuds over U.S. Trade Policy," in Founding Choices: American Economic Policy in the 1790s, ed. Irwin and Richard Sylla (Chicago: University of Chicago Press, 2011), 100-105.

3. 많은 역사학자와 전기작가들은 해밀턴이 장관으로서 자기가 해야 할 역할을 본인 스스로는 어떻게 생각했는지 언급했다. 예를 들어 다음을 참조, Ron Chernow, Alexander Hamilton (New York: Penguin, 2004), 287-297.

4. 해밀턴이 모리스에게 보낸 편지(1781년 4월 30일), The Papers of Alexander Hamilton(이하에서는 Hamilton Papers로 표기), ed. Harold Syrett et al. (New York: Columbia University Press, 1961-1978), vol. 2, 604-605. 해밀턴이 가지고 있었던 발상의 몇 가지 원천에 대해서는 다음을 참조,

Robert J. Parks, European Origins of the Economic Ideas of Alexander Hamilton (New York: Ayer, 1977), 75-91. 이 책에서 파크스는 "게일의 이자 이론[Samuel Gale, An Essay on the Nature and Principles of Public Credit (London, 1786), 4-5, 9]은 해밀턴이 제시한 특이한 이론과 비슷하다. (…) 게일은 주어진 특정한 양의 돈의 가치는 [오늘날 경제학자들이 말하는] 상품의 특정한 수량에 대한 돈의 특정한 양의 비율이 아니라 돈의 속도(순환력)에 의해서 결정된다고 이론적으로 정리했다. 그러나 이자율은 돈의 가치와 상관이 없다. 이자는 자본과 수익률 사이의 비교이며, 이 둘은 돈으로 표시되기 때문이다"라고 썼다. 다른 저술가들이 해밀턴에 끼친 영향을 추가로 참고하고 싶다면 다음을 참조, Hamilton Papers, vol. 6, 51-69. 해밀턴에게 가장 큰 영향을 준 사람은 제네바 출신의 프랑스 재무장관 자크 네케르였던 것 같다. 참조, Donald F. Swanson and Andrew P. Trout, "Alexander Hamilton, 'the Celebrated Mr. Neckar,' and Public Credit," William and Mary Quarterly 47 (1990), 422-430. 그러나 로버트 모리스와 알렉산더 해밀턴이 가지고 있었던 생각들 가운데 일부는(모두가 아니다!) 영국의 저명한 경제학자 제임스 스튜어트(James Steuart)의 주장과 일치하는 것 같다. 그는 《국부론》의 저자 애덤 스미스의 반대 진영에 서 있던 핵심적인 인물이었다. 하지만 스튜어트는 해밀턴이나 모리스에 비해서 훨씬 더 중상주의자에 가까웠다.

5. Broadus Mitchell, Alexander Hamilton: The National Adventure, 1788-1804 (New York: Macmillan, 1962), 357-58. 그러나 핵심적인 관세 서비스 및 관련 쟁점에 대해서는 다음을 참조, Gautham Rao, "The Creation of the American State: Customhouses, Law, and Commerce in the Age of Revolution" (Ph.D. diss., University of Chicago, 2008).

6. 제퍼슨이 해밀턴에게 품었던 감정은 수많은 문건에 표현되어 있다. 하지만 그 어떤 곳보다 조지 워싱턴에게 보낸 1792년 5월 23일자 장문의 편지에 가장 잘 드러나 있는 것 같다. 참조, The Papers of Thomas Jefferson (Princeton, NJ: Princeton University Press, 1990), ed. Charles T. Cullen, vol. 23, 535-540.

7. 다음에 인용되어 있다. Jacob Cooke, Alexander Hamilton: A Profile (New York: Hill and Wang, 1967), 74-75.

8. Gerald Stourzh, Alexander Hamilton and the Idea of Republican Government (Stanford: Stanford University Press, 1970), 39, 82-83. 해밀턴에 관해서 많은 책이 나와 있지만, 이 책은 숨어 있는 고전이다.

9. 해밀턴이 뉴욕 헌법비준회의에서 한 연설(1788년 6월 25일), Hamilton Papers, vol. 5, 80-81.

10. 제퍼슨이 매디슨에게 쓴 편지(1787년 12월 20일), The Republic of Letters: The Correspondence between Thomas Jefferson and James Madison, 1776-1826, ed. James Morton Smith (New York: Norton, 1995), vol. 1, 512-514. 맥스 에들링이 쓴 다음 책은 열강들이 자기 이익을 좇아서 서로 으르렁거리는 세상에서 신생국 미국이 자기 이익을 보호할 수 있도록 하기 위해서 국가주의자들이 헌법을 어떻게 해석했는지 잘 보여준다. Max M. Edling, in A Revolution in Favor of Government: Origins of the U.S. Constitution and the Making of the American State (New York: Oxford University Press, 2003). 어쩌면 에들링이 과도하게 해석했을 수도 있지만, 그 문제를 놓고 끊임없이 생각했던 해밀턴과 해밀턴보다는 그 문제에 덜 신경 썼던 제퍼슨, 이 두 사람의 견해를 놓고 오랫동안 이어진 논쟁에 에들링이 새로운 측면을 제시했다고 볼 수 있다.

11. 해밀턴의 국가 건설론을 보고 배운 학생들이 많이 있지만, 그 가운데 가장 통찰력이 뛰어난

사람은 미국 법제사 분야의 선도적인 학자인 제임스 윌러드 허스트(James Willard Hurst)이다. 허스트의 방대한 연구 체계는 법률적 제도의 형성을 통해 경제적 정책 입안에 집중한다. 해밀턴에 대한 그의 발언은 충분히 인용해둘 가치가 있다.

"첫째, 그의 관심은 오로지 재화와 서비스를 생산하는 전반적인 역량을 증진하는 것에만 거의 배타적으로 초점이 맞춰졌다. 그래서 소비자 만족의 양과 질에 대해서는 거의 아무런 관심도 기울이지 않았다. (…) 그의 공식적인 권고 내용은 생산과 관련된 여러 요소(노동력 공급, 가용할 수 있는 투자자본, 농장 생산의 합계)의 조건만 전체로서 파악하고 다루었다. (…) 이처럼 자기가 주된 관심을 기울였던 주제에 맞게 그는 공공정책의 초점을 이른바 상업과 산업의 '합계적'(이 용어는 본인의 표현이다) 총량에 두었다. (…) 경제총량을 다루려 했던 야심으로 보자면 그는 19세기를 통틀어서 독보적이었다. (공직자 가운데서는 오로지 존 퀸시 애덤스와 헨리 클레이 두 사람만이 그의 경쟁자로 꼽힐 수 있다.) (…) 법과 경제에 대한 그의 접근에서 세 번째로 중요한 것은 정부의 여러 기능 그리고 애덤 스미스의 분산된 시장 그리고 또 투자의 큰 줄기와 기업가적 재능, 이 세 가지를 사회적으로 바람직하게 할당하기 위해서 기울였던 그의 개척자적인 노력이다. 이 세 가지 측면에서 경제 관리를 하고자 했던 그의 발상 아래에는 창의적인 재능과 열정적인 의지가 만성적으로 공급 부족이라는 전제가 깔려 있었다."

허스트는 계속해서 다음과 같이 주장한다. "잭슨주의적인 민주주의와 잭슨주의 상징의 휘그당 절도 행위는 해밀턴의 기업가적인 엘리트에 대한 공공정책의 관심을 수면 아래로 눌러버렸다. 남북전쟁 이후에 나타났던 대기업의 급격한 성장은 정부가 경제 발전에 이바지할 수 있는 잠재적으로 긍정적인 여러 역할들에 대한 관심을 흐트러 버렸거나 정부 개입의 정당성을 부정하며 (과세 구조에 감추어져 있으며 또 적절하지 못한 공공 규제 뒤에 숨어 있는) 기업에 주어지는 정부 보조금을 무시하는 자유방임주의를 강화했다." Hurst, "Alexander Hamilton, Law Maker," Columbia Law Review 78 (1978), 508−510.

12. 영국이 많은 비용이 소모되던 7년전쟁(1756-1763)을 치르고 있을 때, 비판자들은 전쟁 비용으로 발생한 막대한 국가부채가 자칫 국가를 파산으로 몰아갈지 모른다고 주장했다. 철학자 데이비드 흄은 국가부채의 장단점을 살펴본 뒤에 다음과 같이 결론을 내렸다. "분명 다음 두 가지 가운데 하나로 귀착될 것이다. 즉, 국가가 공적신용을 망가뜨리거나 공적신용이 국가를 망가뜨리거나…." 흄과 절친하던 애덤 스미스도 여기에 동의했다. 토머스 제퍼슨과 그의 추종자들도 마찬가지였다. 한편, 영국 및 다른 나라들의 많은 학자는 보다 유연하게 접근했다. 신용은 일상적인 상업 활동에서 필수적인 요소이며 또한 장기적인 투자에도 필수적인 요소임이 분명하다고 주장한 것이다. 이들의 주장은 다음과 같았다. 소비자 신용(소비자 대출은 보통 나쁜 것으로 인식되지만 상업에는 확실히 신용이 필요한데, 재고를 유지해야 하고 또 기업으로서는 성장할 시간을 벌어야 하기 때문이다. 농업도 마찬가지로 신용을 필요로 한다. 씨를 뿌려서 경작을 하고 수확한 다음 판매할 때까지 신용이 농민을 지탱해준다. 참조, Julian Hoppit, "Attitudes to Credit in Britain, 1680−1790," Historical Journal 33 (1990), 305−322; Bruce H. Mann, Republic of Debtors: Bankruptcy in the Age of American Independence (Cambridge, MA: Harvard University Press, 2002). 앞에서 인용한 흄의 발언 출처는, Parks, European Origins of the Economic Ideas of Alexander Hamilton, 75. 그런데 역설적이게도 흄의 가장 열렬한 독자 가운데 한 사람이었던 해밀턴은 흄이 제시한 대부분의 원리에 동의했지만 여기에는 동의하지 않았다.

13. 다음의 처음 몇 장(章)을 참조, Stephen Mihm, A Nation of Counterfeiters: Capitalists, Con Men, and the Making of the United States (Cambridge, MA: Harvard University Press, 2007).

14. E. James Ferguson, The Power of the Purse: A History of American Public Finance (Chapel Hill: University of North Carolina Press for the Institute of Early American History, 1961), 330-333.

15. 헌법제정회의에서 해밀턴을 비롯한 여러 대표들이 제기했던 국내 평화 및 국가 방위에 관한 이 심각한 걱정들은 다음 책에서 상세하게 설명한다. David C. Hendrickson, Peace Pact: The Lost World of the American Founding (Lawrence: University Press of Kansas, 2003). 전쟁을 치르는 데 쏟아야 할 역량을 갖추는 것과 신생국 안에서 개인이 누릴 자유를 유지하는 것 사이에서 어떻게 균형점을 찾을 것인가 하는 문제를 놓고 해밀턴 본인은 어떻게 생각했는지 알아보려면 다음을 참조, Karl-Friedrich Walling, Republican Empire: Alexander Hamilton on War and Free Government (Lawrence: University Press of Kansas, 1999).

16. 미국의 공공부채에 대한 해밀턴의 일반적인 접근법에 대한 설명은 다음과 같은 권위 있는 자료들을 참조했다. Hamilton Papers, vol. 6, 51-8에 피력된 편집자들의 포괄적인 여러 주석들; Richard Sylla, "Financial Foundations: Public Credit, the National Bank, and Securities Markets," Irwin and Sylla, Founding Choices, 61-68; Ferguson, Power of the Purse, chs. 13-15; Max M. Edling, "'So Immense a Power in the Affairs of War': Alexander Hamilton and the Restoration of Public Credit," William and Mary Quarterly 64 (2007), 287-326; Swanson and Trout, "Alexander Hamilton, 'the Celebrated Mr. Neckar,' and Public Credit"; Robert E. Wright, One Nation under Debt: Hamilton, Jefferson, and the History of What We Owe (New York: McGraw-Hill, 2008). 해밀턴의 전기를 쓴 작가들 가운데서는 브로더스 미첼(Broadus Mitchell)과 포레스트 맥도널드(Forrest McDonald)가 해밀턴의 재정 관련 프로그램에 대해서 가장 예리한 통찰을 보여준다.

CHAPTER 9 부채를 놓고 벌인 투쟁

1. Hamilton, Report Relative to a Provision for the Support of Public Credit, Treasury Department, Jan. 9, 1790, The Papers of Alexander Hamilton(이하에서는 Hamilton Papers로 표기) (New York: Columbia University Press, 1971-1978), ed. Harold Syrett et al., vol. 6, 51-96. '부채는 자유를 위해 치러야 하는 대가'라는 표현은 69쪽에 나온다. 이 보고서는 약 4만 단어 분량인데, 오늘날 평균적인 책을 기준으로 하자면 약 130쪽 분량이다.

2. 그리고 해밀턴은, (아주 오랜 기간에 걸쳐서) 국가가 진 부채를 모두 갚기 위해서는 '감채기금(sinking fund, 채권의 상환자원을 확보할 목적으로 해마다 불특정 금액씩 적립하는 자금)'을 조성해서 원금을 갚아나가야 한다고 제안했다. 그런데 부채 규모가 워낙 컸기 때문에 이런 발상은 당시로서는 단지 상징적인 중요성밖에 가지지 못했다. 그러나 정치적인 여러 가지 이유로 해서 감채기금 관련 조항을 법률에 포함시키는 것은 매우 중요했다. 보다 총체적이며 또한 약간 다른 해석을 참고하고 싶다면 다음을 참조, Donald F. Swanson and Andrew P. Trout, "Alexander Hamilton's

Hidden Sinking Fund," William and Mary Quarterly 49 (1992), 108–116.

3. 해밀턴의 이 〈보고서〉에 대한 상세한 내용은 여러 사람이 분석했는데, 그 가운데 특히 현대의 금융사학자들이 가장 잘 분석했다. 이들은 해밀턴이 동시대인은 말할 것도 없고 1790년 이후 180년 동안에 걸친 그 어떤 사람들이 생각했던 것보다 탁월했던 기술적인 여러 가지 정교한 장치를 정확하게 이해했다. 리처드 실라(Richard Sylla), 로버트 라이트(Robert E. Wright), 도널드 스완슨(Donald F. Swanson), 앤드류 트라우트(Andrew P. Trout) 그리고 포레스트 맥도널드(Forrest McDonald)의 저작들이 이 분야에서 돋보인다.

4. Richard Sylla, "Financial Foundations: Public Credit, the National Bank, and Securities Markets," in Founding Choices: American Economic Policies in the 1790s, ed. Douglas A. Irwin and Richard Sylla (Chicago: University of Chicago Press, 2011), 73. 1789년부터 1793년까지의 수입 금액은 실라가 암스테르담대학교의 반 에이헌(Van Eeghen) 컬렉션에서 찾아낸 일련의 문서들에서 확인한 내용이다. Van Eeghen & Co는 네덜란드의 투자회사로 신생국 미국의 전망에 대해서 실사를 했을 게 분명한데, 실라는 그 문서에 나열한 수치들은 '당시 재무부가 의회에 보고하기 위해서 작성된 것이라고 추정한다'고 적었다.(73, note 3). 이 수치들은 역사상 처음 확인된 것들로, 실라의 발견은 그만큼 금융사적으로 중요하다. 1789년과 1790년에 대해서 나는 7400만 달러로 부채를 추정했는데, 공식적인 추정 부채 기록은 1791년부터 시작된다. 각 연도의 부채는 1월 1일 기준으로 1791년에 7550만 달러, 1792년에 7720만 달러, 1793년에 8040만 달러, 1794년에 7840만 달러, 1795년에 8070만 달러였다. 참조, www.treasurydirect.gov/govt/reports/pd/histdebt/histdebt.htm, 1791–1849 (accessed 10/24/11).

5. 나는 여기에서 주로 부채상환비율을 계산했는데, 이 비율의 분자와 분모 모두 실질적인 수치이기 때문이다. 거시경제학 이론에서는 국내총생산(GDP)에 대한 부채비율이 보다 나은 지수가 될 수 있겠지만, GDP는 20세기에 나온 개념이며 또한 오로지 당해 년도로서만 추정할 수 있을 뿐이다. 그런데 이 추정치들 역시 해밀턴의 프로그램이 실행된 뒤에는 급격하게 감소하는 양상을 보여준다. 명목 GDP를 기준으로 해서 추정하면, 명목 GDP에 대한 부채비율은 1790년에 31퍼센트, 1795년에 18퍼센트, 1801년에 6퍼센트 그리고 1815년에 12퍼센트이다. 마지막 해에 비율이 갑자기 높아진 것은 1812년 전쟁에 따른 재정 충격이 반영되었기 때문이다. 참조, Douglas A. Irwin, "Revenue or Reciprocity? Founding Feuds over Early U.S. Trade Policy," in Irwin and Sylla, Founding Choices, 104, 115.

6. Hamilton, Report Relative to a Provision for the Support of Public Credit, in Hamilton Papers, vol. 6, 73.

7. 매디슨이 해밀턴의 제안에 반대한 내용은 다음에 기록되어 있다. Debates and Proceedings of the Congress of the United States (Washington, DC: Gales and Seaton, 1834–1856), vol. 11, 1192–1196. 그가 마음을 바꾼 것에 대해서는 역사학자들 사이에서 논의가 분분하다. 예를 들어 다음을 참조, Gordon S. Wood, "Is There a 'James Madison Problem'?", Wood, Revolutionary Characters: What Made the Founders Different (New York: Penguin, 2006), ch. 4, 특히 152–156 그리고 290–294쪽의 주(註).

8. Hamilton, "The Continentalist," No. 6 (July 4, 1782), in Hamilton Papers, vol. 3, 102.

9. 해밀턴과 매디슨 사이의 불화는 오랫동안 역사학자들을 헷갈리게 만들어 왔는데, 많은 역사

학자는 매디슨이 제퍼슨과 점점 가까워지면서 이런 변화가 나타났다고 파악한다. 제퍼슨과 매디슨 두 사람은 해밀턴의 자금 조성 계획이(그리고 특히 주정부가 지고 있는 부채를 연방정부가 떠맡아야 한다는 발상이) 남부로 들어와서 주정부의 채권을 싼값에 마구 사들였던 사람들, 그래서 두 사람이 '투기꾼'이라고 생각하며 혐오하던 사람들의 배를 불리게 한다고 생각하고 발끈했을 것임은 의심할 여지가 없다. 각 주별로 이 '투기꾼'들의 채권 매입 규모를 정확하게 파악하고 싶다면 다음을 참조, Whitney K. Bates, "Northern Speculators and Southern State Debts: 1790," William and Mary Quarterly 19 (1962), 30–48.

최근의 나온 연구를 보면, 영국을 대하는 해밀턴의 태도가 이전과 달라졌다는 점도 해밀턴과 매디슨 사이에 불화가 조성된 중요한 요인으로 작용했음을 확인할 수 있다.《연방주의자 논고》No. 11(1788)에서 해밀턴은 영국을 거칠게 비난했다. 하지만 다음해에 재무부장관이 되고 나자, 영국이 미국에 엄청나게 많은 물품을 수출하면서(다시 말해, 미국이 그 물품들을 수입하면서) 엄청난 규모의 수입관세를 거둬들일 수 있고, 이 자금은 자기가 생각하던 재정 프로그램을 추진하는 데 없어서는 안 되는 재원임을 깨달았다. 한편 매디슨과 제퍼슨은 군사적으로 영국과 대립하는 입장을 취했는데, 이런 정치적인 태도가 1790년대의 미국 정치를 분열로 몰아갔으며, 결국 1807년에 제퍼슨의 엠바고 조치가 나왔고 또 '매디슨 씨의 전쟁'(연방주의자들이 반대파를 조롱하는 의미를 담아서 1812년 전쟁을 부르던 표현-역주)이 일어났다. 참조, Michael Schwarz, "The Great Divergence Reconsidered: Hamilton, Madison, and U.S.-British Relations, 1783–1789," Journal of the Early Republic 27 (2007), 407–436; Ron Chernow, Alexander Hamilton (New York: Penguin, 2004), 304–306.

10. 대신 매닝은, 채권의 최초 소유자에 한해서 채권에 기재된 액면가 그대로 상환받을 수 있도록 하되 다른 사람들은 채권에 기재된 금액의 40퍼센트만 상환받게 하자는, 이른바 '내국인 안전조치(Domestick Securityes)'를 제안했다. 다음에 인용되어 있다. "'Measures So Glareingly Unjust': A Response to Hamilton's Funding Plan by William Manning," William and Mary Quarterly 46 (1989), 317, 322, 329.

11. 그 불평을 했던 의원은 조슈아 세니(Joshua Seney)였다. 다음에 인용되어 있다. Donald F. Swanson and Andrew P. Trout, "Alexander Hamilton, Conversion, and Debt Reduction," Explorations in Economic History 29 (1992), 423. 해밀턴의 문장 출처는 다음, Report Relative to a Provision for the Support of Public Credit, Hamilton Papers, vol. 6, 90–91. 이 특별 조건은, 비록 해밀턴이 하고자 했던 것을 잘 보여주는 것이긴 했지만, 채택되지 않았다.

12. 의회의 수정을 거쳐서 최종적으로 완성된 법률은 부채를 24년에 걸쳐서 모두 갚을 수 있도록 한 것이다. 참조, Swanson and Trout, "Alexander Hamilton's Hidden Sinking Fund," 112–113.

13. 이자율에 대한(그리고 그의 재정 계획이 담고 있던 그 밖의 다른 측면들에 대한) 해밀턴의 생각이, 당시 영국의 재정 관리 체계를 확립했던 영국의 경제학자이자 총리였던 윌리엄 피트(William Pitt) 2세보다는, 당시 널리 읽히고 있던 프랑스의 경제학자이자 재무부장관이었던 자크 네케르의 저작에 더 많이 영향을 받았을 것 같다. 네케르는 이자율이 높은 부채는 이자율이 보다 낮은 다른 채권으로 바꿈으로써 적절하게 제어할 수 있도록 해야 한다고 주장했었다. 해밀턴은 이것은 '재대출(re-loan)'이라고 불렀으며, 이 접근법은 그의 전체적인 계획에서 핵심적인 내용이었다. 참조, Donald F. Swanson and Andrew P. Trout, "Alexander Hamilton, 'the Celebrated Mr. Neckar,' and Public

Credit," William and Mary Quarterly 47 (1990), 422–430.

14. 해밀턴이 잠재적인 구매자에게 제시한 또 하나의 선택권은, 연방정부가 소유한 '서부의' 토지(현재의 중서부 지역)를 매입할 때 에이커당 20센트로 이자를 분할 납부하게 한다는 조건이었다. 이 토지들은 1780년대에 의결된 일련의 결정적인 법률을 통해서 연방정부의 재산으로 귀속되었던 토지들로서, 비록 정착민들이 광대한 면적을 매입한 뒤에도 이 토지의 여전히 많은 부분은 연방정부 재산으로 남아 있었고, 여기에서 새로운 주들이 생성되었다.

15. 그 다섯 개 계급을 그의 표현을 빌어서 설명하면 다음과 같다.

(1) 특정한 부채를 제외하고 오로지 기존의 유효한 계약을 토대로 하는 일반적인 부채만 제공한 사람들.

(2) 원래의 채권 소유주와 양수인(讓受人)[원래의 소유주로부터 채권을 양도받은(사들인) 사람] 사이의 차별 원칙에 입각하는 일반적인 부채를 별도로 제공한 사람들.

(3) 법률로 정하는 이자율보다 불리한 임의적인 이자율로, 그런 차별 원칙 없이 일반적인 부채를 별도로 제공한 사람들.

(4) 기존의 유효한 계약을 토대로 한 일반적인 부채를 제공했으며 특정한 부채를 그것과 동일한 조건으로 상정한 사람들.

(5) 법률로 정하는 이자율보다 불리한 임의적인 이자율로 일반적인 부채를 별도로 제공했으며 주정부에 빌려준 대출을 그것과 동일한 조건으로 상정한 사람들.

이 다섯 가지 중 해밀턴은 둘째와 다섯째를 자기로서는 가장 다루기 어려운 범주로 꼽았다. 참조, "The Defence of the Funding System" (in Hamilton Papers, vol. 19, 2–5). 이 글은 해밀턴이 재무부를 떠나던 1795년 7월에 쓴 2만 5000단어의 설명글이며, 당시에 공개되지 않았던 원고이다.

16. 해밀턴이 어린 시절 세인트크루이 섬에서 크루거 가문의 회사를 관리했던 경험의 가치를 본인 스스로는 어떻게 평가하는지는 다음을 참조, Jacob Cooke, Alexander Hamilton: A Profile (New York: Hill and Wang, 1967), 4.

17. E. James Ferguson, The Power of the Purse: A History of Public Finance (Chapel Hill: University of North Carolina Press, 1961), 310–312. 퍼거슨은 더 나아가 뉴욕과 펜실베이니아는 강경한 태도를 취하지 않았음을 지적한다.

18. Hamilton, "The Defence of the Funding System," July 1795, Hamilton Papers, vol. 19, 43 및 그 뒤.

19. 타협의 정확하고 상세한 내용은 알려져 있지 않다. 유일한 일차적 설명은 해밀턴에게서 나오긴 하지만 본인이 여기에 대해서는 거의 특별한 관심을 쏟지 않았기 때문이다. 그리고 또한 그는 여기에 대한 설명을 2년 뒤에나 달았다. 그 내용은 다음, Jefferson, The Papers of Thomas Jefferson, ed. Julian P. Boyd (Princeton, NJ: Princeton University Press, 1965), vol. 17, 205–208. 다음도 참조, Chernow, Alexander Hamilton, 326–331; Ralph Ketcham, James Madison: A Biography (New York: Macmillan, 1971), 308–310.

의견이 다른 주장을 살펴보려면 참조, Jacob E. Cooke, "The Compromise of 1790," William and Mary Quarterly 27 (1970), 524–525. 이 글은 여러 가지 구체적인 사실들에 의문을 제기하며 보다 넓은 맥락에서 타협의 위상을 설명한다. 이 글에 대한 반론으로는 다음을 참조, Kenneth R. Bowling, "Dinner at Jefferson's: A Note on Jacob E. Cooke's 'The Compromise of 1790,'"

William and Mary Quarterly 28 (1971). 그런데 이 글은 쿡의 재반박도 포함되어 있다. 확실히 그 자리는 단순한 식사 자리가 아니었고, 그 이상의 무엇인가가 있었다. 우선 해밀턴은 겉으로 보기에 버지니아에 양보하는 데 동의한 듯 보인다. 그리고 수도의 위치에 대한 세 가지 가능성(즉, 뉴욕과 필라델피아 그리고 나중에 워싱턴디시가 되는 곳) 외의 다른 장소들도 논의되었던 같고, 각 지역을 미는 의원들을 해밀턴과 매디슨이 달랬던 것 같다. 그러나 기본적인 합의 사항은 본문에서 소개한 대로였다. 보다 폭넓은 설명을 위해서는 참조, Kenneth R. Bowling, The Creation of Washington, D.C.: The Idea and Location of the American Capital (Fairfax, VA: George Washington University Press, 1991); Bob Arnebeck, Through a Fiery Trial: Building Washington, 1790–1800 (Lanham, MD: Madison Books, 1991).

20. 이 복잡한 결과는 여러 곳에서 요약되어 있지만, 언제나 명쾌하게 선명하지는 않다. 이들 가운데 최고의 설명으로 꼽을 수 있는 것은 다음 셋이다. Forrest McDonald, Alexander Hamilton (New York: Norton, 1979), 163–188; Richard Sylla, "Public Credit, the National Bank, and Securities Markets," Irwin and Sylla, Founding Choices, 66–68; Markus Claudius Cachia-Riedl, "Albert Gallatin and the Politics of the New Nation" (Ph.D. diss., University of California, Berkeley, 1998), 17–20.

21. Ibid. (세 자료 모두.)

22. Hamilton, "The Defence of the Funding System," July 1795, Hamilton Papers, vol. 19, 4–5.

CHAPTER 10 미합중국은행

1. 미합중국은행의 원래 본부는 체스트넛스트리트에 있는 카펜터스홀이었는데, 이곳은 1774년에 제1차 대륙회의가 열린 곳이기도 하다. 은행이 들어선 이 웅장한 건물은 1797년에 최종적으로 완성되었다.

당시 화폐와 은행에 대한 발상에 대한 2차 자료의 훌륭한 표본들로는 다음과 같은 것들을 들 수 있다. E. James Ferguson, The Power of the Purse: A History of Public Finance (Chapel Hill: University of North Carolina Press, 1961); Bray Hammond, Banks and Politics in America from the Revolution to the Civil War (Princeton, NJ: Princeton University Press, 1957), chs. 1–8; Fritz Redlich, The Molding of American Banking: Men and Ideas (New York: Johnson Reprint Corporation, 1968; orig. pub. 1947), chs. 1–2; George David Rappaport, "The Sources and Early Development of Hostility to Banks in Early American Thought" (Ph.D. diss., New York University, 1970); Robert E. Wright, Origins of Commercial Banking in America, 1750–1800 (Lanham, MD: Rowman and Littlefield, 2001); Howard Bodenhorn, "Federal and State Commercial Banking in the Federalist Era and Beyond," in Founding Choices: American Economic Policy in the 1790s, ed. Douglas A. Irwin and Richard Sylla (Chicago: University of Chicago Press, 2011), 151–176.

2. 이것 외에 아주 작은 두 개의 은행이 해밀턴이 〈국가은행에 관한 보고서〉를 썼던 해와 그 다

음해에 추가로 설립되었다. 메릴랜드은행과 프로비던스은행인데, 전자는 1790년에 볼티모어에서 영업을 시작했고, 후자는 1791년에 로드아일랜드에서 영업을 시작했다.

3. 새무얼 패터슨이 해밀턴에게 쓴 편지(1792년 2월), 1791, The Papers of Alexander Hamilton(이하 Hamilton Papers로 표기), ed. Harold Syrett et al. (New York: Columbia University Press, 1961-1978), vol. 8, 19.

4. Second Report on the Further Provision Necessary for Establishing Public Credit (Report on a National Bank), Dec. 13, 1790, Hamilton Papers, vol. 7, 305-341. 인용된 부분은 307. 이 은행에 대한 최고의 자료를 제공하는 책들 가운데 하나로는 다음을 참조, David Cowen, The Origins and Economic Impact of the First Bank of the United States, 1791-1797 (New York: Garland, 2000).

5. Hamilton Papers, vol. 7, 308. 해밀턴의 5대 1 지급준비율에 대해서는 참조, Hammond, Banks and Politics in America, 132-40. 이것은 정화준비(specie reserve)(정부나 발권은행이 정부 지폐 또는 은행권을 바꿔줄[태환] 목적으로 금이나 은과 같은 정화를 보유하는 일-역주)를 강조한다. 20세기의 마지막 수십 년 이후로, 금융 혁신을 통해서 아주 작은 규모의 준비금만을 요구하는 새로운 종류의 도구들이 개발되었기 때문에, 지급준비금을 강제하기는 한층 더 어려워졌다. 오늘날 부분지급준비금제도는 무려 12배나 되는 훨씬 높은 비율의 레버리지를 가능하게 해준다. 그리고 21세기 초에는 무능한 감독 당국 때문에 이 비율은 통상적으로 30배 혹은 그 이상으로 커졌다. 당국의 규제를 받지 않는 CDS(신용부도스와프)와 같은 증권이 계산도 할 수 없을 정도로 많이 팔렸고, 레버리지의 이런 막대한 증가는 2008년 금융위기의 중요한 원인으로 작용했다.

6. Hamilton Papers, vol. 7, 310. 예상 가능한 반론에 대한 반박은 주로 310-320쪽에 나타난다. 미합중국은행이 문을 열 당시에 전체 은행들의 자본금 총합에 대해서는 다음을 참조, Hammond, Banks and Politics in America, 144.

7. Hamilton Papers, vol. 7, 321-332, 331, 335. 마지막 요구 조건인 5만 달러 한도는 연방정부에 대한 대출의 경우에서는 흔히 지켜지지 않았다. 심지어 의회의 승인을 받은 직후였던 1790년대에서도 그랬다.

8. Ibid., 333. 의회는 해밀턴의 〈조폐국에 관한 보고서〉가 제안하는 법안을, 다른 보고서들과는 다르게 별다른 이견 없이 의결했다.

9. 제퍼슨이 워싱턴에게 쓴 편지(1791년 2월 15일), Jefferson Papers, ed. Julian P. Boyd (Princeton, NJ: Princeton University Press, 1974), vol. 19, 275-280. Ralph Ketcham, James Madison: A Biography (New York: Macmillan, 1971), 321.

10. 워싱턴에게 보내는 해밀턴의 답장은 요청을 받은 지 한 주 만에 배달되었다. "Opinion on the Constitutionality of an Act to Establish a Bank," Feb. 23, 1791, Hamilton Papers, vol. 8, 97-134. 이 문단에 해당되는 부분은 99-101쪽에 나온다.

11. Ibid., 99-101. '평균값(mean)'이라는 표현은 이 책에 인용된 다른 모든 단어들과 마찬가지로 원문을 옮긴 것이다.

12. Ibid., 103.

13. Ibid. 뉴욕은행 설립과 관련해서 해밀턴이 작성했던 정관 초안에 대해서는 다음을 참조, Hammond, Banks and Politics in America, 65, 142-143.

14. Hamilton Papers, vol. 8, 110.

15. Ibid.

16. Ibid., 124.

17. Ibid., 132.

18. 1819년에 존 마셜은 다음과 같이 썼다. "목적이 합법적이고 헌법이 정한 범위를 벗어나지 않으며 그리고 적절하고 목적에 합당하며 헌법이 금지하지 않으며 헌법 구절 및 정신과 일치하는 모든 수단은 헌법적이다." 그런데 이런 표현은 해밀턴이 미합중국은행에 관해서 워싱턴에게 보낸 편지의 표현과 매우 비슷하다.

해밀턴이 예측했듯이 이 은행은 민간 투자자나 연방정부에게 모두 상당한 수익을 안겨주었다. 영업을 시작한 처음 10년(1792–1802년) 동안에 이 은행은 120만 달러를 배당금 및 정부 주식 공매 형태로 재무부에 제공했다. 그 은행에 대한 초기 투자가 200만 달러였음을 고려한다면, 정부는 그 10년 동안에 투자금의 58퍼센트의 수익을 거둔 셈이다. 참조, Carl Lane, "'A Positive Profit': The Federal Investment in the First Bank of the United States, 1792–1802," William and Mary Quarterly 54 (1997), 601–612.

19. Robert E. Wright, "Thomas Willing, 1731–1821: Philadelphia Financier and Forgotten Founding Father," Pennsylvania History 63 (1996), 525–560.

20. 주정부의 과세에 대해서는 참조, Max M. Edling and Mark D. Kaplanoff, "Alexander Hamilton's Fiscal Reform: Transforming the Structure of Taxation in the Early Republic," William and Mary Quarterly 61 (2004), 713–744.

21. 레이놀즈 스캔들을 가장 충실하게 다룬 곳은 (나중에 13장에서 다룰 해밀턴 본인의 해명을 제외할 경우) 다음, Ron Chernow, Alexander Hamilton (New York: Penguin, 2004), 362–370.

22. Bodenhorn, "Federal and State Commercial Banking in the Federalist Era and Beyond," 158–173; Peter L. Rousseau and Richard Sylla, "Emerging Financial Markets and Early U.S. Growth," Explorations in Economic History 42 (2005), 1–26.

CHAPTER 11 미국 경제를 다각화하다

1. Hamilton, Report on the Subject of Manufactures, Dec. 5, 1791, in The Papers of Alexander Hamilton(이하 Hamilton Papers로 표기), ed. Harold Syrett et al. (New York: Columbia University Press, 1961–1978), vol. 10, 293, 294. 강조는 원문 그대로이다. 식민지 세대부터 대략 1830년까지의 미국 제조업에 대한 개괄적인 설명은 참조, Lawrence A. Peskin, Manufacturing Revolution: The Intellectual Origins of Early American Industry (Baltimore: Johns Hopkins University Press, 2003).

2. Jefferson, Notes on the State of Virginia, ed. William Peden (Chapel Hill: University of North Carolina Press, 1955), 164–165. 제퍼슨은 이 책의 초기 판본을 1781년에 완성한 다음 프랑스 파리에서 1784년에 익명으로 은밀하게 발표했다. 영어권에서 처음 출판된 것은 1787년 런던의 한 출판사를 통해서였다.

3. Douglas A. Irwin, "The Aftermath of Hamilton's 'Report on Manufactures,'" Journal of Economic History 64 (2004), 804–806; Hamilton, Report on the Subject of Manufactures, 291.

4. Report on the Subject of Manufactures, 252.

5. Ibid., 255, 256.

6. Ibid., 233, 263.

7. Ibid., 264–265.

8. Ibid., 233, 254.

9. 디기스가 해밀턴에게 보낸 편지(1792년 4월 6일), Hamilton Papers, vol. 11, 242–244. 디기스의 편지로 보자면 그가 미국으로 떠나라고 꾄 18명 혹은 20명의 장인들이 정말로 아일랜드나 영국에서 떠났는지는 분명하지 않다. 아무튼 아일랜드의 법률이 좀 느슨했던 것 사실이다.

10. Ibid.

11. Barbara M. Tucker, Samuel Slater and the Origins of the American Textile Industry, 1790–1860 (Ithaca, NY: Cornell University Press, 1984); Barbara M. Tucker and Kenneth H. Tucker, Industrializing America: The Rise of Manufacturing Entrepreneurs in the Early Republic (New York: Palgrave Macmillan, 1995), ch. 4. 기술이 영국에서 미국으로 옮겨간 것에 대해서는 다음을 참조, Doron S. Ben-Atar, Trade Secrets (New Haven, CT: Yale University Press, 2004). 이 책은 식민지 시대 말기부터 약 1830년까지 기간 동안의 태도와 법률을 추정한다.

12. (세 자료 모두) Ibid. 아울러 참조, James L. Conrad, Jr., "'Drive That Branch': Samuel Slater, the Power Loom, and the Writing of America's Textile History," Technology and Culture 36 (1995), 1–28; Caroline F. Ware, The Early New England Cotton Manufacture (New York: Macmillan, 1931); Charles Rappleye, Sons of Providence: The Brown Brothers, the Slave Trade, and the American Revolution (New York: Simon and Schuster, 2006).

13. Tucker, Samuel Slater and the Origins of the American Textile Industry, 1790–1860. 해밀턴의 인용은 다음에서, Report on the Subject of Manufactures, Hamilton Papers, vol. 10, 330. 이 보고서에 해밀턴은 면직 공장 및 그 밖의 공장에서 어린이와 여자를 고용할 수 있다며, 이렇게 할 경우 공장에서 필요로 하는 노동력을 원활하게 공급할 수 있을 것이라고 했다. 영국의 제조업자들은 어린이와 여자의 고용을 당연한 관행으로 여겼으며, 슬레이터 역시 자기 공장에서 온 가족을 모두 고용하는 방식으로 어린이와 여자를 노동자로 활용했다. 미성년 노동은 산업혁명 초기의 여러 사회적 해악들 가운데 하나로 자리를 잡았고, 이 문제는 20세기까지 계속 이어졌는데, 이것은 해밀턴이 기대하지 않았던 것이다.

14. Report on the Subject of Manufactures, 267, 281, 290.

15. 이 변화들은 해밀턴의 〈제조업에 관한 보고서〉에 제시되어 있으며, 또한 다음에서도 유용한 표로 제시되어 있다. Irwin, "The Aftermath of Hamilton's 'Report on Manufactures,'" 812.

16. (두 자료 모두) Ibid.

17. Hamilton, Report on the Subject of Manufactures, 299. 보조금에 대한 논의는 이 보고서에서 여러 쪽에 걸쳐서 이어지는데, 해밀턴은 여기에 반대하는 모든 의견을 반박한다.

18. Ibid., 283. 이 조합을 가장 강력하게 지지한 사람은 재무부 소속 직원이자 해밀턴이 거느리던 여러 조수들 가운데 한 명이던 텐치 콕스(Tench Coxe)였다. 콕스는 〈제조업에 관한 보고서

)의 초안 작성 작업에 해밀턴과 함께 했던 인물이기도 하다. 참조, Jacob E. Cooke, "Tench Coxe, Alexander Hamilton, and the Encouragement of Manufactures," William and Mary Quarterly 32 (1975), 370–392. 쿡의 이 글은 대부분의 다른 설명들과 다르게, 콕스가 그 보고서 작성 작업에서 수행했던 역할을 상대적으로 높게 평가한다. 이 조합의 여러 미숙한 측면들은 다음을 참조, Stanley Elkins and Eric McKitrick, The Age of Federalism (New York: Oxford University Press, 1993), 262–263, 279–280. 재무부차관보였던 윌리엄 듀어가 그 조합과 긴밀하게 연결되어 있다는 사실도 도움이 되지 않았다. 듀어는 부정한 내부자 거래가 발각되어 재무부에서 해고되었기 때문이다. 게다가 또 그 조합에 필요한 자금을 조성하던 시기가 불운하게도 1792년의 재정 공황과 일치했는데, 이 재정 공황은 듀어가 책임져야 할 몫이 컸다. 이 조합이 바로 해밀턴이 하향식 개발을 통해서 제조업을 연방정부가 통제할 수 있도록 하고자 했던 시도였다는 해석에 대해서는 다음을 참조, Andrew Shankman, "'A New Thing on Earth': Alexander Hamilton, Pro-Manufacturing Republicans, and the Democratization of the American Political Economy," Journal of the Early Republic 23 (2003), 323–352.

19. Joseph A. Schumpeter, History of Economic Analysis (New York: Oxford University Press, 1954), 199.

20. James Willard Hurst, "Alexander Hamilton, Law Maker," Columbia Law Review 78 (1978), 509–513.

21. 해밀턴 이전과 이후의 모습을 비교하고 또 해밀턴과 미국의 재정·금융제도에 대한 수많은 다른 통찰에 대해서 미국 공화국 초기의 많은 학자들은 리처드 실라에게 많은 빚을 지고 있다. 이 장(章)에 나오는 인용 외에도 다음을 참조, Sylla, "U.S. Securities Markets and the Banking System, 1790–1840," Federal Reserve Bank of St. Louis Review 80 (1998), 83–93; Sylla, "Financial Systems and Economic Modernization," Journal of Economic History 62 (2002), 277–292; Sylla, "Hamilton and the Federalist Financial Revolution, 1789–1795," New-York Journal of American History (2004), 32–39; Sylla, Robert E. Wright, and David J. Cowen, "Alexander Hamilton, Central Banker: Crisis Management during the U.S. Financial Panic of 1792," Business History Review 83 (2009), 61–86; Sylla, "Financial Foundations: Public Credit, the National Bank, and Securities Markets," Douglas A. Irwin and Richard Sylla, eds., Founding Choices: American Economic Policy in the 1790s (Chicago: University of Chicago Press, 2011), 59–88. 아울러 다음도 참조, Richard Brookhiser, Alexander Hamilton, American (New York: Free Press, 1999), 120.

22. 여기에 인용된 수치들을 포함해서 주식회사(유한회사)에 대한 훌륭한 연구 결과를 찾는다면 참조, Robert E. Wright, "Rise of the Corporation Nation," Irwin and Sylla, Founding Choices, 217–258.

23. 해밀턴의 거의 모든 경력에 대해서 그렇듯이 그가 미국 경제 성장에 기여한 몫을 두고서도 찬성과 반대의 논란은 많다. 역사학자 조이스 애플비는 《자본주의와 새로운 사회 질서(Capitalism and the New Social Order)》에서, 이런 에너지는 제퍼슨적인 개인주의에서 비롯되었지, 해밀턴을 비롯한 여러 인물로 대표되는 연방주의자들의 사고방식은 지나치게 상류층 중심이라서 전체 미국 사회에 어떤 에너지를 불러일으키기에는 부족했다는 흥미로운 주장을 편다. 그녀는 자신의 다음 저서에서 해밀턴이 기여한 몫을 보다 후하게 평가한다. The Relentless Revolution: A History of

Capitalism (New York: Norton, 2010), 174. 해밀턴이 기여한 몫을 특히 낮게 평가하는 경향은 다음 저작들에서 찾아볼 수 있다. John R. Nelson Jr., Liberty and Property: Political Economy and Economic Policymaking in the New Nation, 1789–1812 (Baltimore: Johns Hopkins University Press, 1987); Carey Roberts, "Alexander Hamilton and the 1790s Economy: A Reappraisal," Douglas Ambrose and Robert W. T. Martin, eds., The Many Faces of Alexander Hamilton (New York: New York University Press, 2006), 211–230.

내 견해는 해밀턴의 경제 프로그램들을 다룬 대부분 학자들의 견해와 비슷하다. 특히 E. A. J. Johnson, The Foundations of American Economic Freedom: Government and Enterprise in the Age of Washington (Minneapolis: University of Minnesota Press, 1973), 이 책은 해밀턴의 프로그램들이 가지고 있던 정교함과 이 프로그램들이 거둔 성공을 강력하게 주장한다. Drew R. McCoy, The Elusive Republic: Political Economy in Jeffersonian America (Chapel Hill: University of North Carolina Press, 1980), 이 책은 현대적이며 기술지향적이고 상호의존적인 해밀턴의 자본주의를, 제퍼슨이 가지고 있던 가내공업과 결합한(즉, 제퍼슨 본인이 몬티첼로에서 창조하고자 노력했던, 자급적인 가계로 이어지는) 농업주의적 이상과 대치시킨다. 여기에서 문제가 되는 몇몇 쟁점을 가장 폭넓게 분석한 자료로는 다음을 참조, Gordon S. Wood, The Radicalism of the American Revolution (New York: Knopf, 1991), Part III.

24. Appleby, Capitalism and a New Social Order, 76. 오늘날의 이른바 '1인당 국내총생산 성장률'은 1790년대의 10년 동안에 한 해에 대략 최소 1퍼센트이다. 이런 수치는 식민지 시대에 최악의 경우에는 0퍼센트였으며 가장 많을 때가 0.3–0.5퍼센트밖에 되지 않았던 데 비하면 상당히 높은 것이다. 1770년대와 1780년대 그리고 1800년대 초의 이 성장률 수치들은 여전히 불투명하다. 참조, Irwin and Sylla, eds., "Introduction," Founding Choices, 4.

25. 이 분야에서 해밀턴이 거둔 업적은 다음의 여러 에세이들에서 잘 정리되어 있다. Irwin and Sylla, eds., Founding Choices; Gerald Stourzh, Alexander Hamilton and the Idea of Republican Government (Stanford, CA: Stanford University Press, 1970); Gautham Rao, "The Creation of the American State: Customhouses, Law, and Commerce in the Age of Revolution" (Ph.D. diss., University of Chicago, 2008); Frederick A. L . Dalzell, "Taxation with Representation: Federal Revenues in the Early Republic" (Ph.D. diss., Harvard University, 1993); Ron Chernow, Alexander Hamilton (New York: Penguin, 2004). 영국식 제도의 역기능과 독립 이후에 일어난 변화의 여러 법률적 측면에 대해서는 다음을 참조, Daniel Hulsebosch, Constituting Empire: New York and the Transformation of Constitutionalism in the Atlantic World, 1664–1830 (Chapel Hill: University of North Carolina Press, 2009).

26. Leonard D. White, The Federalists: A Study in Administrative History (New York: Macmillan, 1948), 125–126.

27. Theodore Roosevelt, New York (London: Longmans, Green, 1891), republished in The Works of Theodore Roosevelt, 20 vols. (New York: Charles Scribner's Sons), vol. 10, 485.

CHAPTER 12 긴장 그리고 정당

1. Hamilton, The Federalist No. 9, Independent Journal, Nov. 21, 1787. 다음 웹페이지에서 확인 가능, www.constitution.org/fed/federa09.htm (accessed 9/23/11).
2. Federalist No. 10, Daily Advertiser, Nov. 22, 1787, 다음 웹페이지에서 확인 가능, www.constitution.org/fed/federa10.htm (accessed 9/23/11).
3. California Democratic Party v. Jones, 530 U.S. 567, 592.
4. 해밀턴이 에드워드 캐링턴에게 쓴 편지(1792년 5월 16일), The Papers of Alexander Hamilton(이하 Hamilton Papers로 표기), ed. Harold Syrett et al. (New York: Columbia University Press, 1961-1978), vol. 11, 427. 해밀턴보다 9살 많던 버지니아인 캐링턴은 독립전쟁 당시에 너새니얼 그린 장군 휘하에서 병참 담당 중령으로 복무했으며 요크타운 포위 공격 때는 포병 사령관이었다. 그는 나중에 연합의회에 대표단으로 참석했으며, 워싱턴은 새로운 헌법 아래에서 그를 버지니아 법원 집행관으로 임명했다. 인용문에서 마지막 문장의 강조는 눈에 잘 띄라고 내가 한 것이다.
5. 매디슨은 말은 다음에 인용되어 있다. Charles Rappleye, Robert Morris: Financier of the American Revolution (New York: Simon and Schuster, 2010), 340. 해밀턴이 캐링턴에게 보낸 편지(1792년, 5월 26일), Hamilton Papers, vol. 11, 429.
6. 해밀턴이 캐링턴에게 쓴 편지(1792년, 5월 26일), Hamilton Papers, vol. 11, 427-428.
7. Ibid.
8. Michael Schwarz, "The Great Divergence Reconsidered: Hamilton, Madison, and U.S.-British Relations, 1783-1789," Journal of the Early Republic 27 (2007), 407-436.
9. 해밀턴이 캐링턴에게 쓴 편지(1792년, 5월 26일), Hamilton Papers, vol. 11, 428-430.
10. Ibid., 440, 441, 442.
11. Ibid., 429, 440, 441, 442.
12. 제퍼슨이 워싱턴에게 쓴 편지(1792년 5월 23일), Papers of Thomas Jefferson(이하 Jefferson Papers로 표기), ed. Charles T. Cullen (Princeton, NJ: Princeton University Press, 1990), vol. 23, 535-540.
13. Ibid.; Robert E. Wright, One Nation under Debt: Hamilton, Jefferson, and the History of What We Owe (New York: McGraw-Hill, 2008), ch. 6.
14. 워싱턴이 해밀턴에게 쓴 편지(1792년 7월 29일), Hamilton Papers, vol. 12, 129-133; 해밀턴이 워싱턴에게 쓴 편지(1792년 8월 18일), ibid., 228-258; 워싱턴이 해밀턴에게 쓴 편지(1792년 8월 26일), ibid., 276-277; 워싱턴이 제퍼슨에게 쓴 편지(1792년 8월 23일), Jefferson Papers, ed. John Catanzariti, 1990, vol. 24, 317.
15. 해밀턴이 워싱턴에게 쓴 편지(1792년 9월 9일), Hamilton Papers, vol. 12, 347-350; 제퍼슨이 워싱턴에게 쓴 편지(1792년 9월 9일), Jefferson Papers, vol. 24, 351-359. 이 문제에 대한 제퍼슨의 열정은 그가 워싱턴에게 쓴 편지의 길이에도 그대로 드러난다. 평소 상대방보다 훨씬 많은 분량의 편지를 쓰는 해밀턴의 편지에 비해서도 두 배가 넘는다.
해밀턴은 에드워드 캐링턴에게 보낸 1792년 5월 26일자 편지에서, 워싱턴에게 쓴 편지에서는 빠트리고 쓰지 않았던, 자기에게 제기되었던 여러 가지 혐의를 반박하는 내용을 담았다.

"군주제적인 정당의 존재가 주정부와 국가정부를 파괴할지도 모른다는 심각한 우려가 대통령께서 발을 디디고 있는 주(洲)에서 퍼지고 있다고 들었습니다. (…) 저의 개인적인 신념과 명예를 걸고 분명하게 확인을 해드리지만, 제가 내리는 판단에는 그런 것과 관련된 것이 털끝만큼도 없습니다.

매우 크고 또 실질적인 걱정은 주정부들이 지나치게 강력하게 반발하는 바람에 국가정부를 온전하게 지켜낼 수 있을까 하는 우려가 생기고, 이런 우려에서 주정부 파괴 운운하는 이야기가 나오지 않았나 싶습니다. 제 자신의 정치적인 신념에 따라서 정말 솔직하게 말씀드립니다. 저는 공화주의적인 이론에 친밀감을 느낍니다. 저는 무엇보다도 우선해서, 사회의 질서 및 행복과 일치함을 실천적으로 증명함으로써 확고하게 구축된 모든 세습적인 차별은 제외하고, 정치적인 여러 권리의 질을 보여주고자 합니다.

주정부에 대해서 제가 가지고 있는 판단에 깔려 있는 편견은, 만일 주정부가 국가정부를 보존하는 범위 안에만 놓인다면 주정부도 유용하며 또한 유익하다고 바라본다는 것입니다. 만일 미국의 각 주들이 모두 코네티컷이나 메릴랜드 혹은 뉴저지와 같은 크기라면, 저 역시 지방정부를 안전하며 또한 유용하다고 당연히 인정해야 할 것입니다. 그러나 현재로서 저는, 미국의 연방정부가 주정부들의 영향력에 대항하면서 스스로를 유지할 수 없을 것이라는, 가장 심각한 우려를 하고 있음을 솔직히 인정할 수밖에 없습니다.

국가정부의 권한을 자유주의적으로 구축하자는 그리고 국가정부를 약탈로부터 지켜내기 위해서 울타리를 튼튼하게 세우자는 저의 성향은, 제 스스로 판단하건대 헌법에서 말하는 적절성과 일치합니다.

저는 공화주의적인 이론에 친밀감을 느낀다고 했습니다. 이것은 정말 솔직하게 각하께 제 마음을 열고서 드리고 싶은 말입니다. 그리고 한 가지 덧붙이자면, 그 이론이 성공을 거두기를 정말 간절하게 바라고 있습니다. 그러나 의심스러운 부분도 있다는 사실을 솔직하게 말할 수밖에 없습니다. 저는 그 이론이 성공할 것인지 아직은 확신할 수 없습니다. (…)

전체적으로 볼 때 공화주의가 이 나라에서 두려워해야 하는 유일한 적은 분파주의와 무정부주의입니다. 만일 그것이 정부가 설정하고 있는 목표가 달성되지 못하도록 가로막는다면, 다시 말해서 그것이 공동체에 무질서를 퍼트린다면, 질서정연한 모든 마음들은 어떤 변화가 일어나기를 바랄 것입니다. 그리고 그 무질서를 낳은 선동가들은 자기 지위를 강화하려고 애를 쓸 것입니다. 흔히 있는 일입니다.

만일 제가 군주제를 추종해서 주정부를 쓰러뜨리려는 성향을 가지고 있다면, 아마도 나는 인기라는 목마에 올라타겠지요. 저는 약탈을 하라고 고함을 지를 것입니다. 자유에 심각을 위협을 제기할 것입니다. 그리고 또 나아가 국가정부도 쓰러뜨리려고 할 것입니다. 봉기를 일으키겠지요. 그리고 '회오리바람을 타고 폭풍에 명령을 내리겠지요.'" (Hamilton Papers, vol. 11, 443-444.)

16. 해밀턴이 존 제이에게 보낸 편지(1792년 12월 18일), 1792, Hamilton Papers, vol. 13, 338.

17. 이 결의안은 다음에 인쇄되어 있다. Jefferson Papers, ed. John Catanzariti, 1993, vol. 25, 294-296. 자기를 향해 반복되는 공격과 음모 때문에 해밀턴이 느껴야 했던 정서적인 고충에 대해서는 다음을 참조, Ron Chernow, Alexander Hamilton (New York: Penguin, 2004), 422-430.

18. 해밀턴이 캐링턴에게 쓴 편지(1792년, 5월 26일), Hamilton Papers, vol. 11, 439. 해밀턴은 매디슨과 제퍼슨을 다음과 같이 판단했다. "여성처럼 프랑스에 매달렸고 여성처럼 영국에 반감을 품었

습니다. (…) 프랑스에서 그는 [제퍼슨을 가리킨다. 제퍼슨은 1784년부터 1789년까지 파리에 있었다.] 정부가 권한을 남용하는 측면만 주로 보았습니다. 그는 종교와 과학과 정치 분야에서 프랑스의 철학에 깊이 취했습니다. 그는 본인도 한몫 거들었던 소란의 소용돌이가 한창이던 무렵에 프랑스를 떠나 미국으로 왔습니다. (…) 그는 아마도 자기에게 주어진 권한에 대해서 별로 생각을 하지도 않은 채 여기에 [국무부장관으로] 온 게 아닌가 싶습니다. 그리고 실제로 본인이 수행하는 것보다 더 많은 역할을 우리 위원회가 나아갈 방향에 대해서 행사하고자 기대한 게 아닌가 싶습니다." 반영(反英) 정서라는 일반적인 쟁점에 대해서는 다음을 참조, Lawrence A. Peskin, "Conspiratorial Anglophobia and the War of 1812," Journal of American History 98 (2011), 647–669, 이 글은 18세기 말 및 1812년 전쟁 직전에 있었던 여러 현상을 분석한다.

19. Americanus No. II, Feb. 7, 1794, Dunlap and Claypool's American Daily Advertiser (Philadelphia), Hamilton Papers, vol. 16, 13. 미국 정부가 영국산 수입품에 부과된 수입관세에 지나치게 많이 의존했다는 점은 많은 역사학자가 인식했던 사실이다. 하지만 그 압도적인 의미는 종종 간과되곤 했다. 하지만 다음 두 저작물은 예외였다. Jerald A. Combs, The Jay Treaty: Political Background of the Founding Fathers (Berkeley: University of California Press, 1970), 40–44; Douglas A. Irwin, "Revenue or Reciprocity? Founding Feuds over Early U.S. Trade Policy," Irwin and Richard Sylla, eds., Founding Choices: American Economic Policy in the 1790s (Chicago: University of Chicago Press, 2011).

20. 워싱턴이 해밀턴에게 쓴 편지(1795년 2월 2일), Hamilton Papers, vol. 18, 247–248. 해밀턴은 다음 날 보낸 답장에서 다음과 같이 썼다.

"어제 보내주신 친절한 편지 고맙습니다. 제가 그동안 얼마나 초조했던지 생각하면, 각하의 편지는 나에게 무척 크고 귀한 위안입니다.

그 긴급한 동기에 무릎을 꿇고 사임하는 일은 결코 쉬운 일이 아니었습니다. 그 긴급한 동기 때문에 저는, 당신의 지도 아래에서 행정부서의 수장으로서 성공적으로 임무를 완수하는 데 작은 도구가 되고자 희망했던 그 직책을 포기할 수밖에 없었습니다. 내가 희생을 할 때 보다 나은 결과가 빚어질 수 있다는 판단이 들었다면 이보다 더 큰 희생도 기꺼이 했을 것입니다.

이제부터 저의 운명이 어떻게 될지 모르겠지만, 이미 우리나라에 그토록 많은 축복을 안겨주고 있는 탁월한 당신의 성정에 저는 무한한 찬사를 언제까지고 계속 보낼 터이니(여러 가지 일에서 제가 부족했던 점은 마음에 두시질 말고) 저의 진심을 믿어주시기 바랍니다." (Ibid., 253.)

마지막 문장의 괄호 안에 들어 있는 문구는, 해밀턴이 워싱턴과 스스로 개인적인 거리감을 뒀던 것, 즉 1777년부터 1781년까지 대륙군 지휘본부에 함께 있는 동안 친밀한 관계를 유지하면서도 이따금씩 다툼을 벌이곤 했던 일을 염두에 두고 쓴 것 같다.

21. 제퍼슨이 매디슨에게 쓴 편지(1795년 9월 21일), James Morton Smith, ed., The Republic of Letters: The Correspondence between Jefferson and Madison, 1776–1826 (New York: Norton, 1995), vol. 2, 898.

22. Hamilton, "The Defence of the Funding System," unpublished, July 1795, Hamilton Papers, vol. 19, 24. 외교 문제에 대한 해밀턴의 태도를 철저하게 분석한 저서로는, John Lamberton Harper, American Machiavelli: Alexander Hamilton and the Origins of U.S. Foreign Policy (Cambridge: Cambridge University Press, 2004).

23. 그 글들의 본문 및 편집자 주석에 대해서는 참조, Hamilton Papers, vol. 18, 475부터. 해밀턴과 제이 조약과 관련된 여러 쟁점에 대해서는 다음을 참조, Harper, American Machiavelli, chs. 10-13.

24. 제퍼슨이 매디슨에게 쓴 편지(1795년 9월 21일), 1795, Republic of Letters, vol. 2, 897. 제퍼슨의 편지는 제이 조약에 대해서 매우 강경한 표현들을 담고 있다. 예를 들면 다음과 같다. "보다 대담하게 당 전체가 들고 일어나는 일은 일어나지 않았습니다. 입법기관의 한 곳[하원]에서 다수의 표결권을 상실한 바람에, 반대파의 손을 묶어서 자기들을 후원하는 국가[영국]의 무역을 억제하지 못하도록 보장하는 어떤 조약을 비준하기 위해서, 다른 한 곳 및 행정부의 도움을 받아서 입법을 할 수 없게 되었음을 깨달은 것이지요."

25. Hamilton Papers, vol. 18, 477-479.

26. David Hackett Fischer, Albion's Seed: Four British Folkways in North America (New York: Oxford University Press, 1989), 842. 여기에서 '북부(North)'는 뉴잉글랜드와 대서양중부 지역(뉴욕, 뉴저지, 펜실베이니아)을 가리킨다.

27. 워싱턴과 매디슨 사이가 갈라진 것에 대해서는 다음을 참조, Stuart Leibiger, Founding Friendship: George Washington, James Madison, and the Creation of the American Republic (Charlottesville: University Press of Virginia, 1999), 207-209.

28. Todd Estes, The Jay Treaty Debate, Public Opinion, and the Evolution of Early American Political Culture (Amherst: University of Massachusetts Press, 2006). 그 조약의 사전 준비에 관한 상세한 사항에 대해서는 다음이 유용하다. Samuel Flagg Bemis, Jay's Treaty: A Study in Commerce and Diplomacy (New York: Macmillan, 1923). 아울러 다음도 참조, Combs, The Jay Treaty; and Bradford Perkins, The First Rapprochement: England and the United States, 1795-1805 (Philadelphia: University of Pennsylvania Press, 1955).

29. 고든 우드(Gordon S. Wood)는 탁월할 수도 있는 저서인 Revolutionary Characters: What Made the Founders Different (New York: Penguin, 2007)에서 해밀턴을 다루는 장의 제목을 "알렉산더 해밀턴과 재정-군사국가 만들기"로 붙였으며, 이런 식으로 개념을 규정하는 모습은 다른 저서인 Empire of Liberty: A History of the Early Republic, 1789-1815 (New York: Oxford University Press, 2009)에서도 그대로 드러난다. 보다 성숙하게 발전한 주장은 다음에서 찾아볼 수 있다. Max M. Edling, A Revolution in Favor of Government: Origins of the U.S. Constitution and the Making of the American State (New York: Oxford University Press, 2003). 에들링은 우드처럼 해밀턴을 딱 꼬집어서 말하지는 않지만, 국가-주 사이의 강력한 관계라는 목적을 헌법제정회의에 참석했던 국가주의자들(정당이 자리를 잡기 이전인 1780년대의 표현으로는 '연방주의자') 및 각 주에서 헌법 비준에 찬성했던 사람들의 것으로 돌린다. 여러 다른 학자들도 해밀턴에 대한 비슷한 논조에서 '재정-군사국가'를 언급했는데, 이런 표현은 해밀턴을 바라보는 시각이 어떤 것인지 그 자체로 명백하게 드러낸다. 이 표현은 존 브루워(John Brewer)의 독창적인 저서 The Sinews of Power: War, Money, and the English State, 1688-1783 (London: Routledge, 1989)를 통해 널리 사용되었으며, 이 표현과 개념은 유럽 다른 국가들에도 적용되었다. 여러 사례가 있지만 그 가운데서도 다음을 참조, Jan Glete, Spain, the Dutch Republic and Sweden as Fiscal-Military States, 1500-1660 (London: Routledge, 2002); Christopher Storrs, ed., The Fiscal-Military State in Eighteenth-

Century Europe (Farnham, U.K.: Ashgate, 2009). 특히 후자는 오스트리아, 영국, 프랑스, 프러시아, 러시아 그리고 이탈리아 서쪽에 있는 섬인 사르디니아에 관한 글들을 담고 있다. 그리고 다음 책은 논의를 19세기까지 확장해서 영국에 관한 논의를 보충했다, Philip Harlig and Peter Mandler, "From 'Fiscal-Military State' to Laissez-Faire State, 1760–1850," Journal of British Studies 32 (1993), 44–70.

미국에 관해서 '재정-군사국가'의 개념과 실체는 초기 공화국의 정치경제학에는 맞지 않는다. 이 개념과 실체는 145년 뒤 2차대전이 발발했을 때 진화를 시작한 미국적인 안보국가에 더 적절하게 들어맞는다. 맥스 에들링의 저서가 보여주듯이, 그 개념과 실체는 해밀턴 시기보다는 오히려 미국이 멕시코와 벌인 전쟁(1846–1848) 및 그 뒤에 이어진 영토 확장 시기에 더 잘 들어맞는다. 그리고 그 시기에서조차도 미국의 신용등급은 여러 국제 자본시장에서 기본적으로 높은 평가를 받았다. 참조, Edling, "When Johnny Comes Marching Home... from the Bank: War and Finances in America, from the U.S.-Mexican War to the Present," Common-Place (2008), 1–8, www.common-place.org/vol-09/no-01/edling/ (accessed 1/13/12). 아울러 다음도 참조, Edling, "The Problem of American State Formation: Politics of Taxation and the Creation of the Federal Government," Working Paper no. 01013 (Jan. 1998), Harvard University International Seminar on the History of the Atlantic World. 여기에서 에들링이 제시하는 자료를 보면 평화 시기(영국은 1790년, 미국은 해밀턴의 프로그램이 자리를 잡은 이후인 1793년)에조차도 중앙정부가 영국의 납세자에게 부과한 세금은 미국의 연방정부가 미국 납세자에게 부과한 세금의 약 7배였다.(16–17).

30. Joyce Appleby, Capitalism and a New Social Order: The Republican Vision of the 1790s (New York: New York University Press, 1984), 76. Richard R. John, Spreading the News: The American Postal Service, from Franklin to Morse (Cambridge, MA: Harvard University Press, 1995), chs. 1–2.

31. 벤저민 프랭클린은 어린 시절부터 인쇄소에서 일을 시작했으며, 대부분의 인쇄공이 그랬듯이 자기 저작물 특히 《가난한 리처드의 달력(Poor Richard's Almanack)》으로 큰돈을 벌었다. 그는 40대에 은퇴해서 과학과 공익사업에 헌신했다. Jeffrey L. Pasley, "The Tyranny of Printers": Newspaper Politics in the Early American Republic (Charlottesville: University Press of Virginia, 2001), chs. 1–3, 7. 이 책이 지적하듯이, 인쇄업 부문에서 노동자계급과 신사의 차이는 남부에서는 크게 두드러지지 않았다. 남부에서는 농업이 지배적이었기 때문에 교육을 받은 사람들에게는 북부에 비해서 상대적으로 기회가 적었고, 따라서 북부에 비해서 상대적으로 많은 사람들이 출판 및 언론 분야로 진출했다. 그리고 1790년대 및 그 뒤에 남부의 신문사들은 탈주 노예 체포 광고를 게재해서 엄청나게 많은 돈을 벌었다. 신문 일반에 대해서는 다음도 참조, Carol Sue Humphrey, The Press of the Young Republic, 1783–1833 (Westport, CT: Greenwood Press, 1996).

32. Pasley, "The Tyranny of Printers," ch. 3. 프랑스혁명에 부분적으로 비판적인 정치 에세이집인 《다빌라에 대한 강연(Discourses on Davila)》에 대한 존 애덤스의 저 유명한 번역 및 주석은 페노의 《가제트 미국》에 맨 처음 실렸다.

33. 프리노는 또한 우편을 통한 정기구독사업을 구축하려는 시도도 했는데, 이 시도는 그다지 큰 성공을 거두지는 못했다. 버지니아에서 제임스 매디슨은 직접 이 사업을 독려했는데, 신문이 우편으로 제대로 도착하지 않자 많은 구독자는 프리노가 아니라 매디슨에게 항의를 했다. Pasley, "The

Tyranny of Printers," 63-66.

34. Ibid., 74. 이 일 때문에 제퍼슨이 1793년 12월에 국무부장관직에서 사임했을지도 모른다.

35. Ibid., 63-2.

36. 20세기의 한 방송인이 쾌활한 논조로 분석한 것을 참조하려면, Eric Burns, Infamous Scribblers: The Founding Fathers and the Rowdy Beginnings of American Journalism (New York: Public Affairs, 1996).

37. 벤저민 프랭클린은 1790년에 84세의 나이로 사망했으며, 이 할아버지가 특히 사랑했던 손자 바크는 할아버지로부터 현대적인 인쇄소와 장비를 물려받았다. 바크는 할아버지의 친구들에게 신문을 발행하려고 하는데 조언을 해달라고 편지를 했는데, 돌아온 답장들은 그를 실망시켰다. 예컨대 로버트 모리스는 그에게 이렇게 말했다. "여기 있는 자네 친구들 가운데 어떤 사람들은 자네의 의도에 고개를 갸웃거린다네. (…) 자네가 '프린트 오브 북스'에 취직하는 게 훨씬 더 명예롭고 또 경제적으로도 유리할 것이라는 의견이라네." 그러나 바크는 고집을 꺾지 않고 밀고 나갔다. 그리고 그는 프랭클린의 가장 유명한 발명품이 나오고 얼마 지나지 않아서 '피뢰침 주니어'라는 별명을 얻었다. 바크 및 그의 경력에 관한 출처 세 곳은 다음과 같다, Pasley, "The Tyranny of Printers," ch. 4 (위의 모리스 인용 부분은 82); James Tagg, Benjamin Franklin Bache and the Philadelphia Aurora (Philadelphia: University of Pennsylvania Press, 1991); Jeffery A. Smith, Franklin and Bache: Envisioning the Enlightened Republic (New York: Oxford University Press, 1990).

38. 정부에 대한 바크의 적대적인 논조가 고조되면서 바크는 두 차례에 걸쳐서 물리적인 공격을 받았다. 두 번째로 공격을 한 사람은 존 페노 주니어였는데, 바크가 글로써 자기 아버지 존 페노를 모욕하고 저주한 게 공격의 이유였다. Pasley, "The Tyranny of Printers," 97.

39. 다음에 인용되어 있다. Pasley, "The Tyranny of Printers," 88. 이 황열병은 《가제트 미국》의 편집장이던 존 페노의 목숨도 앗아갔다.

CHAPTER 13 몰락의 길

1. 제임스 캘린더에 대한 역사적인 평가는 대부분 그다지 좋지 않다. 그런데 그의 일생을 가장 철저하게 다룬 다음 전기는 예외이다. Michael Durey, "With the Hammer of Truth": James Thomson Callender and America's Early National Heroes (Charlottesville: University Press of Virginia, 1990).

2. Ron Chernow, Alexander Hamilton (New York: Penguin, 2004), 537-542.

3. 편집자의 해설과 함께 총체적인 설명을 원한다면 참조, The Papers of Alexander Hamilton(이하에서는 Hamilton Papers로 표기), ed. Harold Syrett et al. (New York: Columbia University Press, 1961-1978), vol. 21, 121-167. 레이놀즈 스캔들은 다음에서도 다루고 있다. Chernow, Alexander Hamilton, chs. 19, 21, 30.

4. Hamilton Papers, vol. 21, 238-240.

5. Ibid., 239-240.

6. Ibid., 250.

7. Ibid., 250-251.

8. Ibid., 251.

9. Ibid.

10. Ibid., 252.

11. Ibid., 253. 해밀턴은 1,000달러를 두 번에 나누어서 주겠다고 언급한다. 그리고 그는 추가로 최소한 100달러를 줬다.

12. 해밀턴과는 킹스칼리지 시절 룸메이트였으며 그의 오래된 친구이던 로버트 트루프(Robert Troup)는 '잘못 판단을 한 팸플릿이 그에게 무지막지한 피해를 입혔다'고 말했다. 트루프와 웹스터는 다음에서 인용되어 있다. Chernow, Alexander Hamilton, 535. 마리아 레이놀즈와 레이첼 포시트의 닮은 점에 대해서는 다음을 참조, Jacob Cooke, Alexander Hamilton: A Profile (New York: Hill and Wang, 1967), 183.

13. Hamilton Papers, vol. 21, 261. 해밀턴의 도덕성을 강력하게 옹호하는 견해로는 다음을 참조, Andrew S. Trees, The Founding Fathers and the Politics of Character (Princeton, NJ: Princeton University Press, 2004), ch. 2.

14. Chernow, Alexander Hamilton, 534, 542-544.

15. 캘린더의 글은 다음에 인용되어 있다. Hamilton Papers, vol. 21, 139-140; 매디슨이 제퍼슨에게 쓴 편지(1797년 10월 20일), ed. James Morton Smith, The Republic of Letters: The Correspondence between Jefferson and Madison (New York: Norton, 1995), vol. 2, 993.

16. 애덤스의 말은 다음에 인용되어 있다. Cooke, Alexander Hamilton, 176, 183.

17. 제퍼슨과 헤밍스의 관계가 처음 시작될 무렵에 제퍼슨은 40대 중반이었고 헤밍스는 10대 중후반이었다. 미국 대통령의 성 추문 사례로는 우선 그로버 클리블랜드(Grover Cleveland)를 꼽을 수 있는데, 그는 독신으로 살면서 사생아를 낳았다는 소문에 휩싸였다. 워렌 하딩(Warren G. Harding)도 낸 브리턴(Nan Britton)과 혼외 관계를 맺었다는 말이 나왔는데, 그녀는 하딩이 사망한 뒤에 회고록을 펴내서 자기가 하딩의 아이를 낳았다고 주장했다. (하딩이 혼외정사를 했음은 분명하지만 낸 브리턴이 그의 상대였을 것 같지는 않다.) 그리고 존 F. 케네디가 있는데, 그는 대통령 재임 시절에 수없이 많은 소문을 몰고 다녔지만, 불의의 암살로 세상을 떠난 뒤에는 그와 관련된 이야기는 공식적으로 종료되었다.

18. Manning J. Dauer, The Adams Federalists (Baltimore: Johns Hopkins University Press, 1953). 이 책은 비록 몇 가지 점에서는 이미 낡은 책이 되어버렸지만, 애덤스가 한 정당의 대표로서는 자질이 부족했음을 잘 보여준다. 애덤스는 자기 지지자들이 제퍼슨 진영으로 흘러들어가도록 혹은 해밀턴의 뒤를 좇도록 그냥 방치했다.

19. 해밀턴, 애덤스, 군대, 준(準)전쟁 등에 대해서는 참조, John Lemberton Harper, American Machiavelli: Alexander Hamilton and the Origins of U.S. Foreign Policy (New York: Cambridge University Press, 2004), 191-247.

20. 애덤스에 대한 비판은 1800년 10월 24일자의 "알렉산더 해밀턴 발신의 편지, 미국 대통령 존 애덤스의 공적인 행동과 성격적 특성에 관하여(Letter from Alexander Hamilton, Concerning the Public Conduct and Character of John Adams, Esq. President of the United States"라는 문건으로 나왔다. Hamilton Papers, vol. 25, 169-178 이후.

21. 필립 해밀턴의 대결에 대해서는 참조, Hamilton Papers, vol. 26, 237.

22. 해밀턴이 모리스에게 쓴 편지(1802년 2월 27일), Hamilton Papers, vol. 25, 544. 해밀턴은 계속해서 이렇게 말했다. "하루하루가 갈수록 이 미국이라는 세상은 나를 위해 만들어진 나라가 아니라는 사실이 점점 더 명백해집니다." 해밀턴이 얼마나 깊은 우울감 속에 빠져 있는지 잘 보여주는 부분이다.

23. 해밀턴이 토비아스 리어(Tobias Lear)에게 쓴 편지(1800년 1월 2일), Hamilton Papers, vol. 24, 155.

24. 애덤스의 말은 다음에 인용되어 있다. John Ferling, John Adams (New York: Henry Holt, 1992), 394.

CHAPTER 14 결투

1. 결투라는 극적인 사건에 대해서는 늘 그렇듯이 해밀턴의 결투를 소개하는 글도 매우 많다. 그러나 나는 다음 책의 편집자들이 제시한 증거를 주로 근거로 삼았다. The Papers of Alexander Hamilton(이하 Hamilton Papers로 표기), ed. Harold Syrett et al. (New York: Columbia University Press, 1961-1978), vol. 25, 235-349. 다음도 참조, Ron Chernow, Alexander Hamilton (New York: Penguin, 2004), 680-719. 다음 책은 특히 이 일화를 생동감 있게 대중적으로 묘사한다. Thomas Fleming, The Duel: Alexander Hamilton, Aaron Burr, and the Future of America (New York: Basic Books, 1999). 다음 글들은 보다 학술적으로 접근한다. W. J. Rorabaugh, "The Political Duel in the Early Republic: Burr v. Hamilton," Journal of the Early Republic 15 (1995), 1-23; Joanne B. Freeman, "Dueling as Politics: Reinterpreting the Burr-Hamilton Duel," William and Mary Quarterly 53 (1996), 289-318.

2. 그로부터 2년이 지난 뒤인 1799년에 버는 엘리자 해밀턴의 형부 즉 안젤리카의 남편인 존 처치에게 결투를 신청했다. 처치는 버가 어떤 토지 회사로부터 뇌물을 받았다는 말을 했기 때문이다. 이 때는 두 사람 다 한 발씩 쐈지만 총알은 모두 빗나갔고, 그러자 처치가 버에게 사과를 했고, 그걸로 결투는 끝이 났다.

3. 버를 다룬 저작은 많이 있지만 이 가운데서 가장 통찰력이 뛰어난 글은 고든 우드의 다음 에세이다. "The Real Treason of Aaron Burr," Wood's book Revolutionary Characters: What Made the Founders Different (New York: Penguin, 2006), ch. 8. 1807년에 버는 서부 지역을 미국에서 독립시키려는 반역 음모에 연루되어 반역 혐의로 재판을 받았고 무혐의 판결을 받았다. 그러나 우드는 '버가 자기 조국을 배신하지는 않았지만 자기 계급을 배신했다'고 썼다. 이것은 워싱턴, 해밀턴, 제퍼슨, 매디슨 그리고 그 밖의 다른 건국자들과 다르게 버는 국가의 이익보다 자신의 이익을 먼저 생각했다는 뜻이다.

4. 결투가 끝난 뒤, 금고에 보관되어 있던 그의 이 메모는 그가 창간했던 신문사 《뉴욕 이브닝포스트(New York Evening Post)》에 게재되었다. 아울러 참조, Chernow, Alexander Hamilton, 694-697, 700-704.

5. Hamilton Papers, vol. 26, 293.

CHAPTER 15 신세계를 선택하다

1. 이 책의 2부 집필 과정에서는 다음의 방대한 전기에 수록된 기초 자료들의 도움을 많이 받았다. Henry Adams, The Life of Albert Gallatin (Philadelphia: Lippincott, 1879). 이 책은 갤러틴이 주고받았던 수많은 편지 그리고 이보다 더 많은 발췌록을 수록하고 있다. 이 책의 저자는 또한 대부분 공직자로서의 삶을 다룬 내용이 들어 있는 갤러틴의 편지를 묶은 3권짜리 두툼한 다음 책을 편집했다. The Writings of Albert Gallatin (Philadelphia: Lippincott, 1879; rpt. New York: Antiquarian Press, 1960). 아울러 다음 책도 소중한 자료 출처로 활용했다. Selected Writings of Albert Gallatin, ed. E. James Ferguson (Indianapolis: Bobbs-Merrill, 1967). 이 5권의 책은 갤러틴의 남긴 글의 거의 대부분을 망라한다. 갤러틴 전집은 뉴욕역사학회에 있으며, 여기에는 갤러틴이 친구들 및 가족과 주고받은 개인적인 편지들도 수록되어 있다.

갤러틴의 전기를 다루고 또 그를 분석한 문헌들 가운데 가장 유용한 저서들로는 다음과 같은 것들이 있다. Raymond Walters Jr., Albert Gallatin: Jeffersonian Financier and Diplomat (New York: Macmillan, 1957), 이 책은 헨리 애덤스가 쓴 장황한 전기물의 절반밖에 되지 않는 분량이지만 학술적으로 매우 훌륭한 저작이다; Markus Claudius Cachia-Riedl, "Albert Gallatin and the Politics of the New Nation" (Ph.D. diss., University of California, Berkeley, 1998), 이 책은 탁월한 걸작이다; Nicholas Dungan, Gallatin: America's Swiss Founding Father (New York: New York University Press, 2010), 이 책은 갤러틴의 특성을 간략하고 선명하게 포착할 뿐만 아니라 그를 대상 혹은 소재로 삼아서 쓴 모든 글을 살펴본다; Alexander Balinky, Albert Gallatin: Fiscal Theories and Policies (New Brunswick, NJ: Rutgers University Press, 1958), 이 책은 경제학자가 쓴 흥미로운 평가를 담고 있는데, 3부에서 간략하게 살펴볼 것이다.

2. 갤러틴은 다음과 같이 회상했다. "내가 매달렸던 기본적인 문제들은 헌법의 구조 혹은 재정과 관련된 것이었다. 비록 나의 버지니아 친구들만큼 헌법의 구조 문제에 관해서 정통하지는 않았지만 (미합중국은행과 국내 개발을 보라) [갤러틴은 제퍼슨이나 매디슨과 다르게 전자를 지지했으며, 후자는 두 사람보다 더 많이 장려했다.], 나는 일반정부 부문이 행하는 그 어떤 권한 침해에도 반대했다." 갤러틴의 자서전적인 노트의 한 부분은 다음에 인용되어 있다. Gallatin, Selected Writings of Albert Gallatin, ed. Ferguson, 12. 드위트 클린턴(DeWitt Clinton)이 이리 운하 사업을 통해서 서부를 여는 데 더 많이 기여했다는 주장도 있을 수 있다. 그러나 클린턴은 연방정부의 공무원이 아니었고, 그 운하는 뉴욕 주의 사업이었으며, 또 이 운하는 1825년이 되어서야 비로소 완전하게 가동되었다.

3. Ibid., 12. 갤러틴은 이 문구를 84세의 나이로 죽기 직전이던 1849년에 썼다. 갤러틴의 신체 묘사에 대해서는 참조, William Dunlap, Diary (New York: New-York Historical Society, 1930), vol. 2, 384. 이 책의 저자인 던랩은 당대의 화가이자 극작가였다.

4. 애덤스는 오로지 해밀턴과 갤러틴만이 (1) 정부 체계를 전체적인 관점에서 다루려고 했으며 또한 정부가 주어진 어떤 문제를 효과적으로 수행하는 데 필요한 권한을 확보하도록 하려는 자세를 가지고 있었으며 (2) 진행되는 것의 모든 운동을 예측할 수 있게 해주었던 실무적이고 실천적인 지식을 갖추고 있었으며 (3) 자기가 속한 집단(당)의 구성원들을 교육·훈련할 수 있을 정도로 충분히 오랜 기간 도제 생활을 했으며 (4) 그리고 마지막으로 운이 좋게도 정부가 여전히 유연해

서 새로운 자극을 받아들일 수 있던 시기에 특정한 권한을 행사할 수 있는 자리에 있었다. Adams, Life of Albert Gallatin, 267-68. 애덤스는 이 저서에서 제퍼슨보다 갤러틴을 보다 관대하게 평가하는 경향을 보인다. 다음 두 저자의 비슷한 결과도 참조, Rozann Rothmann, "Political Method in the Federal System: Albert Gallatin's Contribution," Publius 1 (Winter 1972), 123-141; Jay C. Heinlein, "Albert Gallatin: A Pioneer in Public Administration," William and Mary Quarterly 7 (Jan. 1950), 64-94.

5. Adams, Life of Albert Gallatin, 269. 그리고 '삼두정치'에 대한 여러 다른 언급들은 여러 곳의 출처에서. 조시아 퀸시의 발언은 다음에 인용되어 있다. ibid., 470. 퀸시는 1805년부터 1813년까지 하원의원이었으며, 1823년부터 1828년까지 보스턴 시장이었고, 1829년부터 1845년까지는 하버드대학교 총장이었다.

6. Walters, Albert Gallatin, 1-2.

7. 갤러틴이 이븐 닷지(Eben Dodge)에게 쓴 편지(1847년 1월 21일), Selected Writings of Albert Gallatin, ed. Ferguson, 4.

8. Walters, Gallatin, 3-7; Dungan, Gallatin, 15.

9. 갤러틴이 미국으로 이주한 일과 이주 초기가 그가 겪었던 일을 가장 잘 정리한 자료들로는 다음, Walters, Gallatin, chs. 1-2; Edwin G. Burrows, "'Notes on Settling America': Albert Gallatin, New England, and the American Revolution," New England Quarterly 58 (1985), 442-453. 특히 후자는 그가 북아메리카에 발을 디딘 뒤 처음 3년 동안 장 바돌레 및 제네바에 있는 다른 여러 친구에게 쓴 많은 편지를 수록하고 있다.

CHAPTER 16 서부로, 서부로

1. 갤러틴이 이븐 닷지에게 쓴 편지(1847년 1월 21일), Selected Writings of Albert Gallatin, ed. E. James Ferguson (Indianapolis: Bobbs-Merrill, 1967), 4-5.

2. 갤러틴이 장 바돌레에게 쓴 편지(1780년 10월 29일), "'Notes on Settling America': Albert Gallatin, New England, and the American Revolution," ed. Edwin G. Burrows, New England Quarterly 58 (1985), 444.

3. 미국에서 두 번째로 넓은 주는 조지아였다. 만일 조지아가 소유권을 주장하는 부분을 모두 포함한다면 조지아는 어쩌면 가장 넓은 주일 수도 있었다. 여러 다른 지역 외에도 현재의 앨라배마와 미시시피를 포함했기 때문이다. 그러나 조지아의 인구는 워낙 적었으며, 따라서 행사할 수 있는 영향력은 버지니아보다도 훨씬 적었다.

4. Leonard D. White, The Jeffersonians: A Study in Administrative History, 1801-1829 (New York: Macmillan, 1951), 475.

5. Nicholas Dungan, Gallatin: America's Swiss Founding Father (New York: New York University Press, 2010), 35. 여기에서 저자는 갤러틴이 여러 해 뒤인 1848년에 친구인 윌리엄 맥스웰(William Maxwell)에게 보낸 편지의 내용을 인용한다.

6. 토착 미국인(인디언)에 대한 갤러틴의 감정은 복합적이었다. 이들의 존재 및 영국 모피 상인들

과의 주기적인 동맹은 미국 이주민들의 서부 정착 운동에 방해가 되었다. 하지만 갤러틴은 그들이 가지고 있는 문화에 매료되었고, 나중에 그는 인디언 종족에 관한 논문을 많이 남겼다.

7. 다음에 인용되어 있다. Raymond Walters Jr., Albert Gallatin: Jeffersonian Financier and Diplomat (New York: Macmillan, 1957), 22.

8. Walters, Gallatin, 17-23. 갤러틴의 토지는 한때 버지니아 주정부가 권리를 가지고 있었던 땅이었다. 그가 애초에 그 토지를 매입할 때 버지니아 주정부로부터 매입하는 것이라고 믿었을 수도 있다.

9. 다음에 인용되어 있다. Walters, Gallatin, 16. 아울러 다음도 참조, Dungan, Gallatin, 37-38. 다음 문단들은 갤러틴의 편지와 글들에서 나온 정보를 애덤스, 월터스 그리고 던건이 각각 쓴 전기물에 담긴 내용을 참조해서 썼다.

10. 대농장주가 되겠다는 갤러틴의 야망은 여전히 활활 타올랐고, 그의 투기적인 충동은 수그러들지 않았다. 참조, Henry Dater, "Albert Gallatin-Land Speculator," Mississippi Valley Historical Review 26 (1939), 21-38. 이 글에서 데이터는 갤러틴의 경우를 부풀려서 말하긴 해도 크게 부풀린 것은 아니다.

11. 아일랜드에서 북아메리카로 1772년에 이주한 제임스 오하라(James O'Hara)는 1797년에 피츠버그 유리공장(Pittsburgh Glass Works)을 설립했는데, 이 공장은 갤러틴이 설정했던 것과 똑같은 전략, 즉 오하이오 강과 미시시피 강을 이용해서 화물을 운송해서 해당 지역 및 동부의 시장에 제품을 공급한다는 전략을 써서 19세기 초에 승승장구했다. 오하라는 1819년에 사망했으며 그 공장은 다음 두 세대 동안 일련의 투자자들에게 임대되었다. 오하라와 그의 동업자들은 갤러틴 및 그의 동업자들보다 더 많은 자본을 투자했으며, 그랬기에 갤러틴이 실패한 분야에서 성공을 거둘 수 있었다. (오하라의 이 회사는 1883년에 창립한 '피츠버그 판유리(Pittsburgh Plate Glass)'와는 다른 기업이다.) 피츠버그 유리공장의 초기 역사에 대해서는 참조, Richard Wade, The Urban Frontier: The Rise of Western Cities, 1790-1830 (Cambridge, MA: Harvard University Press, 1959), 48.

12. 다음에 인용되어 있다. Walters, Gallatin, 23.

13. 다음에 인용되어 있다. ibid., 24.

14. 갤러틴이 카트린느 픽텟에게 쓴 편지(1790년 4월 7일), printed in Henry Adams, The Life of Albert Gallatin (Philadelphia: Lippincott, 1879), 75.

15. 픽텟이 갤러틴에게 쓴 편지(1790년 7월 날짜 없음), ibid.

CHAPTER 17 **정치 입문**

1. 갤러틴이 카트린느 픽텟에게 쓴 편지(1790년 4월 7일), The Correspondence of John [Jean] Badollet and Albert Gallatin, 1804-1836, ed. Gayle Thornbrough (Indianapolis: Indiana Historical Society, 1963), 323.

2. 갤러틴의 자서전적인 노트의 한 부분으로 다음에 인용되어 있다. Selected Writings of Albert Gallatin, ed. E. James Ferguson (Indianapolis: Bobbs-Merrill, 1967), 8-10. 갤러틴이 이 시기에 펜실베이니아 주정부에서 수행했던 사업은 해밀턴이 연방정부에서 했던 사업과 많은 점에서 비슷했는

데, 두 사람이 했던 사업의 목적은 정부 재정을 건전한 토대 위에 올려놓는 것이었다. 그런데 차이점은 환경적인 요인에서 비롯되었다. 즉, 펜실베이니아 정부는 부채의 원금을 모두 갚을 수 있을 것으로 예상되었지만, 연방정부는 이자밖에 갚을 수 없었다. 이런 요인 때문에 두 주체의 정책은 다르게 나타날 수밖에 없었다. 참조, Markus Claudius Cachia-Riedl, "Albert Gallatin and the Politics of the New Nation" (Ph.D. diss., University of California, Berkeley, 1998), 27–30; 갤러틴 본인의 회고, printed in Henry Adams, The Life of Albert Gallatin (Philadelphia: Lippincott, 1879), 85–87.

3. 갤러틴의 자서전적인 노트의 한 부분으로 다음에 인용되어 있다. Gallatin, Selected Writings of Albert Gallatin, ed. Ferguson, 8-10. 노예제도에 관해 결의한 내용의 발췌는 다음에 인용되어 있다. Raymond Walters Jr., Albert Gallatin: Jeffersonian Financier and Diplomat (New York: Macmillan, 1957), 376.

4. 참조, Thomas P. Slaughter, The Whiskey Rebellion: Frontier Epilogue to the American Revolution (New York: Oxford University Press, 1986).

5. Ibid.

6. 위스키에 매기는 세금에 대한 갤러틴의 태도가 그의 정치 철학과 관련된 것으로 파악하는 통찰력 있는 해석은 다음에서 찾아볼 수 있다. Edwin G. Burrows, Albert Gallatin and the Political Economy of Republicanism, 1761–1800 (New York: Garland, 1986), 309–376. 버로즈는 4년이라는 기간에 걸친 이 논쟁에서 갤러틴이 수행했던 역할을 총망라해서 살핀다.

7. Slaughter, The Whiskey Rebellion; 갤러틴이 1795년 1월 3일에 펜실베이니아 주의회에서 한 연설, The Writings of Albert Gallatin, ed. Henry Adams (Philadelphia: Lippincott, 1879), vol. 3, 7.

8. Walters, Gallatin, 52–53.

9. 다음에 인용되어 있다. Nicholas Dungan, Gallatin: America's Swiss Founding Father (New York: New York University Press, 2010), 51, 53–54.

10. 니콜슨의 편지는 다음에 인용되어 있다. ibid., 54.

11. 갤러틴이 한나 갤러틴에게 쓴 편지(1793년 8월 23일), printed in Adams, The Life of Albert Gallatin, 103.

12. 갤러틴의 네 딸 가운데 셋은 갓난아기 때 사망했다.

13. Walters, Gallatin, 13.

14. Ibid., 59–63.

15. Richard H. Kohn, "The Washington Administration's Decision to Crush the Whiskey Rebellion," Journal of American History 59 (1972), 567–584.

16. 해밀턴이 안젤리카 처치에게 쓴 편지(1794년 10월 23일), The Papers of Alexander Hamilton, ed. Harold Syrett et al. (New York: Columbia University Press, 1961–1978), vol. 27, 340; Jacob E. Cooke, "The Whiskey Insurrection: A Re-Evaluation," Pennsylvania History 30 (1963), 316–364.

CHAPTER 18 **제퍼슨의 사람이 되어**

1. 매디슨이 제퍼슨에게 쓴 편지(1796년 1월 31일), The Republic of Letters: The Corresponden

ce between Thomas Jefferson and James Madison, ed. James Morton Smith (New York: Norton, 1995), vol. 2, 917.

2. 제퍼슨이 매디슨에게 쓴 편지(1796년 3월 6일), ibid., 922.

3. Gallatin, A Sketch of the Finances of the United States, in The Writings of Albert Gallatin, ed. Henry Adams (Philadelphia: Lippincott), vol. 3, 69-206.

4. Ibid., 146-150 및 여러 곳에서.

5. 갤러틴이 제시한 이 표에 적시된 전체 금액에서 그는 4만 달러를 어업 보조금으로 공제하고 순세입을 637만 달러로 만들었다.(ibid., 97). 이 시기에 달러와 센트에 대한 기호는 일상적으로 쓰이지 않았다. 그래서 100.25달러를 읽을 때는 '100달러와 100분의 25달러'로 읽었다. 이런 관행의 흔적은 오늘날에도 개인수표의 금액 사항란에 남아 있다.

6. Gallatin, Sketch of the Finances, 103.

7. Ibid., 104.

8. 매디슨이 제퍼슨에게 쓴 편지(1794년 3월 9일), The Republic of Letters, ed. Smith, vol. 2, 835; Gallatin, Sketch of the Finances, 104.

9. Gallatin, Sketch of the Finances, 104-05. 실제 군인의 수는 12만 5000명이었지만, 이 차이는 중요하지 않았다.

10. 토머스 제퍼슨이 윌리엄 스티븐슨에게 쓴 편지(1787년 11월 13일), 다음 웹페이지에서 접속 가능. www.monticello.org/site/jefferson/tree-liberty-quotation(accessed 5/3/12). 여기에 대한 온전한 설명은 다음 두 책에서 살필 수 있다. David Szatmary, Shays' Rebellion: The Making of an Agrarian Insurrection (Amherst: University of Massachusetts Press, 1980); Leonard S. Richards, Shays' Rebellion: The American Revolution's Final Battle (Philadelphia: University of Pennsylvania Press, 2002).

11. Gallatin, Sketch of the Finances, 121-129.

12. Ibid., 146.

13. Ibid., 131.

14. Ibid., 133.

15. 특히 갤러틴은 다음과 같이 썼다. "그런 종류[미합중국은행]의 주식에 들일 600만 달러가 필요하게 되었다. 이 돈은, 같은 해(1791년)에 감채기금(sinking fund)에 들어간 100만 달러와 함께 부채의 전체 규모를 끌어올릴 수 있을 정도로 충분히 큰돈이었으며, 이 부채 규모는 주식 액면가의 6퍼센트나 되었다." Ibid., 133-134.

16. 갤러틴은 또한 처음에 미합중국은행에 반대했던 상황을 다시 한 번 더 자세하게 설명했다. "의회는 헌법의 규정에 따를 경우 주식회사 형태의 어떤 공적인 기관도 만들 권한을 가지고 있지 않으며, 따라서 그 조치에 결사적으로 반대했으며, 그 결과 의회에는 많은 적들이 생겨났다." 여기에서 그는 자기 당 사람들에게 그들이 미합중국은행을 처음에 그토록 반대했던 이유들 가운데 하나를 상기시키고 있다. Ibid., 135-136.

17. Ibid., 144.

18. Ibid., 145.

19. Ibid., 145-50. 생략된 부분에서 갤러틴은 '연간 500만 달러의 위탁금 유용'이라고 썼다. 그는

이 표현을 현대적인 의미의 '횡령'이라는 뜻이 아니라 수탁자인 해밀턴이 자금을 적절하지 못한 방식으로 사용했다는 뜻으로 썼다. 갤러틴이 말하고자 했던 핵심은 초기에 빚이 너무 많다는 것이었고, '위탁금 유용'이라는 표현은 오해의 소지가 있었다.

20. Ibid., 147, 165-168.

21. 해밀턴의 정책들로 혁명이 배반을 당할지도 모른다는 공화주의자들의 두려움에 대해서는 다음을 참조, Lance Banning, The Jeffersonian Persuasion: Evolution of a Party Ideology (Ithaca, NY: Cornell University Press, 1978).

22. 이 시기에 갤러틴은 해밀턴이 했던 것만큼 재무 관련 공부를 깊이 하지는 않았다. 그러나 해당 분야의 이론에 대해서는 잘 이해하고 있었다. 1879년에 헨리 캐봇 로지(Henry Cabot Lodge)는 갤러틴을 '이론가'라고 불렀다. 참조, Lodge, "Albert Gallatin," International Review 7 (1879), 264.

CHAPTER 19 권력을 향해서

1. 1796년의 대통령 선거는 미국 역사상 서로 다른 당에 속한 사람이 대통령과 부통령으로 당선된 유일한 사례로 남아 있다. 많은 사람이 사우스캐롤라이나의 토머스 핑크니(Thomas Pinckney)가 연방당의 두 번째 선택이고 뉴욕의 애런 버(Aaron Burr)가 공화당의 두 번째 선택이라고 생각했지만, 당시로서는 동일한 정당 소속의 대통령과 부통령 러닝메이트라는 개념이 아직 자리를 잡지 않은 상태였다. 선거인단 선거에서 애덤스는 71표, 제퍼슨은 68표, 핑크니는 59표, 버는 30표를 각각 얻었으며, 나머지 표는 8명의 다른 후보가 나누어 가졌다.

2. 갤러틴이 루이스 드 레스드니어(Lewis F. de Lesdernier)에게 쓴 편지(1798년 5월 15일), The Writings of Albert Gallatin, ed. Henry Adams (Philadelphia: Lippincott, 1879), vol. 1, 15.

3. 애덤스의 일생을 담은 여러 전기물은 대부분 해밀턴을 비난한다. 참조, David McCullough, John Adams (New York: Simon and Schuster, 2001), and John F. Ferling, John Adams: A Life (Knoxville: University of Tennessee Press, 1992). 보다 균형 잡힌 전기는 다음, Manning J. Dauer, The Adams Federalists (Baltimore: Johns Hopkins University Press, 1953).

4. 월코트에 대한 가장 좋은 자료는 다음, George Gibbs, Memoirs of the Administrations of Washington and John Adams, Edited from the Papers of Oliver Wolcott, Secretary of the Treasury, 2 vols. (New York, printed for the subscribers, 1846). 여기에는 월코트가 해밀턴, 자기 아버지(이 아버지는 월코트가 재무부장관직을 수행하던 기간의 한 부분 동안에 상원의원이었다) 그리고 다른 여러 공무원과 나누었던 편지를 풍성하게 수록하고 있다. 아울러 참조, Neil Alexander, "Connecticut Order, Mercantilistic Economics: The Life of Oliver Wolcott, Jr." (Ph.D. diss., University of Tennessee, Knoxville, 1988); Robert Jay Dilger, "Oliver Wolcott Jr.: Conspirator or Public Servant?" Connecticut Historical Society Bulletin 46 (July 1981), 78-85.

애덤스의 발언은 다음에 인용되어 있다. 제임스 매켄리가 해밀턴에게 쓴 편지(1800년 6월 2일), The Papers of Alexander Hamilton(이하 Hamilton Papers로 표기), ed. Harold Syrett et al. (New York: Columbia University Press, 1961-1978), vol. 24, 558.

5. Markus Claudius Cachia-Riedl, "Albert Gallatin and the Politics of the New Nation" (Ph.D.

diss., University of California, Berkeley, 1998), 108, 118, 120, 121.

6. 20세기 초에 귀화 시민권을 획득하기 위한 대기 기간은 5년이었고, 예컨대 시민의 배우자 등과 같은 여러 가지 경우에 예외가 적용되었다.

7. 참조, 제퍼슨이 제임스 매디슨에게 쓴 편지(1798년 4월 26일, 그리고 1799년 2월 26일), The Republic of Letters: The Correspondence between Jefferson and Madison, 1776-1826, ed. James Morton Smith (New York: Norton, 1995), vol. 2, 1042, 1100.

8. 이 시기의 신문에 대해서는 참조, Jeffrey L. Pasley, "The Tyranny of Printers": Newspaper Politics in the Early Republic (Charlottesville: University Press of Virginia, 2001); Marcus Daniel, Scandal and Civility: Journalism and the Birth of American Democracy (New York: Oxford University Press, 2009).

9. 켄터키와 버지니아에서 최종적으로 통과된 각각의 결의안 원문은 다음 웹페이지 참조, www.constitution.org/cons/kent1798.htm 그리고 www.constitution.org/cons/virg1798.htm (accessed 4/3/11). 제퍼슨은 처음 노스캐롤라이나 의회에서 결의할 목적으로 켄터키 결의안의 초고를 썼지만, 그의 정치적 동맹자 가운데 한 사람이 이것을 제퍼슨의 동의를 얻어서 켄터키로 가지고 갔다.

10. 매디슨은 법률 사상가적 면모를 지니고 있었다. 참조, Mary Sarah Bilder, "James Madison: Law Student and Demi-Lawyer," Law and History Review 28 (2010), 389-449.

11. 표준으로 삼을 수 있는 여러 2차 출처로는 다음과 같은 것들이 있다. James Morton Smith, Freedom's Fetters: The Alien and Sedition Laws and American Civil Liberties (Ithaca, NY: Cornell University Press, 1956), 매우 조심스럽고 사려 깊은 저작이다; William J. Watkins Jr., Reclaiming the American Revolution: The Kentucky and Virginia Resolutions and Their Legacy (New York: Palgrave Macmillan, 2004), 이 책은 공화주의자를 지지하는 입장에서 그 문제를 바라본다. 켄터키와 버지니아의 두 결의안은 다른 주들의 의회에도 제출되었지만 단 한 곳에서도 통과되지 않았다. '재류외국인 및 선동법'은 1801년 애덤스 정부가 끝나갈 무렵에 폐기되었으며, 다른 법률들도 다양한 수정 과정을 거쳤다. 제퍼슨은 대통령이 된 뒤에 연방주의자들이 '재류외국인 및 선동법'을 적용해서 유죄 판결을 내렸던 10명을 모두 사면했다. (이들 가운데 다수가 공화당을 지지하던 언론인이었다.) 만일 제퍼슨이 켄터키 결의안을 썼다는 사실이 밝혀졌을 경우, 과연 그가 1800년 선거에서 대통령에 당선될 수 있었을까 하는 문제에 대해서 개리 윌스(Garry Wills)는 다음 책에서 '아마도 당선되지 못했을 것'이라고 결론을 내렸다. James Madison (New York: Times Books, 2002), 50.

12. 특정한 기간 혹은 전체 기간을 아우르는 그 딜레마와 관련된 자료를 담고 있는 책은 많지만 특히 자료를 온전하게 모두 담고 있는 저작물로는 다음 두 가지를 들 수 있다, Stanley Elkins and Eric McKitrick, The Age of Federalism: The Early Republic, 1788-1800 (New York: Oxford University Press, 1993); Gordon S. Wood, Empire of Liberty: A History of the Early Republic, 1789-1815 (New York: Oxford University Press, 2009).

13. 앨버트 갤러틴이 한나 니콜스 갤러틴에게 쓴 편지(1801년 1월 15일), printed in Henry Adams, The Life of Albert Gallatin (Philadelphia: Lippincott, 1879), 252-253. 워싱턴에서 생활하는 것에 대해서 갤러틴은 나중에 제퍼슨에게 다음과 같이 썼다. "제 아래의 직원 가운데 최고의 서기라고 할 수 있는 사람이 1,200달러를 받았는데, 이 사람은 차라리 필라델피아에서 1,000달러만 받

고 살겠다면서 떠나버렸습니다. (…) 지금 상황이 이러니 직원들 특히 서기들의 봉급을 필라델피아에 있을 때보다 올려주는 것을 심각하게 계산해봐야 합니다." 갤러틴이 제퍼슨에게 쓴 편지(1804년 9월 18일), Writings of Albert Gallatin, ed. Adams, vol. 1, 208.

14. 앨버트 갤러틴이 한나 니콜슨 갤러틴에게 쓴 편지(1801년 1월 15일), printed in Adams, Life of Albert Gallatin, 252–253. 아울러 참조, James Sterling Young, The Washington Community, 1800–1828 (New York: Columbia University Press, 1966).

15. 앨버트 갤러틴이 한나 니콜슨 갤러틴에게 쓴 편지(1801년 1월 15일), 다음에 인용되어 있다. Richard Mannix, "Albert Gallatin in Washington, 1801–1813," Records of the Columbia Historical Society (Washington, DC: 1971/1972), Book 48, 61.

16. 한나 니콜슨 갤러틴이 앨버트 갤러틴에게 쓴 편지(1801년 2월 5일), ibid., 65.

17. 이 유명한 선거에 대해서는 많은 설명이 나와 있는데, 이 선거는 본문에 요약한 것보다 훨씬 복잡했다. 가장 좋은 설명을 하고 있는 3권의 저서는 다음과 같다. John Ferling, Adams vs. Jefferson: The Tumultuous Election of 1800 (New York: Oxford University Press, 2004); Susan Dunn, Jefferson's Second Revolution: The Election Crisis of 1800 and the Triumph of Republicanism (Boston: Houghton Mifflin, 2004); Edward J. Larson, A Magnificent Catastrophe: The Tumultuous Election of 1800, America's First Presidential Campaign (New York: Free Press, 2007).

18. 헌법수정회의에 대한 제퍼슨의 생각에 대해서는 다음을 참조, Raymond Walters Jr., Albert Gallatin: Jeffersonian Financier and Diplomat (New York: Macmillan, 1957), 129n.

19. 해밀턴이 올리버 월코트에게 쓴 편지(1800년 12월 16일), Hamilton Papers, vol. 25, 257; 해밀턴이 제임스 A. 베이야드에게 쓴 편지(1800년 12월 27일), ibid., 275–277; 아울러 참조, 해밀턴이 베이야드에게 쓴 편지(1801년 1월 16일), ibid., 319–320. 해밀턴의 수행했던 전반적인 역할은 다음에 요약되어 있다. Ron Chernow, Alexander Hamilton (New York: Penguin, 2004), 630–639.

20. 바로 이것이 '1800년 혁명'의 본질임을 다음 책이 강력하게 주장한다. Wood, Empire of Liberty. 아울러 조이스 애플비(Joyce Appleby)의 두 저서 참조, Appleby: Capitalism and a New Social Order: The Republican Vision of the 1790s (New York: New York University Press, 1984); 그리고 Inheriting the Revolution: The First Generation of Americans (Cambridge, MA: Harvard University Press, 2000). 크리스토퍼 클라크는 애플비와 마찬가지로 미국 자본주의의 기원에 관해서 전혀 다른 견해를 다음 책에서 제시한다. book Social Change in America: From the Revolution through the Civil War (New York: Ivan Dee, 2006). 다음 저서는 사회정치적인 다양한 내용을 주제로 한 16편의 에세이를 모아놓았다. James Horn, Jan Ellen Lewis, and Peter S. Onuf, eds., The Revolution of 1800: Democracy, Race, and the New Republic (Charlottesville: University of Virginia Press, 2002). 이 글의 저자들 가운데 몇몇은 1800년 혁명은 특정한 몇몇 사회적 요소들에 해가 되었다고 주장한다. 예를 들어서 제임스 시드버리(James Sidbury)는 루이지애나 매입과 해외 노예매매 철폐는 미국 국내 노예시장을 활성화시켰다고 지적한다. 이 국내 노예시장은 백인 소유의 대규모 농장이 서부로 옮겨감에 따라서 수많은 노예 가족이 해체되는 아픔을 겪었다.

21. 남북전쟁 때는 예외로 칠 수 있다. 이때 남부의 상원의원들과 하원의원들은 국회의사당을 떠

났다. 그러나 그때조차도 민주당과 공화당의 분열은 그다지 크지 않았다. 그리고 인용된 수치들은 정확하지 않을 수도 있다. 정당 소속이 분명하지 않았기 때문이다. 참조, Kenneth C. Martis, The Historical Atlas of Political Parties in the United States Congress, 1789-1989 (Englewood Cliffs, NJ: Prentice-Hall, 1989). 이런 득표율 양상 뒤에 놓인 이념적·사회적 변화들은 다음 책에 자세하게 묘사되어 있다. Wood, Empire of Liberty Empire of Liberty. 아울러 이 책에는 해당 주제에 대한 풍부한 참고 문헌을 제공한다.

CHAPTER 20 부채와 군비 증강 그리고 루이지애나

1. Richard Mannix, "Albert Gallatin in Washington, 1801-1813," Records of the Columbia Historical Society (Washington, DC: 1971-1972), book 48, 67. 제퍼슨의 말은 다음에 인용되어 있다. Raymond Walters Jr., Albert Gallatin: Jeffersonian Financier and Diplomat (New York: Macmillan), 141.

2. 갤러틴이 마리아 니콜슨에게 쓴 편지(1801년 3월 12일), printed in Henry Adams, The Life of Albert Gallatin (Philadelphia: Lippincott, 1879), 275.

3. 한나와 아이들이 워싱턴으로 와서 온 가족이 합쳤다. 그 뒤에 이 가족은 조지타운에서 잠깐 살다가 대통령 관저 인근의 한 집으로 이사를 했고, 그리고 다시 캐피톨힐로 이사를 했다. 그곳이 건강에는 더 좋다고 한나가 믿었기 때문이다. 참조, Mannix, "Albert Gallatin in Washington, 1801-1813," 69.

4. Ibid.

5. 공화당 창당 및 유지에 대해서는 비록 오래전에 출간되긴 했지만 여전히 유용한 다음 저서들을 참조, Noble E. Cunningham Jr.: The Jeffersonian Republicans: The Formation of Party Organization, 1789-1801 (Chapel Hill: University of North Carolina Press, 1957); The Jeffersonian Republicans in Power: Party Operations, 1801-1809 (Chapel Hill: University of North Carolina Press, 1963).

6. Adams, Life of Gallatin, 279; 제퍼슨이 갤러틴에게 쓴 편지(1807년 1월 13일), The Writings of Albert Gallatin (Philadelphia: Lippincott, 1879), ed. Henry Adams, vol. 1, 328. 애덤스와 제퍼슨이 각각 임명한 사람들의 사회적·교육적 위상은 다음에 통계적으로 분석되어 있다. Sidney H. Aronson, Status and Kinship in the Higher Civil Service: Standards of Selection in the Adams, Jefferson, and Jackson Administrations (Cambridge, MA: Harvard University Press, 1964).

7. Carl E. Prince, "The Passing of the Aristocracy: Jefferson's Removal of the Federalists, 1801-1805," Journal of American History 57 (Dec. 1970), 563-575; Markus Claudius Cachia-Riedl, "Albert Gallatin and the Politics of the New Nation" (Ph.D. diss., University of California, Berkeley, 1998), 159-192. 아울러 참조, Noble E. Cunningham, The Process of Government under Jefferson (Princeton, NJ: Princeton University Press, 1978); and the still useful Leonard D. White, The Jeffersonians: A Study in Administrative History, 1801-1829 (New York: Macmillan, 1951). 갤러틴의 보다 실용적인 차원의 접근과 대비되는 제퍼슨의 당파적인 관점에 따

른 공무원 임명은 다음 저서의 주제인데, Jay C. Heinlein, "Albert Gallatin: A Pioneer in Public Administration," William and Mary Quarterly 7 (1950), 64~94, 이 저서는 갤러틴이 내세웠던 주장을 강력하게 지지한다.

8. 바돌레에 대해서는 다음을 참조, The Correspondence of John [Jean] Badollet and Albert Gallatin, 1804-1836, ed. Gayle Thornbrough (Indianapolis: Indiana Historical Society Publications, 1963). 372쪽 분량의 이 저서가 담고 있는 내용의 약 90퍼센트는 바돌레가 갤러틴에게 보낸 편지 및 그 밖의 문서들이다. 바돌레가 빈세네스에서 받았던 연봉 500달러는 21세기 초를 기준으로 하면 약 7200달러이다. 그러나 이 수치는 적절한 비교 대상이 되지 못한다. 비슷한 직책의 미국 연방 공무원은 현재 적어도 10만 달러를 받는다.

9. 보다 철저한 논의를 원한다면 다음을 참조, Herbert Sloan, Principle and Interest: Thomas Jefferson and the Problem of Debt (New York: Oxford University Press, 1995). 제퍼슨은 이 책들을 1815년에 의회도서관에 2만 3950달러에 팔았다. 21세기 초를 기준으로 하면 28만 5000달러쯤 되는 금액이다. 참조, www.loc.gov/exhibits/jefferson/jefflib (accessed 4/27/11). 제퍼슨이 만성적으로 빚에 시달린 것은 기본적으로 자기 잘못이다. 하지만 정확하게 말하면 전적으로 그의 잘못만은 아니다. 왜냐하면 장인의 부채까지 상속받았기 때문이다. 1826년 사망할 때도 제퍼슨은 상당한 금액의 빚을 지고 있었는데, 이 빚을 갚기 위해서는 소유하고 있던 노예 대부분을 팔아야 했고 또 1815년부터 새로 모으기 시작했던 대규모 장서들까지도 팔아야 했다.

10. 그 상원의원은 뉴햄프셔의 윌리엄 플러머(William Plumer)였다. 인용은 다음에서, Richard Mannix, "Albert Gallatin in Washington," 76.

11. 제퍼슨주의자들이 1811년에 미합중국은행의 재허가를 거부함으로써 이 은행을 망가뜨렸다는 주장이 있을 수 있지만, 그들은 1816년에 제2미합중국은행을 설립했다.

해밀턴에 대한 제퍼슨과 갤러틴 사이의 의견 교환은 다음에 상세하게 설명되어 있다. Ron Chernow, Alexander Hamilton (New York: Penguin, 2004), 647. 그런데 이 자료는 공식적인 문서가 아니라 해밀턴의 아들인 제임스 해밀턴이 쓴 해밀턴의 전기에 들어 있는, 갤러틴이 했다고 하는 코멘트이다. 그러므로 이 자료는 확실한 신빙성을 보장하지는 않는다. 그러나 비록 갤러틴이 해밀턴의 프로그램에 동의하지 않고 자주 비판을 했음에도 불구하고, 해밀턴이 정직하지 않다고 바라보지는 않았던 것은 분명하다. 아울러, 갤러틴이 자기가 제퍼슨과 나누었던 의견 교환의 서신들을 제임스 해밀턴에게 건네준 것은 1830년대인데, 이때 갤러틴은 이미 70대였으므로 굳이 해밀턴에 대해서 공정하지 않은 발언을 할 이유도 없었다. 그러나 존 애덤스와 제퍼슨 그리고 매디슨은 70대의 나이에도 갤러틴이 보였던 너그러움을 해밀턴에게 보이지 않았다.

12. 국가부채를 줄이는 문제를 늘 생각했던 갤러틴은 위스키에 붙이는 세금의 철폐를 늦추고 싶었지만, 의회는 그 세금을 신속하게 없애고자 했던 제퍼슨의 의견을 따랐고, 위스키세는 1802년에 철폐되었다. 전체적으로 볼 때, 갤러틴은 대통령이나 의회에 비해서 내국세 철폐에 소극적이었다.

13. Raymond E. Walters Jr., Albert Gallatin: Jeffersonian Financier and Diplomat (New York: Macmillan, 1957), 149.

14. 당시의 연도별 연방정부 부채 규모 추이에 대해서는 참조, www.treasurydirect.gov/govt/reports/pd/histdebt/histdebt.htm (accessed 1/2/11).

15. 1776년에 독립선언문 작성을 위임받은 위원회와 의회가 제퍼슨의 초안에서 과격한 내용이 들

어 있는 적지 않은 문단을 보다 온건하게 수정했는데, 이 일로 제퍼슨은 무척 화가 났다. 당시 조지아와 사우스캐롤라이나의 대표단들의 주장에 따라서, 노예제도와 관련해서 영국의 조지 3세를 비난하는 것처럼 보이던 길고 도발적이며 설득력이 없는 문단은 아예 삭제되었다.

16. 보편적인 공공복지 조항을 삭제하자는 제퍼슨의 헌법 수정 제안은 1806년의 그의 연두교서에서 나왔다. 참조, Writings of Albert Gallatin, ed. Adams, vol. 1, 320.

17. Ibid., vol. 1, 63, 64. 한편, 1802년 제퍼슨의 연두교서 초고에 대해서 갤러틴이 했던 코멘트들의 전문은 이 책의 63-66쪽에 실려 있다.

18. 미국이 가지고 있는 독특한 성격에 대한 이 확신은 갤러틴의 저술 전반 및 재무부장관으로서 그가 했던 행동에서 분명하게 드러난다. 1802년부터 1804년의 경우에 갤러틴이 추정했던 연방 예산 지출과 의회가 승인한 지출 규모 그리고 실제로 집행된 지출 규모를 수치로 비교한 자세한 사항에 대해서는 참조, Cachia-Riedl, "Albert Gallatin and the Politics of the New Nation," 217-225. 1802년을 제외하고(그해는 영국과 프랑스가 화평 관계를 유지한 덕분에 미국 상선이 해상에서 나포될 위험이 거의 없었다) 거의 매해 육군 및 해군 관련 예산 지출은 갤러틴의 추정치를 초과했다. 1804년에 해군은 갤러틴이 필요하다고 예상했던 예산의 거의 두 배를 썼다.

19. 갤러틴이 제퍼슨에게 쓴 편지(1801년 11월 16일), printed in Adams, Life of Gallatin, 270-271.

20. Ian W. Toll, Six Frigates: The Epic History of the Founding of the U.S. Navy (New York: Norton, 2006); 해밀턴이 조너선 데이턴에게 쓴 편지(날짜 없음, 1799년 10월로 추정), The Papers of Alexander Hamilton(이하 Hamilton Papers로 표기), ed. Harold Syrett et al. (New York: Columbia University Press, 1961-1978), vol. 23, 599-604.

21. Toll, Six Frigates. 전쟁부장관 헨리 녹스의 제안으로 그 프리깃함은 뉴햄프셔에서 버지니아에 이르는 여러 곳의 조선소에서 건조되었다. 연방주의자들의 이 결정은 6개 주의 6개 항구의 경제를 살리는 데 도움이 되었는데, 이 결정에 군사적인 의도뿐만 아니라 경제적인 의도가 있었음은 명백하다. 독립전쟁 기간 동안에 존 폴 존스(John Paul Jones)가 올린 승전보들은 프랑스에서 건조된 본홈 리처드호와 같은 전함들 덕분에 가능했었다. 프랑스와의 갈등에 대해서 가장 철저한 자료를 확보한 책들 가운데 하나로는 다음이 있다, Alexander DeConde, The Quasi-War: Politics and Diplomacy in the Undeclared War with France, 1797-1801 (New York: Scribner, 1966).

22. Alexander S. Balinky, "Albert Gallatin, Naval Foe," Pennsylvania Magazine of History and Biography 82 (1958), 293-304.

23. 제퍼슨은 임기 내내 지속적인 반대에도 불구하고 값이 싼 포함(砲艦)을 선호했다. 1807년에 제퍼슨은 포함 200척을 건조할 것을 주장하는 편지를 갤러틴에게 썼다. 그런데 이 포함들은 거의 쓸모가 없었다. 여기에 대해서 헨리 애덤스(Henry Adams)는 나중에 다음과 같이 썼다. "제퍼슨 씨는 위대한 사람이었다. 그리고 다른 위대한 사람들처럼 그는 때로 엄청난 실수를 저지르기도 했다. 하지만 이 편지에 담긴 내용보다 더 말도 안 되는 내용을 그가 평생 동안 쓴 적이 있을지는 의심스럽다." Adams, Life of Gallatin, 353.

24. Frank Lambert, The Barbary Wars: American Independence in the Atlantic World (New York: Hill and Wang, 2005). 이 책은 1783년부터 매디슨 정부까지 미국이 바르바리제국과 맺었던 관계를 역사적으로 다룬다.

25. 1780년대에 제퍼슨이 파리 주재 공사로 가 있을 때 그는, 당시 영국에 공사로 가 있던 존 애덤스가 그랬던 것처럼, 바르바리 제국을 상대로 합리적인 관계를 맺으려고 노력했다. 하지만 애덤스도 그랬지만 제퍼슨 역시 실패를 했다. 최초의 미국 태생 영웅은 존 폴 존스(John Paul Jones)가 아니라 디케이터였다. 독립전쟁 당시 유명한 사령관이었던 존 폴 존스는 스코틀랜드에서 태어났으며 미국 해군에서뿐만 아니라 나중에 러시아 해군에서도 복무했던 모험가였다. 바르바리전쟁 및 이 전쟁이 미국 문화에 끼친 영향에 대해서는 참조, Robert Allison, The Crescent Obscured: The United States and the Muslim World, 1776-1815: The Legacy of the Barbary Wars (New York: Oxford University Press, 1995).

26. 재수출 물량은 미국에서 선적되어 나가는 전체 물량 가운데서 상당한 양을 차지했다. 이런 재수출은 애초에 생산지에서 미국 상선에 직접 선적할 때 가해지던 상업적 규제를 회피할 목적으로 시작되었다. 이 재수출 상품들은 미국에서 하역되고 수입관세를 문 다음에 다시 선적되어 해외로 나간다. 이런 재수출에는 미국인 선원 수천 명이 종사했으며, 또한 이 재수출 덕분에 엄청나게 많은 돈이 미국 경제로 유입되었다. 그러나 이것은 그만큼 연방정부 세수에 많이 기여하지는 않았다. 재수출 상품이 처음 미국 항구에 하역될 때 거두었던 수입관세의 환급분 때문이었다. 1806년에 갤러틴은 전체 연방정부의 전체 세수 1150만 달러 가운데 해운업 부문은 30만 달러밖에 되지 않는다고 의회에 보고했다.

27. Ibid., 217-225; Writings of Gallatin, ed. Adams, vol. 1, 64.

28. 아이티를 탄생시킨 그 혁명은 매우 복잡하게 진행되었다. 영국군과 스페인군이 아이티 독립군을 도와서 프랑스군과 맞섰다. 그리고 당시 아이티에서는 자유로운 신분의 흑인도 다수 있었지만 많은 인구가 노예였다. 혁명은 1791년에 본격적으로 시작되었고 1804년에야 공식적으로 막을 내렸다. 1802년에 독립군 지도자이던 투생 루베르튀르는 화평조약을 맺었던 프랑스 원정군에 속아서 안전을 보장받고 나폴레옹 치하의 프랑스로 갔지만 결국 처형되고 말았다. 프랑스는 아이티에 노예제도를 복원하려고 시도했지만 다시 한 번 더 패배했고 아이티에서 영원히 축출되었다. 아이티의 독립을 다룬 저작들은 많이 있지만 이 가운데서 가장 탁월한 분석을 제시하는 책은 다음이다. Laurent Dubois, Avengers of the New World: The Story of the Haitian Revolution (Cambridge, M A: Harvard University Press, 2004). 나폴레옹전쟁은 아미앵 화약으로 1802년 3월부터 그해 5월까지 짧은 휴지기를 가졌다. 그러나 이 기간 동안에 프랑스와 영국 어느 쪽도 군대를 대규모로 축소하지는 않았다. 오히려 나폴레옹은 미친 듯이 전함들을 건조했으며 해협을 건너 영국을 침공할 목적으로 대규모 군대를 동원하기 시작했다.

29. 예를 들어서 스페인은 1784년에 미시시피 강에 운항 금지 조치를 내렸고 (이 조치는 서부에 살던 미국인에게는 심각한 타격이었다), 그러다가 토머스 핑크니가 1796년에 협상을 성공적으로 마무리함으로써 샌 로렌조 조약이 체결되자 운항 금지 조치를 폐지했다. 하지만 이것도 3년 동안뿐이었다. 제퍼슨이 대통령에 취임하기 전에 스페인은 신탁권을 확대한 것이다. 하지만 비공식적으로만 그렇게 했다. 그런데 스페인이 1800년에 루이지애나에 대한 권리를 프랑스에 양도하면서 문제가 발생했다.

30. 루이지애나 매입을 다룬 책은 많지만 특히 다음 3권을 추천한다. Alexander DeConde, This Affair of Louisiana (New York: Scribner, 1976); Jon Kukla, A Wilderness So Immense: The Louisiana Purchase and the Destiny of America (New York: Knopf, 2003); Peter J. Kastor, The

Nation's Crucible: The Louisiana Purchase and the Creation of America (New Haven, CT: Yale University Press, 2004).

31. 먼로와 리빙스턴 두 사람 다 정치 거물이었다. 먼로는 독립전쟁에 참가했으며, 버지니아 주지사와 하원의원을 역임했으며, 제퍼슨의 측근이었다. 뉴욕의 정치 명문가의 자손이던 리빙스턴은 독립선언문 초안을 작성한 대륙회의 5인위원회 위원이었다. (이 위원회의 다른 네 사람은 벤저민 프랭클린, 존 애덤스, 존 셔먼 그리고 대부분의 작업을 도맡아서 했던 제퍼슨이었다.) 리빙스턴은 또 뉴욕의 수석판사로 복무했으며, 조지 워싱턴이 1789년에 미국의 초대 대통령이 되는 데 크게 기여했다.

32. 참조, DeConde, This Affair of Louisiana; Kukla, A Wilderness So Immense; and Kastor, The Nation's Crucible. 아울러 참조, Irving Brant, James Madison: Secretary of State, 1800–1809 (Indianapolis: Bobbs-Merrill, 1953), 132–134; Ralph Ketcham, James Madison (New York: Macmillan, 1971), 417–422.

33. 해밀턴이 '페리클레스(Pericles)'라는 필명으로, New York Evening Post, Feb. 8, 1803, Hamilton Papers, vol. 26, 82–85, 129–131. 대부분의 연방주의자들이 루이지애나 매입을 반대한 이유는 동부의 권한이 서부로 이식될 수도 있고 또 노예제도가 서부로 확산될 수 있다고 우려했으며, 그리고 만일 연방주의자들이 계속해서 권력을 잡고 있었을 경우 제퍼슨주의자들은 헌법을 들이대면서 그런 거래에 맞서 싸웠을 것이라고 확신했기 때문이다.

34. 1803년의 서명 때 했던 리빙스턴의 논평은 배턴루지에 있는 루이지애나 주의회 의사당 입구에 마련된 돌에 새겨져 있다.

35. 갤러틴이 제퍼슨에게 쓴 편지(1803년 1월 13일), printed in Adams, Life of Gallatin, 320–321. 아울러 참조, Writings of Albert Gallatin, ed. Adams, vol. 1, 111–114; 갤러틴이 제퍼슨에게 쓴 편지(1803년 9월 5일), 이 편지에서 갤러틴은 스페인에게 권리 주장을 하기 전에 뉴올리언스를 즉각적으로 취할 것을 촉구한다. ibid., 153–154.

36. 몇몇 자료는 증권 형태의 1150만 달러를 이야기하지만 약 2350만 달러였다. 이것은 어떤 사람이 시가 50만 달러의 집을 사면서 5만 달러만 현금을 내고 나머지 45만 달러에 대해서는 15년에 걸쳐서 6퍼센트 이자율의 모기지로 갚아나가는 것이나 마찬가지이다. 이자를 갚아야 하기 때문에 전체 현금 지출 합계는 애초의 주택 가격보다 훨씬 많다.

37. 1806년에 해가 갈수록 더욱 괴짜의 모습을 보였던 뛰어난 인물 존 랜돌프가 제퍼슨과 영원히 결별했다. 어떤 쟁점에 관해서든 돌발적이라 언제나 예측이 불가능했던 그의 특성 때문에 제퍼슨 정부에서뿐만 아니라 그의 후임인 제임스 매디슨과 제임스 먼로의 정부에서도 그는 언제나 골칫덩이였다.

38. 예를 들어서 다음을 참조, 갤러틴이 제퍼슨에게 쓴 편지(1803년 4월 13일), Writings of Gallatin, ed. Adams, vol. 1, 120–122.

39. 루이스와 클라크의 탐험을 다룬 책은 많이 있지만 가장 일반적인 책은 다음이다. James P. Ronda, Finding the West: Explorations with Lewis and Clark (Albuquerque: University of New Mexico Press, 2001). 아울러, 다음 책은 연대기와 논평이 풍부한 대작이다. Stephen Dow Beckham et al., The Literature of the Lewis and Clark Expedition: A Bibliography and Essays (Portland, OR: Lewis and Clark College, 2003).

CHAPTER 21 서부 개발

1. 이 문단과 다음 세 문단은 다음 책을 토대로 한 것이다. Thomas K. McCraw, "American Capitalism," McCraw, ed., Creating Modern Capitalism (Cambridge, MA: Harvard University Press, 1997), 303-304.

2. Paul W. Gates, History of Public Land Law Development (Washington, DC: Public Land Law Review Commissions, 1968); Malcolm Rohrbough, The Land Office Business: The Settlement and Administration of American Public Lands (New York: Oxford University Press, 1968); Rohrbough, Trans-Appalachian Frontier: People, Societies, and Institutions, 1775-850, 3rd ed. (New York: Oxford University Press, 2008; orig. pub. 1978).

3. McCraw, "American Capitalism," 306.

4. Ibid. 아울러 참조, Gavin Wright, "The Origins of American Industrial Success, 1879-1940," American Economic Review 80 (1990), 651-688.

5. 미국 대중자본주의의 기원은 학자들 사이에서도 의견이 갈리는 쟁점이다. 이것과 관련된 논의가 어떻게 전개되어 왔는지 살펴볼 수 있는 좋은 자료 두 가지는 다음이다. Winifred Barr Rothenberg, From Market-Places to a Market Economy: The Transformation of Rural Massachusetts, 1750-1850 (Chicago: University of Chicago Press, 1992); Joyce Appleby, Inheriting the Revolution: The First Generation of Americans (Cambridge, MA: Harvard University Press, 2000). 아울러 참조, Allan Kulikoff, The Agrarian Origins of American Capitalism (Charlottesville: University Press of Virginia, 1992); Christopher Clark, The Roots of Rural Capitalism: Western Massachusetts, 1780-1860 (Ithaca, NY: Cornell University Press, 1990); Gordon S. Wood, "Inventing American Capitalism," New York Review of Books, June 9, 1994, 44-48.

6. Hamilton, Report on the Subject of Manufactures, Dec. 5, 1791, The Papers of Alexander Hamilton(이하 Hamilton Papers로 표기), ed. Harold Syrett et al. (New York: Columbia University Press, 1961-1978), vol. 10, 233. 일반적인 것으로는 참조, John J. McCusker and Russell R. Menard, The Economy of British America, 1607-1789 (Chapel Hill: University of North Carolina Press, 1985); Curtis P. Nettels, The Emergence of a National Economy, 1775-1815 (New York: Holt, Rinehart and Winston, 1962); Douglass C. North, American Economic Growth, 1790-1860 (Englewood Cliffs, NJ: Prentice-Hall, 1960); Farley Grubb, "U.S. Land Policy: Founding Choices and Outcomes, 1780-1802," Douglas A. Irwin and Richard Sylla, eds., Founding Choices: American Economic Policy in the 1790s (Chicago: University of Chicago Press, 2011), 259-290.

7. Hamilton Papers, vol. 10, 233; Allen G. Bogue, "Land Policies and Sales," Glenn Porter, ed., Encyclopedia of American Economic History (New York: Scribner's, 1980), 588-89; Stanley Lebergott, "The Demand for Land: The United States, 1820-1860," Journal of Economic History 45 (1985), 181-212.

8. 홈스테드법 아래에서 정부는 정착 농민에게 토지를 팔지 않고, 적어도 5년 동안 그곳에 살면

서 개발한다는 조건으로 160에이커의 토지를 무상으로 제공했다. 20세기에 들어와서는 320에이커의 토지를 농업용지로 제공한다거나(1909년) 640에이커의 토지를 방목용지로 제공한다거나(1916년) 하는 식으로 관련 법률이 새로 생겼다.

    토지 및 투기에 대한 최고의 참고 자료는 Rohrbough의 The Land Office Business이다. 2개 주(州)에서 진행되었던 초기 투자에 대해서는 다음을 참조, Stephen Aron, How the West Was Lost: The Transformation of Kentucky, from Daniel Boone to Henry Clay (Baltimore: Johns Hopkins University Press, 1996); 그리고 뉴욕에 대해서는 다음을 참조, Alan Taylor, William Cooper's Town: Power and Persuasion on the Frontier of the Early American Republic (New York: Knopf, 1995).

    9. 이와 관련해서 표준적인 설명을 제공하는 책은 역시 Rohrbough의 The Land Office Business이다. 아울러 참조, Markus Claudius Cachia-Riedl, "Albert Gallatin and the Politics of the New Nation," (Ph.D. diss., University of California, Berkeley, 1998), 246.

    10. 다음 책은 토지를 두고 벌어진 분쟁, 때로는 식민지 시대까지 거슬러 올라가는 분쟁을 조정하는 데 연방사법제도가 얼마나 탁월한지 보여준다. Mary K. Bonsteel Tachau, The Federal Courts in the Early Republic: Kentucky, 1789-1816 (Princeton, NJ: Princeton University Press, 1978).

    11. Cachia-Riedl, "Albert Gallatin and the Politics of the New Nation," 247-248, 그리고 7장; Selected Writings of Albert Gallatin, ed. E. James Ferguson (Indianapolis: Bobbs-Merrill, 1967), 222-224. 1820년에 가격은 에이커당 1.25달러까지 그리고 매입 단위는 80에이커까지 내려갔다. 그리고 대금 결제의 신용 지급 방식은 중단되었다. 오하이오에서의 정착에 대해서는 다음을 참조, Andrew R. L. Cayton, The Frontier Republic: Ideology and Politics in the Ohio Country, 1780-1825 (Kent, OH: Kent State University Press, 1986).

    12. Cachia-Riedl, "Albert Gallatin and the Politics of the New Nation," 268-269. 갤러틴이 토지를 소유했던 점은 윤리적으로 전혀 문제가 되지 않았다. 언제나 그랬듯이 그는 빈틈을 찾아볼 수 없을 정도로 정직했으며, 또 공직에 있을 때는 토지 거래를 일절 하지 않았다.

    13. 루이지애나 매입이 있었던 1804년 외에 오하이오가 미국의 주로 편입되었던 1803년에도 갤러틴은 재무부장관이었다. 또 미시간 영토가 인디애나 영토에서 분리되던 1805년에도, 그리고 또 일리노이 영토가 인디애나 영토에서 분리되던 1809년에도 마찬가지였다. 그리고 이 지역들에서 다음 20년 동안 계속해서 새로운 주가 나타났다.

    14. Rozann Rothmann, "Political Method in the Federal System: Albert Gallatin's Contribution," Publius 1 (1972), 123-141.

    15. 1788년부터 1850년까지의 국내 개발을 위한 개발 전반에 대해서는 다음을 참조, John Lauritz Larson, Internal Improvement: National Public Works and the Promise of Popular Government in the Early United States (Chapel Hill: University of North Carolina Press, 2000).

    16. 제퍼슨의 말은 다음에 인용되어 있다. Selected Writings of Albert Gallatin, ed. Ferguson, 228. 그리고 이 직후에 이어지는 12쪽 분량에는 이 주제에 대한 갤러틴의 견해가 수록되어 있다.

    17. Gallatin, Report on Roads and Canals, April 6, 1808, 다음에 발췌되어 있다. Selected Writings of Albert Gallatin, ed. Ferguson, 228-240. 갤러틴의 친구이던 토머스 워딩턴Thomas

Worthington은 갤러틴이 이 보고서를 준비하도록 하는 데 유효한 역할을 했다. 참조, Leonard D. White, The Jeffersonians: A Study in Administrative History, 1801-1829 (New York: Macmillan, 1951), 476. 이 보고서에 담긴 갤러틴의 제안을 특히 훌륭하게 분석한 저작으로는 다음을 들 수 있다. Michael Lacey, "Federalism and National Planning: The Nineteenth-Century Legacy," Robert Fishman, ed., The American Planning Tradition: Culture and Legacy (Washington, DC: Woodrow Wilson Center Press, 2000).

18. Gallatin, Report on Roads and Canals, Selected Writings of Albert Gallatin, ed. Ferguson, 235, 237-238.

19. Ibid., 233-235 및 그 뒤. 아울러 참조, Henry Adams, The Life of Albert Gallatin (Philadelphia: Lippincott, 1879), 350-352. 이 책은 국내 개발을 통한 개발에 대한 갤러틴의 구상을 강조한다.

20. Gallatin, Report on Roads and Canals, 229-234.

21. 게다가, 실제로 소요될 비용은 갤러틴이 추정했던 비용을 훨씬 초과했다. 연방정부가 건설비를 댄 메인-조지아 에고속도로도 그가 처음 추정했던 것보다 훨씬 더 많은 비용이 들었을 것이다. 그런 도로(예컨대 미국 1번 고속도로)는 20세기 들어서야 비로소 나타났다. 또 온타리오 호로 이어지는 운하 그리고 다시 이리 호로 이어지는 운하 건설의 추정 비용 320만 달러도 1820년대에 건설된 이리 호 운하 건설 비용 약 700만 달러와 비교할 수도 있다. 1816년의 입법에 대해서는 다음을 참조, White, The Jeffersonians: A Study in Administrative History, 1801-1829, 480-481.

22. Carter Goodrich, "The Gallatin Plan after One Hundred and Fifty Years," Proceedings of the American Philosophical Society 102 (Oct. 20, 1958), 435-441.

23. 갤러틴이 제퍼슨에게 쓴 편지(1808년 7월 27일), The Writings of Albert Gallatin, ed. Henry Adams (Philadelphia: Lippincott, 1879), vol. 1, 395. 아울러 참조, White, The Jeffersonians: A Study in Administrative History, 1801-1829, 484-486.

24. 국내 노예시장에 대해서는 다음을 참조, Michael Tadman, Speculators and Slaves: Masters, Traders, and Slaves in the Old South (Madison: University of Wisconsin Press, 1989); Ira Berlin, Generations of Captivity: A History of African-American Slaves (Cambridge, MA: Harvard University Press, 2003); Stephen Deyle, Carry Me Back: The Domestic Slave Trade in American Life (New York: Oxford University Press, 2005); Adam Rothman, Slave Country: American Expansion and the Origins of the Deep South (Cambridge, MA: Harvard University Press, 2005). 맨 마지막 책은 앨라배마, 미시시피 그리고 루이지애나 세 주에 초점을 맞춘다.

25. 가장 풍부한 내용을 담고 있는 참조 문헌은 다음이다. William Waller Henning, The Statutes at Large: Being a Collection of All the Laws of Virginia, from the First Session of the Legislature in the Year 1619 (New York: R. & W . & G. Bartow, 1823). 그리고 가장 손쉽고 신뢰성이 높은 요약글인 "Virginia Slave Law Summary and Record"는 다음 웹페이지에서 접속할 수 있다. www.slaveryinamerica.org/geography/slave_laws_VA.htm (accessed 10/24/11).

26. 매디슨의 생각에 대해서는 다음을 참조, Drew McCoy, The Last of the Fathers: James Madison and the Republican Legacy (New York: Cambridge University Press, 1989). 이 책은 매디슨이 대통령직에서 물러난 뒤인 1817년부터 1836년 시기에 초점을 맞춘다. 또한 이 책은 노예제도

라는 쟁점에 매디슨이 얼마나 점점 더 옭아매이는지 생생하게 알 수 있도록 세밀하게 묘사한다. 또한 본인이 1798년에 쓴 버지니아 결의안에서 연방정부의 법률을 주정부의 법률이 무효화할 수 있다고 주장했음에도 불구하고 1820년대와 1830년대에 이런 주장을 하는 사람들을 상대로 매디슨이 어떻게 싸웠는지도 상세하게 설명한다.

제퍼슨을 다룬 책은 많지만 그 가운데서도 말년에 그가 노예제도에 대해서 가지고 있었던 생각을 무엇보다 간명하게 가장 잘 포착한 책은 다음이다. Joseph J. Ellis, American Sphinx: The Character of Thomas Jefferson (New York: Knopf, 1997). 제퍼슨은 샐리 헤밍스가 낳은 여섯 아이의 아버지가 아니라는 엘리스의(그리고 또 다른 많은 저자들의) 확신은 나중에 제시된 DNA 증거로 뒤집어졌다. 참조, Daniel P. Jordan, ed., "Report of the Research Committee on Thomas Jefferson and Sally Hemings," Thomas Jefferson Foundation, 2000. 다음 웹페이지에서 접속 가능, www.monticello.org/sites/default/files/inline-pdfs/jefferson-hemings_report.pdf (accessed 10/26/11).

제퍼슨은 샐리의 두 오빠를 노예 신분에서 해방시켰다. 헤밍스의 여섯 아이 가운데 둘은 갓난아기 때 사망했는데, 제퍼슨은 나머지 넷 가운데 둘이 성인이 되었을 때 농장을 떠나도록 허락했으며, 또 다른 두 명에게는 유언을 통해서 노예 신분에서 벗어나게 했다. 제퍼슨이 죽은 뒤에는 그의 딸이 헤밍스가 자유인의 신분으로 샬로츠빌에서 살 수 있게 했다. 그리고 몬티첼로에 있던 나머지 130명의 노예는 제퍼슨이 죽은 지 6달 뒤인 1827년 1월에 경매를 통해서 모두 팔려나갔다. 제퍼슨과 노예제도를 다룬 많은 책 가운데서 가장 철저하고 상상력이 풍부한 책은 다음이다. Annette Gordon Reade, The Hemingses of Monticello: An American Family (New York: Norton, 2008).

27. 갤러틴이 윌리엄 헨리 해리슨에게 쓴 편지(1809년 9월 27일), The Correspondence of John [Jean] Badollet and Albert Gallatin, 1804-1836, ed. Gayle Thornbrough (Indianapolis: Indiana Historical Society Publications, no. 22, 1963), 113. 이 편지는 바돌레가 당시에 인디애나 영토의 주지사이던 해리슨과, 정착민들이 서부로 노예제도를 끌고 들어오려고 시도하는 상황을 둘러싸고 불화 관계에 있음을 보여준다. 노예제도의 옹호자이던 해리슨은 갤러틴에게 편지를 써서 바돌레가 자기를 공격한 것을 불평했었다. 노예제도라는 쟁점이 가지고 있던 정치적인 중요성에 대해서는 다음을 참조, Matthew Mason, Slavery and Politics in the Early American Republic (Chapel Hill: University of North Carolina Press, 2006).

28. Gallatin, Report on Manufactures, April 19, 1810. 인용 부분은 262에.

29. Ibid., 262.

30. 법인법과 관련된 법률 문건은 어마어마하게 많은 데 비해서 미국에서 기업 형태의 역사에 대한 문건은 많지 않다. 우선 시작하기에 좋은 세 가지 참조 문헌은 다음과 같다, Robert E. Wright, "Rise of the Corporate Nation," Irwin and Sylla, eds., Founding Choices, 217-258; Andrew M. Schocket, Founding Corporate Power in Early National Philadelphia (Dekalb: Northern Illinois University Press, 2007); Ronald E. Seavoy, The Origins of the American Business Corporation, 1784-1855 (Westport, CT: Greenwood Press, 1982).

31. 다음 글은 대략 1809년 무렵이 되면 공화당원들이 연방당원들에 비해서 제조업에 대해서 열의를 더 많이 보인다는 흥미로운 주장을 한다. Lawrence A. Peskin, "How the Republicans Learned to Love Manufacturing: The First Parties and the 'New Economy,'" Journal of the Early

Republic 22 (2002), 235-262. 그런데 특이하게도 저자는 갤러틴의 1810년 〈제조업에 관한 보고서〉에 대해서는 한마디도 언급하지 않는데, 아마도 자기가 강조하고자 하는 내용이 연방정부의 잠재적인 지원이 아니라 민간 부문 및 주정부 차원의 주도성이기 때문이 아니었을까 싶다. 다음 글은 갤러틴의 〈제조업에 관한 보고서〉를 간략하게 언급하면서 흥미롭게도 이 보고서의 내용에 대해서는 구체적인 내용은 전혀 제시하지 않는다, Andrew Shankman, in "'A New Thing on Earth': Alexander Hamilton, Pro-Manufacturing Republicans, and the Democratization of American Political Economy," Journal of the Early Republic 23 (2003), 342. 이 저자의 취지는 공화당원들 특히 중부 대서양 연안 여러 주들의 공화당원들은 제조업 부문에서 아래로부터의 민주화가 이루어질 수 있도록 보호관세를 원했는데, 이런 모습은 해밀턴의 하향식 설계 방향과 대비된다는 내용이다. 전혀 터무니없는 가설은 아니다. 그러나 저자는 갤러틴의 제안이 여기에 어떻게 들어맞는지는 살피지 않았다.

32. 다음 책은 제퍼슨의 정책들이 군대의 지향을 덜 연방주의적이며 보다 능력 위주로 만들고자 했던 목적을 가지고 있었던 것으로 묘사한다. Theodore J. Crackel, Mr. Jefferson's Army: Political and Social Reform of the Military Establishment (New York: New York University Press, 1987). 다음 책은 제퍼슨이 미국이 영원한 평화를 누리는 국가로 남기를 간절하게 바랐던 1802년에 그가 군사학교를 설립하면서 가졌던 목적을 설명하는 에세이들로 구성되어 있다. Robert McDonald, ed., Thomas Jefferson's Military Academy: Founding West Point (Charlottesville: University of Virginia Press, 2004). 그런데 그보다 3년 전인 1799년에 해밀턴이 군사학교의 설립을 제안했었다. 웨스트포인트는 초기에 그다지 잘 조직화되어 있지 않았다. 그러나 1812년 전쟁 동안에 확대재편되었으며, 1817년에 미육군사관학교의 아버지로 존경을 받아오고 있는 실바너스 테이여(Colonel Sylvanus Thayer)가 교장으로 부임하면서부터 현대화되었다. 웨스트포인트는 창설된 뒤 한 세대가 다 지나가기 전에 미국의 군사학교로 튼튼하게 자리를 잡았다.

33. 해밀턴이 제임스 두에인에게 쓴 편지(1780년 9월 3일), Hamilton Papers, vol. 2, 406.

34. 행정가로서의 갤러틴에 대해서는 다음을 참조, Jay C. Heinlein, "Albert Gallatin: A Pioneer in Public Administration," William and Mary Quarterly 7 (1950), 64-94; White, The Jeffersonians: A Study in Administrative History, 1801-1829, chs. 10, 11, 23. 인용 부분은 제퍼슨이 갤러틴에게 쓴 편지(1801년 9월 18일), Writings of Gallatin, ed. Adams, vol. 1, 303. 제퍼슨의 전기를 쓴 사람들은 거의 대부분 그가 자주 워싱턴디시를 비웠던 점을 지적한다. 그의 전임자인 존 애덤스는 누구보다도 수도를 많이 비웠다. 이와 관련해서 제퍼슨은 갤러틴에게 쓴 편지에서 '워싱턴 장군은 여름 2달이라는 전례를 남겼지만, 애덤스 씨는 이 2달을 8달로 늘렸습니다'라고 썼다.(ibid.) 물론 과장이긴 했지만 지나치게 크게 부풀린 것도 아니었다.

35. Richard Mannix, "Albert Gallatin in Washington, 1801-1813," Records of the Columbia Historical Society (Washington, DC: 1971-1972), Book 48, 74, 79.

CHAPTER 22 **엠바고 조치와 좌절**

1. 몬티첼로를 다룬 책이 많이 있긴 하지만, 특히 전혀 다른 두 부류에 속하는 책이 당시 몬테첼

로에서의 삶이 어떠했을지 잘 보여준다. 하나는 커피 탁자 크기로 온갖 사진이 가득 들어 있는데, 몬티첼로를 연구하는 학자들이 쓴 에세이들을 담고 있다. William L. Beiswanger, Peter J. Hatch, Lucia Standon and Susan R. Stein의Thomas Jefferson's Monticello (Chapel Hill: University of North Carolina Press, 2001). 또 하나는 제퍼슨과 샐리 헤밍스와 그들의 아이들 및 헤밍스의 다른 가족들을 포함해서 몬티첼로에 살던 중요한 노예 가족들 대부분의 삶을 분석하는 책이다. Annette Gordon Reade, The Hemingses of Monticello: An American Family (New York: Norton, 2008).

2. Markus Claudius Cachia-Riedl, "Albert Gallatin and the Politics of the New Nation" (Ph. D. diss., University of California, Berkeley, 1998), 359-360; Anthony Steel, "Anthony Merry and the Anglo-American Dispute about Impressment, 1803-1806," Cambridge Historical Journal 9 (1949), 331. 그 강제징집 쟁점은 불행하게도, 1795년의 제이 조약과 마찬가지로 영국과 미국 사이의 무역 관련 쟁점들을 매듭짓기 위한 먼로-핑크니 조약이 체결된 시점에 끓기 시작했다. 하지만 결국 징집 문제 때문에 이 조약은 틀어지고 말았다.

3. Donald R. Hickey, "The Monroe-Pinkney Treaty of 1806: A Reappraisal," William and Mary Quarterly 44 (1987), 65-68.

4. 매디슨은 미국 배를 탄 지 채 2년이 되지 않아서 아직 미국 시민권을 얻지 못한 영국 국적의 선원들은 미국 상선을 타지 못하도록 할 것을 제안했지만, 갤러틴은 이런 조치가 효과가 없을 것이라고 믿었다. 그리고 얼마 뒤, 징집 문제를 둘러싼 모든 외교적인 조치들은 뒤이어 터진 일련의 사건들 속에 덮여버렸다. Cachia-Riedl, "Albert Gallatin and the Politics of the New Nation," 357-358. 매디슨은 갤러틴의 9000이란 수치는 '그가 추정하는 것처럼 클 수가 없다'고 생각했다. 매디슨이 제퍼슨에게 쓴 편지(1807년 4월 17일), Republic of Letters: The Correspondence between Jefferson and Madison, 1776-1826, ed. James Morton Smith (New York: Norton, 1995), vol. 3, 1467-1468. 갤러틴은 그 수치를 선원 임금에서 공제하던 연방 병원에서 뽑았다. 즉 6만 7000명의 선원이 미국 해양 운송업 부문에 고용되어 있으며, 이 가운데 2만 4000명은 무역 부문에 속하며, 또 2만 4000명 가운데 9000명이 영국 국적을 가지고 있다고 계산했던 것이다. Ibid., vol. 1, 446n23.

당시에 모든 선원들이 다 '유능한 선원'은 결코 아니었다. 많은 사람들은 '육지에서만 살던' 경험이 없는 사람이었다. 예컨대 선원으로서의 경력을 처음 시작한 청년이거나 혹은 범죄 전과가 있는 전과자였던 것이다. 심지어 유죄 판결을 받은 뒤에 징역형을 받는 것과 선원이 되는 것 둘 가운데 하나를 선택해서 선원이 된 사람들도 있었다.

5. 제퍼슨의 말은 다음에 인용되어 있다. Republic of Letters, ed. Smith, vol. 3, 1449. 체사피크호 사건 분석에 대해서는 다음을 참조, Spencer C. Tucker and Frank T. Reuter, Injured Honor: The Chesapeake-Leopard Affair (Annapolis, M D: U.S. Naval Institute Press, 2006); Robert E. Cray, "Remembering the Chesapeake: The Politics of Maritime Death and Impressment," Journal of the Early Republic 25 (2005), 445-474. 이 사건과 관련해서 체사피크호의 선장 제임스 배런(James Barron)은 군사재판에 회부되었고 직권 정지 명령을 받았다. 하지만 배런은 나중에 복직되었다. 그리고 또 그는 1820년에 제1차 바르바리전쟁의 영웅이자 당시 군사재판의 합의부 판사 가운데 한 명이던 스티븐 디케이터와 결투를 했다. 이 결투에서 디케이터는 사망하고 배런은 부상을 입었다.

6. 체사피크호 사건 및 이 사건이 일으킨 파장과 관련해서 제퍼슨과 매디슨이 주고받은 편지들

의 내용은 다음에 요약되어 있다. Republic of Letters, ed. Smith, vol. 3, 1445-1453. 그 편지들의 전문은 그 뒤에 이어진다.

7. 갤러틴이 한나 니콜슨 갤러틴에서 쓴 편지(1807년 7월 10일), 다음에 인용되어 있다. Richard Mannix, "Albert Gallatin in Washington, 1801-1813," Records of the Columbia Historical Society (Washington, DC: 1971-1972), Book 48, 73. 제퍼슨이 윌리엄 캐벌에게 쓴 편지(1808년 3월 13일), 다음에 인용되어 있다. Burton Spivak, Jefferson's English Crisis: Commerce, Embargo, and the Republican Revolution (Charlottesville: University Press of Virginia, 1979), 105.

8. 갤러틴이 제퍼슨에게 쓴 편지(1807년 10월 21일), printed in Henry Adams, ed., The Writings of Albert Gallatin (Philadelphia: Lippincott, 1879), vol. 1, 359; 갤러틴이 제퍼슨에게 쓴 편지(1807년 12월 18일), ibid., 368.

9. 제임스 매디슨이 경제적 압박이라는 방식에 열중한 것은 역사가 오래되었으며, 이런 모습은 그가 대통령이 된 뒤에도 계속 이어졌다. 예를 들어 참조, Donald R. Hickey, "Trade Restrictions during the War of 1812," Journal of American History 68 (1981), 517-538. 다음 자료는 국무부장관이 엠바고를 염두에 두고 있었음을 보여준다. Garry Wills, James Madison (New York: Times Books, 2002), 52-55. 그러나 이 책의 저자는 엠바고와 경제적 압박 사이의 차이점을 놓치고 있는 것 같다. 하지만 스피박의 Jefferson's English Crisis는 이런 차이점을 강력하게 주장한다.

10. Ralph Ketcham, James Madison: A Biography (New York: Macmillan, 1971), 456-466.

11. 갤러틴이 제퍼슨에게 쓴 편지(1807년 12월 18일). 다음에 인용되어 있다. Richard Mannix, "Gallatin, Jefferson, and the Embargo of 1808," Diplomatic History 3 (1979), 153.

12. 갤러틴이 제퍼슨에게 쓴 편지(1808년 7월 29일 그리고 같은 해 8월 9일). 다음에 인용되어 있다. ibid., 167. 매사추세츠에서 경제활동이 감소한 것 및 메인을 통해서 밀수가 상당한 수준으로 증가한 것에 대한 증거는 다음을 참조, J. van Fenstermaker and John E. Filer, "The U.S. Embargo Act of 1807: Its Impact on New England Money, Banking, and Economic Activity," Economic Inquiry 28 (1990), 163-184.

13. 제퍼슨과 갤러틴이 엠바고 조치와 관련된 문제를 놓고 교환했던 많은 편지들이 다음에 소개되어 있다. Henry Adams, The Life of Albert Gallatin (Philadelphia: Lippincott, 1879), 372-453. 또 매닉스(Mannix)의 "Gallatin, Jefferson, and the Embargo of 1808"은 갤러틴이 얼마나 많은 부담을 지고 있었는지 알 수 있는 풍부한 증거를 제공한다. 아울러 참조, Leonard D. White, The Jeffersonians: A Study in Administrative History, 1801-1829 (New York: Macmillan, 1951). 이 책의 11장은 이 중요한 공직자들이 엠바고 시기 때뿐만 아니라 1801년부터 1829년 사이의 전체 기간 동안에 지고 있었던 여러 업무 내용 및 맞닥뜨리고 있던 여러 가지 문제를 잘 묘사한다. 배심원들이 범법자들에게 유죄 평결을 내리기 꺼렸던 점에 대해서는 다음을 참조, Douglas Lamar Jones, "'The Caprice of Juries': The Enforcement of the Jeffersonian Embargo in Massachusetts," American Journal of Legal History 24 (1980), 307-330.

14. 갤러틴이 제퍼슨에게 쓴 편지(1807년 7월 29일), Writings of Albert Gallatin, ed. Adams, vol. 1, 397. 전쟁이 일어나기 전부터 전쟁이 끝난 뒤까지 계속해서 캐나다로의 밀수가 지속되었던 상황을 가장 훌륭하게 설명한 책으로는 다음을 꼽을 수 있다. Joshua M. Smith, Borderland Smuggling: Patriots, Loyalist, and Illicit Trade in the Northeast, 1783-1820 (Gainesville:

University Press of Florida, 2006). 갤러틴이 그다지 깊이 관여하지 않았으므로, 제퍼슨이 플로리다를 매입하든 혹은 합병을 하든 간에 이 문제를 놓고 스페인과 줄다리기를 하며 처리하려고 노력했던 사실을 나는 이 이야기에서 뺐다. 플로리다는 1819년 애덤스-오니스 조약을 통해서 매입이라는 형식으로 미국 영토로 편입되었다. 그리고 1844년부터 1846년까지 이어졌던 멕시코와의 전쟁이 발발하기 전까지는, 미국은 영토 분할을 놓고 멕시코와 타협을 했다. 그리고 플로리다가 미국의 주가 된 것은 1845년이었다.

15. Adams, Life of Gallatin, 365-374; 한나 갤러틴에 쓰고 또 댈러스로부터 받은 본문 인용 편지들은 372-374쪽에 나와 있다. 아울러 참조, 갤러틴이 댈러스에게 쓴 편지(1808년 7월 30일); 제퍼슨이 갤러틴에게 쓴 편지(1808년 8월 11일). 다음에 인용되어 있다. Cachia-Riedl, "Albert Gallatin and the Politics of the New Nation," 409, 410.

16. 엠바고를 해석하는 책들이 많이 있지만(참조, Spivak, Jefferson's English Crisis) 그 가운데서도 특히 최고의 책은 다음이다. Mannix, "Gallatin, Jefferson, and the Embargo of 1808"; Forrest McDonald, The Presidency of Thomas Jefferson (Lawrence: University Press of Kansas, 1976).

17. 스피박(Spivak)의 Jefferson's English Crisis은 이 시기 동안에 제퍼슨의 견해가 점점 비현실적으로 바뀌어가며 또 점차 반(反)상업주의적인 생각으로 바뀌어가는 양상을 생생하게 묘사하고 또 관련 증거를 제시한다. 자급자족 경제라는 쟁점과 관련해서 노예 신분의 사람들이(이들 가운데 많은 수는 고도로 숙련된 기술을 가진 장인이었다) 대부분의 일을 했다는 사실은 제퍼슨이 생각하기에는 훨씬 덜 중요했다. 충분히 달성할 수 있을 것 같던 자급자족 경제가 훨씬 더 중요하다고 제퍼슨은 생각했던 것이다. 엠바고가 낳은 경제적 결과에 대해서는 다음을 참조, Douglas A. Irwin, "The Welfare Cost of Autarky: Evidence from the Jeffersonian Trade Embargo, 1807-1809," Review of International Economics 13 (2005), 631-645.

엄격하게 따지자면 미국 선박에 대한 엠바고 조치는 자급자족 경제를 가져오지 않았다. 외국 국적의 선박들은 여전히 미국의 여러 항구에서 무역을 할 수 있었기 때문이다. 그러나 미국 선박을 이용한 수출 금지로 수출 규모는 과거의 20퍼센트 수준으로 줄어들었고, 게다가 그 여파로 수입까지 줄어들었다. (수입 물품에 대한 대금 지급은 수입을 통해서 벌어들인 외국 통화나 빌려서 마련한 돈 혹은 정금으로 해야 하는데, 이런 것들이 미국 정부로서는 매우 부족했기 때문이다.) 그러나 이 수출 금지 조치는 자립경제를 향한 커다란 발걸음이었다.

18. Mannix, "Gallatin, Jefferson, and the Embargo of 1808," 155, 156, 158, 161, 163-170. 먼로에게 보낸 편지들은 167쪽에 인용되어 있다. 매디슨이 1808년 선거에서 이기자 제퍼슨은 임기가 4달이나 남았음에도 불구하고 대통령 권한을 내려놓았다. 그리고 퇴임식이 있기 이틀 전에 그는 프랑스 출신 이민자 친구인 피에르 사무엘 뒤퐁(Pierre Samuel Du Pont)에게 보낸 편지에 다음과 같이 썼다. "권력의 족쇄에서 풀려나는 지금의 이 기분은 감옥에 갇혀 있던 그 어떤 사람이 석방될 때 느꼈던 해방감보다 더 클 것입니다."

19. 많은 역사가들이 제퍼슨의 특이한 행동을 연구 대상으로 삼았다. 예를 들어 참조, Dumas Malone, Jefferson the President, Second Term (Boston: Little, Brown, 1974), 621-626, 이 책은 제퍼슨에 가장 동정적으로 접근하는 책이다; M. Johnstone Jr., Jefferson and the Presidency: Leadership in the Young Republic (Ithaca, NY: Cornell University Press, 1978), 286-287. 헨리 애덤스의 Life of Gallatin는 376-377에서 제퍼슨의 행동에 대해서 특히 강하게 날을 세운다. "과거에

그 어떤 대통령도 하지 않았으며 또 그 이후로 어떤 대통령도 하지 않았던 일을 할 정도로[애덤스가 이 글을 쓴 시점은 1870년대 후반이었다], 그리고 또 그 어떤 대통령도 헌법적으로 허용되지 않았던 일을 할 정도로 그는 주눅이 들어 있었다. 그는 대통령으로서의 의무를 방기했으며, 그 어떤 탄원에도 자기 의무를 다하려 하지 않았다."

20. 갤러틴은 이 편지의 명의에 자기뿐만 아니라 당시 좋지 않은 상황에 놓여 있던 매디슨도 함께 올렸다. 이 편지는 다음과 같이 시작했다. "매디슨 씨와 나는, 의회의 특성 혹은 의원 개개인의 특성을 고려할 때 어떤 정확하고 분명한 길을 그들에게 제시하는 것은 바람직하지 않을 것 같다는 데 의견을 함께 합니다." 매디슨과 갤러틴이 제퍼슨에게 쓴 편지(1808년 11월 15일), Republic of Letters, ed. Smith, vol. 3, 1557-1558.

21. 인용된 수치에 대해서는 참조, Alexander Balinky, "Gallatin's Theory of War Finance," William and Mary Quarterly 16 (1959), 74n6. 랜돌프의 논평은 다음에 인용되어 있다. Adams, Life of Gallatin, 391.

22. 이 여론조사는 루이스빌대학교에서 열린 정치학자들 및 사학자들이 모인 한 총회에서 실시되었다. 참조, php.louisville.edu/news.php?news=533 (accessed 9/23/10). 역대 대통령이 저지른 심각한 실수의 전체 목록은 다음과 같다.

(1) 제임스 뷰캐넌의 남북전쟁 이전의 무기력 (1857-1861년)
(2) 앤드류 존슨의 해방 노예보다 백인을 우대한 재건 정책 (1865-1869년)
(3) 린든 존슨의 베트남전쟁 (1964-1967년)
(4) 우드로 윌슨의 베르사유 조약 및 국제연맹에 대한 상원과의 타협 거부 (1919-1920년)
(5) 리처드 닉슨의 워터게이트 사건 (1972-1974년)
(6) 제임스 매디슨의 1812년 전쟁 방지 실패
(7) 제퍼슨의 통상금지 조치 (1807-1809년)
(8) 존 F. 케네디의 쿠바 피그 만 침공 승인 (1961년)
(9) 로널드 레이건의 이란-콘트라 사건 (1995-1986년)
(10) 빌 클린턴의 모니카 르윈스키와의 성추문 (1995-1996년)

제퍼슨이 임기 마지막 1년 반 동안 보였던 이상한 행동에 버금갈 행동을 역사적으로 찾아보기란 매우 어렵다. 거의 모든 전임 대통령이 자기에게 지워진 무거운 책임에 시간이 갈수록 힘들어 했지만, 제퍼슨처럼 그렇게 오랜 기간 동안 대통령으로서의 책임을 방기한 사례는 설령 있다 하더라도 거의 없었다. 그런 책임 방기에 따른 결과가 가장 비슷하게 나타난 사례로는 우드로 윌슨의 무기력한 모습을 들 수 있다. 이것은 그가 두 번째 임기 만료를 17개월 앞둔 때이던 1919년에 심각한 뇌졸중을 겪은 뒤에 나타난 일이었다. 그 17개월 동안 누가 그를 대신해서 국정을 운영했는지는 지금까지도 논쟁의 대상으로 남아 있다.

23. 제퍼슨의 행동을 가장 강력하게 비판하는 책으로는 다음을 들 수 있다. Leonard W. Levy, Jefferson and Civil Liberties: The Darker Side (Cambridge, M A: Harvard University Press, 1963), 93-141. 엠바고 조치가 미국인보다 영국인에게 더 큰 상처를 입혔다는 계량경제학적 주장으로는 다음을 참조, Jeffrey Frankel, "The 1807-1809 Embargo against Great Britain," Journal of Economic History 42 (1982), 291-308. 여기에서 프랭켈은, 그 조치는 '잘 수행되었다'고 평가를 한 다음에 계속해서 그 조치는 경제적인 이유가 주된 원인이 아니라 정치적인 이유가 주된 원인으로 작

용해서 실패했다는 식으로 모호한 주장을 한다(308).

CHAPTER 23 실망스러운 외교

1. 갤러틴의 '외국인' 신분과 관련된 쟁점에 대해서는 참조, Henry Adams, The Life of Albert Gallatin (Philadelphia: Lippincott, 1879), 388-389. 그리고 그 비공식적인 투표에 대해서는 참조, Irving Brant, James Madison: The President, 1809-1812 (Indianapolis: Bobbs-Merrill, 1956), 24-25.

2. 다음에 인용되어 있다. Adams, Life of Gallatin, 391.

3. 갤러틴이 제퍼슨에게 쓴 편지(1809년 11월 8일), The Writings of Albert Gallatin, ed. Henry Adams (Philadelphia: Lippincott, 1879), vol. 1, 465-466.

4. 필라델피아회는 벤저민 프랭클린이 1727년에 처음 만들었는데, 당시에는 금요일 밤마다 만나서 도시 개량과 관련해서 여러 가지 제안을 하고 토론을 하던 소모임이었다. 그런데 본문에 나오는 갤러틴에 반대하던 그 조직은 같은 이름의 이전 조직과는 달랐다. 윌리엄 두에인이 갤러틴에게 했던 많은 공격들 가운데 몇몇은 국가적인 차원의 쟁점이 아니라 펜실베이니아 주정부 차원의 쟁점에서 비롯된 것이었다. 두에인의 발언은 다음에 인용되어 있다. J. C. A. Stagg, Mr. Madison's War: Politics, Diplomacy, and Warfare in the Early American Republic, 1783-1830 (Princeton, NJ: Princeton University Press, 1983), 61. 다음 책은 특히 정당 지도자로서 그가 했던 역할을 강조한다. L. Pasley, "The Tyranny of Printers": Newspaper Politics in the Early American Republic (Charlottesville: University Press of Virginia, 2001).

5. 엠바고 조치 이후 의회에서 진행되었던 논쟁에 대해서는 참조, Reginald C. Stuart, "James Madison and the Militants: Republican Disunity and Replacing the Embargo," Diplomatic History 6, 145-168. 원래 법안의 최초 버전인 1번 메이컨법안의 초안은 갤러틴이 주로 작성했는데, 갤러틴은 매디슨과 마찬가지로 여기에 대한 열의가 별로 없었다. 이 법안의 내용은 미국 상선은 어떤 나라의 어떤 항구로든 갈 수 있지만 영국 전함과 프랑스 전함뿐만 아니라 이들 나라의 상선까지도 미국 항구에 들어오지 못하게 막겠다는 것이었다. 하지만 2번 메이컨법안은 전혀 다른 길을 갔다.

6. Adams, Life of Gallatin, 416.

CHAPTER 24 미합중국은행의 운명

1. 제퍼슨이 갤러틴에게 쓴 편지(1809년 11월 8일). 다음에 인용되어 있다. Henry Adams, The Life of Albert Gallatin (Philadelphia: Lippincott, 1879), 321.

2. Ibid. 갤러틴의 목록은 다음에 인용되어 있다. Banks and Politics in America, from the Revolution to the Civil War (Princeton, NJ: Princeton University Press, 1957), 206-207. 당시 갤러

틴은 미합중국은행 자체를 설득하는 데 많은 정력을 쏟아야만 했다. 은행은 뉴올리언스처럼 먼 곳까지 영업을 확장하는 것을 꺼렸기 때문이다.

3. Hammond, Banks and Politics in America, 209 및 그 뒤.

4. Richard Sylla, John B. Legler, and John J. Wallis, "Banks and State Public Finance in the New Republic: The United States, 1790-1860," Journal of Economic History 47 (1987), 391-403. 19세기가 점점 펼쳐지자 은행세 및 은행 보유 주식에서 나오는 주정부의 수입이 점점 중요해졌고, 대략 1840년까지는 절정에 다다랐다. 1836-1840년 기간 동안에는 매사추세츠 주정부 수입의 82퍼센트가 여기에서 비롯되었다. 같은 기간 코네티컷의 그 비율은 35퍼센트였고, 델라웨어는 57퍼센트, 노스캐롤라이나는 39퍼센트, 사우스캐롤라이나는 41퍼센트 그리고 조지아는 61퍼센트였다.(ibid., 401). 다음 책은 남북전쟁 이전에 주정부 산하 은행들이 했던 역할을 이론적으로 정교하게 분석한다. Howard Bodenhorn, State Banking in Early America: A New Economic History (New York: Oxford University Press, 2002). 어떤 경우에는 1811년의 주정부 허가 은행의 수를 90개로 바라보기도 한다.

5. Ibid. 아울러 참조, Hammond, Banks and Politics in America, chs. 5-8.

6. 다음 책은 갤러틴에게서 은행이 차지하던 중요성을 그다지 중요하게 다루지 않는다. Raymond Walters Jr., Albert Gallatin: Jeffersonian Financier and Diplomat (New York: Macmillan, 1957), esp. 237-241.

7. 다음에 인용되어 있다. Hammond, Banks and Politics in America, 213. 1816년에 설립된 제2미합중국은행은 이사회 이사진 25명 가운데 5분의 1을 대통령이 임명하도록 규정했다.

8. 이것은 다음 책의 주제이다. Hammond, Banks and Politics in America, ch. 8.

9. 매디슨을 가장 동정적으로 바라보는 어빙 브랜트의 매디슨 전기도 그가 조금만 더 열의를 가지고 지지했더라면 재허가 승인이 의회를 통과했을 것이라고 바라본다. Irving Brant, in James Madison: The President, 1809-1812 (Indianapolis: Bobbs-Merrill, 1956), 265-270.

10. Hammond, Banks and Politics in America, chs. 5-9; Adams, Life of Gallatin, 473-475.

11. Lisa R. Morales, "The Financial History of the War of 1812" (Ph.D. diss., University of North Texas, 2009), 195. 1811년의 재승인 실패가 통화가치 설정을 둘러싼 논쟁의 직접적인 이유는 아니었지만, 그때를 기점으로 해서 이 논쟁은 매우 빠르게 늘어나기 시작했다.

똑같은 일이 1830년대에 은행의 수가 폭발적으로 증가한 뒤에, 특히 앤드류 잭슨이 1832년에 제2미합중국은행의 재승인에 거부권을 행사한 뒤에 훨씬 더 큰 규모로 일어났다. 이 시기의 통화 편람을 보면 어떤 규모의 증권 혹은 화폐이든 간에(은행이 발행한 것뿐만 아니라 광산회사나 철도회사 혹은 그 밖의 여러 회사들이 발행한 것까지 모두 다) 평가 가치가 매우 다양하게 나타났다. 이 문제 전반에 대해서는 참조, Matthew Carey, Reflections on the Consequences of the Refusal of the Banks to Receive in Deposit Southern and Western Bank Notes (Philadelphia: Published by the Author, 1815). 이 분야의 입문서로는 다음과 같은 것들이 있다. Sylvester's Bank-Note and Exchange Manual (New York: S. J. Sylvester, 1832); 주간 단위로 발행되던 Thompson's Bank Note and Commercial Reporter (New York: American Banker, 1842-1858).

12. 갤러틴이 매디슨에게 쓴 편지(1811년 날짜 없음), Writings of Albert Gallatin, ed. Henry Adams (Philadelphia: Lippincott, 1879), vol. 1, 495-496. 매디슨의 전기작가 어빙 브랜트는 매디슨

이 국무부장관 로버트 스미스를 제거하기 위한 방편으로 이런 책략을 꾸몄다고 바라보았다. 하지만 갤러틴이 쓴 편지의 표현으로 보자면 브랜트의 판단과 정반대 방향이 진실일 것 같다. 참조, Brant, James Madison: The President, 1809-1812, 282, 292-293.

CHAPTER 25 1812년 전쟁과 미국의 재정

1. Lawrence A. Peskin, "Conspiratorial Anglophobia and the War of 1812," Journal of American History 98 (2011), 647-669.

2. 1812년 전쟁에 대한 표준적인 개괄서로는 다음과 같은 것들이 있다, Roger H. Brown, The Republic in Peril: 1812 (New York: Columbia University Press, 1964); J. C. A. Stagg, Mr. Madison's War: Politics, Diplomacy, and Warfare in the Early Republic (Princeton, NJ: Princeton University Press, 1983). 건국 초기를 다룬 많은 역사서과 마찬가지로 1812년 전쟁을 다룬 몇몇 책들은 과도하게 애국적인 경향을 띠기도 한다. 1812년 전쟁을 강경한 관점으로 바라보는 책들 가운데 두드러진 것들로는 다음과 같다. Donald R. Hickey, The War of 1812: A Forgotten Conflict (Urbana: University of Illinois Press, 1989). 이 책은 전쟁은 불필요했으며 온갖 실수들로 점철되었다는 연방주의적 주장을 펼친다. 이에 비해서 다음 책은 전쟁의 여러 원인이 주로 연방주의자들의 정책에 있다고 비난하며, 전쟁 기간 동안에 연방주의자들이 했던 행동을 특히 매사추세츠 사람들에 초점을 맞추어서 비판한다. Richard Buel Jr., America on the Brink: How the Political Struggle over the War of 1812 Almost Destroyed the Young Republic (New York: Palgrave Macmillan, 2004). 개리 윌스(Garry Wills)는 "제임스 매디슨"이라는 제목을 붙여서 주로 대통령 재임 시기의 내용만을 담은 제임스의 짧은 전기에서 전체 내용의 3분의 1을 1812년 전쟁에 할애해서 매디슨이 비록 개인적으로는 용기가 있는 인물이긴 하지만 전시에는 실수투성이의 대통령이었음을 부각한다. James Madison (New York: Times Books, 2002). 랠프 케첨(Ralph Ketcham)은 자기 저서의 전체 671쪽 가운데 약 75쪽을 1812년 전쟁에 할애해서 매디슨이 거둔 성과가 대체적으로 빈약하다고 평가를 내리면서 정상을 참작할 수 있는 많은 정황들을 함께 제시한다. James Madison: A Biography (New York: Macmillan, 1971) 영국인의 관점에 캐나다인의 관점을 어느 정도 섞어서 이 전쟁을 바라보는 책은, Jon Latimer, 1812: War with America (Cambridge, M A: Harvard University Press, 2007). 아울러 참조, Alan Taylor, The Civil War of 1812: American Citizens, British Subjects, Irish Rebels, and Indian Allies (New York: Knopf, 2010). 이 책은 미국과 캐나다 사이의 경계 지역을 정밀하게 들여다보는데, 이 전쟁의 미국적 측면을 부각시키는 데뿐만 아니라 캐나다가 어떻게 점차적으로 이 전쟁에 휘말리는지도 잘 설명한다는 점에서 중요한 참고자료이다.

3. 매파의 역할은 한 세기 이상 동안 치열한 역사적 쟁점이 되고 있다. 하원 투표의 정량적 연구와 관련해서는 참조, Ronald L. Hatzenbuehler, "The War Hawks and the Question of Congressional Leadership in 1812," Pacific Historical Review 45 (1976), 1-22. 제퍼슨의 논평은 다음에 인용되어 있다. Robert Allen Rutland, The Presidency of James Madison (Lawrence: University Press of Kansas, 1990), 110. 잠재적인 영토 확장 측면이나 협상의 조건으로서 캐나다가 가지고 있던 중요성에 대해서는 참조, Stagg, Mr. Madison's War, 6-45.

4. Wills, James Madison, 82.

5. Edward S. Balinky, "Gallatin's Theory of War Finance," William and Mary Quarterly 16 (1959), 74–76.

6. Ibid., 76–82.

7. 갤러틴은 1814년까지 명목상의 장관으로 남아 있었다. 그 6명의 이민자 가운데 유일하게 조지 캠벨만이 아주 어린 시절에 어디던 줄도 모른 채 처음 미국 땅을 밟았다. (그의 부모는 3살이던 그를 데리고 스코틀랜드에서 노스캐롤라이나로 이주했다.) 그는 1814년에 재무부장관이 되기 위해서 테네시 상원의원 자리를 포기했다. 그리고 2월부터 재무부장관으로 있다가 10월에 알렉산더 제임스 댈러스로 교체되었다. 캠벨은 변호사였으며 하원 세출입위원회와 상원 재정위원회 위원으로 활동했다. 참조, Weymouth Tyree Jordan, George Washington Campbell of Tennessee, Western Statesman (Tallahassee: Florida State University Press, 1955). 댈러스에 관해서는 참조, Raymond Walters Jr., Alexander James Dallas: Lawyer-Politician-Financier, 1759–1817 (Philadelphia: University of Pennsylvania Press, 1943); George Mifflin, Life and Writings of Alexander James Dallas (Philadelphia: J. B. Lippincott, 1871).

8. 갤러틴이 매디슨에게 쓴 편지(1813년 3월 5일), Writings of Albert Gallatin, ed. Henry Adams (Philadelphia: Lippincott, 1879), vol. 1, 532. 애덤스는 갤러틴, 패리쉬, 애스터 그리고 지라드가 했던 이 행동이 '미국 정부가 파산하는 것을 한동안 막았는데, 하마터면 미국은 그야말로 치명적인 나락에 떨어질 뻔했다. 연방주의자들은 적어도 그렇게 생각했다. 그리고 그들은 이 "외국인들"을 향한 분노를 오랫동안 품었고, 이것은 미국적 애국심에 대한 쓰디쓴 풍자의 행동이었다.' 참조, Henry Adams, The Life of Albert Gallatin (Philadelphia: Lippincott, 1879), 477. 아울러 참조, Lisa R. Morales, "The Financial History of the War of 1812" (Ph.D. diss., University of North Texas, 2009), 158–162. 지라드에 대해서는 참조, George Wilson, Stephen Girard: The Life and Times of America's First Tycoon (Cambridge, M A: Da Capo Press, 1996); David S. Miller, "The 'Tiara': A Perspective on Merchant Stephen Girard," Pennsylvania Magazine of History and Biography 112 (1988), 189–208; Donald R. Adams Jr., Finance and Enterprise in Early America: A Study of Stephen Girard's Bank, 1812–1831 (Philadelphia: University of Pennsylvania Press, 1978); John Bach McMaster, The Life and Times of Stephen Girard: Mariner and Merchant, 2 vols. (Philadelphia: Lippincott, 1918). 특히 맨 뒤의 책은 비록 오래전에 출간된 것이긴 해도 철저한 자료를 담고 있다. 지라드는 1831년에 죽으면서 자기 재산을 자선재단에 맡겼는데, 그로부터 거의 200년이 지났지만 필라델피아에 있는 지라드칼리지는 여전히 불우한 환경에 놓인 청소년들을 위한 예비학교로서 자기 역할을 톡톡히 하고 있다. 오스터에 관한 최고의 자료를 담고 있는 책은 다음이다. John D. Haeger, John Jacob Astor: Business and Finance in the Early Republic (Detroit: Wayne State University Press, 1991). 패리스에 대해서는 참조, Philip G. Walters and Raymond Walters Jr., "The American Career of David Parish," Journal of Economic History 4 (1944), 149–166; J. Mackay Hitsman, "David Parish and the War of 1812," Military Affairs 26 (1962–1963), 171–177. 해리스의 할아버지는 영국에서 함부르크로 이주했었다.

9. Bray Hammond, Banks and Politics in America from the Revolution to the Civil War (Princeton, NJ: Princeton University Press, 1957), 228–229. 재무부 발행 증권 문제에 관해서는 참

조, Donald H. Kagin, "Monetary Aspects of the Treasury Notes of the War of 1812," Journal of Economic History 44 (1984), 69-88. 충분히 많은 정보를 제공할 수도 있었을 이 글이 이처럼 허술한 것은 전쟁 비용 조성과 관련된 혼란스러움이 그대로 반영되었기 때문이다. 1817년 3월 17일, 의회는 재무부 증권을 더는 논의하지 않기로 했고, 제2미합중국은행이 설립되어 미합중국은행이 그랬던 것처럼 통화를 발행하기 시작했다.

10. 부채 금액에 대해서는 웹페이지 www.treasurydirect.gov/govt/reports/pd/histdebt/histdebt.htm(accessed 8/25/10)에서 1791-1849년의 연도별 수치를 참조하라. 이 수치들은 현재의 달러 기준으로 환산되어 있다. 인플레이션을 고려할 경우 1816년의 수치는 더 낮아지겠지만 그래도 1억 1000만 달러는 넘을 것이고 어쩌면 1억 2000만 달러나 될 수도 있다.

11. Donald R. Hickey, "American Trade Restrictions during the War of 1812," Journal of American History 68 (1981), 517-538.

12. 영국군의 이 행동은 미국인이 예전에 어퍼캐나다의 수도 요크(현재의 토론토)라는 작은 마을을 불태운 행위에 대한 보복의 성격이 짙었다. 당시 요크의 인구는 625명이었는데 워싱턴의 8000명과 비교하면 10분의 1도 되지 않는다. 참조, Robin F. A. Fabel, "The Laws of War in the 1812 Conflict," Journal of American Studies 14 (August 1980), 211.

13. 메인은 1820년이 되어서야 비로소 주(州)가 된다. 매사추세츠, 코네티컷 그리고 로드아일랜드는 하트퍼드에 정식 대표단을 파견했으며, 뉴햄프셔와 버몬트는 이 문제로 내부적으로 의견이 갈리긴 했지만 이 회의에 대표단을 파견했다. 참조, James M. Banner Jr., To the Hartford Convention: The Federalists and the Origins of Party Politics in Massachusetts (New York: Random House, 1970). 그 회의는 연방 탈퇴 발상을 명백하게 거부하긴 했지만, 그런 심오한 쟁점이 폭넓게 논의되었다는 사실은 뉴잉글랜드가 그 전쟁 및 전쟁 이전의 공화당 정책에 얼마나 필사적으로 반대했는지 상상할 수 있게 해준다.

CHAPTER 26 평화를 얻다

1. Raymond Walters Jr., Albert Gallatin: Jeffersonian Financier and Diplomat (New York: Macmillan, 1957), 258-267.

2. 갤러틴이 제임스 위터 니콜슨에게 쓴 편지(1813년 5월 5일), printed in Henry Adams, The Life of Albert Gallatin (Philadelphia: Lippincott, 1879), 482.

3. Walters, Gallatin, 268-271.

4. Ibid.

5. Ibid., 272-273. 겐트는 현재 벨기에의 플라망 지역에 속하지만 당시에는 오스트리아 합스부르크 왕가에 속했다. 1815년에 네덜란드에 속해서 벨기에혁명이 일어나는 1830년까지 15년 동안 네덜란드의 지배를 받았다.

6. 다음에 인용되어 있다. Nicholas Dungan, Gallatin: America's Swiss Founding Father (New York: New York University Press, 2010), 111.

7. 인디언 동맹에 전반에 대해서는 참조, Gregory Evans Dowd, A Spirited Resistance: The

North American Indian Struggle for Unity, 1734-1815 (Baltimore: Johns Hopkins University Press, 1992); 1812년 전쟁 이전 및 전쟁 기간 동안의 티컴세에 대해서는 참조, R. David Edmunds, Tecumseh and the Quest for Indian Leadership (Boston: Little, Brown, 1984; 2nd ed. Harlow, U.K.: Longman, 2006).

8. 갤러틴이 매튜 라이언(Matthew Lyon)에게 쓴 편지(1816년 5월 7일), The Writings of Albert Gallatin, ed. Henry Adams (Philadelphia: Lippincott, 1879), vol. 1, 700. 최근에 적지 않은 역사가들이 1812년 전쟁을 이전 세대에 표준적으로 통용되던 해석보다 훨씬 긍정적으로 재해석하고 있다. 특히 다음 책은 1812년 전쟁이 공화주의자적 이념의 순수한 승리에 가까운 어떤 것으로 바라본다. Gordon S. Wood, Empire of Liberty: A History of the Early Republic, 1789-1815 (New York: Oxford University Press, 2009), 662-699.

9. 어떤 전쟁이든 승리로 인정받을 수 있다는 것은 전쟁이 가지고 있는 기본적인 성격이다. 그렇기에 미국 정치인 가운데서도 명백한 패배로 끝낸 게 아니었던 전쟁을 나쁘게 말한 사람은 거의 찾아볼 수 없다. 심지어 1860년대의 연방 지도자들 및 1960년대의 베트남전 지지자들은 전쟁이 끝난 뒤의 고통과 후회를 거의 입에 올리지 않는다. 전쟁의 이런 측면에 대해서는 참조, David Waldstreicher, In the Midst of Perpetual Fetes: The Making of American Nationalism, 1776-1820 (Chapel Hill: University of North Carolina Press, 1997); the spirited account by Walter R. Borneman, 1812: The War That Forged a Nation (New York: Harper, 2004); A. J. Langguth, Union 1812: The Americans Who Fought the Second War of Independence (New York: Simon and Schuster, 2006). 이 책은 영웅적인 개인을 강조하는 대중적인 개괄서이다.

10. Adams, Life of Albert Gallatin, 546.

CHAPTER 27 길고도 보람찬 인생

1. 갤러틴이 장 바돌레에게 쓴 편지(1824년 7월 29일). 다음에 인용되어 있다. Nicholas Dungan, Gallatin: America's Swiss Founding Father (New York: New York University Press, 2010), 134. 1816년과 1817년 초에 갤러틴은 다시 한번 국무부장관직 제의를 받기를 바랐다. 제임스 먼로는 대통령에 당선된 지 얼마 되지 않았지만 존 퀸시 애덤스를 국무부장관으로 선택했고, 갤러틴은 그냥 파리에 머물렀다.

2. 갤러틴이 장 바돌레에게 쓴 편지(1824년 7월 29일), The Correspondence of John [Jean] Badollet and Albert Gallatin, 1804-1836, ed. Gayle Thornbrough (Indianapolis: Indiana Historical Society Publications, 1963), 264.

3. 앨버트 갤러틴이 제임스 갤러틴에게 쓴 편지(1827년 1월 13일), Henry Adams, The Life of Albert Gallatin (Philadelphia: Lippincott, 1879), 621-623. 아버지가 아들에게 보내는 장문의 편지인데 이례적으로 개인적인 감정을 표출하고 있으며, 그 밖에도 많은 주제에 걸쳐서 이야기를 한다.

4. 갤러틴이 바돌레에게 쓴 편지(1829년 3월 26일), 1829, The Correspondence of John [Jean] Badollet and Albert Gallatin, ed. Thornbrough, 284-285.

5. 1822년에 갤러틴은 제2미합중국은행 총재직을 제안 받았지만 존 제이컵 애스터의 충고를 받

아들여서 거절했다. 애스터는 이때 이미 은행을 둘러싼 온갖 갈등과 대립이 어떤 결과를 낳을지 내다보았다. 참조, 애스터가 갤러틴에게 쓴 편지(1822년 10월 18일). 다음에 인용되어 있다. Dungan, Gallatin: America's Swiss Founding Father, 133.

6. 잭슨이 쓴 1832년 7월 10일자 장문의 거부권 행사 메시지 전문은 다음 웹페이지에서 확인할 수 있다. millercenter.org/scripps/archive/speeches/detail/3636 (accessed 10/23/11).

7. 갤러틴은 채 1년도 지나지 않아서 이 대학교 추밀원 의장직에서 사임했다. 왜냐하면 이 대학교를 종교적인 방향으로 몰고 가길 바라던 그의 동료들이 갤러틴보다 우세했기 때문이었다. 참조, 갤러틴이 장 바돌레에게 쓴 편지(1833년 2월 7일), Thornbrough, ed., The Correspondence of John [Jean] Badollet and Albert Gallatin, 312-313.

8. Adams, Life of Gallatin, 641; Register of Debates in Congress, 22nd Congress, 1st Session (Washington: Gales and Seaton, 1832), vol. 8, 267. 클레이는 계속해서 갤러틴에 대해서 다음과 같이 말했다. "그의 이름이 가지고 있는 권위와 그의 문장이 동원되었지만 (…) 그것은 미국적인 제도를 엎어버리고 대신 외국의 제도를 들여오기 위한 것이었습니다." 여기에서 클레이는 쟁점을 모호하게 흐렸다. 그 시기 해외에서 자유무역은 분명 외국의 관례가 아니었다. 심지어 나중에 자유무역을 지지하는 영국조차도 1846년까지는 보호주의 성격이 매우 높은 곡물조례를 1846년에 가서야 폐지했다.

9. 토착 미국인(인디언)에 대한 갤러틴의 태도는 세월이 흐르면서 점차 바뀌어갔다. 예컨대 1805년에 그는 제퍼슨의 두 번째 취임사 원고를 다듬으면서 대통령에게 인디언의 덕성을 언급하는 발언의 수위를 낮추는 게 좋겠다고 조언하면서 이렇게 썼다. "그들이 가지고 있는 바람직한 덕성이라고는 거의 없습니다. 정말 거의 없다고 나는 생각합니다." 인디언이 안고 있는 문제는 주로 음탕함에서 비롯된다고 했다. 그러므로 "소유권과 결혼제도를 확립하고 또 든든하게 뒷받침하는 사회적 제도가 부족할 수밖에 없다"고 했다. 갤러틴이 제퍼슨에게 쓴 편지(1805년 2월 12일), 1805, The Writings of Albert Gallatin, ed. Henry Adams (Philadelphia: Lippincott, 1879), vol. 1, 227. 전체적으로 볼 때 인디언을 바라보는 제퍼슨의 시각 역시, 그의 두 번째 취임사에 들어가 있는 인디언에 대한 언급에도 불구하고 그다지 관대하지 않았다. 갤러틴은 인디언을 낭만적으로 대상화한 적이 한 번도 없었다. 그러나 인디언을 바라보는 그의 눈은 점차 누그러졌다. 많은 지성인이 그랬듯이 그는 부분적으로는 인디언의 문화를 비판했지만 또 부분적으로는 인디언을 조심스럽게 찬양했다. 만년에 그는 인디언의 언어와 문화에 깊이 매료되었다. 다음 책은 민속학 분야에서 갤러틴이 수행했던 중요한 역할을 분석한다. Robert E. Bieder, Science Encounters the Indian, 1820-1880: The Early Years of American Ethnology (Norman: University of Oklahoma Press, 1986), 16-55, 특히 20-30. 아울러 참조, Robert E. Bieder, "The Representation of Indian Bodies in Nineteenth-Century American Anthropology," in Devon A. Mihesuah, ed., Repatriation Reader: Who Owns Indian Remains? (Lincoln: University of Nebraska Press, 2000), 19-36.

10. 참조, Frederick Merk, Albert Gallatin and the Oregon Problem (Cambridge, MA: Harvard University Press, 1950).

11. Raymond Walters Jr., Albert Gallatin: Jeffersonian Financier and Diplomat (New York: Macmillan, 1957), 376-379.

12. 갤러틴이 베어링에게 쓴 편지(1842년 4월 20일). 다음에 인용되어 있다. Dungan, Gallatin,

165. 당시 애쉬버턴 경이 되어 있던 알렉산더 베어링은 미국에서 장차 웹스터-애쉬버턴 조약이라는 이름으로 일컬어진 조약을 만들어내기 위해서 협상 작업을 하고 있었다. 오대호에 대한 권리를 둘러싼 분쟁을 조정함으로써 캐나다와 미국 사이의 국경 문제를 명확하게 하기 위한 협상이었다.

13. Daily National Intelligencer (Washington, DC), Oct. 6, 1849.

14. The Hinds County Gazette (Raymond, Miss.), Sept. 12, 1849.

15. North American and United States Gazette (Philadelphia), Aug. 15, 1849.

CHAPTER 28 미국의 예외주의

1. Emerson, "Address," Transactions of the Middlesex Agricultural Society, for the Year 1858 (Concord, M A: Benjamin Tolman, 1858), 45-52. 아울러 참조, The Collected Works of Ralph Waldo Emerson, ed. Ronald A. Bosco and Douglas Emory Wilson (Cambridge, M A: Harvard University Press, 2007), vol. 7, ch. 6.

2. 이 문단의 내용은 다음을 토대로 했다. Thomas K. McCraw, "American Capitalism," Creating Modern Capitalism, ed. McCraw (Cambridge, M A: Harvard University Press, 1997), 303-305. 한편 미국의 영토가 될 땅에서 살고 있던 인디언은 대학살에 버금가는 참상을 겪었다. 그들은 자기들이 할 수 있는 한 있는 힘껏 싸웠지만 수적 열세와 기술적 열세를 넘어서지 못했다. 참조, Richard White, "It's Your Misfortune and None of My Own": A New History of the American West (Norman: University of Oklahoma Press, 1991).

3. 오스트리아 출신의 이민자로 '기업가(entrepreneur)'라는 말을 널리 퍼트린 하버드대학교의 교수 조셉 슘페터는 독창적인 저서 《경제 발전의 이론》에서 여기에 대해서 상세하게 썼다. The Theory of Economic Development, trans. Redvers Opie (Cambridge, MA: Harvard University Press, 1934; 1911년 독일에서 처음 출간되었다). 슘페터는 기업가를 '낡은 전통을 부수고 새로운 전통을 창조하는 것을 우선적인 특성으로 가진 사람'이라고 설명한다. '정복의 의지를 가진 사람 즉 맞서서 싸우고 자기가 다른 사람보다 우월함을 증명하고자 하며 성공의 열매가 아니라 성공 그 자체를 위해서 일에 매달리고자 하는 등의 충동을 가진 사람'이라는 것이다(91-94). 그런데 사실 이런 정의는 경제학적 정의라기보다는 심리학적 정의에 가깝다. 그리고 많은 학자들이 슘페터가 제기한 이 주제에 대해서 다양한 이론을 내놓았다.

4. Robert F. Jones, "The King of the Alley": William Duer-Politician, Entrepreneur, and Speculator, 1768-1799 (New York: American Philosophical Society, 1992). 듀어의 아들인 윌리엄 알렉산더 듀어(William Alexander Duer)는 뉴욕 대법원 판사로 있다가 나중에 콜롬비아대학교의 총장이 된다.

5. 노어스는 정치적인 설득과 관련된 일을 하는 사람들과 함께 일을 할 수 있는 능력 및 성실함으로 잘 알려져 있었다. 그는 뉴욕에서 유명인사였지만 수도가 필라델피아로 옮겨가자 거기에서도 명사가 되었으며, 또한 워싱턴디시가 최종적으로 미국의 수도로 정해진 뒤에는 조지타운에 있던 그의 멋진 저택에서도 그랬다. 참조, Oscar P. Fitzgerald, Curator, In Search of Joseph Nourse, 1754-1841: America's First Civil Servant (Washington, DC: Dumbarton House, 1994-1995). 55쪽 분

량의 이 문서는 네 명의 저자가 쓴 섹션들로 구성되어 있는데, 이 가운데서도 재무부의 초기 시절을 가장 잘 보여주는 것은 다음이다. Mark Walston, "Establishing a National Currency," 29-39. 현재 조지타운에 있는 노어스의 집 덤바턴 하우스는 'National Society of the Colonial Dames of America'의 박물관 겸 본부이다. 아울러 참조, Richard D. White Jr., "A Tale of Two Bureaucrats: Joseph Nourse, Oliver Wolcott, Jr., and the Forerunners of American Public Administration," Administration and Society 40 (2008), 384-402.

 6. 애스터와 패리쉬 역시 유동자산뿐만 아니라 토지에도 관심을 가지고 있었고, 두 사람 모두 대규모 토지를 소유하게 되었다. 패리쉬는 세인트로렌스밸리에 땅을 가지고 있었고, 모피상인이기도 했던 애스터는 서부의 모피 거래 지역의 땅 외에도 뉴욕에 부동산을 가지고 있었다.

 7. 다음 여러 문단의 내용에 대해서는 다음 책이 담고 있는 통찰에 많은 빚을 졌다. Harold James, "Comment on Thomas K. McCraw, 'Immigrant Entrepreneurs in U.S. Financial History,'" Capitalism and Society 5 (2010), Issue 1, Article 6, 1-2; 다음 웹페이지에서도 볼 수 있다. ideas. repec.org/a/bpj/capsoc/v5y2010i1n6.html (accessed 10/5/10).

 8. 네케르는 1790년에 사임하고 제네바 호(湖)의 방죽에 있던 자기만의 피난처로 도망갔다. 네케르가 유명하게 된 다른 이유들도 많은데, 특히 그는 프랑스에서 정치적인 유력인사가 되며 나중에 나폴레옹에 반대하며 또 당대에 가장 널리 읽히던 저자였던 스탈 부인(Madame de Staël)(1766-1817년)의 아버지였다.

 초기에 네케르의 명성에 타격을 입히는 일은 그가 〈왕에게 드리는 보고서(Compte rendu au roi)〉(1781년)를 발간했을 때였다. 이것은 프랑스 정부 수입의 구체적인 원천과 용처에 대한 보고서로 매우 널리 읽혔다. 그런데 이 보고서는 정부의 재정을 실제보다 조금 더 낫게 묘사했다. 네케르는 이 문제를 또 다른 출판물에서도 담았는데, 이 출판물의 취지는 미국을 도운 일로 해서 프랑스 국가 부채가 의미 있을 정도로 늘어나는 효과가 발생한 것이 전혀 아님을 밝히는 것이었다. 네케르가 집필한 가장 영향력 있는 경제학 저서는 〈프랑스의 재무행정(De l'administration des finances de la France)〉(1784년)이었고, 이 책에서 알렉산더 해밀턴은 많은 경제학적 깨우침을 얻었다.

 9. 보다 폭넓은 조사를 하고 싶다면 참조, Marc Flandreau, ed., Money Doctors: The Experience of Financial Advising, 1850-2000 (New York: Routledge, 2003). IMF가 채택하고 있는 '신자유주의' 여러 정책 즉 자유무역, 정부 규제 완화, 유동환율제도 등은 아프리카와 라틴아메리카의 일부 국가들에서 특히 인기가 없었다. IMF에 반대하는 사람들은 미국을 비롯한 거의 모든 선진국은 높은 보호관세의 우산 아래에서 성장했던 것 아니냐고 비판한다. 이 문제는 가까운 미래에 쉽게 해결될 수 있을 것 같지 않은 쟁점이다.

 10. 이런 상상도 해볼 수 있다. 만일 로와 네케르가 성공했더라면 두 사람은 프랑스에 머물지 않았을까? 하지만 설령 그랬다 하더라도 그들은 이 장에서 언급했던 미국 이민자들은 아니었다.

 어떤 시대의 혁명이었든 간에 거의 모든 혁명에서 반란의 지도자들은 자기들이 도움을 받을 수 있기만 하다면 어떤 진영에서도 도움을 구하고 또 활용한다. 예를 들어서 미국 독립전쟁의 분수령이 된 요크타운전투도 프랑스의 로샹보(Rochambeau) 백작의 활약이 없었다면 미국군이 영국군을 이길 수 없었다. 당시에 미국군 1만 1000명을 이끌던 조지 워싱턴은 9000명 가까운 프랑스군의 지원을 받았다. 또한 29척의 전함과 3200명의 해군 병력을 갖추고 있던 대규모 프랑스 함대가 영국군의 해상 퇴로를 봉쇄하고 있었다. 프랑스 측에서 로샹보 백작과 드 그라스(De Grasse) 제독 그리고 마르퀴스 드 라파예트(Marquis de Lafayette) 장군이 합류한 이 합동작전이 외국의 지원을 받은 유일하게 두드러진 사건이었다. 물론 프랑스군은 다른 여러 작전에서도 미국군을 지원했다.

다른 나라의 군사 지도자들도 미국의 독립전쟁을 지원했다. 우선 스코틀랜드인이던 존 폴 존스, 그는 미국이 독립을 이룩한 뒤에는 러시아 해군에서도 복무했다. 폴란드인이던 카시미르 풀라스키(Casimir Pulaski), 그는 여러 전투에서 기병대를 지휘했다. 프러시아의 프리드리히 빌헬름 폰 슈토이벤, 그는 대륙군을 훈련시키는 데 도움을 줬다. 그리고 기술관이던 폴란드인 타데우스 코시치우슈코, 그는 7년 동안 복무하면서 미국이 자랑하던 최고의 요새 여러 개를 설계했다. 오늘날 미국의 많은 마을과 카운티가 라피엣, 코시치우슈코, 풀라스키, 폰 슈토이벤 등의 이름으로 불리운다. 이 외국인들은 대부분 전쟁이 끝난 뒤에 유럽으로 돌아갔지만 풀라스키는 사바나 포위작전 때 전사했고, 폰 슈토이벤은 뉴욕 북부 지역에 정착해서 죽을 때까지 살았다.

CHAPTER 29 필연과 우연

1. 제퍼슨과 해밀턴을 비교하는 일은 당대부터 지금까지 줄기차게 이어지고 있다. 이와 관련된 연구를 개괄적으로 살펴보려면 참조, Stephen Knott, "Opposed in Death as in Life," in Robert W. T. Martin and Douglas Ambrose, eds., The Many Faces of Alexander Hamilton: The Life and Legacy of America's Most Elusive Founding Father (New York: New York University Press, 2006), 25-53. 이 책에는 두 사람을 비교하면서 상반된 견해를 드러내는 두 편의 글이 실려 있다. Robert M. S. McDonald, "The Hamiltonian Invention of Thomas Jefferson," ibid., 54-56, 이 글은 두 사람이 분열하게 된 책임을 해밀턴에게 돌린다; James H. Read, "Alexander Hamilton's View of Thomas Jefferson's Ideology and Character," ibid., 77-106, 이 글은 해밀턴에게 보다 우호적인 태도를 취한다. 지난 200년 동안 해밀턴에 대한 평가가 긍정과 부정으로 갈렸던 역사적인 전개 과정을 철저하게 살펴보려면 참조, Stephen F. Knott, Alexander Hamilton and the Persistence of Myth (Lawrence: University Press of Kansas, 2002). 제퍼슨을 이와 비슷하게 철저하게 다룬 책으로는, Merrill Peterson, The Jefferson Image in the American Mind (New York: Oxford University Press, 1960). 이 두 책 모두 저자가 분석 대상으로 삼는 인물을 조금 더 호의적으로 바라보며, 따라서 다른 상대방에 대해서는 조금 더 비판적이다. 하지만 그래도 대부분의 전기들처럼 균형을 완전하게 잃어버리지는 않는다. 1960년에 피터슨의 책이 나온 뒤로 제퍼슨이 소유하던 흑인 노예 샐리 헤밍스와의 관계가 드러나면서 그의 이미지는 많이 나빠졌다. 하지만 모든 것을 감안할 때 역사가들은 여전히 해밀턴보다는 제퍼슨에게 그리고 연방주의자들보다는 공화주의자들에게 호의적이다. 판단의 이런 균형을 보정하고 싶다면 예를 들어 다음을 참조, Doron Ben-Atar and Barbara B. Oberg, eds., Federalists Reconsidered (Charlottesville: University Press of Virginia, 1998).

2. 제퍼슨은 워싱턴 대통령으로부터 지속적인 지지를 받지 못했기 때문 국무부장관으로서의 역할을 썩 잘 수행하지는 못했다.

3. 재무부장관으로서의 갤러틴을 비판적으로 분석하고 싶다면 참조, Alexander Balinky, Albert Gallatin: Fiscal Theories and Policies (New Brunswick, NJ: Rutgers University Press, 1958). 발린키의 관점은 케인스주의에 영향을 받았는데, 발린키는 갤러틴이 실제로 실행했던 여러 정책과 당시

로서는 보다 적절하다고 본인이 판단했던 정책들을 대조하는 흥미로운 분석 작업을 하는데, 그는 갤러틴이 굳이 국가부채를 줄이려고 노력해야만 했던 설득력 있는 이유가 없다고 바라본다. 국가부채는 그 자체로 경제적으로 건전한 사고방식이라고 판단하기 때문이다. 그러나 발런키는 국가부채를 줄이겠다는 갤러틴의 목표가 가지고 있던 힘을 단지 재정적인 열망으로서뿐만 아니라 도덕적인 열망으로서도(즉, 공화주의적 이데올로기의 심장과 영혼의 통합적인 어떤 부분으로서도) 과소평가하는 잘못을 저지른다.

4. 해밀턴 대 제퍼슨으로 지나치게 단순화해서 접근하지 않는 예외들도 있다. 이런 고전적인 사례 두 가지는 다음과 같다. Alexis de Tocqueville, Democracy in America, trans. and ed. Harvey C. Mansfield and Debra Winthrop, 2 vols. (Chicago: University of Chicago Press, 2000; first published 1835-1840); Herbert Croly, The Promise of American Life, ed. Arthur M. Schlesinger Jr. (Cambridge, MA: Harvard University Press, 1965; orig. pub. 1909). 역사가 조지 모우리(George E. Mowry)는 테오도르 루즈벨트가 표방했던 1910-1912년의 '신국가주의(New Nationalism)' 프로그램은 '제퍼슨의 목적에 해밀턴의 수단을 결합시키는 것'이라고 한 뒤에 프랭클린 D. 루즈벨트의 뉴딜정책은 이 신국가주의를 한 걸음 더 전진시킨 것이라고 했다. 참조, Mowry, Theodore Roosevelt and the Progressive Movement (Madison: University of Wisconsin Press, 1947).

5. 링컨이 앨버트 G. 호지스에게 쓴 편지(1864년 4월 4일). 다음 책에 붙인 명구, David Herbert Donald, Lincoln (New York: Simon and Schuster, 1995).

6. 1786년에 뉴욕 주정부는 연방정부가 관세에 접근하는 것을 차단했다. 이보다 5년 전인 1781년에는 로드아일랜드가 그랬다.

7. 이 경우에 그 불화는 헌법을 얼마나 폭넓게 해석할 것인가 하는 문제를 놓고 공화당 내부에 발생한 이념적인 분열도 포함한다.

8. 만일 미국의 수도가 계속 뉴욕으로 남아 있었다면 미국의 금융 중심지 월스트리트는 지금 연방정부의 소재지로 남아 있을 것이다. 미국처럼 거대하고 또 정치 제도가 돈의 영향력에 그 어떤 곳에서보다 많이 휘둘리는 나라에서 이런 상황은 결코 바람직하지 않았을 것이다.

CHAPTER 30 자본주의와 신용

1. James Grant, Money of the Mind: Borrowing and Lending in America from the Civil War to Michael Milken (New York: Farrar, Straus and Giroux, 1992).

2. Karl Marx and Friedrich Engels, The Manifesto of the Communist Party, in The Portable Karl Marx, ed. Eugene Kamenka (New York: Penguin, 1983), 209.

3. 역사가를 비롯한 여러 학자는 노예제도를 기반으로 한 대규모 농장 제도가 과연 자본주의적인가 하는 문제를 놓고 지금까지 계속 논쟁을 벌여 왔다. 비록 여기에서 다시 한 번 말할 필요도 없는 여러 가지 이유로 나는 그것이 자본주의적이라고 믿지 않는다. 전쟁 이전 시기 동안에 노예제도의 찬반 입장에서 글을 쓴 많은 저자들은 노예제도는 전통적인 시장경제적 요소가 아님을 명백하게 주장했다. 한 가지 분명한 사례가 되는 인물이 조지 피츠휴(George Fitzhugh)인데, 그는 노예제도를 찬성하는 지식인으로 다음 책을 발간했다. Sociology for the South; or, The Failure of Free

Society (Richmond, V A: C. H. Wynne, 1854). 정확하고 정교한 현대적 분석에 대해서는 참조, Gavin Wright, Slavery and Economic Development (Baton Rouge: Louisiana State University Press, 2006).

4. Hamilton, Report on a Plan for the Further Support of Public Credit, Jan. 16, 1795, in The Papers of Alexander Hamilton, ed. Harold Syrett et al. (New York: Columbia University Press, 1961-1978), vol. 18, 124-125.

5. Ibid., 126.

6. Ibid., 127-128.

7. Ibid.

8. Ibid.

CHAPTER 31 해밀턴과 갤러틴의 정치경제학

1. Thomas K. McCraw, "American Capitalism," in McCraw, ed., Creating Modern Capitalism (Cambridge, M A: Harvard University Press, 1997), 315-316. 이 온실 비유를 사용하긴 하지만 나는 미국 경제 성장에 바쳐진 인간의 무거운 희생을 잊지 않고 있다. 비록 미국이 치러야 했던 잔혹한 산업화의 고통이 다른 선진국들에 비하면 작긴 하겠지만, 그래도 그런 고통이 있었다는 사실을 부인할 수는 없다. 물론 여기에 전혀 '산업적'이 아닌 노예제도라는 예외적인 고통이 있었다. 노예제도는 인간을 소유하는 데 엄청나게 많은 자본을 투자해야 하는 기회비용을 유발했고, 그 바람에 경제성장은 남부에서 오랜 기간 동안 발목이 잡혔다. 노예제도가 수익성이 있었다는 사실은 바로 그 자본을 다른 데 투자했을 경우에 보다 더 많은 수익을 올릴 수 없었을 것이라는 뜻이 아니다. 노예제도에 따른 인간적인 비용 및 셈으로 계산할 수 없는 잔혹함은 이런 순수하게 경제적인 판단을 초월한다.

미국의 경제성장은 다른 많은 부작용을 낳았다. 산업 발전의 여러 중심지에서 환경을 보호하기 위한 규제는 실질적으로 전무했다. 그래서 19세기 말에는 피츠버그나 시카고와 같은 도시들의 환경이 얼마나 더러워졌던지 석탄을 태워서 생긴 연기 때문에 발생한 두꺼운 스모그를 한낮의 햇살도 뚫지 못했을 정도였다. 산업화는 또한 노동자를 극한 노동의 고통 속으로 몰아넣었다. 1930년대까지 정부는 노동조합 설립을 방해했으며, 노사 분규가 일어날 때는 정부가 노골적으로 기업 편을 들곤 했다. 노사가 관련된 모든 종류의 분규에서 법정은 기업가의 편을 들었다. 작업장에서 노동자가 죽거나 다쳐도 기업이 그런 일로 피해를 입지 않도록 법률이 보장해주는 것 같았다. 이런 정부 정책에 대한 합리화는 주로 계약의 자유라는 논리로 무장했다. 자유로운 계약이 자본주의의 필수적인 전제조건이긴 하지만, 그래도 너무 일방적일 정도로 기업과 기업가에게만 유리했다. 산업화 초기에 이 원칙은 아동을 포함한 노동자가 위험한 일을 한 주에 72시간씩이나 할 수 있도록 계약할 '자유'를 합리화하는 데 사용되었다.

장차 미국식 자본주의로 이어지는 운동이 전체적으로 볼 때 유감스러운 발전이었다는 주장을 하는 저작들로는 많은 것들이 있지만 일단 다음을 참조. Charles G. Sellers, The Market Revolution: Jacksonian America, 1815-1846 (New York: Oxford University Press, 1992); John

Lauritz Larson, The Market Revolution in America: Liberty, Ambition, and the Eclipse of the Common Good (New York: Cambridge University Press, 2009); Richard White, Railroaded: The Transcontinentals and the Making of Modern America (New York: Norton, 2011).

2. 이런 틀은 이미 예견되었다. McCraw, "American Capitalism," 317-318. 전쟁의 경험 그리고 이 경험과 미국적인 이데올로기 및 정부의 경제적 개입과의 관계는 일반화해서 말하기 어려운 주제이다. 참조, Mark R. Wilson, The Business of Civil War: Military Mobilization and the State, 1861-1865 (Baltimore: Johns Hopkins University Press, 2006); Robert D. Cuff, The War Industries Board: Business-Government Relations during World War I (Baltimore: Johns Hopkins University Press, 1973); Paul A. C. Koistenen, The Military-Industrial Complex: A Historical Perspective (New York: Praeger, 1981); 이 책이 아우르는 시기에 대해서는 Koistenen, Beating Plowshares into Swords: The Political Economy of American Warfare, 1606-1865 (Lawrence: University Press of Kansas, 1996).

3. 두 번째 범주에 대한 이런 선호는 다른 민주주의적인 자본주의 국가들에서도 마찬가지라는 주장이 있을 수 있다. 그러나 19세기 말에서 현재까지 이르는 길고 연속적인 기간 속에서 그런 경우는 설령 있었다 하더라도 지극히 드물었다. 심지어 영국도 1940년대의 대부분과 1950년대 일부에서 세 번째 범주에 속했다.

4. 통찰력이 있는 어떤 역사가가 19세기 초반의 미국 정부에 대해서 이미 썼듯이, "자유방임주의의 국왕은 이미 죽어버렸으며, 그 국왕의 지배에 대한 신성한 보고는 여태까지 모두 잘못된 것이었다." 참조, Robert A. Lively, "The American System: A Review Article," Business History Review 29 (1955), 82. 아울러 금융·재정 제도가 미국 경제성장을 뒷받침했다는 주장에 대해서는 참조, Robert E. Wright, The Wealth of Nations Rediscovered: Expansion of American Financial Markets, 1780-1850 (New York: Cambridge University Press, 2002).

5. 해밀턴의 발언은 다음에 인용되어 있다. Gerald Stourzh, Alexander Hamilton and the Idea of Republican Government (Stanford: Stanford University Press, 1970), 195.

6. 갤러틴이 공직에서 물러난 직후에 19세기 초반의 모든 국내 개발 가운데서 가장 대단한 사업이었던 이리 운하는 전적으로 뉴욕 주정부의 예산으로 건설되었다. 그 뒤 두 세기 동안 경제개발을 위한 공적 지원의 대규모 예산은 연방정부의 금고뿐만 아니라 주정부의 금고에서도 나왔다. 초기에 관해서는 참조, Ronald E. Shaw, Erie Water West: A History of the Erie Canal, 1792-1854 (Lexington: University of Kentucky Press, 1966); Carter Goodrich, "Internal Improvements Reconsidered," Journal of Economic History 30 (1970), 289-311. 이리 운하가 성공한 직후에 펜실베이니아, 오하이오, 인디애나 그리고 일리노이는 각자 독자적인 운하 사업에 예산을 지출했다. 많은 주가 뉴욕이 거둔 성공을 복제하려고 노력했지만, 이런 노력은 실패로 돌아갔고 주정부의 예산은 고갈되었다. 몇몇 주는 여러 차례 참담한 실패를 맛본 뒤에 이런 종류의 채권 발행을 더 이상 금지하는 새로운 헌법을 만들었다. 많은 주가 예산 균형을 맞추도록 요구했고, 주 헌법에서 이런 내용은 지금도 많은 주에 살아 있다. 참조, Harry N. Scheiber, Ohio Canal Era: A Case Study of Government and the Economy, 1820-1861 (Athens: Ohio University Press, 1969); Carter Goodrich, Government Promotion of American Canals and Railroads, 1800-1890 (New York: Columbia University Press, 1960); John Lauritz Larson, Internal Improvement: National

Public Works and the Promise of Popular Government in the Early United States (Chapel Hill: University of North Carolina Press, 2000).

7. 제퍼슨이 존 홈스에게 쓴 편지(1820년 4월 22일). 이 문구는 일반적으로 'wolf by the ears'로 잘못 인용되고 있다. 올바른 인용의 토론을 위해서는 참조, www.monticello.org/site/jefferson/wolf-ears (accessed 11/14/11). 제퍼슨은 다른 글들에서는 때로 복수형을 사용하기도 했다.

8. 보호무역주의에 대해서는 이 장(章)의 뒷부분에서 다룬다. 이전 시기에 대해서는 참조, Douglas A. Irwin, "The Aftermath of Hamilton's 'Report on Manufactures,'" Irwin and Richard Sylla, eds., Founding Choices: American Economic Policy in the 1790s (Chicago: University of Chicago Press, 2011), 800–821. 어윈은 심지어 (제퍼슨이 대통령이 되기 이전인) 1790년대에도 미국에서의 보호무역주의자들은 지원 원천을 연방주의자들에게서 제퍼슨주의자들에게로 바꾸었다. 해밀턴의 재정 프로그램이 수입관세에 지나치게 많이 의존한다는 사실을 간파했기 때문이다. 보호관세가 높은 상황에서는 연방정부의 관세 수입이 줄어든다는 이유로 해밀턴이 이 제도를 전적으로 선호하지는 않았다.

9. 갤러틴이 장 바돌레에게 쓴 편지(1833년 2월 7일), The Correspondence of John [Jean] Badollet and Albert Gallatin, ed. Gayle Thornbrough (Indianapolis: Indiana Historical Society Publications, 1963), 313. 갤러틴은 남북전쟁을 피하는 일은 '매우 어렵긴 했겠지만 짧은 내 생각으로는 완전히 불가능하지는 않았을 것'이라고 덧붙였다.

10. 매디슨은 1780년대의 선도적인 국가주의자들 가운데 한 명이었지만, 1790년대의 해밀턴이나 1800년대의 갤러틴과 비교해서는 더 선도적이었다고 할 수 없다.

11. 참조, Robert V. Remini, Henry Clay, Statesman for the Union (New York: Norton, 1991), 13장, 이 장의 제목은 "미국의 제도"이다. 19세기 미국 및 다른 국가들의 정책에 대해서는 참조, George B. Curtiss, The Industrial Development of Nations and a History of the Tariff Policies of the United States, and of Great Britain, Germany, France, Russia and Other European Countries (Binghamton, NY: Curtiss, 1912), vols. 2 and 3.

12. 잭슨 대통령은 의회가 1830년에 켄터키의 메이스빌에서 렉싱턴에 이르는 도로를 건설한 회사에 연방정부의 지원금을 주는 법안을 의결하자 거부권을 행사했으며 또 1832년에 의회가 제2미합중국은행의 허가 기간을 연장하는 법안을 의결하자 이 법안에도 거부권을 행사했다. 이렇게 해서 제2미합중국은행은 1836년에 문을 닫았고, 그 뒤로 무덤에 있던 해밀턴을 실망시켰을 게 분명하며 여전히 생존해 있던 갤러틴을 화들짝 놀라게 만들었을, 아무런 규제도 받지 않는 이른바 '들고양이 은행 시대'가 열렸다. 미국식 제도의 요체이던 보호관세는 노예제도를 제외하고는 가장 극심한 분열을 초래했다. 남북전쟁 이후의 공화당은 높은 수준의 보호관세를 선호했지만 민주당은 미온적으로 반대했고, 남부의 민주당원은 극렬하게 반대했다. 그래서 관세 정책을 둘러싼 논쟁은 미국 정치계에서뿐만 아니라 이 관행이 처음 도입될 때부터 강단에서도 연중 끊이지 않는 주제였다. 심지어 1880년대에 펜실베이니아대학교에서는 교수 명단에 새로 이름을 올리려는 사람은 자유무역을 지지하지 않는다는 선언을 해야만 교수 자격이 주어졌다. 자유무역을 주장하는 사람들은 강단의 논쟁에서는 대부분 이겼다. 이런 사정은 지금도 마찬가지이다. 그러나 1820년대부터 1930년대까지 100년이 넘는 기간 동안 유아기나 청년기 혹은 노년기의 사업들을 보호하는 것을 지지하는 정치적인 세력이 의회에서 우위를 차지했다. 그래서 많은 사람이 가지고 있던 믿음과 다르게 미국 경제는 수입품 가격의 평

균 30퍼센트에 육박하는 관세 장벽 뒤에서 보호를 받으며 성장해 왔다.

  그런데 이런 높은 수준의 보호관세가 과연 건강한 경제 성장에 필요한지는 확실하고도 명쾌하게 규명되지 않았다. 대부분의 경제학자들은 (세계에서 가장 큰 국내 자유거래 시장인) 미국 경제의 규모와 통합 정도가 국내 경쟁을 가속화시켰으며 외국과의 경쟁을 차단한 데 따라서 발생할 수도 있었을 유해한 효과를 경감시켰을 것이라고 믿는다. 그러나 미국은 독일이 현대적인 경제 성장기 (1879-1914년) 때 그랬고 또 일본이 '기적적인 성장'을 거두었던 시기(1951-1973년)에 그랬던 것처럼 국내 시장을 보호했다는 사실만큼은 의심의 여지가 없다. 이런 정책들의 지혜와 효율성에는 여전히 의문의 여지가 남아 있다. 하지만 그 정책들의 체계적인 수행은 비록 많은 연구가 이루어지지 않았긴 했지만 확립된 역사적 사실이다. 미국에서 19세기를 통틀어서 법은 생산자의 편에 서서 생산자를 보호했고, 그 결과 소비자는 생산자가 치르지 않은 대가를 대신 치렀다. 관세의 즉각적인 충격은 의심할 여지도 없이 소비자의 이익을 침해했다. 그러나 이런 조치가 빚어낸 장기적인 차원의 동적인 효과는 유아기 수준이던 몇몇 산업이 청년기로 그리고 또 건강한 성년기로 성장할 수 있도록 보호하는 것이었다. 미국과 관련된 이런 내용은 다음에 요약되어 있다. McCraw, "American Capitalism," in McCraw, ed., Creating Modern Capitalism, ch. 9. 독일과 관련된 내용은 다음에 요약되어 있다. Jeffrey Fear, "German Capitalism," ibid., ch. 5. 일본과 관련된 내용은 다음에 요약되어 있다. Jeffrey Bernstein, "Japanese Capitalism," ibid., ch. 12.

  이 주제와 관련해서 상당히 풍부하긴 하지만 여전히 적절하지 못한 저작들로서는 참조, J. J. Pincus, "Tariffs," Glenn Porter, ed., Encyclopedia of American Economic History (New York: Scribner's, 1980), 특히 440쪽의 표; Frank W. Taussig, The Tariff History of the United States, 8th ed. (New York: Putnam's Sons, 1930); Sidney Ratner, The Tariff in American History (New York: Van Nostrand, 1972); G. R. Hawke, "The United States Tariff and Industrial Protection in the Late Nineteenth Century," Economic History Review 28 (1975), 84-99; Bennett D. Baack and John Ray, "Tariff Policy and Comparative Advantage in the Iron and Steel Industry: 1870-1929," Explorations in Economic History 11 (1974), 3-23; Keith Head, "Infant Industry Protection in the Steel Rail Industry," Journal of International Economics 37 (1994), 141-165. 그리고 다음 책의 〈표 16-2〉는 미국의 제조업이 다른 어떤 경제 부문보다 보호관세의 덕을 톡톡하게 봤음을 보여준다. Lance Davis et al., American Economic History: The Development of a National Economy (Homewood, IL: Irwin, 1969).